भारतीय अर्थव्यवस्था

सिविल सेवा परीक्षा हेतु

पांचवा संस्करण

डॉ. कृति रस्तोगी
सिविल सेवा प्रशिक्षक एवं मार्गदर्शक

G. K. PUBLICATIONS (P) LTD.

Title	:	Bhartiya Arthvyavastha 5e
Language	:	English
Author	:	Dr Kriti Rastogi
Copyright ©	:	2023 CLIP

Typeset & Published by :

Career Launcher Infrastructure (P) Ltd.

A-45, Mohan Cooperative Industrial Area, Near Mohan Estate Metro Station, New Delhi - 110044

Marketed by :

G.K. Publications (P) Ltd.

Plot No. 9A, Sector-27A, Mathura Road, Faridabad, Haryana-121003

ISBN	:	**978-93-5681-242-0**
Printer's Details	:	Printed in India, New Delhi.

For product information :
Visit ***www.gkpublications.com*** or email to ***gkp@gkpublications.com***

समर्पण

मैं अपनी स्नेहमयी माँ श्रीमती कुसुम रस्तोगी व अपने पिता श्री राजकुमार रस्तोगी एवं पिता समान श्री सत्य प्रकाश शर्मा द्वारा दी गई प्रेरणा एवं दूरदर्शिता को सादर समर्पित करती हूँ।

आमुख

संघ एवं राज्यों की सिविल सेवा परीक्षा को दृष्टिगत रखते हुए पाँच भागों में विभाजित इस पुस्तक में विद्यार्थी को अर्थव्यवस्था के आधारभूत ज्ञान से लेकर अद्यतन और वर्तमान परिप्रेक्ष्य के विभिन्न पहलुओं को सरल भाषा में सोदाहरण समझाया गया है।

पुस्तक के प्रथम भाग में भारतीय अर्थव्यवस्था की परम्परागत विषय-वस्तु को समाहित किया गया है। जिसके अंतर्गत क्रमबद्धता से विषय-वस्तु की प्रस्तुति के साथ पारिभाषिक शब्दावलियाँ, तथ्य सार-संग्रह व अभ्यास प्रश्न दिये गये हैं। जबकि द्वितीय भाग में व्याख्यात्मक हल सहित अभ्यास प्रश्न और भाग-3 में अभ्यास प्रश्न और भाग-4 में विगत वर्षों में पूछे गए प्रश्नों का खण्डवार व्याख्यात्मक हल और भाग-5 में बजट एवं आर्थिक समीक्षा जैसे प्रमुख आर्थिक दस्तावेजों के साथ ही भाग-6 में राष्ट्रीय स्तर पर आर्थिक घटनाक्रम के विभिन पहलुओं को शामिल किया गया है।

प्रस्तुत पुस्तक के सम्पादन एवं संकलन तथा परिमार्जन में व विषय-वस्तु के निर्माण एवं अमूल्य सुझाव के लिए डॉ. शीलवन्त सिंह, पुनीत टंडन, वी.के. सिंह, हरिहर भोलानाथ मिश्रा, वीर सनातन पूर्णेन्दु राय, डॉ. जलाल अहमद खान इत्यादि विद्वतजनों, शुभचिंतकों की मैं आभारी हूं जिन्होंने अपने अमूल्य सुझाव देकर पुस्तक के कलेवर को अधिक उपयोगी बनाने में अपना सहयोग दिया।

टाइपसेटिंग एवं तकनीकी कार्य हेतु विकास कुमार श्रीवास्तव एवं चन्द्रशेखर भट्ट जी को धन्यवाद देती हूँ तथा अभिनव शर्मा, ऋषि, रितेश, मिन्टू सिंह द्वारा किए गए कार्य के लिए सधन्यवाद देती हूँ। भावनात्मक एवं अन्य सहयोग के लिए अपनी माँ की सहृदय से आभारी हूँ।

पुस्तक के इस संस्करण में केन्द्रीय बजट 2023-24, आर्थिक समीक्षा 2022-23 को समाहित किया गया है। इसके अतिरिक्त नवीनतम आंकड़ों से पुस्तक को अद्यतन किया गया है।

पुस्तक का प्रकाशन सी एल मीडिया (प्रा.) लि. ने किया है, इनके अमूल्य सक्रिय सहयोग के लिए हम सदैव

आभारी हैं।

आप सभी को सफलता के लिए शुभकामनाएं।

डॉ. कृति रस्तोगी

विषय–सूची

भाग I: परम्परागत अध्ययन पर आधारित

भारतीय अर्थव्यवस्था
प्रवृत्ति विश्लेषण एवं अध्ययन रणनीति

सिविल सेवा के सामान्य अध्ययन प्रश्नपत्र में ''**अर्थव्यवस्था**'' विषय का सम्बन्ध ''**भारतीय अर्थव्यवस्था**'' से है। सामान्य अध्ययन में अर्थव्यवस्था को भारतीय अर्थव्यवस्था समझा जा सकता है। अर्थव्यवस्था से संबंधित आधारभूत प्रश्न सामान्यतः भारतीय अर्थव्यवस्था से संबंधित ही पूछे जाते हैं। परन्तु भारतीय अर्थव्यवस्था का अन्य वैश्विक अर्थ-व्यवस्थाओं से संबंध, अन्तर्राष्ट्रीय संस्थायें (विश्व बैंक, विश्व व्यापार संगठन, अन्तर्राष्ट्रीय मुद्रा कोष आदि), अन्तर्राष्ट्रीय रिपोर्ट/ प्रतिवेदन (मानव विकास रिपोर्ट, अकटाट रिपोर्ट, विश्व विकास रिपोर्ट आदि), आर्थिक समूह/ संगठन (आसियान, यूरोपीय संघ आदि) से संबंधित प्रश्न भी पूछे जाते हैं।

अर्थव्यवस्था का खण्ड प्रारम्भिक परीक्षा के दृष्टिकोण से अत्यन्त महत्वपूर्ण है। इस खण्ड में से सामान्यतया 20-25 प्रश्न प्रारम्भिक परीक्षा में होते हैं जबकि मुख्य परीक्षा तृतीय प्रश्न पत्र में 200/150 शब्दों वाले लगभग 7 से 8 प्रश्न पूछे जाते हैं, जो कि कुल लगभग 120 से 150 अंक के होते हैं। इन प्रश्नों की प्रवृत्ति भारतीय अर्थव्यवस्था के साथ-साथ भारत और विश्व के सामाजिक, आर्थिक पहलों पर केन्द्रित होते हैं।

अध्ययन रणनीति

भारतीय अर्थव्यवस्था के लिए रणनीति बनाकर अध्ययन करना श्रेष्ठ कर होता है। सर्वप्रथम भारतीय अर्थव्यवस्था से संबंधित विषयवार संकल्पनायें तैयार करने की आवश्यकता है, क्योंकि जब बुनियादी अवधारणाओं/संकल्पनाओं पर पकड़ मजबूत होती है तब ही आर्थिक समसामायिकी को समझना असान होगा। उदाहरण स्वरूप - राष्ट्रीय आय की बुनियादी संकल्पनायें GDP, NDP, NGP व NNP पर कमाण्ड होगी और उसके महत्व से परिचित होंगे तब ही समाचार पत्रों व लेखों में आगे जीडीपी के आंकड़े याद करने और उसके महत्व को समझने में आसानी होगी। ठीक इसी प्रकार जब वित्तीय समावेश की संकल्पना पता होगी तभी सरकार द्वारा वित्तीय समावेशन के लिए किये गये कार्यों जनधन योजना, निजी क्षेत्र की कम्पनियों के बैंक लाइसेन्स देना, लघु व बचत बैंक खोलने की अनुमति के महत्व को समझना आसान होगा। इस प्रकार संकल्पनायें समसामयिकी को समझने में महत्वपूर्ण भूमिका अदा करती हैं। अभ्यर्थियों को इस बात को समझना होगा कि सिर्फ अर्थव्यवस्था आंकड़ों के ज्ञान तक ही सीमित नहीं है बल्कि प्रतिदिन घटने वाली वे आर्थिक महत्व की घटनायें जिससे आम जनता, सरकार, देश की आर्थिक स्थिति व वैश्विक अर्थव्यवस्था प्रभावित हो, के भी अध्ययन को समावेशित किया जाता है। अर्थव्यवस्था में निरन्तर नये-नये शब्द कोष भी आते रहते हैं जैसे-राउण्ड ट्रिपिंग, क्राउड आउड प्रभाव, जीएसटी, विमुद्रीकरण, हवाला, शेडो अर्थव्यवस्था, सहकारी संघवाद, मसाला बाण्ड, जैम व कैश लेस इकॉनमी आदि पर भी कार्य करने की आवश्यकता है। एक और महत्वपूर्ण बात किसी भी आर्थिक महत्व से संबंधित राष्ट्रीय, अन्तर्राष्ट्रीय रिपोर्ट, सूचकांक व समझौते भी परीक्षा के लिए महत्वपूर्ण होते हैं।

अध्ययन स्त्रोत

भारतीय अर्थव्यवस्था के अध्ययन स्त्रोत सीमित हैं, भारतीय अर्थव्यवस्था का पक्ष मजबूत करने के लिए अभ्यर्थी को अपनी पाठ्य सामग्री को दो भागों में बांटने की आवश्यकता है :- 1. संकल्पना के अध्ययन हेतु, 2. आर्थिक समसामयिकी के अध्ययन हेतु

1. **संकल्पना के अध्ययन हेतु स्त्रोत :**
- भारतीय अर्थव्यवस्था (एस.एन. लाल)
- भारतीय अर्थव्यवस्था (रमेश सिंह)
- भारतीय अर्थव्यवस्था (कुमार सर्वेश)
- भारतीय अर्थव्यवस्था (कृति रस्तोगी)

2. **आर्थिक समसामयिकी के अध्ययन हेतु स्त्रोत :**
- समाचार पत्रों के अर्थजगत पृष्ठ
- प्रमुख मासिक पत्रिकाओं का आर्थिक
- योजना व कुरूक्षेत्र के आर्थिक लेख
- सरकार द्वारा प्रतिवर्ष जारी होने वाली आर्थिक समीक्षा पर बजट

सिविल सेवा प्रारंभिक परीक्षा में भारतीय अर्थव्यवस्था की

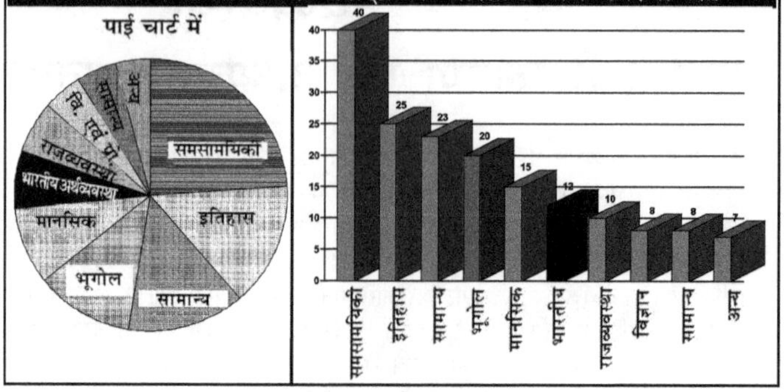

पाठ्यक्रम का वर्गीकरण

1. आधारभूत अवधारणायें

(Basic Concept)

→ राष्ट्रीय आय
(National Income)

→ मुद्रास्फीति
(Inflation)

→ विदेशी व्यापार
(Foreign Trade)

→ मुद्रा एवं बैंकिंग
(Money & Banking)

→ कृषि क्षेत्र
(Agriculture Sector)

→ उद्योग क्षेत्र
(Industrial Sector)

→ आयोजन
(Planning)

→ बजट
(Budget)

→ कर
(Tax)

→ निर्धनता एवं बेरोजगारी
(Poverty & Unemployment)

2. समसामयिकी आर्थिक अवधारणायें

(Current Concept)

→ **राष्ट्रीय आय**
- जीडीपी (GDP)
- एनडीपी (NDP)
- जीएनपी (GNP)
- एनएनपी (NNP)
- पीसीआई (PCI)
- आधार वर्ष (Base Year)

→ **मुद्रास्फीति**
- मौद्रिक नीति (Monetary Policy)
- डब्ल्यूपीआई, सीपीआई (WPI, CPI)

→ **विदेशी व्यापार**
- व्यापार नीति 2015-20
- आयात निर्यात की मदें
- विदेशी मुद्रा भण्डार एवं विदेशी ऋण की स्थिति
- भारत के व्यापारिक साझेदार

→ **मुद्रा एवं बैंकिंग**
- भुगतान बैंक (Payment Bank)
- लघु बैंक (Small Bank)
- मुद्रा बैंक (MUDRA Bank)

→ **कृषि क्षेत्र**
- खाद्य सुरक्षा मिशन (Food Security Mission)
- खाद्य सुरक्षा कानून (Food Security Act)
- न्यूनतम समर्थन मूल्य (MSP)
- शीर्ष फसल उत्पादक देश एवं राज्य

→ **उद्योग क्षेत्र**
- महारत्न, नवरत्न एवं मिनीरत्न (Maharatana, Navratana & Miniratana)

→ **आयोजन**
- नीति आयोग (NITI Aayog)
- वित्त आयोग (Finance Commission)

→ **बजट**
- बजट 2017-18 (Budget 2017-18)
- आर्थिक समीक्षा 2016-17 (Economic Survey 2016-17)

→ **कर**
- वस्तु एवं सेवा कर (GST)
- करारोपण की नयी दरें

→ **निर्धनता एवं बेरोजगारी**
- रिपोर्ट/समितियां/आंकड़े (Report/Committies/Data)

3. वैश्विक अवधारणायें

(Global Concept)

→ **वैश्विक रिपोर्ट (Global Reports)**
- Asian Development Outlook Report
- Global Foreign Investment Report
- Easy of Doing Business Report
- World Investment Report

→ **वैश्विक आर्थिक संस्थान/संगठन**
(International Economical Org.)
- World Bank
- IMF
- WTO
- Asian Development Bank
- BRICS Bank
- AIIB

→ **वैश्विक सूचकांक (Global Index)**
- Human Development Index
- Global Innovation Index
- Economic Freedom Index
- Global Peace Index
- Global Hunger Index
- Global Corruption Index
- Social Progress Index
- Multidimensional Poverty Index

भाग 1

परम्परागत अध्ययन पर आधारित

अध्याय 1

ब्रिटिश काल में भारतीय अर्थव्यवस्था
(Indian Economy Under the British Rule)

प्रस्तावना

भारत में गरीबी ब्रिटिश शासन की देन है। भारत लगभग 200 वर्षों तक अंग्रेजों का गुलाम रहा तथा ब्रिटिश शासन की जंजीरों में जकड़ा रहा इसलिये सोने की चिड़िया कहा जाने वाला देश गरीबी और पिछड़ेपन का पर्याय बन कर रह गया। अंग्रेजों ने भारतीय अर्थव्यवस्था को अपनी कालोनी मात्र का ही दर्जा दिया और सभी संभव तरीकों से इसका औपनिवेशवादी शोषण किया। प्रस्तुत अध्याय में हम इस औपनिवेशवादी शोषण के विभिन्न तरीकों का अध्ययन करते हुए ब्रिटिश काल में भारतीय अर्थव्यवस्था की स्थिति पर प्रकाश डालेंगे।

ब्रिटिश पूर्वकालीन भारतीय अर्थव्यवस्था

अंग्रेजों के भारत आगमन से पूर्व, भारतीय अर्थव्यवस्था विश्व के अन्य राष्ट्रों की अर्थव्यवस्था के समान ही थी। प्राचीन भारत के गुप्त, मौर्य एवं शक वंश से लेकर मध्यकाल के गुलाम वंश, खिलजी वंश, मुगल वंश तक–भारतीय अर्थव्यवस्था ने कई स्वर्णिम काल इतिहास के पन्नों मे दर्ज किए। इन समयावधियों में प्रायः गांवों में कृषि एवं दस्तकारी कार्य प्रमुखता से किये जाते थे जबकि शहर प्रशासकीय, धार्मिक व वाणिज्यिक केन्द्रों के रूप में विद्यमान थे।

ब्रिटिश पूर्वकालीन भारतीय अर्थव्यवस्था की प्रमुख विशेषताओं को निम्न प्रकार से वर्गीकृत किया जा सकता है:

सामाजिक विशेषताएं

- ब्रिटिश पूर्व भारतीय अर्थव्यवस्था की प्रकृति ग्रामीण थी अर्थात् देश की 90% से अधिक जनसंख्या गांवों में निवास करती थी।
- यहां कृषि एवं दस्तकारी के कार्यों को प्रमुखता से किया जाता था तथा गांव आत्मनिर्भर थे।
- व्यवसाय वंशानुगत थे।
- कृषक, भू-स्वामी तथा भूमिहीनों की श्रेणी में विभाजित थे।
- पूंजी का प्रबन्ध मुख्य रूप से गांव के जमींदार या महाजन द्वारा उच्च ब्याज दरों पर किया जाता था।
- कृषि से उत्पादित खाद्यान्न का उपभोग प्रमुख रूप से गांव के भीतर कर लिया जाता था परंतु प्राथमिक क्षेत्र द्वारा उत्पादित कच्चा माल हस्तशिल्पियों को उपलब्ध कराया जाता था जो उनके व्यवसाय को आधार प्रदान करता था।

आर्थिक विशेषताएं

- एक ओर जहां कृषि निश्चित रूप से आर्थिक गतिविधियों में सर्वाधिक महत्वपूर्ण भूमिका निभाती थी। वहीं दूसरी तरफ भारत का उद्योग जगत भी उन्नत था। भारत में बुने हुए वस्त्र–रेशमी, सूती तथा मलमल, विश्व में सर्वोत्तम कोटि के उत्पाद माने जाते थे। अन्य प्रसिद्ध उद्योगों में संगमरमर कार्य, पत्थर तराशी, लकड़ी पर नक्काशी, मसाले तथा सोने-चांदी के आभूषण प्रमुख थे।
- देश में उत्पादित वस्तुओं का न केवल स्थानीय उपभोग होता था वरन् उनका निर्यात भी किया जाता था। उच्च आय प्रदान करने वाली निर्यातित वस्तुओं में मसाले, नील, अफीम, कपास, रेशम तथा शोरा शामिल थे।
- 17वीं और 18वीं शताब्दियों तक यूरोप भारतीय उत्पादों का ग्राहक था।

न्यायिक विशेषताएं

- प्रायः प्रत्येक गांव की अपनी पंचायत थी, जो ग्रामीण विवादों व झगड़ों का निपटारा करती थी और न्याय की अदालत के रूप में कार्य करती थी।
- भू-राजस्व की सीमा कुल उत्पादन के तीसरे भाग से छठे भाग तक वसूली जाती थी तथा कभी-कभी यह कुल उत्पादन का आधा हिस्सा तक होता था।

औद्योगिक आयोग (1918) के अनुसार–**''जब पश्चिम के साहसी व्यापारियों ने भारत में पदार्पण किया उस समय देश विकास के मामले में किसी अति विकसित यूरोपीय राष्ट्रों से कम नहीं था।''**

ब्रिटिश शासन में भारतीय अर्थव्यवस्था

यद्यपि भारत को पहले भी विजित किया गया था परंतु ये आक्रमणकारी भारतीय संस्कृति में ही रच-बस कर सदा के लिए भारत में ही बस गए परन्तु ब्रिटिश शासन से एक नयी राजनीतिक व आर्थिक व्यवस्था अस्तित्व में आयी। इस व्यवस्था को निम्नलिखित तीन चरणों में विभाजित कर स्पष्ट किया जा सकता है:

प्रथम चरण

मूल रूप से अंग्रेज व्यापारी भारत की दौलत के मोह में यहां आये और बसने लगे। स्थानीय प्रशासकों के साथ उन्होंने मित्रतापूर्ण सम्बन्ध बनाए और उनका विश्वास जीता। इसी बीच इंग्लैंड की ईस्ट इंडिया कंपनी भी औपचारिक रूप से भारत के विदेशी व्यापार में रुचि लेने लगी। 31 दिसंबर 1600 को इस कम्पनी को पूर्वी क्षेत्र में व्यापार करने का एकाधिकार प्राप्त हो गया। जिससे कंपनी की महत्वाकांक्षाएं आकाश छूने लगीं और उसने भारत के राजनैतिक क्षितिज पर अपने पैर जमाने प्रारंभ कर दिये। आगामी वर्षों में कम्पनी ने अनेक तरीकों से लूट-खसोट की और अगले 100 वर्षों में अंग्रेज व्यापारियों ने सभी सम्भव उचित-अनुचित तरीकों से भारतीय अर्थव्यवस्था को लूटने एवं तहस-नहस करने की चेष्टा की।

दूसरा चरण

18वीं शताब्दी में इंग्लैंड में औद्योगिक क्रांति आरंभ हुई जिसके लिए यह आवश्यक था कि इंग्लैंड के उद्योगों को एक ओर तो सस्ता और अच्छा कच्चा माल नियमित मिलता रहे और दूसरी ओर उनके द्वारा निर्मित माल भी की खपत होती रहे। अब कंपनी द्वारा यह प्रयास किया गया कि भारतीय कृषि में नकदी/वाणिज्यक फसलों (cash crops) का उत्पादन बढ़ाया जाए तथा दूसरी ओर इंग्लैंड में निर्मित वस्तुओं की भारत में बिक्री की व्यवस्था की जाए। इस कारण अंग्रेजों ने भारतीय किसानों और व्यापारियों को वित्तीय सहायता देना प्रारंभ किया। परिणामत: किसान और व्यापारी दोनों ही कंपनी के चंगुल में फंसते गए।

तीसरा चरण

अंग्रेजों ने यह महसूस किया कि यदि भारत को ब्रिटिश साम्राज्य की ''स्थायी कालोनी'' बनाये रखना है तो भारत के आर्थिक ढांचे (Economic Infrastructure) का निर्माण करना आवश्यक है क्योंकि आवागमन के साधनों के अभाव में भारत को स्थायी कालोनी के रूप में स्थापित करना संभव नहीं था। अत: देश में रेल निर्माण कार्य शुरू हुआ। इसी प्रकार नकदी फसलों के उत्पादन के लिए यह आवश्यक समझा गया कि बड़े स्तर पर सिंचाई प्रणाली का निर्माण हो। इन सब कार्यों के लिए धन की आवश्यकता थी। जिसकी पूर्ति इंग्लैंड और यूरोप के देशों के पूंजीपतियों द्वारा भारत में निवेश करने के लिए आमंत्रित कर, पूरी की गयी। अगले 100 वर्ष (1947 तक) के दौरान भारतीय अर्थव्यवस्था ब्रिटिश पूंजी और उनके उपक्रमों (Enterprise) के शोषण का शिकार होती रही।

उपरोक्त तीनों चरणों के आधार पर ब्रिटिश शासन का ''भारतीय अर्थव्यवस्था'' पर पड़ने वाले प्रभावों को निम्न दृष्टिकोणों से देखा जा सकता है:

- पहला, ब्रिटिश शासन की औपनिवेशवादी शोषण नीति
- दूसरा, ब्रिटिश शासन की रचनात्मक भूमिका
- तीसरा, ब्रिटिश शासन की विनाशक भूमिका

ब्रिटिश शासन की औपनिवेशवादी शोषण नीति

अंग्रेज लगभग 200 वर्षों तक भारतीय अर्थव्यवस्था को अपना उपनिवेश बनाकर बिना रोक-टोक के शोषण करते रहे। उन्होंने शोषण के अनेक तरीके अपनाये, जिनमें प्रमुख निम्नलिखित थे:

1. व्यापारिक नीतियां (Trade Policies)

व्यापारिक नीतियां, औपनिवेशवादी शोषण का मुख्य उप. करण बनीं। ब्रिटिश सरकार व्यापार के द्वारा दो उद्देश्यों को पूरा करना चाहती थी **पहला**, इंग्लैंड में स्थापित उद्योगों की आवश्यकता की पूर्ति के लिए बड़ी से बड़ी मात्रा में कृषिजन्य कच्चे माल की व्यवस्था करना अर्थात् कृषि का वाणिज्यीकरण करना **दूसरा**, इंग्लैंड के उद्योगों द्वारा निर्मित वस्तुओं की बिक्री के लिए बाजार की व्यवस्था करना। उक्त दोनों उद्देश्यों की पूर्ति के लिए अंग्रेजों ने निम्न कदम उठाए:

- किसानों को इस बात के लिए बाध्य किया कि वे खाद्य फसलों की जगह नकदी फसलों की खेती करें।

- जमींदारों के माध्यम से किसानों को इस बात के लिए भी बाध्य किया कि नकदी फसलों को घरेलू बाजार में न बेचकर इंग्लैंड को निर्यात करने के लिए अंग्रेज व्यापारियों को ही बेचें।
- अंग्रेजों ने नियमित ढंग से स्थानीय उद्योगों को नष्ट करने की नीति का सख्ती से पालन किया।
- अंग्रेजों ने भारतीयो को कच्चे माल के निर्यात तथा निर्मित वस्तुओं के आयात के लिए हर सम्भव प्रोत्साहन तथा सहायता उपलब्ध करायी।

अत: यह स्पष्ट है कि इस प्रकार की व्यापारिक नीतियों ने औपनिवेशवादी शोषण को बढ़ावा दिया और अंग्रेजों ने बिना किसी रुकावट के इस नीति का कई दशकों तक पालन किया।

2. ब्रिटिश पूंजी तथा उपक्रम का प्रवेश (Entry of British Capital & Enterprise)

विदेशी पूंजी का भारतीय अर्थव्यवस्था के अनेक क्षेत्रों में प्रत्यक्ष निवेश किया गया, ये क्षेत्र निम्नवत हैं:

- आधारभूत संरचना जैसे- रेलवे, पत्तन, जहाजरानी, विद्युत तथा जल आपूर्ति आदि मे निवेश।
- कच्चे माल के उत्पादन में जैसे चाय, काफी, रबड़ की खेती, पटसन आदि में निवेश।
- कोयला एवं सोना खनन में निवेश।
- बैंकिंग, वित्त, बीमा तथा व्यापार में निवेश।
- कुछ चुने हुए विनिर्माण उद्योग जिनके माल की खपत घरेलू बाजार में ही होती थी जैसे सूती और ऊनी कपड़ा, तम्बाकू, कागज व छपाई आदि में निवेश।

अत: यह स्पष्ट होता है कि ब्रिटिश पूंजी का विस्तार तथा केन्द्रीयकरण मुख्यत: उन उद्योगों में हुआ जो कि इंग्लैंड के उद्योगों के विकास में सहायक सिद्ध हो सकते थे। दूसरे शब्दों में, ब्रिटिश पूंजी की सहायता से भारतीय अर्थव्यवस्था के विकास के प्रयास नहीं किए गए, वरन् पूंजी को आर्थिक शोषण के उपकरण के रूप में अपनाया गया।

3. सरकारी सामान खरीदने की नीति (Stores Purchase Policy)

भारत सरकार द्वारा प्रत्येक वर्ष भारी मात्रा में विभिन्न प्रकार की वस्तुएं खरीदी जाती थी जिनकी सहायता से सेना तथा स्थानीय प्रशासन की आवश्यकताओं की पूर्ति होती थी। प्राय: ये सभी वस्तुएं देश में ही उपलब्ध थी परंतु अंग्रेजों ने इंग्लैंड के उद्योगों को बढ़ावा देने के उद्देश्य से ये सभी सामान सदा इंग्लैंड से आयात किए। इसके दो परिणाम सामने आये **पहला**, स्थानीय उद्योग पिछड़ गए तथा **दूसरा** व्यापार शेष (वस्तुओ का आयात अधिक व निर्यात्त कम होने से व्यापार शेष नकारत्मक रूप से प्रभवित होता है) पर भारी बोझ पड़ा। व्यापार शेष के इस अंतर की भरपाई भारत के कृषि जन्य कच्चे माल का अधिक से अधिक निर्यात कर, पूरा किया गया जो कि भारतीय अर्थव्यवस्था के शोषण का कारण बनी।

4. विदेशी मुद्रा दरों में हेर-फेर (Manipulation of Exchange Rate)

प्रत्येक वर्ष भारत से इंग्लैंड को भारी राशि में मुद्रा भेजी जाती थी। मुद्रा के बाहर भेजने के लिए यह आवश्यक था कि रुपए को पौंड-स्टर्लिंग में बदला जाए। अत: विनिमय दर इस प्रकार निर्धारित की जाती थी ताकि अंग्रेजों को अधिक से अधिक लाभ प्राप्त हो सके। प्राय: अंग्रेजों का स्वार्थ इसी बात में था कि रुपए की कीमत ऊंची (मजबूत) रखी जाए अर्थात रूपये को मजबूत बनाये रखना था ताकि इंग्लैंड द्वारा बहुतायत में भेजे गए माल पर भारतीयों की पहुंच आसानी से हो सके।

5. ब्रिटिश प्रशासन के खर्चे (Costs of British Administration)

भारत को ब्रिटिश प्रशासन के खर्चों को वहन करने के लिए बाध्य होना पड़ा। इन खर्चों में प्रमुख रूप से ऋणों पर ब्याज अदायगी, पेन्शन, सामान की खरीद पर किया गया व्यय शामिल था। इन खर्चों को गृह परिव्यय (Home charges) के नाम से जाना जाता था क्योंकि इन खर्चों की पूर्ति भारत में ही आय जुटाकर की जाती थी।

इसके अतिरिक्त अन्य खर्चों को भी भारतीय आय मे जोड़ दिया गया, ये अन्य खर्चे निम्नवत हैं :

- भारत को ईस्ट इण्डिया कंपनी द्वारा विभिन्न युद्धों में किए गए खर्चों का भी भुगतान करना पड़ा। जैसे- मैसूर युद्ध, मराठा युद्ध, अफगान और बर्मा की लड़ाइयां आदि।
- अंग्रेजों द्वारा भारत पर, अफ्रीका आदि स्थानों पर भेजी गयी सेना के खर्चों का बोझ भी थोपा गया।
- इंग्लैंड से भारत के बीच जो टेलीग्राम की लाइनें बिछाई गयीं इन सबका खर्चा भारत के नाम लिख दिया गया।

- प्रथम तथा द्वितीय विश्वयुद्ध में भारत को जबरदस्ती धकेला गया और इनके खर्चे भी भारत के खाते में डाल दिए गए।
- द्वितीय विश्वयुद्ध के दौरान भारत का इंग्लैंड के साथ व्यापार शेष अनुकूल रहा अर्थात अंग्रेजों को अतिरिक्त राशि भारत के खाते में डालनी चाहिए थी परन्तु इंग्लैंड ने भारत को उतनी ही मात्रा की नई मुद्रा छापने का अधिकार दे दिया जिसके परिणामस्वरूप भारत में मुद्रास्फीति फैल गयी।

इस प्रकार अंग्रेजों ने भारत को वे सब खर्चे उठाने के लिए बाध्य किया जिनसे भारत का कोई संबंध नहीं था। वास्तविकता तो केवल यह थी कि भारत अंग्रेजों का गुलाम था और इस कारण उनकी सब इच्छाओं के आगे मस्तक झुकता था।

संक्षेप में यह कहा जा सकता है कि ब्रिटिश शासन की औपनिवेशवादी शोषण नीति के प्रारंभिक चरणों में अंग्रेजों ने प्रत्यक्ष लूटमार की नीति अपनायी किन्तु जैसे-जैसे भारत में अंग्रेजों के पैर जमने लगे उन्होंने भारतीय अर्थव्यवस्था का नियमित और व्यवस्थित ढंग से शोषण किया और भारत, ब्रिटिश साम्राज्य की एक कमजोर बस्ती (कालोनी) मात्र बनकर रह गया।

ब्रिटिश शासन की रचनात्मक भूमिका

यद्यपि यह कहना सही है कि स्वार्थों ने अंग्रेजों को अन्धा बना दिया था और वह भारत के हितों को सदा ही ताक पर रखकर बैठे रहे, किन्तु इस बात से इंकार नहीं किया जा सकता कि अंग्रेजों ने भारत के राजनैतिक, सामाजिक और आर्थिक उत्थान में कुछ हद तक योगदान भी दिया। ब्रिटिश शासन ने निम्न रूप में भारत के आर्थिक जीवन के विकास में योगदान दिया:

- पुरातन सामाजिक व्यवस्था का विनाश कर अंग्रेजों ने नवीन सामाजिक व्यवस्था की आधारशिला रखी। इस नवीन सामाजिक व्यवस्था की ही देन थी कि देश में जाति प्रथा, सती प्रथा जैसी बाल विवाह कुप्रथाए समाप्त हुई।
- शिक्षा की "अंग्रेजी" पद्धति देश में लाई गई और शिक्षा के प्रसार के साथ भारतीयों में विकास एवं स्वतंत्रता की चेतना जागी और उन्होंने अंग्रेजों की विघटनकारी नीतियों का विरोध करना आरंभ कर दिया।
- भारत में रेल व्यवस्था अंग्रेजों की ही देन थी। यद्यपि अंग्रेजों ने रेल व्यवस्था को अपने स्वार्थों की पुष्टि का ही साधन माना था किन्तु बाद के वर्षों में रेल की सहायता से सारे देश को आर्थिक व राजनैतिक दृष्टि से एकसूत्र में बांधना पहली बार सम्भव हो पाया।
- अंग्रेजों ने एक कुशल और आधुनिक संचार व्यवस्था की स्थापना की तथा तार भेजने का भी प्रबंध किया।
- देश की राजनीतिक और आर्थिक एकता भी ब्रिटिश शासन की ही देन थी।
- ब्रिटिश पूंजी तथा उपक्रम की सहायता से भारत में उत्पादन की नई प्रणाली का आगमन हुआ। यह औद्योगिक अवस्था पूंजीवाद के नाम से जानी जाती थी। इस प्रणाली के आगमन के परिणामस्वरूप भारत के औद्योगीकरण का क्रम आरंभ हो गया।
- ब्रिटिश पूंजी के आगमन से भारत को आधुनिक साज-सामान और तकनीकी जानकारी सरलता से उपलब्ध हुई जिसने नये उद्योगों और नई तरह की आर्थिक क्रियाओं को बढ़ावा देने में महत्वपूर्ण भूमिका अदा की।
- भारत में आधुनिक बैंकिंग व्यवस्था, बीमा, वित्त तथा व्यावसायिक प्रणालियां मुख्यत: अंग्रेजों की ही देन हैं।
- भारत में ब्रिटिश पूंजी के प्रत्यक्ष निवेश ने भारतीय पूंजीपतियों को भी निवेश करने के लिए प्रोत्साहित किया जो कि भावी विकास का प्रमुख उपकरण सिद्ध हुई।

इस प्रकार ब्रिटिश शासन द्वारा किए गए उपरोक्त सभी कार्य, देश में उनकी रचनात्मक कार्यों की भूमिका को दर्शाते हैं।

ब्रिटिश शासन की विनाशक भूमिका

भारत में ब्रिटिश शासन अपनी विनाशक भूमिका के लिए ही याद किया जाता है। अंग्रेजों ने भारत के आर्थिक ढांचे को अस्त-व्यस्त कर एक स्वावलम्बी एवं सम्पन्न देश को दरिद्र, निर्धन और दूसरों पर निर्भर रहने वाली अर्थव्यवस्था बनाकर छोड़ दिया। ब्रिटिश शासन की इस विनाशक भूमिका को निम्न बिन्दुओं से स्पष्ट किया जा सकता है:

1. औसत प्रतिव्यक्ति आय (Average Per Capita Income)

भारत में औसत प्रतिव्यक्ति आय का सांख्यिकीय ब्यौरा सर्वप्रथम दादाभाई नौरोजी ने तैयार किया था। उनकी पुस्तक

Poverty and Unbritish Rule in India के अनुसार सन् 1867-68 में भारत की कुल राष्ट्रीय आय 340 करोड़ रुपए थी जबकि जनसंख्या 17 करोड़ और प्रतिव्यक्ति आय मात्र 20 रुपए थी।

इसी प्रकार विलियम डिगबी (William Digby) के अनुमानों के आधार पर सन् 1899 में भारत की प्रतिव्यक्ति आय केवल 18 रुपए प्रतिवर्ष थी। यदि हम भारत में प्रतिव्यक्ति आय की तुलना समकालीन दूसरे देशों की प्रतिव्यक्ति आय से करते हैं तो भारत की औसत प्रतिव्यक्ति आय 2 पौंड थी जबकि उस समय इंग्लैंड में यह 41 पौंड, जर्मनी में 18.8 पौंड, अमरीका में 27.2 पौंड और स्पेन में 13.8 पौंड थी। स्पष्ट रूप से भारत की प्रतिव्यक्ति आय अन्य सभी देशों की प्रतिव्यक्ति आय की तुलना में बहुत कम थी।

2. प्रतिव्यक्ति व्यय (Expenditure Per Head)

उस समय निर्वाह की लागत से संबंधित किसी तरह के आंकड़े प्रकाशित नहीं किए जाते थे। व्यय के आधार पर गरीबी का ब्यौरा देने का एक अत्यंत महत्वपूर्ण तरीका दादाभाई नौरोजी द्वारा अपनाया गया। उन्होंने जेल में रहने वाले कैदियों पर किए जाने वाले दैनिक व्यय और भारत की प्रतिव्यक्ति आय की तुलना करके यह सिद्ध कर दिया कि भारत में गरीबी विकट और विस्तृत रूप में पायी जाती थी। उन्होंने अनुमान लगाया कि सन् 1867-68 में भारतीय जेलों में औसतन प्रति कैदी प्रतिवर्ष 31 रुपए खर्च किए जाते थे। इसके विपरीत भारत की औसत प्रति व्यक्ति आय 20 रुपए ही थी। अर्थात् औसतन भारतीयो का रहन-सहन का स्तर जेलों में रहने वाले कैदियों से भी निम्न था।

3. गरीबी का विस्तार तथा गतिहीनता (Growing Poverty & Stagnation)

ब्रिटिश शासन के दौरान न केवल गरीबी सब तरफ फैल रही थी बल्कि उससे भी बुरी बात सरकार उसके उपचार के लिए कोई उपाय नहीं सोच रही थी। गरीबी के कारण भारतीय अर्थव्यवस्था गतिहीन हो गई। भारतीय अर्थव्यवस्था में व्याप्त गतिहीनता का बोध ब्रिटिश काल में प्रतिव्यक्ति आय की वृद्धि से भी हो सकता है।

तालिका 1.1 प्रतिव्यक्ति आय की वार्षिक वृद्धि दर (%) में

समय अवधि	प्रतिव्यक्ति आय में वार्षिक वृद्धि दर (% में)
1860-1890	0.64
1890-1920	0.72
1920-1940	0.16
1940-1950	(-) 0.33

***Source by*: M. Mukherji : National Income : Economic History of India, 1857-1956**

उपरोक्त तालिका से स्पष्ट है कि इस दौरान भारत की प्रतिव्यक्ति आय बहुत ही धीमी गति से परिवर्तित हुई।

4. कृषि उत्पादन एवं खाद्यान्न उपलब्धता का निम्न स्तर (Low Level of Agriculture Production & Availability of Food)

ब्रिटिश शासन की विनाशक भूमिका का एक और प्रमाण कृषि उत्पादन एवं खाद्यान्न उपलब्धता के निम्न स्तर से भी लगाया जा सकता है। उस समय 'कृषि' जीविका का एकमात्र साधन थी। 1893-94 से 1945-46 के इन 52 वर्षों की अवधि में कृषि उत्पादन में मात्र 10% की वृद्धि हुई जबकि खाद्यान्न की प्रतिव्यक्ति उपलब्धता 587 पौंड से कम होकर 399 पौंड ही रह गई। अतः यह स्पष्ट है कि उस समय कृषि क्षेत्र में गतिहीनता विस्तृत रूप से घर कर चुकी थी।

5. ब्रिटिश सरकार की नीतियां (Policy of British Government)

यदि हम तटस्थ भाव से देखें तो भारतीय अर्थव्यवस्था की क्षीणता का प्रमुख कारण उस समय की ब्रिटिश सरकार द्वारा अपनाई गई प्रमुख नीतियां थी, जो निम्नवत् हैं:

(i) नई भूमि व्यवस्था (New Land System) : अंग्रेजों द्वारा लागू नई भूमि व्यवस्था की मुख्य धारायें इस प्रकार थीं:

- भूमि समुदाय की सम्पत्ति न रहकर व्यक्तिगत सम्पत्ति बन गई।
- लगान नगदी में ही वसूल किया जाने लगा था।
- लगान की दर निरंतर बढ़ायी जाती थी, भले ही कृषि उत्पादन में वृद्धि हो अथवा न हो।
- लगान चुकाने की अंतिम तिथि तय कर दी जाती थी, जिससे किसान कम कीमत पर अपनी फसल बेचने को बाध्य हो जाते थे क्योंकि अंतिम तिथि के बाद लगान चुकाने पर उन्हें भारी जुर्माना देना पड़ता था।

उपरोक्त नई व्यवस्था के परिणामस्वरूप किसान, साहूकारों से ऋण लेने लगे और साहूकारों ने किसानों को अपने चंगुल में दबोचे रखने के लिए सभी उचित-अनुचित तरीके अपनाये। अतः नई भूमि व्यवस्था ने भारतीय किसानों को दोहरी मार झेलने पर विवश किया।

(ii) सिंचाई तथा लोक कल्याण के कार्यों की उपेक्षा (Neglected Irrigation and Welfare Works): नई भूमि व्यवस्था के अन्तर्गत जमींदारों का एक नया वर्ग पैदा हुआ। यह वर्ग भूमि पर किसी तरह के सुधार में रूचि नहीं रखता था वरन इसका एकमात्र उद्देश्य किसानों से अधिक से अधिक लगान वसूलना ही था। दूसरी ओर सरकार ने भी सिंचाई तथा लोक-कल्याण के दूसरे कार्यों के प्रति उपेक्षापूर्ण दृष्टिकोण अपनाया। परिणामस्वरूप देश का आर्थिक ढांचा विकसित नहीं हो पाया और देश पूर्ण रूप से गतिहीनता का शिकार हो गया।

(iii) दस्तकारियों का विनाश (Destruction of Handicrafts): इंग्लैंड में स्थापित उद्योगों के हितों की पोषक, अंग्रेजी सरकार ने भारत के औद्योगिक विकास में कोई रुचि नहीं दिखायी बल्कि उसने हरसम्भव प्रयास किये कि स्थानीय उद्योगों का विनाश हो जाये। जिससे इंग्लैंड के उद्योग भारतीय अर्थव्यवस्था का बिना रोक-टोक शोषण कर सकें। परिणामस्वरूप कृषि में पहले ही बेरोजगारी फैली हुई थी अब दस्तकारों की जीविका का साधन समाप्त होने पर ये भी बेरोजगार हो गये; अर्थात् भारतीय अर्थव्यवस्था में गरीबी और बेरोजगारी का स्तर चरम सीमा तक पहुंच चुका था।

(iv) कृषि का व्यावसायीकरण (Commercialization of Agriculture): अंग्रेजों ने भारत में कृषि के व्यावसायीकरण को बढ़ावा दे कर दो प्रकार से अपने हित साधे **पहला**, इंग्लैंड के उद्योगों के लिए कच्चे माल का स्थायी प्रबंध और **दूसरा** अंग्रेज भारत के पुरातन स्वावलम्बी आर्थिक ढांचे को तोड़ने में सफल हो गये। परिणामस्वरूप भारतीय कृषकों और दस्तकारों पर इस नीति के प्रतिकूल प्रभाव पड़े फलतः भारत उन्नति की अपेक्षा अवनति की ओर बढ़ गया।

(v) मुक्त बाजार नीति (Laissez Fair Policy): मशीन निर्मित वस्तुएं जब भारत में अधिक मात्रा में बिकने के लिए आने लगीं तो स्थानीय दस्तकारियां उनकी प्रतिस्पर्धा में बहुत अधिक देर तक टिक न सकी। सरकार ने इन उद्योगों को किसी तरह का संरक्षण प्रदान नहीं किया वरन जहां और जब कभी आवश्यकता अनुभव होती, इंग्लैंड के उद्योगों के पक्ष में मुक्त व्यापार की नीति को तिलांजलि दे दी जाती।

(vi) विभेदात्मक सीमा शुल्क (Discriminatory Tariffs): मुक्त बाजार की नीति केवल उन परिस्थितियों में अपनायी जाती थी जब सरकार इस ओर से आश्वस्त होती थी कि स्थानीय उद्योग विदेशी उद्योगों की होड़ में टिक नहीं पाएंगे। इसके विपरीत की परिस्थितियों में स्थानीय उद्योगों को हतोत्साहित करने के उद्देश्य से विभेदात्मक सीमा शुल्कों की नीति का सहारा लिया जाता था। भारत में निर्मित वस्तुओं के निर्यात पर ऊंची दर के सीमा शुल्क (Custom duty) लगाये जाते थे जबकि इंग्लैंड में निर्मित वस्तुओं का आयात बिना किसी शुल्क लगाए ही किया जाता था। अतः मुक्त बाजार की नीति की कमियों को विभेदात्मक सीमा शुल्क के माध्यम से पूरा करने का प्रयास किया जाता था, परिणामस्वरूप भारतीय उद्योगों के विकास का मार्ग बंद हो गया।

ब्रिटिश सरकार द्वारा अपनायी गयी इन सभी विघटनकारी नीतियों के परिणाम, भारतीय अर्थव्यवस्था पर शीघ्र ही उजागर होने लगे जैसे:

- स्थानीय उद्योगों का पतन।
- उद्योगों के पतन ने कृषि क्षेत्र में आश्रितों के बोझ को बढ़ा दिया।
- कृषि उत्पादन में भारी कमी आयी।
- पुरातन समृद्ध एवं आत्मनिर्भर आर्थिक व्यवस्था का ह्रास हो गया।
- नवीन आर्थिक व्यवस्था ने बेरोजगारी, गरीबी, संसाधनों के अत्यधिक दोहन एवं गतिहीनता को भारतीय अर्थव्यवस्था की विशेषता बना दी।

संक्षेप में, भारत में फैली हुई गरीबी तथा गतिहीनता के लिए ब्रिटिश सरकार की नीतियों को उत्तरदायी ठहराना ही न्यायोचित होगा। अंग्रेजों को भारत के आर्थिक ढांचे को तोड़ने से ही संतोष नहीं हुआ वरन वे भारत की सम्पत्ति, धन-दौलत को ढो-ढो कर अपने देश ले जाने लगे। इस प्रक्रिया को धन के निष्कासन (Drain of Wealth) अथवा आर्थिक निष्कासन (Economic Drain) का नाम दिया जाता है।

तथ्य सार संग्रह

- भारत में गरीबी ब्रिटिश शासन की देन है।
- अंग्रेजों ने भारतीय अर्थव्यवस्था को अपनी कालोनी मात्र का ही दर्जा दिया और सभी संभव तरीकों से भारतीय अर्थव्यवस्था का औपनिवेशवादी शोषण किया।

- ब्रिटिश पूर्व भारतीय अर्थव्यवस्था की प्रकृति ग्रामीण थी तथा देश की 90% जनसंख्या गांवों में निवास करती थी।
- कृषि एवं दस्तकारी कार्य, गांवों में प्रमुखता से किये जाते थे।
- भारत मे बुने हुए वस्त्र रेशमी, सूती तथा मलमल विश्व मे सर्वोच्च कोटि के उत्पाद माने जाते थे।
- अन्य प्रसिद्ध उद्योगों में संगमरमर कार्य, पत्थर तराशने का कार्य, लकड़ी पर नक्काशी तथा सोने-चांदी के आभूषण प्रमुख थे।
- उच्च आय प्रदान करने वाली निर्यातित वस्तुओं में मसाले, नील, रेशम, कपास, शोरा तथा अफीम शामिल थे।
- औपनिवेशिक काल में भू-राजस्व की सीमा कुल उत्पादन के तीसरे भाग से छठे भाग तक वसूली जाती थी तथा कभी-कभी यह कुल उत्पादन का आधा हिस्सा तक होता था।
- 18वीं शताब्दी में इंग्लैण्ड में औद्योगिक क्रांति आरम्भ हुई जिसके लिए यह आवश्यक था कि इंग्लैण्ड के उद्योगों को एक ओर तो सस्ता और अच्छा कच्चा माल नियमित मिलता रहे और दूसरी ओर उनके द्वारा निर्मित माल की खपत होती रहे।
- अंग्रेजों की 'व्यापारिक नीतियां' औपनिवेशवादी शोषण का मुख्य उपकरण थी। ब्रिटिश सरकार व्यापार के नाते दो उद्देश्यों को पूरा करना चाहती थी-**(i)** इंग्लैण्ड में स्थापित उद्योगों की आवश्यकता की पूर्ति के लिए बड़ी मात्रा में कृषिजन्य कच्चे माल की व्यवस्था करना और **(ii)** इंग्लैण्ड के उद्योगों द्वारा निर्मित वस्तुओं की बिक्री के लिए बाजार की व्यवस्था करना।
- ब्रिटिश शासन की रचनात्मक भूमिका पर दृष्टिपात किया जाये तो यह स्पष्ट होगा कि अंग्रेजों ने भारत में परम्परावादी और रूढ़िवादी समाज के स्थान पर नवीन सामाजिक व्यवस्था की आधारशिला रखी, अंग्रेजी पद्धति मे शिक्षा का विस्तार किया, रेल व्यवस्था, कुशल एवं आधुनिक संचार व्यवस्था के साथ-साथ देश की राजनीतिक और आर्थिक एकता भी ब्रिटिश शासन की ही देन है।

महत्वपूर्ण शब्दावली

- **गतिहीनता (Stagness):** जड़ता की वह स्थिति जब प्रति व्यक्ति आय में कोई वृद्धि नहीं होती है।
- **अति जनसंख्या (Over Population):** देश में उपलब्ध संसाधनों की तुलना में जनसंख्या का बड़ा आकार।
- **सीमा शुल्क (Custom Duty):** विदेशों से आयात किए गए सामान पर लगने वाला कर।
- **धन का निष्कासन (Drain of Wealth):** भारत की सम्पत्ति को बड़ी मात्रा में बाहर भेजा जाना।
- **आर्थिक शोषण (Economical Exploitation) :** वह प्रक्रिया जिसके द्वारा एक देश के संसाधनों का प्रयोग किसी दूसरे देश के आर्थिक विकास के लिए किया जाता है।
- **आर्थिक साम्राज्यवाद (Economic Imperialism):** वह आर्थिक स्थिति साम्राज्यवाद कहलाती है जब कोई बड़ा देश अपने उपनिवेशों से सस्ता श्रमयुक्त कच्चा माल आयात करके उससे अंतिम वस्तुएं निर्मित करके उन्हीं उपनिवेशों को निर्यात करता है या उन पर जबरन थोपता है। इस स्थिति को उत्पन्न करने में बहुराष्ट्रीय निगम भी सहायक होते हैं। इस प्रक्रिया मे उपनिवेश निर्धन हो जाते हैं जबकि उनके शासक देशों के पास आर्थिक सत्ता केन्द्रित हो जाती है।
- **आर्थिक प्रतिबंध (Economic Sanctions):** निर्यात एवं आयात अथवा पूंजी के हस्तांतरण पर लगाए गए द्विपक्षीय अथवा बहुपक्षीय प्रतिबंध आर्थिक प्रतिबंध कहलाते हैं। प्राय: आर्थिक प्रतिबन्ध किसी शक्तिशाली देश द्वारा राजनीतिक दबाव बनाने हेतु आर्थिक रूप से पिछड़े हुए देश पर लगाए जाते हैं या किसी शक्तिशाली देश के दबाव मे आकर किसी देश की सरकार या बहुराष्ट्रीय संस्थाएं किसी अन्य देश पर लगाती हैं।
- **आर्थिक लगान (Economic Rent):** आर्थिक संसाधनों की सेवाओं के लिए किया गया ऐसा भुगतान जो उसकी दुर्लभता हेतु प्रदान किया जाता है, आर्थिक लगान कहलाता है। आर्थिक लगान एक अतिरिक्त भुगतान है जो उसके स्वामी को सीमितता या दुर्लभता के कारण प्राप्त होता है।
- **प्रतिभा पलायन (Brain Drain):** ऐसा देखा गया है कि प्राय: पिछड़े देशों के प्रतिभाशाली युवक-युवतियां विकसित देशों में जाकर बेहतर रोजगार प्राप्त करते हैं। ऐसे रोजगार में मुख्य रूप से सॉफ्टवेयर, सिविल इंजीनियर, डॉक्टर, प्रोफेसर आदि शामिल हैं जो अपने देश में शिक्षा प्राप्त करने के बाद विकसित देशों

में नौकरी करते हैं। वर्तमान में भारतीय इंजीनियर अमेरिका मे छाये हुए हैं जो इसका स्पष्ट उदाहरण माना जा सकता है। इस प्रकार विकासशील देशों से प्रतिभाओं का पलायन हो रहा है। ऐसी स्थिति को ही प्रतिभा-पलायन कहते हैं।

- **टपकन थ्योरी (Trickle Down Theory):** विकासशील देशों में विकास कार्य के प्रारंभ करते समय यह मान्यता की जाती है कि प्रत्येक योजना का लाभ सबसे निर्धन वर्ग तक पहुंचाया जायेगा। परन्तु प्राय: इन देशों की सामाजिक तथा प्रशासनिक व्यवस्था इस प्रकार की होती है कि योजनाओं के लाभ सम्पन्न लोगों तक ही सीमित रह जाते हैं तथा बहुत थोड़ा अंश निर्धनों तक टप-टप कर पहुंच पाता है।

अभ्यास प्रश्न

◆ स्तरः परम्परागत

1. ब्रिटिश पूर्व भारतीय अर्थव्यवस्था की स्थिति कैसी थी?
   (a) भारत के गांव समृद्ध एवं आत्मनिर्भर थे।
   (b) कृषि एवं दस्तकारी, गांवों की विशेषता थी।
   (c) भारत के रेशमी, ऊनी वस्त्र एव मलमल विश्व प्रसिद्ध थे।
   (d) उपरोक्त सभी
2. ब्रिटिशपूर्व भारतीय अर्थव्यवस्था की सामाजिक विशेषता में शामिल नहीं था-
   (a) कृषक, भू-स्वामी तथा भूमिहीनों की श्रेणी मे बंटे थे।
   (b) व्यवसाय वंशानुगत थे।
   (c) पूंजी का प्रबन्धन जमींदारों और महाजनों द्वारा निम्न ब्याज दर पर किया जाता था।
   (d) गाँव आत्मनिर्भर थे।
3. भारत के प्रसिद्ध उद्योगों में शामिल था-
   (a) संगमरमर कार्य (b) पत्थर तराशी
   (c) लकड़ी पर नक्काशी (d) उपरोक्त सभी
4. भारत द्वारा निर्यात की जाने वाली वस्तुओं में शामिल था—
   (a) युद्ध सामग्री, वस्त्र और आभूषण
   (b) मसाले, नील, रेशम, कपास, शोरा और अफीम
   (c) वस्त्र, मसाले, आभूषण
   (d) कृषि सामग्री, रत्न आभूषण और नील
5. भू-राजस्व की सीमा निर्धारित थी-
   (a) कुल उत्पादन के तीसरे भाग से छठे भाग तक
   (b) कुल उत्पादन के पांचवें भाग तक।
   (c) कुल उत्पादन के तीसरे भाग तक।
   (d) उक्त में से कोई नही
6. ईस्ट इण्डिया कम्पनी को पूर्वी व्यापार पर एकाधिकार प्राप्त हुआ—
   (a) 1 अप्रैल 1600 (b) 1 जनवरी 1600
   (c) 31 दिसंबर 1600 (d) 1 मार्च 1600
7. अंग्रेजों का भारत आगमन का मुख्य कारण था-
   (a) इंग्लैण्ड के उद्योगों के लिए सस्ता कच्चा माल उपलब्ध करना।
   (b) भारतीय बाजारों में इंग्लैण्ड से निर्मित माल की खपत।
   (c) a और b दोनों सही हैं।
   (d) a और b दोनों गलत हैं।
8. अंग्रेजों ने व्यापारिक हित साधने के लिये निम्न में से कौन-से कदम उठाये?
   (a) किसानों को खाद्य फसलों के स्थान पर नकदी फसल उगाने के लिए बाध्य किया।
   (b) नकदी फसलों को घरेलु बाजारों के स्थान पर इंग्लैण्ड में निर्यात किया।
   (c) नियमित ढंग से स्थानीय उद्योगों को नष्ट किया।
   (d) उपरोक्त सभी
9. ब्रिटिश शासन की औपनिवेशवादी शोषण नीति में शामिल है-
   (a) व्यापारिक नीतियां
   (b) सरकारी सामान खरीदने की नीति
   (c) विदेशी मुद्रा में हेर-फेर
   (d) उपरोक्त सभी
10. अर्थव्यवस्था की गतिहीनता से तात्पर्य है-
    (a) आय के नये साधनों का सृजन
    (b) अर्थव्यवस्था का तीव्र विकास
    (c) प्रति व्यक्ति आय में कोई वृद्धि न होना
    (d) उपरोक्त सभी

◆ स्तरः सम्भावित

1. सीमा शुल्क से तात्पर्य है-
   (a) देश से निर्यात की जाने वाली वस्तुओं पर लगने वाला कर।

(b) विदेशों से आयात किये गये सामानों पर लगने वाला कर।
(c) देश के आयात और निर्यात पर लगने वाला कर।
(d) उपरोक्त सभी

2. ब्रिटिशकालीन भारतीय अर्थव्यवस्था में धन के निष्कासन से क्या तात्पर्य है?
(a) भारत की सम्पत्ति को बड़ी मात्रा में बाहर भेजा जाना।
(b) देश की कला-संस्कृति का प्रचार करना।
(c) देश में आधारभूत संरचना के विकास में धन का व्यय करना।
(d) उपरोक्त सभी

3. निर्यात, आयात एवं पूंजी के हस्तांतरण पर लगे प्रतिबंध कहलाते हैं-
(a) भौतिक प्रतिबंध (b) राजनीतिक प्रतिबंध
(c) व्यावसायिक प्रतिबंध (d) आर्थिक प्रतिबंध

4. ब्रिटिश शासन की रचनात्मक भूमिका में शामिल है-
(a) नयी सामाजिक व्यवस्था का प्रारंभ
(b) शिक्षा की अंग्रेजी पद्धति
(c) रेलवे एवं संचार की व्यवस्था करना
(d) उपरोक्त सभी

5. ब्रिटिश शासन की नई भूमि व्यवस्था की विशेषताओं में शामिल है-
(a) भूमि समुदाय की सम्पत्ति न रहकर व्यक्तिगत सम्पत्ति बन गयी।
(b) लगान नगदी में वसूल किया जाने लगा।
(c) लगान की दर निरंतर बढायी गयी।
(d) उपरोक्त सभी

6. ब्रिटिश सरकार ने भारतीय दस्तकारियों का विनाश किस उद्देश्य से किया?
(a) इंग्लैण्ड में स्थापित उद्योगों के हितों का पोषक।
(b) भारत में नये उद्योगो की स्थापना।
(c) भारत में कृषि क्षेत्र को बढावा।
(d) उपरोक्त सभी

7. ब्रिटिश सरकार की भारत को प्रमुख देन थी-
(a) गरीबी का विस्तार तथा गतिहीनता।
(b) दस्तकारियों का विनाश।
(c) मुक्त बाजार नीति
(d) उपरोक्त सभी

8. 1860-1890 की समयावधि में भारत की प्रतिव्यक्ति आय की वार्षिक वृद्धि दर का % था-
(a) 1.5 (b) 0.33
(c) 0.18 (d) 0.64

9. ब्रिटिश सरकार की विघटनकारी नीति का परिणाम रहा-
(a) स्थानीय उद्योगों का पतन।
(b) कृषि उत्पादन में भारी कमी।
(c) समृद्ध एवं आत्मनिर्भर आर्थिक व्यवस्था का ह्रास
(d) उपरोक्त सभी

10. सूची-I को सूची-II से सुमेलित कीजिये-

सूची-I (शब्दावलियां)	**सूची-II (अर्थ)**
A. प्रतिभा पलायन	1. देश में उपलब्ध संसाधनों की तुलना में जनसंख्या का बड़ा आकार।
B. अति जनसंख्या	2. योजनाओं का लाभ निर्धनों तक टप-टप कर पहुंचना।
C. आर्थिक शोषण	3. पिछडे देशों के प्रतिभाशाली युवक-युवतियों द्वारा विकसित देशों में रोजगार प्राप्त करना।
D. टपकन थ्योरी	4. देश के संसाधनों का प्रयोग दूसरे देश के विकास के लिये करना।

कूट:

	A	B	C	D
(a)	1	2	3	4
(b)	3	1	4	2
(c)	3	4	2	1
(d)	1	4	3	2

उत्तरमाला

◆ **स्तरः परम्परागत**

1. (d) 2. (c) 3. (d) 4. (b) 5. (a) 6. (c) 7. (c) 8. (d) 9. (d) 10. (c)

- **स्तर : सम्भावित**

1. (b) 2. (a) 3. (d) 4. (d) 5. (d) 6. (a) 7. (d) 8. (d) 9. (d) 10. (b)

मुख्य परीक्षा हेतु अभ्यास प्रश्न

1. ब्रिटिशपूर्वकालीन भारतीय अर्थव्यवस्था की प्रमुख विशेषताएं क्या थीं?
2. क्या आप मानते हैं कि अंग्रेजों ने भारत में रचनात्मक कार्य, स्वयं के विकास के लिए किए? सिद्ध कीजिए।
3. ''भारत में गरीबी ब्रिटिश शासन की देन है''- चर्चा करें।

अध्याय 2

भारतीय अर्थव्यवस्था का परिचय
(Introduction of Indian Economy)

प्रस्तावना

भारत सदैव से ही सम्पूर्ण विश्व के लिए आकर्षण का केन्द्र रहा है। यहाँ पर कई विदेशी शासक आए जिनमें से कुछ लूट-पाट करने के उद्देश्य से आए तो कुछ भारत में ही बस गये और यहीं के होकर रह गये, परन्तु सन् 1757 में हुए प्लासी के युद्ध ने भारत के भाग्य बदल दिये, क्योकि इस युद्ध के बाद भारत पर ब्रिटिश (अंग्रेजों) का औपनिवेशिक शासन शुरू हो गया, जो 200 वर्षों तक चला।

अंग्रेजी शासन, साम्राज्यवादी (Imperialism) सरकार द्वारा लोगों के सुव्यवस्थित शोषण की लम्बी कहानी है। सभी ब्रिटिश नीतियों का मुख्य उद्देश्य इंग्लैण्ड के हित को पूरा करना था जिसके लिये उन्होंने भारत को अपना उपनिवेश बनाकर भारतीय अर्थव्यवस्था का शोषण किया। इस प्रकार 1947 में जब अंग्रेजों ने भारत को शक्तियों का हस्तांतरण किया तो हमें विरासत में एक रेंगती हुई अर्थव्यवस्था मिली। पं. जवाहरलाल नेहरू ने तत्कालिक भारतीय अर्थव्यवस्था के सम्बन्ध में कहा था कि-**''भारत आधुनिक औद्योगिक पूंजीवाद का एक सक्रिय एजेंट बन गया है, जो अपनी सभी बुराइयों से पीड़ित है तथा जिसका कोई भी अपना लाभ नहीं है।''**

भारतीय अर्थव्यवस्था के आधारभूत लक्षण (Salient Features of Indian Economy)

भारतीय अर्थव्यवस्था को विकासशील अर्थव्यवस्था की श्रेणी में रखने का प्रमुख कारण निम्न प्रति व्यक्ति आय है। इसके अतिरिक्त अन्य कारण भी हैं जो भारतीय अर्थव्यवस्था को विकासशील अर्थव्यवस्था की श्रेणी में रखते हैं। ये कारण निम्नवत् हैं:

- निम्न प्रति व्यक्ति आय
- पूंजी का अभाव
- बेरोजगारी की समस्या
- कृषि की प्रधानता एवं कृषि पर जनसंख्या का अधिक दबाव
- परिसम्पत्तियों का दोषपूर्ण वितरण
- निम्न स्तर की तकनीक
- औसत भारतीय का निम्न जीवन स्तर
- जनाधिक्य की स्थिति
- असन्तुलित आर्थिक विकास
- अत्यधिक दरिद्रता
- उद्योगों का पिछड़ापन
- आर्थिक कुचक्रों पर जोर
- बाजार की अपूर्णताएं
- यातायात एवं संचार के साधनों की कमी
- परम्परावादी समाज

निम्न प्रति व्यक्ति आय

भारतीय अर्थव्यवस्था का अल्पविकसित अर्थव्यवस्था होने का एक प्रमुख कारण प्रति व्यक्ति आय का निम्न होता है।

वर्ष	प्रति व्यक्ति आय
2009	1180 डालर
2013	1420 डालर
2015	1582 डालर

वर्ष 2015 में अमेरिका के प्रतिव्यक्ति आय 55,837 डालर है जो भारत की प्रति व्यक्ति आय की तुलना में कही अधिक है।

विश्व बैक द्वारा प्रतिव्यक्ति राष्ट्रीय आय के आधार पर देशों का विभाजन

आय समूह	प्रति व्यक्ति राष्ट्रीय आय
1. निम्न समूह (Low Income group)	प्रति व्यक्ति 1045 डालर या उससे कम आय वाले देश इस वर्ग में शमिल है।
2. मध्य आय (Middle Income group)	मध्य आय वर्ग को दो भागो में बांटा जा सकता है- (i) **निम्न मध्यम आयः** प्रतिव्यक्ति 1,046 डालर से लेकर 4,125 डालर की आय वाले देश इस वर्ग मे शमिल है। भारत इसी वर्ग में शामिल है (ii) **उच्च मध्यम आयः** प्रति व्यक्ति 4126 डालर से लेकर 12,735 डालर की आय वाले देश इस वर्ग मे शमिल है।
3. उच्च आय (High Income Group)	प्रति व्यक्ति 12736 डालर या इससे अधिक आय वाले देश इस वर्ग मे शमिल है।

पूंजी का अभाव

भारतीय अर्थव्यवस्था में पूंजी का अभाव है। इसका कारण राष्ट्रीय आय में कमी तथा आय का बहुत बड़ा हिस्सा उपभोग में व्यय होना है। यही कारण है कि भारत में बचत दर और पूंजी निर्माण दर की स्थिति कमजोर है जिसके कारण अर्थव्यवस्था में पूँजी का अभाव बना रहता है। सीधे शब्दों में कहा जाये तो यदि आमदनी ही कम होगी तो बचत भी कम होगी, कम बचत पूँजी निर्माण का स्तर न्यूनतम कर देगी और यदि अर्थव्यवस्था में नयी पूंजी का निर्माण ही नहीं होगा तो पूँजी अभाव की स्थिति सदा बनी रहेगी। इस स्थिति को तालिका संख्या 2.1 में दर्शाया जा रहा है।

तालिका 2.1 भारत मे पूंजी निर्माण एवं बचत दर की स्थिति (आधार वर्ष की नयी शृंखला 2011-12 के अनुसार वर्तमान बाजार मूल्य)

वित्तीय वर्ष	पूँजी निर्माण (जीडीपी के % के रूप में)	बचत दर (जीडीपी के % के रूप में)
2011-12	39.6	34.6
2012-13	38.7	33.9
2013-14	33.8	32.1
2014-15	34.4	33.1
2015-16	33.3	32.3

बेरोजगारी की समस्या

भारतीय अर्थव्यवस्था में ग्रामीण क्षेत्रों में प्रायः प्रच्छन्न बेरोजगारी और मौसमी बेरोजगारी के लक्षण स्पष्ट दिखायी देते हैं जबकि शहरी क्षेत्रों में औद्योगिक तथा शिक्षित बेरोजगारी है। इस स्थिति का प्रमुख कारण पूंजी का अभाव, औद्योगिक क्षेत्रों का सीमित विस्तार एवं जनसंख्या वृद्धि है।

कृषि की प्रधानता एवं कृषि पर जनसंख्या का अधिक दबाव

भारत में भूमि-श्रम अनुपात अनुकूल नहीं है अर्थात प्रतिव्यक्ति भूमि बहुत कम है जबकि प्रति हेक्टेयर व्यक्तियों की संख्या अधिक है। भारत की कुल श्रम शक्ति का 52% भाग कृषि में लगा हुआ है जबकि कृषि क्षेत्र का जीडीपी में योगदान वर्तमान मूल्य के आधार पर 17.6% के आस-पास है।

परिसम्पत्तियों का दोषपूर्ण वितरण

भारत में धन एवं आय के वितरण में भारी असमानता पायी जाती है। यद्यपि दूसरी पंचवर्षीय योजना में समाजवादी समाज की स्थापना का लक्ष्य स्वीकार किया गया था, तथापि इस दिशा में अभी तक कोई विशेष प्रगति नहीं हो पायी है। राष्ट्रीय न्यादर्श सर्वेक्षणों के आंकड़ों के अनुसार ग्रामीण जनसंख्या के 39% परिवारों के पास ग्रामीण सम्पत्ति का केवल 5% अंश पाया जाता है जबकि दूसरी ओर शीर्ष 8% परिवारों के पास कुल ग्रामीण परिसम्पत्ति का 46% भाग विद्यमान है। शहरों में आर्थिक असमानता गांवों की अपेक्षा अधिक पायी जाती है।

निम्न स्तर की तकनीक

भारतीय अर्थव्यवस्था में अधिकांश उत्पादन इकाइयों मे निम्न स्तरीय तकनीक का प्रयोग होता है। विकास के अभाव में

देश उत्पादन के उन पुराने और प्रचलित तरीकों का उपयोग करते चले आ रहे हैं जिन्हें यूरोप तथा अमरीका के उन्नत देश पहले से छोड़ चुके हैं। भारत को नयी तकनीक का प्रयोग करने के लिये दो शर्तों को पूरा करना होगा। **पहला**, इनके क्रय के लिये पूंजी की पर्याप्त उपलब्धता और **दूसरा**, पर्याप्त मात्रा में श्रमिकों का प्रशिक्षण। इन दोनों शर्तों को पूरा करने में भारत असमर्थ है क्योंकि पूंजी के अभाव में पुरानी तकनीकों को छोड़कर नयी तकनीक को अपनाने में बाधा हो रही है तो वहीं दूसरी ओर शिक्षा का न्यूनतम स्तर भी प्राप्त न होने के कारण कुशल श्रमिकों का अभाव बना हुआ है।

औसत भारतीय का नीचा जीवन स्तर

भारत एक कृषि प्रधान देश है फिर भी भारत में अधिकतर लोगों को संतुलित भोजन प्राप्त नहीं होता है। राष्ट्रीय नमूना सर्वेक्षण कार्यालय (NSSO) द्वारा वर्ष 2011-12 के लिए पोषक तत्वों के सेवन से संबंधित आंकड़े हाल ही में जारी किये गये। जारी आंकड़ों के अनुसार ग्रामीण व शहरी क्षेत्रों में कैलोरी का उपयोग बढ़ा है, ग्रामीण क्षेत्रों में जहां प्रति व्यक्ति कैलोरी उपभोग 2099 किलो कैलोरी प्रतिदिन है, वहीं शहरी क्षेत्रों के लिए 2058 किलो कैलोरी प्रतिदिन है। परन्तु यह उपभोग योजना आयोग द्वारा निर्धारित 2400 (ग्रामीण क्षेत्र) एवं 2100 (शहरी क्षेत्र) किलो कैलोरी प्रति दिन से अभी भी कम है।

जनाधिक्य की स्थिति

भारत में जनाधिक्य की स्थिति पायी जाती है। 2001 से 2011 के दौरान भारत की दशकीय जनसंख्या वृद्धि दर 17.7% एवं वार्षिक वृद्धि दर 1.64% है। अर्थात इन 10 वर्षों में भारत की जनसंख्या 18.18 करोड़ बढ़ गयी। यह वृद्धि विश्व के पांचवें सर्वाधिक जनसंख्या वाले देश ब्राजील (19.5 करोड़) से थोड़ा ही कम है। 7 जनवरी 2014 को जारी संशोधित भारत की जनसंख्या 121.08 करोड़ के आंकड़े को पार कर गई थी जो विश्व की कुल जनसंख्या का लगभग 17.5% है जबकि भारत के पास विश्व के कुल भूमि क्षेत्रफल का केवल 2.42% क्षेत्र ही है।

असन्तुलित आर्थिक विकास

भारतीय अर्थव्यवस्था आज भी सन्तुलित आर्थिक विकास को प्राप्त करने में असमर्थ है, जिसे निम्न आधारों से स्पष्ट किया जा सकता है-

जीडीपी में विभिन्न क्षेत्रों का योगदान (2017-18)*	: कृषि-17.6%, उद्योग-29.7%, सेवा-52.7%
कुल रोजगार में विभिन्न क्षेत्रों का योगदान (2017-18)*	: कृषि-47.1%, उद्योग-24.4%, सेवा-28.5%
भारत में ग्रामीण एवं शहरी गरीबी (2011-12 रंगराजन समिति)	: ग्रामीण क्षेत्र में 30.9%, शहरी क्षेत्र में 26.4%, गरीबी
भारत के विकसित राज्य	: महाराष्ट्र, तमिलनाडु, गुजरात, पंजाब, हरियाणा
भारत के बीमारू राज्य	: बिहार, मध्य प्रदेश, राजस्थान, उत्तर प्रदेश, उड़ीसा

नोट: *आर्थिक समीक्षा 2017-18 के अनुसार

उपरोक्त उदाहरण से स्पष्ट है कि भारत में अधिकतर क्षेत्रों में असंतुलन की स्थिति व्याप्त है।

अत्यधिक दरिद्रता

संयुक्त राष्ट्र की एक रिपोर्ट के अनुसार दिसम्बर 2015 में "सहस्राब्दि विकास लक्ष्य कार्यक्रम (Millennium Development Goal Programme) की अवधि समाप्त हो जायेगी, बावजूद इसके अभी भी भारत में 300 मिलियन (30 करोड़) लोग अत्यधिक गरीबी में रहते हैं जिनके पास शिक्षा, स्वास्थ्य, पानी, सफाई व बिजली जैसी बुनियादी सेवाओं का अभाव है।

औद्योगीकरण का पिछड़ापन

भारत में आधुनिक ढंग के बड़े पैमाने के उद्योगों का अभाव है साथ ही आधारभूत उद्योगों के पिछड़ेपन के कारण अर्थव्यवस्था में तीव्र विकास के लिए आवश्यक पृष्ठभूमि तैयार नहीं हो पाती है। इसके अतिरिक्त औद्योगिक क्षेत्र के उपक्षेत्रों-खनन, उत्खनन, निर्माण, विनिर्माण एवं बिजली, गैस एवं जलापूर्ति की वृद्धि दर में उतार-चढ़ाव की स्थिति बनी रहती है। औद्योगिक क्षेत्र के पिछड़ेपन को निम्न तालिकाओ के आधार पर दर्शाया गया है।

तालिका 2.2 भारत के आठ आधारभूत उद्योगों की वृद्धि दर (% में)

आठ उद्योग	भारांश	वृद्धि दर (2017-18 अप्रैल-दिसंबर)
1. रिफायनरी उत्पाद	28.0	3.6
2. बिजली	19.9	4.9
3. इस्पात	17.9	7.2
4. कोयला	10.3	1.5
5. कच्चे तेल	9.0	–0.2
6. प्राकृतिक गैस	6.9	4.4
7. सीमेंट	5.4	0.6
8. उर्वरक	2.6	–1.1
समस्त	100.00	

स्रोत : औद्योगिक नीति और संर्वधन विभाग

तालिका 2.3 औद्योगिक क्षेत्र के उपक्षेत्रों की वृद्धि दर (% में)

उपक्षेत्र	2014-15	2015-16	2016-17	2017-18*
खनन व उत्खनन	11.7	10.5	1.8	2.9
विनिर्माण	8.3	10.8	7.9	4.6
विद्युत गैस एवं जल आपूर्ति	7.1	5.0	7.2	7.6
निर्माण	4.7	5.0	1.7	3.6

स्रोत: आर्थिक समीक्षा 2017-18

*अप्रैल से दिसम्बर

तालिका 2.4 औद्योगिक वृद्धि दर (आधार वर्ष 2011-12)

वित्तीय वर्ष	वृद्धि दर
2014-15	7.5%
2015-16	8.8%
2016-17	5.6%
2017-18*	4.4%

स्रोत: आर्थिक समीक्षा 2017-18

*अप्रैल से दिसम्बर 2017

उपरोक्त तीनों तालिकाओं से स्पष्ट है कि जहाँ भारत के आठ आधारभूत उद्योगों में कच्चे तेल, उर्वरक, जैसे महत्वपूर्ण उद्योगों की वृद्धि दर बहुत कम है, वहीं औद्योगिक क्षेत्र के उपक्षेत्रों की वृद्धि दर विद्युत गैस एवं जलापूर्ति को छोड़कर शेष अन्य उप क्षेत्रों की वृद्धि दर आशानुरूप नहीं है। विभिन्न वित्तीय वर्षों में विशेषकर 2016–17 और 2017–18 में औद्योगिक वृद्धि दर निम्न स्थिति में बनी हुई है। अत: यह सभी स्थितियाँ भारत के औद्योगिक क्षेत्र के पिछड़ेपन को उजागर करती है।

आर्थिक कुचक्रों पर जोर

यह कहा जाता है कि भारत एक गरीब देश इसलिए है क्योंकि वह गरीब है। वास्तव में एक पिछड़े हुए देश की आर्थिक परिस्थिति का एक सही चित्र है कि देश में अनेक आर्थिक कुचक्र चलते रहते हैं, जिन्हें तोड़ना अत्यंत कठिन होता है।

बाजार की अपूर्णताएं

भारत में बाजार की अनेक अपूर्णताएं एवं कमियां भी देखने को मिलती हैं, जैसे–उत्पादन के साधन, विशेषकर श्रमिक एक स्थान से दूसरे स्थान तथा एक व्यवसाय से दूसरे व्यवसाय में अनेक कारणों से गतिशील नही हो पाते हैं। आर्थिक क्रियाओं में विशिष्टिकरण की कमी पायी जाती है। इससे साधनों का सर्वोत्तम उपयोग नहीं हो पाता है।

यातायात एवं संचार के साधनों की कमी

भारत जैसे विशाल देश में यातायात एवं संचार के साधनों का बड़ा महत्व है किन्तु अभी तक इन साधनों का यथोचित विकास नहीं हो पाया है। देश के अनेक भाग ऐसे हैं, जहां प्रचुर मात्रा में खनिज पदार्थ उपलब्ध हैं, किन्तु यातायात के साधनों के अभाव के कारण इन क्षेत्रों में उद्योगों की स्थापना नहीं हो पायी है।

परम्परावादी समाज

भारत के परम्परावादी समाज में अनेक सामाजिक प्रथाएं, कुरीतियां तथा अन्धविश्वास बुरी तरह से व्याप्त हैं जिनका अर्थव्यवस्था पर बहुत बुरा प्रभाव पड़ता है। यहां लोग बाल विवाह, मतृक भोज, विवाह पर दावतें तथा आभूषण निर्माण जैसे अनुत्पादक कार्यों के लिये कर्ज लेकर अपव्यय कर देते हैं और ऋणग्रस्तता के जाल मे फंस जाते हैं।

उपरोक्त सभी स्थितियां आजादी की 67 वर्षों के बाद भी देखने को मिलती हैं जबकि अर्थव्यवस्था मे कई आर्थिक परिवर्तन जैसे उदारीकरण, निजीकरण, वैश्वीकरण, निवेश नीति, व्यापार नीति, उद्योग नीति, कर नीति भूमि अधिग्रहण, बीमा एवं बैंकिंग जैसे क्षेत्रों में संरचनात्मक परिवर्तनों को अपनाया गया है।

आर्थिक प्रणाली का अर्थ
(Meaning of Economic system)

आर्थिक प्रणाली को ऐसी व्यवस्था के रूप में परिभाषित किया जा सकता है जिससे अर्थव्यवस्था की केन्द्रीय समस्याओं को हल किया जाता है। आर्थिक प्रणाली विभिन्न प्रकार की होती है।

आर्थिक प्रणाली के प्रकार (Types of Economic System)

आर्थिक प्रणाली मुख्यत: तीन प्रकार की होती है:

1. पूंजीवादी अर्थव्यवस्था (Capitalist Economy)
2. समाजवादी अर्थव्यवस्था (Socialist Economy)
3. मिश्रित अर्थव्यवस्था (Mixed Economy)

1. पूंजीवादी अर्थव्यवस्था (Capitalist Economy)

अर्थ एवं विशेषतायें पूँजीवादी अर्थव्यवस्था सम्पत्ति तथा निजी लाभ पर आधारित राजनैतिक प्रणाली है। इस प्रणाली में, कीमतों का निर्धारण मांग तथा पूर्ति की बाजार शक्तियों द्वारा किया जाता है। इस प्रकार की प्रणाली को **स्वतंत्र बाजार प्रणाली** भी कहते हैं। यह प्रणाली उत्तरी अमरीका, जापान, आस्ट्रेलिया, पश्चिमी यूरोप आदि में उपस्थित है। पूंजीवादी अर्थव्यवस्था की विशेषताएं इस प्रकार हैं:

सम्पत्ति पर निजी स्वामित्व (Private Ownership of Property): पूंजीवादी अर्थव्यवस्था में, उत्पादन के सभी साधन (जैसे-भूमि, मजदूर, पूंजी तथा संगठन आदि) निजी क्षेत्र द्वारा खरीदे तथा प्रबंधित किए जाते हैं। सभी उपयोगिताओं तथा आधारभूत सुविधाओं पर निजी फर्मों का स्वामित्व होता है।

उद्यमों की स्वतंत्रता (Freedom of Enterprise): पूंजीवादी अर्थव्यवस्था में प्रत्येक व्यक्ति अपनी इच्छानुसार कार्य का चयन कर सकता है। व्यक्ति बचत तथा निवेश के चयन के लिए भी स्वतंत्र होते हैं।

लाभ के उद्देश्य से उत्पादन (Profit Motive of Production): पूंजीवादी अर्थव्यवस्था में निजी फर्म केवल लाभ अर्जन के एकमात्र उददेश्य से निर्देशित होती है। यह आर्थिक क्रियाओं तथा जोखिम वहनता को प्रोत्साहित करती है। इसका परिणाम संसाधनों का कुशलतम् उपयोग होता है।

कीमत संयंत्र उत्पादन के निर्णयों को निर्देशित करता है (Price Mechanism Guides Production Decisions): पूँजीवादी अर्थव्यवस्था में, कीमत संयंत्र, उत्पादन निर्णयों को निर्देशित करता है। जैसे-क्या उत्पादन करना है? कितना उत्पादन करना है? और कैसे उत्पादन करना है? कीमत संयंत्र एक प्रक्रिया है जहां कीमतों का निर्धारण माँग तथा पूर्ति की बाजार शक्तियों द्वारा किया जाता है। यह संतुलित कीमत होती है तथा इसमें सरकार का कोई हस्तक्षेप नहीं होता। व्यक्ति अपने स्व-कल्याण को अधिकतम करने के लिए स्वतंत्र होते हैं। इस प्रकार, समाज के कल्याण में वृद्धि होती है। कीमत संयंत्र में ''कीमत'' उत्पादकों को निर्णय लेने में सहायता करती है कि उन्हें किस वस्तु का उत्पादन करना है तथा यह उपभोक्ताओं को सहायता करती है कि उन्हें किस वस्तु का उपभोग करना है।

प्रतियोगिता की उपस्थिति (Presence of Compection): पूँजीवादी अर्थव्यवस्था में प्रतियोगिता की उपस्थिति होती है। प्रतियोगिता तथा कीमत संयंत्र उत्पादकों एवं उपभोक्ताओं की सभी क्रियाओं को कुशल एवं इष्टतम ढंग से समन्वित करते हैं।

उपभोक्ता सर्वोपरि हैं *(Consumers are Supreme):* पूँजीवादी अर्थव्यवस्था में, उपभोक्ता की प्राथमिकताएँ उत्प. ादन को निर्देशित करती हैं। इसे उपभोक्ता की प्रभुसत्ता कहा जाता है। उपभोक्ता अपनी इच्छा एवं पसंद से उपभोग करने के लिए स्वतंत्र होते हैं।

आय का असमान वितरण (Unequal Distribution of Income): पूँजीवादी अर्थव्यवस्था में, उत्तराधिकारी का अधिकार होता है अर्थात् कानूनी तौर पर, स्वामी की मृत्यु के बाद पुत्र सम्पत्ति का स्वामी बन जाता है।

सरकार की भूमिका की अनुपस्थिति (Absence of Role of Government): सरकार निजी उद्यमों की कार्यप्रणाली में कोई हस्तक्षेप नहीं करती। यहाँ कोई केंद्रीय नियोजन प्रणाली नहीं होती। प्रत्येक क्रिया का निर्धारण कीमत संयंत्र द्वारा होता है।

पूँजीवादी अर्थव्यवस्था के लाभ (Merits of Capitalist Economy) पूँजीवादी अर्थव्यवस्था के मुख्य लाभ इस प्रकार हैं:

आर्थिक क्रियाओं को प्रोत्साहन (Encourages Economic Activities): सभी फर्में तथा व्यक्ति लाभ उद्देश्य का अनुसरण करते हैं, जिससे पूंजीवादी अर्थव्यवस्था में आर्थिक क्रियाओं को बढ़ावा मिलता है।

अधिकतम कुशलता (Maximum Efficiency): पूंजीवादी अर्थव्यवस्था के अंतर्गत, अधिकतम कुशलता होती

है क्योंकि प्रतियोगिता बहुत कड़ी होती है। बाजार में केवल वही रह सकते हैं, जो न्यूनतम लागत पर उत्पादन कर सकते हैं तथा न्यूनतम कीमत पर विक्रय कर सकते हैं।

गतिशील अर्थव्यवस्था (Dynamic Economy): पूँजीवादी अर्थव्यवस्था में, खोजें तथा आविष्कार लगातार होते रहते हैं, जिससे अर्थव्यवस्था में गतिशीलता बनी रहती हैं।

तीव्र आर्थिक विकास (Rapid Economic Growth): पूँजीवादी अर्थव्यवस्था में, उत्पादन, आर्थिक विकास तथा प्रग. ति का बहुत तेजी से विकास होता है। जिससे व्यक्तियों का जीवन स्तर ऊँचा होता है।

पूँजीवादी अर्थव्यवस्था की हानियाँ (Demerits of Capitalist Economy) कार्ल मार्क्स के अनुसार, "पूंजीवाद की अपनी हानियां हैं।" पूंजीवादी अर्थव्यवस्था की कुछ हानियां इस प्रकार हैं:

आय तथा धन का असमान वितरण (Unequal Distribution of Income and Wealth): पूंजीवादी अर्थव्यवस्था में, आय तथा धन का असमान वितरण होता है। इसलिए उत्पादन निर्धन समाज की आवश्यकताओं की अपेक्षा धनी समाज की माँग से अधिक प्रभावित होता है। ऐसी असमानता नैतिक, आर्थिक, सामाजिक तथा राजनैतिक दृष्टिकोण से अनैच्छिक होती है। समाज दो वर्गों में बँट जाता है–धनी तथा निर्धन। इनके बीच की दूरी निजी या पैतृक सम्पत्ति के कारण बढ़ती जाती है। इससे वर्ग–संघर्ष तथा निर्धनों का शोषण आरंभ हो जाता है।

व्यावसायिक अस्थिरता (Business Instability): सरकार की कोई भूमिका न होने पर उत्पादन का निर्णय करोड़ों उद्यमियों द्वारा लिया जाता है। इसके परिणामस्वरूप अति उत्पादन, अल्प उत्पादन तथा व्यावसायिक अस्थिरता उत्पन्न होती है।

उपभोक्ता शोषण (Consumer Exploitation): पूंजीवादी अर्थव्यवस्था में एकाधिकारियों के साथ अनुकूल पक्षपात किया जाता है, जिनका एकमात्र उद्देश्य लाभ को अधिकतम करना होता है। एकाधिकारी कम उत्पादन के लिए अधिक कीमत लेकर उपभोक्ताओं का शोषण करता है।

उत्पादन के संसाधनों का अनुचित आबंटन (Misallocation of Productive Resources): पूंजीवादी अर्थव्यवस्था में, संसाधनों का आबंटन वहीं किया जाता है, जहां लाभ अधिकतम होता है, जिससे सामाजिक कल्याण नहीं होता। इसका परिणाम सामान्यत: उत्पादक संसाधनों का अनुचित आबंटन होता है।

2. समाजवादी अर्थव्यवस्था (Socialist Economy)

अर्थ एवं विशेषताएँ (Meaning and Features): समाजवादी अर्थव्यवस्था सम्पत्तियों पर सार्वजनिक स्वामित्व तथा सामाजिक कल्याण के उददेश्य पर आधारित एक नियोजित अर्थव्यवस्था है। कीमतों का निर्धारण केंद्रीय नियोजन प्राधिकरण द्वारा किया जाता है। समाजवादी अर्थव्यवस्था हंगरी, यूगोस्लाविया, बुलगारिया आदि देशों में है। समाजवादी अर्थव्यवस्था की प्रमुख विशेषताएं इस प्रकार हैं:

सम्पत्ति तथा उत्पादन के साधनों पर सार्वजनिक स्वामित्व (Public Ownership of Property or Factors of Production): समाजवादी अर्थव्यवस्था में उत्पादन के साधनों पर समाज का स्वामित्व होता है। विभिन्न उद्यमों द्वारा कमाया गया लाभ राज्य के पास आता है, जहाँ इन्हें समाज कल्याण के उद्देश्यों के लिए प्रयोग किया जाता है।

उद्यमियों को कोई स्वतंत्रता नहीं (No Freedom of Enterprise): समाजवादी अर्थव्यवस्था में, उद्यमियों को उत्पादन संयोग के चयन की कोई स्वतंत्रता नहीं होती। केंद्रीय प्राधिकरण यह निर्णय करता है कि इसके द्वारा निर्धारित सामाजिक एवं आर्थिक उद्देश्यों के लिए क्या, कितना तथा किसके लिए उत्पादन करना है।

समाज कल्याण का उद्देश्य (Social Welfare Motive): समाज कल्याण ही उत्पादन क्रियाओं का एकमात्र आधार है। इसलिए संपूर्ण आय राज्य को प्राप्त होती है ताकि वह समाज के कल्याण के लिये धन का आवंटन कर सके।

नियोजन संयंत्र उत्पादन को निर्देशित करता है (Planning Mechanism Guides Production): कीमत संयंत्र को नियोजन संयंत्र से बदल दिया जाता है। केंद्रीय प्राधिकरण यह निर्णय करता है कि क्या, कितना तथा किसके लिए उत्पादन करना है। उत्पादन के संसाधनों पर सरकार का स्वामित्व होता है तथा सरकार के पास सभी बड़े आर्थिक निर्णय लेने का अधिकार होता है।

कोई प्रतियोगिता नहीं (No Competition): समाजवादी अर्थव्यवस्था में लाभ उददेश्य न होने के कारण प्रतियोगिता को कोई प्रोत्साहन नहीं मिलता।

उपभोक्ता प्रभुसत्ता की अनुपस्थिति (Absence of Consumer's Sovereignty): समाजवादी प्रणाली में उपभोक्ता "क्या उपभोग करना है?" के निर्णय के लिए आत्मनिर्भर नहीं होता। वे केवल उन्हीं वस्तुओं का उपभोग कर सकते हैं, जिनका उत्पादन सरकार द्वारा किया जाता है।

व्यवसाय की स्वतंत्रता पर बाध्यता (Restriction of Freedom of Occupation): समाजवादी अर्थव्यवस्था में, देश के सभी नागरिकों को काम के समान अवसर प्रदान किए जाते हैं।

आय की असमानता में कमी (Inequalities of Income Greatly Reduced): समाजवादी अर्थव्यवस्था में, प्रत्येक व्यक्ति के लिए काम होता है। आय में अंतर कार्य की प्रकृति तथा कार्य की क्षमता के कारण होता है। आय की असमानता को कम करने के लिए बहुत से प्रयास किए जाते हैं। आर्थिक असमानता कम हो जाती है, क्योंकि निजी सम्पत्ति पर कोई अधिकार नहीं होता।

सरकार की पूर्ण भूमिका (Complete Role of the Government): केंद्रीय नियोजन प्राधिकरण पूर्व निर्धारित उददेश्यों तथा अधिकतम समाज कल्याण के उददेश्यों की प्राप्ति के अनुसार संसाधनों का आवंटन करता है। केंद्रीय नियोजन प्राधिकरण यह निर्णय लेता है कि क्या, कैसे और किसके लिए उत्पादन करना है।

समाजवादी अर्थव्यवस्था के लाभ (Merits of Socialist Economy)*:* समाजवादी प्रणाली के कुछ लाभ इस प्रकार हैं:

संसाधनों का इष्टतम उपयोग (Optimum Utilisation of Resources): समाजवादी अर्थव्यवस्था में सभी मानवीय एवं प्राकृतिक संसाधनों का इष्टतम उपयोग होता है। उत्पादन समाज कल्याण के उद्देश्य से होता है न कि लाभ अर्जन के उद्देश्य से। अर्थव्यवस्था में सभी क्षेत्रों के विकास के प्रयास किए जाते हैं। पूंजीवादी अर्थव्यवस्था की कमियों, जैसे–व्यावसायिक उच्चावचन, सट्टा, अनिश्चितता, आदि समाजवादी अर्थव्यवस्था में नहीं पाई जाती।

उपभोक्ता आवश्यकताओं की संतुष्टि (Satisfaction of Consumer's Needs): क्योंकि वस्तुओं और सेवाओं का उत्पादन समाज की आवश्यकताओं के अनुसार होता है न कि केवल धनी व्यक्तियों की आवश्यकता के अनुसार इसलिए समाज की वास्तविक आवश्यकताओं की पूर्ति हो जाती है और मूलभूत आवश्यक वस्तुओं की पूर्ति सामान्य कीमतों पर की जाती है।

आय तथा धन का समान वितरण (Equal Distribution of Income and Wealth): समाजवादी अर्थव्यवस्था में आय तथा धन का वितरण समान होता है।

समाजवादी अर्थव्यवस्था की हानियाँ (Demerits of Social Economy): समाजवादी अर्थव्यवस्था की मुख्य हानियाँ इस प्रकार हैं:

लागत की गलत गणना (Inaccurate Calculation of Cost): समाजवादी प्रणाली में, संसाधन सरकार के पास होते हैं। सरकार संसाधनों तथा सेवाओं की कीमत की सही गणना नहीं कर सकती।

तानाशाही प्रणाली (Bureaucratic setup): समाजवादी प्रणाली में तानाशाही होती है और एक तानाशाही व्यवस्था, व्यावसायिक इकाइयों को कुशलता से नहीं चला सकती, क्योंकि उनमें प्रोत्साहन की कमी होती है साथ ही अर्थशास्त्र तथा प्रबंध में आवश्यक प्रशिक्षण की कमी होती है। चूँकि उन्हें किसी भी प्रकार की प्रतियोगिता का सामना नहीं करना पड़ता। इसलिए वे अकुशल ढंग से कार्य करती हैं।

सरकार के हाथों में शक्ति का केंद्रीकरण (Concentration of Power in Government Hands): स्पष्ट है कि जहां कहीं भी शक्ति एक प्राधिकरण के पास होती है वहां भ्रष्टाचार अवश्य होता है।

3. मिश्रित अर्थव्यवस्था (Mixed Economy)

सोवियत संघ में समाजवादी अर्थव्यवस्था है। वहां उत्पादन के सभी साधनों पर सरकार का स्वामित्व है तथा वहां कोई निजी सम्पत्ति नहीं है। इसे भारतीय लोकतंत्र पर लागू करना संभव नहीं है, क्योंकि भूमि तथा अन्य सम्पत्तियों पर स्वामित्व के चलन को नहीं बदला जा सकता। इसलिए सोवियत संघ जैसा समाजवाद अपनाना संभव नहीं है। पंडित जवाहरलाल नेहरू एवं अन्य नेताओं तथा विचारकों ने पूर्ण पूंजीवादी एवं पूर्ण समाजवाद के अतिरिक्त एक अन्य रास्ता निकाला, जिसे **मिश्रित अर्थव्यवस्था** का नाम दिया गया है।

अर्थ एवं विशेषताएँ: वे अर्थव्यवस्थाएँ जिनमें पूँजीवादी एवं समाजवादी दोनों अर्थव्यवस्थाओं के तत्व उपस्थिति होते हैं, मिश्रित अर्थव्यवस्थाएँ कहलाती हैं। भारत एक मिश्रित अर्थव्यवस्था वाला देश है। मिश्रित अर्थव्यवस्था की मुख्य विशेषताएँ इस प्रकार हैं:

- भूमि का स्वामित्व निजी तथा सार्वजनिक दोनों क्षेत्रों का होता है।
- इसमें निजी क्षेत्रों के उद्यमों को स्वतंत्रता होती है तथा सार्वजनिक क्षेत्रों के उद्यमों को कोई स्वतंत्रता नहीं होती।

- निजी क्षेत्र लाभ अर्जन के उद्देश्य से काम करते हैं जबकि सार्वजनिक क्षेत्र समाज कल्याण के लिए काम करते हैं।
- निजी क्षेत्र में कीमत संयंत्र सभी समस्याओं का हल करता है जबकि सार्वजनिक क्षेत्र में सरकार उत्पादन संबंधी निर्णय लेती है।
- प्रतियोगिता निजी क्षेत्र तक सीमित रहती है।
- उपभोक्ता प्रभुसत्ता होती है।
- व्यावसायिक स्वतंत्रता होती है।
- आय में असमानता होती है।
- सार्वजनिक क्षेत्र में सरकार की पूर्ण भूमिका होती है तथा निजी क्षेत्र में सीमित भूमिका होती है। निजी क्षेत्र में कीमत संयंत्र मुख्य भूमिका निभाता है तथा यह निर्णय करता है कि क्या, कैसे और किसके लिए उत्पादन करना है। जबकि सार्वजनिक क्षेत्र में केंद्रीय नियोजन प्राधिकरण निर्णय करता है कि क्या, कैसे तथा किसके लिए उत्पादन करना है।

मिश्रित अर्थव्यवस्था के लाभ (Merits of Mixed Economy): मिश्रित अर्थव्यवस्था के निम्नलिखित लाभ हैं:

- यह निजी उत्साह तथा लाभार्जन को पूरा विस्तार प्रदान करती है।
- उद्यमों को स्वतंत्रता तथा कीमत संयंत्र को संसाधनों के आवंटन तथा उत्पादन में कुशलता को प्रभावित करने की अनुमति होती है।
- सार्वजनिक क्षेत्र में सामाजिक हित तथा कल्याण उद्देश्य स्वयं के हित तथा निजी लाभ में बदल जाते हैं।
- आर्थिक विकास नियोजन, विकास में स्थिरता तथा संतुलन प्रदान करता है।
- निजी तथा सार्वजनिक क्षेत्र में उपस्थित प्रतियोगिता से उत्पादकता अधिकतम हो जाती है।
- सार्वजनिक एवं निजी दोनों क्षेत्रों की उपस्थिति, बाजार एवं नियंत्रित दोनों अवस्थाओं के बीच की स्थिति प्रदान करती है।

मिश्रित अर्थव्यवस्था की हानियाँ (Demerits of Mixed Economy): मिश्रित अर्थव्यवस्था की मुख्य हानियाँ इस प्रकार हैं:

राष्ट्रीयकरण का भय (Fear of Nationalisation): मिश्रित अर्थव्यवस्था की एक कड़ी आलोचना यह होती है कि वह दीर्घकाल तक मिश्रित नहीं रह सकती। सामान्यत: सार्वजनिक क्षेत्र इस सीमा तक विस्तृत हो जाते हैं कि निजी क्षेत्र को समाहित कर लेते हैं। मिश्रित अर्थव्यवस्था निजी क्षेत्र के उद्योगों को भी नियंत्रित नहीं कर सकती जो सरकारी पहुँच से बाहर हैं।

अकुशलता तथा भ्रष्टाचार (Inefficiency and Corruption): मिश्रित अर्थव्यवस्था में लाल फीताशाही, उच्च स्तर का भ्रष्टाचार तथा प्रतियोगिता की अनुपस्थिति जैसी विशेषताएं होती हैं। इससे आर्थिक विकास की गति धीमी होती है, बरबादी बढ़ती है तथा आर्थिक अकुशलता आती है।

आर्थिक शक्तियों का केंद्रीकरण (Concentration of Economic Power): मिश्रित अर्थव्यवस्था में बड़े-बड़े आधुनिक निगम स्थापित हो जाते हैं, जो छोटे उत्पादकों का शोषण करते हैं और इस प्रकार आर्थिक शक्तियां निजी हाथों, राजनीतिज्ञों तथा कुछ तानाशाहों के हाथों में सीमित हो जाती हैं।

आर्थिक संवृद्धि और आर्थिक विकास (Economic Growth and Economic Development)

अर्थशास्त्र में एक लंबे समय तक प्रगति (progress), संवृद्धि (growth) और विकास (development) शब्दों का प्रयोग पर्यायवाची के रूप में होता रहा है। इनका वर्तमान प्रयोग 1960 से लेकर 1990 तक की अवधि के बीच विकसित हुआ है। इन शब्दों के अर्थ इस प्रकार हैं:

प्रगति (Progress)

प्रगति आज अर्थशास्त्र की कोई विशेष अवधारणा नहीं है। इस शब्द का अर्थ काफी सामान्य है। प्रगति को हमेशा बेहतरी, बढ़ोतरी आदि के रूप में ही प्रयोग किया जाता है। देश, समाज, परिवार या फिर कोई भी क्षेत्र, इत्यादि सभी प्रगति कर सकते हैं। प्रगति कभी भी ऋणात्मक रूप में प्रयुक्त नहीं होती, यह हमेशा धनात्मक मूल्य से प्रेरित होती है। इस प्रकार धनात्मक आर्थिक संवृद्धि और आर्थिक विकास भी प्रगति के सूचक हैं।

संवृद्धि (Growth)

संवृद्धि किसी व्यक्ति, समूह, क्षेत्र या देश में होने वाली मात्रात्मक प्रगति को कहते हैं। अर्थशास्त्री इसका प्रयोग

अर्थव्यवस्था में आने वाली मात्रात्मक प्रगति को दर्शाने के लिए करते हैं और यह हमेशा तुलनात्मक रूप से ही प्रयुक्त होता है। उदाहरण के तौर पर किसी देश की आय का, सड़क की लंबाई का, इस्पात के उत्पादन, इत्यादि की मात्रा (quantity) का पिछले वर्ष की तुलना में इस वर्ष बढ़ जाना ही आर्थिक संवृद्धि है-'मात्रात्मक आर्थिक प्रगति ही आर्थिक संवृद्धि है''। आर्थिक संवृद्धि को माप तौल की परंपरागत प्रणालियों के द्वारा मापा जा सकता है तथा यह धनात्मक या ऋणात्मक दोनों ही हो सकता है।

विकास (Development)

विकास शब्द मात्रा के साथ-साथ गुण (quality) का भी बोध कराता है। किसी व्यक्ति, समूह या देश की अर्थव्यवस्था में अगर आर्थिक विकास हो रहा है तो मात्रात्मक प्रगति के साथ-साथ वहां गुणात्मक प्रगति भी हो रही होगी- मात्रात्मक और गुणात्मक प्रगति का साथ-साथ होना ही विकास है। इसका अर्थ यह हुआ कि विकास में संवृद्धि समाहित है। अतः विकास, संवृद्धि से ज्यादा व्यापक अवधारणा है। जहां किसी देश के सकल उत्पादन (आय) का बढ़ना संवृद्धि दर्शाता है वहीं वहां शिक्षा, स्वास्थ्य, परिवहन, सुरक्षा रहन सहन का उच्च स्तर आदि की बेहतरी उसके विकास का द्योतक है।

संवृद्धि विकास के लिए आवश्यक (Growth is Necessary For Development)

आर्थिक संवृद्धि एवं विकास के अंतर्सम्बन्धों के मद्देनजर हम यह कह सकते हैं कि आर्थिक विकास तभी संभव है जब संसाधनों की उपलब्धता में वृद्धि हो और संसाधनों की उपलब्धता में वृद्धि तभी संभव है जब आर्थिक संवृद्धि की स्थिति विद्यमान हो। लेकिन, इसका यह अर्थ नहीं है कि संवृद्धि अनिवार्य रूप से विकास की पृष्ठभूमि तैयार करती है या विकास के लिए उत्प्रेरक का कार्य करती है। आर्थिक संवृद्धि को आर्थिक विकास में तभी रूपांतरित किया जा सकता है जब आर्थिक संवृद्धि के लाभों का समाज में समतापूर्ण वितरण संभव हो। यह तब तक संभव नहीं, जब तक कि आर्थिक संवृद्धि की प्रकृति बहुआयामी न हो। आर्थिक संवृद्धि अर्थव्यवस्था के किसी क्षेत्र विशेष पर आधारित न होकर अर्थव्यवस्था के सभी क्षेत्रकों में संवृद्धि का परिणाम हो, विशेषकर उन क्षेत्रों में तो अनिवार्य रूप से जिनमें देश की सर्वाधिक श्रमशक्ति संलग्न है।

आर्थिक संवृद्धि एवं आर्थिक विकास के जटिल अंतर्सम्बन्धों को समझने के लिए 1991 की आर्थिक उदारीकरण की प्रक्रिया को उदाहरणस्वरूप लिया जा सकता है। जब देश में 1991 में आर्थिक उदारीकरण का सूत्रपात हुआ तो इस प्रक्रिया में सर्वाधिक लाभ मुख्य रूप से औद्योगिक क्षेत्र और सीमित संदर्भों में सेवा क्षेत्र, विशेषकर सूचना प्रौद्योगिकी एवं संबद्ध सेवाओं को हुआ। इस क्रम मे कृषि क्षेत्र की सर्वाधिक उपेक्षा हुई जबकि 52% से अधिक श्रमशक्ति इस क्षेत्र में संलग्न थी। सेवा क्षेत्र का भी एक बड़ा हिस्सा उदारीकरण के सकारात्मक प्रभावों से अछूता ही रहा और इस क्षेत्र में संलग्न श्रमशक्ति भी। यही कारण है कि आर्थिक उदारीकरण ने भारतीय अर्थव्यवस्था की संवृद्धि दर को तो बढ़ाने का काम किया परन्तु अपेक्षित आर्थिक विकास को प्राप्त करने मे असमर्थ रहा क्योंकि इस संवृद्धि ने अर्थव्यवस्था मे सामाजिक-आर्थिक विषमता के साथ-साथ आर्थिक विकास की दृष्टि से क्षेत्रीय विषमता को बढ़ाने का कार्य किया था। इस उदाहरण से यह स्पष्ट हो जाता है कि जब तक संवृद्धि सभी क्षेत्रों के विकास में सहायक नहीं होती तब तक संवृद्धि, विकास का पर्याय नहीं बन सकती। संक्षेप में आर्थिक संवृद्धि और आर्थिक विकास के अंतर्संबंधों को निम्न परिप्रेक्ष्य मे देखा जा सकता है:-

1. आर्थिक संवृद्धि आर्थिक विकास की पूर्व शर्त है, अर्थात मतलब यह कि आर्थिक संवृद्धि के बिना आर्थिक विकास संभव नहीं है।
2. कोई जरूरी नहीं कि आर्थिक संवृद्धि अनिर्वायतः आर्थिक विकास में परिणत हो। जब तक आर्थिक संवृद्धि के लाभों का समतापूर्वक वितरण होता रहेगा, आर्थिक संवृद्धि के साथ-साथ आर्थिक विकास होता रहेगा। जैसे ही आर्थिक संवृद्धि के लाभ समाज के एक छोटे समूह तक सिमटने लगेंगे, वैसे ही आर्थिक संवृद्धि के बावजूद विकास की प्रक्रिया बाधित होगी।
3. स्वयं आर्थिक विकास भी भविष्य में आर्थिक संवृद्धि की संभावनाओं को विस्तार देता है।

तथ्य सार संग्रह

- वर्ष 2009 में भारत की प्रति व्यक्ति आय 1180 डालर थी जो वर्ष 2011 में बढ़कर 1420 डालर हो गयी।

- क्रय शक्ति समता (Purchasing Power Parity) के आधार पर विश्व जीडीपी में सर्वाधिक योगदान देनी वाली अर्थव्यवस्थाओं में प्रथम स्थान अमेरिका का है और दूसरे, तीसरे, चौथे और पांचवें स्थान पर क्रमशः चीन, भारत, जापान और जर्मनी का स्थान है।
- आर्थिक प्रणाली के आधार पर सम्पूर्ण विश्व की अर्थव्यवस्थाओं को तीन भागों में बांटा जा सकता है-(i) पूंजीवादी अर्थव्यवस्था (ii) समाजवादी अर्थव्यवस्था और (iii) मिश्रित अर्थव्यवस्था

अन्तर के आधार	पूंजीवादी अर्थव्यवस्था	समाजवादी अर्थव्यवस्था	मिश्रित अर्थव्यवस्था
• नियंत्रण	यह एक मुक्त अर्थव्यवस्था है।	यह एक नियंत्रित अर्थव्यवस्था है।	इसमें स्वतंत्रता एवं नियंत्रण दोनों साथ-साथ चलते हैं।
• स्वामित्व	उत्पादन के साधनों पर निजी स्वामित्व होता है।	उत्पादन के साधनों पर सरकार का स्वामित्व होता है।	उत्पादन के साधनों पर स्वामित्व निजी एवं सरकारी दोनों प्रकार का होता है।
• उद्देश्य	उत्पादन का उद्देश्य लाभ प्राप्त करना है।	उत्पादन का उद्देश्य सामाजिक कल्याण में वृद्धि करना होता है।	उत्पादन में निजी क्षेत्र का उद्देश्य लाभ कमाना और सार्वजनिक क्षेत्र का उद्देश्य सामाजिक कल्याण में अभिवृद्धि करना होता है।
• अर्थव्यवस्था का का संचालन	इसमें अर्थव्यवस्था का संचालन "मूल्य तंत्र" द्वारा होता है।	इसमें मूल्य तंत्र को नियमित एवं नियंत्रित किया जाता है।	इसमें दोहरी मूल्य नीति अपनायी जाती है।
• प्रतियोगिता	इसमें स्वतंत्र गला-काट प्रतियोगिता पायी जाती है।	इसमें प्रतियोगिता का अभाव होता है।	इसमें स्वस्थ्य प्रतियोगिता होती है।
• आय का वितरण	इसमें आय का वितरण असमान होता है।	इसमें आय का वितरण समान होता है।	इसमें आय का वितरण समान व असमान दोनों प्रकार का होता है।
• संघर्ष	इसमें वर्ग-संघर्ष होता है।	इसमें वर्ग-संघर्ष नहीं होता है।	इसमें असंतोष व्याप्त रहता है।
• उदाहरण	यूएसए	रूस	भारत

महत्वपूर्ण शब्दावली

- **अर्थशास्त्र (Economics):** उत्पादन, उपभोग और वितरण जैसी प्रमुख आर्थिक क्रियाओं का क्रमबद्ध अध्ययन और विश्लेषण अर्थशास्त्र कहलाता है। यह विषय हमें बताता है कि प्रत्येक आर्थिक इकाई के पास उपलब्ध साधन सीमित होते हैं जबकि उसकी आवश्यकतायें असीमित होती हैं। अर्थशास्त्र के अंतर्गत यह अध्ययन किया जाता है कि एक उपभोक्ता या उत्पादक अपने सीमित संसाधनों के माध्यम से अपनी असीमित आवश्यकताओं की पूर्ति प्राथमिकता के आधार पर किस प्रकार करे कि अन्त में वह अधिकतम सन्तुष्टि को प्राप्त कर सके।
- **अर्थव्यवस्था (Economy):** समस्त आर्थिक क्रियाओं या गतिविधियों को जहां सम्पन्न किया जाता है वह क्षेत्र या स्थान उस देश की अर्थव्यवस्था कहलाता है। सामान्यतः किसी देश की अर्थव्यवस्था में तीन महत्वपूर्ण आर्थिक क्रियाएं सम्पादित की जाती हैं- 1. कृषि, 2. उद्योग एवं 3 सेवा। जो अर्थव्यवस्था जिस आर्थिक क्रिया से सर्वाधिक आय और रोजगार का सृजन करती है वह अर्थव्यवस्था उस आर्थिक क्रिया पर आधारित अर्थव्यवस्था कहलाती है जैसे- भारत में आय और रोजगार सृजन कृषि क्षेत्र से सर्वाधिक होता है इसलिये भारतीय अर्थव्यवस्था कृषि प्रधान अर्थव्यवस्था कहलाती है।
- **विकसित अर्थव्यवस्था (Developed Economy) :** जिन अर्थव्यवस्थाओं में निम्नलिखित विशेषतायें पायी जाती हैं, उन्हें विकसित अर्थव्यवस्था कहा जाता है-
  - जीडीपी में कृषि क्षेत्र की तुलना में उद्योग और सेवा क्षेत्र का अधिक योगदान।
  - दक्ष मानव पूंजी।
  - प्रति व्यक्ति आय अधिक
  - बचत दर, निवेश दर एवं पूंजी निर्माण दर अधिक
  - गरीबी और बेरोजगारी के प्रतिशत में कमी।

- साक्षरता दर अधिक।
- जनसंख्या वृद्धि दर कम।
- आधुनिक तकनीक का प्रयोग
- आधारभूत संरचना विकसित

उपरोक्त विशेषताओं वाली अर्थव्यवस्था को ही विकसित अर्थव्यवस्था कहा जाता है। विकसित अर्थव्यवस्थाओं का सर्वश्रेष्ठ उदाहरण–G-7 समूह है।

नोट: G-7 समूह में शामिल अर्थव्यवस्थाएं– 1. यूएसए 2. यूके 3. फ्रांस 4. जर्मनी 5. इटली 6. कनाडा 7. जापान।

- **विकासशील अर्थव्यवस्था (Developing Economy):** जिन अर्थव्यवस्थाओं में निम्नलिखित विशेषतायें पायी जाती हैं, उन्हें विकासशील अर्थव्यवस्था कहा जाता है–
  - जीडीपी में उद्योग एवं सेवा क्षेत्र का सीमित योगदान और कृषि क्षेत्र का सर्वाधिक योगदान।
  - जनाधिक्य की स्थिति परन्तु अकुशल मानव पूंजी।
  - प्रति व्यक्ति आय का स्तर कम
  - बचत, निवेश एवं पूंजी निर्माण की धीमी दर।
  - गरीबी एवं बेरोजगारी का बढ़ता प्रतिशत।
  - अविकसित आधारभूत संरचना।
  - पुरानी तकनीक का प्रयोग।

  उपरोक्त विशेषताओं वाली अर्थव्यवस्था को विकासशील अर्थव्यवस्था कहा जाता है। विकासशील अर्थव्यवस्थाओं का सर्वश्रेष्ठ उदाहरण ब्रिक्स समूह है।

  नोट : ब्रिक्स समूह में शामिल देश– 1. ब्राजील 2. रूस 3. भारत 4. चीन 5. दक्षिण अफ्रीका।

- **अल्प विकसित अर्थव्यवस्था (Under/Less Developed Economy):** अल्पविकसित अर्थव्यवस्थाएं वे अर्थव्यवस्थाएं हैं जहाँ विकास नाममात्र का हुआ है तथा गरीबी, बेरोजगारी, भुखमरी, महामारी और कुपोषण चरम सीमा पर हैं। इन अर्थव्यवस्थाओं की अन्य प्रमुख विशेषता यह होती है कि वे अपने विकास के लिये विकसित देशों या अंतर्राष्ट्रीय वित्तीय संस्थाओं (IMF, WB, Asian Development Bank) द्वारा दिये जाने वाली आर्थिक सहायता पर निर्भर रहते हैं। उनमे ऋण लेकर विकास करने की क्षमता नहीं होती क्योकि ऋण के बदले में ब्याज भुगतान करने की स्थिति में वे अर्थव्यवस्थायें नहीं होतीं। इन अर्थव्यवस्थाओं में जन्म दर के साथ मृत्यु दर भी अधिक होती है। अल्पविकसित अर्थव्यवस्थाओं का सर्वश्रेष्ठ उदाहरण मानव विकास सूचकांक में सबसे नीचा स्थान प्राप्त करने वाली अर्थव्यवस्थाएं होती हैं। प्रायः अल्पविकसित अर्थव्यवस्था सर्वाधिक अफ्रीका महाद्वीप से सम्बन्धित है।
- **आर्थिक नीति (Economic Policy):** किसी भी सरकार द्वारा पूर्व निर्धारित आर्थिक उद्देश्य या लक्ष्यों की पूर्ति हेतु घोषित रणनीतियाँ या नीतिगत उपाय आर्थिक नीति कहलाते हैं। इसके अन्तर्गत औद्योगिक नीति, मौद्रिक नीति, राजकोषीय नीति, विदेशी निवेश नीति, कृषि नीति, पर्यटन नीति, श्रम नीति तथा वितरण नीति आदि का समावेश होता है।

अभ्यास प्रश्न

◆ **स्तरः परम्परागत**

1. भारतीय अर्थव्यवस्था के आधारभूत लक्षण में शामिल नहीं है–
   (a) निम्न प्रति व्यक्ति आय
   (b) आधुनिक तकनीक का प्रयोग
   (c) बेरोजगारी की समस्या
   (d) कृषि की प्रधानता
2. अल्पविकसित अर्थव्यवस्था होने का सर्वप्रमुख कारण है–
   (a) गरीबी का बढ़ता स्तर
   (b) पूंजी का अभाव
   (c) निम्न प्रति व्यक्ति आय
   (d) औद्योगीकरण का पिछड़ापन
3. मुद्रा की क्रय शक्ति के आधार पर विश्व की शीर्ष अर्थव्यवस्थाओं का सही क्रम क्या है?
   (a) 1. अमरीका, 2. जापान, 3. कनाडा, 4. फ्रांस, 5. जर्मनी
   (b) 1. अमरीका, 2. जर्मनी, 3. ब्रिटेन, 4. फ्रांस, 5. भारत
   (c) 1. अमरीका, 2. भारत, 3. रूस, 4. चीन, 5. फ्रांस
   (d) 1. अमरीका, 2. चीन, 3. भारत, 4. जापान, 5. जर्मनी

4. विश्व की जीडीपी में सर्वाधिक हिस्सा (PPP पर आधारित) देने वाली अर्थव्यवस्थाओं का सही क्रम है–
   1. जापान 2. जर्मनी
   3. भारत 4. अमरीका
   5. चीन
   (a) 4, 1, 2, 3, 5 (b) 4, 5, 3, 1, 2
   (c) 4, 2, 3, 5, 1 (d) 4, 3, 5, 2, 1
5. निम्न में से ग्रामीण बेरोजगारी का उदाहरण है–
   (a) प्रच्छन्न बेरोजगारी (b) मौसमी बेरोजगारी
   (c) शिक्षित बेरोजगारी (d) a और b
6. मानव विकास रिपोर्ट 2017 के अनुसार भारत को कौन–सी श्रेणी में रखा गया है?
   (a) निम्न मध्यम आय
   (b) निम्न आय
   (c) उच्च आय
   (d) उच्च मध्यम आय
7. पूंजी का अभाव प्रत्यक्ष रूप से किस क्षेत्र को प्रभावित करता है?
   (a) बचत दर (b) पूंजी निर्माण
   (c) औद्योगीकरण (d) जनसख्या
8. भारतीय जनसंख्या के सन्दर्भ में सत्य कथन का चुनाव कीजिये–
   1. 2001 से 2011 के दौरान भारत की दशकीय जनसंख्या वृद्धि दर 17.7% है।
   2. भारत की वार्षिक जनसंख्या वृद्धि दर 1.64% है।
   3. विश्व की कुल जनसंख्या का 17.5% जनसंख्या भारत में निवास करती है।
   4. 2011 की जनगणना के अनुसार भारत की कुल जनसंख्या लगभग 121 करोड़ है।

   कूटः
   (a) 1, 4 (b) 2, 3, 1
   (c) 1, 2, 3, 4 (d) 1, 3
9. पूंजीवादी अर्धव्यवस्था का उदाहरण है
   (a) भारत (b) चीन
   (c) पूर्वी यूरोपीय देश (d) पश्चिमी यूरोपीय देश
10. निम्न में से कौन–सा राज्य बिमारू राज्य की श्रेणी में नहीं आता?
   (a) महाराष्ट्र (b) राजस्थान
   (c) मध्य प्रदेश (d) उत्तर प्रदेश
11. निम्न में से कौन–सा राज्य बिमारू राज्य की श्रेणी में शामिल है?
   (a) बिहार (b) उत्तर प्रदेश
   (c) राजस्थान (d) उपरोक्त सभी
12. भारत की जीडीपी मे सर्वाधिक योगदान किस क्षेत्र का है?
   (a) कृषि (b) उद्योग
   (c) सेवा (d) खनन एवं उत्खनन
13. भारत के आधारभूत उद्योगों में शामिल नही है–
   (a) इस्पात (b) कच्चे तेल
   (c) सीमेंट (d) परिवहन
14. निम्न में से कौन–सी अर्थव्यवस्था पूंजीवादी अर्थव्यवस्था का उदाहरण नहीं है?
   (a) यूके (b) जापान
   (c) भारत (d) अमेरिका
15. पूंजीवादी अर्थव्यवस्था की सबसे बड़ी विशेषता है–
   1. सम्पत्ति पर निजी स्वामित्व।
   2. प्रतियोगिता की उपस्थिति।
   3. आय का समान वितरण।
   4. उद्यमों की स्वतंत्रता
   5. सरकार की उपस्थिति।
   (a) 1, 2, 3 (b) 1, 2, 4
   (c) 5, 3, 2, 1 (d) उपरोक्त सभी

◆ स्तर : सम्भावित

1. भारतीय अर्थव्यवस्था उदाहरण है–
   (a) विकसित अर्थव्यवस्था का
   (b) पूंजीवादी अर्थव्यवस्था का
   (c) मिश्रित अर्थव्यवस्था का
   (d) उपरोक्त सभी
2. विकसित अर्थव्यवस्थाओं की विशेषतायें हैं–
   1. उद्योग एवं सेवा क्षेत्र की प्रधानता।
   2. आधारभूत संरचना का अल्पविकास।
   3. प्रतिव्यक्ति आय का कम स्तर।
   4. आधुनिक तकनीकी का प्रयोग।
   5. बचत एवं पूंजी निर्माण की दर अधिक

   कूट :
   (a) 1, 2, 3 (b) 3, 4, 5
   (c) 1, 4, 2 (d) 1, 4, 5

3. निम्न में से कौन भारत की सामाजिक विशेषतायें हैं?
   (a) औद्योगीकरण का पिछड़ापन
   (b) निम्न स्तर की तकनीक
   (c) बाजार की अपूर्णताएं
   (d) बेरोजगारी की समस्या
4. समाजवादी अर्थव्यवस्था की विशेषता है–
   (a) यह एक नियंत्रित अर्थव्यवस्था है।
   (b) उत्पत्ति के साधनों पर सरकार का स्वामित्व।
   (c) उत्पादन का उद्देश्य सामाजिक कल्याण में वृद्धि
   (d) उपरोक्त सभी
5. पूंजीवादी अर्थव्यवस्था के नकारात्मक प्रभावों में शामिल है–
   (a) वर्ग संघर्ष होना।
   (b) धनी वर्ग द्वारा गरीब वर्गों का शोषण
   (c) आय का वितरण असमान।
   (d) उपरोक्त सभी
6. मिश्रित अर्थव्यवस्था की विशेषताओं में शामिल नहीं है–
   (a) भूमि का स्वामित्व निजी और सार्वजनिक दोनों क्षेत्रों का होता है।
   (b) वर्ग संघर्ष
   (c) उपभोक्ता प्रभुसत्ता होती है।
   (d) प्रतियोगिता निजी क्षेत्र तक सीमित होती है।
7. आर्थिक नीति का/के उदाहरण है/हैं–
   (a) कृषि नीति
   (b) औद्योगिक नीति
   (c) मौद्रिक एवं राजकोषीय नीति
   (d) उपरोक्त सभी
8. अल्पविकसित अर्थव्यवस्थाओं की सबसे बड़ी विशेषता है–
   (a) विकास अपने प्रारम्भिक चरण मे होता है
   (b) विकसित एवं अन्तराष्ट्रीय वित्तीय संस्थाओं की सहायता पर निर्भरता
   (c) ऋण लेने की क्षमता का अभाव
   (d) उपरोक्त सभी
9. विकासशील देशों का सर्वश्रेष्ठ उदाहरण है–
   (a) जी-7 (b) ब्रिक्स
   (c) जी-20 (d) अफ्रीकी यूनियन
10. निम्न में से कौन-सा कथन आर्थिक विकास एव आर्थिक संवृद्धि से संबधित है?
   (a) आर्थिक वृद्धि मात्रात्मक संकल्पना है जबकि आर्थिक विकास मात्रात्मक एवं गुणात्मक संकल्पना है।
   (b) आर्थिक संवृद्धि आर्थिक विकास की पूर्व शर्त है।
   (c) जरूरी नहीं कि आर्थिक संवृद्धि, आर्थिक विकास में परिणत हो।
   (d) उपरोक्त सभी
11. मानव विकास रिपोर्ट जारी करने के आधार हैं–
   (a) शिक्षा, गरीबी, कुपोषण
   (b) शिक्षा, स्वास्थ्य, आय
   (c) शिक्षा, आवास, कैलोरीयुक्त भोजन
   (d) उपरोक्त सभी
12. मानव विकास रिपोर्ट जारीकर्ता है–
   (a) यूएनडीपी (b) योजना आयोग
   (c) विश्व बैंक (d) अन्तर्राष्ट्रीय मुद्रा कोष
13. पूंजी अभाव के प्रमुख कारणों को प्राथमिकता क्रम से लगाएं–
   1. निम्न बचत
   2. रोजगार सृजन की निम्नतम दर
   3. निम्न पूंजी निर्माण
   4. निम्न प्रति व्यक्ति आय
   (a) 1, 2, 3, 4 (b) 2, 4, 1, 3
   (c) 3, 1, 2, 4 (d) 4, 3, 2, 1
14. भारत में औद्योगीकरण की वृद्धि दर निम्न रहने के प्रमुख कारण हैं–
   (a) आधुनिक ढंग के बड़े पैमाने के उद्योगों का अभाव।
   (b) आधारभूत उद्योगों का पिछड़ापन
   (c) पूंजी निवेश का निम्न स्तर
   (d) उपरोक्त सभी
15. पूंजीवादी अर्थव्यवस्था में मूल रूप से किस प्रकार की बेरोजगारी देखने को मिलती है?
   (a) शिक्षित बेरोजगारी
   (b) चक्रीय बेरोजगारी
   (c) प्रच्छन्न बेरोजगारी
   (d) उपरोक्त सभी

उत्तरमाला

◆ स्तरः परम्परागत

1. (b) 2. (c) 3. (d) 4. (b) 5. (d) 6. (a) 7. (a) 8. (c) 9. (d) 10. (a)
11. (d) 12. (c) 13. (d) 14. (c) 15. (b)

◆ स्तरः सम्भावित

1. (c) 2. (d) 3. (d) 4. (d) 5. (d) 6. (b) 7. (d) 8. (d) 9. (b) 10. (d)
11. (b) 12. (a) 13. (b) 14. (d) 15. (b)

मुख्य परीक्षा हेतु अभ्यास प्रश्न

1. भारतीय अर्थव्यवस्था के आधारभूत लक्षणों की चर्चा कीजिये तथा इनमें सुधार के सरकारी प्रयासों का मूल्यांकन कीजिए।
2. ''भारत एक मिश्रित अर्थव्यवस्था है।'' उदाहरण सहित स्पष्ट कीजिए।
3. आर्थिक विकास के लिये संवृद्धि आवश्यक शर्त है। उदाहरण सहित समझाइए।

अध्याय
3

राष्ट्रीय आय
(National Income)

प्रस्तावना

''राष्ट्रीय आय'' एक अवधारणा ही नहीं अपितु किसी अर्थव्यवस्था का संपूर्ण परिचय होती है, इसलिये राष्ट्रीय आय को अर्थव्यवस्था का केन्द्र बिन्दु कहना अतिश्योक्ति नहीं होगी। जिस प्रकार एक परिवार की आर्थिक स्थिति का परिचय उस परिवार की कुल आय से लगाया जाता है और समाज, ''परिवार की आय'' को आधार बनाकर उसे मान–सम्मान देता है अर्थात् उस परिवार की ''आय'' समाज में उसकी प्रतिष्ठा का सूचक होती है ठीक उसी प्रकार किसी देश की अर्थव्यवस्था की आर्थिक स्थिति का परिचायक राष्ट्रीय आय होती है और राष्ट्रीय आय की मजबूत स्थिति ही वैश्विक पटल में उस अर्थव्यवस्था को शीर्ष स्थान दिलवाती है। अतः राष्ट्रीय आय का अध्ययन हमारे लिए महत्वपूर्ण हो जाता है।

राष्ट्रीय आय का अर्थ

1949 में गठित राष्ट्रीय आय समिति के अनुसार–**''राष्ट्रीय आय के प्राक्कलन के लिए किसी अवधि विशेष में उत्पन्न वस्तुओं और सेवाओं की मात्रा को दोहरी बार गिने बिना मापा जाता है।''** अतः राष्ट्रीय आय से तात्पर्य किसी देश की अर्थव्यवस्था में एक वित्तीय वर्ष में (1 अप्रैल से 31 मार्च) उत्पादित अंतिम वस्तुओं और सेवाओं के मौद्रिक मूल्य का योग होता है। इसमें विदेशों से अर्जित शुद्ध आय भी शामिल होती है।

राष्ट्रीय आय से सम्बन्धित अवधारणाएं

किसी भी देश की आय को आंकलित करने के अर्थशास्त्र में चार दृष्टिकोण हैं। चारों ही किसी देश की एक ही वित्त वर्ष की आय बताते हैं लेकिन वे एक दूसरे से भिन्न होते हैं क्योंकि उनकी आधारिक अवधारणाओं में अंतर है। चूंकि इन चार प्रकार की आयों का आर्थिक विश्लेषण मे अपना–अपना महत्व है इसलिए इनके प्रयोग का प्रचलन है। ये संक्षेप में–**GDP, NDP, GNP और NNP** हैं। इन अवधारणाओं का स्पष्ट विवरण, इनके स्वरूप और इनके उपयोग आगे वर्णित है–

सकल घरेलू उत्पाद (Gross Domestic Product - GDP)

किसी देश की अर्थव्यवस्था में एक वित्तीय वर्ष में उसकी घरेलू सीमा के भीतर उत्पादित अंतिम वस्तुओं और सेवाओं के मौद्रिक मूल्य का योग ही ''**जीडीपी**'' कहलाता है। किन्तु यहां यह बता देना उचित होगा कि यह सदैव आवश्यक नहीं कि संपूर्ण GDP देशवासियों की उत्पादक सेवाओं का ही परिणाम हो। वास्तव में GDP का कुछ भाग उन विदेशियों की उत्पाद सेवाओं का भी परिणाम हो सकता है जिन्होंने अपनी पूंजी तथा तकनीकी ज्ञान का उपयोग करके देश में कुल उत्पादित वस्तुओं और सेवाओं के कुछ भाग का उत्पादन किया है। अर्थात GDP में किसी देश में रहने वाले देशवासियों एवं उस देश में रहने वाले विदेशियों द्वारा उत्पादित अंतिम वस्तुओं और सेवाओं के मौद्रिक मूल्य को शामिल किया जाता है।

उदाहरण: यदि भारतीय अर्थव्यवस्था के संदर्भ में देखा जाये तो भारतीय जीडीपी में, भारत में रहने वाले भारतीय द्वारा उत्पादित अंतिम वस्तुओं और सेवाओं के मौद्रिक मूल्य को जोड़ने के साथ–साथ भारत में रह रहे विदेशी नागरिकों (अमेरिका, चीन, जापान या किसी अन्य देश) द्वारा उत्पादित अंतिम वस्तुओं और सेवाओं के मौद्रिक मूल्य को शामिल किया जाता है। अर्थात् यदि भारतीय नागरिक 500 रुपये मूल्य की वस्तु का और भारत में रह रहे विदेशी नागरिक 300 रुपये मूल्य की वस्तु का उत्पादन कर रहे हैं तो भारत की जीडीपी (500 + 300 = 800) 800 रुपये की कहलायेगी।

सूत्रः Country + Financial Year + Domestic Boundary + Final Goods & Services Produced by X and M + Total Money Value = GDP

X → भारत में रहने वाले भारतीय

M → भारत में रहने वाले विदेशी

महत्वपूर्ण तथ्यः जीडीपी से सम्बंधित महत्वपूर्ण तथ्य निम्नवत् हैं-

- जीडीपी में होने वाला वार्षिक प्रतिशत परिवर्तन ही किसी अर्थव्यवस्था की वृद्धि दर (Growth Rate) है।
- यह किसी अर्थव्यवस्था की आंतरिक उत्पादन शक्ति को दर्शाता है।
- यह अर्थव्यवस्था की उत्पादकता की मात्रा (Quantity) का अनुमान देता है।
- इस अवधारणा का प्रयोग तुलनात्मक अर्थशास्त्र में आर्थिक अध्ययनों के लिये किया जाता है।

देश की घरेलू सीमा का अर्थः एक देश की जीडीपी ज्ञात करने के लिये उस देश की घरेलू सीमा को जानना अत्यन्त महत्वपूर्ण है क्योंकि जीडीपी के मापन में इस अवधारणा का विशेष महत्व है। साधारण बोलचाल की भाषा में घरेलू सीमा से अभिप्राय उस देश की भौगोलिक या राजनीतिक सीमा से लिया जाता है किन्तु जीडीपी की गणना के सन्दर्भ में इसे विस्तृत अर्थ में लिया जाता है। इसमें निम्नलिखित तत्वों को शामिल किया जाता है-

(i) देश की समस्त राजनैतिक सीमा, समुद्री सीमा सहित।

(ii) देश के निवासियों द्वारा एक या एक से अधिक देशों के बीच चलाये जाने वाले वायुयान और जलयान। **उदाहरणस्वरूप** यदि भारत का वायुयान अमरीका और सिंगापुर जाता है, तो यह क्षेत्र आर्थिक दृष्टि से भारत की घरेलू सीमा के अन्तर्गत आयेंगे जबकि इसके विपरीत अमरीका और सिंगापुर के वायुयान भारत में आते हैं तो यह क्षेत्र आर्थिक दृष्टि से अमरीका और सिंगापुर की घरेलू सीमा का क्षेत्र कहलायेगा क्योंकि जब भारत का वायुयान अमरीका और सिंगापुर जाता है तो उस वायुयान सेवा (परिवहन सेवा) के बदले में प्राप्त राजस्व भारत की जीडीपी में जुड़ता है।

(iii) मछली पकड़ने की नौकाएं, तेल व प्राकृतिक गैस, यान तथा तैरते प्लेटफार्म जो देश के निवासियों द्वारा अंतर्राष्ट्रीय जल सीमा में चलाये जाते हैं और जिसे अन्तर्राष्ट्रीय समझौते के अन्तर्गत अधिकार प्राप्त क्षेत्र में तेल खोजने का अधिकार है, संबंधित देश की घरेलू सीमा के अन्तर्गत आते हैं।

(iv) देश का विदेशों में स्थित दूतावास (Embassies), वाणिज्य दूतावास (Consulates) व सैनिक प्रतिष्ठान (Military Establishment), वैज्ञानिक स्टेशन (Scientific Station), सूचना व आप्रवास कार्यालय (Information & Immigration offices), सहायता एजेंसिया (Aid Agencies) आदि। **उदाहरण**, अमरीका, कनाडा, जापान जैसे देशों में भारत के दूतावास हैं अतः यह क्षेत्र भारत के घरेलू सीमा में आयेंगे, जबकि भारत में स्थित इन देशों के दूतावास संबद्ध देशों की घरेलू सीमा का हिस्सा हैं।

निबल/शुद्ध घरेलू उत्पाद (Net Domestic Product-NDP)

किसी अर्थव्यवस्था की जीडीपी में से एक वर्ष की घिसावट/टूट-फूट (Depreciation) के मौद्रिक मूल्य को घटाकर "**एनडीपी**" को प्राप्त किया जाता है। वास्तव में जिन संसाधनों का प्रयोग उत्पादन के दौरान किया जाता है उनमें उपयोग के दौरान उनका घिसना या टूटना-फूटना स्वभाविक होता है जिसे मूल्य ह्रास कहते हैं। जीडीपी में से इसी प्रकार के मूल्य ह्रास के मौद्रिक मूल्य को घटाकर शुद्ध जीडीपी प्राप्त की जाती है।

उदाहरणः एक वित्तीय वर्ष में 100 वस्तुओं का निर्माण किया गया। इन 100 वस्तुओं का मौद्रिक मूल्य 10,000 रुपये है। यह 10,000 रुपये उस वित्तीय वर्ष की जीडीपी कहलायेगी परन्तु शुद्ध जीडीपी (एनडीपी) प्राप्त करने के लिये उन 100 वस्तुओं के निर्माण के दौरान जिन मशीनों या उपकरणों में टूट-फूट/घिसावट हुई है उस मौद्रिक मूल्य को घटाना पड़ता है। मान लीजिये मूल्य ह्रास 300 रुपये है उस स्थिति में (10,000-300 = 9700) 9700 रूपये एनडीपी कहलायेगी।

सूत्रः GDP - Depreciation = NDP

महत्वपूर्ण तथ्यः एनडीपी से संबंधित महत्वपूर्ण तथ्य निम्नवत् हैं:

- यह अवधारणा घरेलू उपयोग में लायी जाती है क्योंकि मूल्य ह्रास की वार्षिक दर अलग-अलग अर्थव्यवस्थाओं में एक ही समय में अलग-अलग हो सकती है। इसलिए यह तुलनात्मक आर्थिक अध्ययन के लिये प्रयुक्त नहीं की जाती।
- यह अवधारणा यह ज्ञात करने में सहायक है कि घिसावट के मूल्य का आय पर क्या प्रभाव पड़ता है।

- घिसावट के मूल्य का अधिक होना, आय पर नकारात्मक प्रभाव डालता है। अतः घिसावट के मूल्य को कम करना प्रत्येक अर्थव्यवस्था के लिये चुनौती है। इस चुनौती को पूरा करने के लिये देश में नये अनुसंधान एवं विकास कार्य किये जाते हैं।
- प्रत्येक अर्थव्यवस्था की एनडीपी, उसके उस वर्ष के जीडीपी से हमेशा कम होगी क्योंकि अभी तक कोई भी ऐसी अर्थव्यवस्था नहीं है जो घिसावट के मूल्य को शून्य कर सके।

सकल राष्ट्रीय उत्पाद (Gross National Product-GNP)

किसी देश की अर्थव्यवस्था में एक वित्तीय वर्ष में उस देश के नागरिकों द्वारा उत्पादित अंतिम वस्तुओं और सेवाओं के मौद्रिक मूल्य का योग ही **''जीएनपी''** कहलाता है। अतः GNP में देशवासियों द्वारा देश के बाहर उत्पादित वस्तुओं के मूल्य को भी शामिल किया जाता है और देश के भीतर रहने वाले विदेशियों द्वारा अर्जित आय को घटा दिया जाता है।

उदाहरण: यदि भारतीय अर्थव्यवस्था के सन्दर्भ में देखा जाये तो देश के नागरिक चाहे वह भारत में रहें या विदेशों में उनके द्वारा अर्जित आय को जीएनपी में शामिल किया जाता है। विदेशों से अर्जित आय का तात्पर्य- निर्यात आय विदेशों द्वारा भारत को ब्याज की अदायगी, विदेशों में रह रहे भारतीयों द्वारा भेजी जाने वाली धनराशि अर्थात निजी प्रेषण (Private Remittances) को शामिल किया जाता है। साथ ही भारत में रह रहे विदेशियों द्वारा अर्जित आय को घटा दिया जाता है।

मान लीजिये,

भारत में रहने वाले भारतीय नागरिकों की आय : ₹10, 000
विदेशों से अर्जित आय : ₹5000
भारत में रह रहे विदेशी नागरिकों की आय : ₹6000
[10000 + 5000 - 6000 = 9000]

नोट: ₹ 9000 भारत की GNP कहलायेगी।

सूत्र: Country + Financial Year + GDP + (X - M) + Final Goods & Services + Total Money Value = GNP

X = विदेशों मे रहने वाले भारतीय (निर्यात)

M = भारत मे रहने वाले विदेशी (आयात)

महत्वपूर्ण तथ्य: जीएनपी से सम्बन्धित महत्वपूर्ण तथ्य निम्नवत् हैं

- जीएनपी किसी अर्थव्यवस्था की बाह्य शक्ति (External Strength) को दर्शाता है।
- जीएनपी यह दर्शाने में भी मददगार है कि उस देश की वस्तुओं की गुणवत्ता कैसी है?

निबल/शुद्ध राष्ट्रीय उत्पाद (Net National Product – NNP)

किसी अर्थव्यवस्था की जीएनपी में से एक वर्ष की घिसावट/टूट-फूट (Depreciation) के मौद्रिक मूल्य को घटाकर **''एनएनपी''** को प्राप्त किया जाता है।

उदाहरण: एक वित्तीय वर्ष की जीएनपी 10,000 रुपये है और उसी वित्तीय वर्ष में वस्तुओं के उत्पादन में प्रयुक्त उपकरणो व मशीनो के कलपुर्जो की टूट-फूट का मौद्रिक मूल्य 500 रुपये है। अतः 10000 रुपये की जीएनपी में से 500 रुपये की घिसावट को घटाकर प्राप्त राशि 9500 रुपये एनएनपी कहलायेगा।

सूत्र: GNP - Depreciation = NNP

महत्वपूर्ण तथ्य: एनएनपी से सम्बन्धित महत्वपूर्ण तथ्य निम्नवत् है

- एनएनपी वास्तविक रूप से राष्ट्रीय आय को परिभाषित करती है।
- एनएनपी में केवल एक देश के नागरिक की आय जुड़ी होती है और मूल्यह्रास का मौद्रिक मूल्य घटा होता हैं। अतः यह राष्ट्रीय आय की सर्वमान्य परिभाषा बन जाती है।
- एनएनपी, किसी देश की आन्तरिक व बाह्य दोनो ही उत्पादन क्षमता को प्रस्तुत करने में सक्षम है। अतः इस संकल्पना को राष्ट्रीय आय कहना अतिश्योक्ति नही होगी।

सकल घरेलू उत्पाद (GDP) एवं सकल राष्ट्रीय उत्पाद (GNP) में बड़ा कौन ?

यह सदैव ही चर्चा का विषय रहता है कि किसी देश की GDP और GNP में ''मौद्रिक मूल्य'' के आधार पर कौन बड़ा है? इस प्रश्न का उत्तर यह है कि- किसी देश के GDP या GNP में से कोई भी बड़ा हो सकता है। यह इस बात पर निर्भर करेगा कि उस देश का तकनीकी विकास और मानव पूंजी कैसा है? अमेरिका जैसे विकसित देशों ने तकनीकी विकास कर GNP को बढ़ा दिया है इसके ठीक विपरीत भारत जैसे विकासशील देशों की GDP अधिक होती है, न कि GNP। आइये इसे उदाहरण से समझते है:

उदाहरण:

अमेरिकी अर्थव्यवस्था

- अमेरिकी में रहने वाले अमेरिकी नागरिकों द्वारा उत्पादित वस्तुओं का मूल्य (₹ में) : 15,000
- अमेरिका में रह रहे भारतीयों द्वारा उत्पादित वस्तुओं का मूल्य (₹ में) : 2000
- भारत में रह रहे अमेरिकी नागरिकों द्वारा उत्पादित वस्तुओं का मूल्य (₹ में) : 8000

अमेरिका की GNP : 15000 + 8000 = 23000 रुपये

अमेरिका की GDP : 15000 + 2000 = 17000 रुपये

भारतीय अर्थव्यवस्था

- भारत में रहने वाले भारतीय नागरिकों द्वारा उत्पादित वस्तुओं का मूल्य (₹ में) : 10,000
- भारत में रह रहे अमेरिकी नागरिक द्वारा उत्पादित वस्तुओं का मूल्य (₹ में) : 8000
- अमेरिका में रह रहे भारतीयों द्वारा उत्पादित वस्तुओं का मूल्य (₹ में) : 2000

भारत की GDP : 10000+ 8000 = 18000 रुपये

भारत की GNP : 10000+2000 = 12000 रुपये

उपरोक्त उदाहरण से स्पष्ट है कि अमेरिका की GNP अधिक है क्योंकि अमेरिका तकनीकी रूप से अधिक विकसित होने के कारण अधिक उत्पादन करता है जबकि भारत का GDP अधिक इसलिये है क्योंकि भारतीय GDP में, भारत में रहने वाले अमेरिकी नागरिको की आय जुड़ी हुई है और वे अच्छी तकनीक का प्रयोग कर भारत में अधिक उत्पादन कर रहे हैं।

GDP और GNP के मध्य अन्तर

GDP और GNP के मध्य अन्तर को स्पष्ट करने के लिये निम्नलिखित उदाहरणों का प्रयोग किया जा सकता है–

उदाहरण (1): यदि चीन की खिलौने बनाने वाली कम्पनी भारत में अपना प्लांट स्थापित करती है तो इस प्लांट से अर्जित आय भारत और चीन की अर्थव्यवस्था में निम्न प्रकार से शामिल की जायेगी–

भारत की अर्थव्यवस्था	चीन की अर्थव्यवस्था
• भारत की GDP में जुड़ेगी क्योंकि यह कंपनी भारत की घरेलू सीमा के भीतर स्थापित हो रही है।	• चीन की GNP में जुड़ेगी क्योंकि यह चीन की कंपनी है।
• कम्पनी से अर्जित आय भारत के GNP में नहीं जुड़ेगी क्योंकि यह चीन की कम्पनी है।	• चीन के GDP में नहीं जुड़ेगी क्योंकि यह कंपनी चीन की घरेलू सीमा के बाहर स्थापित है।

निष्कर्ष:

- GDP के लिए घरेलू सीमा महत्वपूर्ण होती है न कि व्यक्ति/कम्पनी आदि।
- GNP के लिए व्यक्ति/कम्पनी महत्वपूर्ण होती है न कि घरेलू सीमा आदि।

उदाहरण (2): यदि भारतीय डाक्टर वेतन पर अमेरिका इलाज करने के लिये जाता है तो इलाज से अर्जित आय भारत और अमेरिका की अर्थव्यवस्था में निम्न प्रकार से शामिल की जायेगी:

भारत की अर्थव्यवस्था	अमेरिका की अर्थव्यवस्था
• भारत की GNP में जुड़ेगी न कि GDP में।	• अमेरिका की GDP में जुड़ेगी न कि GNP में।

उदाहरण (3) : यदि भारतीय अदाकार प्रियंका चोपड़ा अमेरिका के प्रसिद्ध सीरियल क्वांटिको मे एक्टिंग कर जो आय प्राप्त करती है वह भारत की GNP मे जुड़ेगी क्योकि वह भारतीय नागरिक है और GNP में व्यक्ति महत्वपूर्ण होता है न कि स्थान। कोई भी भारतीय विश्व के किसी भी कोने मे रहे उनकी आय भारत की GNP का हिस्सा होगी।

उदाहरण (4) : यदि अमेरिका की अदाकारा एंजिलिना जॉली भारत मे आकर आय अर्जित करती है, तो यह अर्जित आय अमेरिका की GNP में शामिल की जायेगी क्योकि वह अमेरिकी नागरिक है। अतः इस उदाहरण मे भी व्यक्ति महत्वपूर्ण है न कि स्थान।

निष्कर्ष: भारत की GDP में भारत में रहने वाले भारतीय और विदेशी दोनों की आय को जोड़ा जाता है। जबकि भारत की GNP में भारत में रहने वाले भारतीय और विदेशो में रहने वाले भारतीयों द्वारा अर्जित आय को जोड़ा जाता है और भारत में रह रहे विदेशियों की आय को घटाया जाता है।

राष्ट्रीय आय की गणना बाजार मूल्य पर और साधन लागत पर

किसी भी देश की अर्थव्यवस्था में उत्पादित होने वाली वस्तुओं और सेवाओं का मौद्रिक मूल्य दो प्रकार का होता है-**1. बाजार मूल्य (Market Price), और 2. साधन लागत (Factor Cost)**

बाजार मूल्य (Market Price)

किसी वस्तु की बाजार मूल्य में उस वस्तु को उत्पादित करने की लागत तथा परोक्ष कर (Indirect tax) जुड़े होते हैं जबकि सरकार द्वारा उत्पाद को कम मूल्य पर बेचने के लिये दी गयी सब्सिडी घटी रहती है।

उदाहरण:

चीनी को उत्पादित करने की लागत	= ₹ 500
सभी प्रकार के अप्रत्यक्ष कर	= ₹150
सरकार द्वारा चीनी पर दी गयी सब्सिडी	= ₹100
चीनी का बाजार मूल्य	= ₹550 [500+150 –100 = ₹550]

साधन लागत (Factor Cost)

किसी वस्तु को उत्पादित करने के लिये जिन साधनों का प्रयोग किया जाता है उन साधनों पर किया जाने वाले व्यय के योग को, वस्तु की उत्पादन मात्रा से भाग देने पर उस वस्तु की साधन लागत ज्ञात होती है। प्रायः वस्तु के उत्पादन में 5 मूलभूत साधनों- 1. भूमि, 2. पूंजी, 3. श्रमिक, 4. प्रबन्धक, 5. उद्यमी को शामिल किया जाता है।

उदाहरण:

वस्तु को उत्पादित करने में प्रयोग में लाये गये साधन		**साधनों पर किया गया व्यय (₹ में)**
1. भूमि (लगान)	=	500
2. पूंजी (ब्याज)	=	600
3. श्रमिक (मजदूरी)	=	700
4. प्रबन्धक (वेतन)	=	800
5. उद्यमी (लाभ)	=	100
साधनों पर कुल व्यय		**2700**

यदि ₹2700 व्यय कर 10 वस्तुओं का निर्माण किया जाये तो प्रत्येक वस्तु की साधन लागत (2700 ÷ 10) ₹270 होगी।

$$\text{साधन लागत} = \frac{\text{कुल लागत}}{\text{वस्तुओं के निर्माण की मात्रा}}$$

$$\text{साधन लागत} = \frac{2700}{10} = ₹\ 270$$

नोट : साधन लागत में सरकार द्वारा दी जाने वाली सब्सिडी जुड़ी होती है।

इस प्रकार किसी देश की GDP एक ही वर्ष के लिये दो होगी- एक बाजार मूल्य (MP) पर और दूसरा साधन लागत (FC) पर। साधन लागत पर GDP, सदैव बाजार मूल्य पर GDP की तुलना में कम रहती है क्योंकि बाजार मूल्य पर अप्रत्यक्ष कर जुड़े होते हैं जबकि साधन मूल्य पर केवल वस्तुओं के उत्पादन में आने वाली लागत ही शामिल की जाती है। अत: GDP की मात्रा को दर्शाते समय यह स्पष्ट करना अनिवार्य हो जाता है कि GDP, MP पर है या FC पर। **उदाहरण** के लिये भारत में राष्ट्रीय आय की गणना साधन लागत (FC) पर की जाती है और बाद में अप्रत्यक्ष करों को जोड़कर बाजार मूल्य (MP) पर जीडीपी ज्ञात की जाती है।

चित्र 3.1 राष्ट्रीय आय का रेखाचित्र के माध्यम से स्पष्टीकरण

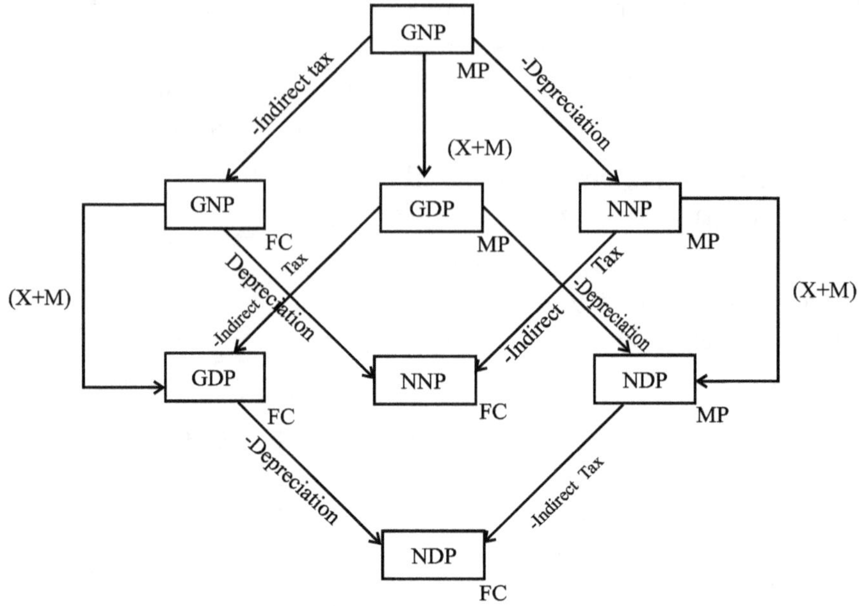

नोट:

- Depreciation (मूल्य ह्रास) को घटाने पर Gross (सकल), Net (निवल) में परिवर्तित होता है।
- Indirect Tax (अप्रत्यक्ष) को घटाने पर Market Price (बाजार मूल्य), Factor Cost (साधन लागत) में परिवर्तित होता है।
- GNP को GDP में परिवर्तित करने के लिये भारत में रहने वाले भारतीय (X) और भारत में रहने वाले विदेशियों (M) को जोड़ा जाता है।

राष्ट्रीय आय की गणना चालू मूल्य पर एवं स्थिर मूल्य पर

राष्ट्रीय आय की गणना **चालू मूल्य** एवं **स्थिर मूल्य** दोनों पर ही निम्न प्रकार से की जाती है–

चालू मूल्य (Current Price)

जब राष्ट्रीय आय को प्रचलित बाजार मूल्यों (मुद्रास्फीति की प्रचलित दरों) पर मापा जाता है तो इसे **चालू मूल्य पर राष्ट्रीय आय** कहा जाता है। साधारण शब्दों में– किसी उत्पाद पर जो अधिकतम बिक्री मूल्य अंकित होता है वह उस वस्तु का ''चालू मूल्य'' कहलाता है। चालू मूल्य में वर्तमान वित्तीय वर्ष तक की मुद्रास्फीति जोड़ी जाती है अर्थात चालू मूल्य महंगाई की वर्तमान स्थिति को शामिल करके निकाला जाता है।

स्थिर मूल्य (Constant Price)

जब किसी वस्तु का मूल्य पीछे के किसी वर्ष (आधार वर्ष) में जिस मूल्य पर बेचा गया था, उसी मूल्य पर निकाला जाये तो यह ''स्थिर मूल्य'' पर उस वस्तु का मूल्य होगा। अर्थात आधार वर्ष में उस वस्तु का जो मूल्य था वर्तमान में भी उसी मूल्य पर राष्ट्रीय आय निकाली जाये तो यह स्थिर मूल्य पर राष्ट्रीय आय कहलायेगा।

नोट: वर्तमान में स्थिर मूल्य के लिये चुना गया आधार वर्ष 2011-12 है इससे पहले आधार वर्ष 2004-05 था।

उदाहरण: स्थिर मूल्य पर राष्ट्रीय आय की गणना की माप को निम्न उदाहरण से समझा जा सकता है:-

आधार वर्ष [Base Year] 2004-05	चालू वर्ष [Current Year] 2014-15
↓	↓
10 वस्तुओं का उत्पादन और प्रत्येक की कीमत 5 रुपये। अर्थात $10 \times 5 = 50$ रुपये	50 वस्तुओं का उत्पादन और प्रत्येक की कीमत 5 रुपये। अर्थात $50 \times 5 = 250$ रुपये

इस प्रकार दोनों वर्षों में (आधार व चालू वर्ष) ही वस्तुओं का मूल्य 5 रुपये ही लिया गया है। अर्थात मुद्रास्फीति की दर स्थिर मूल्य पर नहीं जोड़ी जाती।

नोट: वास्तव में, उन अर्थव्यवस्थाओं जहां मुद्रास्फति दर उच्च रही हो या नियंत्रण में न रही हो अगर वहां जीडीपी की गणना स्थिर मूल्य पर नहीं की जाये तो संवृद्धि और विकास की गणना करना संभव नहीं होगा। ऊपर दिये उदाहरण से पहले की तुलना में वस्तुओं का उत्पादन (10 से बढ़कर 50) बढ़ा है और मूल्य स्थिर होने की वजह से यह जानना आसान हो गया कि देश की GDP में वृद्धि हो रही है और देश विकास की ओर अग्रसर है।

अत: भारत समेत सभी अर्थव्यवस्थाओं में GDP at Current Price सदैव GDP at Constant Price से अधिक होता है क्योंकि Current Price में मुद्रास्फीति शामिल है।

राष्ट्रीय आय के मापन में सावधानियाँ

राष्ट्रीय आय से सम्बन्धित मुख्य ध्यान देने योग्य बातें अधोलिखित हैं।

- राष्ट्रीय आय को मुद्रा के रूप में मापा जाता है।
- इसमें अंतिम वस्तुओं एवं सेवाओं के मूल्य को ही सम्मिलित किया जाता है न कि मध्यवर्ती वस्तुओं के मूल्य को।
- राष्ट्रीय आय में पुरानी वस्तुओं (ऐसी वस्तुएं जिनका उत्पादन पहले के वित्तीय वर्ष में किया गया हो) के मूल्य को शामिल नहीं किया जाता।
- घरेलू सेवाओं जैसे–कपड़े धोना, खाना बनाना, घर की साफ-सफाई करना, माँ द्वारा अपने बच्चों को पढ़ाना आदि कार्य को राष्ट्रीय आय से बाहर रखा जाता है।
- राष्ट्रीय आय के अन्तर्गत देश के नागरिकों द्वारा विदेशों में उत्पादित की गयी वस्तुओं एवं सेवाओं के मूल्य को शामिल किया जाता है।
- इसमें हस्तांतरण भुगतान (पेंशन, भत्ता, छात्रवृत्ति) को शामिल नहीं किया जाता है।

भारतीय अर्थव्यवस्था के तीन क्षेत्र

किसी देश की अर्थव्यवस्था मूल रूप से तीन क्षेत्रों 1. **प्राथमिक** 2. **द्वितीयक** एवं 3. **तृतीयक क्षेत्र** में विभाजित होती है। इन क्षेत्रों में होने वाली आर्थिक क्रियाओं का योग ही उस देश की सकल घरेलू उत्पाद (GDP) का निर्माण करती है। अर्थव्यवस्था का जो क्षेत्र सकल घरेलू उत्पाद में सर्वाधिक योगदान करता है अर्थात आय अर्जन एवं रोजगार सृजन करता है वह अर्थव्यवस्था उस क्षेत्र पर आधारित अर्थव्यवस्था कहलाती है **जैसे** भारतीय अर्थव्यवस्था कृषि क्षेत्र पर आधारित है। जबकि चीन की अर्थव्यवस्था उद्योग आधारित अर्थव्यवस्था है। भारतीय अर्थव्यवस्था को तीन क्षेत्रों में विभाजित किया गया है, जो निम्नवत् है :

(i) प्राथमिक क्षेत्र (Primary Sector)

अर्थव्यवस्था का वह क्षेत्र जो पूर्णता प्राकृतिक संसाधनों पर निर्भर करता है, जैसे- कृषि कार्य, पशुपालन, मछली पालन इत्यादि प्राथमिक क्षेत्र के अन्तर्गत शामिल किया जाता है। इस क्षेत्र को "कृषि एवं संबद्ध गतिविधियां" (Agriculture & Allied Activities) भी कहा जाता है।

(ii) द्वितीयक क्षेत्र (Secondary Sector)

अर्थव्यवस्था का वह क्षेत्र जिसमें प्राथमिक क्षेत्र के

उत्पादों को, कच्चे माल (Raw Material) के रूप में प्रयुक्त किया जाता है ''द्वितीयक क्षेत्र'' कहा जाता है। उदाहरण के लिए लौह एवं इस्पात उद्योग, वस्त्र उद्योग, चीनी उद्योग, वाहन, बिस्किट, केक आदि उद्योग। वास्तव में इस क्षेत्र में विनिर्माण (Manufacturing) कार्य होता है यही कारण है कि इसे औद्योगिक क्षेत्र भी कहा जाता है।

(iii) तृतीयक क्षेत्र (Tertiary sector)

इस क्षेत्र में विभिन्न प्रकार की सेवाओं को शामिल किया जाता है जैसे-व्यापार, बैंकिंग, बीमा, यातायात, दूरसंचार, चिकित्सा, पर्यटन इत्यादि।

नोटः किसी भी अर्थव्यवस्था में उत्पादित दृश्य वस्तुओं का उत्पादन प्राथमिक एव द्वितीयक क्षेत्र के माध्यम से होता है जबकि अदृश्य वस्तुओं का उत्पादन सेवा क्षेत्र से संबंधित है।

सूत्र आधारितः प्राथमिक, द्वितीयक एवं तृतीयक क्षेत्र

प्राथमिक क्षेत्र	:	कृषि, वानिकी एवं मत्स्यिकी (Agriculture, Forestry + Fishery)
द्वितीयक क्षेत्र	:	खनन एवं उत्खनन + विनिर्माण + निर्माण + विद्युत गैस एवं जल आपूर्ति (Minning & Quarrying + Manufacturing + Construction + Electricity, Gas & Water Supply)
तृतीयक क्षेत्र	:	व्यापार, होटल, परिवहन, संचार + वित्तीय, बीमा, रीयल एस्टेट, व्यापार सेवाएं + सामुदायिक सामाजिक एवं व्यक्तिगत सेवाएं (Trade, Hotel, Transportation, Communication+ Finance, Insurance, Real Estate, Business Services + Community, Social & Personal Services)

आय के प्रकार

अर्थशास्त्र में आय के भी कई प्रकार हैं। जहां तक राष्ट्र स्तर की आय की बात है इसके सभी स्वरूपों (GDP, NDP, GNP और NNP) को हम देख चुके हैं। लेकिन जब प्रति व्यक्ति आय (per capita income) की बात आती है तो इन अवधारणाओं से काम नहीं चलता। व्यक्ति या समूह (जैसे-कोई कंपनी या संयुक्त परिवार) की आय के भी विभिन्न स्वरूप होते हैं, जिन्हें अलग-अलग शब्दावलियों द्वारा निरूपित किया जाता है:

- आय (Income)
- प्रतिव्यक्ति आय (Per capita income)
- व्यक्तिगत आय (Personal income)
- व्यय योग्य आय (Disposable income)
- वास्तविक आय (Real income)

आय (Income)

किसी व्यक्ति या समूह को मजदूरी, वेतन, किराया, ब्याज, लाभ, इत्यादि माध्यमों से जो धन प्राप्त होता है वह आय कहलाती है। आय में बेरोजगारी भत्ता, वृद्धावस्था पेंशन आदि को भी जोड़ा जाता है। साधारण तौर पर किसी व्यक्ति को प्राप्त होने वाला प्रत्येक किस्म का धन उसकी आय है।

प्रति व्यक्ति आय (PCI)

एक वित्तीय वर्ष में देश की कुल राष्ट्रीय आय से उस देश की वर्तमान जनसंख्या को भाग देने पर जो कुछ शेष आता है। वह देश की प्रति व्यक्ति आय (PCI) कहलाती है।

व्यक्तिगत आय (Personal Income)

राष्ट्र के लोगों तक पहुंचने वाली आय, व्यक्तिगत आय कहलाती है। व्यक्तिगत आय की गणना सरकार द्वारा राष्ट्रीय आय (NI) में कुछ मदों को घटाकर या जोड़कर की जाती है।

(a) **जुड़नें वाली मदें हैं:** सरकारी हस्तांतरित भुगतान, वाणिज्यिक हस्तांतरित भुगतान और सरकार द्वारा शुद्ध ब्याज भुगतान की राशि।

(b) **घटने वाली मदें हैं:** कंपनियों/संगठनों के अवितरित लाभ, संगठन कर (Corporate tax) और सामाजिक सुरक्षा पर किया गया सरकारी व्यय।

व्यय-योग्य आय (Disposable Income)

व्यक्तिगत आय में से प्रत्यक्ष करों (आय कर, संगठन कर, व्यय कर, ब्याज कर इत्यादि) को घटाने के बाद बची आय आम तौर पर व्यय-योग्य आय कहलाती है। अर्थात यह आय का वह रूप या भाग है, जिसे व्यक्ति या समूह व्यय (Dispose) कर सकता है। अवधारणात्मक रूप से व्यक्तिगत आय में से प्रत्यक्ष करों के अतिरिक्त भी अन्य मदों को घटाने पर ही व्यय-योग्य आय प्राप्त होती है। ये मदें हैं:

I. व्यक्ति द्वारा भुगतान की गई राष्ट्रीय बीमा की राशि

II. व्यक्ति द्वारा किसी पेंशन कोष में जमा की जाने वाली राशि।

III. व्यक्ति द्वारा किया जाने वाला कोई बंधक (mortgage) संबंधित भुगतान।

व्यय-योग्य आय किसी अर्थव्यवस्था में होने वाले व्यय, उपभोग और बचत तथा निवेश को प्रभावित करने वाला एक महत्वपूर्ण कारक है।

वास्तविक आय (Real Income)

व्यय-योग्य आय में से जब उस समय की महंगाई (मुद्रास्फीति) के प्रभाव को घटाते हैं तो वास्तविक आय प्राप्त होती है। इसे वास्तविक मजदूरी (Real Wage) भी कहा जाता है।

तथ्य सार संग्रह

- स्वतंत्रता से पूर्व भारत में राष्ट्रीय आय के आंकड़े व्यवस्थित रूप से एकत्रित नहीं किये जाते थे क्योंकि ब्रिटिश शासक यह नहीं चाहते थे कि भारतीयों को इस तरह का कोई प्रमाण मिले, जिसमें यह प्रमाणित हो कि भारतीय अर्थव्यवस्था गतिहीन है। परंतु ब्रिटिश काल में राष्ट्रीय आय का सर्वप्रथम अनुमान लगाने का श्रेय दादा भाई नौरोजी को जाता है।
- दादा भाई नौरोजी ने अपनी पुस्तक **Poverty and Un-British Rule in India** में (1868) भारत की राष्ट्रीय आय की गणना की और देश की कुल राष्ट्रीय आय 340 करोड़ रुपए तथा प्रति व्यक्ति आय 20 रुपए अनुमानित की।
- भारत में राष्ट्रीय आय का वैज्ञानिक आकलन सर्वप्रथम डॉ. V.K.R.V. Rao (1925-1929 तथा 1931-32) द्वारा किया गया।
- राष्ट्रीय आय का प्रथम सरकारी अनुमान 1948-49 में वाणिज्य मंत्रालय (Finance Ministry) ने प्रस्तुत किया।
- स्वतंत्रता प्राप्ति के बाद भारत सरकार ने अगस्त 1949 में Prof. P. C. Mahalanobis की अध्यक्षता में एक "National Income Committee" का गठन किया जिसका उद्देश्य भारत की राष्ट्रीय आय के संबंध में अनुमान लगाना था। इस समिति ने अप्रैल 1951 में अपनी रिपोर्ट प्रस्तुत की जिसमें वित्तीय वर्ष 1948-49 में देश की राष्ट्रीय आय 8650 करोड़ रुपए तथा प्र. तिव्यक्ति आय 246 रुपए बतायी गयी।
- भारत में राष्ट्रीय आय का अनुमान CSO (Central Statistical Office) द्वारा जारी किया जाता है जिसकी स्थापना 2 मई 1951 में की गयी, परंतु इसका प्रारंभ 1949 में ही एक Statistical Unit के रूप में हो चुका था। CSO का मुख्यालय नई दिल्ली में है तथा एक अन्य शाखा कोलकाता में है।
- CSO 1956 से लगातार प्रत्येक वर्ष "National Account Statistics" प्रकाशित करता है। जिसे White Paper (श्वेत पत्र) के नाम से भी जाना जाता है।
- Prof. P. C. Mahalanobis की संस्तुति पर 1950 में NSS (National Sample Survey) की स्थापना भारत सरकार के वित्त मंत्रालय में की गयी। 1970 में इसका पुनर्गठन किया गया और जनवरी 1971 में NSSO (National Sample Survey Organisation) की स्थापना की गयी। NSS अब NSSO का एक अंग बन गया है तथा इसका प्रमुख कार्य सर्वेक्षण तक सीमित है।
- 12 जुलाई 2006 को प्रोफेसर सुरेश तेंदुलकर की अध्यक्षता में NSC (National Statistical Commission) जो महत्वपूर्ण सांख्यिकी गतिविधियों के नोडल ऐजेंसी के रूप में कार्य कर रहा है, गठित किया गया।
- अर्थव्यवस्था में संरचनात्मक परिवर्तनों को ध्यान में रखते हुए कुल 6 बार राष्ट्रीय आय के आधार वर्ष में परिवर्तन किया जा चुका है। (1948-49, 1960-61, 1970-71, 1980-81, 1993-94, 2004-05)
  - वर्तमान में राष्ट्रीय आय की गणना का आधार वर्ष 2011-12 है।

महत्वपूर्ण शब्दावली

- **केन्द्रीय सांख्यिकी संगठन (Central Statistics Organization-CSO) :** केन्द्रीय सांख्यिकी संगठन की स्थापना 2 मई 1951 को की गई। इसका मुख्यालय नई दिल्ली में स्थित है और इसकी औद्योगिक सांख्यिकी शाखा (Industrial Statistics Wing) कोलकाता में स्थित है। सीएसओ अपना वार्षिक प्रकाशन ''राष्ट्रीय लेखा सांख्यिकी'' (NSS) के नाम से जारी करता है। इसे ''श्वेत पत्र'' (White Paper) भी कहा जाता है।
- **राष्ट्रीय प्रतिदर्श सर्वेक्षण संगठन (National Sample Survey Organization-NSSO) :** योजना तथा नीति-निर्माण में उपयोग हेतु राष्ट्रव्यापी प्रतिदर्श

सर्वेक्षणों के द्वारा अर्थव्यवस्था के विविध क्षेत्रों पर आंकड़ों के संग्रह हेतु एक स्थायी सर्वेक्षण संगठन बनाने के उद्देश्य से प्रो. पी. सी. महालनोबिस की अध्यक्षता वाली राष्ट्रीय आय समिति की अनुशंसाओं के अनुसरण में भारत सरकार द्वारा 1950 में ''राष्ट्रीय प्रतिदर्श सर्वेक्षण'' (National Sample Survey-NSS) की स्थापना की गई। 1970 में इसे पुनर्गठित कर ''राष्ट्रीय प्रतिदर्श सर्वेक्षण संगठन'' (National Sample Survey Organization) में परिवर्तित किया गया।

- **हरित राष्ट्रीय आय (Green National Income):** हरित राष्ट्रीय आय की गणना में एक वित्तीय वर्ष में वस्तुओं एवं सेवाओं के शुद्ध उत्पादन के योग में से उत्पादन की प्रक्रिया के दौरान देश के पर्यावरण और पारिस्थितिकी को जो क्षति पहुंचती है उसके मौद्रिक मूल्य को घटा दिया जाता है।
- **आर्थिक सर्वेक्षण (Economic Survey) :** आर्थिक सर्वेक्षण अर्थव्यवस्था की वास्तविक स्थिति को चित्रित करता है। आर्थिक सर्वेक्षण, घरेलू अर्थव्यवस्थाा की अतीत (विगत वित्तीय वर्ष), मौजूदा वित्तीय वर्ष एवं भावी वित्तीय वर्ष से संबंधित सभी तरह की सूचनाएं मुहैया कराता है। इसे केन्द्रीय बजट से पहले पेश करने की परम्परा रही है, जो देश के आर्थिक प्रदर्शन के साथ बजट की व्यापक दिशा की रूपरेखा पेश करता है।
- **दोहरी अर्थव्यवस्था (Dual Economy) :** जब किसी अर्थव्यवस्था में एक या एक से अधिक क्षेत्रों में दो विपरीत स्थितियां एक साथ अस्तित्व में रहें तो यह स्थिति दोहरी अर्थव्यवस्था कहलाती है जैसे-कृषि क्षेत्र में, एक ओर पंजाब, हरियाणा जैसे कृषि सम्पन्न राज्य हैं, तो वहीं दूसरी ओर उड़ीसा, पं. बंगाल में कृषि की स्थिति दयनीय है। उद्योग क्षेत्र में, कुछ उद्योग तकनीक एवं पूंजी प्रधान हैं तो कुछ उद्योग श्रम प्रधान। आधारभूत संरचना के क्षेत्र में, कुछ राज्यों में सड़क, पानी, बिजली, स्वास्थ्य एवं शिक्षा की पर्याप्त व्यवस्था है तो कुछ राज्यों में आधारभूत संरचना की स्थिति चिंताजनक बनी हुई है।
- **अंतिम एवं मध्यवर्ती वस्तुएं (Final & Intermediate Goods):** अंतिम वस्तुएं उन वस्तुओं को कहा जाता है जिन्हें उपभोक्ता प्रत्यक्ष रूप से उपभोग करता है और जो एक बार निर्मित होने के बाद, उसके स्वरूप में कोई परिवर्तन नहीं किया जा सकता। जबकि मध्यवर्ती वस्तुएं वे वस्तुएं हैं जिन्हें उपभोक्ता प्रत्यक्ष रूप से उपभोग नही करते और ये वस्तुएं अंतिम वस्तुओं के निर्माण में सहयोग की भूमिका अदा करती हैं और जिन्हें कई अंतिम वस्तुओं को निर्मित करने में प्रयुक्त किया जाता है। **जैसे :** केक अंतिम वस्तु है जबकि चीनी, दूध, गेहूं, क्रीम मध्यवर्ती वस्तुएं हैं क्योंकि यह केक के निर्माण में सहायक की भूमिका अदा करते हैं।

  नोट : अंतिम वस्तुएं राष्ट्रीय आय में शामिल की जाती हैं जबकि मध्यवर्ती वस्तुओं को शामिल नहीं किया जाता।
- **लागत और मूल्य में अन्तर (Difference b/w Cost & Price):** आम व्यक्ति के लिये लागत और मूल्य दोनों पर्यायवाची हैं परन्तु अर्थशास्त्र में लागत और मूल्य दोनों में पर्याप्त अंतर है। लागत (Cost) किसी वस्तु के उत्पादन में प्रयुक्त साधनों पर जो व्यय किया जाता है, उसका योग होता है। जबकि मूल्य (Price) किसी वस्तु के उत्पादन लागत एवं अप्रत्यक्ष करों को जोड़कर बनता है।

  नोट : किसी वस्तु का मूल्य, उसकी लागत से सदैव ही अधिक होगा।
- **प्राकृतिक संसाधन (Natural Resources):** प्राकृतिक संसाधनों से अभिप्राय उन पदार्थों से है जो कि देश की भौगोलिक सीमाओं में प्रकृति द्वारा प्रदान किये जाते हैं। इन संसाधनों का प्रयोग मानवीय आवश्यकताओं की पूर्ति के लिए प्रत्यक्ष रूप से या इनका रूप बदलकर किया जाता है।
- **तकनीकी विकास (Technical Progress):** तकनीकी विकास से अभिप्राय उत्पादन क्रियाओं में सुधरी हुई, तकनीकी और विधियों के प्रयोग से है। तकनीकी विकास की सहायता से उपलब्ध साधनों का श्रेष्ठतर और अधिक कुशल उपभोग सम्भव हो पाता है।
- **हिन्दू वृद्धि दर (Hindu Growth Rate):** यह राष्ट्रीय आय अथवा भारतीय अर्थव्यवस्था की वास्तविक वृद्धि दर से संबंधित है। इस अवधारणा के प्रतिपादक प्रो. राज कृष्ण थे। 1991 से पहले और स्वाधीनता के प्रथम तीन दशक (50-80 के दशक के बीच) के दौरान भारत (समाजवादी अर्थव्यवस्था) की औसत आर्थिक वृद्धि 3.5% प्रतिवर्ष की दर से बढ़ने के कारण इसे 'हिन्दू वृद्धि दर' के नाम से अभिव्यक्त किया जाता था।

हिन्दू वृद्धि दर की अवधि में भारतीय अर्थव्यवस्था की वृद्धि दर 3-4 प्रतिशत के बीच थी। 1991 में आर्थिक उदारीकरण के बाद लाइसेंस राज व कोटा युग के समापन से भारत हिन्दू वृद्धि दर से बाहर आने में सफल हुआ। हिन्दू वृद्धि दर से बाहर निकले हुए भारतीय अर्थव्यवस्था को तीन दशक हो गए हैं और भारत की आर्थिक वृद्धि दर 7 से 8 प्रतिशत के बीच अनुमानित है।

अभ्यास प्रश्न

◆ **स्तरः परम्परागत**

1. राष्ट्रीय आय (National Income) का अर्थ है–
   (a) किसी देश में उत्पादित वस्तु एवं सेवाएं
   (b) किसी वित्तीय वर्ष में उत्पादित वस्तु एवं सेवाएं
   (c) किसी देश में उत्पादित अन्तिम वस्तु एवं सेवाएं
   (d) उपरोक्त में से कोई नहीं
2. निम्नलिखित में से कौन-सा कथन असत्य है?
   1. राष्ट्रीय आय की गणना सर्वप्रथम दादा भाई नौरोजी ने की।
   2. राष्ट्रीय आय की वैज्ञानिक गणना करने का श्रेय प्रो. वी.के.आर.वी. राव को जाता है जिन्होंने देश की प्रतिव्यक्ति वार्षिक आय ₹ 75 बतायी।
   3. राष्ट्रीय आय की प्रथम गणना में भारत की प्रतिव्यक्ति वार्षिक आय ₹ 40 आंकी गयी।
   4. ''नेशनल इन्कम कमेटी'' का गठन अगस्त 1949 में किया गया।

   कूट :
   (a) 1, 3 (b) 3, 2
   (c) 3, 4, 1 (d) 2, 3, 4
3. GDP की अवधारणा में ''जियोग्रॉफिकल बाउण्ड्री'' के अन्तर्गत कौन-से क्षेत्र सम्मिलित नहीं हैं?
   1. विदेशों में स्थित दूतावास एवं सैनिक अड्डे
   2. विदेशों में स्थित भारतीय संस्कृति के मंदिर
   3. दो या दो से अधिक देशों के मध्य ''सीमा विवाद क्षेत्र''
   4. सामुद्रिक सीमा

   कूटः
   (a) 1, 2, 3 (b) 1, 4
   (c) 2, 3, 4 (d) 2, 3
4. शुद्ध घरेलू उत्पाद (NDP) है–
   (a) GDP - Depreciation = NNP
   (b) GNP - Depreciation = NDP
   (c) GDP - Depreciation = NDP
   (d) GNP - Depreciation = NNP
5. भारत में तृतीयक क्षेत्र से निम्न में से कौन संबंधित है?
   (a) खान और खनन, इन्श्योरेन्स
   (b) रियल एस्टेट, व्यापार सेवाएं, निर्माण
   (c) फाइनेन्स, इन्श्योरेन्स, रियल एस्टेट, होटल
   (d) व्यापार, होटल, परिवहन, विनिर्माण
6. वर्ष 1980 से भारत के GDP में तृतीय क्षेत्र की हिस्सेदारी–
   (a) में बढ़ने की प्रवृत्ति दर्शायी है।
   (b) में घटने की प्रवृत्ति दर्शायी है।
   (c) स्थिर बनी रहती है।
   (d) घटती-बढ़ती रही है।
7. भारत में द्वितीय क्षेत्र में सम्मिलित है–
   1. खनन एवं उत्खनन (Mining and Quarrying)
   2. व्यापार, निर्माण एवं विनिर्माण (Trade, Construction and Manufacturing)
   3. बिजली, गैस एवं जल आपूर्ति (Electricity, Gas and Water Supply)
   4. निर्माण, संचार, रियल एस्टेट (Construction, Communication, Real Estate)

   कूटः
   (a) 1, 3, 4 (b) 1, 3
   (c) 1, 4, 2 (d) 2, 3, 4
8. 1868 में भारत में प्रतिव्यक्ति वार्षिक आय ₹ 20 थी यह सर्वप्रथम सुनिश्चित किया था–
   (a) आर.सी. दत्त (b) आर. बी. राव
   (c) वाडिया एवं जोशी (d) दादा भाई नौरोजी
9. वर्तमान में राष्ट्रीय आय की गणना का आधार वर्ष है–
   (a) 1999-2000 (b) 2002-03
   (c) 2004-05 (d) 2011-12

10. C.S.O. की स्थापना वर्ष–
   (a) 2 मई 1951 (b) 2 मार्च 1952
   (c) 2 मई 1953 (d) 2 मार्च 1954
11. श्वेत पत्र (White Paper) जारी करता है–
   (a) राष्ट्रीय सैम्पल सर्वे संगठन
   (b) राष्ट्रीय सांख्यिकी संगठन
   (c) केन्द्रीय सांख्यिकी कार्यालय
   (d) सभी सत्य हैं
12. निम्न में से भारत में राष्ट्रीय आय के आकड़े प्रकाशित करने वाला संगठन है–
   (a) योजना आयोग (Planning Commission)
   (b) राष्ट्रीय नमूना सर्वेक्षण (National Sample Survey)
   (c) राष्ट्रीय सांख्यिकी संगठन (National Statistical Org.)
   (d) केन्द्रीय सांख्यिकी कार्यालय (Central Statistical Office)
13. व्यय योग्य आय का अर्थ है–
   (a) व्यक्तिगत आय – प्रत्यक्ष कर = निजी आय
   (b) व्यक्तिगत आय – कर = प्रयोज्य आय
   (c) व्यक्तिगत आय – प्रत्यक्ष कर = प्रति व्यक्ति आय
   (d) व्यक्तिगत आय – प्रत्यक्ष कर = प्रयोज्य आय
14. प्रति व्यक्ति आय–
   (a) $\frac{\text{कुल उत्पादन}}{\text{कुल जनसंख्या}}$ (b) $\frac{\text{कुल राष्ट्रीय आय}}{\text{वर्तमान जनसंख्या}}$
   (c) $\frac{\text{कुल लागत}}{\text{कुल जनसंख्या}}$ (d) $\frac{\text{कुल उत्पादन}}{\text{कुल आय}}$
15. भारत के GDP में नीचे दिये गये भिन्न क्षेत्रों के योगदान का कौन-सा अवरोही क्रम है?
   (a) सेवा → उद्योग → कृषि
   (b) सेवा → कृषि → उद्योग
   (c) उद्योग → सेवा → कृषि
   (d) उद्योग → कृषि → सेवा
16. दादा भाई नौरोजी की पुस्तक का नाम–
   (a) Poverty and British Rule in india
   (b) Unemployment and Un-British in India
   (c) Poverty and Un-British Rule in india
   (d) Poverty and Unemployment in India
17. स्थिर मूल्य (Constant Price) के लिए सर्वाधिक आवश्यक तत्व–
   (a) आधार वर्ष (Base Year)
   (b) वस्तुओं और सेवाओं की साधन कीमत (Factor Cost)
   (c) वस्तुओं एवं सेवाओं की बाजार कीमत (Market Cost)
   (d) उपरोक्त सभी
18. निम्न में से बचत (Saving) का सही प्रस्तुतीकरण है–
   (a) $S + C = Y$ (b) $Y - C = S$
   (c) $Y - S = C$ (d) उपरोक्त सभी
19. निम्न में से किस मद को राष्ट्रीय आय में शामिल नही किया जाता?
   (a) वस्तुओं और सेवाओं के अंतिम मौद्रिक मूल्य को।
   (b) हस्तांतरण भुगतान को
   (c) पुरानी वस्तुओं को।
   (d) b और c
20. किसी देश की अर्थव्यवस्था के GDP एवं GNP में से किसका मौद्रिक मूल्य अधिक होगा, यह किस पर निर्भर करता है?
   (a) जनसंख्या पर (b) तकनीकी विकास पर
   (c) आधारभूत संरचना पर (d) उपरोक्त सभी

◆ स्तर-सम्भावित

1. समावेशी संवृद्धि (Inclusive Growth) का अर्थ है–
   (a) किसी विशेष वर्ग की स्थिति में सुधार के प्रयत्न।
   (b) केवल BPL के नीचे जीवन-यापन करने वाले व्यक्तियों तक सुविधा पहुंचाना।
   (c) समाज के सभी वर्गों तक संसाधन एवं सुविधाएँ पहुंचाना।
   (d) उपरोक्त में से कोई नहीं।
2. समावेशी संवृद्धि (Inclusive Growth) के लिए आवश्यक है–
   (a) अधो-संरचनात्मक सुविधाओं का विकास।
   (b) कृषि का पुनरूद्धार
   (c) शिक्षा एवं स्वास्थ्य संबंधी। सामाजिक सेवाओं की अधिकाधिक उपलब्धता।
   (d) उपरोक्त सभी।

3. भारत में प्रतिव्यक्ति आय में वृद्धि की दर धीमी होने के प्रमुख कारण हैं?
   1. उच्च पूंजी उत्पाद अनुपात (Increasing Capital output ratio)
   2. जनसंख्या वृद्धि की ऊंची दर (High rate of population growth)
   3. पूंजी निर्माण की ऊंची दर (High rate of capital formation)
   4. देश मे विदेशी मुद्रा भण्डार की अधिकतर

   कूटः
   (a) 1, 2, 3, 4 (b) 2, 3, 4
   (c) 1, 4 (d) 1, 2
4. उत्तर प्रदेश में प्रतिव्यक्ति आय (PCI) निम्न होने के प्रमुख कारण हैं-
   1. तीव्र गति से बढ़ती जनसंख्या
   2. साहसीपन का अभाव
   3. अपर्याप्त अधो-संरचनात्मक सुविधाएं
   4. कृषि का आधुनिकीकरण

   कूट :
   (a) 1, 2 4 (b) 1, 2, 3
   (c) 2, 3, 4 (d) 1, 2, 3, 4
5. भारत में बचत दर और पूंजी निर्माण की दर ऊँची है फिर भी देश की संवृद्धि दर कम होने के कारण हैं-
   (a) ऊँचा पूँजी उत्पाद अनुपात (ICOR)
   (b) नीचा पूँजी उत्पादन अनुपात
   (c) ऊँची जन्म दर
   (d) विदेशी सहायता का नीचा स्तर
6. राष्ट्रीय आय स्पष्ट होती है-
   (a) जीएनपी (बाजार मूल्य) – मूल्य ह्रास
   (b) जीएनपी (बाजार मूल्य) – मूल्य ह्रास + अनिवासी भारतीयों की आय
   (c) जीएनपी (बाजार मूल्य) – मूल्य ह्रास + सब्सिडी
   (d) एनडीपी (बाजार मूल्य) + अनिवासी भारतीयों की आय
7. यदि एक दी हुई समयावधि में **कीमतें** तथा **मौद्रिक आय** दोनों दुगनी हो जायें तो ''वास्तविक आय'' पर क्या प्रभाव पड़ेगा?
   (a) वास्तविक आय भी दोगुनी हो जायेगी
   (b) वास्तविक आय आधी रह जायेगी
   (c) वास्तविक आय अपरिवर्तित रहेगी
   (d) कीमतें वास्तविक आय को प्रभावित नहीं करेंगी
8. निम्नलिखित में से कौन-सा लक्षण भारतीय अर्थव्यवस्था का नहीं है?
   (a) ऊँचा पूँजी उत्पाद अनुपात
   (b) पूँजी निर्माण की न्यून दर
   (c) प्रतिव्यक्ति कम आय
   (d) प्राकृतिक संसाधनों की कमी
9. एक खुली अर्थव्यवस्था में, राष्ट्रीय आय (Y) का अर्थ क्रमशः उपभोग (C), निवेश (I), सरकारी खर्च (G), कुल निर्यात (X) और कुल आयात (M) है जिसे ''सूत्र'' के आधार पर निम्न प्रकार से प्रस्तुत कर सकते हैं-
   (a) $Y = C + G + X$
   (b) $Y = C + I + G - X + M$
   (c) $Y = C + I + G + (X - M)$
   (d) $Y = G + I + C + X - M$
10. ''प्रति व्यक्ति आय वर्तमान मूल्यों में अधिक जबकि स्थिर मूल्य में कम नजर आती है।'' क्यों?
    (a) जनसंख्या में वृद्धि दर के कारण।
    (b) वस्तु के मूल्यों में कमी के कारण।
    (c) मुद्रास्फीति में वृद्धि के कारण।
    (d) वेतन में वृद्धि के कारण।
11. भारत में पूंजी निर्माण के आंकड़े एकत्रित करने का कार्य कौन करता है?
    (a) RBI + CSO (b) RBI + SBI
    (c) RBI + NSSO (d) NSSO + CSO
12. आर्थिक नियोजन के युग के आरंभ से अब तक भारत की राष्ट्रीय आय में कृषि का अंशदान-
    (a) निरन्तर कम हो रहा है।
    (b) निरंतर बढ़ रहा है।
    (c) पहले बढ़ा अब कम हो रहा है।
    (d) पहले कम था फिर बढ़ा है।
13. भारतीय अर्थशास्त्री अमर्त्य सेन को वर्ष 1998 में "Welfare Economics" के लिये नोबल पुरस्कार दिया गया जिसके अन्तर्गत किस बात पर जोर दिया गया था?
    (a) गरीबी एवं बेरोजगारी पर
    (b) गरीब व्यक्तियों के आर्थिक सुरक्षा पर
    (c) भ्रष्टाचार पर
    (d) उपरोक्त सभी

14. हिन्दू वृद्धि दर संबंधित है–
    (a) जनसंख्या
    (b) धर्म
    (c) जीडीपी
    (d) पीसीआई

15. सूची I को सूची II से सुमेलित कीजिए–

सूची-I	**सूची-II**
A. प्राथमिक क्षेत्र	1. खनन-उत्खनन, विनिर्माण, निर्माण, बिजली गैस एवं जल आपूर्ति
B. द्वितीयक क्षेत्र	2. व्यापार, होटल, परिवहन, संचार, बीमा तथा व्यावसायिक, सामुदायिक एवं व्यक्तिगत सेवाएं
C. तृतीयक क्षेत्र	3. कृषि, वानिकी, मत्स्यन

कूट:

	A	**B**	**C**
(a)	3	1	2
(b)	3	2	1
(c)	2	3	1
(d)	1	2	3

उत्तरमाला

◆ **स्तर : परम्परागत**

1. (d)	2. (b)	3. (d)	4. (c)	5. (c)	6. (a)	7. (b)	8. (d)	9. (d)	10. (a)
11. (c)	12. (d)	13. (d)	14. (b)	15. (a)	16. (c)	17. (a)	18. (b)	19. (d)	20. (b)

◆ **स्तर : सम्भावित**

1. (c)	2. (d)	3. (d)	4. (b)	5. (a)	6. (c)	7. (c)	8. (d)	9. (c)	10. (c)
11. (a)	12. (a)	13. (b)	14. (c)	15. (a)					

मुख्य परीक्षा हेतु अभ्यास प्रश्न

1. जीडीपी एवं जीएनपी के मध्य अंतर बताइये। दोनों में से किसका मौद्रिक मूल्य बड़ा होता है, और क्यों उदाहरण सहित समझाइये।
2. भारतीय अर्थव्यवस्था में कृषि क्षेत्र का योगदान निरन्तर कम हो रहा है जबकि सेवा क्षेत्र का योगदान बढ़ता जा रहा। कारण सहित व्याख्या कीजिये?
3. राष्ट्रीय आय की गणना चालू एवं स्थिर मूल्यों में करने के प्रमुख कारणों की चर्चा कीजिये।

अध्याय 4

मुद्रास्फीति
(Inflation)

प्रस्तावना

समाज में रहने वाले प्रत्येक व्यक्ति को मुद्रास्फीति प्रभावित करती है। सामान्य भाषा में महंगाई अर्थात् वस्तुओं के सामान्य मूल्यों में होने वाली वृद्धि ही मुद्रास्फीति है। हम प्रायः दैनिक आवश्यकता की वस्तुओं जैसे-दाल, आलू, प्याज, पेट्रोल, डीजल, रसोई गैस के मूल्यों में हुई वृद्धि की चर्चा करते रहते हैं, दरअसल हम मुद्रास्फीति के बारे में ही बात कर रहे होते हैं। यह स्थिति सर्वाधिक गरीब एवं मध्यम वर्ग के परिवारों पर नकारात्मक प्रभाव डालती है। भारत जैसे विकासशील देश में जहां निर्धन एवं मध्यवर्ग के लोगों की अधिकता है वहाँ पर यदि मुद्रास्फीति की सामान्य दर बनी रहे तो यह स्थिति विकास की गति को तीव्र करती है। हम इस अध्याय में देखेंगे कि जो स्थिति देश की आधी से अधिक आबादी के लिये चिंता का विषय है वह अर्थव्यवस्था के विकास में एक आवश्यक शर्त कैसे हो सकती है?

मुद्रास्फीति का अर्थ एवं कारण

मुद्रास्फीति का अर्थ (Meaning of Inflation)

जब किसी अर्थव्यवस्था में वस्तुओं और सेवाओं की पूर्ति के सापेक्ष मांग तीव्र गति से बढ़े, परिणामस्वरूप वस्तुओं और सेवाओं के मूल्यों में सतत वृद्धि (Sustained increase in price level) बनी रहे, जिससे मुद्रा की क्रय क्षमता में कमी आ जाती है। यह स्थिति **''मुद्रास्फीति''** कहलाती है। आम बोलचाल की भाषा में मुद्रास्फीति ''महंगाई'' है।

मुद्रास्फीति के कारण (Reason Behind Inflation)

मुद्रास्फीति के दो प्रमुख कारण हैं-

(i) मांग प्रेरित मुद्रास्फीति

जब किसी वस्तु के सामान्य मूल्य में वृद्धि का मुख्य कारण उस वस्तु की मांग, आपूर्ति के सापेक्ष तेजी से बढ़े, तो यह स्थिति **मांग से प्रेरित स्फीति** (Demand Pull Inflation) कहलाती है। यहाँ यह भी जानना अनिवार्य है कि वो कौन से कारक हैं, जो मांग को बढ़ाने में उत्तरदायी है। ये कारक निम्नवत् है:–

- काले धन में वृद्धि।
- जनसंख्या में तीव्रगति से वृद्धि।
- उपभोक्ता की व्यय योग्य आय में वृद्धि।
- बैंकों द्वारा ब्याज दरों में कमी।
- घाटे की वित्त व्यवस्था।
- सार्वजनिक व्यय में वृद्धि।

उपरोक्त स्थितियां मांग प्रेरित स्फीति के लिये उत्तरदायी हैं।

(ii) लागत प्रेरित मुद्रास्फीति

लागत जन्य मुद्रास्फीति तब उत्पन्न होती है जब कीमतों में वृद्धि ''उत्पादन लागत'' में वृद्धि के कारण होती है। इस प्रकार की स्फीति में मांग कारक स्थिर रहते हैं तथा पूर्ति कारक की मुख्य भूमिका होती है। यदि इस प्रकार की स्फीति किसी एक उद्योग में होती है, तो यह धीरे-धीरे अर्थव्यवस्था के सभी उद्योगों में फैल जाती है। अर्थात लागत में वृद्धि के कारण वस्तु के मूल्यों में होने वाली वृद्धि ही लागत प्रेरित स्फीति (Cost Pull Inflation) कहलाती है। लागत प्रेरित स्फीति के प्रमुख कारण निम्नवत् हैं-

- कच्चे माल के मूल्यों में वृद्धि।
- माल गाड़ी के किराये में वृद्धि।
- पेट्रोल व डीजल के मूल्यों में वृद्धि।
- ऊंची मजदूरी दरें।
- कर की दरों में वृद्धि।
- बैंकों द्वारा ब्याज दरों में वृद्धि।

- आधारभूत संसाधनों की उपलब्धता में कमी।

उपरोक्त स्थितियां लागत प्रेरित स्फीति के लिए उत्तरदायी हैं।

मुद्रास्फीति के प्रकार

मुद्रास्फीति की स्थिति को कई श्रेणियों में विभक्त किया जा सकता है– दौड़ती हुई मुद्रास्फीति, मंद मुद्रास्फीति, चलती मुद्रास्फीति, गतिहीन मुद्रास्फीति।

(i) दौड़ती मुद्रास्फीति (Hyper Inflation)

जब किसी देश की अर्थव्यवस्था में मुद्रास्फीति की स्थिति इतनी तीव्र गति से बढ़े कि जनता का प्रचलित मुद्रा से विश्वास उठ जाये और सर्वत्र अशांति एवं असंतोष की स्थिति निर्मित हो जाये तो यह स्थिति "Hyper Inflation" की कहलाती है।

नोट: द्वितीय विश्व युद्ध के बाद जर्मनी में यह स्थिति उत्पन्न हो गयी थी। वर्तमान में यह स्थिति अफ्रीकी देश जिम्बावे में देखने को मिलती है। साथ ही दक्षिण अमेरिका महाद्वीप का देश वेनेजुएला जो तेल के निर्यात पर आधा. रित अर्थव्यवस्था है, तेल की कीमतें गिरने की स्थिति में वेनेजुएला में मुद्रास्फीति की औसत दर 125 प्रतिशत से 150 प्रतिशत के स्तर तक पहुँच चुकी है।

(ii) मंद मुद्रास्फीति (Creeping Inflation)

जब किसी देश की अर्थव्यवस्था में मुद्रास्फीति की दर बहुत मंद गति से बढ़े अर्थात् मूल्यों में वृद्धि बहुत धीमी गति से हो और आम जनता पर मुद्रास्फीति का प्रभाव नाममात्र का पड़े, तो यह स्थिति "Creeping Inflation" की कहलाता है।

नोट: विकसित देशों में मांग एवं आपूर्ति में संतुलन बने रहने के कारण मूल्यों में वृद्धि बहुत धीमी होती है।

(iii) चलती मुद्रास्फीति (Galloping Inflation)

दौड़ती मुद्रास्फीति एवं मंद मुद्रास्फीति के बीच की स्थिति "Galloping Inflation" कहलाती है।

(iv) गतिहीन मुद्रास्फीति (Stagflation)

जब तेजी के साथ-साथ मंदी की स्थिति भी हो, अर्थात ऐसी स्थिति जिसमें स्फीति के साथ-साथ बेरोजगारी में भी वृद्धि हो रही हो तो उसे "Stagflation" कहते हैं। अर्थात गतिहीनता के साथ-साथ मुद्रास्फीति। सामान्य तौर पर मुद्रास्फीति के दौरान बेरोजगारी का स्तर घटता है परंतु कभी-कभी कीमतें बढ़ने पर भी उत्पादन में वृद्धि नहीं हो पाती और बेरोजगारी का स्तर बढ़ता जाता है।

मुद्रास्फीति का प्रभाव

कोई भी परिस्थिति हमारे जीवन को दो ही प्रकार से प्रभावित करती है – **पहला** सकारात्मक रूप से व **दूसरा** नकारात्मक रूप से। मुद्रास्फीति की स्थिति भी ठीक ऐसी ही एक स्थिति है जिसका सकारात्मक व नकारात्मक दोनों ही प्रभाव होता है, प्रारम्भ मुद्रास्फीति के सकारात्मक प्रभाव से करते हैं।

मुद्रास्फीति के सकारात्मक प्रभाव : मुद्रास्फीति के सक. ारात्मक प्रभावों का तीन आधारों पर मूल्यांकन करेंगे: **(i) आर्थिक आधार पर (ii) सामाजिक आधार पर व (iii) वैश्विक आधार पर।** ज्ञातव्य हो कि मुद्रास्फीति वस्तुओं और सेवाओं के सतत् मूल्य वृद्धि की स्थिति को कहते हैं और इस स्थिति में उत्पादक वर्ग को अपनी वस्तुओं के अच्छे/बढ़े हुए मूल्य प्राप्त होते हैं। ऐसे में स्वभाविक है कि उत्पादक वर्ग लाभ की स्थिति में रहेगा, अब इससे आगे की स्थिति का मूल्यांकन आर्थिक, सामाजिक व वैश्विक आधार पर करते हैं।

मुद्रास्फीति के सकारात्मक प्रभावों का मूल्यांकन

मूल्यांकन	प्रभाव
आर्थिक प्रभाव	• उत्पादक वर्ग नये निवेश के लिये प्रेरित होगा। • नया निवेश नये उत्पादन व रोजगार सृजन में वृद्धि करेगा। • उत्पादन में वृद्धि देश की जीडीपी में वृद्धि करेगा, जबकि रोजगार सृजन, बेरोजगारी की दर में कमी और प्रतिव्यक्ति आय को बढ़ाने में सहयोग करेगा। • प्रतिव्यक्ति आय प्रत्यक्ष रूप से बैंकिंग व बीमा क्षेत्र को विस्तार देगा, साथ ही कर दाताओं की संख्या में अवश्य ही वृद्धि होगी। परिणाम स्वरूप सरकार कर योग्य आय बढ़ने की सम्भावना प्रबल होगी। • सरकार की कर योग्य आय, देश के आधारभूत संरचना के विकास में व जनकल्याण कारी योजनाओं के लिए वित्त का प्रबन्धन करेगी। परिणाम स्वरूप देश की आर्थिक प्रगति की सुस्त पड़ी गाड़ी विकास की पटरी पर बुलट टेन की गति से दौड़ेगी। **अंत में यह स्पष्ट हो जाता है कि मुद्रास्फीति के सकारात्मक प्रभाव देश की आर्थिक स्थिति पर अनुकूल प्रभाव डालेंगे।**
सामाजिक प्रभाव	• मुद्रास्फीति की स्थिति में जब नये रोजगार सृजित होते हैं तो एक ओर देश में बेरोजगारी, गरीबी जैसी परंपरागत समस्याओं पर नियंत्रण लगता है तो वहीं दूसरी ओर शिक्षा, स्वास्थ्य व रहन-सहन के स्तर में भी अमूल-चूक सुधार देखने को मिलता है। शिक्षा क्षेत्र में सुधार, जनसंख्या वृद्धि दर को नियंत्रित करने में सहयोग करेगा, ऐसा पूर्वानुमानित है और यदि यह पूर्वानुमान सही साबित होता है तो देश का कायाकल्प होने में, अधिक समय नहीं लगेगा। **अन्त में यह स्पष्ट हो जाता है कि मुद्रास्फीति के सकारात्मक प्रभाव देश की सामाजिक स्थिति पर अनुकूल प्रभाव डालेंगे।**
वैश्विक प्रभाव	• जैसा कि ज्ञात है कि मुद्रास्फीति की स्थिति में उत्पादन पहले के सापेक्ष अधिक होगा। यह स्थिति अर्थव्यवस्था को निकट भविष्य में निर्यात के लिये अवश्य प्रेरित करेगी, निर्यात में वृद्धि विदेशी मुद्रा भण्डार में वृद्धि करने के साथ-साथ नकारात्मक व्यापार शेष (Balance of Trade) की स्थिति को सुधारने में सहायक होगी। विदेशी मुद्रा भण्डार में वृद्धि घरेलू मुद्रा (रूपया) को मजबूत करने और वैश्विक जगत में देश की अर्थव्यवस्था की विश्वसनीय को बढ़ायेगी।

निष्कर्ष रूप में मुद्रास्फीति की बढ़ी हुई दरों का आर्थिक, सामाजिक व वैश्विक आधार पर मूल्यांकन करने के पश्चात्, जो परिणाम सामने आये वह हमारी अर्थव्यवस्था के लिये सकारात्मक प्रभाव डालने वाला है। अन्त में यह कहना कि मुद्रास्फीति की स्थिति अर्थव्यवस्था को सकारात्मक रूप से प्रभावित करती है, अतिशियोक्ति नहीं होगी।

जैसे कि प्रत्येक सिक्के के दो पहलु होते हैं और अनिवार्य यह है कि दोनों पहलुओं पर विचार करने के पश्चात् ही अन्तिम निष्कर्ष पर पहुंचा जाये। ठीक उसी प्रकार मुद्रास्फीति के प्रभाव का दूसरा पहलू देखना शेष है, आइये मुद्रास्फीति की बढ़ी हुई दरों के नकारात्मक प्रभाव का अध्ययन प्रारम्भ करते हैं।

मुद्रास्फीति के नकारात्मक प्रभाव : जिस प्रकार मुद्रास्फीति के सकारात्मक प्रभावों का मूल्यांकन आर्थिक, सामाजिक व वैश्विक आधार पर किया गया था, ठीक उसी प्रकार नकारात्मक प्रभावों का मूल्यांकन भी इन्हीं तीन आधारों पर यथा– (i) आर्थिक (ii) सामाजिक व (iii) वैश्विक आधार पर किया जायेगा। ऐसा करने का उद्देश्य मात्र परिणामों को न्यायोचित बनाना है, ताकि भविष्य में यह प्रश्न न किया जाये क मुद्रास्फीति के सकारात्मक व नकारात्मक प्रभावों के मूल्यांकन के आधार अलग-अलग होने के कारण, परिणाम प्रभावित हुए। कहने का अभिप्राय सिर्फ इतना सा है कि यदि सोने की शुद्धता जांचना हो तो कसौटी एक ही होनी चाहिए, अलग-अलग कसौटी शुद्धता पर प्रश्न चिन्ह लगा देंगे। हमें ज्ञातव्य है कि मुद्रास्फीति वस्तुओं और सेवाओं के सतत मूल्य वृद्धि की स्थिति को

कहते हैं और इस स्थिति में आम जनता के लिये मूल-भूत आवश्यकता की वस्तुएं महंगी हो जाती हैं। इससे आगे की स्थिति का मूल्यांकन **आर्थिक, सामाजिक व वैश्विक** आधार पर करते हैं।

मुद्रास्फीति के नकारात्मक प्रभावों का मूल्यांकन

मूल्यांकन का आधार	प्रभाव
आर्थिक प्रभाव	• आम जनता के लिये मूल-भूत आवश्यकता वाली वस्तुएं विशेषकर खाद्य पदार्थ- सब्जियाँ, फल, दूध तेल, घी, दालों के मूल्य बढ़ने से प्रत्यक्ष रूप से आम जनता की बचतें प्रभावित होंगी। अर्थात् वे बैंकों में रखी अपनी बचतों को तीव्रता से निकालकर महंगी हो चुकी मूल-भूत वस्तुओं को खरीदने का प्रयास करेंगे। जैसा की विदित है कि देश में बचत सर्वाधिक मध्यवर्गीय परिवार करते हैं अतः मूलभूत आवश्यकता वाली वस्तुओं की मूल्य वृद्धि बैंकों में रखी उनकी बचतों को कम कर देगी। • बचतों की तीव्रता से निकासी, बैंकों में तरलता की उपलब्धता को कम कर देगी। परिणामस्वरूप बैंकों को अपनी ब्याज की दरें बढ़ानी पड़ेंगी। • बैंकों द्वारा ब्याज दर में बढ़ोत्तरी, उत्पादक वर्ग को नये निवेश के लिये हतोत्साहित करेगी, जिसका प्रत्यक्ष परिणाम यह होगा कि उत्पादन के बिना नये रोजगार सृजन व प्रति व्यक्ति आय बढ़ने की संभावनायें क्षीण हो जायेंगी। **अन्त में यह स्पष्ट हो जाता है कि मुद्रास्फीति के नकारात्मक प्रभाव आम जनता की आर्थिक स्थिति को कमजोर कर देती हैं।**
सामाजिक प्रभाव	• मुद्रास्फीति के नकारात्मक आर्थिक प्रभाव के चलते जब नये रोजगार का सृजन नहीं होता, उस स्थिति में बेरोजगारी व गरीबी की दरें बढ़ने लगती है, रहन-सहन का स्तर, स्वास्थ्य, शिक्षा जैसे क्षेत्र धराशायी होने लगते हैं और ऐसी कमजोर सामाजिक स्थिति के चलते सरकार के गैर उत्पादक व्यय जैसे- सब्सिडी, कल्याणकारी योजनाओं पर व्यय बढ़ने लगते हैं। अर्थात् यू कहें कि आम जनता की निर्भरता सरकार पर बढ़ने के कारण, सरकार पर वित्तीय दबाव बढ़ने लगता है। **अन्त में यह स्पष्ट हो जाता है कि मुद्रास्फीति के नकारात्मक प्रभाव देश की सामाजिक स्थिति पर प्रतिकूल प्रभाव डालेंगे।**
वैश्विक प्रभाव	• मुद्रास्फीति के दोषपूर्ण सामाजिक प्रभाव, निकट भविष्य में देश पर नकारात्मक वैश्विक प्रभाव डालेंगे जैसे- निर्यात के सापेक्ष आयात में वृद्धि, नकारात्मक व्यापार शेष, विदेशी मुद्रा भण्डार में कमी, घाटे में वृद्धि के चलते वैश्विक साख व अन्तर्राष्ट्रीय सूचकांकों में गिरती रैंकिंग आदि कई नकारात्मक वैश्विक प्रभाव देखने को मिलेंगे।

निष्कर्ष रूप में मुद्रास्फीति की बढ़ी हुई दरों का आर्थिक, सामाजिक व वैश्विक आधार पर मूल्यांकन करने के पश्चात् जो परिणाम सामने आये हैं, उससे स्पष्ट है कि मुद्रास्फीति, देश की अर्थव्यवस्था पर विशेषकर मध्यम एवं गरीबी वर्ग पर नकारात्मक प्रभाव डालती है।

देश की अर्थव्यवस्था के लिए एक ओर मुद्रास्फीति उत्पादन, निवेश, रोजगार सृजन, रहन सहन के स्तर, निर्यात एवं देश के आर्थिक विकास को बढ़ाने में सहायक है तो दूसरी ओर मुद्रास्फीति मध्यम एवं गरीब वर्गों पर नकारात्मक प्रभाव डालती है उनकी बचतों में कमी करती है साथ ही उत्पादक वर्ग के लाभ में कमी आने से निवेश, उत्पादन एवं रोजगार सृजन में कमी आ जाती है। अतः स्पष्ट है कि देश के विकास के लिए मुद्रास्फीति का बने रहना आवश्यक शर्त है परन्तु मुद्रास्फीति की दर इतनी भी तीव्र न हो कि देश की आम जनता का जीवन निर्वाह करना मुश्किल हो जाए। इस आधार पर यह तय करना अनिवार्य हो जाता है कि-**किसी देश के विकास को बनाए रखने के लिए मुद्रास्फीति की कौन-सी दर इष्टतम होगी?**

मुद्रास्फीति की इष्टतम दर ऐसी होनी चाहिए जो देश की अर्थव्यवस्था के विकास में सहायक हो और वह दर मध्यम और गरीब वर्गों पर नकारात्मक प्रभाव भी न डाले। जब मुद्रास्फीति की दर, उस देश के जीडीपी की वृद्धि दर के बराबर हो, तो यह दर ही मुद्रास्फीति की इष्टतम दर कहलायेगी। जिसे तालिका के माध्यम से स्पष्ट किया जा रहा है:-

तालिका 4.1 मुद्रास्फीति की इष्टतम दर की स्थिति

स्थिति	देश में जीडीपी वृद्धि दर (आपूर्ति पक्ष को दर्शाता है)	देश में मुद्रास्फीति की दर (मांग पक्ष को दर्शाता है)	प्रभाव का विशलेषण
प्रथम स्थिति	5%	8%	इस स्थिति में आपूर्ति की तुलना में मांग अधिक है। यह स्थिति मध्यम एवं गरीब वर्ग के लिए अनुकूल नहीं है, जबकि उत्पादक वर्ग के लिए यह स्थिति अनुकूल है।
द्वितीय स्थिति	8%	5%	इस स्थिति में आपूर्ति की तुलना में मांग कम होने से उत्पादक वर्ग को हानि होगी जबकि मध्यम एवं गरीब वर्ग के लिए वस्तुएं सस्ती हो जायेंगी।
तृतीय स्थिति	8%	8%	इस स्थिति में उत्पादक वर्ग को लाभ होगा और वह नये निवेश के लिए प्रेरित होंगे। परिणाम स्वरूप मध्यम एवं गरीब वर्गों को नये रोजगार के अवसर प्राप्त होंगे जिससे उनकी स्थिति में सक. ारात्मक सुधार आयेगा।

नोट : तृतीय स्थिति मुद्रास्फीति की इष्टतम दर है।

सूत्र : मुद्रास्फीति की इष्टतम दर : जीडीपी वृद्धि दर = मुद्रास्फीति की दर

मुद्रास्फीति का वर्ग विशेष प्रभाव

मुद्रास्फीति के काल में वर्ग विशेष पर क्या प्रभाव पड़ेगा? का विश्लेषण निम्न प्रकार से किया जा सकता है :-

तालिका 4.2 मुद्रास्फीति का वर्ग विशेष पर प्रभाव

	वर्ग	प्रभाव	विशेष
1.	व्यापारी तथा अमीर वर्ग (Businessman & Rich class)	लाभ	समाज का यह वर्ग स्फीति में लाभ प्राप्त करता है क्योकि इस वर्ग की स्थिर आय नहीं होती।
2.	देनदार (Debtors)	लाभ	देनदारों को भी लाभ होता है, क्योंकि देनदार ऋण तब चुकाते हैं जब स्फीति की दर पहले की तुलना में बढ़ जाती है और उनके द्वारा उधार ली गयी राशि का वर्तमान में लौटायी गयी राशि की क्रय शक्ति घट जाती है।
3.	कृषक (Farmers)	लाभ	किसानों को स्फीति के दौरान लाभ होता है क्योंकि भुगतान की जाने वाली लागत तथा उत्पाद बेचने के बीच समय अंतराल होता है। किसानों को कम लागत चुकानी पड़ती है, जबकि वस्तु की कीमतें बढ़ने के कारण जब वे उत्पाद बेचते हैं तो उन्हें लाभ होता है।
4.	लेनदार (Creditors)	हानि	लेनदारों को स्फीति के दौरान हानि होती है क्योंकि उन्हें उधार दी गयी मुद्रा की तुलना में मुद्रा की कम क्रयशक्ति प्राप्त होती है,
5.	मजदूरी/वेतन प्राप्तकर्ता (Wage/Salary Earners)	हानि	इन लोगों की स्थिर आय होने के कारण मुद्रास्फीति दैनिक जीवन की वस्तुओं के मूल्यों में वृद्धि कर देती है परिणामस्वरूप इस वर्ग की वास्तविक आय में गिरावट आ जाती है जिससे इनके जीवन स्तर पर बुरा प्रभाव पड़ता है।

6.	उपभोक्ता वर्ग (Consumer)	हानि	समाज में रहने वाला प्रत्येक व्यक्ति उपभोक्ता है और मूल्यों में वृद्धि प्रत्येक उपभोक्ता के बजट पर नकारात्मक प्रभाव डालता है।
7.	छोटे निवेशकर्ता	हानि	छोटे तथा मध्यम वर्ग के निवेशकर्ता जो मुद्रा बचाकर स्थाई जमा जैसे सरकारी प्रतिभूतियों, बाण्ड आदि में निवेश करते हैं उन्हें स्फीति के दौरान हानि होती है क्योंकि उनकी आय स्थिर होती है।
8.	सकल बचत	कमी	मुद्रास्फीति लोगों की बचतों को कम कर देती है।
9.	पूंजी निर्माण	कमी	जब मुद्रास्फीति लोगों की बचतों को कम कर देती है तो यह स्थिति प्रत्यक्ष रूप से पूंजी निर्माण की दर में भी गिरावट ला देती है। अर्थात जब बचत ही नहीं होगी तो पूंजी निर्माण भी नहीं होगा।
10.	आयात	वृद्धि	मुद्रास्फीति का एक प्रमुख कारण मांग में वृद्धि है इस बढ़ी हुई मांग को पूरा करने के लिये आयात में वृद्धि करना आवश्यक हो जाता है।
11.	निर्यात	कमी	वस्तुओं की मांग के अनुरूप पूर्ति न हो पाने के कारण वस्तुओं के निर्यात को कम किया जाता है ताकि पूर्ति बढ़ाकर, मुद्रास्फीति को नियंत्रित किया जा सके।

भारत में मुद्रास्फीति की गणना

किसी भी अर्थव्यवस्था की तरह भारत में भी मोटे तौर पर मुद्रास्फीति की माप करने के दो आधार हैं– (i) थोक मूल्य सूचकांक (ii) उपभोक्ता मूल्य सूचकांक।

(i) थोक मूल्य सूचकांक (Wholesale Price Index) : भारत में मुद्रास्फीति को थोक मूल्य सूचकांक (WPI) के आधार पर मापा जाता है। इसका प्रकाशन आर्थिक सलाहकार कार्यालय, वाणिज्य एवं उद्योग मंत्रालय के **"औद्योगिक नीति और संवर्धन विभाग" (DIPP)** द्वारा किया जाता है। इस सूचकांक का प्रयोग 1939 से हो रहा है। इस सूचकांक का प्रयोग उन उत्पादों की औसत कीमत स्तर में बदलाव आंकने के लिए किया जाता है, जिनका कारोबार "थोक बाजार" में होता है। थोक मूल्य सूचकांक सिर्फ वस्तुओं की कीमतों का सूचकांक है, सेवाओं का नहीं।

महत्वपूर्ण तथ्यः

- मासिक आधार पर जारी किया जाने वाला WPI का आधार वर्ष 2004-05 था जिसे मई, 2017 में परिवर्तित कर 2011-12 कर दिया गया है और WPI के नये आधार वर्ष वाली नई श्रृंखला 12 मई, 2017 को मासिक आधार पर जारी की गयी।
- यह सूचकांक एक महत्वपूर्ण सांख्यिकीय संकेतक है, क्योंकि सरकार के अनेक नीतिगत निर्णय जैसे- मुद्रास्फीति प्रबन्धन, आवश्यक जिंसों के मूल्यों की निगरानी आदि इसी पर आधारित होते है। भारतीय रिजर्व बैंक मौद्रिक नीति में परिवर्तन करने के लिए जिन प्रमुख चरों (Variables) का प्रयोग करता है यह उनमें से एक है। इसके अलावा विभिन्न विभाग इसका उपयोग विभिन्न अनुबन्धों की बढ़ी लागत निर्धारित करने में करते है।
- नये और पुराने WPI का तुलनात्मक अध्ययन निम्न प्रकार से है:–

प्रमुख घटक	2011-12 पर आधारित नया WPI		2004-05 पर आधारित पुराना WPI	
प्रमुख घटक	भारांश (% में)	वस्तुओं की संख्या	भारांश (% में)	वस्तुओं की संख्या
1. प्राथमिक उत्पाद (Primary (Articles)	22.62	117	20.12	102
2. ईंधन व ऊर्जा (Full & Electricity)	13.15	16	14.91	19
3. विनिमित उत्पादन (Manufactured Products)	64.23	564	64.97	555
कुल	100.00	697	100.00	676

WPI में आधार वर्ष का महत्व

अर्थव्यवस्था में हो रहे संरचनात्मक परिवर्तनों को समझने के लिए **WPI** का आधार वर्ष अद्यतन (Latest/Updated) होना जरूरी है। यहीं कारण है कि आर्थिक सलाहकार के कार्यालय में नये थोकमूल्य सूचकांक के लिए 2004-05 के पुराने आधार वर्ष के स्थान पर 2011-12 को अपनाया है। अर्थव्यवस्था की बदलती मूल्य प्रवृत्तियों के बेहतर निरूपण के लिए किये गये उपायों के तहत न केवल आधार वर्ष में परिवर्तन किया गया है बल्यि **जिंस बास्केट** (थोक मूल्य सूचकांक में शामिल वस्तुओं की सूची) को भी संशोधित किया गया है।

WPI के आधार पर मुद्रास्फीति की गणना से जुड़ी समस्याएं

• मुद्रास्फीति की गणना के लिए पिछले वर्ष के इसी माह की मुद्रास्फीति को आधार बनाया जाता है। इस गणना पद्धति में अकसर यह समस्या उभर कर आती है कि मुद्रास्फीति की वास्तविक स्थिति का पता नहीं चल पाता। अगर पिछले वर्ष मुद्रास्फीति की दर उच्च रही है तो इस वर्ष उच्च मुद्रास्फीति के बावजूद सम्भव है कि यह आंकड़ा शून्य या नकारात्मक मुद्रास्फीति को दर्शाये। ठीक इसी प्रकार अगर पिछले वर्ष मुद्रास्फीति की दर निम्न रही है तो उस स्थिति में हल्की मुद्रास्फीति को भी बढ़ा चढ़ाकर प्रस्तुत किया जाता है। इसे **आधार प्रभाव (Base Effect)** की संज्ञा दी जाती है। इस स्थिति को तालिका के माध्यम से स्पष्ट किया जा रहा है-

WPI के आधार पर मुद्रास्फीति की गणना से जुड़ी आधार प्रभाव की समस्यस

स्थिति	माह एवं वर्ष	मुद्रास्फीति की दर प्रतिश में	प्रभाव का विशलेषण
प्रथम स्थिति	जुलाई-2017 जुलाई-2018	12% 14%	वर्ष 2017 की जुलाई माह में मुद्रास्फीति की दर उच्च (12 प्रतिशत) रही है और यह दर वर्ष 2018 के जुलाई माह में बढ़कर 14 प्रतिशत हो गयी बावजूद इसके मुद्रास्फीति की दर WPI में मात्र 2 प्रतिशत ही स्पष्ट होती है जोकि मुद्रास्फीति की सही स्थिति को स्पष्ट नहीं करती।
द्वितीय स्थिति	जुलाई-2017 जुलाई-2018	3% 14%	वर्ष 2017 की जुलाई माह में मुद्रास्फीति की दर निम्न (3 प्रतिशत) हो और वर्ष 2018 की जुलाई माह में यह दर 14 प्रतिशत हो जाये तो स्थिति में 11 प्रतिशत मुद्रास्फीति स्फीति के बढ़े चढ़े आंकड़े प्रस्तुत करेंगा जोकि मुद्रास्फीति की सही स्थिति को स्पष्ट नहीं करती।

• भारत में **WPI** में ईंधन और विनिर्मित वस्तुओं का भारांश लगभग 77 प्रतिशत है जबकि प्राथमिक वस्तुएं जो रोजमर्रा से जुड़ी होती है का भारांश 22.62 प्रतिशत है जिसकी वजह से यदि रोजमर्रा की वस्तुओं के मूल्य बढ़ते है और वि. निर्मित वस्तुओं के मूल्य कम होते है तो घटे हुए मूल्यों बढ़े हुए मूल्यों को समायोजित कर लेते है और मुद्रास्फीति की वास्तविक स्थिति स्पष्ट नहीं होती।

• WPI के लिए वस्तुओं के थोक मूल्य को आधार बनाया जाता है जबकि उपभोक्ता वस्तुओं को खुदरा मूल्य में खरीदते है, इन दोनों मूल्यों में 40 से 50 प्रतिशत का अन्तर होता है।

• WPI में केवल वस्तुओं को शामिल किया जाता है जबकि वर्तमान में एक उपभोक्ता अपनी आय का एक बहुत बड़ा हिस्सा सेवाओं के उपभोग में व्यय करता है, चूंकि WPI में सेवाओं को शामिल नहीं किया जाता, इसलिए उपभोक्ताओं के लिए सेवाओं के मूल्यों में होने वाली वृद्धि को WPI मापने में अक्षम रहता है और अर्थव्यवस्था में व्याप्त मुद्रास्फीति की वास्तविक दर स्पष्ट नहीं हो पाती।

उपरोक्त समस्याओं के बावजूद भी मुद्रास्फीति के मापन में WPI का प्रयोग चलन में है। यदि नये WPI का विश्लेषण किया जाये तो यह पुराने WPI से कहीं बेहतर मुद्रास्फीति के आंकड़े प्रस्तुत करता है। यह विश्लेषण निम्नवत् है-

• पुराने WPI के आलोक में अगर नये WPI के प्रभाव को देखें, तो आधार वर्ष के परिवर्तन के प्रभावी होने की स्थिति

में WPI में दर्शाया जाने वाला आंकड़ा वास्तविकता के कहीं अधिक करीब होगा।

• पुराने WPI में 676 वस्तुओं को शामिल किया गया था जिसे नये WPI में बढ़ा कर 697 कर दिया गया जो यह दर्शाता है कि पहले की तुलना में उपभोक्ताओं की उपभाग प्रवृति कहीं अधिक विस्तृत हुई है जो रहन-सहन के उच्च स्तर को परिलक्षित करने में सहायक है।

(ii) **उपभोक्ता मूल्य सूचकांक (Consumes Price Index)** : विकसित देशों में मुद्रास्फीति की गणना उपभोक्ता मूल्य सूचकांक (CPI) के आधार पर की जाती है, जिसमें फुटकर वस्तुओं की कीमतों का महत्व दिखता है। यह उपभोक्ताओं की ओर से खरीदे जाने वाले "उत्पादों" और "सेवाओं" के खाद्य सेट की मासिक औसत कीमत को आंकने से जुड़ा सांख्यिकीय माप है। भारत में उपभोक्ता मूल्य सूचकांक आधारित मुद्रास्फीति की दरों के आंकड़े केन्द्र सरकार के **सांख्यिकी एवं कार्यक्रम कार्यान्वयन मंत्रालय (Ministry of Statistics & Programme Implementation)** द्वारा मासिक आधार पर जारी किया जाता है।

महत्वपूर्ण तथ्यः

- केन्द्रीय सांख्यिकी कार्यालय (CSO) द्वारा जनवरी 2015 में नया उपभोक्ता मूल्य सूचकांक प्रारम्भ किया गया है, जिसका आधार वर्ष 2012 निश्चित किया गया है।
- इस सूचकांक हेतु वस्तुओं एवं सेवाओं के मूल्य सम्बन्धी आंकड़े NSSO द्वारा चुनिन्दा शहरों से संग्रहित किये जाते हैं, जबकि ग्रामीण क्षेत्र के लिए मूल्य के आंकड़ों का संग्रहण डाक विभाग द्वारा किया जाता है।
- CPI के अन्तर्गत 3 समूह को शामिल किया गया है– (i) औद्योगिक श्रमिक (ii) शहरी गैर शारीरिक श्रम करने वाले कर्मचारी (iii) खेतिहर मजदूर।
- सीपीआई में शामिल मदें है– खाद्य व खाद्य भिन्न वस्तुएँ और सेवायें (आवास, परिवहन, संचार, शिक्षा और स्वास्थ्य)।

मुद्रास्फीति पर नियंत्रणः मौद्रिक नीति द्वारा

मौद्रिक नीति (Monetary Policy)

यह नीति बाजार में मुद्रा की आपूर्ति को नियंत्रित करने के साथ ही यह तय करती है कि आरबीआई किस दर पर बैंकों को कर्ज देगा या फिर किस दर पर उन बैंकों से पैसा वापस लेगा। मौद्रिक नीति को आरबीआई अपने केन्द्रीय बोर्ड की सिफारिशों के आधार पर तय करता है। आरबीआई समय-समय पर भारत सरकार के ''आर्थिक विभागों'' से सलाह-मशविरा करता है, परंतु मौद्रिक नीति की प्रमुख दरें क्या होंगी, अंतिम निर्णय आरबीआई द्वारा लिया जाता है।

नोटः

- 1990 के दशक के मध्य तक आरबीआई मौद्रिक नीति की घोषणा वर्ष में केवल दो बार करता था।
- वर्ष 1997 में गवर्नर बने बिमल जालान ने तिमाही मौद्रिक नीति (90 दिन) समीक्षा की परंपरा शुरू की।
- वर्ष 2003 में गवर्नर बने वाई. वी. रेड्डी ने मध्य तिमाही समीक्षा (45 दिन) की परंपरा शुरू की।
- वर्ष 2013 में गवर्नर बने रघुराम राजन ने, डिप्टी गवर्नर उर्जित पटेल की सिफारिश पर, 1 अप्रैल 2014 को पहली द्विमासिक मौद्रिक नीति (60 दिन) की परंपरा शुरू की।
- वर्तमान में मौद्रिक नीति की नीतिगत दरों का निध. रिण **''मौद्रिक नीति समिति''** (Monetary Policy Committee-MPC) द्वारा किया जाता है।

मौद्रिक नीति के द्वारा मुद्रास्फीति नियंत्रण

मौद्रिक नीति की प्रमुख नीतिगत दरों को परिवर्तित कर मुद्रास्फीति को नियंत्रित करना आरबीआई का प्रमुख कार्य है। यहाँ मौद्रिक नीति की नीतिगत दरे, उसका अर्थ व मुद्रास्फीति के नियंत्रण में उनकी भूमिका का क्रमबद्ध वर्णन किया जा रहा है–

बैंक दर (Bank Rate)

अर्थ : जिस दर पर RBI व्यापरिक बैंको को दीर्घकालिक ऋण उपलब्ध करता है वह **बैंक दर** कहलाती है।

मुद्रास्फीति पर नियंत्रण : यदि RBI पहले की तुलना में बैंक दर को बढाती है तो बैंकों का RBI से ऋण लेना मंहगा हो जायेगा जिससे बैकं अपेक्षाकृत कम ऋण की मांग करेंगे और अर्थव्यवस्था में तरलता जाने से रूक जायेगी। यह स्थिति मुद्रास्फीति को नियंत्रित करने में सहायक है।

नोट : यदि RBI पहले की तुलना में बैंक दर को घटाती है तो उपरोक्त के विपरीत की स्थिति बनेगी अर्थात अर्थव्यवस्था में तरलता बढ़ने से मुद्रास्फीति बढ़ेगी।

रेपो दर (Repo Rate)

अर्थ : जिस दर पर RBI व्यापारिक बैंको को अल्पाकालिक ऋण उपलब्ध कराता है वह **रेपो दर** कहलाती है।

मुद्रास्फीति पर नियंत्रण : यदि RBI पहले की तुलना में रेपो दर को बढ़ाती है तो बैंक स्वत: ही आम जनता के लिये ब्याज दरें बढ़ा देंगे। परिणामस्वरूप आम जनता बैंकों से दूरी बना लेंगे। यह स्थिति अर्थव्यवस्था में तरलता जाने से रोक देती है और मुद्रास्फीति को नियंत्रित करती है।

नोट : यदि RBI पहले की तुलना में रेपो दर को घटाती है तो उपरोक्त के विपरीत की स्थिति बनेगी अर्थात अर्थव्यवस्था में तरलता बढ़ने से मुद्रास्फीति बढ़ेगी।

रिवर्स रेपो दर (Reverse Repo Rate)

अर्थ : व्यापारिक बैंक जिस दर पर अपनी अतिरिक्त तरलता RBI के पास रखते है, **रिवर्स रेपो** दर कहलाती है। इस पर बैंकों को ब्याज की प्राप्ति होती है।

मुद्रास्फीति पर नियंत्रण : यदि RBI पहले की तुलना मे रिवर्स रेपो दर को बढ़ाती है तो व्यापारिक बैंक आरबीआई के पास अधिक से अधिक मात्रा में अपनी अतिरिक्त तरलता रखने के लिए प्रेरित होंगे। यह स्थिति अर्थव्यवस्था में तरलता जाने से रोक देगी। परिणामस्वरूप मुद्रास्फीति नियंत्रित होगी।

नोट : यदि RBI पहले की तुलना में रिवर्स रेपो दर को कम करती है तो अर्थव्यवस्था में तरलता बढ़ती है और मुद्रास्फीति बढ़ेगी।

नकद आरक्षण अनुपात (Cash Reserve Ratio-CRR)

अर्थ : व्यापरिक बैंक अपनी NDTL (Net Demand and Time Liability) का एक निश्चित अनुपात RBI के पास नकदी के रूप में रखते है, इसे ही सीआरआर कहा जाता है। इस राशि पर RBI बैंको को कोई ब्याज नही देती।

मुद्रास्फीति पर नियंत्रण : यदि RBI पहले की तुलना में सीआरआर की दरें बढ़ाती है तो प्रत्यक्ष रूप से बैंको की ऋण देने की क्षमता कम हो जाती है। यह स्थिति अर्थव्यवस्था में तरलता जाने से रोक देगी, परिणामस्वरूप मुद्रास्फीति नियंत्रित होगी।

नोट : यदि RBI पहले की तुलना में सीआरआर की दर को कम करती है तो अर्थव्यवस्था में तरलता बढ़ती है और मुद्रास्फीति बढ़ेगी।

सांवधिक तरलता अनुपात (Statutory Liquidity Ratio-SLR)

अर्थ : व्यापारिक बैंकों को अपनी NDTL का एक निश्चित अनुपात नकदी, स्वर्ण और सरकारी प्रतिभूतियों के रूप में अपने पास रखना होता है। यह अनुपात ही सर्वाधिक तरलता अनुपात कहलाता है।

मुद्रास्फीति पर नियंत्रण : यदि RBI पहले की तुलना में एसएलआर की दरे बढ़ाती है तो बैंकों को अपनी NDTL का एक बड़ा हिस्सा नकदी, स्वर्ण व सरकारी प्रतिभूतियों के रूप में अपने पास रखना होगा, जिससे बैकों की तरलता अर्थव्यवस्था में नही पहुँच पायेगी और यह स्थिति मुद्रास्फीति को नियंत्रित करने में सहायक है।

नोट : यदि RBI पहले की तुलना में एसएलआर की दरें कम करता है तो अर्थव्यवस्था मे तरलता बढ़ने की संभावनाये बढ़ जाती है और यह स्थिति मुद्रास्फीति की स्थिति को जन्म दे सकती है।

खुले बाजार का प्राचलन (Open Market Operation-OMO) :

अर्थ : आरबीआई द्वारा सरकारी प्रतिभूतियों का क्रय-विक्रय **खुले बाजार का प्राचलन** कहलाता है।

मुद्रास्फीति पर नियंत्रण : यही आरबीआई सरकारी प्रतिभूतियों को विक्रय करती है तो आम जनता की तरलता आरबीआई खींच लेती है और तरलता कम होने से मुद्रास्फीति नियंत्रित हो जाती हैं जबकि इसके विपरित आरबीआई आम जनता से सरकारी प्रतिभूतियों का क्रय करती है तो तरलता में वृद्धि होने से मुद्रास्फीति की दर बढ़ जाती है।

मार्जिनल स्टैण्डिंग फैसिलिटी (Margenal Standing Facility-MSF) :

अर्थ : यह 9 मई 2011 से प्रारम्भ आरबीआई की ऐसी सुविधा है जिसके तहत बैंक अपने एनडीटीएल का 2 प्रतिशत तक अतिअल्प अवधि (Over Night) के लिए ऋण ले सकते है।

मुद्रास्फीति पर नियंत्रण : यदि आरबीआई एमएसएफ की दरे पहले की तुलना में बढ़ाती है तो तरलता में कमी होगी और मुद्रास्फीति नियंत्रित होगी।

नोट : यदि RBI पहले की तुलना में एमएसएफ दर को कम करती है तो अर्थव्यवस्था में तरलता बढ़ती है और मुद्रास्फीति बढ़ेगी।

मुद्रास्फीति पर नियंत्रणः राजकोषीय नीति द्वारा

राजकोषीय नीति (Fiscal Policy)

राजकोषीय नीति सरकार की आय तथा व्यय की नीति है जिसे सरकार के बजट में दर्शाया जाता है। यदि बजट में आय के सापेक्ष व्यय अधिक होता है तो सरकार विभिन्न उपायों को अपनाकर बजट में आये इस घाटे को पूरा करती है। अर्थात् राजकोषीय नीति सरकार की आय, व्यय एवं ऋण प्रबन्धन का लेखा-जोखा होता है। स्फीति को नियंत्रित करने में राजकोषीय नीति भी अहम भूमिका अदा करती है जो निम्नवत् है:

(i) राजस्व नीति : सरकार की आय का मुख्य स्रोत कर होते हैं। अत्यधिक मांग की अवस्था में सरकार सभी प्रकार के करों की दरें बढ़ा देती है मुख्यतः अमीर वर्ग पर करों की दर बढ़ा दी जाती है। यह अमीर वर्ग के लोगों की क्रय शक्ति कम कर देती है जिससे उपभोग तथा निवेश व्यय घट जाते हैं। इससे समग्र मांग घट जाती है तथा सरकारी राजस्व बढ़ जाता है।

(ii) व्यय नीति : समाज की सुरक्षा तथा लोगों के जीवन की गुणवत्ता सुधारने के लिए राज्य द्वारा सार्वजनिक व्यय किये जाते हैं। सार्वजनिक व्यय की मुख्य मदें हैं- सुरक्षा, प्रशासन, सामाजिक सेवाएं तथा विकासात्मक व्यय। अत्यधिक मांग की स्थिति में, सरकार इन व्ययों को कम कर देती है। ताकि अर्थव्यवस्था में अतिरिक्त तरलता न जा पाये और मांग पक्ष में कमी आये। समग्र मांग में इस कमी से, बजटीय घाटा कम हो जायेगा और सरकार गैर-विकासात्मक व्ययों को कम करने के उपाय भी अपनाती है।

मौद्रिक एवं राजकोषीय नीति के मध्य सम्बन्ध

मौद्रिक एवं राजकोषीय नीति के मध्य संबंध को निम्नानुसार प्रस्तुत किया जा सकता है:

मौद्रिक नीति	राजकोषीय नीति
• मौद्रिक नीति का निर्माण देश का केंद्रीय बैंक (RBI) करता है। **नोट** : वर्तमान में यह कार्य **मौद्रिक नीति समिति** को सौंपा गया है।	• जबकि राजकोषीय नीति संसद द्वारा निर्मित की जाती है।
• मौद्रिक नीति में परिवर्तन सरलता से हो जाता है वर्तमान मे प्रत्येक दो माह के पश्चात मौद्रिक नीति की दरों को पुनर्स्थापित किया जाता है।	• जबकि राजकोषीय नीति में परिवर्तन नहीं होता।
• मौद्रिक नीति-क्षेत्र विशेष को ही प्रभावित करती है अर्थात संगठित क्षेत्र जिनका बैंक से प्रत्यक्ष रूप से लेन-देन होता है, को समाहित करती है।	• जबकि राजकोषीय नीति के अंतर्गत सभी क्षेत्रों को समाहित किया जाता है क्योंकि समाज में रहने वाला प्रत्येक व्यक्ति कर (प्रत्यक्ष और परोक्ष) अवश्य अदा करता है।
• मौद्रिक नीति लागत पक्ष को प्रभावित करती है।	• जबकि राजकोषीय नीति मांग पक्ष को प्रभावित करती है।
• मौद्रिक नीति अप्रत्यक्ष रूप से लोगों की व्यय योग्य आय को कम करती है।	• जबकि राजकोषीय नीति प्रत्यक्ष रूप से व्यय योग्य आय को कम करती है।

मुद्रास्फीति प्रबंधन में आरबीआई विफल क्यों ?

मुद्रास्फीति पर नियन्त्रण करने के लिए आरबीआई मौद्रिक नीति में आवश्यकतानुरूप परिवर्तन कर अतिरिक्त तरलता को समायोजित करने का प्रयास करती है ताकि मुद्रास्फीति के नकारात्मक प्रभाव को कम किया जा सके परन्तु कुछ ऐसे क्षेत्र हैं जहां आरबीआई का कोई जोर नहीं चलता। वे क्षेत्र निम्नवत् हैं-

- श्रम लागत में वृद्धि और इसके कारण लागतजन्य मुद्रास्फीति।
- अंतर्राष्ट्रीय बाजारों में कच्चे तेल की कीमतों में वृद्धि।
- वितरण एवं विपणन-प्रणाली की खामियों के कारण थोक कीमत और खुदरा कीमतो में भारी अंतर।

- प्राकृतिक आपदाओं की शृंखला में वृद्धि।
- जनसंख्या में वृद्धि।
- मांग के अनुरूप आपूर्ति का न बढ़ पाना।
- ग्रामीण अर्थव्यवस्था में रूपांतरण के कारण ग्रामीण आय एवं क्रय क्षमता में वृद्धि और इसके कारण फूड हैबिट में परिवर्तन।
- वैश्विक मुद्रास्फीति का दबाव।

मौद्रिक नीति समिति

• 29 फरवरी 2016 को संसद में वित्त वर्ष 2016-17 का आम बजट प्रस्तुत करते समय वित्त मंत्री अरूण जेटली ने यह घोषणा की थी कि – "आरबीआई व केन्द्र सरकार मौद्रिक नीति समिति (Monetary Policy Committee-MPC) के संगठनात्मक ढाँचे की स्थापना हेतु सहमत हो चुके हैं।"		
• **MPC के गठन की आवश्यकता**	:	केन्द्र सरकार व आरबीआई के मध्य सामंजस्य स्थापित करना।
• **MPC के गठन की संवैधानिक प्रक्रिया**	:	वित्त अधिनियम 2016 द्वारा आरबीआई एक्ट, 1934 को संशोधित कर MPC को वैधानिक संस्थागत ढाँचा प्रदान किया गया।
• **सदस्यों की संख्या**	:	6 सदस्य (3 सदस्यों का नामांकन सरकार करेगी, जो अर्थशास्त्र, बैंकिंग, वित्त या मौद्रिक नीति मामले के विशेषज्ञ होंगे अर्थात् कोई सरकारी अधिकारी नहीं होंगे। शेष 3 सदस्य के रूप में आरबीआई मौद्रिक नीति प्रभार वाले डिप्टी गवर्नर, केन्द्रीय बैंक के कार्यकारी निदेशक तथा आरबीआई का गवर्नर शामिल होंगे।)
• **MPC के पदेन अध्यक्ष**	:	आरबीआई के गवर्नर
• **MPC के वर्तमान सदस्य**	:	1. उर्जित पटेल (गवर्नर आरबीआई व अध्यक्ष MPC) 2. आर. गांधी (उप गवर्नर आरबीआई व सदस्य MPC) 3. माइकल पात्रा (आरबीआई के प्रतिनिधि व सदस्य MPC) 4. प्रो. चेतन घाटे (भारतीय सांख्यिकी संस्थान से) 5. प्रो. पामी दुआ (दिल्ली स्कूल ऑफ इकोनॉमिक्स से) 6. प्रो. रवीन्द्र ढोलकिया (आईआईएम, अहमदाबाद से)
• **MPC की कार्य प्रणाली**	:	समिति के प्रत्येक सदस्य को 1 वोट देने का अधिकार होगा, परन्तु किसी मुद्दे पर मतों की बराबर की स्थिति में आरबीआई के गवर्नर के पास दूसरा मत देने का अधिकार होगा। यह समिति देश के लिए मौद्रिक नीति निर्माण के उद्देश्य से स्थापित की गयी है।
• **मौद्रिक नीति समिति के गठन से पूर्व देश में मौद्रिक नीति के निर्माण कार्य की प्रक्रिया**	:	मौद्रिक नीति को तय करने में आरबीआई के गवर्नर का एकाधिकार (वीटो) प्राप्त था अर्थात् मौद्रिक नीति का निर्माण गवर्नर अपने केन्द्रीय बोर्ड की सिफारिशों के आधार पर तय करता था और आरबीआई इस संबंध में भारत सरकार के आर्थिक विभागों से भी सलाह-मशविरा करता था। परन्तु अंतिम निर्णय लेने का अधिकार रिजर्व बैंक के गवर्नर के हाथों में ही था।
नीति : आरबीआई द्वारा मौद्रिक नीति की घोषणा 2-2 माह के अन्तराल पर की जाती है। इस पूरे वित्तीय वर्ष में 6 बार द्वैमासिक नीति की घोषणा आरबीआई द्वारा की जाती है।		

तथ्य सार संग्रह

- वस्तुओं और सेवाओं की पूर्ति के सापेक्ष माँग तीव्र गति से बढ़े, परिणामस्वरूप वस्तुओं और सेवाओं के मूल्यों में सतत वृद्धि बनी रहने जिससे मुद्रा की क्रयक्षमता नकारात्मक रूप से प्रभावित हो, यह स्थिति ही **मुद्रास्फीति** कहलाती है।
- मुद्रास्फीति के दो प्रमुख कारण हैं- (i) मांग प्रेरित स्फीति (ii) लागत प्रेरित स्फीति।
- मुद्रास्फीति के प्रकारों में शामिल हैं- दौड़ती मुद्रास्फीति, मंद मुद्रास्फीति, चलती मुद्रास्फीति, गतिहीन मुद्रास्फीति।
- मुद्रास्फीति के प्रभावों को दो वर्गों में बांटा जाता है- (i) सकारात्मक प्रभाव। (ii) नकारात्मक प्रभाव

- मुद्रास्फीति के प्रमुख सकारात्मक प्रभाव में शामिल हैं- उत्पादन, निवेश, रोजगार सृजन में वृद्धि तथा गरीबी, बेरोजगारी के प्रतिशत में कमी।
- मुद्रास्फीति के प्रमुख नकारात्मक प्रभाव में शामिल हैं- गरीब एवं मध्यम वर्ग के लिये आवश्यक वस्तुओं का मंहगा होना।
- मुद्रास्फीति की दर, जीडीपी की वृद्धि दर के बराबर हो तो यह स्थिति देश के विकास में सहायक है, इसे ही मुद्रास्फीति की इष्टतम् दर कहते हैं।
- मुद्रास्फीति पर नियन्त्रण मौद्रिक एवं राजकोषीय नीति द्वारा किया जाता है।
- मौद्रिक नीति बाजार में मुद्रा की आपूर्ति को नियंत्रित करती है।
- मौद्रिक नीति के अन्तर्गत बैंक रेट, रेपो रेट, रिवर्स रेपो रेट, सीआरआर, एसएलआर, ओपेन मार्केट ऑपरेशन व एमएसएफ को शामिल किया जाता है।
- राजकोषीय नीति सरकार की आय तथा व्यय की नीति है जिसे सरकार के बजट में दर्शाया जाता है।

महत्वपूर्ण शब्दावली

- **मुद्रा संकुचन/अवस्फीति (Deflation) :** जब बाजार में मांग की तुलना में पूर्ति अधिक हो जाती है तो वस्तुओं के मूल्यों में कमी और मुद्रा की क्रय क्षमता में वृद्धि हो जाती है। इस स्थिति में उत्पादक वर्ग को हानि होती है परिणामस्वरूप निवेश, रोजगार एवं आय में कमी आने लगती है और बेरोजगारी बढ़ने लगती है यह स्थिति ही ''मुद्रा संकुचन'' कहलाती है।
- **रिफ्लेशन (Reflation) :** मुद्रा संकुचन के नकारात्मक प्रभाव को कम करने के उद्देश्य से सरकार एवं केंद्रीय बैंक द्वारा कृत्रिम रूप से तरलता को बढ़ा कर, वस्तुओं की मांग को प्रेरित करने की स्थिति ही रिफ्लेशन कहलाती है अर्थात् कृत्रिम रूप से मुद्रास्फीति को बढ़ाना रिफ्लेशन कहलाता है।
- **मंदी (Recesion/Depression) :** रिसेशन से तात्पर्य मंदी की अवस्था से है जब पूर्ति की तुलना में मांग कम हो, तो रिसेशन की स्थिति उत्पन्न होती है, ऐसी स्थिति में धनाभाव के कारण लोगों की क्रय शक्ति कम होती है और उत्पादित वस्तुएं बिना बिके रह जाती हैं इससे उद्योगों को बंद करने की प्रक्रिया प्रारंभ होती है जिससे बेरोजगारी बढ़ती है।

  नोट : 1930 के दशक में विश्वव्यापी मंदी की स्थिति उत्पन्न हुई थी तथा विश्व के सभी देशों पर उसका प्रतिकूल प्रभाव पड़ा था।
- **सस्ती मुद्रा नीति (Cheap Money Policy) :** सस्ती मुद्रा नीति से अभिप्राय ऐसी मौद्रिक नीति से है जिसके अंतर्गत उद्योगों, व्यवसायों व उपभोक्ताओं को कम ब्याज दर व आसान शर्तों पर ऋण उपलब्ध होता है अर्थात् उद्योग एवं व्यापार को प्रोत्साहन देने हेतु जिस नीति का अनुसरण RBI करती है ''सस्ती मुद्रा नीति'' कहलाती है।
- **महंगी मुद्रा नीति (Dear/Strong Money Policy):** RBI द्वारा मुद्रास्फीति की स्थिति को नियंत्रित करने के लिए ब्याज दरों में वृद्धि कर दी जाती है ताकि अर्थव्यवस्था में अतिरिक्त तरलता न पहुंच सके, ''महंगी मुद्रा नीति'' कहलाती है।
- **खुला बाजार प्राचलन (Open Market Operation):** RBI द्वारा सरकारी प्रतिभूतियों का ''क्रय-विक्रय'' खुला बाजार प्राचलन कहलाता है।
- **राजकोषीय नीति (Fiscal Policy) :** सार्वजनिक आय, व्यय, ऋण सम्बन्धी क्रियाओं तथा हीनार्थ प्रबन्ध से सम्बन्धित नीतियों को ही राजकोषीय नीति कहते हैं। इस नीति में मुख्य रूप से तीन मुद्दे शामिल होते हैं-(i) करारोपण (Taxation), (ii) सार्वजनिक ऋण (Public Borrowing), (iii) सार्वजनिक व्यय (Public Expenditure)।
- **स्फीति बनाम मुद्रा संकुचन/अवस्फीति (Inflation vs Deflation) :** मुद्रासंकुचन, स्फीति की विपरीत स्थिति है। स्फीति एवं मुद्रा संकुचन दोनों के ही अपने गुण तथा दोष हैं। दोनों ही बुरी तरह की अस्थिरताएं उत्पन्न करती हैं। केन्स (Keynes) के अनुसार, ''स्फीति अनुचित तथा न्याय विरुद्ध है जबकि अवस्फीति अनुपयुक्त है।'' केन्ज (Keynes) के अनुसार, अवस्फीति ज्यादा हानिकारक है स्फीति से। वे कहते हैं कि स्फीति अनुचित है, क्योंकि यह आय तथा संपत्ति की असमानताएं उत्पन्न करती है। इससे गरीब वर्ग को हानि होने पर, अमीर वर्ग को लाभ होता है। अवस्फीति के दौरान, देश की राष्ट्रीय आय घट जाती है। बेरोजगारी बढ़ती है तथा हड़तालें (Lay off) तथा तालाबन्दी (Lockout) होती हैं।

स्फीति एक लाभकारी स्थिति है क्योंकि इससे आर्थिक क्रियाएं बढ़ती हैं तथा रोजगार की उपलब्धि होती है। उत्पादकों को असामान्य लाभ मार्जिन प्राप्त होता है। इससे अर्थव्यवस्था के व्यापार चक्र में समृद्धि आती है। अवस्फीति हानिकारक स्थिति है क्योंकि उत्पादकों की हानि होती है तथा उनका लाभ शून्य होता है। अनबिका स्टाक होने के कारण उत्पादन स्तर पर गिरावट आती है। इससे अर्थव्यवस्था के व्यापार चक्र में उदासीनता तथा मंदी आती है। जब अवस्फीति मंदी में परिवर्तित हो जाती है एक देश पर बुरा प्रभाव पड़ता है। इससे गरीबी, भूख तथा दु:ख फैलते हैं। स्फीति तथा अवस्फीति दोनों ही बुराइयां हैं परन्तु अवस्फीति एक बड़ी बुराई है ऐसा इसलिए क्योंकि स्फीति को अवस्फीति की तुलना में नियंत्रित किया जा सकता है।

अभ्यास प्रश्न

◆ **स्तरः परम्परागत**

1. मुद्रास्फीति का अर्थ है–
   (a) वस्तुओं और सेवाओं की कीमतों में वृद्धि
   (b) वस्तुओं और सेवाओं के मूल्यों में सतत वृद्धि
   (c) वस्तुओं की मांग बढ़ने पर वस्तुओं की पूर्ति में भी वृद्धि।
   (d) उपरोक्त सभी
2. सामान्य कीमत स्तर एवं मुद्रा की क्रय क्षमता के मध्य सम्बन्ध होता है–
   (a) विपरीत (b) अनुकूल
   (c) a और b दोनों (d) कोई नहीं
3. लागत प्रेरित स्फीति का अर्थ है–
   (a) श्रम का मंहगा होना।
   (b) सामान्य कीमतों में वृद्धि।
   (c) कच्चे माल का मंहगा होना।
   (d) वृद्धिमान पूंजी निर्गत अनुपात (ICOR)
4. निम्नलिखित शब्दावलियों को सुमेलित कीजिए–

A. दौड़ती हुई मुद्रास्फीति	1. वृद्धि दर स्थिर एवं मुद्रास्फीति में वृद्धि
B. स्टैगफ्लेशन	2. कीमतों में बहुत धीमी वृद्धि
C. मंद मुद्रास्फीति	3. मुद्रा स्फीति की दर 2–3 अंकीय
D. ग्लोपिंग स्फीति	4. प्रचलित मुद्रा से विश्वास उठना

कूटः

	A	B	C	D
(a)	4	1	3	2
(b)	4	3	2	1
(c)	4	2	1	3
(d)	4	1	2	3

5. बैंक दर में वृद्धि–
   (a) ब्याज दरों को कम करने में सहायक।
   (b) ब्याज दरों को बढ़ाने में सहायक।
   (c) तरलता में वृद्धि।
   (d) मुद्रास्फीति की दर में वृद्धि।
6. मुद्रास्फीति के कारणों को प्राथमिकता के आधार पर क्रमबद्ध कीजिए–
   1. आय में वृद्धि
   2. रोजगार में वृद्धि
   3. अर्थव्यवस्था में बेरोजगारी के प्रतिशत में कमी
   4. औद्योगीकरण
   5. वस्तुओं की मांग में वृद्धि

   कूटः
   (a) 1, 2, 3, 5, 4 (b) 1, 2, 5, 3, 4
   (c) 4, 2, 3, 1, 5 (d) 2, 3, 4, 1, 5
7. मूल्य सूचकांक = **100** का अर्थ है?
   (a) यह वस्तुओं की बढ़ी हुई कीमतों (Increase Price) को मापता है।
   (b) यह वस्तुओं की घटी हुई कीमतों (Decrease Price) को मापता है।
   (c) यह वस्तुओं के औसत मूल्य में परिवर्तन (Change in Average Price) को मापता है।
   (d) उपरोक्त में से कोई नहीं
8. मुद्रास्फीति के सकारात्मक प्रभावों को क्रमबद्ध कीजिए–
   1. निवेश में वृद्धि
   2. रहन-सहन के स्तर में वृद्धि
   3. उत्पादन में वृद्धि
   4. रोजगार में वृद्धि

5. कीमतों में वृद्धि के कारण व्यापारिक वर्ग को लाभ।

(a) 1, 2, 3, 4, 5 (b) 5, 1, 4, 3, 2

(c) 5, 1, 2, 3, 4 (d) 5, 1, 3, 4, 2

9. विकासशील अर्थव्यवस्था में स्फीति सकारात्मक प्रभाव डालती है जब-

(a) उत्पादन में वृद्धि हो।

(b) मांग में वृद्धि हो।

(c) स्फीति की दर निश्चित दर से बढ़े।

(d) उपरोक्त में से कोई नहीं।

10. मुद्रास्फीति पर नियंत्रण किया जाता है-

1. प्रत्यक्ष करों में वृद्धि कर।
2. सार्वजनिक ऋणों में वृद्धि कर।
3. सार्वजनिक व्यय में वृद्धि कर।
4. बैंक दर में वृद्धि कर

(a) 1, 2, 3 (b) 1, 2, 3, 4

(c) 1, 2, 4 (d) 1, 3, 4

11. निम्न में से मुद्रास्फीति के नियंत्रण में RBI के विफल होने का प्रमुख कारण क्या है/हैं?

(a) तेल की कीमतों पर नियंत्रण न होना।

(b) मांग की तुलना के सापेक्ष पूर्ति को न बढ़ा पाना।

(c) दोषपूर्ण वितरण प्रणाली

(d) उपरोक्त सभी

12. निम्न में से कौन-सा कथन असत्य है?

(a) वस्तुओं और सेवाओं के मूल्य में तीव्र गिरावट-''**मुद्रा संकुचन**'' **(Deflation)** कहलाती है।

(b) मुद्रा संकुचन के प्रभावों को दूर करने के लिए सरकार ''**मुद्रा संस्फीति**'' **(Reflation)** को अपनाती है।

(c) वस्तुओं की पूर्ति की तुलना में मांग का कम होना ''**मंदी**'' **(Recession)** कहलाता है।

(d) मुद्रास्फीति पर नियंत्रण राजकोषीय नीति (Fiscal Policy) से संभव नहीं।

13. मुद्रास्फीति को मापने के निर्देशांक हैं-

(a) थोक मूल्य सूचकांक

(b) उपभोक्ता मूल्य सूचकांक

(c) a और b दोनों

(d) उक्त में से कोई नहीं

14. सही कथन का चुनाव कीजिए-

(A) भारत में मुद्रास्फीति की समस्या ''सरकार'' एवं RBI के समक्ष कठिन चुनौती है।

(R) खाद्यान्नों की बढ़ी कीमत मुद्रास्फीति का एकमात्र कारण है।

कूट :

(a) A और R दोनों सही हैं।

(b) A और R दोनों गलत हैं।

(c) A सही है R गलत है

(d) A गलत है R सही है

15. यदि एसएलआर को 0.25 घाटा दिया जाये तो उस स्थिति में

(a) ब्याज की दर में गिरावट होगी

(b) ब्याज की दर में वृद्धि होगी

(c) तरलता में वृद्धि होगी

(d) a और c दोनों

◆ स्तर-सम्भावित

1. MSF संबंधित है-

(a) बीमा क्षेत्र से

(b) मौद्रिक नीति से

(c) राजकोषीय नीति से

(d) निम्न में से कोई नहीं

2. रुपये की क्रय क्षमता से तात्पर्य है-

(a) मुद्रा द्वारा वस्तुओं और सेवाओं की क्रय की गयी मात्रा।

(b) मुद्रा द्वारा मूल्यवान वस्तुओं का क्रय

(c) मुद्रा द्वारा डालर का अधिक क्रय

(d) उपरोक्त सभी

3. वस्तुओं की कीमतों में कृत्रिम वृद्धि के प्रमुख कारण हैं-

1. काला बाजारी
2. दोषपूर्ण वितरण प्रणाली
3. वस्तुओं की पूर्ति में एकाधिकार
4. कमजोर सरकारी तंत्र

कूट :

(a) 1, 2, 3 (b) 2, 3, 4

(c) 1, 3, 4 (d) उपरोक्त सभी

4. खुला बाजार की क्रिया संबंधित है-

(a) RBI द्वारा सरकारी प्रतिभूतियो का क्रय विक्रय।

(b) राजकोषीय नीति से।

(c) बीमा क्षेत्र से

(d) निम्न में से कोई नही

5. मुद्रास्फीति के काल में सर्वाधिक हानि किस वर्ग को होती है? घटते हुए क्रम मे बताइये–
   1. मध्यम वर्ग
   2. संगठित क्षेत्र के श्रमिक
   3. ऋणदाता (Creditors)
   4. धनी वर्ग को (Upper Class)

   (a) 3, 2, 1, 4 (b) 2, 1, 3, 4
   (c) 1, 2, 3, 4 (d) 1, 3, 2, 4

6. अवस्फीति (Deflation) की स्थिति से निपटने के लिए निम्न में से कौन प्रभावी कदम नहीं है?
   1. सरकार अर्थव्यवस्था से तरलता को कम करेगी।
   2. सरकार प्रत्यक्ष कर (Direct Tax) की दर बढ़ायेगी।
   3. सरकार CRR की दर कम करेगी।
   4. सरकार बैंक दर में वृद्धि करेगी।

   कूट:
   (a) 1, 2, 3 (b) 1, 3, 4
   (c) 1, 2, 4 (d) 1, 2, 3, 4

7. RBI के अनुसार–"निम्नलिखित में से कौन–सी स्थिति देश के लिये सर्वाधिक चिंता का विषय है?
   (a) यूरोप में ऋण संकट (Euro Crisis)
   (b) मुद्रास्फीति (Inflation)
   (c) GDP में वृद्धि
   (d) राजकोषीय घाटा (Fiscal Deficit)

8. मुद्रास्फीति को अस्थायी तौर पर नियंत्रित करने के लिये निम्नलिखित में से किसका प्रयोग किया जा सकता है?
   (a) मजदूरी में वृद्धि (Wages Increase)
   (b) मुद्रा आपूर्ति में कमी (Decrease Money Supply)
   (c) करों में वृद्धि (Tax Rate Increase)
   (d) करों में कमी (Tax Rate Decrease)

9. मुद्रा आपूर्ति को कम करके मुद्रास्फीति को रोकने की प्रक्रिया कहलाती है–
   (a) मुद्रा संकुचन (Reflation)
   (b) अपस्फीति (Deflation)
   (c) अवस्फीति (Disinflation)
   (d) उपरोक्त में से कोई नहीं

10. सही कथन का चुनाव कीजिए–
    1. जिस दर पर RBI, वाणिज्यक बैंक को ऋण देता "बैंक दर" कहलाता है।
    2. CRR को अनिवार्य रूप से RBI के पास रखना RBI Act-42(i) से संबंधित है।
    3. SLR का निर्धारण राजकोषीय नीति के अन्तर्गत किया जाता है।
    4. CRR में कमी तरलता को बढ़ाता है।

    कूट :
    (a) 1, 3, 4 (b) 1, 2, 4
    (c) 2, 3, 4 (d) उपरोक्त सभी

11. मुद्रास्फीति के प्रमुख कारण–
    1. मुद्रा की पूर्ति में कमी
    2. सरकारी व्यय में वृद्धि
    3. घाटे की वित्त व्यवस्था
    4. जनसंख्या में वृद्धि

    कूट:
    (a) 1, 2, 3 (b) 2, 3, 4
    (c) 2, 4 (d) 1, 2, 3 और 4

12. अर्थव्यवस्था में मुद्रा की पूर्ति में वृद्धि से तात्पर्य–
    (a) लोगों की क्रय शक्ति में वृद्धि
    (b) लोगों की आय में वृद्धि
    (c) लोगों द्वारा वस्तुओं और सेवाओं की अधिक मांग
    (d) उपरोक्त सभी

13. सही कथन का चुनाव कीजिए–
    A भारत में सरकार विकासात्मक व्यय एवं गैर–विकासात्मक व्यय को पूरा करने के लिए घाटे की वित्त व्यवस्था करती है।
    R बजट में घाटे की पूर्ति केवल नये नोट छाप कर की जाती है।
    (a) A सही है।
    (b) R सही है।
    (c) A और R दोनों सही हैं।
    (d) A और R दोनों गलत हैं।

14. भारत में मांग की तुलना में पूर्ति कम है, क्योंकि
    1. जनसंख्या में तीव्र गति से वृद्धि
    2. कृषि में परंपरागत तरीकों का प्रयोग
    3. अपर्याप्त औद्योगिक विकास
    4. दोषपूर्ण तथा अकुशल प्रबन्धन

    कूट:
    (a) 1, 2, 3
    (b) 1, 2, 3, 4
    (c) 2, 3, 4
    (d) 1, 3, 4

15. MPC के संबंध में सारा कथन का चुनाव कीजिए–
   (a) RBI का गवर्नर इसका अध्यक्ष होगा
   (b) इसमें कुल 6 सदस्य होंगे
   (c) RBI के गवर्नर को टाई की स्थिति में एक अतिरिक्त मत देने का अधिकार होगा।
   (d) उपरोक्त सभी
16. मंदी के दौर में अर्थव्यवस्था में-
   (1) पूर्ति के सापेक्ष मांग कम होती है।
   (2) मुद्रा की क्रयशक्ति (Purchasing Power of Money) कम हो जाती है।
   (3) उत्पादकों के लाभांश में कमी (Minimize Profit)
   (4) रोजगार निर्माण में वृद्धि

   कूटः
   (a) 1, 2, 3 (b) 1, 3
   (c) 3, 4 (d) 1, 3, 4
17. अर्थव्यवस्था में रोजगार निर्माण में कमी आती है जब स्थिति होती है–
   (a) मुद्रास्फीति की
   (b) मंदी की
   (c) तकनीकी विकास की
   (d) उपरोक्त सभी
18. सही कथन का चयन कीजिए–
   A भारत जैसे विकासशील देश में मुद्रास्फीति की स्थिति मंदी की स्थिति से बेहतर है।
   B भारत में मुद्रास्फीति पर नियन्त्रण सरकार के लिए कठिन चुनौती है–

   कूटः
   (a) A सही है।
   (b) B सही है।
   (c) A और B दोनों सही हैं।
   (d) A और B दोनों गलत हैं।
19. दौड़ती हुई मुद्रास्फीति (Hyper Inflation) के संदर्भ में असत्य कथन का चुनाव करें–
   (a) प्रचलित मुद्रा से लोगों का विश्वास उठ जाये।
   (b) मुद्रास्फीति की दर 4 या 5 अंक की होती है।
   (c) यूरोप महाद्वीप का देश जिम्बाम्वे सर्वाधिक मुद्रास्फीति वाला देश है।
   (d) यह स्फीति देश की आर्थिक, सामाजिक, एवं राजनैतिक अस्थिरता का परिणाम है।
20. निम्नलिखित कथनों में असत्य कथन का चुनाव कीजिए–
   1. राजकोषीय नीति ''मांग'' को प्रभावित करती है जबकि मौद्रिक नीति लागत को।
   2. राजकोषीय एवं मौद्रिक नीति जनता के हाथों से क्रय शक्ति को प्रत्यक्ष रूप से प्रभावित करती है।
   3. राजकोषीय नीति केवल संगठित क्षेत्र को प्रभावित करती है।
   4. राजकोषीय नीति का निर्धारण संसद द्वारा नहीं किया जाता।

   (a) 1, 2
   (b) 2, 3
   (c) 2, 3, 4
   (d) 1, 3, 4

उत्तरमाला

◆ स्तर : परम्परागत

1. (b) 2. (a) 3. (d) 4. (d) 5. (b) 6. (c) 7. (c) 8. (b) 9. (c) 10. (c)
11. (d) 12. (d) 13. (c) 14. (c) 15. (d)

◆ स्तर : सम्भावित

1. (b) 2. (a) 3. (d) 4. (a) 5. (d) 6. (c) 7. (b) 8. (b) 9. (c) 10. (b)
11. (b) 12. (d) 13. (a) 14. (b) 15. (d) 16. (b) 17. (b) 18. (c) 19. (c) 20. (c)

मुख्य परीक्षा हेतु अभ्यास प्रश्न

1. "भारतीय अर्थव्यवस्था के विकास के लिए मुद्रास्फीति एक अनिवार्य स्थिति है" सिद्ध कीजिए।
2. मुद्रास्फीति के नियंत्रण में मौद्रिक नीति की भूमिका पर चर्चा करें।
3. मुद्रास्फीति व मंदी की स्थिति के मध्य अंतर स्पष्ट करें और बतायें कि किसी अर्थव्यवस्था के विकास पर इन दोनों स्थितियों का क्या प्रभाव पड़ेगा और कौन सी स्थिति अर्थव्यवस्था के लिए बेहतर है।

अध्याय
5

कृषि
(Agriculture)

प्रस्तावना

भारतीय अर्थव्यवस्था कृषि आधारित अर्थव्यवस्था है। ऐसा कहने के दो प्रमुख कारण हैं। **पहला**-वर्तमान में देश की कुल जनसंख्या का 62% हिस्सा कृषि एवं संबद्ध क्षेत्रों में कार्यरत है। **दूसरा**-देश की भौगोलिक संरचना कृषि के लिये बहुत अनुकुल है जैसे विभिन्न प्रकार की मिट्टी का पाया जाना, विस्तृत मैदानी क्षेत्र, नदियों का विस्तार, जलवायु का कृषि अनुकूल होना एंव सभी प्रकार के मौसम होने के कारण देश में सभी प्रकार की फसलें उगाना संभव है। यही कारण है कि मौसमी जुआ होते हुए भी कृषि पर निर्भरता बनी हुई है।

यद्यपि आधुनिक अर्थशास्त्री औद्योगीकरण को आर्थिक विकास का पर्यायवाची मानते हैं किन्तु भारत जैसी श्रम-अतिरेक वाली अर्थव्यवस्थाओं (Labour-Surplus Economies) में तीव्र गति से आर्थिक विकास के लिए कृषि के विकसित ढाचे की आवश्यकता होती है। बिना कृषि के विकास के किसी अन्य क्षेत्र का विकास सम्भव नहीं हो पाता।

कृषि का महत्व

एलन सेवरी ने कृषि के महत्व को स्पष्ट करते हुए कहा था की **"कृषि केवल फसल का उत्पादन नही है जैसा की आम तौर पर समझा जाता है यह विश्व के भूमि और जल का प्रयोग कर 'रोटी' और 'कपड़े' का उत्पादन है कृषि बिना शहर, स्टॉक, बाजार, बैंक, विश्वविद्यालय, चर्च या सेना का अस्तित्व संभव नही है कृषि किसी भी सभ्यता और स्थिर अर्थव्यवस्था का बुनियाद है।"**

भारतीय अर्थव्यवस्था में कृषि का महत्व क्या है, को बिन्दुवार स्पष्ट किया गया है-

- भारत अपने कुल क्षेत्रफल का 55% भू-भाग पर कृषि कार्य हेतु उपयोग करता है जबकि विश्व में केवल 11% भूमि पर कृषि कार्य होता है। इस प्रकार भारत एक कृषि प्रधान देश है जहाँ की लगभग 62% जनसंख्या कृषि एवं संबंध क्षेत्रों में कार्यरत है
- हमारे जीडीपी (GDP) में कृषि एवं उससे संबंधित क्षेत्रों का योगदान लगभग 18.5% है
- भारत में कुल उत्पादित फसलों मे 75% हिस्सेदारी खाद्यान फसलों की है जबकि 25% हिस्सेदारी वाणिज्यिक फसलों की है।
- भारतीय कृषि उद्योग क्षेत्र के लिए कच्चे माल की उपलब्धता सुनिश्चित करते हैं।
- भारत कई कृषि जनित पदार्थों जैसे - चाय, मसालें, काफी, चावल, रबड़, और तंबाकू आदि का बड़ी मात्रा में निर्यात कर अमूल्य विदेशी मुद्रा प्राप्त करता है। इस प्रकार विदेशी मुद्रा अर्जित करने के साधन के रूप में भी कृषि का महत्व है।
- केंद्रीय कृषि एवं किसान कल्याण मंत्री श्री राधा मोहन सिंह ने 26 जनवरी 2018 को पटना में नारियल विकास बोर्ड के एक कार्यक्रम में जानकारी दी की भारत नारियल के कुल उत्पादन व उसके प्रति हेक्टेयर उत्पादकता दोनो ही मामलों में भारत का पहला स्थान है यह भारत की कृषि क्षेत्र में मजबूती की स्थिति को स्पष्ट करता है।
- कृषि जनित उत्पाद व्यापार और परिवहन के विकास की आधारशिला होते है इन उत्पादों को एक स्थान से दूसरे स्थान तक लाने ले जाने के लिए विकसित परिवहन तंत्र की आवश्यकता होती है तो दूसरी ओर अतिरेक कृषि उत्पादों को कमी वाले क्षेत्रों में पहुंचाकर व्यापार जैसी आर्थिक क्रियाएँ भी संपन्न की जाती हैं।

आजादी से पूर्व भारत में भूधारण प्रणाली

भूधारण एक ऐसी प्रणाली है जिसका अर्थ भूमि पर मालिकाना अधिकार और प्रबंधन है। आजादी से पहले भारत में भूधारण

की तीन प्रणालियां प्रचलित थीं जो निम्नवृत हैं-

1. जमींदारी प्रथा
2. महलवाड़ी प्रथा
3. रैयतवाड़ी प्रथा

प्रथा : जमींदारी

प्रारम्भ : 1793, लार्ड कार्नवालिस द्वारा

विस्तार : बंगाल, बिहार, उड़ीसा, आसाम और मद्रास के कुछ भाग, उत्तर प्रदेश, पंजाब, राजस्थान और मध्यप्रदेश।

कार्य प्रणाली : इस प्रणाली को जागीरदारी, मालगुजारी व वीसवेदारी नाम से भी जाना जाता था। इस भूधारण प्रणाली में भूमि पर किसी एक व्यक्ति या कुछ व्यक्तियों का स्वामित्व होता था जो सरकार को लगान अदा करने के लिए उत्तरदायी होता था। लगान की दर बढ़ाने का अधिकार सरकार के पास नहीं था, परन्तु जमींदार इसमें वृद्धि कर सकता था। जमींदार इस भूमि को बेच सकता था और रेहन व दान में दे सकता था जमींदारी प्रणाली से एक बुराई 'अनुपस्थित भूस्वामित्व' का जन्म हुआ जिसमे जमींदार अपने लगान एकत्रीकरण के अधिकार किसी अन्य व्यक्ति को सौंप सकते थे और बदले में लगान का एक हिस्सा ले लेते थे। यह उपजमींदार भी अपने लगान वसूली अधिकार किसी अन्य व्यक्ति को सौंप सकते थे। इस प्रकार सरकार एवं वास्तविक किसानों के बीच बिचौलियों का एक ऐसा वर्ग विकसित हो गया जो सिर्फ अधिक-से-अधिक लगान वसूल कर मुनाफा कमाने में लगा रहता था। इस प्रकार यह प्रणाली किसानों के लिए दमन और शोषण का प्रतीक बन गयी जिसके चलते कृषि के विकास मे बाधा पहुंची।

प्रथा : महलवाड़ी

प्रारम्भ : लार्ड विलियम बेंटिक

विस्तार : आगरा, अवध, पंजाब और मध्य प्रदेश

कार्य प्रणाली : इस प्रणाली में भूमि का स्वामित्व सामूहिक रूप से ग्राम समुदाय का होता था तथा ग्राम समुदाय सामूहिक रूप से लगान अदा करने के लिए उत्तरदायी थे। सरकारी लगान को एकत्र करने के लिए पूरा एक महल या क्षेत्र सामूहिक रूप से जिम्मेदार होता था। महल के अंतर्गत छोटे या बड़े स्तर के सभी जमींदार आते थे।

प्रथा : रैयतवाड़ी

विस्तार : तमिलनाडु, महाराष्ट्र, गुजरात, असम, कूर्ग और पूर्वी पंजाब।

कार्य प्रणाली : इस प्रणाली में भूमि पर अलग-अलग व्यक्तियों का स्वामित्व होता था तथा भू-राजस्व वसूल करने की जिम्मेदारी भू-धारियों पर सीधे और व्यक्तिगत रूप से होती थी। इस व्यवस्था में किसान एंव सरकार के बीच कोई बिचौलिया नहीं होता था। रैयत को अपनी भूमि बेचने एवं किराये पर उठाने एवं हस्तांतरित करने एवं गिरवी रखने या किसी अन्य तरीके से दूसरे को प्रदान करने का अधिकार होता था। रैयतवाड़ी प्रणाली में बंदोबस्त स्थायी नहीं होता था और जब तक किसान लगान अदा करता रहता था तब तक उसे भूमि से बेदखल नहीं किया जा सकता था किंतु लगान अदा न करने पर उसे भूमि से बेदखल किया जा सकता था।

भूमि सुधारों के उद्देश्य

भूधारण की तीनों प्रणालियां (जमींदारी, महलवाड़ी और रैयतवाड़ी) शोषण पर आधारित थी। इसलिये आजादी के बाद भूमि सुधार के उपायों को लागू करने का उद्देश्य यही रहा कि-'भूमि पर खेती करने वालों पर किया जाने वाला शोषण समाप्त हो और वे ही भूमि के वास्तविक स्वामी हों।'

स्वतन्त्रता के बाद जो भूमि सुधार नीति अपनायी गयी उनके तीन उद्देश्य थे-

पहलाः सामाजिक न्याय की दृष्टि से जोतों के स्वामित्व का पुनर्वितरण किया जाये।

दूसराः भूमि के उपयोग की दृष्टि से परिचालित होने वाले जोतों को पुनःस्थापित किया जाए।

तीसराः मध्यस्थों का उन्मूलन हो और वास्तविक किसान बिना किसी मध्यस्थता के सरकार से सीधा सम्पर्क करें।

भूमि सुधारों के उपाय

आजादी के बाद भूमि-सुधारों के उद्देश्यों को पूरा करने के लिए निम्नलिखित कदम उठाये गये-

- मध्यस्थों/जमींदारों का उन्मूलन
- काश्तकारी सुधार
- जोतों की सीमाबन्दी
- जोतों की चकबन्दी
- सहकारी खेती
- भूमि रिकार्डों को व्यवस्थित और नवीनतम करना

मध्यस्थों/जमींदारों का उन्मूलन

भारत में जमींदारी प्रथा अंग्रजों की देन थी। जमींदारी प्रथा से अंग्रजों को दो लाभ हुए- **एक** मालगुजारी के रूप में मिलने वाली आय निश्चित हो गयी और **दूसरा** जमींदार अंग्रजों के गुलाम बन गये और उनके द्वारा देश में किए जाने वाले शोषण की क्रिया में सक्रिय योगदान देने लग गए। स्वतन्त्रता प्राप्ति के बाद इस प्रथा के उन्मूलन को प्राथमिकता दी गयी। इसके लिए देश में सभी राज्यों द्वारा अलग-अलग कानून बनाए गए। सन् 1954 तक इस सम्बन्ध में कानून बन चुके थे और इन कानूनों को अमल में लाने का कार्य भी पूरा हो चुका था। इस उन्मूलन से सरकार का किसान के साथ सीधा सम्पर्क स्थापित हो गया और अब सरकार न केवल किसानों से मालगुजारी इकट्ठा करती है बल्कि कृषि सुधार के लिये आवश्यक नीतियां निर्धारित और लागू करती है।

काश्तकारी सुधार

भूमि सुधार का एक पहलू उन किसानों से सम्बन्धित है जो पट्टे पर जमीन लेकर खेती करते हैं। इनकी स्थिति बहुत कमजोर थी। क्योंकि इन्हें किसी भी समय भूमि से अलग किया जा सकता था और प्रायः इनसे बहुत अधिक लगान वसूल किया जाता था। इन काश्कारों को अन्य तरीकों से भी शोषित किया जाता था। इन सब बातो को ध्यान में रखकर देश के विभिन्न राज्यों में काश्तकारी सुधार कार्यक्रम लागू किये गए जो निम्नवत् हैं-

- अधिकतम लगान उत्पादन का 1/5 या 1/4 होना चाहिए।
- काश्तकार जिस जमीन पर खेती करते हैं उस पर उन्हें स्थायी अधिकार दिया जाना चहिए ताकि भूस्वामियों के पास जमीन वापस लेने के अधिकार सीमित हो जाएं।
- यदि कोई काश्तकार किसी पट्टे की भूमि पर किसी तरह के स्थायी सुधार करता है जैसे कुएं का प्रबन्ध, कृषि प्रसाधन का प्रबन्ध और बाद में उसे उस जमीन से हटा दिया जाता है तो ऐसी स्थिति में उसके द्वारा किए गए सुधारों के बदले में काश्तकार को पूरा मुआवजा दिया जायेगा।
- काश्तकारों द्वारा भूस्वामियों को मुआवजा देकर भी भूमि पर काश्तकारों को मालिकाना अधिकार दिया जाता है।

जोतों की सीमाबन्दी

भूमि को और अधिक न्यायपूर्ण ढंग से बांटने के उद्देश्य से जोतों की सीमाबन्दी नीति को अपनाया गया। इसका आशय किसी किसान परिवार द्वारा अपने कब्जे में रखी जाने वाली भूमि की अधिकतम मात्रा निर्धारित करना है। उस निर्धारित सीमा से अधिक भूमि को सरकार अधिग्रहण कर लेगी तथा इस भूमि को भूमिहीन किसानों में बांट देगी।

भूमि जोतों की उच्चतम सीमा सम्बन्धी कानून सभी राज्यों में पारित कर दिए गए। इस कानून में उच्चतम सीमा सम्बन्धी चार बातों का उल्लेख किया गया-

- **10 से 18 एकड़ अधिकतम भूमि का निर्धारणः** ऐसी भूमि जिसके लिये निश्चित सिंचाई की सुविधाएं उपलब्ध हैं और जहां साल में कम-से-कम दो फसलें उगायी जाती हैं।
- **27 एकड़ अधिकतम भूमि का निर्धारणः** जिन भूमि क्षेत्रों में केवल एक फसल के लिए सिंचाई सुविधाएं उपलब्ध हों।
- **54 एकड़ अधिकतम भूमि का निर्धारणः** शेष सब प्रकार की भूमि के लिए निर्धारित सीमा।

- उच्चतम सीमा निर्धारण के लिए परिवार को इकाई माना जाएगा न कि व्यक्ति को। इस प्रकार उच्चतम सीमा को पांच व्यक्तियों के परिवार तक सीमित कर दिया गया।
- ऐसी भूमि जिन पर पशु प्रजनन फार्म, सहकारी फार्म, बागान क्षेत्र एवं धर्मार्थ संस्थाएं हैं, ऐसी भूमि को इन कानूनों से छूट दी जाएगी।
- निर्धारित सीमा से अधिक भूमि होने पर सरकार उस भूमि का अधिग्रहण कर लेगी और इसे भूमिहीन किसानों में बांट देगी।

जोतों की चकबन्दी

चकबन्दी के अन्तर्गत विभिन्न किसानों को एक ही स्थान पर उसके बिखरे हुए टुकड़ों के मूल्य के बराबर की इकट्ठी भूमि दी जाती है, अर्थात इसके अन्तर्गत किसान की बिखरी हुई जोतों को एक स्थान में बांधने का प्रबन्ध किया जाता है। जोतों की चकबन्दी करने से निम्नलिखित लाभ हो सकते हैं, जैसे –

- चकबन्दी जोतों का आकार बढ़ाने में सहायक होती है।
- चकबन्दी जोतों के अपखंडन होने से रोकती है।
- जोतों के उप-विभाजन के कारण जो भूमि पहले अलग-अलग बाड़ बांधने, मेड़ छोड़ने अथवा रास्ता बनाने में नष्ट हो जाती थी वह अब खेती के लिए उपलब्ध हो जाती है, परिणामत: कृषि की उत्पादकता, कार्यकुशलता में वृद्धि होती है तो दूसरी ओर उत्पादन लागत में कमी आती है। इसके अतिरिक्त भूमि अपव्यय होने से भी बच जाती है।

नोट: चकबन्दी दो तरीकों से की जाती है। एक तरीका यह है कि किसान अपनी बिखरी हुई जोतों की परस्पर अदला-बदली कर लेते हैं। दूसरे तरीके के अन्तर्गत सरकारी सहायता से गांव की सब जोतों को एक में मिला लिया जाता है और फिर प्रत्येक किसान को उसके हिस्से के अनुसार एक स्थान पर भूमि दे दी जाती है। स्वतन्त्रता के बाद, चकबन्दी के काम को सरल बनाने के लिए विभिन्न राज्यों में कानून बनाये गए जिन्हें पहली पंचवर्षीय योजना से ही लागू कर दिया गया।

सहकारी खेती

जैसा कि हम जानते हैं, भारत में लगातार जनसंख्या बढ़ने के कारण जोतों का आकार छोटा होता जा रहा है। जि. ससे खेती लाभप्रद व्यवसाय के स्थान पर ऋणग्रस्तता, गरीबी और आत्महत्या जैसी कुप्रथा का परिचायक बनती जा रही है।

सहकारी खेती का तात्पर्य छोटे-छोटे खेतों को जोड़कर एक बड़ा खेत तैयार करना है। इस बड़े खेत पर संयुक्त रूप से खेती कर कृषि को पुन: लाभ का व्यवसाय बनाया जा सकता है। कृषि करने का यह अनूठा तरीका **''सहकारी खेती''** कहलाता है। सहकारी खेती की प्रमुख विशेषतायें निम्नवत् हैं-

- समस्त भूमि एक इकाई से बांध दी जाती है।
- भूमि तथा खेती का प्रबन्ध संयुक्त रूप से किया जाता है।
- सदस्यों को उनके काम के बदले में वेतन तथा मजदूरी दी जाती है।
- सहकारी समिति जो शुद्ध लाभ कमाती है उनमें से कुछ राशि को समिति के साधनों को बढ़ाने के लिए अलग छोड़ दिया जाता है और शेष राशि को सदस्यों में उनके अंश के रूप में बांट दिया जाता है।
- सहकारी कृषि लाभ के साथ-साथ कृषि जोखिमों का भी बंटवारा कर देती है ताकि, किसी एक व्यक्ति पर जोखिम का सारा भार न पड़े।
- सहकारी कृषि जोतों के आकार को बढ़ाने के साथ-साथ सहभागिता और एकता की भावना को बढ़ाती है और लोग निजी स्वार्थों को छोड़कर एक-दूसरे के सुख-दुख में शामिल हो जाते हैं।

भूमि रिकार्डों को व्यवस्थित और नवीनतम करना

भूमि सुधार कार्यक्रम के अन्तर्गत यह आवश्यक समझा गया कि भूमि के स्वामित्व से सबन्धित दस्तावेजों का निरीक्षण किया जाए तथा इस बात के प्रयास किये जायें कि जहां कही अनुचित तरीकों अथवा जोर-जबरदस्ती से इन दस्तावेजों में अनियमिततायें बरती गयी हैं उन्हें सुधारा जाये। इस दिशा में अभी प्रयास जारी है।

भूमि सुधार के उपायों का मूल्यांकन

भूमि सुधारों को ग्रामीण जीवन में मौलिक और आधारभूत परिवर्तन लाने का माध्यम माना गया। परन्तु यह केवल दुर्भाग्य ही है कि भूमि सुधारों में कोई वांछनीय प्रगति नहीं हुई। 1973 में गठित टास्क फोर्स (Task Force) ने योजना आयोग को कृषि संबंधों पर जो रिपोर्ट पेश की उसमें भूमि सुधारों की धीमी चाल के कई कारणों का खुलासा किया गया है,

जो निम्नवत् हैं-

- राजनैतिक निष्ठा का अभाव
- छोटे किसानों की निष्क्रियता
- प्रशासनिक तंत्र की उदासीनता और कानूनी परेशानी।
- संशोधित और नए भूमि रिकार्डों का अभाव जिसके कारण आय और सम्पत्ति का पुनर्वितरण असली हकदारों के बीच नहीं हो पाता।

भूमि सुधार कार्यक्रम की अन्य मूलभूत कमियाँ-

- विभिन्न राज्यों में पाये जाने वाले भू-सुधार सम्बन्धी कानूनों में विविधता एवं जटिलता।
- विभिन्न उपायों के लागू करने में एकीकृत नीति का अभाव।
- पर्याप्त वित्तीय साधनों की उपलब्धता का अभाव।

उपरोक्त सभी कारणों के परिणामस्वरूप भू-सुधार कार्यक्रमों में आशा के अनुकूल प्रगति नहीं की है। फलस्वरूप, देश के आर्थिक और सामाजिक विकास को कृषि क्षेत्र से जितना योगदान मिलना चाहिए वह नहीं मिल पा रहा।

भूमि सुधारों के लिए सुझाव

भू-सुधार कार्यक्रम में अनेक मूलभूत कमियां पाई जाती हैं, जिन्हें दूर करने और भूमि सुधार कार्यक्रमों को सफल बनाने के लिए जो सुझाव दिये जा रहे हैं वह निम्नवत हैं-

- भूमि सुधार कार्यक्रमों को प्रभावशाली ढंग से लागू किया जाए।
- काश्तकारी कानूनों की कमियों को दूर किया जाए।
- कपटपूर्ण हस्तांतरण को रोका जाए।
- भूमिसुधार के असली हकदारों को जिनमें ज्यादातर गरीब हैं उनके लिए भूमि का प्रबन्ध किया जाए और उन्हें प्रशिक्षित कर कृषि कार्यों में संलग्न किया जाए।
- किसानों को भूमि दी जाने वाली नीति का कड़ाई से पालन किया जाए।
- भूमि रिकार्डों को नियमित रूप से व्यवस्थित किया जाए और रिकार्डों को कम्प्यूटरीकृत कर लम्बे समय के लिए सुरक्षित किया जाये और जरूरत पड़ने पर परिवर्तन किया जा सके।
- काश्तकारों के लिए स्थिर व मजबूत किसान संगठन बनाया जाए ताकि काश्तकारों के अधिकारों का शोषण न किया जा सके।
- यह सुनिश्चित किया जाए कि छोटे किसानों को, सहकारी समितियों और बैंकों से ऋण मिल सके ताकि उनकी आर्थिक स्थिति में सुधार किया जा सके।

उपरोक्त सुझावों से यह आशा की जा सकती है कि सरकार भू-सुधार कार्यों को शीघ्र ही पूरा करेगी।

कृषि आगत प्रबंधन

"कृषि की उत्पादकता" महत्वपूर्ण आगातों के उपयुक्त उपयोग जैसे - सिंचाई, बीज, उर्वरक, ऋण, मशीन, प्रोद्योगिकी तथा विस्तार सेवाओं पर निर्भर है कृषि आगातों का उपयुक्त संयोजन में प्रबंधन कर, मृदा की उर्वरता खोए बिना तथा पर्यावरण को क्षति पहुचाएँ बिना "कृषि उत्पादकता" को सुधारा जा सकता है। इसके लिए नावन्मेश, प्रोद्यौगिकी तथा आगातों को अपनाने के लिए विस्तार सेवाएँ किसानो के लिए अनिवार्य हो जाती हैं।

भारतीय किसानों की स्थिति

- **शैक्षिक स्थिति**

आगत सर्वेक्षण 2011-2012 के अनुसार अनुमानित 138.11 मिलियन प्रचालनरत् जोतदारों में शिक्षा का स्तर निम्नवत है:-

शिक्षा का स्तर	प्रतिशत (%) में
अशिक्षित किसान	69.3
पाँचवी कक्षा तक शिक्षित	22.5
माध्यमिक कक्षा तक शिक्षित	27.7
वरिष्ठ माध्यमिक तक शिक्षित	15.4
डिग्री स्तर के नीचे तकनीकी डिप्लोमा धारक	5.2
स्नातक तथा इसके उपर पढ़ें	2.1

निष्कर्ष: कृषकों को कृषि क्षेत्र में प्रोद्योगिकी को अपनाने तथा जोखिम न्यूनीकरण उपायों को अपनाने के लिए शैक्षिक स्तर में सुधार करना आवश्यक है।

- **बीज की स्थिति**

कुल प्रचालनरत जोत क्षेत्र में जोतदार द्वारा बीजो के प्रयोग की स्थिति निम्नवत् है:-

बीजों का प्रयोग	जोतदार (%) में
प्रमाणित बीजों का प्रयोग	9.40
अधिसूचित किस्म के उपयोग किए हुए बीजों का प्रयोग	27.00
संकर बीजों का प्रयोग	9.8

निष्कर्षः भारत में प्रमाणित बीजों का प्रयोग करने वाले किसानों का % न्यून होना, कृषि उत्पादकता पर नकारात्मक प्रभाव डालता है।

■ **सिंचाई**

- कुल फसल क्षेत्र में निवल सिंचित क्षेत्र का अखिल भारतीय प्रतिशत 34.5 है जो खेती के एक बहुत बड़े क्षेत्र को वर्षा पर निर्भर छोड़ देता है।
- भारत मे पंजाब व उत्तरप्रदेश केवल दो राज्य हैं जहाँ कुल फसल क्षेत्र का निवल सिंचित क्षेत्र 50 प्रतिशत से अधिक है।
- भारत के मात्र 7 राजय ऐसे है जो कुल फसल क्षेत्र का 34 प्रतिशत से अधिक क्षेत्र निवल सिंचित क्षेत्र है। ये राज्य हैं:- हरियाणा, तमिलनाडु, मध्यप्रदेश, बिहार, आंध्रप्रदेश, गुजरात एवं राजस्थान।
- सरकार ने सिंचित क्षेत्र को बढ़ानें के लिए वर्ष 2014 में **"प्रधानमंत्री कृषि सिंचाई योजना"** प्रारंभ की, जो 5 वर्षों में 50 हजार करोड़ रुपये के परिव्यय के साथ अनुमोदित की गयी।
- वर्ष 2016-17 के दौरान प्रधानमंत्री कृषि सिंचाई योजना के अंतर्गत **"प्रति बूंद अधिक फसल"** योजना के लिए 1991.2 करोड़ रुपये आवंटित किए गये थे। वर्ष 2017-18 में इस योजना के लिए 3400 करोड़ रुपये की धनराशि आवंटित की गयी।
- सूक्ष्म सिंचाई के अंतर्गत लाई गई कृषि भूमि-

वर्ष	कृषि भूमि (लाख हे. में)
2015-16	5.7
2016-17	8.4
2017-18	12

निष्कर्षः सिंचित क्षेत्र को बढ़ावा देने के लिए नवीन योजनाएँ लागू करने के साथ-साथ सिंचाई के लिए परंपरागत विधियों के स्थान पर फव्वारा सिंचाई, ड्रिप सिंचाई जैसी नई विधियों को भी अपनाने की आवश्यकता है।

■ **कृषि मशीनीकरण**

फार्म मशीनीकरण और फसल उत्पादकता का सीधा संबंध है कृषि में मशीनीकरण के प्रयोग के निम्नलिखित लाभ हैं:-

- फॉर्म मशीनीकरण समय और श्रम बचाता है।
- कड़ी मजदूरी को कम करता है।
- आगे चलकर उत्पादन लागत को कम करता है।
- फसल कटाई के बाद की हानियों को कम करता है।
- फसल की उपज और खेती की आय को बढ़ाता है।
- एक अनुमान के अनुसार कृषि में उन्नत उपकरणों का प्रयोग करने से 30 प्रतिशत तक उत्पादकता बढ़ती है और खेती की लागत में 20 प्रतिशत तक की कमी आती है।
- भारत में ट्रैक्टर उद्योग विश्व में सबसे बड़े ट्रेक्टर उद्योगों के रूप में उभरता है और कुल वैश्विक ट्रेक्टर उत्पादन का लगभग एक-तिहाई उत्पादन भारत में होता है।
- विश्व बॅक के अनुमानो के अनुसार वर्ष 2050 तक भारत की आधी आबादी शहरों में निवास करेगी ऐसी स्थिति में कृषि क्षेत्र में लगे कुल कामगारों का प्रतिशत जो वर्ष 2001 में 58.2 था वह 2050 तक घटकर 25.7 प्रतिशत हो जाएगा।
- **प्रमुख कृषि यंत्रः** कम्बाईन हार्वेस्टर, शुगर केन हार्वेस्टर, पोटेटो काम्बई हार्वेस्टर पैड़ीट्रास प्लाटर, रोटा वेटर आदि।

निष्कर्षः भारत में कृषि क्षेत्र में मशीनीकरण के स्तर को बढ़ाने की आवश्यकता है क्योंकि कृषि में श्रम भागीदारी की अधिकता के चलते बहुत सी फसलों की उत्पादन लागत बहुत ज्यादा है।

■ **कृषि फसल बीमा**

भारत में फसलों का बीमा न करवाने के कारण निम्नवत् है-

प्रमुख कारण	अन्य कारण
• फसल बीमा के बारे मे जागरूक न होना	• प्रीमियम भुगतान के लिए साधानों की कमी
• सुविधा की उपलब्धता के बारे में जागरूक न होना	• जटिल प्रक्रियाएँ
• बीमा करवाने की जरूरत महसूस न करना	• दावा भुगतान में विलंब
• बीमा सुविधा उपलब्ध न होना	

नोटः गेहूँ और धान के मामले में, जो देश की सर्वाधिक उगाए जाने वाले अनाज हैं, मात्र 5% खेती करने वाले परिवार अपनी फसलो का बीमा करवाते है।

सरकारी प्रयास

- वर्ष 2016 से प्रधानमंत्री फसल बीमा योजना का प्रारंभ किया गया। यह योजना बुवाई के पहले से फसल काटने के बाद तक जोखिमो के व्यापार कवरेज की व्यवस्था करती है
- वर्ष 2016-17 के दौरान, प्रधानमंत्री फसल बीमा योजना के लिए देश मे सकल फसल क्षेत्र के 30 प्रतिशत का लक्ष्य हासिल किया गया।
- खरीब 2016 मौसम के दौरान 23 राज्यों में इस योजना को कार्यान्वित किया है जबकि रबी 2016-17 के दौरान 25 राज्यों/संघ राज्य क्षेत्रों ने इस योजना को कार्यान्वित किया है।
- कृषि क्षेत्र में उच्च उत्पादकता और समग्र उत्पादन प्राप्त करने के लिए "क्रेडिट" एक महत्वपूर्ण आगत है।
- सरकार ने किसानों के लिए क्रेडिट की सुविधा उपलब्ध करने हेतु वर्ष 2006-07 से लागू **ब्याज सहायता योजना** व 2016 से लागू **प्रधानमंत्री फसल बीमा योजना** के माध्यम से कृषि क्षेत्र में क्रेडिट की सुविधा को बढ़ाया है।
- केंद्र सरकार, किसानो को उनके द्वारा वर्ष 2017-18 के दौरान 3 लाख रुपये तक के एक वर्ष के ऋण के लिए **'लघु अवधि फसल ऋण'** के संबंध में त्वरित भुगतनकर्ता किसानों को 5% प्रति वर्ष की दर से ब्याज सहायता प्रदान करेगी अत: किसानो को प्रभावकारी रूप से केवल ब्याज के रूप मे 4% ही अदा करना होगा। यदि किसान लघु अवधि फसल ऋण को समय पर भुगतान नहीं करते है, तो वे उपर्युक्त उपलब्ध 5% की बजाय 2% की ब्याज सहायता के ही पात्र होगें।

- **कृषि विपणन**
  - "कृषि विपणन" (Agricultural Marketing) के महत्व को सरकार बखूबी समझती है इसलिए यह सुनिश्चित करने के उद्देश्य से कि किसान बाजार मे अपने उत्पादन के संबंध में लाभदायक कीमतों का लाभ उठाए सरकार 'बाजार सुधार' कर रही है। इस क्रम में E-National Agricultural Market (e-NAM) का प्रारंभ सरकार ने अप्रैल 2016 में किया । जिसका उद्देश्य इलेक्ट्रॉनिक प्लेटफार्म कें माध्यम से बिखरे हुए Agricultural Produce Market Committee (APMC) को एकीकृत करना और किसानो के लाभ के लिए प्रतियोगी तरीके से कीमते खोज को संभव बनाना। जबकि किसानो को ऑनलाइन व्यापार करने की सलाह दी जाती है यह भी महत्वपूर्ण है कि वे मान्यता प्राप्त गोदामों में अपने उत्पाद का भंडारण करके फसल की कटाई के पश्चात के ऋण का फायदा उठाए। यह ऋण ऐसे छोटे व सीमांत किसानों को जिनके पास किसान क्रेडिट कार्ड हैं को 6 माह की अवधि के संबंध मे ऐसे भुगतान पर 2 प्रतिशत की ब्याज सहायता पर सुलभ है इससे किसानो को बाजार मे उछाल आने के समय अपनी बिक्री करने एवं मंदी के दौरान बिक्री से बचने के लिए मदद मिलेगी। अत: छोटे और सीमांत किसानों के लिए आवश्यक है की अपने KCC को बनयेन रखें।

- **किसानों की आय: 2022 तक दोगुना करने का लक्ष्य**
  - सरकार 2022 तक किसानों की आय दोगुनी करने के प्रति सचेत है तथा उसने इसके लिए कई नई पहल शुरू की है, जिसमें बीज से लेकर विपणन तक के क्रियाकलाप शामिल है सरकार द्वारा अपने लक्ष्य को पाने के लिए जो योजनाएँ कृषि के क्षेत्र के लिए चला रखी है उनमें प्रमुख है:- मृदा स्वास्थ कार्ड, आगत प्रबंधन, प्रधानमंत्री कृषि सिंचाई योजना, के अंतर्गत प्रति बूँद अधिक फसल, व ई-नाम इत्यादि।

- **कृषि अनुसंधान और विकास**
  - कृषि अनुसंधान और विकास नवाचार का मुख्य स्रोत है जो दीर्घावधि में सतत् कृषि उत्पादकता को बनाए रखने के लिए आवश्यक है।
  - वित्त वर्ष 2017-18 के दौरान कृषि अनुसंधान और शिक्षा के निवेश ने भारतीय पेटेंट ऑफिस मे 45 पेटेंट आवेदन दायर करके, नये कृषि नवाचारों का संरक्षण किया तथा संचयी पेटेंट आवेदनों की संख्या अब बढ़ कर 1025 हो गयी है।

हरित क्रान्ति (Green Revolution)

क्रांति शब्द में दो बातें सम्मिलित हैं- (1) किसी घटना में तीव्र परिवर्तन होना या परिवर्तन इतना तीव्र होता है कि इसका स्पष्ट आभास होता है। (2) दीर्घकाल तक इस परिवर्तन के

प्रभाव का अनुभव किया जा सकता है, क्योंकि इसके द्वारा कुछ मौलिक परिवर्तन आते हैं। जब हम क्रांति शब्द के साथ ''हरित'' शब्द जोड़कर ''हरित क्रंति'' (Green Revolution) शब्द का निर्माण करते हैं तो इसका अर्थ होता है–**''अल्प काल में कृषि उत्पादन में सुस्पष्ट सुधार तथा एक लम्बी अवधि तक ऊंचे कृषि उत्पादन के स्तर पर बने रहना।''**

भारत में हरित क्रांति का प्रारम्भ

सन् 1968 में जब भारत में पहली बार 120 लाख टन गेहूँ का उत्पादन 50 लाख टन की बढ़त से कुल 170 लाख टन गेहूँ उत्पादित हुआ तो अमरीकी वैज्ञानिक डॉ विलियम गाड ने इसे हरित क्रांति शब्द की संज्ञा दी। उक्त उपलब्धि 1960 के दशक के मध्य में मैक्सिको से लाए गये गेहूँ के उन्नत बीजों से भारतीय कृषि वैज्ञानिक ने ब्रीडिंग (संस्करण) द्वारा नई-नई गेहूँ की अधिक उपज देने वाली प्रजातियां विकसित की जिनकी प्रति हेक्टेयर उपज क्षमता 60-65 क्विटंल थी। ऐसी ही स्थिति धान की प्रजातियों की भी रही जिससे देश में 1960 के दशक के अंत में कृषि में ''हरित क्रांति'' आयी और परिणामस्वरूप खाद्यान्न में आत्मनिर्भरता प्राप्त हुई। इसका श्रेय नोबेल पुरस्कार से सम्मानित एकमात्र कृषि वैज्ञानिक डॉ नारमान ई. बोरलाग को तो है ही और भारतीय परिपेक्ष्य में डॉ. एम.एस. स्वामीनाथन को भी जाता है।

इस प्रकार भारत के सन्दर्भ में हरित क्रांति का तात्पर्य 1966-67 के नई कृषि नीति में अपनाये गये अधिक उपज वाले बीजों (High Yielding Variety Seeds - HYVS) एवं बहुफसली कार्यक्रम के फलस्वरूप उत्पादन में तीव्र वृद्धि से था

हरित क्रांति के प्रभाव

हरित क्रांति के प्रभावों को तीन भागों में वर्गीकृत किया जा सकता है–

1. आर्थिक प्रभाव	2. सामाजिक प्रभाव	3. पर्यावरणीय प्रभाव
• उत्पादन तथा उत्पादकता में वृद्धि • देश में परम्परागत कृषि व्यवहारों के स्थान पर आधुनिक तकनीक के प्रयोग को बढ़ावा दिया गया जैसे- उन्नत किस्म के बीजों का प्रयोग, उन्नत किस्म की रासायनिक उर्वरकों का प्रयोग, कीटनाशक दवाओं का प्रयोग आदि। • संगठित बाजारों की व्यवस्था की गयी तथा सस्ते और आसान कृषि ऋण प्रणाली का विकास एवं विस्तार किया गया। • उन्नत किस्म के बीजों का कार्यक्रम 5 फसलों - गेहूँ, धान, ज्वार, बाजरा और मक्के के लिए अपनाया गया तथा अखाद्य फसलों को इस कार्यक्रम से बाहर ही रखा गया। • हरित क्रान्ति का प्रभाव मुख्यत: गेहूँ और कुछ सीमा तक धान की फसल पर पड़ा। मोटे अनाजों (ज्वार, बाजरा, मक्का) का उत्पाद या तो स्थिर रहा या इसमें बहुत धीरे-धीरे व अनियमित रूप से वृद्धि हुई। • हरित क्रान्ति का सर्वाधिक प्रभाव पंजाब, हरियाणा और पश्चिमी उत्तर प्रदेश के क्षेत्रों में देखने को मिला। अन्य राज्य कृषि की इस नयी पद्धति से लाभान्वित नहीं हो सके। **संक्षेप में हरित क्रान्ति से सभी फसलें समान रूप से लाभान्वित नहीं हुई। गेहूँ के उत्पादन पर हरित क्राति का सबसे अधिक प्रभाव पड़ा जबकि अन्य फसलों पर इसका प्रभाव कम रहा। गेहूँ के उत्पादन में हरित क्रान्ति के प्रारम्भिक वर्षों में जितनी वृद्धि देखने को मिली बाद के वर्षों में वह दिखायी नहीं दी।**	• हरित क्रान्ति ने व्यक्तिगत असमानता को जन्म दिया अर्थात कृषि की यह पद्धति अत्यन्त खर्चीली होने के कारण बड़े कृषकों ने इसका लाभ उत्पादन एवं आय बढ़ाने में किया परन्तु सीमान्त किसान इस नयी तकनीक के प्रयोग से वंचित रह गये। जिसने समाज में पहले से ही मौजूद व्यक्तिगत विषमता की खाई को और चौड़ा कर दिया। • हरित क्रान्ति के प्रभाव के कारण देश में क्षेत्रीय असमानताओं को भी बढ़ावा मिला अर्थात कृषि की यह तकनीक उन क्षेत्रों में ज्यादा कारगर रही जहां सिंचाई की पर्याप्त व्यवस्था थी जैसे-पंजाब, हरियाणा और पश्चिमी उत्तर प्रदेश जबकि शेष अन्य राज्य हरित क्रान्ति के लाभ से वंचित रह गये और इस स्थिति ने देश के कुछ राज्यों को कृषि क्षेत्र में विकसित कर दिया और कुछ राज्य विकास के क्रम में पिछड़ गये और यहीं से देश में क्षेत्रीय असमानता की शुरुआत हुई। **संक्षेप में हरित क्रान्ति के प्रभाव ने भारत की ग्रामीण अर्थव्यवस्था में सामाजिक तनाव और कुंठाओं को जन्म दिया।**	• कृषि की इस नयी पद्धति ने पर्यावरण की दृष्टि से भी हानि पहुँचायी जैसे- रासायनिक उर्वरकों के अधिक प्रयोग से मिट्टी की उत्पादक क्षमता में कमी देखने को मिली और इसका भविष्य में परिणाम यह हुआ कि कृषि योग्य भूमि बंजर भूमि में परिवर्तित होने लगी। • कीटनाशक दवाओं के प्रयोग ने फसल मित्र कीटों को हानि पहुँचायी। • कीटनाशक दवाओं के अधिक प्रयोग नें जल प्रदूषण सम्बन्धी समस्याओं को जन्म दिया। **संक्षेप में हरित क्रान्ति का प्रभाव पर्यावरण की दृष्टि से नकारात्मक ही रहा।**

इस बात में तनिक भी संदेह नहीं कि हरित क्रान्ति के कारण ग्रामीण क्षेत्र में लोगों की आय के स्तर तथा कुल उत्पादन में वृद्धि हुई परन्तु यह तथ्य भी सत्य है कि हरित क्रान्ति ने देश में क्षेत्रीय एवं व्यक्तिगत असमानता को बढ़ावा दिया साथ ही पर्यावरण को भी क्षति पहुँचाने में सहायक की भूमिका अदा की।

द्वितीय हरित क्रांति/एवरग्रीन रेवॉल्यूशन

प्रारम्भ : 12 अप्रैल 2006

लक्ष्य : देश के सालाना खाद्यान्न उत्पादन को 210 मिलियन टन के मौजूदा स्तर से दोगुना करके 420 मिलियन टन के स्तर तक पहुँचाना।

प्रारम्भ के कारण: द्वितीय हरित क्रान्ति की अवधारणा लाने के पीछे निम्न कारण उत्तरदायी हैं:-

- 1968 में प्रारम्भ की गयी हरित क्रान्ति गेहूँ और धान के उत्पादन तक ही सीमित थी।
- 90 के दशक में हरित क्रान्ति में थकान के चिन्ह कृषि जगत में स्पष्ट दृष्टिगोचर होने लगे।
- उत्पादन एवं उत्पादक क्षमता में कमी, उर्वरकों और कीटाशकों के अत्यधिक इस्तेमाल के प्रतिकूल प्रभाव।
- हरित क्रान्ति के प्रति प्रभावों (Side Effect) और किसानों में बढ़ती आत्महत्या की प्रवृत्ति।

उपरोक्त स्थितियों ने इस बात पर वैज्ञानिकों का ध्यान आकर्षित किया कि देश को अब दूसरी हरित क्रान्ति की शीघ्र आवश्यकता है। कृषि वैज्ञानिकों और नीति-निर्धारकों के मध्य जैसे-जैसे बहस आगे बढ़ती गयी, राष्ट्रीय किसान आयोग ने इसे अमली जामा पहनाना शुरू किया। देश के प्रमुख कृषि वैज्ञानिक व किसानों के राष्ट्रीय आयोग के अध्यक्ष एम.एस. स्वामीनाथन ने 25 जनवरी 2006 को कोयम्बटूर मे एक व्याख्यान में कहा था कि- देश को विज्ञान की सर्वश्रेष्ठ तकनीक का इस्तेमाल कर, द्वितीय हरित क्रान्ति को अमली जामा पहनाना होगा तभी देश को खाद्यान्न संकट से मुक्त किया जा सकता है।

द्वितीय हरित क्रान्ति में शामिल रचनात्मक सुधार: इस नवीकरण कार्यक्रम में रचनात्मक सुधार के तहत छः मुख्य बिन्दुओं को शामिल किया गया, जो निम्नवत् हैं:-

- मिट्टी के स्वास्थ्य में सुधार।
- सिंचाई जल के विकास एवं कुशल उपयोग पर रणनीति।
- लघु एवं सीमान्त किसानों के जीवन निर्वहन हेतु कार्यक्रम।
- ऋण एवं बीमा संबंधी कार्यक्रम
- उत्पादन आधारित किसान सुलभ विपणन व्यवस्था का विकास।
- रेन वाटर हार्वेस्टिंग को अनिवार्य बनाना।

मिशन: इस योजना का मिशन है गुणवत्ता, उत्पादकता, सतत विकास और कृषि क्षेत्र में रोजगार के अवसरों में वृद्धि।

रणनीति: इस योजना के अन्तर्गत भारत में खाद्यान्न उत्पादन के 21 करोड़ (2004-05) के लक्ष्य को 2015 तक 42 करोड़ तक बढ़ाने के लिए रणनीति तैयार की गयी है जिसके अन्तर्गत चार करोड़ हेक्टेयर कृषि भूमि से 16 करोड़ टन चावल का उत्पादन करना होगा। इसी प्रकार गेहूं के 2.5 करोड़ हेक्टेयर क्षेत्र में 10 करोड़ टन गेहूं, 16 करोड़ टन दाल, तिलहन, मक्का, व ज्वार उत्पादन करना होगा तथा 30 करोड़ टन सब्जी व फलों के उत्पादन मे बढ़ोतरी करना होगा। तब जाकर इस महत्वकांक्षी योजना के लक्ष्यों की प्राप्ति की जा सकेगी।

अन्य महत्वपूर्ण तथ्य

- भारत सरकार के अतिरिक्त इस महत्वाकांक्षी लक्ष्य को पूरा करने में राज्य सरकारें, पंचायती राज संस्थाएं, भारतीय तकनीकी संस्थान, निजी व सार्वजनिक क्षेत्र व नगर समाज संगठन तथा मीडिया एजेंसियॉ सक्रिय रूप से प्रतिभागिता करेंगी।
- प्रत्येक राज्य में एक नोडल एजेंसी चिन्हित की गयी है जो एक स्पष्ट और समयबद्ध कार्ययोजना के माध्यम से मिट्टी के स्वास्थ्य में सुधार और जल संरक्षण की प्रणालियों को स्थानीय आवश्यकताओं और प्राथमिकताओं को चिन्हित करते हुए पूरा करेगी।
- पोस्ट हारवेस्ट टेक्नोलॉजी और मूल्य संवर्धन आधारित तकनीकी के विकास से अच्छी आय उपलब्ध कराना इस नीति की एक महत्वपूर्ण पहल है।
- लघु व सीमांत किसानों को न्यूनतम दरों पर ऋण एवं बीमा आच्छादन से उनकी उपज का लाभप्रद मूल्य दिलाना भी इस कार्यक्रम का महत्वपूर्ण उददेश्य है।

कृषि विज्ञान की क्रान्तियाँ

1. श्वेत क्रांति (White Revolution)

श्वेत क्रांति की भारत में शुरुआत 1964-65 में 'सघन पशु विकास कार्यक्रम' के अंतर्गत दूध के क्षेत्र में क्रांति उत्पन्न करके उत्पादकता बढ़ाने के लिए शुरु की गयी थी।

इसकी गति और अधिक त्वरित करने के उद्देश्य से 1970 में 'आपरेशन फ्लड' चलाया गया था। जिसके सूत्रधार **डॉ. वर्गीज कूरियन** रहे थे। तीन चरणों में सम्पन्न आपरेशन फ्लड का पहला चरण 1970 से 1978 तक, दूसरा चरण 1978–85 तक तथा तीसरा चरण 1985 से 1995 तक चलाया गया।

2. पीली क्रांति (Yellow Revolution)

खाद्य तेलों तथा तिलहन फसलों के उत्पादन हेतु अनुसंधान तथा विकास की रणनीति को पीली क्रांति की संज्ञा प्रदान की गयी। तिलहन उत्पादन में आत्म-निर्भरता प्राप्त करने की दृष्टि से उत्पादन, प्रसंस्करण और प्रबंध प्रौद्योगिकी का सर्वोत्तम उपयोग करने के उद्देश्य से तिलहन प्रौद्योगिकी मिशन 1986 में प्रारंभ किया गया।

3. गोल क्रांति (Round Revolution)

भारत में आलू 16वीं सदी में पुर्तगाल से लाया गया जहाँ यह ग्रीष्मकालीन फसल के रूप में उगाया जाता है। किन्तु भारत में यह सर्दियों में उगाया जाता है। यह बदलाव केन्द्रीय आलू अनुसंधान संस्थान (शिमला) के अथक प्रयासों के फलस्वरूप संभव हुआ है। संस्थान द्वारा विकसित प्रौद्योगिकियों एवं रोग रोधी किस्मों के परिणामस्वरूप भारत में 'आलू क्रांति' संभव हुई, जिसे 'गोल क्रांति' की उपमा प्रदान की जाती है। यह क्रांति आज भी जारी है।

4. नीली क्रांति (Blue Revolution)

देश के मत्स्य उत्पादन में वृद्धि के लिए चलायी गयी विशेष योजना नीली क्रांति कहलाती है।

5. गुलाबी क्रांति (Pink Revolution)

भारत के समग्र कृषि निर्यात में वर्ष 2009–10 के दौरान चौथा सर्वाधिक योगदान समुद्री उत्पाद का था। समुद्री उत्पाद में मछली का निर्यात भी समाहित है। भारत के समस्त मछली निर्यात में झींगा मछली का अमिट योगदान है। भारत संसार का सबसे बड़ा झींगा मछली निर्यातक राष्ट्र है। इस मछली के उत्पादन को बढ़ाने के लिए एक मिशन तैयार किया गया जिससे झींगा मछली का उत्पादन बढ़ाया जा सके। इस मिशन के परिणामस्वरूप झींगा मछली के उत्पादन एवं निर्यात में वृद्धि हुई, जिसे गुलाबी क्रांति की उपमा प्रदान की गयी। ध्यातव्य है कि गुलाबी क्रांति का संबंध प्याज उत्पादन से भी है।

6. कृष्ण क्रांति (Black Revolution)

पेट्रोलियम/खनिज तेल की दिशा में आत्मनिर्भरता की ओर बढ़ने के लिए 'कृष्ण क्रांति' का सरकार का इरादा है। इसके लिए एथनॉल का उत्पादन बढ़ाकर पेट्रोल में एथनॉल का मिश्रण 10% तक बढ़ाने तथा बायोडीजल का उत्पादन करने की सरकार की योजना है। इसी परिप्रेक्ष्य में पेट्रोलियम मंत्रालय ने वर्ष 2004 को बायो-ट्रेड के रूप में मनाया था।

7.धूसर क्रांति (Grey Revolution)

स्वतंत्रतोपरांत देश के खाद्यान्न उत्पादन में उर्वरक उपयोग अत्यंत कम था। इस कारण खाद्यान्न उत्पादन में वृद्धि के समानांतर उर्वरक उपभोग में वृद्धि हेतु सघन प्रयास किया गया, जिसे धूसर क्रांति की संज्ञा दी गई।

8. रजत क्रांति (Silver Revolution)

भारत में मुर्गियों द्वारा अंडा तथा मांस की उत्पादकता अत्यंत कम है। भारतीय मुर्गी वर्ष में औसतन 65 अंडे देती है। जबकि यूएसए में 295 अंडे देती है। इस स्थिति में सुधार हेतु 5 कुक्कुट फार्म बंगलुरू, मुंबई, भुवनेश्वर, दिल्ली और शिमला में स्थापित किये गये तथा वहां पर उन्नत नस्ल की मुर्गियां संकरण हेतु आयात की गईं। इस प्रकार के प्रयासों के माध्यम से देश में अंडा उत्पादन तथा मुर्गियों की उत्पादकता में सुधार हुआ जिसे रजत क्रांति की उपमा दी जाती है।

9. सुनहरी क्रांति (Golden Revolution)

सुनहरी क्रांति का संबंध बागवानी उत्पाद में समग्र वृद्धि से है विशेषकर सेब उत्पादन में।

10. इन्द्रधनुषी क्रांति (Rainbow Revolution)

जुलाई 2000 में नई राष्ट्रीय कृषि नीति की घोषणा की गई। इस नीति में कहा गया है कि समूचे कृषि उत्पादों को आगामी दस सालों में दोगुना किया जायेगा। इस लक्ष्य को प्राप्त करने के लिए खाद्यान्न उत्पादन की वृद्धि दर 4% निर्धारित की गई है। इस नई कृषि नीति का वर्णन इन्द्रध नुषी क्रांति के रूप में किया गया है। जिसमें सभी प्रत्यक्ष या अप्रत्यक्ष रूप से देश के कृषि क्षेत्र में आई विभिन्न क्रांतियों यथा हरित, श्वेत, पीली, नीली, लाल, सुनहरी, गुलाबी, भूरी, धूसर, रजत, एवं खाद्यान्न शृंखला क्रांति को

एक साथ लेकर चलना होगा। इसी को इन्द्रधनुषी (सतरंगी) क्रांति कहा गया है।

कृषि के महत्वपूर्ण प्रकार

कृषि	सम्बन्धित क्षेत्र
• Aeroponic (एरोपोनिक)	पौधों को हवा में उगाना
• Apiculture (एपीकल्चर)	मधुमक्खी पालन
• Horticulture (हार्टीकल्चर)	बागवानी
• Floriculture (फ्लोरीकल्चर)	फूल विज्ञान
• Olericulture (ओलेरीकल्चर)	सब्जी विज्ञान
• Pomology (पॉमोलॉजी)	फल विज्ञान
• Viticulture (वीटीकल्चर)	अंगूर की खेती
• Vermiculture (वर्मीकल्चर)	केंचुआ पालन
• Pisciculture (पिसी कल्चर)	मत्स्य पालन
• Sericulture (सेरी कल्चर)	रेशम उद्योग
• Moriculture (मोरी कल्चर)	रेशम कीट हेतु शहतूत (Mulberry) उगाना।

भारत में फसलों का वर्गीकरण

भारत में मोटे तौर पर तीन प्रकार की फसलें होती हैं–

(i) खरीफ (ii) रबी (iii) जायद

(i) फसल: खरीफ

बोने का समय: जुलाई

काटने का समय: अक्टूबर

प्रमुख फसलें: धान, ज्वार, बाजरा, मक्का, कपास, गन्ना, अरहर, मूंग, उड़द, सोयाबीन, मूंगफली।

(ii) फसल: रबी

बोने का समय: अक्टूबर

काटने का समय: अप्रैल

प्रमुख फसलें: गेहूँ, जौ, चना, मटर, सरसों, अलसी

(iii) फसल: जायद

फसल का समय: मार्च से जून के मध्य

प्रमुख फसल: तरबूज, ककडी, खरबूजा, पत्तेदार सब्जियां

भारत में फसलों का वर्गीकरण खाद्य एवं व्यापारिक फसलों के रूप मे भी किया जाता है। खाद्य फसलों में प्रमुख रूप से गेहूं, धान, मोटा अनाज आदि को शामिल किया जाता है जबकि व्यापारिक फसलें उन फसलों को कहा जाता है जिनका उत्पादन किसान प्राय: आंशिक या पूर्णतया बेचने के लिये करता है। देश की प्रमुख व्यापारिक फसलें निम्नवत् हैं–

- **तिलहन फसलें (Oilseeds crops):** मूंगफली, सरसों, तिल, अलसी, अण्डी, सूर्यमुखी।
- **शर्करा फसलें (Sugar crops):** गन्ना, चुकन्दर
- **रेशेदार फसलें (Fiber crops):** जूट, मेस्टा, सनाई, कपास
- **उददीपक फसलें (Narcotic crops):** तम्बाकू
- **पेय फसलें (Beverage crops):** चाय, कहवा

कृषि वित्त/साख

प्रत्येक उत्पादक क्रिया के लिए वित्त एक जरूरी शर्त होती है। भारत में चूंकि कृषि ही सबसे प्रधान क्षेत्र है इसलिए इसका विकास साख या वित्त पर ही टिका हुआ है। भारतीय किसानों की वित्तीय आवश्यकताओं को तीन प्रकार के ऋणों द्वारा पूरा किया जाता है, जो निम्नवत् है–

(i) अल्पकालीन ऋण।

(ii) मध्यकालीन ऋण।

(iii) दीर्घकालीन ऋण।

तालिका 5.8

ऋण	समयावधि	ऋण की मांग के कारण
अल्पकालीन ऋण	15 माह से कम समयावधि के लिए।	इस प्रकार के ऋणों की मांग घरेलू आवश्यकताओं की पूर्ति या खे. ती–बाड़ी जैसे–बीज, उर्वरक आदि को क्रय करने के लिये किया जाता है।
मध्यकालीन ऋण	15 माह से 5 वर्ष तक की समयावधि के लिए।	इस प्रकार के ऋणों की मांग भूमि में सुधार करने के लिए, पशु खरीदने के लिए तथा कृषि उपकरण आदि क्रय करने के लिए किया जाता है।
दीर्घकालीन ऋण	5 वर्ष से अधिक समयावधि के लिए	इस प्रकार के ऋणों की मांग भूमि खरीदने, भूमि पर स्थायी सुधार करने, पुराने ऋणों का भुगतान करने तथा महंगे कृषि यन्त्र खरीदने के लिए किया जाता है।

भारत मे किसान अपनी उपर्युक्त आवश्यकताओं की पूर्ति हेतु दो प्रकार के स्रोतों से ऋण प्राप्त करते है: **(i) संस्थागत स्रोत (Institutional Source), (ii) गैर-संस्थागत स्रोत (Non-Institutional Source)**

(i) संस्थागत स्रोत

इसके अन्तर्गत सरकार, सहकारी समितियों, वाणिज्यिक बैंकों एवं क्षेत्रीय ग्रामीण बैंकों को शामिल किया जाता है। विभिन्न वित्तीय वर्षों में (बजट) कृषि क्षेत्र के लिए वित्त/ऋण के प्रबन्धन का ब्योरा निम्नवत् है-

वित्तीय वर्ष	संस्थागत ऋण
2011-12	4,75,000 करोड़
2012-13	5,75,000 करोड़
2013-14	7,00,000 करोड़
2014-15	8,00,000 करोड़
2015-16	8,50,000 करोड़
2016-17	9,00,000 करोड़
2017-18	10,00,000 करोड़
2018-19 (बजट अनुमान)	11,00,000 करोड़

उपरोक्त तालिका से स्पष्ट है कि देश मे कृषि क्षेत्र को प्रदत्त संस्थागत साख में लगातार वृद्धि की जा रही है।

प्राथमिक क्षेत्र वाले ऋण

- राष्ट्रीयकरण के बाद सार्वजनिक क्षेत्र के बैंकों को सौंपा गया एक प्रमुख कार्य अर्थव्यवस्था के अब तक उपेक्षित वर्ग के लोगों को ऋण उपलब्ध कराना था। इस उद्देश्य की पूर्ति के लिए बैंक ने ''प्राथमिक क्षेत्र (Priority Sector) का गठन किया। इस क्षेत्र के अन्तर्गत कृषकों, लघु उद्यमियों, गरीबों, फुटकर व्यापार एवं छोटे-मोटे व्यापार में लगे लोगों को ऋण उपलब्ध कराया जाता है। इसे ही ''प्राथमिक क्षेत्र वाले ऋण'' (Priority Sector Lending) कहते हैं।

RBI के निर्देशानुसार सार्वजनिक और निजी क्षेत्र के बैंकों को अपनी उधारियों का कम-से-कम 40% प्राथमिक क्षेत्र को उपलब्ध कराना अनिवार्य होता है। जो बैंक इस लक्ष्य को पूरा नहीं कर पाते अनके विरुद्ध RBI उचित कार्यवाही करती है।

नोट: विदेशी बैंकों को अपनी उधारियों का 32% प्राथमिकता प्राप्त क्षेत्र को उपलब्ध कराना निर्धारित किया गया है।

(ii) गैर-संस्थागत ऋण

इसके अन्तर्गत साहूकार, व्यापारी, सम्बन्धी एवं भू-स्वामी आदि को शामिल किया जाता है इनके द्वारा वितरित ऋण पर ब्याज की दरें 20 से 25% तक होती है, जो किसानों को ऋणग्रस्तता की जंजीरों में जकड़ देती है।

नोट: वर्तमान में लगभग 65% ऋण संस्थागत स्रोतों द्वारा उपलब्ध कराये जाते हैं जबकि 35% ऋण अभी भी गैर-संस्थागत स्रोतों के माध्यम से वितरित किये जाते हैं।

ग्रामीण ऋणग्रस्ता

- आज हमारे ग्रामवासी बड़े पैमाने पर ऋणग्रस्त हैं जो अर्थव्यवस्था का सबसे खराब पहलू है। भारतीय किसान न केवल कृषि कार्यों बल्कि अनुत्पादक उद्देश्यों के लिए भी ऋण लेते है। यह सिलसिला वर्षों तक चलता ही रहता है। फिर बाद में परिणाम यह होता है कि वह ऋण चुकाने में असमर्थ हो जाते है क्योंकि कृषि उत्पादन में उस अनुपात से तेजी नहीं आ पाती। यह सिलसिला पाढ़ी-दर-पीढ़ी आज भी जारी है। इसे ही ग्रामीण **ऋणग्रस्तता** कहा जाता है।

ग्रामीण ऋणग्रस्तता के कारण

ग्रामीण ऋणग्रस्तता के निम्नलिखित कारण हैं-

- ग्रामीण ऋणग्रस्तता का सबसे प्रमुख कारण गरीबी है। ऐसी बहुत सारी बातें हैं जैसे आय का कम होना, खेती का अनिश्चित और पिछड़ा होना इत्यादि, जो किसानों को अपनी आजीविका तथा दूसरे अन्य कार्यों के लिए ऋण लेने पर विवश कर देती है। इन ऋणों को उत्पादक कार्यों में तो लगाया जाता है पर कृषि इतनी पिछड़ी हुई है कि पर्याप्त उत्पादन नहीं हो पाता। इसलिए जो रुपए उपभोग या अन्य अनुत्पादक कार्यों जैसे इलाज, शादी-ब्याह, मृत्युभोज इत्यादि पर खर्च हो जाते हैं उन्हें लौटा पाना लगभग असंभव हो जाता है। इस प्रकार हम कह सकते हैं कि गरीबी किसानों के लिए अभिशाप बन जाती है। एक तरफ तो यह ऋण लेने पर मजबूर करती है तो दूसरी तरफ उसकी अदायगी भी असंभव बना देती है।
- ग्रामीणों में सामाजिक ओर धार्मिक रीति रिवाजों जैसे विवाह, जन्म, मृत्यु, धार्मिक उत्सव इत्यादि के प्रति अपार श्रद्धा होती है। इन रीति-रिवाजों के लिए भी वे भारी मात्रा में ऋण लेते हैं क्योंकि इन उत्सवों को बचत से नहीं मनाया जा सकता। लेकिन यह सारी क्रियाएं

अनुत्पादक होती हैं और इस पर जो धन खर्च होता है वह भी वापस नहीं मिल पाता।

- भारतीय किसान अक्सर मुकदमेबाजी में लिप्त रहते हैं। अधिक समय तक चलने वाले मुकदमे से न केवल धन ओर समय की बर्बादी होती है बल्कि कृषि भी प्रभावित होती है। इस प्रकार मुकदमेबाजी के चक्कर में फंसकर उनका अनुत्पादक खर्च बढ़ जाता है जिससे उनकी आय कम हो जाती है और वे ऋण लेने पर मजबूर हो जाते हैं।
- वर्तमान ऋण का एक बड़ा हिस्सा ऐसा है जो बाबा आदम के जमाने से विरासत के रूप में एक पीढ़ी से दूसरी पीढ़ी को हस्तान्तरित हो रहा है। इसका नतीजा यह है कि बंधुआ मजदूर कई पीढ़ियों से इस विरासत को निभा रहे हैं।
- ग्रामीण ऋणग्रस्तता के लिए महाजन और साहूकार भी कम जिम्मेदार नहीं है। उन्हें इस बात से कोई मतलब नहीं होता कि उनका पैसा उत्पादक कार्यों में लगाया जा रहा है या नहीं। उन्हें सिर्फ ऋण की अदायगी और अपने ब्याज की चिंता होती है। जब ऋण बहुत अधिक बढ़ जाता है तो वे किसानों से उनकी जमीन या सम्पत्ति छीन लेते हैं। ग्रामीण साख व्यवस्था की अन्य खामियां भी हैं, जैसे – महाजनों द्वारा हिसाब-किताब में गड़बड़ी करना, राशि को बढ़ा कर लिखना, ब्याज की ऊँची दर पर ऋण देना, कम दामों पर उनके उत्पाद खरीद लेना इत्यादि।

इस प्रकार जब कोई किसान एक बार महाजन या सा. हूकार के चक्कर में फंस जाता है तो फिर चंगुल से बाहर निकलना आसान बात नहीं है।

ग्रामीण ऋणग्रस्तता के परिणाम

ग्रामीण ऋणग्रस्तता के परिणामों को दो वर्गों में बांटा जा सकता है –

(1) आर्थिक परिणाम। (2)सामाजिक परिणाम।

1. आर्थिक परिणाम	2. सामाजिक परिणाम
ग्रामीण ऋणग्रस्तता के कई आर्थिक कुप्रभाव सामने आये हैं जो निम्नवत् हैं– • किसानों के मूलधन और ब्याज की अदायगी के लिए अपने उत्पाद का बड़ा हिस्सा बेहद कम कीमत में बेचने के लिए मजबूर होना पड़ता है जिससे उन्हें आर्थिक हानि उठानी पड़ती है। • कम कीमत पर उत्पाद बेचने के कारण, उत्पादन में उनकी रुचि समाप्त होने लगती है परिणामस्वरूप आय और उत्पादन दानों पर नकारात्मक प्रभाव पड़ता है। • जहां एक ओर किसानों को ऊँचे ब्याज दरों पर ऋण लेने के लिए मजबूर होना पड़ता है तो वहीं कम कीमत पर अपना उत्पाद बेचने को विवश होना पड़ता है। ब्याज और उत्पाद की कीमत का अंतर ही किसानों को ऋणग्रस्तता की जंजीरों में पीढ़ी-दर-पीढ़ी जकड़ लेता है। • किसानों को सामान्यत: ऋण पाने के लिए अपनी जमीन महाजन के पास गिरवी रखनी होती है और आखिरकार भूमि पर महाजन का अधिकार हो जाता है इस प्रकार गरीब किसान भूमि से वंचित होकर भूमिहीन मजदूर बन जाते हैं।	ग्रामीण ऋणग्रस्तता से सामाजिक जीवन भी बुरी तरह से प्रभावित होता है। इसके सामाजिक दुष्परिणाम निम्नवत् हैं– • ऋण लेने वाले और ऋण देने वाले व्यक्ति के संबंध कटु हो जाते हैं। • अपनी जमीन को महाजनों के पास गिरवी रखने के बाद किसान भूमिहीन मजदूर और काश्तकार बन जाते है। इस प्रकार समाज में उनकी श्रेणी और जीवन स्तर काफी नीचा हो जाता है। • जब भूमिहीन मजदूर ऋण का भार नहीं झेल पाते तो वे महाजनों की जमीन पर बेगारी भी कर लेते हैं और यही किसान आगे चलकर आत्महत्या जैसी प्रवृत्तियां अपनाते हैं और अपने परिवार को सामाजिक कष्टों को झेलने के लिए छोड़ जाते हैं।

ग्रामीण ऋणग्रस्तता को दूर करने के उपाय

ग्रामीण ऋणग्रस्तता जो व्यक्ति की आर्थिक और सामाजिक दोनों स्थितियों पर नकारात्मक प्रभाव डालती है, को दो लक्ष्यों को ध्यान में रखकर इस समस्या से निजात पाया जा सकता है

(1) पुराने ऋणों को समाप्त करने का उपाय किया जाये।

(2) नये ऋणों को कम मात्रा में और केवल उत्पादक कार्यों के लिए सीमित किया जाये।

कृषि मूल्य नीति (Agriculture Price Policy)

कृषि मूल्य नीति का अर्थ

कृषि उत्पादों की कीमतों का निर्धारण करना ''कृषि मूल्य नीति'' कहलाता है।

कृषि मूल्य निर्धारित करने के उद्देश्य

कृषि उत्पादों की कीमतें निर्धारित करने के दो प्रमुख उद्देश्य हैं–

(1) किसानों को उनके उत्पादों का उचित एवं उत्साहवर्धक मूल्य मिल सके तथा
(2) उपभोक्ताओं को उचित मूल्य पर कृषि वस्तुओं की पूर्ति उपलब्ध हो सके।

अर्थात कृषि उत्पादों का मूल्य ऐसा होना चाहिए कि इसे वे लोग भी वहन कर सकें जो अल्प आय वर्ग के हैं।

उपरोक्त उद्देश्यों की पूर्ति के लिए सरकार तीन प्रकार के कृषि मूल्य निर्धारित करती है-

(a) न्यूनतम समर्थन मूल्य (Minimum Support Price)
(b) वसूली/खरीद मूल्य (Purchasing Price / Procurement Price)
(c) निगमन आवंटन मूल्य / निकासी मूल्य (Issue Price)

न्यूनतम समर्थन मूल्य (Minimum Support Price)

कृषि उत्पादन की एक विचित्र विशेषता यह है कि भरी-पूरी फसल उत्पादक (किसान) के लिए संकट का कारण बन सकती है। यदि इस प्रकार की स्थिति उत्पन्न होती है तो कृषि उत्पादन को बढ़ाने के सभी उपाय हतोत्साहित हो जायेंगे। इस स्थिति से निपटने क लिए सरकार ने "Minimum Support Price" की नीति को अपनाया है।

MSP उत्पादकों को दीर्घकालिक सुरक्षा प्रदान करती है अर्थात यह मूल्य कृषि उत्पादकों के लिए एक प्रकार की ''बीमा कीमत'' होती है। इसके द्वारा सरकार उत्पादक कृषकों को आश्वासन देती है कि खाद्यान्नों की कीमतें निर्धारित कीमत से नीचे नहीं गिरने दी जायेगी। यदि उत्पादन बढ़ने के कारण या किसी अन्य वजह से बाजार में खाद्यान्नों की पूर्ति बढ़ जाती है और कीमतें MSP से नीचे चली जाती हैं तो सरकार घोषित MSP पर खाद्यान्नों को क्रय कर लेगी।

नोट: MSP की संस्तुति Commission for Agricultural Costs & Prices द्वारा वर्ष में दो बार (रबी एवं खरीफ) फसल बोने से पहले ही घोषित कर दी जाती है। वर्तमान मे 23 मुख्य फसलों की MSP घोषित की जाती है जो निम्नवत् है-

फसल	कुल संख्या	शामिल फसल
खाद्यान्य	07	धान, गेहूं, ज्वार, बाजरा, मक्का, रागी, जौ
दलहनी	05	चना, अरहर (तूर), मंग, उड़द, मसूर
तिलहनी	07	मूंगफली, सूरमुखी के बीज, सोयाबीन, सरसो, कुसुम, निगेरसीड, तिल
अन्य	04	सूखा नारियल (कोपरा), कपास, गन्ना, कच्ची पटसन
कुल योग	23	

MSP के निर्धारक तत्व : अधिकार क्षेत्र के अन्तर्गत आने वाली विभिन्न वस्तुओं में **उत्पादन लागत** (Cost of Production) MSP के निर्धारण के लिए बेहद महत्वपूर्ण कारक है। मूल्य नीति के अतिरिक्त, आयोग मांग और आपूर्ति, घरेलू और अंतर्राष्ट्रीय बाजार की कीमतों का ट्रेण्ड, अंतर फसल मूल्यों में समता, कृषि और गैर कृषि क्षेत्रों के बीच व्यापार की शर्ते और उस वस्तु के MSP का उपभोक्ताओं पर प्रभाव और भूमि तथा जल जैसे प्राकृतिक संसाधनों के समुचित इस्तमाल का भी ध्यान रखता है। अतः मूल्य नीति ''लागत जोड़'' पर आधारित नहीं है। हालांकि लागत MSP का महत्वपूर्ण निर्धारक होती है।

गन्ना मूल्य निर्धारण नीति : वर्ष 2009 में चीनी नियंत्रण आदेश 1966 में हुए संशोधन के साथ गन्ने के सांविधिक न्यूनतम मूल्य (SMP) निर्धारित करने के स्थान पर वर्ष 2009-10 तथा परिवर्ती चीनी मौसमों के लिए गन्ने के उचित और पारिश्रमिक मूल्य (FRP) की अवधारणा अपनायी गयी। केन्द्र सरकार द्वारा घोषित गन्ने का कृषि मूल्य CACP की सिफारिशों के आधार पर निर्धारित किया जाता है। आयोग मूल्य की सिफारिश राज्य सरकारों तथा चीनी संगठनों से परामर्श के बाद करता है। गन्ना (नियंत्रण) आदेश 1966 के संशोधित प्रावधान के अनुसार निम्नलिखित घटकों के संदर्भ में गन्ने का FRP निर्धारित किया जाता है। ये घटक है-

- गन्ना उत्पादन की लागत।
- उत्पादकों को वैकल्पिक फसलों से लाभ।
- कृषि जिन्सों के मूल्य की सामान्य प्रवृत्ति।
- उपभोक्ताओं को उचित मूल्य पर चीनी की उपलब्धता, वह मूल्य जिस पर चीनी उत्पादकों द्वारा गन्ने से तैयार चीनी बेची जाती है।
- गन्ने से चीनी प्राप्त करना।
- उप-उत्पादकों यानी शीरा, खोई तथा प्रेसमड की बिक्री से अर्जित आय।
- जोखिम और लाभ का उचित मार्जिन।

नोट : चीनी मौसम 2017-18 के लिए 255 रूपये प्रति क्विंटल की दर से गन्ने का FRP तय किया गया है।

चीनी क्षेत्र को नियंत्रण मुक्त बनाना : चीनी उद्योग के लिए वर्ष 2013-14 ऐतिहासिक रहा। चीनी क्षेत्र को नियंत्रण मुक्त बनाने के लिए सरकार ने डॉ. सी. रंगराजन की अध्यक्षता में बनी समिति की सिफारिशों पर विचार किया और सितम्बर 2012 के बाद उत्पादित चीनी के लिए मिलों पर लेवी लगाने की व्यवस्था को समाप्त करने और खुले बाजार में चीनी की बिक्री पर नियंत्रण व्यवस्था को समाप्त करने का निर्णय लिया। चीनी क्षेत्र को नियंत्रण मुक्त करने का कदम चीनी मिलों की वित्तीय हालात सुधारने, नकद प्रवाह बढ़ाने, इंवेटरी लागत कम करने तथा गन्ना किसानों के लिए गन्ने के मूल्य का समय पर भुगतान करने के लिए उठाया गया है।

एथेनॉल मिश्रित पेट्रोल कार्यक्रम : एथेनॉल एक कृषि आधारित उत्पाद है, जो मूल रूप से चीनी उद्योग के शीरा जैसे उप-उत्पादों से तैयार किया जाता है। जिस वर्ष गन्ने की उपज जरूरत से ज्यादा होती है और चीनी के भाव गिर जाते है उस वर्ष चीनी उद्योग किसानों को गन्ने की कीमत उपलब्ध नहीं करा पाता। **एथेनॉल मिश्रित पेट्रोल कार्यक्रम** प्रदूषण स्तर कम करने के अतिरिक्त विदेशी मुद्रा बचाता और चीनी उद्योग में मूल्य संवर्धन करता है ताकि किसानों के बकाया गन्ना मूल्यों का भुगतान किया जा सकें। केन्द्र सरकार ने **एथेनॉल मिश्रित पेट्रोल कार्यक्रम** के अन्तर्गत मिश्रिण लक्ष्य 5 से बढ़ाकर 10 प्रतिशत कर दिया है।

महत्वपूर्ण कृषिगत उपजों के MSP (रु./क्विंटल)

फसल	2016-17	2017-18	2016-17 की तुलना में 2017-18 में MSP में वृद्धि
धान	1470	1550	80
बाजरा	1330	1425	95
मक्का	1365	1425	60
रागी	1725	1900	175
अरहर	5050	5450	400
गेहूं	1625	1735	110
जूट	3200	3500	300
जौ	1325	1410	85

स्रोत: कृषि तथा सहकारिता विभाग आर्थिक समीक्षा 2017-18

2. खरीद मूल्य (Procurement Price): सहायतार्थ कीमतों का एक रूप ''वसूली या खरीद मूल्य है। ये वह कीमतें हैं जिन पर सरकार, कृषकों द्वारा प्रस्तुत की गयी समस्त उपज को खरीदती है। यह कीमतें मुख्यत: दो कार्य करती हैं–**पहला,** उत्पादकों के लिए प्रेरणा का कार्य करती है। **दूसरा,** सार्वजनिक वितरण प्रणाली की व्यवस्था के लिए उपज का संग्रह ताकि कमजोर वर्गों को उचित कीमतों पर न्यूनतम आवश्यक मात्रा में खाद्यान्न उपलब्ध कराया जा सके।

इससे सरकार को पर्याप्त मात्रा में खाद्यान्नों की पूर्ति बनाए रखने में मदद मिलती है और इसके साथ ही बफर स्टाक का निर्माण करके उपभोक्ताओं के हितों का संरक्षण किया जा सकता है।

नोट: यह मूल्य सामान्यत: MSP के बराबर होता है या उससे अधिक होता है परन्तु उससे कम नहीं होता है। इस मूल्य की घोषणा फसल कटाई के समय की जाती है।

निर्गम मूल्य (Issue Price): जिस मूल्य पर सरकार खाद्यान्न आदि वस्तुएं सार्वजनिक वितरण प्रणाली के अन्तर्गत उचित मूल्य की दुकानों या आटा मिलों के लिए उपलब्ध कराती है, वह उस खाद्यान्न का निर्गम मूल्य (Issue Price) कहलाता है।

नोट: निर्गम मूल्य (Issue Price) साधारणतया Procurement Price से कम होता है क्योंकि यह समाज के अत्यन्त कमजोर वर्गों के लिए निर्धारित की जाती है। अत: उक्त कीमत से होने वाली क्षति की पूर्ति सरकार द्वारा विक्रेताओं को सब्सिडी देकर की जाती है।

- **लेवी मूल्य (Levi Price):** किसी उत्पादक को अपने उत्पादन का एक निश्चित अंश जिस मूल्य पर सरकार को उपलब्ध कराना होता है उसे Levi Price कहते हैं।
- **प्रशासित कीमत (Administered Price):** जब किसी वस्तु की कीमत बाजार कारकों द्वारा निर्धारित न होकर प्रशासनिक हस्तक्षेप द्वारा निर्धारित हो, तो उसे प्रशासित कीमत कहा जाता है।
- **बाजार मूल्य (Market Price):** जब किसी वस्तु का मूल्य मांग और पूर्ति के बाजार कारकों के आधार पर निर्धारित होता हो तो यह बाजार मूल्य कहलाता है।

कृषि से जुड़ी महत्वपूर्ण संस्थाएं, आयोग एवं निगम

मूल्य स्थिरीकरण कोष (Price Stabilisation Fund):

- आर्थिक मामलों पर मंत्रिमंडल समिति ने चाय, कॉफी, रबर एवं तम्बाकू के मूल्यों में उतार-चढ़ाव को नियंत्रित करने के उद्देश्य से 'मूल्य स्थिरीकरण कोष' (Price Stabilisation Fund-PSF) स्थापित करने के प्रस्ताव का अनुमोदन 20 फरवरी, 2003 को प्रदान कर दिया था। चार हेक्टेयर तक की जोतों के धारक इस योजना का लाभ उठा सकते हैं। मूल्य स्थिरीकरण की इस अनूठी योजना के तहत कोष में सरकार द्वारा ₹ 300 करोड़ का योगदान (₹ 150-150 करोड़ की दो किश्तों में क्रमश: 2002-03 व 2003-04 के दौरान) किया गया। मूल्य स्थिरीकरण के लिए बैंचमार्क (Benchmark) मूल्य का निर्धारण विगत सात वर्षों के अन्तर्राष्ट्रीय मूल्य के चल माध्य (Seven Yearly Moving Average of International Price) के द्वारा निर्धारित किया जाएगा। बाजार मूल्य के इससे 20 प्रतिशत तक अधिक या कम होने पर कोई कदम नहीं उठाया जाएगा, किन्तु मूल्य में 20 प्रतिशत से भी अधिक कमी आने की स्थिति में उत्पादकों को इस कोष से राहत प्रदान की जाएगी। इसी प्रकार बाजार मूल्य के बैंचमार्क मूल्य के 20 प्रतिशत से भी अधिक होने पर उत्पादकों को अतिरिक्त राशि कोष में जमा करनी होगी।

कृषि लागत एवं मूल्य आयोग (Commission for Agricultural Cost and Prices-CACP):

- 1965 में भारत सरकार ने कृषि मूल्य आयोग (APC) की स्थापना की। यह आयोग विभिन्न कृषि उत्पादों के लिए उनकी बोआई के समय न्यूनतम समर्थन कीमत, वसूली कीमत, और जारी कीमतों की घोषणा करता था। मार्च 1985 में कृषि कीमत आयोग का पुनर्गठन करके इसका नामकरण **'कृषि लागत एवं कीमत आयोग'** (CACP) कर दिया गया। यह आयोग कृषि आगातों की लागतों एवं किसानों की उचित प्रतिफल पर विचार करने के बाद 'न्यूनतम समर्थन मूल्य' की संस्तुति सरकार को करता है।

नोट : यह आयोग कृषि एवं कृषक कल्याण मंत्रालय के अंतर्गत आता है।

रूरल नॉलेज सेंटर (Rural Knowledge Centre):

- नाबार्ड की मदद से भारत सरकार ने देश के ग्रामीण क्षेत्रों में 'रूरल नॉलेज सेंटर' की स्थापना की है। इन केन्द्रों में आधुनिक सूचना प्रौद्योगिकी व दूरसंचार तकनीक का उपयोग किसानों को महत्वपूर्ण जानकारी उपलब्ध कराने के लिए किया जाता है। राष्ट्रीय किसान आयोग की सिफारिश पर एक-एक लाख रुपए की लागत से कुल एक हजार नॉलेज सेंटर स्थापित किये जा रहे है। इस पर आने वाली लागत का **'ग्रामीण आधारिक सरंचना विकास कोष'** (RIDF) से धनराशि सरकार द्वारा दी जा रही है। प्रारंभ में यह सेंटर राजस्थान, तमिलनाडु, उत्तराखंड, महाराष्ट्र, कर्नाटक, गुजरात, आंध्र प्रदेश व प. बंगाल में स्थापित किए जा रहे हैं।

भारतीय खाद्य निगम (Food Corporation of India):

- इसकी स्थापना 1965 में की गई, जो खाद्य पदार्थों एवं अन्य आवश्यक वस्तुओं की खरीदारी, भण्डारण व संग्रहण, वितरण एवं बिक्री की व्यवस्था करता है। सार्वजनिक वितरण प्रणाली के महत्वपूर्ण कार्यों को स्थिरता प्रदान करने के लिए भारतीय खाद्य निगम बफर भंडार का निर्माण करता है ताकि खराब मौसम के दौरान उससे खाद्य पदार्थ निकालकर उपभोक्ताओं के बीच वितरित कर सके। इस प्रकार की व्यवस्था के फलस्वरूप साहूकारों व व्यापारियों में जमाखोरी की प्रवृत्ति पर अंकुश लगता है।

भारतीय कृषि अनुसंधान परिषद (Indian Council of Agricultural Research-ICAR)

भारत सरकार के कृषि मंत्रालय के 'कृषि अनुसंधान एवं शिक्षा' के अंतर्गत गठित भारतीय कृषि अनुसंधान परिषद एक स्वायत्त संस्था है। यह परिषद भारत में बागवानी, मत्स्यिकी और पशु विज्ञान सहित कृषि के क्षेत्र में समन्वयन, मार्गदर्शन और अनुसंधान, प्रबंधन एवं शिक्षा के लिए सर्वोच्च निकाय है। भारतीय कृषि अनुसंधान परिषद ने देश में हरित क्रांति लाने और उसके बाद कृषि के निरंतर विकास में अपने अनुसंधान और प्रौद्योगिकी विकास में अग्रणी भूमिका निभाई है। परिषद के अंतर्गत देश भर में 97 भारतीय कृषि अनुसंधान एवं 53 कृषि विश्वविद्यालय कार्यरत हैं।

नाबार्ड (National Bank for Agriculture & Rural Development-NABARD)

शिवरामन समिति की सिफारिशों के आधार पर राष्ट्रीय कृषि और ग्रामीण विकास बैंक अधिनियम 1981 को लागू करने के लिए संसद के एक अधिनियम के द्वारा 12 जुलाई 1982 को ग्रामीण ऋण की सर्वोच्च संस्था 'राष्ट्रीय कृषि एवं ग्रामीण विकास बैंक' (NABARD) की स्थापना की गई। इसकी स्थापना का मूल उद्देश्य ग्रामीण क्षेत्रों में कृषि, लघु एवं कुटीर उद्योगों, दस्तकारियों और अन्य ग्रामीण शिल्पों को प्रोत्साहन देना है जिससे कि ग्रामीण विकास को समेकित रूप देकर गांवों को खुशहाल किया जा सके।

नोट : नाबार्ड का मुख्यालय मुम्बई में स्थित है।

कृषि से संबंधित प्रमुख संस्थान

1.	राष्ट्रीय चावल शोध संस्थान	कटक (उड़ीसा)
2.	भारत डेयरी निगम एवं राष्ट्रीय डेयरी विकास बोर्ड	आनन्द (गुजरात)
3.	भारतीय डेयरी अनुसंधान	करनाल (हरियाणा)
4.	भारतीय गन्ना अनुसंधान संस्थान	लखनऊ (उत्तर प्रदेश)
5.	भारतीय गन्ना प्रजनन संस्थान	कोयम्बटूर (तमिलनाडू)
6.	केंद्रीय कॉफी अनुसंधान संस्थान	कुर्ग (कर्नाटक)
7.	कॉफी अनुसंधान केंद्र	चिकमगलूर (कर्नाटक)
8.	जूट कृषि अनुसंधान संस्थान	बैरकपुर (पं. बंगाल)
9.	केंद्रीय उर्वरक गुणवत्ता नियंत्रण और प्रशिक्षण संस्थान	फरीदाबाद (हरियाणा)
10.	टिड्डी चेतावनी संगठन	जोधपुर (राजस्थान)
11.	कृषि विपणन एवं निरीक्षण निदेशालय	फरीदाबाद (हरियाणा)
12.	राष्ट्रीय पौध संरक्षण एवं प्रशिक्षण संस्थान	हैदराबाद (आंध्र प्रदेश)
13.	चौधरी चरणसिंह राष्ट्रीय कृषि विपणन संस्थान	जयपुर (राजस्थान)
14.	केंद्रीय चारा बीज उत्पादन फार्म	हैसर घट्टा (कर्नाटक)
15.	केंद्रीय मत्स्य पालन और समुद्री इंजीनियरी प्रशिक्षण संस्थान	कोचीन (केरल)
16.	विवेकानन्द पर्वतीय कृषि अनुसंधानशाला	अल्मोड़ा (उत्तराखंड)
17.	केंद्रीय कृषि अनुसंधान संस्थान	पोर्टब्लेयर (अण्डमान निकोबार द्वीपसमूह)
18.	लघु किसान कृषि व्यापार संघ	नई दिल्ली
19.	राष्ट्रीय जैव उर्वरक विकास केन्द्र	गाजियाबाद

शीर्ष उत्पादन वाले राज्य एवं देश तथा शीर्ष बुवाई वाले राज्य

फसल	शीर्ष उत्पादन वाले राज्य	शीर्ष बुवाई वाले राज्य	शीर्ष उत्पादन वाले देश
1. चावल	1. प. बंगाल, 2. उत्तर प्रदेश 3. पंजाब	1. उत्तर प्रदेश, 2. प. बंगाल 3. उड़ीसा	1. चीन, 2. भारत, 3. इण्डोनेशिया 4. बांग्लादेश, 5. वियतनाम
2. गेहूं	1. उत्तर प्रदेश, 2. मध्य प्रदेश 3. पंजाब	1. उत्तर प्रदेश, 2. मध्य प्रदेश 3. पंजाब	1. चीन, 2. भारत, 3. रूस 4. अमेरिका, 5. कनाडा
3. मक्का	1. महाराष्ट्र, 2. कर्नाटक 3. मध्य प्रदेश	1. कर्नाटक, 2. मध्य प्रदेश 3. महाराष्ट्र	1. अमेरिका, 2. चीन, 3. ब्राजील, 4. अर्जेंटीना, 5. मैक्सिको
4. ज्वार	1. महाराष्ट्र, 2. कर्नाटक, 3. तमिलनाडु	1. महाराष्ट्र, 2. कर्नाटक 3. राजस्थान	1. अमेरिका 2. नाइजीरिया, 3. सूडान 4. मैक्सिको, 5. इथोपिया
5. बाजरा	1. राजस्थान, 2. उत्तर प्रदेश 3. गुजरात	1. राजस्थान, 2. उत्तर प्रदेश 3. महाराष्ट्र	---

6. कुल मोटे अनाज	1. महाराष्ट्र 2. राजस्थान, 3. कर्नाटक,	1. राजस्थान, 2. महाराष्ट्र 3. कर्नाटक	---
7. चना	1. मध्य प्रदेश, 2. महाराष्ट्र 3. राजस्थान	1. मध्य प्रदेश, 2. महाराष्ट्र 3. कर्नाटक	---
8. अरहर (तूर)	1. महाराष्ट्र, 2. कर्नाटक, 3. मध्य प्रदेश	1. महाराष्ट्र, 2. कर्नाटक 3. मध्य प्रदेश	---
9. कुल दालें	1. मध्य प्रदेश, 2. महाराष्ट्र 3. राजस्थान	1. मध्य प्रदेश, 2. राजस्थान 3. महाराष्ट्र	1. भारत, 2. पोलैंड 3. मोजाम्बिक 4. ब्रिटेन 5. पाकिस्तान
10. कुल खाद्यान्न	1. उत्तर प्रदेश 2. मध्य प्रदेश 3. पंजाब	1. उत्तर प्रदेश, मध्य प्रदेश 3. राजस्थान	---
11. मूंगफली	1. गुजरात, 2. राजस्थान 3. आन्ध्र प्रदेश	---	1. चीन 2. भारत 3. नाइजीरिया 4. अमेरिका 5. सूडान
12. रेपसीड और सरसों	1. राजस्थान, 2. मध्य प्रदेश 3. हरियाणा	1. राजस्थान, 2. मध्य प्रदेश 3. उत्तर प्रदेश	1. कनाडा, 2. चीन, 3. भारत 4. फ्रांस 5. जर्मनी
13. सोयाबीन	1. मध्य प्रदेश 2. महाराष्ट्र 3. राजस्थान	1. मध्य प्रदेश, 2. महाराष्ट्र 3. राजस्थान	1. अमेरिका, 2. ब्राजील, 3. अर्जेंटीना 4. भारत, 5. चीन
14. सूरजमुखी	1. कर्नाटक, 2. ओड़िशा 3. आंध्र प्रदेश	1. कर्नाटक, 2. महाराष्ट्र 3. आंध्र प्रदेश	1. यूक्रेन, 2. रूस, 3. अर्जेंटीना 4. चीन, 5. रोमानिया
15. गन्ना	1. उत्तर प्रदेश, 2. महाराष्ट्र 3. कर्नाटक	1. उत्तर प्रदेश, 2. महाराष्ट्र 3. कर्नाटक	1. ब्राजील, 2. भारत, 3. चीन 4. थाईलैंड 5. पाकिस्तान
16. कपास	1. महाराष्ट्र, 2. गुजरात 3. तेलंगाना	1. महाराष्ट्र, 2. गुजरात, 3. तेलंगाना	1. चीन, 2. भारत, 3. अमेरिका 4. पाकिस्तान 5. ब्राजील
17. जूट और मेस्ता	1. प. बंगाल, 2. बिहार, 3. असम	1. प. बंगाल, 2. बिहार, 3. असम	1. भारत, 2. बांग्लादेश, 3. चीन 4. नेपाल, 5. उज्बेकिस्तान
18. प्याज	1. महाराष्ट्र 2. मध्य प्रदेश 3. कर्नाटक	1. महाराष्ट्र, 2. कर्नाटक 3. मध्य प्रदेश	1. चीन, 2. भारत, 3. मिस्र 4. अमेरिका, 5. ईरान
19. आलू	1. उत्तर प्रदेश 2. प. बंगाल 3. बिहार	1. उत्तर प्रदेश, 2. प. बंगाल 3. बिहार	1. चीन, 2. भारत, 3. रूस 4. यूक्रेन 5. अमेरिका
20. तम्बाकू	1. आंध्र प्रदेश 2. गुजरात, 3. कर्नाटक	1. आंध्र प्रदेश, 2. गुजरात, 3. कर्नाटक	1. चीन 2. भारत 3. ब्राजील 4. अमेरिका 5. इंडोनेशिया
21. नारियल	1. केरल 2. तमिलनाडु 3. कर्नाटक	1. केरल 2. कर्नाटक 3. तमिलनाडु	1. इंडोनेशिया, 2. फिलीपींस 3. भारत, 4. ब्राजील, 5. श्रीलंका
22. मसाले	1. गुजरात 2. राजस्थान 3. आंध्र प्रदेश	----	1. भारत, 2. तुर्की, 3. बांग्लादेश, 4. इण्डोनेशिया, 5. चीन
23. चाय	1. असम 2. प. बंगाल, 3. तमिलनाडु	----	1. चीन, 2. भारत, 3. केन्या, 4. श्रीलंका 5. वियतनाम
24. काफी	1. कर्नाटक, 2. केरल, 3. तमिलनाडु	---	1. ब्राजील, 2. वियतनाम, 3. कोलंबिया 4. इंडोनेशिया 5. इथोपिया

25. प्राकृतिक रबड	1. केरल 2. तमिलनाडु, 3. कर्नाटक	---	1. थाईलैंड 2. इंडोनेशिया 3. वियतनाम 4. भारत 5. चीन

तथ्य सार संग्रह

कृषि और संबंधित क्षेत्रों की वृद्धि दर (% में)

वित्तीय वर्ष (आधार वर्ष 2011-12)	कृषि और संबंधित क्षेत्रों की वृद्धि दर
2012-13	1.5
2013-14	5.6
2014-15	-0.2
2015-16	0.7
2016-17*	4.9

स्रोतः- CSO *अनन्तिम अनुमान

कृषि और सम्बद्ध क्षेत्रों का जीवीए में हिस्सा (% में)

वित्तीय वर्ष	चालू कीमतों पर कृषि एवं सम्बद्ध क्षेत्रों का जीवीए में हिस्सा
2012-13	18.2
2013-14	18.6
2014-15	18.0
2015-16	17.5
2016-17*	17.4

स्रोतः- CSO *अनन्तिम अनुमान

खरीफ फसलों की बुवाई क्षेत्र (लाख हेक्टेयर में)

फसलें	बुवाई क्षेत्र 2017-18	बुवाई क्षेत्र 2016-17
चावल	366.30	372.03
दालें	137.61	143.08
मोटे अनाज	180.60	183.44
तिलहन	166.80	180.81
गन्ना	49.88	45.64
कपास	119.88	101.72
कुल	**1028.14**	**1034.28**

स्रोतः- आर्थिक एवं सांख्यिकी निदेशालय, कृषि सहकारिता एवं किसान कल्याण विभाग

रबी फसलों की बुवाई क्षेत्र (लाख हेक्टेयर में)

फसलें	बुवाई क्षेत्र 2017-18	बुवाई क्षेत्र 2016-17
गेहूँ	298.7	311.2
दलहन	163.1	155.8
मोटे अनाज	54.6	56.0
तिलहन	79.1	82.1
कुल	**617.8**	**621.0**

स्रोतः फसल प्रभाग, कृषि, सहकारिता, एवं किसान कल्याण विभाग

ग्लोबल हंगर इंडेक्स 2017

महत्व : वैश्विक भुखमरी सूचकांक (GLOBAL HUNGER INDEX-GHI) विश्व के विकासशील देशों मे भुखमरी एवं कुपोषण की गणना एवं इसके तुलनात्मक अध्ययन हेतु एक बहुआयामी साधन है

जारीकर्ताः यह सूचकांक वर्ष 2006 से प्रति वर्ष अंतराष्ट्रीय खाद्य नीति अनुसंधान संस्थान द्वारा दो गैर-सरकारी संगठनों यथा वेल्टहॅंगरहिल्प (Welthungerhilfe) और कंसर्न वल्डवाइड (Concern Worldwide) की सहायता से प्रकाशित किया जा रहा है

सूचकांक को तैयार करने के आधार : भूखमरी की बहुआयामी प्रकृति के मापन के लिए यह सूचकांक निम्न चार आधार पर तैयार किया जाता है-

(i) **अल्प पोषण (Undernourishment) :** ऐसी जन. संख्या जो अल्प पोषित है अर्थात जिसकी कैलोरी अंतरग्रहण अपर्याप्त है

(ii) **बाल दुबलापन (Child Wasting) :** 5 वर्ष से कम आयु के ऐसे बच्चे जो दुर्बल एवं कमजोर हैं अर्थात जिनका वजन उनकी लंबाई के अनुपात से कम है

(iii) **बाल ठिगना (Child Stunting) :** 5 वर्ष से कम आयु के बच्चे जो ठिगने अर्थात् जिनकी लंबाई उनकी आयु के अनुपात में कम है

(iv) **बाल मृत्युदर (Child Mortality)** : 5 वर्ष से कम के बच्चों की मृत्युदर

नोट : वैश्विक भुखमरी सूचकांक स्कोर की गणना उपर्युक्त चार संकेतकों के आधार पर की जाती है

वैश्विक भुखमरी सूचकांक 2017: विशेष:

- वर्ष 2017 के इस सूचकांक में वर्ष 2012 से 2016 की अवधि के दौरान भुखमरी एवं अल्प पोषण के स्तर को प्रदर्शित किया गया है
- यह सूचकांक 100 आधार बिंदुओं के पैमाने पर तैयार किया जाता है जिसमें शून्य सबसे अच्छा स्कोर माना जाता है अर्थात कोई भूखा नहीं, जबकि 100 सबसे खराब स्कोर होता है जिसका अर्थ है की सभी भुखमरी की स्थिति में हैं।
- यह दोनो हो स्थितियाँ व्यवहार में नही पाई जाती हैं, व्यवहार में 0-100 के बीच की स्थिति पाई जाती है
- स्पष्ट है की इस सूचकांक में 'कम मान' किसी देश की बेहतर स्थिति को जबकि ''अधिक मान'' भुखमरी की भयावहता को प्रदर्शित करता है
- यह इस सूचकांक का 12 वाँ संस्करण है
- वर्ष 2017 के इस सूचकांक की मुख्य विषयवस्तु है- भूख की आसमानताएँ
- इस रिपोर्ट के अनुसार 2006 की तुलना में वर्तमान में वैश्विक भुखमरी की स्थिति में 27 प्रतिशत का सुधार दर्ज किया गया है
- इस सूचकांक में 119 देशों में भुखमरी की स्थिति का आकलन प्रस्तुत किया गया है
- इस रिपोर्ट में भुखमरी की स्थिति व उस स्थिति में शामिल देशों की संख्या निम्नवत् है-

भुखमरी की स्थिति	शामिल देश
1. चरम भयावह (Exremely Alarming)	1 [मध्य अफ्रीकी गणराज्य]
2. भयावह (Alarming)	7 [चॉड, सियरालियोन, मेडागास्कर, जाम्बिया, यमन, सूडान तथा लाइबेरिया]
3. गंभीर (Serious)	44
4. मध्यम (Moderate)	24
5. निम्न (Low)	43
कुल देश	119

वैश्विक भुखमरी सूचकांक 2017 : भारत विशेष

- वैश्विक भुखमरी सूचकांक, 2017 में भारत, जिबुती एवं रवांडा के साथ संयुक्त रूप से 100वें स्थान पर है।
- सूचकांक में भारत को गंभीर (Serious) वर्ग में रखा गया है।
- वर्ष 2016 में भारत का स्थान 97 था।
- वर्ष 2016 के सूचकांक में भारत को अपने पड़ोसी देशो - नेपाल (72), म्यांमार (77), बांग्लादेश (88), श्रीलंका (84) तथा चीन (29) से निचली रैंक प्राप्त हुई है।
- हालाँकि पाकिस्तान (रैंक) से भारत की स्थिति बेहतर है।

महत्वपूर्ण शब्दावली

- **हाइपर स्पेक्ट्रल इमेजिंग** : यह मृदा गुणवत्ता जांचने की नई तकनीक है जिसका इस्तेमाल भारत सरकार के विज्ञान और प्रौद्योगिकी विभाग द्वारा खेती में मृदा की गुणवत्ता का विश्लेषण करने के लिए किया जा रहा है। इस तकनीक की खास बात यह है कि इसमें मृदा के नमूने लिये बगैर नैनोमीटर के स्तर उसके विस्तृत प्रतिबम्ब का विश्लेषण किया जाता है। इस कार्य में निम्न ऊंचाई पर उड़ान भरने वाले विमानों, ड्रोनो तथा उपग्रहों आदि से लिये गये चित्रों का इस्तेमाल कर मृदा की सेहत मापी जाती है तथा नाइट्रोजन, फासफोरस, पोटेशियम जैसे प्रमुख पोषक तत्वों के अनुपात का पता लगाया जाता है।
- **मिशन फिंगरलिंग** : नीली क्रांति के लक्ष्यों को प्राप्त करने के लिए मिशन फिंगरलिंग (फिंगरलिंग उंगलियों के बराबर आकार की मछलियों की एक प्रजाति है) अभियान की शुरूआत 11 मार्च 2017 को हुई। नीली क्रांति से अभिप्राय मछलियों को एक ऐसा वातावरण उपलब्ध कराना है जिससे मछलियों को सुरक्षित एवं समावेशी पर्यावरण मिल सके और उनका समूचित विकास हो सकें। इस अभियान के तहत चिन्हित 20 राज्यों मत्स्य पालन केन्द्रों तथा फिंगरलिंग पोषण तालाबों की स्थापना की जायेगी। इस मिशन से देश में जहाँ 20 लाख टन मछली उत्पादन संभव हो सकेगा, वहीं 40 लाख परिवार भी लाभांवित होंगे।

- **क्रॉप इंश्योरेंस :** यह एक मोबाइल ऐप है जो किसानों को उनके क्षेत्र में उपलब्ध फसल बीमा कवर के संदर्भ में विस्तृत जानकारी उपलब्ध कराने के साथ अधिसूचित फसलों हेतु बीमा प्रीमियम एक कवरेज राशि की गणना करने में सहायता प्रदान करती है।
- **एग्री मार्केट मोबाइल :** इस ऐप की सहायता से किसान अपने स्मार्ट फोन के 50 किमी की त्रिज्या में स्थित मंडी में फसलों के तत्कालीन बाजार मूल्यों की जानकारी प्राप्त करने के साथ देश की अन्य मण्डियों के संदर्भ में सूचनाएं प्राप्त कर सकते है।

अभ्यास प्रश्न

◆ **स्तरः परम्परागत**

1. भारत में सीमान्त किसानों (Marginal Farmers) में निम्नलिखित में से कितनी भूमि धारित करने वाले किसानों को शामिल किया जाता है?
   (a) 1 हे. तक (b) 2 हे. तक
   (c) 3 हे. तक (d) 4 हे. तक
2. भारत में सिंचाई का सबसे महत्वपूर्ण साधन हैं-
   (a) नहरें (b) कुएं
   (c) नलकूप (d) तालाब
3. भारत में सिंचाई की परियोजनाओं को तीन श्रेणियों– वृहत, मध्यम और लघु में बाँटा गया है, इस संदर्भ में निम्न में से कौन सत्य कथन है?
   (a) वृहत सिंचाई परियोजनाएं 10,000 हे. से अधिक क्षेत्र की सिंचाई करती हैं।
   (b) मध्यम सिंचाई परियोजनाएं 2,000 से 10,000 हे. क्षेत्र की सिंचाई करती हैं।
   (c) लघु सिंचाई परियोजनाएं 2,000 हे. क्षेत्र की सिंचाई करती हैं।
   (d) उपरोक्त सभी
4. कमांड क्षेत्र विकास कार्यक्रम (CADP) का मौलिक उद्देश्य है-
   (a) भारत में सिंचाई सुविधाओं का विकास।
   (b) भारत में सिंचाई के साधनों की गुणवत्ता का विकास।
   (c) भारत में सिंचाई के साधनों में कुंओं और नलकूपों के उपयोग में वृद्धि।
   (d) भारत में सिंचाई के साधनों की क्षमता और उनके सदुपयोग के मध्य अंतर को न्यूनतम करना।
5. भारत में हरित क्रांति की शुरुआत कब हुई?
   (a) 1950-51 (b) 1967-68
   (c) 1970-71 (d) 1974-75
6. हरित क्रांति (Green Revolution) के अंतर्गत कृषि के प्रति हेक्टेयर उत्पादकता को बढ़ाने के उद्देश्य से निम्न में से कौन-सा कार्यक्रम चलाया गया है?
   (a) IADP (b) HYCP
   (c) IRDP (d) HYVP
7. हरित क्रांति के संदर्भ में सत्य कथन का चुनाव कीजिए-
   1. हरित क्रांति शब्द के प्रतिपादक विलियम गॉड हैं।
   2. भारत में हरित क्रांति के सूत्रधार एम.एस. स्वामीनाथन हैं।
   3. हरित क्रांति के दौरान मोटे अनाज और दलहन का उत्पादन स्थिर रहा।
   4. हरित क्रांति से सर्वाधिक सकारात्मक प्रभाव गेहूँ की फसल पर पड़ा।

   (a) 1, 2, 3
   (b) 2, 3
   (c) 3, 4
   (d) उपरोक्त सभी
8. सार्वजनिक वितरण प्रणाली (PDS) द्वारा वितरित अनाज की कीमत बढ़ाने का उद्देश्य है:
   (a) किसानों को आकर्षक कीमत मिले।
   (b) अनाज के उपयोग को नियंत्रित किया जा सके।
   (c) इस प्रणाली में निहित उपादान (Subsidies) का भार कम हो सके।
   (d) इस योजना से लाभ कमाना।

9. निम्न में से कौन ''हरित क्रांति'' के परिणामस्वरूप नहीं हुआ है?
   (a) भारत के विभिन्न राज्यों के बीच असमानता में वृद्धि।
   (b) भारत में अमीरों एवं निर्धनों के बीच असमानता में वृद्धि।
   (c) खाद्यान्नों की प्रतिव्यक्ति उपलब्धता में वृद्धि।
   (d) मोटे अनाजों के अधीन क्षेत्रफल में वृद्धि।

10. सूची I को सूची II से सुमेलित कीजिये?

	सूची-I	सूची-II
A.	ड्राट-प्रोन एरिया प्रोग्राम (DPAP)	1. 1977-78
B.	मरुस्थल विकास योजना (DDP)	2. 2005
C.	राष्ट्रीय ग्रामीण स्वास्थ्य मिशन (NRHM)	3. 2012
D.	राष्ट्रीय शहरी आजीविका मिशन (NULM)	4. 1973

	A	B	C	D
(a)	1	2	3	4
(b)	2	3	1	4
(c)	4	1	2	3
(d)	4	1	3	2

11. आपरेशन फ्लड संबंधित है-
   (a) बाढ़ से
   (b) दुग्ध उत्पादन से
   (c) नदियों के संरक्षण से
   (d) कर चोरी से

12. निम्नलिखित में से कौन-सी कृषि करने की प्रक्रिया पर्यावरण संरक्षण में सहायक है?
   (a) अधिक उपज वाली किस्म की खेती
   (b) जैविक खेती
   (c) ग्लास हाउस में पौधे लगाना
   (d) शिफ्टिंग कृषि

13. NAFED संबंधित है-
   (a) पशुपालन से   (b) ईंधन की बचत से
   (c) कृषि विपणन से   (d) कृषि उपकरण से

14. काली मिट्टी (Black soil) किस उपज के लिए सर्वाधिक उपयुक्त है?
   (a) कपास की   (b) धान की
   (c) गन्ने की   (d) गेहूँ

15. निम्न में से कौन-सा कथन भारतीय कृषि की निम्न उत्पादकता का कारण नहीं है?
   (a) जनसंख्या का दबाव
   (b) भू-जोतों का छोटा आकार
   (c) सहकारी कृषि
   (d) पारम्परिक तकनीक का प्रयोग

16. भारत में कृषि को वित्त प्रदान करने वाली शीर्ष संस्था है-
   (a) नाबार्ड (NABARD)
   (b) सहकारी बैंक (Co-operative Bank)
   (c) आर आर बी (RRBs)
   (d) विकास बैंक (Development Bank)

17. ''सुनहरे चावल'' में निम्न में से किसकी प्रचुरता सृजित की गई है?
   (a) विटामिन-A   (b) विटामिन-C
   (c) विटामिन-D   (d) विटामिन-E

18. MSP का निर्धारक है-
   (a) कृषि आयोग
   (b) कृषि लागत एवं मूल्य आयोग
   (c) कृषि लागत एवं वितरण आयोग
   (d) एफसीआई

19. निम्न कथन से आप क्या समझते हैं? ''भारत ने राष्ट्रीय खाद्यान्न सुरक्षा प्राप्त कर ली है, परंतु पारिवारिक सुरक्षा नहीं प्राप्त की है।''
   (a) खाद्यान्न स्टाक पर्याप्त है, परंतु सभी परिवार को उसे प्राप्त करने की सामर्थ्य नहीं है।
   (b) गरीबी रेखा के नीचे जीवन-यापन करने वाले व्यक्तियों की संख्या बढ़ी है।
   (c) खाद्यान्न उत्पादन वृद्धि दर्शाता है परंतु प्रतिव्यक्ति खाद्यान्न उपलब्धता घटी है।
   (d) कृषि योग्य भूमि पर दबाव पहले की तुलना में बढ़ा है।

20. ''आपरेशन फ्लड'' के सूत्रधार हैं-
   (a) नार्मन बोरलाग
   (b) एम. एस. स्वामीनाथन
   (c) वर्गीज कुरियन
   (d) अमृत पटेल

21. राष्ट्रीय बागवानी मिशन योजना का आरंभ किया गया?
(a) 2002-03
(b) 2005-06
(c) 2006-07
(d) उपरोक्त में से कोई नहीं

22. कृषि श्रमिक सामाजिक सुरक्षा योजना उपलब्ध कराती है-
(a) ग्राम स्तर पर आधुनिक गुणवत्तायुक्त जीवन।
(b) अतिरिक्त रोजगार।
(c) पेंशन तथा बीमा लाभ।
(d) आवासीय सुविधा देना।

23. भारत में कृषि आय पर कर लगाया जा सकता है-
(a) राज्य सरकार द्वारा
(b) केन्द्र सरकार द्वारा
(c) स्थानीय सरकार द्वारा
(d) a और b दोनों सत्य हैं

24. भारत में कृषि साख (Agricultural Credit) का संस्थागत स्रोत है-
(a) प्राथमिक कृषि सहकारी समितियां
(b) व्यावसायिक बैंक
(c) क्षेत्रीय ग्रामीण बैंक
(d) उपरोक्त सभी

25. निम्न में से कौन-सा कथन असत्य है?
1. राष्ट्रीय कृषि बीमा योजना नागालैंड, अरुणाचल प्रदेश एवं पंजाब में लागू नहीं है।
2. किसान काल सेन्टर की शुरुआत प्रधानमंत्री मनमोहन सिंह ने की।
3. जया, पन्तधान-10 गेहूँ की नई प्रजातियां हैं।
4. टिड्डा चेतावनी संगठन, जोधपुर (राजस्थान) में स्थापित है।
(a) 2 और 4 (b) 2, 3
(c) 1, 2, 3 (d) उपरोक्त सभी

◆ सम्भावित

1. निम्न में से कौन भूमि सुधार (Land Reform) का प्रमुख अंग है?
(a) मध्यस्थों की समाप्ति
(b) काश्तकारी सुधार
(c) जोतों की चकबंदी करना
(d) प्रति परिवार भूमि की सीमा निर्धारित करना
(e) उपरोक्त सभी

2. विश्व में उर्वरक उत्पादन एवं उपभोग के संदर्भ में कौन-से देश शीर्ष तीन में शामिल हैं?
(a) भारत, चीन, बांग्लादेश
(b) चीन, अमेरिका, भारत
(c) भारत, चीन, पाकिस्तान
(d) अमेरिका, भारत, इंडोनेशिया

3. निम्न में कौन-सी फसल व्यापारिक फसल (Commercial Crops) की श्रेणी में नहीं आती?
(a) सरसों (b) चावल
(c) काफी (d) रबड़

4. भारत का किसके उत्पादन में विश्व में प्रथम स्थान है?
(a) चावल (b) गेहूँ
(c) मसाले (d) उपरोक्त सभी

5. Evergreen Revolution के लिए आवश्यक तत्व है?
(a) जी.एम. बीज (b) जैविक खेती
(c) रेनवाटर हार्वेस्टिंग (d) उपरोक्त सभी

6. सूची I को सूची II से सुमेलित कीजिये-

सूची-I	सूची-II
A. एगमार्क	1. पर्यावरण संबंधी गुणवत्ता
B. इकोमार्क	2. बालश्रम उन्मूलन
C. रग मार्क	3. स्वर्ण आभूषणों की गुणवत्ता
D. हाल मार्क	4. कृषि वस्तुओं की गुणवत्ता

	A	B	C	D
(a)	4	2	1	3
(b)	1	2	4	3
(c)	2	1	3	4
(d)	4	1	2	3

7. सूची-I को सूची-II से सुमेलित कीजिये?

सूची-I	सूची-II
A. ISO-9000	1. खाद्य सुरक्षा
B. ISO-14000	2. स्वास्थ्य मानक
C. ISO-18000	3. पर्यावरणीय मानक
D. ISO-22000	4. उत्पाद और प्रबंधकीय गुणवत्ता

	A	B	C	D
(a)	1	2	3	4
(b)	4	3	2	1
(c)	3	4	2	1
(d)	4	2	3	1

8. स्टार रेटिंग संबंधित है–
   (a) घी की शुद्धता से
   (b) ऊर्जा खपत की दक्षता से
   (c) दूध की गुणवत्ता से
   (d) कंपनी की साख से
9. केसर की खेती प्रसिद्ध है–
   (a) कश्मीर (b) केरल
   (c) महाराष्ट्र (d) तमिलनाडु
10. सूची-I को सूची-II से सुमेलित कीजिए–

सूची-I (फसल)		**सूची-II (शीर्ष उत्पादक देश)**
A. चावल	1.	चीन, भारत, इंडोनेशिया
B. गेहूँ	2.	ब्राजील, वियतनाम, इंडोनेशिया
C. चाय	3.	चीन, भारत, केन्या
D. काफी	4.	थाईलैंड, इंडोनेशिया, मलेशिया
E. रबड़	5.	चीन, भारत, अमेरिका

कूट:

	A	B	C	D	E
(a)	1	5	3	2	4
(b)	1	5	4	2	3
(c)	4	3	2	1	5
(d)	1	2	3	5	4

11. MGNREGA में निम्न में से किस योजना को विलय किया गया?
   (a) SGRY (b) SJSRY
   (c) JRY (d) NREP
12. भारत निर्माण योजना में निम्न में से कौन प्रमुख लक्ष्य नहीं है?
   (a) रोजगार (b) सिंचाई
   (c) सड़क (d) दूरसंचार
   (e) आवास
13. SGSY में निम्न में से किन योजनाओं को विलय किया गया?
   1. IRDP 2. TRYSEM
   3. DWCRA 4. SITRA
   5. GKY 6. MWS
   (a) 1 3 4 5 (b) 2 3 4 5
   (c) 4 5 6 (d) उपरोक्त सभी
14. वित्तीय वर्ष 2014-15 में कृषि क्षेत्र को वितरित एजेंसीवार ऋण (% में) का सही क्रम बताइये–
   (a) व्यापारिक बैंक, सहकारी बैंक, आरआरबी
   (b) आरआरबी, सहकारी बैंक, नाबार्ड
   (c) नाबार्ड, आरआरबी, व्यापारिक बैंक
   (d) व्यापारिक बैंक, आरआरबी, सहकारी बैंक
15. किसान काल सेन्टर नामक योजना का प्रारंभ कब हुआ?
   (a) 1 जनवरी 2004 (b) 1 अप्रैल 2004
   (c) 21 जनवरी 2004 (d) 1 अप्रैल 2005
16. सूची-I को सूची-II से सुमेलित कीजिये–

सूची-I		**सूची-II**
A. राष्ट्रीय चावल शोध संस्थान	1.	पोर्ट ब्लेयर (अंडमान निकोबार)
B. केंद्रीय कृषि अनुसंधान संस्थान	2.	कोयम्बटूर (तमिलनाडु)
C. काफी अनुसंधान केंद्र	3.	कटक (उड़ीसा)
D. भारतीय गन्ना प्रजनन संस्थान	4.	चिकमंगलूर (कर्नाटक)

	A	B	C	D
(a)	2	4	3	1
(b)	3	1	4	2
(c)	1	2	3	4
(d)	4	3	2	1

17. सूची-I को सूची-II से सुमेलित कीजिये–

सूची-I		**सूची-II**
A. फ्लोरीकल्चर	1.	अंगूर की खेती
B. पिसीकल्चर	2.	रेशम उद्योग
C. सेरीकल्चर	3.	मत्स्य पालन
D. विटीकल्चर	4.	फूल विज्ञान

	A	B	C	D
(a)	1	2	3	4
(b)	4	2	3	1
(c)	3	2	4	1
(d)	4	3	2	1

18. निम्न में से "बफर स्टाक" के संबंध में असत्य कथन है–
   (a) न्यून उत्पादन की स्थिति से निपटने हेतु प्रयुक्त।
   (b) यह PDS के माध्यम से लाभार्थियों तक खाद्यान्न वस्तुओं को उपलब्ध कराती है।

(c) देश में बफर स्टाक की भंडारण क्षमता बहुत अधिक है।

(d) देश में बफर स्टाक की कमी के कारण अनाज को खुले में रखना पड़ रहा है।

19. भारत की मुख्य खाद्य फसल है–

(a) गेहूँ (b) मोटे अनाज

(c) चावल (d) a एवं c दोनों

20. सूची-I को सूची-II से सुमेलित कीजिये–

सूची-I (फसल)		सूची-II (शीर्ष उत्पादक राज्य)
A.	तंबाकू	1. असम, प. बंगाल, तमिलनाडु
B.	काफी	2. गुजरात, महाराष्ट्र, आंध्र प्रदेश
C.	कपास	3. कर्नाटक, केरल, तमिलनाडु
D.	चाय	4. आंध्र प्रदेश, गुजरात, कर्नाटक

	A	B	C	D
(a)	1	2	3	4
(b)	4	3	2	1
(c)	2	3	4	1
(d)	4	3	1	2

21. CACP के संदर्भ में असत्य कथन का चयन करें।

(a) CACP का पुराना नाम कृषि कीमत आयोग था।

(b) CACP का गठन 1985 में किया गया।

(c) यह एक परामर्शदात्री संस्था है।

(d) यह चाय, काफी, रबड़ के मूल्यों पर विशेष ध्यान देती है।

22. Price Stablization Fund के अंतर्गत निम्न में से कौन-सी फसलों को रखा गया है?

(a) गन्ना, तंबाकू, चाय, रबड़, चीनी

(b) काफी, चाय, रबड़, तंबाकू

(c) चाय, रबड़, मूंगफली, गन्ना

(d) रबड़, तंबाकू, गन्ना, चाय, कपास

23. TRIFER किससे संबंधित है?

(a) जनजातीय लोगों को शोषण से बचाने से।

(b) कृषि क्षेत्र को ऋण देने हेतु।

(c) किसानों को रियायती दर पर ऋण उपलब्ध कराने से

(d) कृषि उपजों को सही मूल्य दिलवाने से

24. NAFED का विस्तृत रूप है–

(a) National Agricultural Co-operative Marketing Federation of India Ltd.

(b) National Agriculture Federation & Development

(c) National Federation of Agriculture Development

(d) उक्त में से कोई नहीं

25. राष्ट्रीय खाद्य सुरक्षा मिशन का प्रारंभ वर्ष है–

(a) 2007–08 (b) 2005–06

(c) 2006–07 (d) 2007–08

उत्तरमाला

◆ स्तर : परम्परागत

1. (a) 2. (a) 3. (d) 4. (d) 5. (b) 6. (d) 7. (d) 8. (c) 9. (d) 10. (c)
11. (b) 12. (b) 13. (c) 14. (a) 15. (c) 16. (a) 17. (a) 18. (b) 19. (a) 20. (c)
21. (b) 22. (c) 23. (a) 24. (d) 25. (b)

◆ स्तर : सम्भावित

1. (e) 2. (b) 3. (b) 4. (c) 5. (d) 6. (d) 7. (b) 8. (b) 9. (a) 10. (a)
11. (a) 12. (a) 13. (d) 14. (a) 15. (c) 16. (b) 17. (d) 18. (c) 19. (c) 20. (b)
21. (d) 22. (b) 23. (a) 24. (a) 25. (a)

मुख्य परीक्षा हेतु अभ्यास प्रश्न

1. भारतीय अर्थव्यवस्था में कृषि क्षेत्र के महत्व को स्पष्ट कीजिए।
2. वर्तमान में सरकार द्वारा किसानों की आय दोगुनी करने के अपने लक्ष्य को प्राप्त करने मे क्या प्रयास कर रहा है। प्रकाश डालिये।
3. हरित क्रांति के प्रभावों पर चर्चा करें।

अध्याय 6

खाद्य सुरक्षा और सार्वजनिक वितरण प्रणाली
(Food Security & Public Distribution System)

प्रस्तावना

आदि मानव काल से ही मानव ने आखेट कर, कंद, मूल व फल खाकर स्वयं के लिए खाद्यान्न आपूर्ति तो सुनिश्चित की परन्तु शिकार न मिलने की स्थिति में वे खाद्यान्न आसुरक्षा की स्थिति में पहुंच जाते थे। कृषि के विकास ने देश को खाद्यान्न उत्पाद में आत्मनिर्भर बनाया, जिसमें प्रमुख भूमिका हरित क्रांति की रही। वर्तमान में खाद्यान्न उत्पादकता में वृद्धि करना जितना गम्भीर प्रश्न है उससे कहीं अधिक गंभीर विषय देश की आम जनता तक खाद्यान्न की उपलब्धता सुनिश्चित करना अर्थात् उन्हें खाद्यान्न की सुरक्षा देना है। इसलिए हमारे देश में वर्ष 2013 में आम जनता को खाद्यान्न उपलब्धता का कानूनी अधिकार दिया गया।

खाद्य सुरक्षा की अवधारणा

विश्व विकास रिपोर्ट (World Development Report 1986) ने खाद्य सुरक्षा की परिभाषा **''सभी व्यक्तियों के लिए, सभी समय पर एक सक्रिय, स्वस्थ जीवन के लिए पर्याप्त भोजन की उपलब्धता के रूप में की है।''** किन्तु **खाद्य एवं कृषि संस्था (Food and Agricultural Organisation)** ने खाद्य सुरक्षा की परिभाषा **''सभी व्यक्तियों को सभी समय पर उनके लिए आवश्यक बुनियादी भोजन के लिए भौतिक एवं आर्थिक दोनों रूप में उपलब्धि के आश्वासन के रूप में की है।''**

इन परिभाषाओं से निम्नलिखित बातें निष्कर्ष रूप से सामने आती हैं-

1. खाद्य सुरक्षा के लिए किसी देश की समग्र जनसंख्या के पास खाद्यान्न की भौतिक उपलब्धता आवश्यक है।
2. किन्तु सभी को पर्याप्त खाद्यान्न उपलब्ध कराने के लिए यह जरूरी है कि लोगों के पास पर्याप्त क्रयशक्ति हो ताकि वे अपनी जरूरत का खाद्य-पदार्थ हासिल कर सकें।
3. स्वस्थ जीवन के लिए उपलब्ध खाद्य, गुणवत्ता (Quality) और मात्रा दोनों रूप में पर्याप्त होना चाहिए ताकि वे पोषण सम्बन्धी आवश्यकता को पूरा कर सकें।
4. कोई राष्ट्र किसी समय-विशेष पर स्वावलम्बिता प्राप्त कर सकता है परन्तु खाद्य सुरक्षा की अवधारणा इस बात पर बल देती है कि प्रत्येक समय विश्वसनीय और पोषण की दृष्टि से खाद्यान्न का पर्याप्त संभरण दीर्घकालिक आधार पर उपलब्ध होना चाहिए। इसका अभिप्राय यह है कि किसी राष्ट्र को खाद्य-संभरण (Food Supply) की इतनी वृद्धि दर आश्वस्त करनी होगी कि इससे न केवल जनसंख्या की वृद्धि का ध्यान रखा जा सके बल्कि इसके साथ-साथ लोगों की आय में वृद्धि के परिणामस्वरूप खाद्य की मांग में वृद्धि की भी पूर्ति की जा सके।

आम तौर पर खाद्य सुरक्षा की अवधारणा की चर्चा समग्र जनसंख्या के लिए खाद्यान्नों की न्यूनतम मात्रा उपलब्ध कराने के रूप में की जाती है जो कि एक संकुचित अवधारणा है। परन्तु एक गतिशील और विकासमान अर्थव्यवस्था में खाद्य सुरक्षा की अवधारणा में, विकास की अवस्था में परिवर्तन के साथ तब्दीली होती रहती है। इस दृष्टि से खाद्य सुरक्षा की निम्नलिखित अवस्थाएं कल्पित की गयी हैं:

प्रथम अवस्था में मानवीय जीवन को कायम रखने के लिए सभी के लिए अनाज की पर्याप्त मात्रा उपलब्ध होनी चाहिए।

द्वितीय अवस्था में खाद्य सुरक्षा के रूप में अनाजों एवं दालों की पर्याप्त उपलब्धता अनिवार्य होनी चाहिए।

तृतीय अवस्था में खाद्य सुरक्षा में अनाज, दालों, दूध एवं दूध के पदार्थ, सब्जियां और फल, मछली अण्डे और मांस शामिल कर सकते हैं।

पिछले 60 वर्षों से भारत की खाद्यान्न स्थिति

आर्थिक आयोजन की प्रक्रिया को अपनाने के साथ ही, भारतीय आयोजकों ने खाद्यान्नों में स्वावलम्बिता प्राप्त करने को, आयोजन का एक महत्वपूर्ण लक्ष्य स्वीकार कर लिया था। सरकार ने यह अनुभव किया था कि जो देश खाद्यान्न अतिरेक (Food Surplus) वाले देश हैं वे अपनी खाद्य अतिरेक्ता को एक ऐसे हथियार के रूप में प्रयोग करते हैं जिससे कोई भी बड़ी से बड़ी अर्थव्यवस्था उनके सामने घुटने टेकने के लिए मजबूर हो जाती है। भारत ने यह भी अनुभव किया कि खाद्यान्नों के बारे में संधि करना, विदेशी ताकतों को देश के आंतरिक मामलों, नीति निर्माण एवं कई अहम फैसलों को प्रभावित करने का एकाधिकार देने के बराबर होता है। प्रधानमंत्री जवाहरलाल नेहरू ने राष्ट्र को सम्बोधित करते हुए अपने प्रसारण में यह साफ शब्दों में कहा था कि- **''हमने विदेशों से सहायता प्राप्त की है और हम आवश्यकता पड़ने पर ऐसा करते रहेंगे परन्तु मेरे मन में अब यह बात पूर्णतया दृढ़ रूप धारण कर गयी हैं कि अपनी मूल जरूरत क लिए विदेशों पर निर्भर करना कितना खतरनाक है। जैसे ही हम खाद्यान्न में आत्मनिर्भर हो जाते है, तभी हमारे लिए अपनी प्रगति और विकास करना सम्भव होगा। अन्यथा, परिस्थितियों का निरंतर दबाव बना रहेगा, इससे संकट और दुःख ही उत्पन्न होगा और कई बार तो लज्जा और अपमान भी सहन करना होगा।''**

पिछले 60 वर्षों में भारत की खाद्यान्न समस्या में उतार-चढ़ाव आते रहे हैं इस उतार-चढ़ाव का क्रम निम्नवत् है-

- आजादी के समय भारत में चावल और गेहूँ का अभाव हो गया इसलिए सरकार ने उत्पादन बढ़ाकर घरेलू आपूर्ति को बढ़ाने पर जोर दिया।
- पचास के दशक में (1956 में) भारत सरकार ने खाद्यान्य आपूर्ति के उद्देश्य से संयुक्त राज्य अमेरिका के साथ एक **खाद्य सहायता समझौता** किया जिसे **पी.एल. 480** समझौता कहा जाता है।
- साठ के दशक (1965 से 1966) में भारत में भयंकर सूखा पड़ा, उस स्थिति में अमरीकी राष्ट्रपति लिंडन जासन ने भारत को सबक सिखाने के लिए पी.एल. 480 प्रोग्राम के अधीन खाद्य सहायता को मासिक आधार पर सीमित कर दिया। इस अवधि में प्रधानमंत्री श्रीमती इंदिरा गाँधी के नेतृत्व में नई कृषि कार्य योजना लागू की गयी जिसके अन्तर्गत बीज-पानी-उर्वरक तकनीक को अपनाया गया जिसे लोकप्रिय भाषा में **"हरित क्रांति"** का नाम दिया गया इस नीति के परिणमस्वरूप भारत को खाद्यान्न आयात को समाप्त करने में सहायता मिली इसके साथ ही देश में अनाज की प्रति व्यक्ति उपलब्धता में भी वृद्धि हुई। हरित क्रान्ति का सर्वाधिक प्रभाव पंजाब, हरियाणा और पश्चिमी उत्तर प्रदेश में देखने को मिला। इन राज्यों ने देश में कभी खाद्य समस्या उत्पन्न नहीं होने दिया है।
- सत्तर के दशक में सरकार ने 50 लाख टन खाद्यान्नों के संचयन की नीति अपनायी।
- अस्सी के दशक के दौरान सरकार ने बफर भंडार में 4 करोड़ टन खाद्यानों को जमा कर लिया था। इस विशाल भंडार के द्वारा ही सरकार ने तीन वर्षों तक खाद्यानों के खराब उत्पादन का मुकाबला किया।
- नब्बे के दशक (1997-2002) में इस बात पर बल दिया गया कि - "देश का सबसे पहला प्रयास खाद्य सुरक्षा प्रणाली का निर्माण करना है ताकि अकाल का खतरा देश से एकदम समाप्त किया जा सके। इन प्रयासों की सफलता का सबसे प्रखर प्रमाण यह है कि पिछले पाँच दशकों में देश में कोई अकाल या घोर भुखमरी बड़े पैमाने पर नहीं देखी गयी।"
- 2001-02 से 2017-18 की अवधि के मध्य देश में खाद्यान्न उत्पादन कुछ वर्षों को छोड़कर सदैव ही 200 मिलियन टन से अधिक ही रहा है। देश के खाद्यान्न उत्पादन के आंकड़े निम्न तालिका में दर्शाये गये हैं-

तालिका 6.1 खाद्यान्न उत्पादन

वित्तीय वर्ष	खाद्यान्न उत्पादन मिलियन टन में
2001-02	212.85
2002-03	174.77
2003-04	213.19
2004-05	198.36
2005-06	208.60
2006-07	217.28
2007-08	230.78
2008-09	234.47

2009–10	218.11
2010–11	244.49
2011–12	259.29
2012–13	257.13
2013–14	265.57
2014–15	252.00
2015–16	251.60
2016–17	275.70
2017–18	134.7 (केवल खरीफ फसल शामिल है)

उपरोक्त तालिका से यह भी स्पष्ट होता है कि वर्ष 2016–17 में खाद्यान्न उत्पादन 275.7 मिलियन टन रहा जो अब तक का सर्वश्रेष्ठ प्रदर्शन है।

वर्तमान समय में खाद्यान्न का अभाव या ऊँची कीमतें समस्या नहीं है बल्कि समस्या इस बात की है कि– निम्न आय वाले वर्गों को किस तरह उचित मूल्यों पर ''खाद्यान्न'' खरीदने के योग्य बनाया जाए और आर्थिक संवृद्धि की प्रक्रिया को तेज करने के लिए किस तरह विशाल खाद्य भंडारों का सही उपयोग किया जाए।

भारत में खाद्य समस्या का स्वरुप

भारत में खाद्य समस्या के तीन पहलू हैं –

(1) अपर्याप्त मात्रा, (2) गुणवत्ता में कमी एवं (3) खाद्य पदार्थों की ऊंची कीमत।

(1) अपर्याप्त मात्रा

कई वर्षों तक खाद्यान्नों का कुल घरेलू उत्पादन मांग के अनुपात में काफी कम रहा है। खाद्य और कृषि संगठन के अनुसार, खाद्य पदार्थों की जरूरत प्रति दिन के हिसाब से प्रति व्यक्ति 440 ग्राम है जबकि उपलब्धता के हिसाब से प्रति व्यक्ति जरूरत बढ़ी है, परन्तु आय में गहरी असमानता होने के कारण संपूर्ण जनसंख्या की तुलना में गरीबों की प्रति व्यक्ति खाद्यान्न उपलब्धता काफी कम रही हैं।

वास्तविक जरूरत और वास्तविक उत्पादन में अंतर पैदा करने के लिए मुख्य रूप से दो कारक महत्वपूर्ण हैं –

(i) खाद्यान्नों की बढ़ती मांग

(ii) घरेलू उत्पादन की धीमी गति

(i) **खाद्यान्नों की बढ़ती मांग:** इसके कारण हैं– जनसंख्या वृद्धि की ऊंची दर, गरीबों में खाद्य पदार्थों के लिए उच्च आय वाले मांग का लोचदार होना (आय में वृद्धि के कारण खाद्य पदार्थों के मांग में भी वृद्धि होती है) और तेजी से शहरीकरण होना।

(ii) **घरेलू उत्पादन की धीमी गति:** इसके कारण हैं – (1) उत्पादकता में धीमी वृद्धि, (2) खाद्य पदार्थों के उत्पादन में अत्यधिक उतार-चढ़ाव, (3) अनिश्चित उत्पादन, किसानों की अधिक उपभोग मांग, अपर्याप्त बाजार सेवाओं इत्यादि के कारण विपणन अधिशेष का अपर्याप्त होना, (4) अच्छे भंडारों और गोदामों के अभाव के कारण बर्बादी, (5) अभाव पैदा करने और कीमत बढ़ाने की आशा में व्यापारियों द्वारा जमाखोरी और कपटपूर्ण नीतियों का सहारा लेना।

(2) गुणवत्ता कमी

एक औसत भारतीय के भोजन में प्रोटीन, विटामिन, खनिज इत्यादि जैसे पोषक तत्वों का अभाव होता है। परिणामस्वरूप अधिकतर लोग कुपोषण के शिकार होते हैं, और अनेक प्रकार की बीमारियों जैसे रतौंधी, स्कर्वी, रिकेटस इत्यादि से घिरे रहते हैं। खाद्य पदार्थों के प्रचुर मात्रा में उपलब्ध होने और भोजन में पोषक तत्व जैसे दूध, दाल इत्यादि के न होने से गुणात्मक कमी पैदा होती है।

(3) खाद्य पदार्थों की ऊंची कीमत

भारत में खाद्य समस्या का तीसरा पहलू खाद्य पदार्थों की निरंतर बढ़ती हुई कीमत है। गरीबों पर बढ़ती हुई कीमतों का बुरा प्रभाव पड़ा है। ऐसा नहीं है कि खाद्य पदार्थों की आपूर्ति अपर्याप्त है परन्तु ये लोग खरीद क्षमता न होने के कारण खाद्य पदार्थों की न्यूनतम आपूर्ति से भी वंचित रहते हैं।

उपरोक्त समस्याओं में सुधार करने हेतु सरकार ने खाद्य नीति को अपनाया है। शुरू में ही हमारी खाद्य नीति की दिशा निम्न बातों पर निर्भर रही है– उत्पादन बढ़ाकर मूल्य को उचित बनाना और समान वितरण करना, वितरण प्रणाली में सुधार करना, आयात द्वारा कमी को पूरा करना, कीमत को स्थिर रखना और गरीबी कम करना।

सार्वजनिक वितरण प्रणाली (Public Distribution System-PDS)

सार्वजनिक वितरण प्रणाली जरूरी उपभोक्ता वस्तुओं के वितरण से संबंधित है जैसे– गेहूं, चावल, चीनी, तेल, वनस्पति, कैरोसीन तेल, कोयला, वस्त्र इत्यादि। कमजोर वर्गों को यह वस्तुएं सस्ते दामों पर उपलब्ध कराई जाती हैं।

उद्देश्य

उपभोक्ताओं को सस्ती कीमतों पर आवश्यक उपयोग वस्तुएं उपलब्ध कराने के उद्देश्य से भारत में विधिवत रूप से सार्वजनिक वितरण प्रणाली (Public Distribution System-PDS) 1950 में लागू किया गया। इस प्रणाली को अपनाने के मुख्य उद्देश्य निम्नवत् हैं –

(1) सस्ती कीमतों पर उपभोक्ताओं खासकर कमजोर वर्गों को आवश्यक उपभोक्ता वस्तुएं उपलब्ध कराना ताकि उन्हें इनकी बढ़ती हुई कीमतों से बचाया जा सके।

(2) कीमतों में उतार-चढ़ाव कम करना।

(3) जरूरी उपभोग वस्तुओं के समान वितरण द्वारा लोगों को संतुलित भोजन उपलब्ध कराना।

सार्वजनिक वितरण प्रणाली स्कीम का स्वरूप स्फीतिकारी नहीं है। यह एक ऐसी प्रणाली है जिससे उत्पादक और उपभेक्ता दोनों को मदद मिलती है। अर्थात् खाद्यान्न पदार्थों के न्यूनतम समर्थन मूल्य में वृद्धि कर उत्पादक वर्ग को प्रोत्साहित किया जाता है तो वहीं अल्प आय वर्ग को खाद्यान्न सब्सिडी उपलब्ध कराकर, उन्हें खाद्यान्न सुरक्षा उपलब्ध करायी जाती है।

वितरण

सार्वजनिक वितरण प्रणाली के अन्तर्गत केन्द्र केवल खाद्य पदार्थों का आबंटन करता है जबकि वितरण की जिम्मेदारी राज्यों की होती है। खाद्य और नागरिक आपूर्ति विभाग, नागरिक आपूर्ति निगम, आवश्यक वस्तु निगमों इत्यादि द्वारा राज्य के विभिन्न क्षेत्रों में इसे वितरित किया जाता है। अंत में ये वस्तुएं उपभोक्ताओं को उचित मूल्य की दुकानों के माध्यम से उपलब्ध करायी जाती है।

सफलता के कारक

सार्वजनिक वितरण प्रणाली को सफल बनाने के निम्न कारक उत्तरदायी हैं-

समानताः चूंकि खाद्य क्षमता के अभाव का कोपभाजन गरीबों को ही बनना पड़ता है इसलिए सार्वजनिक वितरण प्रणाली का विस्तार दूर-दराज के पिछड़े क्षेत्रों में भी करना चाहिए।

स्थिरताः खाद्य पादार्थों के उत्पादन में कमी या उतार-चढ़ाव को तकनीक के माध्यम से न्यून करने का प्रयास करना चाहिए।

खाद्य सुरक्षाः वितरण के लिए वस्तुओं का पर्याप्त भण्डार होना चाहिये। इसे सुनिश्चित करने के लिए सरकार को आयात में देरी नहीं करनी चाहिए। ऐसी स्थिति अक्सर आती रहती है जब घरेलू आपूर्ति आंतरिक मांग के लिए अपर्याप्त सिद्ध होती है।

संचारः उत्पादन, वसूली, परिवहन, संचयन ओर विशेष वस्तुओं के वितरण के बीच सीधा सम्पर्क होना चाहिये।

दोष

देश की अत्यन्त महत्वपूर्ण प्रणाली "सार्वजनिक वितरण प्रणाली" दोषों से मुक्त नहीं है। इस प्रणाली में पाये जाने वाले प्रमुख दोषों की चर्चा निम्नवत् की गयी है-

(1) व्यापकता : भारत में सार्वजनिक वितरण प्रणाली सीमा से अधिक अनुदानित है और इसीलिए इसके अंतर्गत खाद्य पदार्थ जब सबको समानता ओर सुगमता से प्राप्त हो जाते हैं तो सरकार के अनुदान पर काफी मौद्रिक भार पड़ता है।

(2) गरीबों के प्रति भेदभाव : हलांकि गरीब जनता अधिकतर मोटे अनाजों जैसे ज्वार, बाजरा मक्का इत्यादि का ही उपभोग करती है लेकिन इनकी आपूर्ति नहीं होती है।

(3) शहरों तक सीमित रहना : वास्तव में सार्वजनिक वितरण प्रणाली काफी समय तक अधिकतर शहरी क्षेत्रों तक ही सीमित रही। लेकिन ग्रामीण क्षेत्रों में इसके प्रसार से कुछ हद तक इस दोष को सुधार लिया गया है।

(4) गरीबों को कम लाभः सार्वजनिक वितरण प्रणाली के खरीद आंकड़ों से पता चलता है कि इस प्रणाली से गरीब लोगों को काफी कम लाभ हुआ है। इतना ही नहीं, राशन कार्ड केवल उन परिवारों को दिए जाते हैं जिनके पास उपयुक्त पता है अर्थात् जिनके पास रहने की सही व्यवस्था है। जबकि उन लोगों को राशनकार्ड नहीं मिल पाते जिनके पास घर नहीं है। इस प्रकार सार्वजनिक वितरण प्रणाली सभी गरीब जनता की जरूरतों को पूरा नहीं कर पाती।

(5) क्षेत्रीय असमानताः सार्वजनिक वितरण प्रणाली के लाभ केवल कुछ विशेष क्षेत्रों तक ही सीमित रहे हैं। उदाहरण के लिए, दिल्ली की आबादी देश की आबादी का

एक प्रतिशत ही है लेकिन उसका सार्वजनिक वितरण प्रणाली के कुल वितरण में हिस्सा 60 प्रतिशत है। जबकि दूसरी ओर बिहार, उत्तर प्रदेश, राजस्थान और मध्य प्रदेश जैसे आबादी बहुल राज्य भी हैं जो गरीबी का गढ़ माने जाते हैं फिर भी वितरण में उनका हिस्सा काफी कम है। इससे पता चलता है कि जो राज्य निर्धनता के प्रभाव क्षेत्र में आते हैं वहां सार्वजनिक वितरण प्रणाली कितनी कमजोर है। यही नहीं, खाद्य पदार्थों का ज्यादातर हिस्सा वही लोग खरीदते हैं जो गरीब नहीं हैं या फिर खाद्य वस्तुएं मुक्त बाजार में चली जाती हैं।

(6) सार्वजनिक वितरण प्रणाली के कारण कीमत वृद्धि : सार्वजनिक वितरण प्रणाली के कारण कीमतों में वृद्धि हुई है। इसका कारण यह है कि सरकार द्वारा बड़े पैमाने पर प्रति वर्ष खाद्यानों की खरीद कर लेने से खुले बाजार में बिक्री के लिए खाद्यानों की आपूर्ति कम हो जाती है। ऐसा व्यापारियों द्वारा कीमत बढ़ा देने के कारण भी होता है। इस प्रकार कीमत वृद्धि गरीब जनता के हितों पर आघात करती है क्योंकि सार्वजनिक वितरण प्रणाली से उनकी बहुत ही कम जरूरतें पूरी हो पाती हें इसलिए वे लोग मुक्त बाजार से वस्तुएं खरीदने के लिए बाध्य हो जाते हैं जहां कीमतें अधिक होती हैं।

(7) उचित मूल्य की दुकानों के मालिकों के आय स्तर में कमी : चूंकि उचित मूल्य के दुकानों के मालिकों की आय कम होती है इसलिए वे भ्रष्ट और अनैतिक कार्यों में लिप्त होकर खाद्यान्न आपूर्ति की श्रृंखला को बाधित करते है।

(8) भ्रष्टाचार : देख-रेख और संचालन की उचित व्यवस्था न होने क कारण इस प्रणाली की अनेक कमियां सामने आई हैं और भ्रष्टाचार को बढ़ावा मिला है।

सार्वजनिक वितरण प्रणाली में सुधार की नीति

सार्वजनिक वितरण प्रणाली का सर्वोच्च लक्ष्य गरीबों की मदद करना है। इसके लिए गरीबों की पहचान बुनियादी समस्या है और इसके लिए ऐसी रणनीति तैयार की जानी चाहिए जो राज्य-अर्थशास्त्र (Political Economy) की उपेक्षा किए बिना, सार्वजनिक वितरण प्रणाली के लाभों को गैर-निर्धनों तक पहुंचाने की क्रिया के प्रभाव को न्यूनतम बना सके। इसके लिए सार्वजनिक वितरण प्रणाली में सुधार के लक्ष्य की प्राप्ति के लिए निम्नलिखित सुझाव दिए गए हैं:

(1) गरीबों की पहचान के कार्य नौकरशाहों की अपेक्षा पंचायती राज संस्थाओं को सौंप देना चाहिए। इस प्रश्न पर अर्थशास्त्रियों और समाज-सेवकों में एकमत प्राप्त हो चुका है।

(2) विस्तृत उपभोक्ता सर्वेक्षणों द्वारा ऐसी वस्तुओं की पहचान की जानी चाहिए जो सार्वजनिक वितरण में गरीबों को अधिक आय-हस्तांतरण में सहायक हो सकें और अन्य वस्तुएं जो गैर-निर्धनों द्वारा इस्तेमाल की जाती हैं, धीरे-धीरे खुले बाजार में हस्तांतरित कर देनी चाहिए।

(3) गरीबों को प्रभावी रूप में आय-हस्तांतरण के लिए अनिवार्य वस्तुओं की जारी कीमत (Issue price) और बाजार कीमतों में काफी अन्तर होना चाहिए ताकि सार्वजनिक वितरण प्रणाली की वस्तुओं को खरीदने के लिए गरीब आकर्षित हो सकें ।

(4) सार्वजनिक वितरण प्रणाली को रोजगार सृजन कार्यक्रमों जैसे जवाहर रोजगार योजना या रोजगार आश्वासन योजना के माध्यम से लागू करना चाहिए क्योंकि इन कार्यक्रमों से गरीबों को दोहरे लाभ प्राप्त होते हैं। प्रथम, इनमें गैर-निर्धनों के समावेश की त्रुटि न्यूनतम हो जाती है क्योंकि ऐसा प्रायः देखा गया है कि गैर-निर्धन सामान्यतः इन रोजगार कार्यक्रमों का लाभ नहीं उठाते। द्वितीय, रोजगार सृजन कार्यक्रमों से निर्धनता की समाप्ति न्यून होने से गरीबों की क्रय शक्ति बढ़ेगी परिणामतः सार्वजनिक वितरण में किया जाने वाला व्यय कम होगा जिसका पुनः प्रयोग निर्धन वर्ग के विकास में किया जा सकेगा।

(5) पंचायती राज्य संस्थाओं को अपने लक्षित उद्देश्यों से विकृत होने से रोकने के लिए यह अच्छा होगा कि ऐसी गैर-सरकारी संस्थाओं को जिनका गरीबों की सहायता करने में रिकार्ड सिद्ध हो चुका हो, पंचायती राज संस्थाओं के निरीक्षण के साथ जोड़ा जाए।

(6) भारतीय खाद्य निगम गरीबों को खाद्य-सुरक्षा उपलब्ध कराने का सबसे उचित संस्थान नहीं है। इससे कही बेहतर होगा यदि भारतीय खाद्य निगम को खाद्य-कीमतों को स्थिर करने की जिम्मेदारी दी जाए और पंचायती राज संस्थाओं को खाद्यान्न के आबंटन का कार्य सौंप दिया जाए।

गरीबों की पहचान के लिए ग्रामीण क्षेत्रों में निम्नलिखित कसौटियों का प्रयोग सहायक सिद्ध हो सकता है:

(क) सभी परिवार जो रोजगार कार्यक्रमों में भाग लेते हैं उन्हें शामिल किया जाना चाहिए।

(ख) बच्चों के साथ अकेली माताएं या विधवाएं इसमें शा. मिल की जानी चाहिए।

(ग) सभी ऐसे परिवार जो आय-कर अदा नहीं करते या जिनके स्वामित्वाधीन सिंचाई-प्राप्त भूमि 5 एकड़ से कम है या सिंचाई-रहित भूमि 10 एकड़ से कम है, इसमें शामिल किए जाएं।

(घ) सभी भूमिहीन कृषि श्रमिक, छोटे दस्तकार इसमें शामिल किये जाने चाहिए।

शहरी क्षेत्रों के लिए निम्नलिखित कसौटियाँ अपनानी चाहिए-

(क) क्षेत्रों का ध्यानपूर्वक चुनाव करने की आवश्यकता है जिसमें मुख्य रूप से गन्दी बस्तियां, ऐसे क्षेत्र जो पारम्पिरिक रूप से गरीब संम्प्रदायों के निवास हैं जैसे कुम्हार, मोची, दैनिक मजदूर आदि।

(ख) सभी आय-कर न अदा करने वाले परिवर शामिल करने चाहिए।

(ग) ऐसे परिवार जिनके पास मंहगी चिरस्थायी उपभोक्ता वस्तुएं न हों जैसे रसोई-गैस, रेफ्रीजिरेटर, वाशिंग मशीन, टेलीफोन आदि।

निष्कर्ष के रूप में कहा जा सकता है कि सार्वजनिक वितरण प्रणाली का कार्यक्षेत्र विस्तृत है और इस कारण यह गरीब वर्ग के बड़े भाग को सहायता पहुंचा सकता है, यदि इसे उचित रूप में लक्षित किया जाए। फिर भी वास्तविक स्थिति यह है कि इसके द्वारा उपलब्ध कराया जाने वाला लाभ रक्त-संचरण की भांति है जिससे अस्थायी राहत तो प्राप्त हो सकती है, परन्तु गरीबों को स्थायी खाद्य-सुरक्षा उपलब्ध कराने के लिए ऐसी रणनीतियों पर बल देना उचित होगा जो गरीबी को कम करें। इस संबंध में तीव्र आर्थिक विकास के साथ अधिक रोजगार सृजन का महत्व केन्द्रीय स्थान रखता है। इस बात को आश्वस्त करने के लिए कि गरीबों को आय के रूप में प्राप्त लाभ कीमतों में वृद्धि के परिणामस्वरूप लोप न हो जाएं यह जरूरी है कि सरकार कीमत-स्थिरीकरण (Price Stabilisation) रणनीतियों को भी अपनाएं।

सार्वजनिक वितरण प्रणाली का पुनर्गठन

दसवीं योजना में सार्वजनिक वितरण प्रणाली के पुनर्गठन की रूपरेखा दी गयी है-

(1) चूंकि चावल और गेहूं गरीबों की बुनियादी आवश्यकताएं हैं, इसलिए इन दो के अलावा अन्य मदों को खाद्य-सहाय्यों (Food Subsidies) के क्षेत्र से बाहर कर देना चाहिए।

(2) चीनी को सार्वजनिक वितरण प्रणाली के क्षेत्र से बाहर निकाल देना चाहिए।

(3) मिट्टी के तेल पर सहाय्य (Subsidy) को धीरे-धीरे समाप्त कर देने के लिए इसकी संभरण कीमत (Supply Price) बढ़ा देनी चाहिए। क्योंकि अध्ययनों से यह पता चला है कि इसके सहाय्य का लाभ गैर-गरीब (Non-Poor) वर्गों द्वारा उठाया जाता है। विकल्प के तौर पर यदि मिट्टी के तेल को सार्वजनिक वितरण प्रणाली में रखा जाता है, तो इस पर सहाय्य की मात्रा कम कर देनी चाहिए ताकि इसके दुरुपयोग के लिए कम प्रोत्साहन मिले।

(4) लक्षित सार्वजनिक वितरण प्रणाली और खाद्य-सहाय्य का क्षेत्र गरीबी रेखा के नीचे रहने वाले परिवारों तक सीमित कर देना चाहिए। कोई भी प्रयास जो पुरानी सर्वव्यापक सार्वजनिक वितरण प्रणाली की ओर लौटने के लिए किया जाता है, एक प्रतिगामी कदम (Retrograde Step) है और इसका विरोध किया जाना चाहिए। अतः गरीबी रेखा से उपर वाले परिवारों को गरीबी रेखा के नीचे रहने वाले परिवारों के साथ इस प्रणाली का लाभ उठाने की अनुमति नहीं दी जानी चाहिए।

(5) भ्रष्टाचार को कम करने के लिए परिवार की स्त्री सदस्यों को खाद्य-टिकट (Food Stamps) जारी करने चाहिए और उन्हें इस उद्देश्य के लिए परिवार-मुखिया मान लेना चाहिए। खाद्य-टिकटों की प्रणाली के आधीन राज्य सरकारों को राशन कार्डों की बजाए साहाय्य अधिकार बोर्ड (Subsidy Entitlement Card) जारी करने चाहिए।

(6) खाद्य कार्ड प्रणाली वर्तमान में उचित कीमत की दुकानों की अपेक्षा एक श्रेष्ठ विकल्प बन सकती है और खाद्य-टिकट प्रणाली से भी बेहतर सिद्ध हो सकती

है। ग्राहक खाद्य उधार/ऋण कार्डों (Food Credit/ Debit Cards) का प्रयोग बाजार से सहायुय खाद्यान्नों को खरीदने के लिए कर सकें और परचून विक्रेता इस सहायुय को सरकार से प्राप्त कर सकते हैं।

(7) 1998-99 में आंध्र प्रदेश में सार्वजनिक वितरण प्रणाली द्वारा चावल और मिट्टी के तेल के वितरण की खाद्य कूपन योजना (Food Coupon Scheme) चालू की गयी। इस योजना के परिणामस्वरूप 20,000 टन चावल, 71 लाख लीटर मिट्टी के तेल की प्रतिमास बचत हुई। आंध्र प्रदेश के प्रयोगों को अन्य राज्यों में उचित संशोधन करके लागू करना चाहिए।

निष्कर्ष यह कि भारतीय खाद्य निगम के गोदामों में भारी खाद्यान्न स्टॉक उपलब्ध होने के बावजूद भी भूख से मृत्यु की कुछ घटनायें रिपोर्ट की गयी हैं। अत: सार्वजनिक वितरण प्रणाली में संशोधन होना चाहिए ताकि यह और कुशल बन सके। वर्तमान प्रणाली का प्रतिस्थापन खाद्य-टिकट प्रणाली से किया जा सकता है और इसका अन्तोगत्वा प्रतिस्थापन खाद्य-उधार-कार्ड प्रणाली से होना चाहिए।

खाद्यान्नों की वसूली की विकेन्द्रीकृत योजना को प्रोत्सा. हन देना चाहिए और अधिकाधिक राज्यों को इसके अधीन लाना चाहिए। इसी प्रकार सार्वजनिक वितरण प्रणाली का विकेन्द्रीकरण किया जा सकता है और राज्यों को जारी कीमतों (Issue price) और उपलब्ध कराये जाने वाले खाद्यान्नों की मात्रा निश्चित करने में स्व: निर्णय लेने का अधिकार दिया जा सकता है। राष्ट्रीय खाद्य सहायुय को एक निश्चित फार्मूले के अनुसार राज्यों में बांटा जा सकता है।

अनिवार्य वस्तु कानून (Essential Commodities Act) का संशोधन करके इसे आपातकालीन प्रावधान बना देना चाहिए जिसे किसी सीमित अवधि के लिए और कुछ विशेष वस्तुओं के लिए एक अधिसूचना (Notification) के द्वारा लागू करना चाहिए।

खाद्यान्नों की अन्त:राज्यीय (Inter State) गतिविधियों पर सभी प्रकार के सीमाबन्धन हटा देने चाहिए। चुंगी और सभी प्रकार के कर/उपकर जो खाद्य-पदार्थों पर लगाये जाते हैं, समाप्त कर देने चाहिए। सभी कृषि वस्तुओं के भावी व्यापार (Future Trading) पर लगाया गया प्रतिबन्ध हटा देना चाहिए।

निजी क्षेत्र द्वारा वितरण प्रणाली में अधिक कार्यभाग निभाने के लिए, विदेशी प्रत्यक्ष निवेश का 26 प्रतिशत खाद्य-परचून व्यापार में लगाने की इजाजत देनी चाहिए और कृषि-बीमा और ग्राम-क्षेत्रों में 100 प्रतिशत विदेशी प्रत्यक्ष निवेश (Foreign Direct Investment) की इजाजत दी जानी चाहिए।

दसवीं योजना में दी गयी सिफारिशों को लागू करने से यह प्रणाली अधिक सबल और कुशल बनायी जा सकती है और तभी यह एक उदारीकृत अर्थव्यवस्था की आवश्यकताओं को पूरा कर सकती है।

नवीकृत सार्वजनिक वितरण प्रणाली

इसका आरम्भ जून 1992 में किया गया। इसके अन्तर्गत सूखा उन्मुख क्षेत्र, रेगिस्तानी क्षेत्र, जनजाति क्षेत्र, पहाड़ी क्षेत्र तथा शहरों की गंदी बस्तियों से 1775 खण्डों का चयन किया गया था। 15 अगस्त, 1995 से इस प्रणाली को 2,446 विकास खण्डों में लागू किया जा रहा है। इसके अन्तर्गत छ: प्रमुख आवश्यक वस्तुओं (गेहूं, चावल, चीनी, आयातित खाद्य तेल, मिट्टी का तेल एवं कोयला) के अतिरिक्त चायपत्ति, साबुन, दाल, आयोडीन नमक आदि को भी शामिल किया गया है। इसके अन्तर्गत खाद्यान्नों की बिक्री केन्द्रीय निर्गमन कीमतों से 50 रुपये प्रति क्विंटल कम की दर से की जाती है।

नवीकृत सार्वजनिक वितरण प्रणाली के मुख्य दोष इस प्रकार हैं–

(1) जाली कार्डों की भरमार।
(2) अपर्याप्त संग्रह सुविधाएं।
(3) ग्रामीण समिति की अनुभवहीनता
(4) सभी पात्र परिवारों को राशन कार्ड उपलब्ध कराने में असफल।

लक्षित सार्वजनिक वितरण प्रणाली
(Targeted Public Distribution System - TPDs)

सार्वजनिक वितरण प्रणाली की कड़ी आलोचना निम्नलिखित कारण से हुई है–

(1) यह गरीबी की रेखा से नीचे रहने वाली जनसंख्या को खाद्यान्न उपलब्ध कराने में विफल हुई है।
(2) इसका मुख्य बल नगर क्षेत्रों की ओर रहा है।
(3) जिन गरीब राज्यों में ग्रामीणों की संख्या बहुत अधिक है उनमें यह राहत नहीं पहुंचा पाई।

(4) भारतीय खाद्य निगम (Food Corporation of India) द्वारा उचित कीमत की दुकानों को उपलब्ध कराए गये खाद्यान्नों का खुले बाजार में विक्रय और राशन की दुकानों पर घटिया अनाज की उपलब्धता इसकी मुख्य कमजोरी रही है।

उपरोक्त कमियों को ध्यान में रखते हुए सरकार ने फरवरी 1997 में दो तरह के मूल्यों के एक नये नियम की घोषणा की जिसे लक्षित/सीमित सार्वजनिक वितरण प्रणाली कहा जाता है। इस तरह इस प्रणाली के दो पक्ष हैं – ऐसे परिवार जो गरीबी रेखा के नीचे रह रहे हैं उन्हें सीमित सार्वजनिक वितरण प्रणाली के अन्तर्गत प्रतिमाह 10 किलोग्राम अनाज दिया जायेगा। उन्हें विशेष कार्ड भी मिलेगा। जिनके पास में विशेष कार्ड होंगे उनके लिए चावल और गेहूँ की निर्गमन कीमतें क्रमशः ₹ 3.50 और ₹ 2.50 प्रति किलोग्राम निर्धारित कर दी गयी है। वैसे लोग जो गरीबी रेखा से उपर हैं उनके लिए संशोधित निर्गमन कीमतें निम्न प्रकार से होंगी– उन्नत किस्म के चावल के लिए ₹ 6.50, अधिक उन्नत चावल के लिए ₹ 7.50 प्रति किलोग्राम और गेहूँ ₹ 4.50 प्रति किलोग्राम निर्धारित की गयी।

महत्वपूर्ण बिन्दु

- गरीब और जो गरीब नहीं हैं, दोनों के लिए नई कीमतें तभी लागू की जाएंगी जब राज्य गरीब परिवारों को चि.हिन्त कर लेंगे और गरीबों के आर्थिक अनुदान स्कीम को लागू करने के लिए क्षेत्रों पर कड़ी निगरानी रखेंगे। सभी राज्यों में 31 मई 1997 तक इस कार्य को पूरा करने के लिए कहा गया था।
- गरीबी रेखा से नीचे वाले परिवारों को प्रतिमाह 10 किलोग्राम अनाज दिया जाएगा।
- पिछले दस वर्षों से गरीबी रेखा से ऊपर रह रहे लोगों के आबंटन को राज्यों द्वारा समाप्त कर दिया जाएगा।
- गरीबी रेखा से ऊपर रहने वालो के लिए निर्धारित की गयी कीमतें 1 जून 1997 से लागू होंगी जिसमें परिवर्तन भी हो सकता है।
- गरीबी रेखा से ऊपर रहने वालों के लिए निधारित की गयी कीमतों में राज्य की अतिरिक्त राशि प्रति किलोग्राम 50 पैसे से अधिक नहीं होगी।
- अपने साधनों से निर्गमन कीमतों को और अधिक अनुदानित करने के लिए राज्य स्वतंत्र है।
- रोजगार आश्वासन स्कीम और जवाहर रोजगार योजना से लाभ प्राप्त करने वाले लोगों को प्रति दिन 1 किलोग्राम अनाज गरीबी रेखा से नीचे वाली कीमतों पर मिलेगा।
- सीमित सार्वजनिक वितरण प्रणाली के अधीन शीघ्र ही 180 लाख टन अनाज का वितरण होगा।

राष्ट्रीय खाद्य सुरक्षा अधिनियम 2013
(National Food Security Act 2013)

12 सितम्बर 2013 को राष्ट्रपति की स्वीकृति प्राप्त हो जाने के बाद राष्ट्रीय खाद्य सुरक्षा विधेयक ने अधिनियम (कानून) का रूप ले लिया। अधिनियमित होने से पूर्व ही विधेयक को तुरंत प्रभावी करने के लिए 5 जुलाई 2013 को राष्ट्रीय खाद्य सुरक्षा अध्यादेश 2013 (National Food Security Ordinance 2013) को प्रख्यापित किया गया था। अध्यादेश का स्थान लेने के लिए प्रस्तुत राष्ट्रीय खाद्य सुरक्षा विधेयक 2013, 26 अगस्त 2013 को लोक सभा में ध्वनि मत (Voice Vote) से पारित हो गया। लोक सभा के बाद राज्य सभा में भी 2 सितम्बर 2013 को इस विधेयक को ध्वनि मत से पारित कर दिया गया। तत्पश्चात 12 सितम्बर 2013 को राष्ट्रपति की स्वीकृति मिलने के बाद इस विधेयक ने अधिनियम का रूप ले लिया।

उद्‌देश्य

इस अधिनियम का उद्‌देश्य मानव जीवन चक्र की दृष्टि से लोागें को सम्मान के साथ जीवन व्यतीत करने के लिए उचित दरों पर गुणवत्ता सम्पन्न आहार सुनिश्चित करके खाद्य और पौष्टिकता सुरक्षा प्रदान करना है। यह कानून खाद्य सुरक्षा की अवधारणा में बदलाव का संकेत देता है और अब खाद्य सुरक्षा कल्याण आधारित न रह कर अधिकार आधारित हो गया है।

अधिनियम के प्रमुख प्रावधान

- इस अधिनियम में लक्षित सार्वजनिक प्रणाली के अन्तर्गत उचित दर पर अनाज प्राप्त करने के लिए 75 प्रतिशत ग्रामीण और 50 प्रतिशत शहरी जनसंख्या को लाभान्वित किये जाने का प्रावधान है।
- अधिनियम के प्रावधानों के तहत देश की दो-तिहाई (67 प्रतिशत) जनसंख्या को प्रतिव्यक्ति, प्रतिमाह 5 किग्रा. की दर से खाद्यान्न, सहायता प्राप्त कीमतों (Subsidy Rates) पर प्राप्त करने का हक है।

- प्रति गृहस्थी (Per House Hold), प्रतिमाह 35 किग्रा खाद्यान, सहायता प्राप्त कीमतों पर प्रदान किया जायेगा।
- अन्त्योदय अन्न योजना के अन्तर्गत आने वाले परिवारों/ गृहस्थियों को प्रति परिवार, प्रतिमाह 35 किग्रा. खाद्यान्न सस्ते मूल्य पर प्राप्त करने का अधिकार है। पात्र गृहस्थियों के लिए खाद्यान्न, सहायता प्राप्त कीमतों पर निम्न प्रकार से होंगी – चावल 3 रुपये/ किग्रा, गेहूँ 2 रुपये/ किग्रा, मोटे आनाज 1 रुपये/ किग्रा।
- 3 नवम्बर 2016 को केरल व तमिलनाडु राज्यों द्वारा इस अधिनियम को लागू करने से वर्तमान में यह 29 राज्यों व 7 केन्द्रशासित प्रदेशों में लागू हो चुका है।
- चंडीगढ़, पुडुचेरी तथा दादर नागर हवेली के शहरी क्षेत्रों में यह कानून नकद अंतरण रूप में लागू किया जा रहा है, जिसके तहत खाद्य सब्सिडी लाभार्थी के बैंक खाते में अंतरित कर दी जाती है जिससे लाभार्थी अपनी पसन्द के अनाज खुले बाजार में खरीद सकें।
- इस अधिनियम में महिलाओं और बच्चों को पोषाहार संबंधी सहायता दिये जाने पर भी विशेष ध्यान दिया गया है। गर्भवती महिलाएं और गर्भावस्था के दौरान तथा बच्चे को जन्म देने के पश्चात 6 माह तक स्तनपान कराने वाली माताएं कम से कम 6000 रुपये का मातृत्व लाभ प्राप्त करने की भी हकदार होंगी।
- निर्धारित पोषाहार मानकों के अनुसार, 14 वर्ष तक की आयु के बच्चे पौष्टिक आहार अथवा राशन घर ले जाने के हकदार होंगे। अधिकृत खाद्यान्न अथवा आहार की आपूर्ति न हो पाने की स्थिति में लाभार्थी खाद्य सुरक्षा भत्ता प्राप्त करेंगे।
- इस अधिनियम में जिला और राज्य स्तरों पर शिकायत निवारण तन्त्र की स्थापना किये जाने के लिए भी प्रावधान हैं। पारदर्शिता और जवाबदेही सुनिश्चित करने के लिए अधिनियम में अलग से प्रावधान किये गये हैं।
- इस अधिनियम में लक्षित सार्वजनिक वितरण प्रणाली (TPDS) में सुधार के उपाय भी किये गये हैं जो केन्द्र और राज्य सरकार द्वारा किये जायेंगे। इन सुधारों में, अन्य बातों के साथ-साथ, खाद्यानों को टीपीडीएस दुकानों तक पहुँचाया जाना, सूचना एवं संचार प्रौद्योगिकी उपकरणों के प्रयोग और विगत कुछ समय में टीपीडीएस के तहत विविधीकरण शामिल है।

राष्ट्रीय खाद्य सुरक्षा मिशन/अभियान (National Food Security Mission-NFSM)

- **उद्देश्य :** इस अभियान का प्रधान उद्देश्य बढ़ती हुई खाद्यान्न उपभोग आवश्यकता को पूरा करना था, साथ ही तुलनात्मक रूप से पिछड़े लक्षित जिलों में मिट्टी की उर्वरता को बनाये रखना, रोजगार के अवसरों को बढ़ावा देना तथा कृषि आधारित भारतीय अर्थव्यवस्था पर किसानों का आत्मविश्वास बनाये रखना भी इस अभियान के उद्देश्य है।
- **प्रारम्भ :** 2007-08 (11वीं पंचवर्षीय योजना में)
- **लक्ष्य (मिलियन टन में) :** 20 [चावल (10), गेहूँ (8), दाल (2)]
- **प्राप्ति (मिलियन टन में) :** 42
- **विस्तार :** 16 राज्यों के 144, जिलों में
- **धन का आवंटन :** 4,882.48 करोड़
- **12वीं पंचवर्षीय योजना का लक्ष्य (मिलियन टन) :** 25 [चावल (10), गेहूँ (8), दाल (4) और मोटे अनाज (3)]

नोट : 12वीं पंचवर्षीय योजना में राष्ट्रीय खाद्य सुरक्षा मिशन के घटकों को बढ़ाकर 5 कर दिया गया है– 1. धान, 2. गेहूँ, 3. दाले, 4. मोटे अनाज, 5. वाणिज्यिक फसलें।

- **विस्तार :** वर्तमान में 28 राज्यों के 623 जिलों में लागू
- **धन आवंटन :** वर्ष 2015-16 से यह कार्यक्रम केन्द्र और राज्य सरकारों द्वारा 50 : 50 के अनुपात में प्रदत्त अनुदानों द्वारा चलाया जा रहा है वर्ष 2015-16 के लिए बजट आवंटन 1300 करोड़ रूपये (केन्द्र का हिस्सा) का है।

नोट : वर्ष 2011-12 में राष्ट्रीय खाद्य सुरक्षा मिशन-दलहन के एक हिस्से के रूप में, एक नया कार्यक्रम 'उत्प्रेरित दलहन उत्पादन कार्यक्रम' (Accelerated Pulses Production Programme-A3P) शुरू किया और वर्तमान में यह 16 राज्यों में लागू है।

तथ्य सार संग्रह

- **विश्व विकास रिपोर्ट के अनुसार** – 'खाद्य सुरक्षा सभी व्यक्तियों के लिए, सभी समय पर एक सक्रिय, स्वस्थ जीवन के लिए पर्याप्त भोजन की उपलब्धता के रूप मे की गयी है।

- **खाद्य एंव कृषि संस्था के अनुसार** – 'खाद्य सुरक्षा सभी व्यक्तियों की सभी समय पर उनके लिए आवश्यक बुनियादी भोजन के लिए भौतिक एंव आर्थिक दोनों रूप में उपलब्धि के आश्वासन के रूप में की है।'
- खाद्य सुरक्षा के लिए निम्नलिखित 3 अवस्थाएँ कल्पित की गयी है:-
  - प्रथम अवस्था, में मानवीय जीवन को कायम रखने के लिए सभी के लिए अनाज के रूप में पर्याप्त मात्रा उपलब्ध होनी चाहिए।
  - द्वितीय अवस्था, में खाद्य सुरक्षा में अनाज, दालो की पर्याप्त उपलब्धता अनिवार्य होनी चाहिए।
  - तृतीय अवस्था, में खाद्य सुरक्षा में अनाज, दालो, दूध एवं दूध के पदार्थ, सब्जियो और फल, मछली अण्डे और मांस शामिल कर सकते है।
- भारत में खाद्यान्न उत्पादन की स्थिति

वित्तीय वर्ष	खाद्यान्न उत्पादन (मिलियन टन में)
2014–15	252.0
2015–16	251.6
2016–17	275.7
2017–18	134.7 (केवल खरीफ फसल शामिल है)

स्रोत : आर्थिक समीक्षा 2017–18

- सार्वजनिक वितरण प्रणाली जरूरी उपभोक्ता वस्तुओं के वितरण से संबंधित है जैसे- गेहूँ चावल, चीनी तेल, वनस्पति, कैरोसीन तेल, कोयला, वस्त्र इत्यादि। कमजोर वर्गो को यह वस्तुएं सस्ते दामों पर उपलब्ध करायी जाती है।
- नवीकृत सार्वजानिक वितरण प्रणाली का आरम्भ जून 1992 में किया गया। इसके अन्तर्गत सूखा उन्मूख क्षेत्र, रेगिस्तानी क्षेत्र, जनजाति क्षेत्र, पहाड़ी क्षेत्र तथा शहरो की गंदी बस्तियों में छः प्रमुख आवश्यकता वस्तुओं 1. गेहूँ 2. चावल 3. चीनी 4. आयातित खाद्य 5. मिट्टी का तेल 6. कोयला के अतिरिक्त चायपत्ति, साबुन, दाल, आयोडीन नमक आदि को शमिल किया गया है।
- राष्ट्रय खाद्य सुरक्षा बिल 2013, 12 सितम्बर 2013 को राष्ट्रपति की स्वीकृति मिलने के बाद इस विधेयक ने अधिनियम का रूप ले लिया।
- राष्ट्रीय खाद्य सुरक्षा मिशन/अभियान का प्रारम्भ 11वीं पंचवर्षीय योजना (वर्ष 2007-08) में किया गया जो एक केन्द्र प्रायोजित स्कीम है।
- खाद्य एवं कृषि संगठन की स्थापना 16 अक्टूवर 1945 को कनाडा के क्यूबेक शहर मे की गयी।
- वैश्विक भुखमरी सूचकांक 2017 में भारत का स्थान 100वाँ है।

खाद्य एवं कृषि संगठन (FAO)

स्थापना – 16 अक्टूबर 1945 (क्यूबेक शहर कनाडा)

मुख्यालय – 1951 में इसका मुख्यालय वाशिंगटन से रोम हस्तान्तरित किया गया।

लोगो – चिन्ह के साथ लैटिन वाक्य "Fait Panis इसका अर्थ है – सबको रोटी मिले।

कार्य – यह अंतर्राष्ट्रीय संगठन है जोकि कृषि, उत्पादन, वानिकी, कृषि विपणन सम्बन्धी शोध विषय पर अध्ययन करता है।

सदस्य – 194 देश (नवीनतम सदस्य देश दक्षिण सूडान व सिंगापुर जो 15 जून 2013 को सदस्य बने)

विशेष – यह UNO की सबसे बड़ी विशेषज्ञता सम्पन्न एजेन्सियों में से एक है।

लक्ष्य – इसका लक्ष्य कृषि उत्पादकता बढ़ाकर और ग्रामीण आबादी की जीवन स्थितियों में सुधार लाकर पोषण और जीवन स्तर को सुधारना है।

महत्वपूर्ण शब्दावली

- **किसान पोर्टलः** किसान पोर्टल किसानों को कृषि सम्बन्धित कई तरह की गतिविधियों से जुड़ी सूचनाएं एक जगह उपलब्ध कराता है। कृषि और सहयोग विभाग ने किसानों की सहायता के उद्देश्य से इस पोर्टल को विकसित किया है। अधिकारी, वैज्ञानिक और विशेषज्ञ कृषि से जुड़ी गतिविधियों की सूचनाएं, मौसम सम्बन्धी सलाह इस पोर्टल के माध्यम से पहुचायेंगे। किसानों को भेजी जाने वाली सूचनाओं को तीन वर्गों में बांटा जा सकता है-1. सूचना, 2. सेवाएं, 3. सलाह। किसानों को उनकी खेती के स्थान पर उनका चयनित फसल के आधार पर सभी सूचनाएं उपलब्ध करवाने में मदद मिलती है। इस पोर्टल का उद्देश्य विभिन्न क्षेत्रों से जुड़ी सेवाओं को एकीकृत कर एक मंच प्रदान करना है।
- **जीरो टिलेजः** जीरो टिलेज तकनीक का खेती में लागत कम करने, फसलों की बुआई समय पर करने तथा प्राकृतिक संसाधनों के संरक्षण में महत्वपूर्ण योगदान है। आधुनिक खेती में संरक्षित टिलेज प्रणाली पर जोर दिया जा रहा है जिसमें फसल अवशेषों का अधिकांश भाग मृदा सतह पर छोड़ दिया जाता है जिससे न केवल फसल उत्पादकता में सुधार होता है बल्कि धान-गेहूँ, मक्का-गेहूँ

व कपास-गेहूँ फसल प्रणालियों में निवेश उपयोग दक्षता भी बढ़ती है। जीरो टिलेज टिकाऊ खेती की ऐसी पद्धति है जिसमें बिना खेतों की जुताई किए ही अग्रवर्ती फसल की बुवाई पूर्ववर्ती फसल के अवशेषों में एक विशेष मशीन जीरो टिलेज ड्रिल द्वारा की जाती है। धान के पश्चात गेहूँ की सीधी बुवाई के लिए जीरो टिलेज ड्रिल का प्रयोग लाभदायक पाया गया है क्योंकि पारम्परिक बुवाई की अपेक्षा 50 प्रतिशत समय की बचत तथा 40 प्रतिशत बुवाई की लागत में बचत होती है।

- **चावल की उच्च प्रोटीन युक्त किस्म 'हीरा':** अल्प परिपक्वता अवधि वाली चावल की किस्म हीरा को नमी वाले मौसम में बारानी उच्च भूमि परिस्थितियों के अन्तर्गत तथा शुष्क मौसम में सिंचित परिस्थितियों के अन्तर्गत पहले जारी किया गया था इसमें 11.5 प्रतिशत प्रोटीन के पोषक तत्वों का एक उत्कृष्ट स्रोत पाया गया है। पोषक तत्वों से भरपूर विशिष्ट चावल के रूप में व्यावसायिक खेती के लिए इसकी क्षमताओं को देखते हुए ओडिशा में हीरा चावल की व्यावसायिक खेती को बढ़ाया जा रहा है।
- **डीडी किसान चैनल:** किसानों से सीधे सम्पर्क स्थापित करने के उद्देश्य से किसानों को समर्पित दूरदर्शन के किसान चैनल की शुरूआत वर्ष 2015 में की गई। सप्ताह के 7 दिन 24 घण्टे प्रसारित होने वाले इस चैनल पर किसानों, पशुपालकों, बागवानों, कुक्कुट पालकों के लाभार्थ अनेक कार्यक्रम प्रस्तुत किए जाते है। किसानों को मौसम विभाग एवं कृषि विशेषज्ञों की सलाह भी दी जाती है।

अभ्यास प्रश्न

◆ **स्तरः परम्परागत**

1. खाद्य सुरक्षा से तात्पर्य है-
   (a) किसी देश की समग्र जनसंख्या को खाद्य की भौतिक उपलब्धि
   (b) आवश्यक खाद्य-पदार्थ को हासिल करने की पर्याप्त क्रयशक्ति।
   (c) उपलब्ध खाद्य की गुणवत्ता और मात्रा दोनों रूपों में पर्याप्तता।
   (d) उपरोक्त सभी
2. पिछले 60 वर्षों में भारत की खाद्य स्थितियों पर-
   (a) नकारात्मक प्रभाव पड़ा।
   (b) उतार-चढ़ाव की स्थिति है।
   (c) खाद्य भण्डार की स्थिति सुरक्षित है।
   (d) उपरोक्त सभी
3. PL 480 है-
   (a) अमेरिका द्वारा खाद्य सहायता समझौता।
   (b) मक्के की नवीनतम किस्म।
   (c) गेहूँ की किस्म।
   (d) धान की किस्म।
4. किसके शासन काल में हरित क्रान्ति का प्रारम्भ हुआ?
   (a) पंडित जवाहरलाल के
   (b) इन्दिरा गाँधी के
   (c) लालबहादुर शास्त्री के
   (d) उक्त में से कोई नहीं
5. भारत में भयंकर सूखे का वर्ष रहा है-
   (a) 1957-1958 (b) 1966-1967
   (c) 1965-1966 (d) उक्त में से कोई नहीं
6. भारत में सर्वाधिक खाद्यान्न उत्पादन का वर्ष रहा है-
   (a) 2014-2015
   (b) 2015-2016
   (c) 2016-2017
   (d) 2010-2011
7. हरित क्रान्ति की नयी तकनीक संबंधित है-
   (a) बीज-कीटनाशक दवा-उर्वरक-तकनीक
   (b) जीएम बीजों का प्रयोग
   (c) जैविक खाद्य का प्रयोग
   (d) उपरोक्त सभी
8. भारत में खाद्य समस्या के प्रमुख कारण हैं-
   (a) खाद्यानों की बढ़ती हुई मांग
   (b) घरेलू उत्पादन की धीमी गति
   (c) कृषि की मानसून पर निर्भरता
   (d) उपरोक्त सभी
9. सार्वजनिक वितरण प्रणाली में किन खाद्य सामग्री का विवरण किया जाता है?
   (a) गेहूँ, चावल
   (b) चीनी, तेल
   (c) कोयला, कैरोसीन तेल
   (d) उपरोक्त सभी

10. सार्वजनिक वितरण प्रणाली के उद्देश्यों में शामिल है/ हैं-
   (a) आवश्यक उपभोग वस्तुओं के समान वितरण द्वारा लोगों को संतुलित भोजन उपलब्ध कराना।
   (b) कीमतों के उतार-चढ़ाव को कम करना।
   (c) कमजोर वर्गों को आवश्यक उपभोग वस्तुएँ उपलब्ध कराना।
   (d) उपरोक्त सभी

◆ स्तर : सम्भावित

1. PDS लागू किया गया-
   (a) 1950 में (b) 1960 में
   (c) 1970 में (d) 1980 में
2. PDS के प्रमुख दोषों में शामिल नहीं है-
   (a) गरीबी के प्रति भेदभाव।
   (b) गरीबों को कम लाभ एवं शहरों तक सीमित रहना।
   (c) गरीबों की संख्या का सही-सही आंकलन।
   (d) क्षेत्रीय असमानता।
3. नवीकृत सार्वजनिक प्रणाली के संदर्भ में असत्य कथन का चुनाव कीजिए-
   (1) इसका आरम्भ जून 1992 में किया गया।
   (2) इसके अन्तर्गत सूखा उन्मुक्त क्षेत्र एवं जनजातीय क्षेत्रों को छोड़कर अन्य क्षेत्रों को शामिल किया गया।
   (3) यह योजना केवल गेहूँ और चावल का आवंटन तक सीमित है।
   (4) इसके अन्तर्गत खाद्यान्नों की बिक्री केन्द्रीय निर्गमन कीमतों से 50 रुपये प्रति क्विंटल कम की दर से की जाती है।
   (5) यह योजना साबुन, दाल, चायपत्ति और आयोडीन नमक का भी आवंटन करती है।

   कूटः
   (a) 1, 4 (b) 2, 3
   (c) 4, 5 (d) 2, 5
4. नवीकृत सार्वजनिक प्रणाली के प्रमुख दोषों में शामिल हैं-
   (1) जाली कार्डों की भरमार
   (2) अपर्याप्त संग्रह सुविधाएं
   (3) ग्रामीण समिति की अनुभवहीनता
   (4) योग्य लाभार्थियों तक राशन कार्ड की अनुपलब्धता

   कूटः
   (a) 1 2 3 (b) 2 3 4
   (c) 1 3 4 (d) उक्त सभी
5. राष्ट्रीय खाद्य सुरक्षा अधिनियम 2013 के संदर्भ में सत्य कथन का चुनाव कीजिए-
   (a) 75 प्रतिशत ग्रामीण और 50 प्रतिशत शहरी जनसंख्या को लाभान्वित करना।
   (b) देश की 67 प्रतिशत जनसंख्या को प्रति व्यक्ति प्रतिमाह 5 किग्रा. की दर से खाद्यान्न सब्सिडी दरों में उपलब्ध करना।
   (c) 6 माह तक स्तनपान कराने वाली माताओं को 6000 रुपये मातृत्व लाभ देना।
   (d) उपरोक्त सभी।
6. निम्न में से सत्य युग्म का चयन कीजिए-
   (1) 12 सितम्बर 2013 - खाद्य सुरक्षा अधिनियम को राष्ट्रपति की स्वीकृति
   (2) 5 जुलाई 2013 - खाद्य सुरक्षा अध्यादेश प्रख्यापित
   (3) 26 अगस्त 2013 - खाद्य सुरक्षा विधेयक 2013 लोक सभा में पारित
   (4) 2 सितम्बर 2013 - खाद्य सुरक्षा विधेयक 2013 राज्य सभा में पारित

   कूटः
   (a) 2 3 (b) 3 4
   (c) 1 4 (d) उक्त सभी
7. खाद्य सुरक्षा मिशन का लक्ष्य है-
   (a) 11वीं योजना में 20 मिलियन टन अतिरिक्त चावल, गेहूँ और दलहनों का उत्पादन।
   (b) 12वीं योजना में 25 मिलियन टन अतिरिक्त खाद्यान्न उत्पादन करना।
   (c) a और b दोनों सही हैं।
   (d) a और b दोनों असत्य हैं।
8. खाद्य सुरक्षा मिशन में किन खाद्यान्नों के अतिरिक्त उत्पादन से सम्बन्धित है?
   (a) गेहूँ, मक्का, जौ, चना
   (b) गेहूँ, चावल, दलहन, मोटे अनाज
   (c) गेहूँ, चावल, सोयाबीन
   (d) उक्त में से कोई नहीं

9. FAO का मुख्यालय स्थित है-
   (a) रोम
   (b) वाशिंगटन
   (c) जर्मनी
   (d) उक्त में से कोई नहीं

उत्तरमाला

- **स्तर : परम्परागत**

1. (d) 2. (b) 3. (a) 4. (b) 5. (c) 6. (c) 7. (a) 8. (d) 9. (d) 10. (d)

- **स्तर : सम्भावित**

1. (a) 2. (c) 3. (b) 4. (c) 5. (d) 6. (d) 7. (d) 8. (c) 9. (b)

मुख्य परीक्षा हेतु अभ्यास प्रश्न

1. "भारत में खाद्यान्न उत्पादन मे तो सुधार आया है परन्तु खाद्य सुरक्षा का लक्ष्य अभी भी दूर है" व्याख्या कीजिये।
2. राष्ट्रीय खाद्य सुरक्षा अधिनियम 2013 की विशेषताओं पर प्रकाश डाले। यह अधिनियम भारत में खाद्य सुरक्षा की स्थिति को प्राप्त करने मे किस प्रकार से सहायक हैं।
3. सार्वजनिक वितरण प्रणाली क्या है? इसमें व्याप्त चुनौतियों पर प्रकाश डाले और इसमे सुधार किस प्रकार किया जा सकता है?

अध्याय
7

उद्योग
(Industry)

प्रस्तावना

पंडित जवाहर लाल नेहरू ने उद्योग को- ''आधुनिक अर्थव्यवस्था का मन्दिर'' कहा था, जो भारतीय अर्थव्यवस्था के विकास को तीव्र गति प्रदान करता है। उद्योग का विकास बहुत कुछ कृषि के विकास पर निर्भर करता है क्योंकि कृषि क्षेत्र उद्योग के लिए कच्चे माल की उपलब्धता को सुनिश्चित करता है। इस प्रकार उद्योग क्षेत्र का विकास कृषि को विकसित करने में सहायक है। अर्थशास्त्रियों का मानना है कि यदि कोई अर्थव्यवस्था प्राथमिक क्षेत्र से द्वितीयक क्षेत्र (उद्योग) की ओर अग्रसर हो रही है तो इसे अर्थव्यवस्था की प्रगति समझना चाहिए। यहाँ एक और बात स्पष्ट करना आवश्यक है कि उद्योग एवं सेवा क्षेत्र पर आधारित अर्थव्यवस्था ही वर्तमान में विकसित अर्थव्यवस्था की श्रेणी में रखी जाती है, जी-7 समूह की अर्थव्यवस्था इसका प्रमुख उदाहरण है।

उद्योग की परिभाषा व एतिहासिक पृष्ठभूमि

उद्योग का अर्थ प्राय: उन आर्थिक क्रियाओं से लिया जाता है जिनका वस्तुओं और सेवाओं के परिष्करण या उत्पादन से संबंध होता है। उद्योग उन फर्मों के समूह को भी कहते हैं जो सम्बन्धित वस्तुओं और सेवाओं का उत्पादन करते है।

देश में उद्योगों की ऐतिहासिक पृष्ठभूमि

- अंग्रेजों से पहले समकालीन यूरोप के उद्योगों की तुलना में भारतीय उद्योग अधिक विकसित थे।
- अंग्रेजों ने भारत को केवल कच्चे माल, खनिज और खाद्य पदार्थों के साधन के रूप में इस्तेमाल किया । साथ ही ब्रिटिश उद्योगों द्वारा तैयार माल का बाजार भी भारत ही था।
- प्रथम विश्वयुद्ध के बाद ब्रिटिश सरकार ने उद्योगों को जो थोड़ी-बहुत सुरक्षा प्रदान की, वह सभी अनमने ढंग से केवल दिखावे के लिए किया गया। इसके बावजूद भी कुछ उद्योगों जैसे सीमेन्ट, लोहा, चीनी, इस्पात, माचिस, सूती वस्त्र इत्यादि ने अपनी उपस्थिति बरकरार रखी।
- आजादी के समय भारत का औद्योगिक ढाँचा अपनी आरम्भिक अवस्था में था। इस अवस्था में भी विषमता और असंतुलन की स्थिति व्याप्त थी।

नियोजन काल से अब तक उद्योगों की स्थिति

1950 में योजना आयोग का गठन हुआ। इसका मुख्य उद्देश्य संसाधनों के बेहतर उपयोग के आधार पर देश के विकास की एक रूपरेखा तैयार करना था। भारत में औद्योगिकीकरण हमारे नियोजित विकास नीति का एक प्रमुख हिस्सा रहा है।

1950-51 में भारत के सकल घरेलू उत्पाद में औद्योगिक क्षेत्र का योगदान 16.6% के स्तर पर था। पिछले 60 वर्षों में यह 27% के स्तर पर ही पहुँच पाया है। देश की जीडीपी व जीवीए में उद्योग क्षेत्र के योगदान को निम्न तालिका में दर्शाया गया है-

वित्तीय वर्ष	जीडीपी में उद्योग क्षेत्र का योगदान (% में)
1950-51	16.19
1960-61	20.09
1970-71	20.48
1980-81	24.29
1990-91	26.49
2000-01	26.00
2010-11	27.16

वित्तीय वर्ष	चालू मूल्य (2011-12 का आधार वर्ष) पर जीवीए में उद्योग क्षेत्र का योगदान (% में)
2011-12	29.3
2012-13	28.7
2013-14	27.9
2014-15#	27.3
2015-16*	27.4
2016-17**	26.9

तीसरा संशोधित आंकलन, * दूसरा संशोधित आंकलन, ** पहला संशोधित आंकलन सीएसओ द्वारा 31 जनवरी 2018 को जारी किया गया।

उद्योग क्षेत्र का महत्व

भारतीय अर्थव्यवस्था के विकास में उद्योगों की भूमिका बड़ी निर्णायक होती है औद्योगिकीकरण का परिणाम हम निम्नलिखित रूप में देख सकते हैं-

औद्योगिकीकरण में वृद्धि
↓
निवेश में वृद्धि को प्रोत्साहन
↓
उत्पादन में वृद्धि → निर्यात में वृद्धि → विदेशी मुद्रा भण्डार में वृद्धि → चालू खाते के घाटे में कमी
↓ (चालू खाते के घाटे में कमी ↓ देश आयातोन्मुखी अर्थव्यवस्था से निर्यातोन्मुखी अर्थव्यवस्था की ओर अग्रसर)
रोजगार सृजन में वृद्धि एवं बेरोजगारों के % में कमी
↓
तकनीकी विकास को बढ़ावा
↓
वस्तु की उत्पादन लागत में कमी
↓
उत्पादक वर्ग के लाभ में वृद्धि परिणामस्वरूप उद्यमशीलता को बढ़ावा मिलेगा → सेवा क्षेत्र जैसे- बैंक, बीमा आदि का विस्तार
↓
नये निवेश को प्रोत्साहन तथा प्रबन्धन की आधुनिक तकनीक के प्रयोग पर बल
↓
प्रतिव्यक्ति आय में वृद्धि
↓
गरीबी के % में कमी
↓
रहन-सहन के स्तर में सुधार
↓
उद्योग क्षेत्र की जीडीपी में हिस्सेदारी में वृद्धि
↓
देश की आर्थिक स्थिति में सुधार

उपरोक्त विवरण से स्पष्ट है कि औद्योगिकरण ही एक ऐसा तरीका है जो अर्थव्यवस्था की सारी समस्याओं का बेहतर समाधान कर सकता है। अन्य क्षेत्रों की अपेक्षा आंतरिक और बाहरी दोनों अर्थव्यवस्था का विकास केवल औद्योगिक क्षेत्र के विकास से ही हो सकता है। जैसे-जैसे औद्योगिकरण की प्रक्रिया तेज होती है अंतर औद्योगिक संबध और अधिक मुखर हो जाते हैं जिससे आर्थिक विकास को गति मिलती है। यह न केवल अधिक श्रम शक्ति के उपयोग की क्षमता रखता है बल्कि आर्थिक विकास को मजबूत करने के लिए बाजार का विस्तार भी करता है। 18वीं शताब्दी में प्रारम्भ हुई ब्रिटेन की औद्योगिक क्रान्ति ने ब्रिटेन की अर्थव्यवस्था को फर्श से अर्श पर पहुँचाने का कार्य किया। ब्रिटेन का यह उदाहरण स्वयं में ही उद्योगों के महत्व को दर्शाता है।

भारत की औद्योगिक नीतियाँ

किसी भी औद्योगिक नीति में पद्धतियों, सिद्धांतों, नियमों और संचालन का समावेश होता है। यही औद्योगिकीकरण के ढांचे को एक निश्चित आकार प्रदान करते हैं। नई औद्योगिक नीति 1991 में शुरू की गई थी जो अब तक जारी है। इससे पहले उद्योगों का संचालन विभिन्न नीतिगत वक्तव्यों से होता था। औद्योगिक नीति को एक निश्चित रूप देने का काम पचासवें दशक के दौरान ही हुआ। इसके लिए 1956 में एक प्रमुख नीति की घोषणा की गई। 1956 से पहले आजादी के तुरंत बाद 1948 में एक नीति बनाई गई थी। 1956 के बाद औद्योगिक नीतियों का तांता सा लग गया। 1973, 1977, 1980, 1985, 1988 और 1990 में ये नीतियां व्यापक रूप से घोषित हुईं। लेकिन इन सारी नीतियों में 1956 की नीति ही है जिसे थोड़ा बहुत संशोधन करके सबमें लागू किया गया। इन संशोधनों के माध्यम से इस क्षेत्र में उत्पन्न हुई समस्याओं का समाधान करने का उद्देश्य निहित था।

औद्योगिक नीति प्रस्ताव, 1948

1948 में औद्योगिक नीति का जो प्रस्ताव आया था उसमें मिश्रित अर्थव्यवस्था की स्थापना महत्वपूर्ण थी। इसमें सार्वज. निक और निजी दोनों क्षेत्रों की भूमिका को महत्वपूर्ण माना गया है।

अन्य विशेषताएं- सुविधा के लिए उद्योगों को चार भागों में बांट दिया गया है।

(1) उद्योग जिन पर केन्द्र सरकार का विशेष नियंत्रण है- अस्त्र और शस्त्र, आणविक ऊर्जा और रेल परिवहन, **(2) मिश्रित क्षेत्र**- कोयला, लोहा, इस्पात, विमान और जलपोत का निर्माण, टेलीफोन, टेलीग्राफ और बेतार यंत्रों (रेडियो को छोड़कर) का निर्माण तथा खनिज तेल। यद्यपि दस वर्षों के लिए इस क्षेत्र में निजी उपक्रमों के जिम्मे ही सबकुछ था परन्तु इस क्षेत्र के हर नए उपक्रमों के कार्य भार की जिम्मेदारी राज्य की है। **(3) सरकारी नियंत्रण वाले क्षेत्र**- इसमें 18 उद्योग हैं, जिसमें प्रमुख हैं- ऑटोमोबाइल, लोहे के अलावा अन्य धातुएं, चीनी, कागज, सीमेंट, सूती वस्त्र और ऊनी वस्त्र, खनिज, रक्षा संबंधी उद्योग इत्यादि। यद्यपि सरकार ने इस बात को माना है कि ये उद्योग सबसे महत्वपूर्ण हैं और इनका संचालन भी बहुत जरूरी है परन्तु इन्हें विकसित करने की जिम्मेदारी सरकार ने नहीं उठायी। **(4) निजी क्षेत्र**- वे सारे उद्योग जिनकी चर्चा ऊपर नहीं की गई है, को शामिल किया गया।

- निजी क्षेत्र ने औद्योगिक विकास में लघु और कुटीर उद्योगों के महत्व को स्वीकार किया है।
- निजी क्षेत्र ने इस बात को भी माना है कि अर्थव्यवस्था के औद्योगिकीकरण में विदेशी पूंजी और उद्यमों की भू. मिका होती है। साथ में इस बात पर भी बल दिया है कि इसका पूरा नियंत्रण भारतीयों के हाथ में होना चाहिए।

औद्योगिक नीति प्रस्ताव, 1956

1948 में जो औद्योगिक नीति प्रस्ताव अपनाया गया उसके बाद भारत में चार महत्वपूर्ण घटनाएं घटीं- (1) संविधान की आधारशिला रखी गई जिसमें कई मौलिक अधिकारों का उल्लेख है। साथ ही राज्य नीति के लिए संविधान ने निर्देश जारी किए। (2) पहली पंचवर्षीय योजना का समापन (1951-56) (3) सामाजिक और आर्थिक नीति के आधारभूत लक्ष्य के रूप में समाज के समाजवादी ढांचे को मान्यता, और (4) 1951 में उद्योगों के लिए विकास और संचालन एक्ट का लागू होना। इन परिवर्तनों से एक नई औद्योगिक नीति की जरूरत सामने आयी जिसके कारण 1948 की औद्योगिक नीति को समाप्त कर दिया गया और 1956 में एक नई औद्योगिक नीति की घोषणा हुई।

1956 की औद्योगिक नीति के उददेश्य इस प्रकार थे- (1) संवृद्धि की दर को बढाना, (2) सार्वजनिक क्षेत्र का विस्तार करके, भारी उद्योगों का विकास करके और सहकारी

समितियों का निर्माण करके औद्योगिकीकरण की प्रक्रिया को तेज करना। (3) आय की असमानता को कम करना और (4) राष्ट्रीय हित की सीमा में निजी क्षेत्रों को विकास और विस्तार की अनुमति प्रदान करना।

1956 के औद्योगिक नीति प्रस्ताव के प्रमुख लक्षण निम्नलिखित हैं-

1. इस प्रस्ताव ने उद्योगों को तीन भागों में बांट दिया:

परिशिष्ट अ : राज्य का एकाधिकार : इस वर्ग मे उन सभी उद्योगों को शामिल किया गया है जो राज्य के नियंत्रण में रखे गये। रक्षा, भारी उद्योगों, खनिज, परिवहन, संचार और बिजली से संबंधित 17 उद्योगों, को चिन्हित किया गया है। इनमें से शस्त्र, आणविक ऊर्जा, रेल और विमान उद्योग सरकार के विशेष नियंत्रण में हैं।

परिशिष्ट ब : मिश्रित क्षेत्र : इस वर्ग में वे सारे उद्योग हैं जिन पर राज्य का स्वामित्व होता है। इसमें राज्य की ओर से नए-नए उपक्रम स्थापित होते रहते हैं। निजी उपक्रमों की केवल यह भूमिका होती है कि वे राज्य के प्रयासों के पूरक बनें। इसमे 12 उद्योग शामिल हैं- अन्य खनिज उद्योग और धातुएं जो परिशिष्ट 'अ' में शामिल नहीं हैं, एल्युमिनियम, मशीनी औजार, लौह-अयस्क और इस्पात, रसायन उद्योग, दवाई, खाद, संश्लेषित रबड़, कोयले का कार्बनीकरण, सड़क परिवहन और समुद्री परिवहन और रासायनिक खाद।

परिशिष्ट स : निजी क्षेत्र : वे सारे उद्योग जो सूची अ और ब में शामिल नही हैं उन्हें निजी क्षेत्र के लिए खोल दिया गया। इसमें राज्य की तरफ से निजी क्षेत्र को काफी सुविधा दी जाती है।

2. इस प्रस्ताव में न केवल सार्वजनिक और निजी क्षेत्र के परस्पर अस्तित्व पर जोर दिया गया है बल्कि इस बात पर भी बल दिया गया है कि दोनों एक-दूसरे को परस्पर सहयोग प्रदान करें। फिर भी निजी क्षेत्र को सरकारी नियमों और नियंत्रण के अंदर ही काम करने की अनुमति थी।
3. लघु और कुटीर उद्योगों के महत्व पर बल दिया गया।
4. विकास की आवश्यकता को ध्यान में रखते हुए क्षेत्रीय असमानताओं को कम करने की जरूरत पर जोर दिया गया ताकि औद्योगिकीकरण का लाभ सारे देश को मिल सके।
5. इस बात पर भी बल दिया गया कि एक समाजवादी समाज में मजदूरों के अधिकारों की रक्षा हो और उन्हें पर्याप्त सुविधाएं प्रदान की जाए। इसके अलावा उद्योगों के विकास के लिए प्रबंधन से उनका जुड़ा रहना जरूरी है।

औद्योगिक नीति प्रस्ताव-1973

इस नीति के अंतर्गत प्राथमिकता वाले उद्योगों को चिन्हित किया गया। बड़े-बड़े औद्योगिक घरानों और विदेशी कम्पनियों को इन सारे उद्योगों में निवेश की अनुमति दी गई। दत्त समिति के उस प्रस्ताव को भी मान लिया गया जिसमें संयुक्त क्षेत्र की स्थापना का उल्लेख है।

औद्योगिक नीति प्रस्ताव-1977

यह प्रस्ताव जनता पार्टी सरकार द्वारा लाया गया जिसमें और अधिक विकेन्द्रीकरण को बढ़ावा मिला। साथ ही अधिक रोजगार अवसरों के सृजन के लिए लघु और कुटीर उद्योगों की भूमिका को स्पष्ट किया। इसने लघु उद्योगों से भी अधिक छोटे उद्योगों की अवधारणा को प्रतिपादित किया।

औद्योगिक नीति प्रस्ताव-1980

इस प्रस्ताव में मोटे तौर पर 1956 की औद्योगिक नीति के उद्द्देश्य शामिल थे। उद्योगों का विस्तार कर और क्षमता का अधिक से अधिक उपयोग करके औद्योगिक उत्पादन को बढ़ाना ही इसका उददेश्य था। इसमें आधुनिकीकरण और नई-नई तकनीकों पर जोर दिया गया। इसके अलावा इस बात पर भी बल दिया गया कि आधिक्य क्षमताओं में नियमितता बरती जाए, सार्वजनिक क्षेत्र के उपक्रमों की क्षमता को सुधारा जाए और निर्यातोन्मुखी इकाइयों को पूर्ण रूप से उन्नत किया जाए।

नई औद्योगिक नीति-1991

24 जुलाई 1991 में सरकार ने नई औद्योगिक नीति की घोषण ा की। यह कदम अस्सी के दशक में उदारीकरण प्रक्रिया का ही नमूना मात्र था। नई औद्योगिक नीति पर्याप्त रूप से औद्योगिक अर्थतंत्र का विनियमन करती है। इस नई नीति के प्रमुख उददेश्य इस प्रकार हैं- पिछले लाभों में और वृद्धि करना, कमजोरियों और दोषों को सुधारना, उत्पादकता में वृद्धि बनाए रखना, रोजगार को लाभकारी बनाना और अंतर्राष्ट्रीय स्तर पर एक मजबूत प्रतिद्वन्दी के रूप में उभरना। इन लक्ष्यों की पूर्ति के लिए सरकार ने कई कदम उठाए जो निम्नलिखित हैं।

(i) औद्योगिक लाइसेंसिंग का उन्मूलन

निवेश का स्तर चाहे कुछ भी रहा हो, नई औद्योगिक नीति ने सभी तरह की लाइसेंसिंग व्यवस्था को समाप्त कर दिया लेकिन कुछ उद्योगों को छोड़ भी दिया गया। यह भी सुरक्षा

और सामाजिक कारणों के तहत किया गया। इसके अलावा कुछ पर्यावरण संबंधी मुद्दे भी जुड़े थे। साथ ही खतरनाक वस्तुओं के निर्माण और अभिजात वर्गों के उपभोग के वस्तुओं का मुद्दा भी शामिल था।

14 उद्योगों के लिए लाइसेंसिंग को अब आवश्यक बना दिया गया है जैसे कोयला, अल्कोहल, पेट्रोलियम, चीनी, सिगरेट, हानिकारक केमिकल्स, दवाई और औषधि, अज्वलनशील पदार्थ, कागज, लकड़ी, वसा और तेल, जानवरों के रोंएदार चमड़े, इलेक्ट्रानिक्स, वायुयान और सुरक्षा सामग्री, औद्योगिक विस्फोटक इत्यादि।

इस उपाय के साथ ही लगभग 85 प्रतिशत उद्योगों के लिए लाइसेंसिंग की जरूरत को समाप्त कर दिया गया है। अस्तित्वमान उद्योगों के लिए एक सुलभता यह भी है कि वे बाजार की जरूरतों के हिसाब से विस्तार करने के लिए स्वतंत्र हैं। इसमें सरकार से अनुमोदन प्राप्त करने की आवश्यकता नहीं है। वर्तमान में निम्नलिखित 5 उद्योगों को अनिवार्य लाइसेन्स की परिधि मे रखा गया है–

1. एल्कोहलयुक्त पेयों का आसवन व मद्यीकरण (Distillation and brewing of Alcoholic drinks)
2. तम्बाकू के सिगार व सिगरेट तथा तैयार तम्बाकू के अन्य विकल्प
3. वायु, आकाश तथा रक्षा से संबंधित इलेक्ट्रानिक
4. दियासलाइयों सहित औद्योगिक विस्फोट
5. खतरनाक रसायन

(ii) सार्वजनिक क्षेत्र की मंद भूमिका

1956 के बाद से सार्वजनिक क्षेत्र के लिए जिन उद्योगों को आरक्षित किया गया उनकी संख्या 17 थी जो 1991 तक कम होते-होते 8 हो गई और 1993 में केवल 6 रह गई। जिनमें शामिल हैं-(1) अस्त्र-शस्त्र और सुरक्षा उपकरणों की अन्य सामग्रियां, रक्षा-विमान और आयुध, (2) आणविक ऊर्जा, (3) कोयला और लिग्नाइट, (4) आणविक ऊर्जा से संबधित खनिज (1953 के उत्पादन और उपयोग नियंत्रण निर्देश के अंतर्गत), (5) खनिज तेल और (6) रेल परिवहन।

सार्वजनिक क्षेत्र में अभी भी आरक्षित उद्योग हैं परन्तु ये उन्हीं क्षेत्रों में सीमित हैं जहां सुरक्षा और सामरिक नीति की प्रधानता है। वर्तमान मे निम्नलिखित 2 उद्योगों को सार्वजनिक क्षेत्र के लिए आरक्षित रखा गया है-(1) परमाणु ऊर्जा (2) परमाणु ऊर्जा अनुसूची में निर्दिष्टि खनिज।

नई औद्योगिक नीति में इस बात का भी उल्लेख है कि पिछड़ी तकनीक के मामले में सार्वजनिक उपक्रमों की समीक्षा सरकार का उत्तरदायित्व है। इसके अलावा छोटे-छोटे और गैर-सामरिक महत्व वाले क्षेत्रों की भी समीक्षा सरकार करेगी। आमतौर पर इन क्षेत्रों का सामाजिक महत्व कम होता है। मरम्मतयोग्य इकाइयों को औद्योगिक और वित्तीय पुनर्निर्माण बोर्ड (BIFAR) के हवाले कर दिया जाएगा ताकि पुर्नस्थापना और पुनर्निर्माण के मामले में सलाह मिल सके। सार्वजनिक क्षेत्र के शेष उपक्रमों के लिए यह बताया जाता है कि उन्हें भरपूर प्रबंधन स्वायत्तता प्रदान की जाएगी। इसे सुनिश्चित करने के लिए सहमति पत्र (memorandum of understanding) का सहारा लिया जाएगा।

नई औद्योगिक नीति में यह बात साफ-साफ कही गई है कि अर्थव्यवस्था के प्रमुख क्षेत्रों में निजी क्षेत्र की भागीदारी अधिक होनी चाहिए और इसके लिए सरकार की भूमिका और भी महत्वपूर्ण है कि वह निजी क्षेत्र को आमंत्रित करे।

(iii) एकाधिकार एवं प्रतिबन्धक व्यापार व्यवहार अधिनियम (MRTP Act) की परिसम्पत्ति सीमा समाप्त

ऐसी कम्पनियां जिनकी न्यूनतम परिसम्पत्ति सीमा 100 करोड़ थी उन्हें एकाधिकार और प्रतिबंधक व्यापार व्यवहार अधिनियम के अधीन कर दिया गया था। इन कम्पनियों को कुछ गिने-चुने उद्योगों में प्रवेश की अनुमति दी गई थी। साथ ही सरकारी अनुमोदन भी अनिवार्य कर दिया गया था। औद्योगिक लाइसेंसिंग के अलावा, किसी भी निवेश प्रस्ताव के लिए इन कम्पनियों को पूर्व-अनुमति भी लेनी पड़ती थी। इस प्रकार विकास और विविधिकरण के लिए इन कम्पनियों ने जो भी योजनाएं बनाईं, उन पर उक्त व्यवस्थाओं का नकारात्मक प्रभाव पड़ा। इसलिए नई औद्योगिक नीति में एकाधिकार और प्रतिबन्धक व्यापार व्यवहार अधिनियम के अंतर्गत आने वाली कम्पनियों की परिसम्पत्ति सीमा को समाप्त कर दिया गया है। इस अधिनियम का संशोधन इस प्रकार हुआ है कि अब निवेश के लिए केंद्र सरकार की पूर्व अनुमति आवश्यक नहीं रह गई है। इस संशोधित अधिनियम का मुख्य उददेश्य यह है कि किसी तरह एकाधिकारिक, प्रतिबंधक और अवांछित व्यापारिक गतिविधियों को रोका जाए। इससे उपभोक्ताओं की सुरक्षा सुनिश्चित हो सकेगी।

(iv) विदेशी निवेश को प्रोत्साहन

एक सीमित अथवा बन्द अर्थव्यवस्था (closed economy) के रूप में काम करते हुए भारतीय अर्थव्यवस्था ने भारत में विदेशी पूंजी निवेश की इच्छा कभी नहीं जताई। नई औद्योगिक नीति इस संदर्भ में पथ से हटकर एक नया कदम है। न केवल कठोर अधिनियम (FERA) को सरकार उदारीकृत करने के लिए वचनबद्ध थी बल्कि विदेशी निवेश (FI) के दोनों रूपों-प्रत्यक्ष तथा अप्रत्यक्ष, में सरकार ने प्रोत्साहित किया। विदेशी निवेश (FI) के प्रत्यक्ष रूप को प्रत्यक्ष विदेशी निवेश (Foreign Direct Investment-FDI) कहा गया है, जिसके तहत बहुराष्ट्रीय कपंनियों ने भारत के विभिन्न क्षेत्रों में अपने उद्यम स्थापित किए हैं। इन उद्यमों के स्वामित्व में उनका हिस्सा 26 प्रतिशत से लेकर 100 प्रतिशत तक था - एनरॉन तथा कोक इसमें अग्रणी थे। प्रत्यक्ष विदेशी निवेश (FDI) की शुरुआत 1991 में की गई। विदेशी निवेश के अप्रत्यक्ष रूप को (अर्थात् इक्विटी पूंजी में भारतीय कपंनियों की सम्पत्ति) पोर्टफोलियो निवेश योजना (Portfolio investment scheme-PIS) कहा गया जिसकी औपचारिक शुरुआत 1994 में हुई। इस योजना के तहत उन विदेशी संस्थागत निवेशकों (FIIs) को भारतीय प्रतिभूति शेयर बाजार में निवेश करने की अनुमति दी गई, जिनका अन्य जगहों पर प्रदर्शन अच्छा रहा था। विदेशी संस्थागत निवेशकों को सेबी (SEBI) में एक स्टॉक ब्रोकर (शेयर दलाल) के रूप में स्वयं को दर्ज कराना अनिवार्य था। इसका अर्थ यह है कि, भारत ने अब तक व्यक्तिगत विदेशी निवेशकों को प्रतिभूति बाजार में निवेश करने की अनुमति नहीं दी है, अभी तक मात्र संस्थागत निवेश को अनुमति दी गई है।

(v) FEMA द्वारा FERA का प्रतिस्थापन

सरकार ने वर्ष 1991 में ही कठोर FERA अधिनियम को उदार FEMA द्वारा प्रतिस्थापित करने की वचनबद्धता जताई थी। इसे वर्ष 2000-01 से कार्यान्वित किया गया, (FERA) के समापन के लिए दो वर्षों की समय सीमा निर्धारित की गयी।

उद्योगों की अवस्थिति से सम्बन्धित प्रावधानों को औद्यो. गिक नीति 1991 द्वारा सरल बना दिया गया, जो पहले एक अत्यधिक बोझिल तथा समय लेने वाली थी, को इस नीति द्वारा सरल बना दिया गया। इस नीति में उद्योगों को दो प्रकार में वर्गीकृत किया गया-'प्रदूषण फैलाने वाले उद्योग' तथा इसके विपरीत वे उद्योग जो प्रदूषण नहीं फैलाते हों। इन उद्योगों की अवस्थिति को निर्धारित करने के लिए एक अत्यधिक सरल प्रावधान की घोषणा की गई :

(i) उन उद्योगों की स्थापना कहीं भी की जा सकती है जो प्रदूषण नहीं फैलाते हों।
(ii) प्रदूषण फैलाने वाले उद्योगों को मिलियन नगरों (milion cities) से कम-से-कम 25 कि.मी. की दूरी पर स्थापति किया जाना चाहिए।

सूक्ष्म, लघु एवं मध्यम उद्योगों का विकास

सूक्ष्म, लघु एवं मध्यम उद्योगों के बीच भेद करने की कोई एक कार्यमूलक आर्थिक कसौटी नहीं है। विभिन्न देशों में इनकी जो परिभाषाएं विकसित की गई हैं वे वहाँ की विशिष्ट परिस्थितियों के संदर्भ में की गयी हैं। हमारे देश में जो औपचारिक परिभाषा प्रचलित है वह करों में, वित्तीय तथा अन्य प्रोत्साहन देने की लिए इकाइयों की पहचान करने के लिए अपनायी गयी है। नवीनतम आधिकारिक परिभाषा के अनुसार सूक्ष्म, लघु एवं मध्यम उद्योगों का वर्गीकरण पूंजी के निवेश को आधार बनाकर निम्न प्रकार से किया गया है:-

तालिका 7.1: सूक्ष्म, लघु एवं मध्य उद्योग

उद्योग	निर्माण उद्योग (पूंजी आधार)	सेवा उद्योग (पूंजी आधार)
सूक्ष्म उद्योग (Micro Industry)	प्लांट एवं मशीनरी पर 25 लाख रुपये तक का निवेश	उपकरणों पर 10 लाख रुपये तक का निवेश
लघु उद्योग (Small Industry)	प्लांट एवं मशीनरी पर 25 लाख से 5 करोड़ रुपये तक का निवेश	उपकरणों पर 10 लाख से 2 करोड़ रुपये तक का निवेश
मध्यम उद्योग (Medium Industry)	प्लांट एवं मशीनरी पर 5 करोड़ से 10 करोड़ रुपये तक का निवेश	उपकरणों पर 2 करोड़ से 5 करोड़ रुपये तक का निवेश

एमएसएमई के मानकों में परिवर्तन

एमएसएमई के मानकों में परिवर्तन (Change in the indicators of MSMES)

पूर्व की स्थिति	:	सूक्ष्म (Micro), लघु (Small) एवं मध्यम (Medium) उपक्रम के रूप में वर्गीकृत इन उद्योगों को ''प्लांट एवं मशीनरी में निवेश'' के मानक के रूप में वर्गीकृत किया जाता था।
मानको में परिवर्तन	:	सूक्ष्म, लघु एवं मध्यम उपक्रम विकास अधिनियम, 2006 (MSMEs Development Act, 2006) के अनुच्छेद 7 में संशोधन की मंजूरी प्रधानमंत्री की अध्यक्षता में केन्द्रीय मंत्रिमण्डल की 7 फरवरी, 2018 में सम्पन्न बैठक में दी गयी। इस मंजूरी के बाद से एमएसएमई उद्योगों के वर्गीकरण का मानक प्लांट एवं मशीनरी में निवेश के स्थान पर ''वार्षिक कारोबार'' (Annual Turnover) होगा।
मानकों में परिवर्तन का उद्देश्य	:	मानको को ग्रोथ ओरिएंटेड करना, कारोबार सुगमता (म्ेंल वf क्वपदह ठनेपदमे) में वृद्धि करना साथ ही नई जीएसटी प्रणाली के अनुकूल मानकों को करना।
MSMEs के नवीन मानक	:	सूक्ष्म उपक्रम (Micro Enterprice) : ऐसी इकाई को सूक्ष्म उपक्रम के रूप में परिभाषित किया जाएगा, जिनका वार्षिक कारोबार 5 करोड़ से कम हो। लघु उपक्रम (Small Enterprice) : ऐसी इकाई को लघु उपक्रम के रूप में परिभाषित किया जाएगा, जिनका वार्षिक करोबार 5 करोड़ से अधिक किन्तु 75 करोड़ रूपये से कम हो। मध्यम उपक्रम (Midium Enterprice) : ऐसी इकाई को मध्यम उपक्रम के रूप में परिभाषित किया जाएगा, जिनका वार्षिक करोबार 75 करोड़ से अधिक किन्तु 250 करोड़ रूपये से कम हो। नोट: बजट 2018-19 के अन्तर्गत यह घोषणा की गयी थी कि 250 करोड़ के वार्षिक टर्नओवर वाले कारोबारी को कार्पोरेट टैक्स से मुक्त रखा जायेगा। इस घोषणा से लगभग देश 99 प्रतिशत उद्यमी कर मुक्त का लाभ प्राप्त कर सकेंगे।

सूक्ष्म, लघु और मध्यम उद्यम क्षेत्र का महत्व

- MSMEs क्षेत्र देश के सकल घरेलु उत्पाद (GDP) में 37. 54 प्रतिशत का योगदान करता है।
- वर्तमान में यह क्षेत्र देश भर में 3.61 करोड़ यूनिट के जरिए 8.05 करोड़ नौकरियों अवसर मुहैया कराता है।
- इस क्षेत्र में पूरी क्षमता है कि यह देश में व्याप्त रोजगारी, क्षेत्रीय असंतुलन, राष्ट्रीय आय और संपत्ति के असमान वितरण जैसी ढांचागत समस्याओं का समाधान करने के लिए रामबाण का काम कर सकें।
- MSMEs के महत्व को स्वीकारते हुए सरकार नें नए उद्यमों की स्थापना और मौजूदा उद्यमों के विकास के लिए अनेक कार्यक्रम शुरू किये है, जिनमें प्रमुख है-
  - प्रधानमंत्री रोजगार सृजन कार्यक्रम।
  - सूक्ष्म और लघु उद्यमों के लिए ऋण गारंटी न्यास निधि।
  - प्रौद्योगिकी उन्नयन के लिए ऋण संबंधी पूंजी सब्सिडी योजना।
  - परम्परागत उद्योग पुनरूद्धार निधि योजना।
  - सूक्ष्म और लघु उद्यम कलस्टर विकास कार्यक्रम।
  - नवोन्मेष और ग्रामीण उद्यमी संवर्धन योजना।

लघु एवं कुटीर उद्योग

अर्थ, महत्व, समस्यायें एवं सरकारी प्रयास

लघु उद्योगों से हमारा आशय उन उद्योगों से है जो निर्माण क्षेत्र में संलग्न उद्योगों में प्लांट एवं मशीनरी पर 25 लाख से 5 करोड़ रुपये तक निवेश करते हों और सेवा क्षेत्र में संलग्न उद्योग के उपकरणों पर 10 लाख से 2 करोड़ रुपये तक निवेश करते हों। ये उद्योग कस्बों तथा शहरों में स्थित होते हैं, इनमें ऊर्जा का प्रयोग होता है तथा वेतनभोगी श्रमिकों की सहायता से राष्ट्रीय और अन्तर्राष्ट्रीय आवश्यकता की पूर्ति के लिए वस्तु का उत्पादन किया जाता है जबकि कुटीर उद्योग वे उद्योग हैं जो कि प्राय: गाँवों में स्थित होते हैं, उत्पादन की परम्परागत विधियों का प्रयोग करते हैं तथा परिवार के सदस्यों अथवा बहुत थोड़ी मात्रा में श्रमिकों का सहयोग लेकर वस्तुओं का उत्पादन करते हैं। वर्तमान में लघु उद्योग के लिए आरक्षित क्षेत्र निम्नवत् है–सरसों का तेल, लकड़ी के फर्नीचर, मोमबत्ती, माचिस, अगरबत्ती, स्टील की अलमारी, स्टील फर्नीचर, कॉपियाँ व रजिस्टर, कपड़े धोने का साबुन, पटाखे, कांच की चूड़ियाँ, ताले, एल्यूमीनियम के घरेलू बर्तन।

भारतीय अर्थव्यवस्था में लघु और कुटीर उद्योगों का महत्वपूर्ण स्थान है।

1. भारत में जनसंख्या अधिक है। लघु और कुटीर उद्योगों में श्रम शक्ति को अधिक मात्रा में रोजगार के अवसर प्रदान किए जा सकते हैं।
2. भारतीय कृषकों को वर्ष में 6–7 महीने काम मिलता है; शेष समय में वह लघु और कुटीर उद्योगों में रोजगार प्राप्त कर प्रछन्न बेरोजगारी से मुक्ति पा सकते हैं।
3. भारत में पूँजी की कमी है तथा श्रम–शक्ति की बहुलता। छोटे और कुटीर उद्योगों में श्रम–प्रधान (labour-intensive) उत्पादन विधियों का प्रयोग करके पूँजी निवेश की समस्या को हल किया जा सकता है।
4. लघु और कुटीर उद्योग स्थानीय कच्चा माल तथा उत्पत्ति के अन्य साधनों का पूर्णतया उपयोग करने में सहयोग देते हैं।
5. लघु और कुटीर उद्योगों की स्थापना सुदूर गाँव–कस्बों में की जा सकती है। इससे उद्योगों का केन्द्रीयकरण कुछ ही स्थानों पर नहीं होता तथा देश का सन्तुलित औद्योगिक विकास करने में सहायता मिलती है।
6. लघु और कुटीर उद्योगों में आर्थिक शक्ति का केन्द्रीयकरण कुछ लोगों के हाथों में नहीं हो पाता। औद्योगिक विकास के लाभ सभी लोगों में बाँटे जा सकते हैं, जिससे धन और आय की विषमताएँ दूर होती हैं।
7. राष्ट्रीय सुरक्षा की दृष्टि से भी उद्योगों का केन्द्रीयकरण उचित नहीं होता। कुटीर उद्योगों में विकेन्द्रीयकरण की अन्तर्निहित विशेषता विद्यमान होती है।
8. लघु और कुटीर उद्योगों से राष्ट्रीय उत्पादन का एक बड़ा भाग प्राप्त होता है तथा विदेशी मुद्रा अर्जित करने में इनका महत्पूर्ण योगदान होता है।

लघु उद्योगों की समस्याएँ (Problems of Small-scale Industries)

एक समय था जब भारत के लघु एवं कुटीर उद्योग विश्वविख्यात थे। कारीगरों और शिल्पियों की कला अद्वितीय थी। लेकिन स्वतन्त्रता प्राप्ति के समय ये उद्योग विक्षिप्त अवस्था में थे तथा आज भी इनको अनेक प्रकार की समस्याओं का सामना करना पड़ रहा है। लघु उद्योगों की प्रमुख समस्याएँ निम्न हैं :

1. **कच्चे माल की समस्या** (Problem of raw materials): कुटीर तथा लघु उद्योगों को पर्याप्त मात्रा में उत्कृष्ट कोटि का कच्चा माल नियमित रूप से उपलब्ध नहीं होता तथा कच्चे माल के लिए काफी ऊँची कीमत देनी पड़ती है। जिस प्रकार भारतीय बुनकरों को सूत के लिए बड़ी मिलों पर निर्भर रहना पड़ता है तथा सूत प्राप्त करने में कठिनाई का सामना करना पड़ता है, इसी प्रकार कल–पुर्जे बनाने वाले उद्योगों को दुर्लभ कच्चा माल विदेशों से आयात करने में अनेक बाधाओं का सामना करना पड़ता है।
2. **पूँजी का अभाव** (Lack of capital resources): लघु उद्योगों का संचालन करने वाले कारीगरों की आर्थिक स्थिति बहुत दयनीय होती है इनकी साख सीमित होने तथा प्रतिभूतियों के अभाव के कारण ऋण प्राप्त करने में भी कठिनाई होती है। पूँजी की प्राप्ति के लिए देशी महाजनों और साहूकारों पर निर्भर रहना पड़ता है जो कि ऋणों पर ऊँची दर से ब्याज लेते हैं। पूँजी की कमी के कारण वे उद्योग मशीन का प्रयोग तथा अच्छी किस्म के माल का प्रयोग करने में असमर्थ होते हैं, जिसके परिणामस्वरूप निर्मित वस्तु उत्कृष्ट किस्म की नहीं बन पाती है।

3. **बिक्री सम्बन्धी कठिनाइयाँ** (Marketing difficulties): लघु उद्योगों द्वारा निर्मित वस्तुओं में प्रमापीकरण (Standardisation), लघु श्रेणीकरण (gradation) का अभाव पाया जाता है। इस वजह से इन वस्तुओं को दलालों, बिचौलियों तथा साहूकारों को बेचना पड़ता है, जो कि बदले में उचित मूल्य अदा नहीं करते। साधनों के अभाव के कारण कुटीर उद्योग अपनी वस्तुओं का प्रचार करने या प्रदर्शनियों का आयोजन करने में असमर्थ रहते हैं।
4. **कर सम्बन्धी कठिनाइयाँ** (Problems of taxation): लघु उद्योगों को करों के भुगतान की समस्या का भी सामना करना पड़ता है। उद्योगों के लिए स्थानीय करों तथा उत्पादन शुल्क, सीमा कर आदि का भुगतान करना काफी कठिन होता है।
5. **बड़े उद्योगों से प्रतियोगिता** (Competition with large industries): कुटीर उद्योगों को बड़े पैमाने के उद्योगों से कड़ी प्रतियोगिता करनी पड़ती है। बड़े उद्योगों द्वारा निर्मित माल की उत्पादन लागत कम होती है, मशीनों के प्रयोग के कारण वस्तु समरूप और अच्छी किस्म की होती है, तथा प्रचार के माध्यमों का प्रयोग करके वे अपनी वस्तुएँ उपभोक्ताओं तक आसानी से पहुँचा सकते हैं। लघु उद्योगों की वस्तुओं की लागत अपेक्षाकृत अधिक होती है, अतः इनकी कीमत भी ऊँची होती है।
6. **प्रबन्ध सम्बन्धी कठिनाइयाँ** (Managerial difficulties): लघु उद्योगों के संचालकों में परस्पर संगठन तथा ताल-मेल का अभाव है। शिक्षा तथा ट्रेनिंग के अभाव में ये उत्पादन और प्रबन्ध की नवीनतम विधियों से अनभिज्ञ रहते हैं। उपभोक्ताओं की रुचियों के अनुकूल नई और आकर्षक वस्तुओं का उत्पादन करने में ये सर्वथा असमर्थ होते हैं। पुरानी और अप्रचलित विधियों द्वारा उत्पादन करने से वस्तुएँ अच्छी किस्म की और कम लागत पर निर्मित नहीं हो पातीं।

समस्याओं के समाधान हेतु सरकारी प्रयत्न (Government's Measures to Solve the Problems)

विभिन्न योजनाओं के अन्तर्गत सरकार ने लघु और कुटीर उद्योगों की स्थापना और विकास पर बल दिया है। लघु उद्योगों की समस्याओं को हल करने के लिए निम्नलिखित प्रयास किये गये:

1. **वित्त की व्यवस्था (Provision of Finance):** लघु और कुटीर उद्योगों की आवश्यकताओं की पूर्ति के लिए सरकार ने विशिष्ट संस्थाओं का गठन किया है। इनमें राज्य वित्त निगम, स्टेट बैंक ऑफ इण्डिया द्वारा ऋणों की व्यवस्था, राष्ट्रीय लघु उद्योग निगम, राष्ट्रीयकृत बैंकों द्वारा ऋण, आदि प्रमुख हैं। वित्त की और आसान सुविधाएँ उपलब्ध करवाने के उद्देश्य से एक विशिष्ट संस्था की स्थापना भी की गई। 500 करोड़ रुपये की पूँजी वाली इस संस्था का नाम है – भारतीय लघु उद्योग विकास बैंक (Small Industries Development Bank of India या SIDBI) है।
2. **तकनीकी सहायता (Provision of Finance):** लघु उद्योगों को तकनीकी सहायता प्रदान करने के लिए लघु उद्योग सेवा-संस्थाओं (SISI), औद्योगिक विस्तार सेवा (IES), आदि की स्थापना की गई है। ये संस्थाएं लघु उद्योगों के प्रबन्धकों को उत्पाद विधियां, बिक्री संवर्द्धन, प्रबन्ध आदि में सुधार के लिए प्रशिक्षण और सलाह देती हैं।
3. **औद्योगिक बस्तियाँ (Industrial Assistance):** सरकार औद्योगिक बस्तियों की स्थापना कर रही है, जहाँ लघु उद्योगों के लिए इमारतों, कच्चे माल, यातायात के साधन, जल और शक्ति के साधनों, मशीनों और उपकरणों की व्यवस्था की जाती है। उत्पादकों की उन सब आधारभूत सुविधाओं की व्यवस्था सरकार औद्योगिक बस्तियों में करती है, जिनको व्यक्तिगत रूप से जुटाना उनके लिए कठिन होता है। वहाँ वे आसान किस्तों में उत्पादक मशीनों, उपकरण, आदि की लागत का भुगतान कर सकते हैं।
4. **बिक्री की सुविधायें (Facilities for Marketing):** बिक्री संवर्द्धन के लिए सरकार ने विभिन्न प्रयत्न किये हैं। सन् 1955 में राष्ट्रीय उद्योग निगम की स्थापना की गई जो सरकारी विभागों के लिए छोटे पैमाने पर बनी हुई वस्तुएं खरीदने की व्यवस्था करेगा। इसी प्रकार राज्य व्यापार निगम की स्थापना की गई है जो विदेशों से लघु उद्योगों में निर्मित वस्तुओं के लिए आर्डर प्राप्त करेगा तथा विदेशों में प्रदर्शनी, आदि का आयोजन करेगा।

5. **नई संस्थाओं की स्थापना (Formation of new Institutions):** लघु उद्योगों की समस्याओं को सही परिवेश में समझने और उनका समाधान करने के लिए सरकार ने कुटीर उद्योग-प्रमण्डल, केन्द्रीय सिल्क परिषद, अखिल भारतीय हस्तकला प्रमण्डल, अखिल भारतीय हथकरघा प्रमण्डल, अखिल भारतीय खादी तथा ग्रामोद्योग का गठन किया है।
6. **नयी लघु औद्योगिक नीति (New Small Scale Industrial Policy):** आर्थिक सुधारों की प्रक्रिया प्रारम्भ होने के बाद केन्द्र सरकार द्वारा 6 अगस्त, 1991 को नई लघु उद्योग नीति की घोषणा की गयी। आने वाले वर्षों में लघु उद्योगों के लिए आरक्षित मदों की संख्या घटती गयी और उनमें मझोले या फिर बड़े उद्योगों का प्रवेश होना प्रारंभ हुआ। इस प्रकार लघु उद्योगों के लिए उद्योगों की संख्या ही नहीं घटी बल्कि विद्यमान लघु उद्योगों को उन क्षेत्रों में प्रवेश करने वाली बड़ी कम्पनियों से प्रतिस्पर्द्धा करनी पड़ी। इस प्रतिस्पर्द्धा में लघु उद्योगों को बहुत घाटे का सामना करना पड़ा और भविष्य अंधेरे में दिखने लगा।

बदली हुई परिस्थितियों के मद्देनजर तथा उदारीकरण के दौर में लघु उद्योगों को किस प्रकार सुदृढ़ बनाया जाए इस पर सलाह लेने के लिए सरकार द्वारा दिसंबर 1995 में **आबिद हुसैन** की अध्यक्षता में एक समिति का गठन किया गया। आबिद हुसैन समिति की रिपोर्ट 27 जनवरी, 1997 को सार्वजनिक की गयी। इस समिति द्वारा लघु उद्योग क्षेत्र के विकास के लिए कई महत्वपूर्ण सलाह दी गयी–

I. लघु उद्योगों में निवेश की सीमा को बढ़ाकर 3 करोड़ रुपये करना (75 लाख रुपये से बढ़ा कर)।
II. छोटी इकाइयों (Tiny Units) में निवेश सीमा को बढ़ाकर 25 लाख रुपये करना (5 लाख रुपये से बढ़ा कर)।
III. लघु उद्योगों के लिए आरक्षित मदों (497 उत्पाद) को अनारक्षित करना।
IV. लघु उद्योगों में विदेशी पूंजी निवेश (FDI) की सीमा (24%) को समाप्त करना।
V. लघु उद्योगों के वित्त पोषण संबंधी **नायक समिति** की सलाहों को लागू करना।
VI. लघु उद्योगों की सहायता के लिए (अगले 5 वर्षों में) 2500 करोड़ रुपये के पैकेज की सलाह।
VII. एक रिवाल्विंग कोष (Revolving Fund) की व्यवस्था, जो छोटे उद्योगों की सहायता करें।
VIII. सेवा क्षेत्र से जुड़ी इकाइयों को भी लघु उद्योग माना जाये।
IX. लघु उद्योग क्षेत्र को लघुस्तरीय उद्यम (enterprise) क्षेत्र मानने की सलाह।
X. लघु स्तरीय उद्योगों के लिए 'साख श्रेणी' (Credit Rating) की व्यवस्था करना।

आबिद हुसैन समिति के आलोक में आने वाले वर्षों में सरकार द्वारा लघु उद्योगों से जुड़े कई निर्णय लिए गए। 2 अक्टूबर, 2006 को केन्द्र द्वारा उनसे जुड़े सूक्ष्म, लघु एवं मध्यम उपक्रम विकास अधिनियम (Micro, Small and Medium Enterprise Development Act) को लागू किया गया, जिसके मूल अंश निम्न प्रकार हैं–

I. लघु उद्योगों में निवेश की सीमा को बढ़ाकर 5 करोड़ किया गया,
II. मध्यम उपक्रमों (Medium Enterprise) नामक लघु उद्योगों की एक नयी श्रेणी का निर्माण किया गया, जिसके अंतर्गत वैसे लघु उद्योगों को रखने का प्रावधान है, जिनकी निवेश सीमा 5 से 10 करोड़ रुपये के बीच है,
III. सूक्ष्म उद्योगों की निवेश सीमा 25 लाख रुपये रखा गया,
IV. लघु तथा मध्यम उपक्रमों के उचित विकास के लिए 'राष्ट्रीय लघु एवं मध्यम उपक्रम बोर्ड' (National Small and Medium Enterprises Board - NSMEB) की स्थापना
V. सेवा क्षेत्र के लघु उद्योगों की निवेश सीमा 2 करोड़ रुपये रखी गई तथा इसके अंतर्गत आने वाली मध्यम इकाईयों के लिए निवेश सीमा 2–5 करोड़ रुपये रखी गयी, और
VI. लघु तथा मध्यम उपक्रमों में प्रतिस्पर्द्धा को प्रोत्साहित करने के लिए एक विशेष कोष (Fund) के गठन की घोषणा।

लघु उद्योगों से संबंधित प्रमुख संगठन

कुटीर उद्योग बोर्ड

वर्ष 1947 में भारत सरकार ने कुटीर उद्योग बोर्ड (Cottage Industries Board) की स्थापना की। पहली पंचवर्षीय योजना में इसे तीन अलग-अलग बोर्डों में विभाजित कर दिया गया। नए स्थापित होने वाले बोर्ड थे - अखिल भारतीय हथकरघा बोर्ड (All India Handloom Board), अखिल भारतीय हस्तशिल्प बोर्ड तथा अखिल भारतीय खादी

एवं ग्रामोद्योग बोर्ड। इसके अलावा तीन और बोर्ड स्थापित किए गए। ये बोर्ड थे - लघु उद्योग बोर्ड, नारियल-जटा बोर्ड (Coir Board) तथा केन्द्रीय रेशम बोर्ड (Central Silk Board)। इस प्रकार, पहली योजना का संगठनात्मक ढांचा तैयार हो गया था जिसके माध्यम से सरकार ने लघु और कुटीर उद्योग के लिए विकास व सहायता कार्यक्रम को कार्यान्वित किया।

ट्रेड (TREAD)

भारत सरकार, भारतीय लघु उद्योग विकास बैंक और यूएनडीपी द्वारा सम्मिलित रूप से 1997 में 'Trade Related Entrepreneur Assistance and Development (TREAD)' कार्यक्रम आरम्भ किया गया।

राष्ट्रीय लघु उद्योग निगम लिमिटेड (NSIC)

सरकार द्वारा देश में लघु उद्योगों की वृद्धि का संवध न सहायता तथा पोषण करने के उद्देश्य से वर्ष 1955 में राष्ट्रीय लघु उद्योग निगम लिमिटेड (एनएसआईसी) (National Small Industries Corporation) की स्थापना की गई थी। एनएसआईसी, देश में सूक्ष्म, लघु एवं मध्यम उद्योग को सहायता देने के लिए अपने विभिन्न कार्यक्रमों और परियोजनाओं के साथ पूरे देश में औद्योगिक विकास में निरंतर सबसे आगे रहा है। निगम के प्रमुख कार्य, सामान्यतया वाणिज्यिक आधार पर देश में सूक्ष्म और लघु उद्यमों की वृद्धि का संवर्धन, सहायता तथा पोषण करना है। यह सूक्ष्म और लघु उद्यमों की कच्ची सामग्री की प्राप्ति, उत्पाद/विपणन, ऋण दर निर्धारण (क्रेडिट रेटिंग), प्रौद्योगिकी एवं आधुनिक प्रबंधन पद्धतियां ग्रहण करने आदि क्षेत्रों में उनकी विभिन्न आवश्यकताओं की पूर्ति द्वारा विविध सहायक सेवाएं उपलब्ध कराता है।

राष्ट्रीय लघु उद्योग निगम लिमिटेड एक आईएसओ 9001 प्रमाणित कम्पनी है।

एनएसआईसी एक आत्मनिर्भर रूप से लाभांश प्रदान करने वाली कम्पनी है।

सूक्ष्म, लघु तथा मध्यम विकास निगम

1954 में लघु उद्योग विकास निगम (Small Industries Development Organisation) स्थापित किया गया। उद्योगों के सतत व संगठित विकास के लिए नीति बनाने वाली तथा विभिन्न गतिविधियों के बीच तालमेल बिठाने वाली यह शीर्ष (apex) संस्था है। इसके अधीन बहुत-से लघु उद्योग सेवा संस्थान, शाखाएं, टूल रूम इत्यादि आते हैं। लघु उद्योग विकास निगम का नया नाम अतिलघु, लघु तथा मध्यम उद्यम विकास निगम (Micro, Small and Medium Enterprises Development Organisation) है।

लघु उद्योग विकास संगठन (सिडो)

लघु उद्योग विकास संगठन (Small Industries Development Organization - SIDO) लघु व मध्यम उद्यम विकास की राष्ट्रीय एजेंसी है। भारत सरकार का कोई वरिष्ठ पदाधिकारी, जिसे लघु उद्योग का विकास आयुक्त नियुक्त किया जाता है, इसका प्रमुख होता है। वर्ष 1954 में इसकी स्थापना फोर्ड फाउंडेशन की सिफारिशों के आधार पर की गयी थी। यह संगठन देश भर में लघु उद्यमों को विभिन्न सेवाएं उपलब्ध कराता है।

महात्मा गांधी ग्रामीण औद्योगीकरण संस्थान (एमगिरी)

खादी और ग्रामोद्योग क्षेत्रों में अनुसंधान और विकास कार्यकलापों के सुदृढ़ीकरण के लिए वर्धा, महाराष्ट्र में सोसाइटी (पंजीकरण) अधिनियम, 1860 के तहत 'महात्मा गांधी ग्रामीण औद्योगीकरण संस्थान' (एमगिरी) (पहले जमनालाल बजाज केन्द्रीय अनुसंधान संस्थान) नामक एक राष्ट्र स्तरीय संस्थान की स्थापना की गई है। संस्था के मुख्य कार्य अनुसंधान और विकास का विस्तार, गुणवत्ता नियंत्रण, सूचना से संबंधित प्रशिक्षण और प्रोद्योगिकी प्रसार के माध्यम से ग्रामीण औद्योगिक क्षेत्र के अनुसंधान और विकास कार्यकलापों का सुधार करना है। इसका मुख्यालय वर्धा (गुजरात) में है।

अन्य संस्थाएं/बोर्ड

संस्थाएं/बोर्ड	स्थपना	मुख्यालय
खादी व ग्रामोद्योग आयोग	1956	मुम्बई
राष्ट्रीय लघु उद्योग निगम लि.	1955	दिल्ली
भारतीय लघु उद्योग विकास बैंक	1990	लखनऊ
लघु उद्योग विकास फंड	1986	–
जिला उद्योग क्रेन्द्र	1979	–
लघु उद्योग विकास संगठन	1954	–
राष्ट्रीय जूट बोर्ड	2010	कोलकाता

राष्ट्रीय सिल्क बोर्ड	1948	बंगलुर
केन्द्रीय नारियल बोर्ड	1953	कोच्ची
अखिल भारतीय हथकरघा बोर्ड	1950	–
सूक्ष्म लघु और मध्यम उद्योग के लिए राष्ट्रीय बोर्ड	2006	–
अखिल भारतीय हस्तकला बोर्ड	1953	–

महारत्न, नवरत्न एवं मिनी रत्न

(i) महारत्न

अवधारणा का प्रारंभः 2009

महारत्न कं. के लिए मापदण्डः कम्पनी का वार्षिक निवल लाभ तीन वर्षों तक 5000 करोड़ रुपए से अधिक होना चाहिए।

- तीन वर्षों तक कंपनी का औसत सालाना नेटवर्थ 15,000 करोड़ रुपए से अधिक होना चाहिए।
- तीन वर्षों तक कंपनी का टर्नओवर 25,000 करोड़ रुपए से अधिक होना चाहिए।
- कंपनी को पहले से ही नवरत्न का दर्जा प्राप्त होना चाहिए।
- कंपनी का विदेशों में भी कारोबार हो।
- कंपनी शेयर बाजार में सूचीबद्ध हो।

पूंजी निवेश में स्वायत्तताः महारत्न कंपनियों को 5000 करोड़ रुपए तक के निवेश के फैसले अपने ही स्तर पर करने की छूट होती है।

महारत्न कं. की कुल संख्या : 8 [1. SAIL, 2. ONGC, 3. IOC, 4. NTPC, 5. CIL, 6. BHEL, 7. GAIL, 8. BPCL (वर्ष 2017 में शामिल किया गया)]

(ii) नवरत्न

अवधारणा का प्रारंभ : 1997-98

नवरत्न क. के लिए मापदण्डः

- जिन सार्वजनिक क्षेत्र की कंपनियों में सरकार वैश्विक कंपनी होनी की सम्भावनाएं देखती है, उन्हें नवरत्न का दर्जा देती है।
- मिनीरत्न का दर्जा पहले से ही प्राप्त है।

पूंजी निवेश में स्वायत्तताः जिन कंपनियों को नवरत्न का दर्जा प्राप्त होता है वह कम्पनियां 1000 करोड़ रुपए तक के निवेश से संबंधित फैसले स्वयं अपने स्तर पर कर सकती हैं।

नवरत्न क. की कुल संख्या : 16 [1. REC, 2. HPCL, 3. NALCO, 4. MTNL, 5. PFC, 6. BEL, 7. SCI, 8. HAL, 9. OIL, 10. PGCIL, 11. RINL, 12. NMDC, 13. NLL]

नवीनतम उपक्रमः

14. NBCCL (नेशनल बिल्डिंग कंस्ट्रक्शन कार्पोरेशन लि.)
15. EIL (इंजीनियरिंग इंडिया लि.)
16. CONCOR (कन्टेनर कार्पोरेशन ऑफ इंडिया लि.)

(iii) मिनी रत्न

अवधारणा का प्रारंभः अक्टूबर 1997

मिनी रत्न के लिए मापदण्डः मिनीरत्न-I विगत तीन वर्षों में लगातार लाभ या विगत तीन वर्षों में एक वर्ष 30 करोड़ का लाभ।

मिनीरत्न-II विगत 3 वर्षों तक लगातार लाभ तथा सकारात्मक कुल परिसंपत्ति।

पूंजी निवेश में स्वायत्तताः मिनीरत्न-I 500 करोड़ रुपये तक या अपनी परिसंपत्ति के बराबर निवेश छूट, जो भी कम हो।

मिनीरत्न-II 300 करोड़ रुपये तक या अपनी परिसंपत्ति के 50% तक निवेश छूट।

मिनी रत्न कं. की कुल संख्या : 73 (मिनी रत्न श्रेणी I-56, मिनी रत्न श्रेणी II-17)

नवीनतम उपक्रमः 1. भारतीय विमान पत्तन प्राधिकरण, 2. ब्राडकास्ट इंजीनियरिंग कंसल्टेंट्स आफ इंडिया लि. 3. कोचीन शिपयार्ड लि. 4. हिंदुस्तान कॉपर लि. 5. इंडियन रेलवे केटरिंग और पर्यटन निगम लि., 6. मिश्रधातु निगम लि., 7. नेशनल हाइड्रोइलेक्ट्रिक पावर कार्पोरेशन लि. 8. सतलुज जल विद्युत निगम लि. 9. इण्डियन रिनुअल एनर्जी एण्ड डेवलपमेन्ट एनर्जी (2 जून 2015 को मिनीरत्न श्रेणी-I का दर्जा दिया गया है)।

भारत के प्रमुख उद्योग

(i) लोहा एवं इस्पात उद्योग (Iron & Steel industry)

ताजा उपलब्ध आंकड़ों के अनुसार वर्ष 2013 में चीन, जापान तथा अमरीका के बाद भारत विश्व का चौथा सबसे बड़ा इस्पात उत्पादक देश हो गया है।

इस उद्योग में 90,000 करोड़ रुपए की पूंजी लगी हुई है और 5 लाख से अधिक लोगों को प्रत्यक्ष रूप से रोजगार मिला हुआ है।

लौह एवं इस्पात के प्रमुख उत्पादक

(अ) भारतीय इस्पात प्राधिकरण लि. (SAIL) के स्वामित्व में (सार्वजनिक क्षेत्र)

1. दुर्गापुर एकीकृत इस्पात संयंत्र, दुर्गापुर (पं बंगाल)
2. राउरकेला एकीकृत इस्पात संयंत्र, राउरकेला (ओडिशा)
3. भिलाई एकीकृत इस्पात संयंत्र, भिलाई (छत्तीसगढ़)
4. बोकारो एकीकृत इस्पात संयंत्र, बोकारो (झारखंड)
5. इण्डियन आयरन एण्ड स्टील कंपनी, बर्नपुर (प. बंगाल)
6. विशेष और मिश्र इस्पात तथा लौह मिश्र कारखाना, दुर्गापुर (प बंगाल)
7. विशेष और मिश्र इस्पात तथा लौह मिश्र कारखाना, सेलम (तमिलनाडु)
8. महाराष्ट्र इलेक्ट्रो स्लेम लि. चन्द्रपुर (महाराष्ट्र)
9. विश्वेश्वरैया आयरन एंड स्टील कंपनी, भद्रावती (कर्नाटक)

(ब) टाटा आयरन एंड स्टील क. (TISCO) जमशेदपुर (निजी क्षेत्र)

(स) राष्ट्रीय इस्पात निगम लि. (RINL) (सार्वजनिक क्षेत्र)

(द) विशाखापत्तनम इस्पात संयंत्र, विशाखापत्तनम्, आंध्र प्रदेश (सार्वजनिक क्षेत्र)

(य) पोस्को की इस्पात परियोजना, उड़ीसा (एकल प्रत्यक्ष विदेशी निवेश)

(ii) सीमेण्ट उद्योग (Cement Industry)

वर्तमान में भारत विश्व में चीन के बाद द्वितीय वृहद सीमेन्ट उत्पादक राष्ट्र बन गया है। तीसरे, चौथे और पांचवें स्थान में क्रमशः अमेरिका, ब्राजील और तुर्की है।

यह उद्योग अधिकाशंतः निजी क्षेत्र द्वारा स्थापित है जिनमे प्रमुख हैं– ए.सी.सी., लार्सेन टूब्रो, बिड़ला समूह, जे. के. समूह, श्रीदिग्वजय समूह, नर्मदा सीमेन्ट, आन्ध्र सीमेन्ट, इण्डिया सीमेन्ट।

- सार्वजनिक क्षेत्र की सबसे बड़ी कंपनी – सीमेन्ट कार्पो. रेशन आफ इण्डिया (CCI) है।
- उत्तर प्रदेश में 4 सीमेंट संयंत्र – 1. चुर्क, 2. डल्ला, 3. चुनार, और 4. डालमिया अवस्थित हैं।
- सीमेन्ट उद्योग के सर्वाधिक कारखाने मध्य प्रदेश में हैं और उत्पादन में भी मध्य प्रदेश का प्रथम स्थान है।

भारतीय सीमेन्ट ने बांग्लादेश, इंडोनेशिया, मलेशिया, नेपाल, मध्य–पूर्व एशियाई देशों, अफ्रीका और दक्षिण–पूर्व एशियाई देशों के बाजार में अपनी पहुंच बना ली है।

(iii) चीनी उद्योग (Sugar Industry)

भारत विश्व में ब्राजील के बाद चीनी उत्पादन करने वाला दूसरा सबसे बड़ा देश है जबकि चीनी खपत में इसका विश्व में पहला स्थान है।

- चीनी उत्पादक शीर्ष तीन राज्य – 1. महाराष्ट्र, 2. उ.प्र., 3. कर्नाटक
- गन्ना उत्पादक शीर्ष तीन राज्य – 1. उ.प्र., 2. महाराष्ट्र, 3. तमिलनाडु।

(iv) कोयला उद्योग (Coal Industry)

वर्तमान स्थिति के अनुसार कोयला उत्पादन में भारत का विश्व मे चीन, अमेरिका के बाद तीसरा स्थान आता है जबकि चौथे और पांचवें स्थान पर क्रमशः आस्ट्रेलिया और इंडोनेशिया का स्थान है।

भारत में कोयला उत्पादक क्षेत्रों को 2 भागों में विभाजित किया जा सकता है, जिसे तालिका 7.3 में प्रदर्शित किया गया है।

तालिका 7.3: कोयला उत्पादक क्षेत्र

	1. गोंडवाना कोयला क्षेत्र	2. टर्शियरी कोयला क्षेत्र
1. विस्तार	इस क्षेत्र का अधिकांश कोयला सोन, दामोदर, गोदावरी, वर्धा आदि नदियों की घाटियों में स्थित है।	–
2. कुल कोयला का प्रतिशत	देश में प्राप्त होने वाले कुल कोयले का 98% भाग गोंडवाना क्षेत्र से ही प्राप्त होता है।	देश में प्राप्त होने वाले कुल कोयले का 2% भाग टर्शियरी क्षेत्र से प्राप्त होता है।

3. कोयले की किस्म	एन्थ्रेसाइट और बिटूमिनस किस्म का कोयला।	लिग्नाइट किस्म का कोयला
4. राज्य में विस्तार	गोंडवाना क्षेत्र का अधिकांश कोयला प.बंगाल, बिहार, उड़ीसा, मध्य प्रदेश, महाराष्ट्र, आंध्र प्रदेश, आदि राज्यों में मिलता है।	टर्शियरी क्षेत्र का कोयला जम्मू कश्मीर, राजस्थान, तमिलनाडु, असम, मेघालय, उत्तर प्रदेश आदि राज्यों में मिलता है।

(v) जूट उद्योग (Jute Industry)

विश्व में भारत जूट से बनी वस्तुओं का सबसे बड़ा उत्पादक और दूसरा सबसे बड़ा निर्यातक राष्ट्र है।

- जूट उत्पादन करने वाले शीर्ष देश – 1. भारत, 2. बांग्लादेश, 3. चीन, 4. उज्बेकिस्तान, 5. नेपाल।
- जूट उत्पादन करने वाले शीर्ष राज्य – 1. प. बंगाल, 2. बिहार, 3. असम
- जूट उद्योग कच्चा माल प्रधान उद्योग है।
- जूट उद्योग के विकास के लिए अपनाये गये कार्यक्रम–
  - जूट टेक्सटाइल्स सलाहकार परिषद (1969)
  - भारतीय जूट निगम (1971)
  - गुणवत्ता नियंत्रण एवं निरीक्षण अधिनियम (1965)
  - अंतर्राष्ट्रीय जूट संगठन (1984), मुख्यालय ढाका

नोट– 25 जुलाई 1991 से पटसन वस्त्रों को औद्योगिक लाइसेन्स से पूर्णतः मुक्त किया गया।

(vi) इंजीनियरिंग उद्योग (Engineering Industry)

इन्जीनियरिंग उद्योग आधुनिक औद्योगिक विकास के लिये आवश्यक हैं। ये उद्योगों के लिये मशीनरी तथा परिवहन, कृषि, खनन, एवं निर्माण क्षेत्रों के लिए उपकरण प्रदान करते हैं।

ये उद्योग कील, पेंच, नट बोल्ट आदि से लेकर औद्योगिक मशीनरी, स्वचालित वाहन, वायुयान, रेल के इंजन, कोच तथा वैगन, जलयान, ट्रांसमिशन टावर आदि विविध प्रकार के उत्पादन तैयार करते हैं।

इन उद्योगों को तीन वर्गों में विभाजित किया जा सकता है–

(i) भारी यांत्रिक इंजीनियरिंग
(ii) हल्के यांत्रिक इंजीनियरिंग
(iii) विद्युतीय इंजीनियरिंग उद्योग

भारी मशीनों का निर्माण करने वाली प्रमुख इकाइयाँ

(i) भारी इंजीनियरिंग निगम लि., रांची (1958)
(ii) खनन एवं संबद्ध मशीनरी निगम लि., दुर्गापुर (1965)
(iii) भारत हैवी प्लेटस एंड वैसेल्स लि., विशाखापत्नम (1966)
(iv) त्रिवेणी स्ट्रक्चरल्स लि., नैनी इलाहाबाद (1965)
(v) तुंगभद्रा स्टील प्रोडक्टस लि., (कर्नाटक तथा आंध्र प्रदेश का संयुक्त उपक्रम)
(vi) नेशनल इंस्ट्रूमेंट लि., जादवपुर (कोलकत्ता)
(vii) हिंदुस्तान मशीन टूल्स लि., (HMT), बंगलौर।

1965 में स्थापित "भारत हैवी इलेक्ट्रिक्लस लि." (BHEL) सार्वजनिक क्षेत्र का विशालतम उपक्रम है।

(vii) उर्वरक उद्योग (Fertilizers Industry)

उर्वरक उद्योग का विकास हरित क्रांति के दौरान शुरू हुआ।

- भारत विश्व का तृतीय वृहत्तम नाइट्रोजन उत्पादक तथा फास्फेट उर्वरकों का सातवां वृहतम उत्पादक देश बनकर उभरा है।
- भारत के शीर्ष उर्वरक उत्पादक राज्य– 1. गुजरात, 2. तमिलनाडु, 3. उत्तर प्रदेश, 4. महाराष्ट्र
- उर्वरक खपत वाले शीर्ष राज्य–1. पंजाब, 2. आंध्र प्रदेश, 3. हरियाणा, 4. तमिलनाडु
- उर्वरक उद्योग के लिये नेप्था, कोक, भटटी गैस, इलेक्ट्रोलिटिक हाइड्रोजन तथा प्राकृतिक गैस जैसे फीडस्टाक तथा रॉक फास्फेट, सल्फर, उच्च कोटि का जिप्सम जैसे कच्चे मालों की आवश्यकता होती है।
- कोक आधारित उर्वरक इकाइयां-तलचर (उड़ीसा), रामाण्डुम (आंध्र प्रदेश), कोरबा (छत्तीसगढ़)
- कोक भटिट्यों पर आधारित उर्वरक इकाइयां - सिन्द्ररी (झारखंड), जमशेदपुर (झारखंड), राउरकेला (उड़ीसा), भिलाई (छत्तीसगढ़), दुर्गापुर (पश्चिम बंगाल)
- प्राकृतिक गैस तथा सम्बद्ध गैस पर आधारित उर्वरक इकाइयां - थाल वैशेल (महाराष्ट्र), हाजिरा, विजयपुर, जगदीशपुर, आंवला, गडेपन, बबराला तथा शाहजहांपुर (उत्तर प्रदेश)
- लिग्नाइट आधारित संयंत्र - नवेली (तमिलनाडु)
- वर्तमान समय में देश में दो-तिहाई से अधिक उत्पादन क्षमता सार्वजनिक क्षेत्र की इकाइयों में निहित है जिनमें प्रमुख हैं–

- फर्टिलाइजर कार्पोरेशन ऑफ इंडिया (FCI)
- नेशनल फर्टिलाइजर्स लिमिटेड (NFL)
- राष्ट्रीय केमिकल्स एण्ड फर्टिलाइजर्स लि. (FACT)
- मद्रास फर्टिलाइजर्स लि. (MFL)
- पाराद्वीप फास्फेट लि. (PFL)
- प्रोजेक्ट्स एंड डेवलपमेंट इंडिया लि. (PDIL)

(viii) कागज उद्योग (Paper Industry)

भारतीय कागज उद्योग विश्व के कागज उत्पादक देशों में 15वें स्थान पर है।

- कागज निर्माण की कला का विकास सबसे पहले चीन में सम्भवत: 300 ई.पू. में हुआ था।
- वर्तमान में कागज के सर्वाधिक कारखाने महाराष्ट्र में स्थित हैं। मध्य प्रदेश में नेपानगर में अखबारी कागज तथा होशंगाबाद में नोट छापने के कागज बनाने का सरकारी कारखाना है।
- इस उद्योग में कच्चे माल की 70% आवश्यकता बांस से, 15% सवाई घास से, 7% गन्ने की खोई से, 5% मुलायम लकड़ी से एवं 3% चावल, गेहूं एवं मक्के के पुआल, रददी कागज, रददी कपड़े, यूकेलिप्टस व पोपनार पौधे आदि से होती है।
- भारत के शीर्ष कागज उत्पादक राज्य-1. आंध्र प्रदेश, 2. महाराष्ट्र, 3. प. बंगाल, 4. उड़ीसा।
- भारत में कागज का उत्पादन घरेलू मांग को पूरा करने में अपर्याप्त है, अत: मांग को पूरा करने के लिए कागज को विदेशों से आयात करना पड़ता है।

(ix) ऊनी वस्त्र उद्योग (Woolen Textiles Industry)

ऊनी वस्त्र उद्योग, निर्यात आधारित उद्योग है।

- भारत विश्व के कुल ऊन उत्पादन का 1.8% उत्पादन करता है।
- विशेष धागे की एक छोटी मात्रा पश्मीना बकरी और अंगोरा खरगोश से प्राप्त होता है।
- ऊनी वस्त्रों के अग्रणी उत्पादक राज्य पंजाब और महाराष्ट्र है।
- भारत में कालीन निर्माण एक प्रमुख कुटीर उद्योग है जिसके प्रमुख केन्द्र-मिर्जापुर, भदोही, गोपीगंज, शाहजहांपुर तथा आगरा (उ.प्र), जयपुर, जोधपुर, बीकानेर (राजस्थान), श्रीनगर (जम्मू कश्मीर), अमृत (पंजाब), पानीपत (हरियाणा), दानापुर (बिहार), ग्वालियर (मध्य प्रदेश) चेन्नई तथा वालंगपेट (तमिलनाडु) में है।
- जम्मू कश्मीर तथा हिमाचल में शाल बनाना एक उन्नत कुटीर उद्योग है।

(x) पर्यटन उद्योग (Tourism Industry)

देश में पयर्टन के विकास हेतु अक्टूबर 1966 में भारतीय पर्यटन विकास निगम की स्थापना की गई थी। निगम ने पूरे देश मे एक वृहद होटल श्रेणी बनाने में सफलता प्राप्त की है।

पर्यटन से संबंधित महत्वपूर्ण तथ्य-

विभिन्न वित्तीय वर्षों में भारत आये विदेशी पर्यटक (मिलियन)

वित्तीय वर्ष	विदेशी पर्यटकों की भारत आगमन (संख्या मिलियन में)
2009	9.6
2015	10.9
2016	11.6
2017 #	12.7

स्रोत: आर्थिक समीक्षा 2017-18 # 30 जून 2017 की स्थिति

विभिन्न वित्तीय वर्षों में विदेशी पर्यटकों से प्राप्त आय

वित्तीय वर्ष	प्राप्त आय (यूएस डालर बिलियन में)
2000	11.1
2015	21.1
2016	22.9
2017 #	27.7

स्रोत: आर्थिक समीक्षा 2017-18 # 30 जून 2017 की स्थिति।

पर्यटन उद्योग के विकास के लिये स्थापित प्रमुख निगम

1. भारत पर्यटन विकास निगम (1966)

देश में पर्यटन की आधारिक संरचना के विकास, देश में सबसे बड़ी होटल शृंखला विकसित करने के अतिरिक्त परिवहन, शुल्क मुक्त खरीददारी, मनोरंजन, पर्यटक प्रचार, साहित्य की प्रस्तुति, परामर्शी सेवाएं प्रदान करने मे सफल रहा है।

देश में भारत पर्यटन विकास निगम के 5 क्षेत्रीय कार्यालय- नई दिल्ली, मुम्बई, कोलकत्ता, चेन्नई एवं गुवाहाटी मे स्थापित हैं।

15 अन्य कार्यालय–पटना, जयपुर, बंगलुरू, वाराणसी, आगरा, भुवनेश्वर, पोर्टब्लेयर, इम्फाल, शिलांग, हैदराबाद, कोच्चि, गोवा, औरंगाबाद, खजुराहो व नाहरलागुन (इटानगर) में स्थित हैं।

2. भारत पर्यटन वित्त निगम

होटल तथा अन्य पर्यटक सुविधाओं के निर्माण के लिए निजी क्षेत्र को वित्तीय सहायता प्रदान करने के लिए स्थापित किया गया है।

पर्यटन विकास हेतु सरकारी प्रयास

- पर्यटन को बढावा देने के लिए सरकार ने कई उपाय किये हैं। हाल ही में उठाये गये कदमों में 163 देशों के नागरिकों के लिए पर्यटक, मेडिकल व बिजनेस की तीन श्रेणियों के अन्तर्गत ई–वीजा की शुरूआत की गई।
- विभिन्न चैनलों पर 2017–18 के लिए ग्लोबल मीडिया अभियान की शुरूआत की गयी है।
- भारत में विश्व धरोहर स्थलों को लोकप्रिय बनाने के लिए द हेरिटेज ट्रेन की शुरूआत की गयी है।
- भरतीयों को अपने देश के प्रति जागरूक करने की दृष्टि सें "देखो अपना देश" जैसे कार्यक्रमों का आयोजन किया गया है।
- 12 मार्च 2018 को पर्यटन मंत्रालय ने लोगों की पसन्द, क्षेत्रीय वितरण, विकास की सम्भावना और कार्यान्वयन की सुविधा के आधार पर विकसित करने के लिए 12 (1. ताजमहल एवं फतेहपुर सीकरी, उत्तरप्रदेश, 2. अजन्ता और एलोरा, महाराष्ट्र, 3. हुमायुं का मक. बरा, कुतुबमीनार और लालकिला, दिल्ली, 4. कोलवा बीच, गोवा, 5. आमेर किया, राजस्थान, 6. सोमनाथ और धौलावीरा, गुजरात, 7. खजुराहो, म.प्र., 8. हम्पी, कर्नाटक, 9. महाबलीपुरम, तमिलनाडु, 10. काजीरंगा, असम, 11. कुमाराकोम, केरल, 12. महाबोधि मन्दिर, बिहार) पर्यटक स्थानों को चिन्हित किया। चयनित प्रतिष्ठित पर्यटन स्थलों (Iconic Tourist Destination) में 10 प्रमुख पर्यटनों स्थलों का विकास 2018–19 के बजट घोषणा का हिस्सा है। इन प्रतिष्ठित पर्यटन गंतव्यों का विकास पर्यटन मंत्रालय की **स्वदेश दर्शन योजना** के अन्तर्गत किया जायेगा।
- जनवरी 2015 में पर्यटन मंत्रालय द्वारा स्वदेश दर्शन योजना का शुभारम्भ किया गया था। इस योजना का मुख्य उद्देश्य पर्यटन क्षमता बढ़ाने के लिए सुनियोजक और प्राथमिक ढ़ग से परिपथ का विकास करना है। इससे आर्थिक समृद्धि के साथ रोजगार के अवसर बढ़ेंगे। इस योजना के तहत 15 परिपथों को चिन्हित किया जा चुका है जो निम्नवत् है– पूर्वोत्तर भारत परिपथ, बौद्ध परिपथ, हिमालय परिपथ, तटीय परिपथ, कृष्ण परिपथ, मरूस्थल परिपथ, जनजातीय परिपथ, पारिस्थितिकी परिपथ, वन्यजीव परिपथ, ग्रामीण परिपथ, आध्यात्मिक परिपथ, रामायण परिपथ, विरासत परिपथ, तीर्थंकर परिपथ, सूफी परिपथ।

(xi) अन्य उद्योग

(i) ग्रेनाइट और मार्बल उद्योग: ग्रेनाइट तथा अन्य पत्थरों का भारत एक बड़ा उत्पादक तथा निर्यातक देश है। भारत के पास ग्रेनाइट का विशाल संसाधन है जो 120 प्रकार का है तथा विविध रंगों का है। ग्रेनाइट उत्पादन इकाइयों में ग्रेनाइट टाइल्स, इमारत की पट्टियाँ आदि का निर्माण होता है। ग्रेनाइट उत्पादन का 80 से 90% हिस्सा निर्यात किया जाता है।

(ii) सिगरेट उद्योग: सिगरेट उद्योग भारत के सबसे पुराने उद्योगों में से एक है। यह एक महत्वपूर्ण कृषि आधारित उद्योग है। यह उद्योग व्यापक रूप से श्रम आधारित है और प्रत्यक्ष एवं अप्रत्यक्ष रूप से आजीविका प्रदान करता है।

(iii) शीशा उद्योग: शीशा उद्योग के लिए लाइसेंस की आवश्यकता नहीं है। इस उद्योग में शीट फिगर्ड, मुड़े हुए, सुरक्षा, दर्पण समेत समतल शीशे, खोखले कंटेनर, निर्वात फ्लास्क, परखनलियों और चूड़ियों जैसी अन्य सांमग्रियां शामिल हैं।

(iv) पेंट व सम्बद्ध उत्पाद उद्योग: पेंट व संबद्ध उद्योग को अनिवार्य लाइसेंस से छूट दी गई है और इसमें दो क्षेत्र शामिल हैं– संगठित क्षेत्र और लघु उद्योग। पेंट व सम्बद्ध उत्पाद उद्योग में मुख्य तौर पर पेंट, एनामेल, वार्निश, पिगमेट, प्रिटिंग इंक, सिंथेटिक रेसिन इत्यादि शामिल हैं।

(v) फोटो उत्पाद उद्योग: फोटो उत्पाद निर्माण उद्योग लाइसेंस मुक्त है। इस उद्योग में जिन वस्तुओं का उत्पादन होता है, वे हैं– काले तथा श्वेत उत्पाद रंग उत्पाद,

मेडिकल इमेजिंग फिल्म और विशेष फोटो संवेदनशील वस्तुएं। यह उद्योग स्वास्थ्य क्षेत्र, सिनेमा, कैमरा, कैमरा फिल्मों और शिक्षा एवं रक्षा आवश्यकताओं के लिए ग्राफिक आर्ट फिल्मों की आवश्यकताओं को बड़े पैमाने पर पूरा करता है।

(vi) खाद्य प्रसंस्करण उद्योग

- भारत विश्व का दूसरा सबसे बड़ा अनाज उत्पादक राष्ट्र है। लेकिन अपेक्षाकृत रूप से हमारा अनाज प्रसंस्करण उद्योग छोटा है।
- फल और सब्जियों की प्रोसेसिंग सबसे ज्यादा संभावना वाले क्षेत्र हैं। मांस, डेयरी उत्पाद, डिब्बा. बंद खाद्य पदार्थ, साफ्ट ड्रिंक्स, अनाज के डब्बाबंद पदार्थ भी लोकप्रिय हैं।
- आमतौर पर इस्तेमाल होने वाली मशीनों में भरने और सीलबंद करने वाली मशीनें, थैलियां बनाने वाली पूरी आटामेटिक मशीनें और आटोमेटिक माइक्रोप्रोसेसर कंट्रोल्ड पैकेजिंग मशीनें शामिल हैं।
- औद्योगिक मशीनों की तरह पैकेजिंग मशीन उद्योग भी वर्तमान औद्योगिक नीति के अंतर्गत लाइसेंसमुक्त है और आटामेटिक रूट के अंतर्गत 100% एफडीआई के पात्र है।

(vii) भारत के आठ कोर उद्योग: भारत के आठ कोर उद्योग हैं– रिफाइनरी उत्पाद, बिजली, इस्पात, कोयला, कच्चा तेल, प्राकृतिक गैस, सीमेंट, उर्वरक आदि।
ये उद्योग औद्योगिक उत्पादन सूचकांक मे 40 प्रतिशत हिस्सा रखते हैं।

(viii) प्रमुख उद्योग : रेलवे

योजना का नाम	स्थान/ राज्य	उत्पादन
पहिया कारखाना	छपरा/बिहार	रेल पहिए
रेल इंजन कारखाना	मधेपुरा/बिहार	इलेक्ट्रिकल इंजन
रेल इंजन कारखाना	मढ़औरा (सारण)/बिहार	डीजल इंजन
सवारी गाड़ी के डिब्बे	हरनौत (नालंदा)/बिहार	सवारी गाड़ी के डिब्बे
रेल कोच फैक्ट्री	रयबारेली/उ.प्र.	एसी कोच
रेल कोच फैक्ट्री	कचरपाड़ा/प. बंगाल	रेल कोच
रेल कोच फैक्ट्री	पालाकांड/केरल	रेल कोच
लोकोमोटिव वर्क्स	चितरंजन/प. बंगाल	विद्युत चालित इंजन
डीजल लोकोमोटिव वर्क्स	वाराणसी/उ.प्र.	डीजल चालित रेल इंजन

नोट : कोलकाता, कपूरथला, पेरामबुर तथा बंगलूरु मे सवारी डिब्बे बनाने के कारखाने हैं!

(ix) प्रमुख उद्योग : एल्युमीनियम कम्पनियाँ

कंपनियाँ	सहयोगी देश	प्रमुख केंद्र	विद्युत प्राप्ति
बाल्को	सोवियत संघ	कोरबा (छत्तीसगढ़) कोयना (महाराष्ट्र)	ताप विद्धुत से जल विद्युत से
नाल्को	फ्रांस	दामन जोड़ी (ओड़ीसा)	हीरकुंड जल विद्धूत से
हिंडाल्को	यू.एस.ए.	रेणुकूट (उ. प्र.)	रिहन्द परियोजना से
इंडाल्को	कनाडा	जे.के. नगर (प. बंगाल) मुरी (झारखंड)	ताप विद्धुत से ताप विद्धुत से
मालको	इटली	चेन्नई, मेटुर, सालेम (तमिलनाडु)	ताप विद्धुत से
वेदांता	जर्मनी	झगरसुगुडा	ताप विद्धुत से

नया कम्पनी अधिनियम 2013

लोक सभा द्वारा पारित : दिसम्बर 2012
राज्य सभा द्वारा पारित : 8 अगस्त 2013
राष्ट्रपति द्वारा हस्ताक्षरित : 29 अगस्त 2013

नोट : नया कंपनी अधिनियम 2013, कम्पनी अधिनियम 1956 को प्रतिस्थापित करेगा।

अधिनियम के प्रमुख प्रावधान

- नया कानून कम्पनियों को पहले से अधिक जवाबदेह बनायेगा और उनके गवर्नेंस को भी मजबूती प्रदान करेगा।
- नए कंपनी कानून के जरिये ऐसी प्रणाली विकसित करने की कोशिश की गई है जिससे धोखाधड़ी की घटनाएं होने से पूर्व ही उन पर रोक लगाई जा सके।
- नए कानून मे कम्पनियों के लिए अपनी तीन वर्ष की औसत आय का न्यूनतम 2% भाग कार्पोरेट सोशल दायित्व (Corporate Social Responsibility) के लिए खर्च करना अनिवार्य किया गया है। यह नियम उन कंपनियों पर लागू होगा जिनका नेटवर्थ 500 करोड़ रुपए से अधिक है या फिर जिनका टर्नओवर 1000 करोड़ रु. से अधिक है या फिर पिछले तीन वर्षों में जिनका शुद्ध लाभ 5 करोड़ रुपए या उससे अधिक रहा हो।
- 5 वर्ष के अन्तराल के पश्चात आडिटर बदलना अनिवार्य है।
- कोई आडिटर एक समय में अधिकतम 20 कंपनियों को ही सेवा दे सकेगा।
- किसी प्राइवेट कंपनी के निदेशक मंडल में निदेशकों की अधिकतम संख्या अब 12 के स्थान पर 15 हो सकेगी (विशेष प्रस्ताव द्वारा इस संख्या में वृद्धि संभव है)
- निदेशक मंडल मे कम-से-कम एक महिला होना आवश्यक है।
- निदेशक मंडल में न्यूनतम एक-तिहाई स्वतंत्र निदेशक होना अनिवार्य है।
- निदेशक व कर्मचारियों के औसत वेतन मे अंतर का खुलासा करना अनिवार्य है।
- कारोबार बंद करने की स्थिति में कर्मचारियों को दो वर्ष वेतन देना अनिवार्य है।

गवर्नमेंट टू बिजनेस पोर्टल

- भारत सरकार ने औद्योगिक नीति तथा संवर्द्धन विभाग में एक ''गवर्नमेंट टू बिजनेस पोर्टल'' (G2B) की स्थापना के लिए कदम उठाए हैं।
- इस परियोजना से देश में व्यापार के अनुकूल परिवेश बनाया जायेगा जिसके लिए निवेशकों, उद्योगों और व्यापार में कुशल, सुविधाजनक पारदर्शी और समन्वित इलेक्ट्रॉनिक सेवाएं प्रदान की जायेंगी।
- इस पोर्टल की स्थापना का उददेश्य व्यापार को उसके पंजीकरण से लेकर उसके पूरे जीवन चक्र तक एक ही इलेक्ट्रानिक खिड़की से अनुमोदन, मंजूरी और अनुमति, रिपोर्टिंग, भुगतान दाखिल करने और अनुपालन जैसी सुविधाएं प्रदान करना है।
- जी टू बी का लक्ष्य सरकार द्वारा केन्द्रीय, राज्य और स्थानीय तीनों स्तरों पर ''संपूर्ण सेवा पोर्टफोलियो'' उपलब्ध कराना है। इससे देश में व्यापारिक परिवेश पर एक स्पष्ट और सकारात्मक असर पड़ेगा।

छठी आर्थिक गणना (2013-14) : एक दृष्टि में

- सर्वाधिक उद्यम संख्या वाले राज्य : 1. उत्तर प्रदेश, 2. महाराष्ट्र, 3. प. बंगाल, 4. तमिलनाडु, 5. आंध्र प्रदेश
- सर्वाधिक उद्यम संख्या वाले केंद्र शासित प्रदेश : 1. दिल्ली, 2. चण्डीगढ़, 3. पुदुचेरी
- सर्वाधिक रोजगार सर्जन करने वाले राज्य : 1. महाराष्ट्र, 2. उत्तर प्रदेश, 3. प. बंगाल, 4. तमिलनाडु, 5. गुजरात
- सर्वाधिक रोजगार सर्जन करने वाले केंद्र शासित प्रदेश : 1. दिल्ली, 2. चंडीगढ़, 3. पुदुचेरी

▪ उद्यमों में संलग्न कामगारों में महिलाओं के सर्वाधिक प्रतिशत वाले राज्य	:	1. मिजोरम, 2. मणिपुर, 3. केरल, 4. मेघालय, 5. सिक्किम
▪ 5वीं एवं छठी आर्थिक गणना के बीच सर्वाधिक उद्यमों की संख्या में वृद्धि वाले राज्य **एवं** केंद्र शासित प्रदेश	:	1. मणिपुर, 2. सिक्किम, 3. असम, 4. नागालैंड, 5. तेलंगाना। **एवं** 1. अण्डमान निकोबार, 2. चण्डीगढ़, 3. दादर नागर हवेली।
▪ 5वीं एवं छठी आर्थिक गणना के बीच सर्वाधिक रोजगार सर्जन करने वाले राज्य **एवं** केंद्र शासित	:	1. मणिपुर, 2. असम, 3. सिक्किम, 4. उत्तर प्रदेश, 5. हिमाचल प्रदेश। **एवं** 1. अंडमान निकोबार, 2. दादर नागर हवेली, 3. दमन एवं दीव

देश में आर्थिक गणना के महत्वपूर्ण तथ्य–

- देश में प्रथम आर्थिक गणना 1977 मे की गयी। दूसरी, तीसरी, चौथी और पांचवीं आर्थिक गणना के वर्ष क्रमशः 1981, 1991, 1998 एवं 2005 है।
- देश में छठी आर्थिक गणना का कार्य जनवरी 2013 से अप्रैल 2014 के मध्य सभी राज्यों एवं के.प्र. क्षेत्रों के व सांख्यिकीय निदेशालयों के सहयोग से कराई गई जिसके अंतिम आंकड़े 30 जुलाई 2014 को राष्ट्रीय सांख्यिकी एवं कार्यक्रम क्रियान्वयन मंत्रालय के सचिव डा. टी.सी.ए. अनंत द्वारा संयुक्त रूप से नई दिल्ली में जारी किये गये।
- जिस प्रकार राष्ट्रीय जनगणना के लिए "National Population Register" बनाया जाता है, उसी प्रकार आर्थिक गणना के लिए "National Business Register" बनाया जाता है।

देश में केन्द्रीय सार्वजनिक क्षेत्र के उपक्रमों (CPSE) की स्थिति (2014-15 के अनुसार)

Central Public Sector Enterprises-$CPSE_s$ भारत की विकास प्रक्रिया में महत्वपूर्ण भूमिका निभाते आ रहे है, इनसे सम्बन्धित महत्वपूर्ण तथ्य निम्नवत् है :-

▪ $CPSE_s$ की कुल संख्या	:	298 (235 कार्यरत एवं 63 निर्माणाधीन)
▪ लाभ अर्जन करने वाली $CPSE_s$ की संख्या	:	157
▪ सर्वाधिक लाभ अर्जन करने वाले 5 $CPSE_s$ ▪	:	1. तेल तथा प्राकृतिक गैस कारपोरेशन लि., 2. कोल इंडिया लि., 3. नेशनल थर्मल पावर कारपोरेशन लि. 4. नेशनल मिनरल डेवलपमेण्ट कापोरेशन लि. 5. पॉवर फिनेन्स कापोरेशन लि.।
▪ सर्वाधिक घाटे में रहने वाली $CPSE_s$ की संख्या	:	77
▪ सर्वाधिक घाटे में रहने वाले 5 $CPSE_s$	:	1. भारतीय संचार निगम लि., 2. एयर इंडिया लि., 3. महानगर टेलीफोन निगम लि., 4. हिंदुस्तान फोटो फिल्मस मैनुफैक्चरिंग कं. लि. 5. मैंगलौर रिफाइनरी एण्ड पेट्रो केमिकल्स लि.

नोट : $CPSE_s$ लाभांश आदायगी, सरकारी ऋणों पर ब्याज और करों एवं शुल्कों में भुगतान के जरिए केन्द्रिय कोषागार में अंशदान करते है।

औद्योगिक रुग्णता (Industrial Sickness)

भारत में औद्योगिक क्षेत्र की समस्याओं में एक प्रमुख समस्या औद्योगिक रुग्णता की समस्या है। रुग्ण इकाइयों के निरन्तर वित्तीय प्रवाह से बैंकिंग संसाधनों के दुरुपयोग के साथ-साथ सरकार के व्यय में भी वृद्धि होती है।

औद्योगिक रुग्णता की समस्या पर विचार करने के लिए तिवारी समिति (1981) की सिफारिशों के आधार पर 1985 में रुग्ण औद्योगिक कम्पनी अधिनियम (Sick Industrial Companies Act-SICA) पारित किया गया था तथा बाद में एक सांविधिक संस्था औद्योगिक एवं वित्तीय पुनर्निर्माण बोर्ड

(Board for Industrial and Financial Reconstrcution-BIFR) की स्थापना की गई।

औद्योगिक रुग्णता की समस्या के समाधान का उत्तरदायित्व औद्योगिक एवं वित्तीय पुनर्निर्माण बोर्ड को सौंपा गया है।

औद्योगिक रुग्णता की समस्या पर गोस्वामी समिति तथा बालकृष्ण इराडी समिति की सिफारिशें

अप्रैल 1993 में औद्योगिक रुग्णता पर भारतीय सांख्यिकीय संस्थान के डॉ. ओंकार गोस्वामी की अध्यक्षता में गठित समिति ने अपनी रिपोर्ट 13 जुलाई, 1993 को वित्त मंत्रालय को प्रस्तुत कर दी।

समिति ने अपनी रिपोर्ट में रुग्णता की परिभाषा बदलने के साथ-साथ रुग्ण औद्योगिक कम्पनी अधिनियम (Sick Industrial Companies Act-SICA) में आमूलचूल परिवर्तन करने तथा औद्योगिक व वित्तीय पुनर्निर्माण बोर्ड (BIFR) की भूमिका में परिवर्तन करने की संस्तुति की। समिति का दृष्टिकोण है कि BIFR की रुचि बीमार इकाइयों को बन्द करने के स्थान पर उनके पुनर्वास में अधिक रही है। पुनर्वास के लिए वित्तीय सहायता प्रदान करना वास्तव में अकुशल व गैर-जिम्मेदार उद्यमियों को पुरस्कृत करने के समान है। इससे श्रमिकों को अल्पकाल में भले ही लाभ होता हो, दीर्घकाल में उन्हें हानि ही होती है।

कम्पनियों के दिवालियापन के संबंध में सुझाव देने के लिए बी. बालकृष्ण इराडी की अध्यक्षता में गठित समिति ने अपनी रिपोर्ट 31 अगस्त, 2000 को तत्कालीन प्रधानमंत्री अटल बिहारी वाजपेयी को सौंप दी थी।

समिति ने कम्पनियों के पुनर्गठन के सम्बन्ध में सरकारी नीतियों में आमूलचूल परिवर्तन के सुझाव दिए थे। इनमें प्रस्तावित राष्ट्रीय न्यायाधिकरण (NCLT—National Company Law Tribunal) के गठन का प्रस्ताव शामिल है। वर्तमान में प्रभावी सिक इंडस्ट्रियल कम्पनीज (स्पेशल प्रॉविजंस) एक्ट 1985 (SICA-1985) निष्प्रभावी हो जाएगा। इसके साथ-साथ 'बोर्ड फॉर इंडस्ट्रियल एण्ड फाइनेंशियल रिकंस्ट्रक्शन (BIFR), एपीलेट अथॉरिटी फॉर इंडस्ट्रियल एंड फाइनेंशियल रिकंस्ट्रक्शन (AAIFR) व कम्पनी लॉ बोर्ड (CLB) का अस्तित्व भी समाप्त हो जाएगा तथा इनके सभी दायित्व नए गठित किए जाने वाले 'नेशनल कम्पनी लॉ ट्रिब्यूनल' (NCLT) के दायरे में आ जाएंगे। ट्रिब्यूनल की देशभर में कुल 10 पीठें (Benches) होंगी, जबकि इसकी अपीली पीठ दिल्ली में होगी। अपीली पीठ के निर्णयों के विरुद्ध याचिका सर्वोच्च न्यायालय में दायर की जा सकेगी।

नए अधिनियम (कम्पनी दूसरा संशोधन विधेयक 2002) के तहत किसी कम्पनी को रुग्ण औद्योगिक कम्पनी (Sick Industrial Unit) तब कहा जाएगा जब विगत लगातार चार वर्षों में से किसी एक या अधिक वर्षों में वित्तीय वर्ष के अन्त में इसकी संचित हानि इसके नेट वर्थ का 50 प्रतिशत या इससे अधिक हो तथा जो लगातार तीन तिमाहियों तक अपने ऋणदाताओं को अपनी देयताओं का भुगतान करने में असफल रही हो।

अधिनियम के तहत गठित किए जाने वाले 'इन्सॉल्वेंसी फण्ड' के भरण के लिए बड़ी कम्पनियों पर उनके वार्षिक टर्नओवर का 0.005 प्रतिशत अधिभार (Cess) लगाने का प्रावधान प्रारम्भ में किया गया है। आवश्यकता पड़ने पर अधिभार को 0.1 प्रतिशत तक बढ़ाया जा सकेगा। 0.005 प्रतिशत की दर से अधिभार (Cess) आरोपित किए जाने पर कोष के लिए 75 करोड़ रुपये की राशि प्रतिवर्ष जुटाई जा सकेगी।

प्रस्तावित इन्सॉल्वेंसी फंड का इस्तेमाल रुग्ण कम्पनियों की पुनर्संरचना करने या उन्हें बन्द करने की प्रक्रिया के दौरान श्रमिकों की देयताओं का भुगतान करने व रुग्ण कम्पनी की परिसम्पत्तियों के संरक्षण के लिए किया जा सकेगा। चक्रीय किस्म के इस फण्ड का संचालन नेशनल कम्पनी लॉ ट्रिब्यूनल द्वारा किया जाएगा।

औद्योगिक वित्त (Industrial Finance)

भारत में उद्योगों को तीन प्रकार के वित्त की व्यवस्था करनी होती है, जो निम्नवत् है-

दीर्घकालिक वित्त की आवश्यकता	मध्यकालिक वित्त की आवश्यकता	अल्पकालिक वित्त की आवश्यकता
• स्थायी परिसम्पत्तियों जैसे भूमि, भवन व मशीनें इत्यादि खरीदना। • औद्योगिक इकाई के विस्तार एवं पुनर्स्थापना हेतु।	• दीर्घकालिक वित्त का ही एक भाग मध्यम अवधि के लिए हो सकता है।	• कच्चा माल व मध्यवर्ती वस्तुएं खरीदने तथा दैनिक व्ययों की पूर्ति करने के लिए।

औद्योगिक वित्त के स्रोत

औद्योगिक वित्त प्रदान करने वाले स्रोतों को दो भागों में बांटा जा सकता है-

(i) परम्परागत स्रोत

(ii) विशिष्ट वित्तीय संस्थाएं

(i) परम्परागत स्रोत: इसके अन्तर्गत हम निम्न स्रोतों को शामिल करते हैं-

1. **अंशपत्र (Shares) :** किसी भी कंपनी की स्थापना के समय अंशपत्र जारी किए जाते हैं। साधारण अंशधारियों को लाभों के अनुसार लाभांश मिलता है तथा अधिमान अंशधारियों (preference shareholders) को निश्चित दर पर लाभांश मिलता है।
2. **ऋणपत्र एवं बॉण्ड (Debentures and Bonds) :** कम्पनी अपने ऋणपत्रों को बेचकर भी पूँजी इकट्ठी करती है। ऋणपत्रधारियों को अपनी पूंजी पर निश्चित दर के अनुसार ब्याज मिलता है।
3. **सार्वजनिक जमा (Public deposits) :** कम्पनी कार्यशील पूँजी की व्यवस्था के लिए अपने कर्मचारियों तथा जनसाधारण की लघु बचतों को एकत्रित कर सकती है। सार्वजनिक जमा पर अवधि के अनुसार ब्याज दिया जा सकता है।
4. **प्रबन्ध अभिकर्ता (Managing agents) :** यह भारतीय उद्योगों को पूँजी प्रदान करने वाली प्राचीनतम तथा महत्वपूर्ण संस्था थी। बड़े पूँजीगत और व्यवसायी स्वयं कंपनी के अंशपत्र और ऋणपत्र खरीदते थे। इसकी बाजार में काफी साख और प्रतिष्ठा होती थी। प्रबन्धकर्ताओं की गारन्टी पर बैंक औद्योगिक प्रतिष्ठानों को ऋण प्रदान करते हैं।

लेकिन आधुनिक ढंग से बड़े उद्योगों की पूँजीगत आवश्यकताएँ काफी व्यापक हैं, जिनको पूरा करने में ये परम्परागत व्यवस्थाएँ असमर्थ हैं। इसलिए औद्योगिक वित्त प्रदान करने के लिए विशिष्ट संस्थाओं की स्थापना की गई है।

(ii) विशिष्ट वित्तीय संस्थाएं: उद्योगों को वित्तीय सहायता प्रदान करने के लिए विशिष्ट संस्थाओं की स्थापना की गयी है जिनमें निम्न प्रमुख हैं-

- औद्योगिक वित्त निगम (Industrial Finance Corporation - IFC)
- आईसीआईसीआई लि. (ICICI Ltd.)
- भारत का औद्योगिक विकास बैंक (Industrial Development Bank of India)
- राज्य वित्त निगम (State Finance Corporation-SFCs)
- राष्ट्रीय लघु उद्योग निगम (National Small Industries Corporation-NSIC)
- राष्ट्रीय कृषि एवं ग्रामीण विकास बैंक (National Bank for Agriculture and Rural Development-NABARD)

भारतीय औद्योगिक उत्पादन सूचकांक (IIP)

आधार वर्ष : 2004-05

नवीनतम आधार वर्ष : 2011-12

महत्वपूर्ण तथ्य :
- भारत में सर्वप्रथम औद्योगिक उत्पादन सूचकांक वर्ष 1937 के आधार वर्ष के साथ प्रस्तुत किया गया था तथा इसे 1950 से मासिक आधार पर जारी किया जाता है। 1937 के पश्चात अब तक IIP की संशोधित श्रृंखलाएँ है- 1946, 1951, 1956, 1960, 1976, 1980-81, 1934-94 एवं 2004-05।
- 1951 मे सीएसओ की स्थापना के साथ इसे ईईपी के संकलन एवं जारी करने का उत्तरदायित्व सौंपा गया है !
- आई आई पी की नई श्रृंखला मे किए जाने वाले परिवर्तन है :-

आधार वर्ष 2004-05 पर आधारित IIP	
क्षेत्र	**भारांश**
खनन	14.157
विनिर्माण	75.527
बिजली	10.316

आधार वर्ष 2011-12 पर आधारित IIP	
क्षेत्र	**भारांश**
खनन	14.373
विनिर्माण	77.633
बिजली	7.994

उद्योग क्षेत्रों की नवीन पहलें

जेम्स एंड ज्वेलरी पार्क

तिथि : 3 नवंबर, 2016

स्थापना : वडिषा सरकार द्वारा कटक जिले के रामदसपुर में स्थापित

विशेषता : पार्क को कीमती और अर्ध कीमती हीरा कटिंग, हीरा पालिश, सोना, चाँदी, प्लेटिनम और हीरे के आभूषनो की डिजाइनिंग, आभूषण निर्माण, फैशन आभूषनों का निर्माण, खुद्रा केंद्र और एक्सपोर्ट हाउस आदि घाटको से सुविध. ायुक्त बनाया जाएगा।

निर्माण : पहले चरण में 209 करोड़ के निवेश 100 एकड़ भूमि और 300 मेगावाट बिजली की आवश्यकता होगी।

भारत की सबसे बड़ी रिफाइनरी

स्थापना : महाराष्ट्र के रत्नागिरी जिले के राजपुर तालुके के बाबुलवाड़ी मे स्थापित !

सहयोग : (50% हिस्सेदारी)

: IOCL : INDIAN OIL CORPORATION
BPCL : BHARATIYA PETROLEUM CORPORATION LIMITED
HPCL : HINDUSTAN PETROLEUM CORPORATION LIMITED

निवेश राशि : 40 बिलियन अमेरिकी डालर (3 लाख करोड़)

तेलशोधन क्षमता : 60 मिलियन मीट्रिक टन वकि (6 करोड़ टन)

स्थापना अवधि : वर्ष 2022 तक रिफाइनरी शाखा प्रारंभ होने का अनुमान

अन्य महत्वपूर्ण तथ्य :
- यह भारत के साथ साथ विश्व की सबसे बड़ी रिफाइनरी होगी।
- यह शोधन शाला (Green Refinery) होगी।
- इस रिफाइनरी में पेट्रोल, डीजल, एलपीजी, हवार्ड ईंधन (AFT) और पेट्रोकेमिकल्स के "फीड स्टाक" का उपयोग प्लास्टिक, रसायन और कपड़ा उद्योग में कच्चे माल के रूप में किया जाएगा।

नोटः वर्तमान में रिलायंस इंडस्ट्रीज लिमिटेड के स्वामित्व वाली गुजरात में स्थापित जामनगर रिफाइनरी भारत की सबसे बड़ी तेल शोधनशाला है।

प्रथम राष्ट्रीय हथकरघा दिवस

प्रथम राष्ट्रीय : 7. अगस्त, 2015, प्रधानमंत्री नरेंद्र मोदी द्वारा

नोटः 7 अगस्त, 1905 मे कलकत्ता के टाउन हॉल में 'स्वदेशी आंदोलन' के प्रारंभ की घोषणा की गयी थी, उसी दिन को सम्मान देने के लिए यह दिवस आयोजित किया गया था।

स्थान : चेन्नई, तमिलनाडु

महत्वपूर्ण तथ्य :
- वर्ष 2012, 2013 व 2014 हेतु हथक. रघा क्षेत्र मे उत्कृष्ट कार्य करने वाले व्यक्तियों को को राष्ट्रीय पुरस्कार तथा संत कबीर पुरस्कार प्रदान किए गये।
- इंडिया हैंडलूम ब्रांड का भी शुभारंभ किया गया।
- हथकरघा बुनकारी भारत मे कृषि के बाद सर्वाधिक व्राहद आर्थिक गतिविधियो मे से एक है, जो की 43 लाख से अधिक बुनकारों और संबंध कामगारों को प्रत्यक्ष या अप्रत्यक्ष रोजगार उपलब्ध करा रही है।
- हथकरघा क्षेत्र देश के कुल कपड़ा उत्पादन मे लगभग 15 प्रतिशत योगदान करता है।
- देश के निर्यात मे भी हथकरघा क्षेत्र का योगदान है विश्व के हाथ से बुने कपड़ों का 95 प्रतिशत भारत से आता है।

जीरो डिफेक्ट, जीरो इफेक्ट योजना

प्रारंभ : 18 अक्टूबर 2016 को प्रधानमंत्री मोदी द्वारा लुधियाना (पंजाब से)।

उद्देश्य : जिनका पर्यावरण पर शून्य असर पड़े।

लाभ :
- इस योजना से भारत की ब्रांड इमेज में वृद्धि।
- पर्यावरण सुधारों को बल मिलेगा
- भारतीय उत्पादों की गुणवत्ता में वृद्धि होगी।
- जीडीपी में MSME's के योगदान मे वृद्धि होगी।

तथ्य सार संग्रह

- जवाहर लाल नेहरू नें उद्योगों को – "आधुनिक अर्थव्यवस्था का मन्दिर" कहा था।
- भारत की प्रमुख औद्योगिक नीतिया है – 1948, 1956, तथा 1991
- नई उद्योगिक नीति, 1991 में औद्योगिक लाइसेंसिक का उन्मूलन, सार्वजनिक क्षेत्र की मंद भूमिका, MRTP की परिसम्पारित सीमा समाप्त, विदेशी निवेश को प्रोत्साहन, फेमा द्वारा फेरा का प्रतिस्थापना प्रमुख है।
- वर्तमान में महारत्न कम्पनियों की संख्या 8, नवरत्न कम्पनियों की संख्या 16 तथा मिनी रत्न कम्पनियों की संख्या 73 है।
- भारतीय औद्योगिक उत्पादन सूचकांक (IIP) का आधार वर्ष 2011-12 है इस सूचकांक में विनिर्माण क्षेत्र का भारांश सर्वाधिक (77%)है।
- जेम्स एण्ड ज्वैलरी पार्क की स्थापना उड़ीसा सरकार द्वारा कटक जिले के रामदासपुर में किया जा रहा है।
- महाराष्ट्र के रत्नागिरी जिले के राजापुर तालुके के बा. बुलवाड़ी में भारत की सबसे बड़ी तेल रिफायनरी की स्थापना की जा रही है।
- 7 अगस्त 2015 को प्रथम राष्ट्रीय हथकरघा दिवस आयोजित किया गया।
- जीरो डिफेक्ट, जीरो इफेक्ट योजना का प्रारम्भ 18 अक्टूबर 2016 को प्रधानमंत्री मोदी द्वारा लुधियाना (पंजाब) से प्रारम्भ की गयी।

महत्वपूर्ण शब्दावली

- **भारतीय प्रतिस्पर्द्धा आयोग (Competition Commission of India-CII) :** एकाधिकारी शक्तियों पर अंकुश लगाकर प्रतिस्पर्द्धा को बढ़ावा देने तथा कम्पनियों के विलयों व अधिग्रहणों पर निगरानी रखने के उद्देश्य से भारतीय प्रतिस्पर्द्धा आयोग का गठन किया गया।
- **नोट:** यह आयोग MRTPC [Monopolies & Restrictive Trade Practices Commission] के स्थान पर लाया गया है।
- **एकाधिकार एवं प्रतिबन्धात्मक व्यापार व्यवहार आयोग MRTPC [Monopolies & Restrictive Trade Practices Commission]:** बहुत से औद्योगिक घरानों का निश्चित गतिविधियों पर एकाधिकार था तथा वे प्रतिस्पर्धा रोकने का प्रयास कर रहे थे। इसके नियंत्रण हेतु MRTP Act 1969 लागू किया गया। साथ ही ऐसे कार्यों को रोकने हेतु इससे सम्बन्धित आयोग (MRTPC) की भी स्थापना की गयी।
- **औद्योगिक व वित्तीय पुनर्निर्माण बोर्ड BIFR (Board for Industrial & Financial Reconstruction) :** इसकी स्थापना 1987 में की गयी। यह 1992 तक निजी कंपनियों की सुगमता के लिये कार्य करता था परन्तु 1992 में इसे सार्वजनिक क्षेत्र की रुग्ण (sick) इकाइयों के वित्तीय पुनर्निर्माण की जिम्मेदारी दी गयी।
- **राष्ट्रीय निवेश कोष (National Investment Fund):** सार्वजनिक उपक्रमों में विनिवेश से प्राप्त होने वाली राशि को इस कोष में रखा जाता है। यह राशि भारत के संचित कोष से अलग रखी जाती है। इस कोष में रखी गयी राशि का 75% शिक्षा, स्वास्थ्य जैसे सामाजिक क्षेत्र के विकास में व्यय किया जाता है। इस कोष का गठन केन्द्रीय मंत्रिमंडल की मंजूरी पर वर्ष 2005 में कर दिया गया था परन्तु इसकी औपचारिक शुरूआत 6 अक्टूबर 2007 मे हुई। इस कोष की राशि का प्रबन्धन तीन एसेट मैनेजमेंट कम्पनियों– 1. UTI Assets Management Com. Pvt. Ltd. 2. SBI Funds Management Pvt. Ltd. 3. LIC Mutal Fund Asset Management com. Pvt. Ltd. द्वारा किया जाता है।
- **सन्तुलन स्थिर बिन्दु (Break Even Points) :** जिस बिन्दु पर फर्म को न लाभ होता है और न हानि अर्थात् शून्य लाभ (सामान्य लाभ) होता है, उस बिन्दु को Break Even Point कहते हैं। कोई भी व्यवसायी तब तक अपने व्यवसाय में बने रहता है जब तक उसे शून्य लाभ प्राप्त होता है।

अभ्यास प्रश्न

◆ **स्तरः परम्परागत**

1. औद्योगिक क्रांति (Industrial Revolution) सर्वप्रथम किस देश में हुई?
   (a) फ्रांस (b) जर्मनी
   (c) इंग्लैंड (d) यू.एस.ए.
2. भारत की प्रथम औद्योगिक नीति की घोषणा कब की गयी थी?
   (a) 1 अप्रैल, 1948 (b) 26 जनवरी, 1948
   (c) 16 अगस्त, 1948 (d) 6 अप्रैल, 1948
3. सरकार द्वारा नई औद्योगिक नीति की घोषणा कब की गई?
   (a) 24 जुलाई, 1991 को
   (b) 2 अगस्त, 1991 को
   (c) 15 अगस्त, 1991 को
   (d) 23 दिसंबर, 1991 को
4. वर्तमान में Industrial Licensing Policy के अन्तर्गत कितने उद्योगों के लिए लाइसेन्स लेना अनिवार्य है?
   (a) 5 (b) 6
   (c) 8 (d) 9
5. निम्न में से किन उद्योगों को Licence की अनिवार्यता से मुक्त कर दिया गया है?
   (a) मोटरकार उद्योग
   (b) एयर कंडीशन, फ्रिज, वाशिंग मशीन
   (c) चमड़ा उद्योग (d) उपरोक्त सभी
6. कंपनी द्वारा लाभांश (Profit) की घोषणा किस पूंजी पर की जाती है?
   (a) निर्गमित पूंजी पर (Issue Capital)
   (b) अधिकृत पूंजी पर (Authorized Capital)
   (c) अभिदत्त पूंजी पर (Subscribed Capital)
   (d) कुल प्रयुक्त पूंजी पर (Total use capital)
7. कंपनी के Balance Sheet से –
   (a) कंपनी के लाभ को आंकना संभव होता है।
   (b) कंपनी की परिसंपत्तियों और देयताओं के आकार को बताना संभव है।
   (c) कंपनी की परिसंपत्ति, ऋण और शेयर को बताना संभव है।
   (d) कंपनी में लगी कुल पूंजी एवं कुल श्रमिकों की संख्या ज्ञात करना संभव हो जाता है।
8. भारतीय प्रतिस्पर्द्धा आयोग की स्थापना का उद्देश्य है
   (a) एकाधिकारी शक्तियों पर अंकुश लगाना
   (b) कम्पनियों के विलयों व अधिग्रहणों पर निगरानी रखना।
   (c) (a) और (b) दोनों
   (d) न तो (a) न तो (b)
9. भारत के उर्वरक उद्योग (Fertilizer Industry) के संदर्भ में निम्नलिखित में से कौन-सा कथन सत्य नहीं है?
   (a) अभी हाल के वर्षों में यह देश का तेजी से विकसित होने वाला उद्योग है।
   (b) भारत विश्व में नाइट्रोजन उर्वरक का तीसरा सबसे बड़ा उत्पादक देश है।
   (c) रासायनिक उर्वरकों के संबंध में भारत आत्मनिर्भर है।
   (d) Investment और Manufacturing के आधार पर यह देश का दूसरा प्रमुख उद्योग है।
10. लघु क्षेत्र के लिए वस्तुओं का आरक्षण समाप्त करने की सिफारिश किस समिति ने की?
    (a) आबिद हुसैन समिति (b) नरसिम्हन समिति
    (c) नायक समिति (d) अभिजीत सेनगुप्ता समिति
11. निम्नलिखित कथन पर विचार कीजिए-
    "लघु उद्योग, बड़े उद्योगों जितने दक्ष और प्रतियोगी नहीं हैं फिर भी सरकार लघु उद्योगों को प्रमुखता देती है और अनेक प्रकार के उत्पादों के लिए आरक्षण प्रदान करती है क्योंकि लघु उद्योग-
    1. अल्प कुशल श्रमिकों को जिन्हें अन्य जगह रोजगार के अवसर प्राप्त नहीं होते, उन्हें काम प्रदान करते हैं।
    2. प्रति इकाई पूंजी निवेश के आधार पर अपेक्षाकृत अधिक रोजगार प्रदान करते हैं।
    3. विनिर्मित वस्तुओं का निर्यात बड़े उद्योगों की अपेक्षा ज्यादा करते हैं।
    4. भारत की जीडीपी में लघु उद्योगों का हिस्सा लगभग 24% है।

    कूट :
    (a) 1, 4 (b) 1, 2
    (c) 3, 4 (d) 2, 3

12. कोयला का सर्वाधिक उपयोग होता है-
    (a) ऊर्जा उत्पादन में
    (b) लौह एवं इस्पात संयंत्रों में
    (c) रेलवे में
    (d) उपरोक्त सभी
13. "साल की लकड़ी" का उपयोग सर्वाधिक किस उद्योग में होता है?
    (a) कागज (b) माचिस
    (c) कत्था (d) रेलवे स्लीपर
14. नायक समिति का संबंध है-
    (a) कुटीर उद्योग से (b) लघु उद्योग से
    (c) भारी उद्योग से (d) उपरोक्त सभी
15. निम्नलिखित कथन पर विचार कीजिए-
    "भारत में औद्योगिक विकास एक सीमा तक निरुद्ध हुआ है"
    1. व्यापार में पर्याप्त उद्यमवृत्ति और नेतृत्व के अभाव में
    2. निवेश हेतु बचत के अभाव में
    3. तकनीकी विकास और आधारभूत संरचना के अभाव में
    4. अपेक्षाकृत विशाल जन सामान्य के बीच सीमित क्रय शक्ति होने के कारण

    कूट :
    (a) 1, 2, 3 (b) 1, 3, 4
    (c) 2, 3, 4 (d) उपरोक्त सभी
16. किस उद्योग को आधुनिक सभ्यता के लिए सबसे मूलभूत माना जाता है?
    (a) उर्वरक (b) लोह व इस्पात
    (c) वस्त्र (d) पेट्रोलियम
17. निम्न में से भारत का सबसे महत्वपूर्ण लघु स्तर उद्योग है-
    (a) वस्त्र उद्योग (b) कागज उद्योग
    (c) हथकरघा उद्योग (d) जूट उद्योग
18. Labour Intensive Industry वह है जहाँ-
    (a) कठिन मानव श्रम की आवश्यकता होती है।
    (b) श्रमिकों को पर्याप्त मजदूरी दी जाती है।
    (c) अधिक श्रमिकों को रखा जाता है।
    (d) श्रमिकों को सुविधायें उपलब्ध होती है।
19. बोकारो स्टील संयंत्र की स्थापना किस देश के सहयोग से हुई थी?
    (a) जर्मनी (b) ब्रिटेन
    (c) अमरीका (d) सोवियत संघ
20. सूची-I को सूची-II से सुमेलित कीजिए-

सूची-I	**सूची-II**
A. भिलाई	1. छत्तीसगढ़
B. बोकारो	2. झारखंड
C. दुर्गापुर	3. उड़ीसा
D. राउरकेला	4. प. बंगाल
	5. म. प्र.

	A	B	C	D
(a)	1	2	5	4
(b)	3	5	4	2
(c)	1	5	2	4
(d)	1	2	4	3

21. सूची-I को सूची-II से सुमेलित कीजिए-

नगर	**उद्योग**
A. कोयम्बटूर	1. तेलशोधन
B. राउरकेला	2. रेल डिब्बा
C. कपूरथला	3. लौह इस्पात
D. बरौनी	4. सूती वस्त्र

	A	B	C	D
(a)	4	3	2	1
(b)	1	2	3	4
(c)	2	3	4	1
(d)	4	2	3	1

22. भारत का प्रथम उर्वरक उद्योग कहाँ स्थापित हुआ?
    (a) नांगल (b) सिंदरी
    (c) आलवे (d) ट्राम्बे
23. CRISAL -
    (a) एक निर्यात कंपनी है।
    (b) ग्रामीण क्षेत्र को वित्त प्रदान करता है।
    (c) उद्योगों को वित्तीय सहायता प्रदान करता है।
    (d) कंपनी की साख की स्थिति का मूल्यांकन करता है।
24. सूची-I को सूची-II से सुमेलित कीजिए-

सूची-I (खनिज)	**सूची-II (प्रथम उत्पादक देश)**
A. कोबाल्ट	1. कांगो
B. हीरा	2. रूस
C. चाँदी	3. मैक्सिको
D. कोयला	4. चीन

	A	B	C	D
(a)	1	2	3	4
(b)	4	3	2	1
(c)	4	1	2	3
(d)	4	2	1	3

25. सूची-I को सूची-II से सुमेलित कीजिए-

सूची-I (सूचकांक)	**सूची-II (देश)**
A. शंघाई एसई कंपोजिट	1. चीन
B. सीएसी 40	2. द. कोरिया
C. कोस्पो	3. अमेरिका
D. डाउ जोंस आईए	4. फ्रांस

	A	B	C	D
(a)	1	4	3	2
(b)	4	1	3	2
(c)	1	2	3	4
(d)	1	4	2	3

26. आधारभूत क्षेत्र (Core Sector) से संबंधित है-
(a) कोयला (b) उर्वरक
(c) रिफाइनरी उत्पाद (d) सभी

27. भिलाई इस्पात कारखाने के संदर्भ में सही कथन का चुनाव कीजिए-
1. यह द्वितीय पंचवर्षीय योजना अवधि में तत्कालीन सोवियत संघ (USSR) की सहायता से स्थापित किया गया।
2. यह तत्कालीन मध्य प्रदेश वर्तमान में छत्तीसगढ़ के दुर्ग जिले में स्थित है।
3. वर्ष 1974 में SAIL ने इसे अपने अधिकार क्षेत्र में ले लिया।
4. यह वर्ष 1955 में स्थापित 3 बड़े स्टील संयंत्रों में से एक था।

कूट :
(a) 1, 3, 4 (b) 1, 2, 3
(c) 1, 2, 4 (d) 1, 2, 3, 4

28. "Golden Handshake" का संदर्भ निम्न में से किससे है?
(a) अति विशिष्ट व्यक्तियों को सम्मानित करना।
(b) स्वैच्छिक सेवानिवृत्ति योजना
(c) स्वर्ण व्यापार का संवर्धन
(d) जीवन बीमा योजना

29. छठी राष्ट्रीय आर्थिक गणना 2012-13, जो अक्टूबर 2012 से जून 2013 के मध्य कराया जा रही है, किस मंत्रालय द्वारा सम्पन्न करायी जा रही है?
(a) वित्त मंत्रालय
(b) योजना आयोग
(c) केन्द्रीय सांख्यिकी एवं कार्यक्रम कार्यान्वयन
(d) NSSO

30. सूची I को सूची II से सुमेलित कीजिए-

उद्योग	**औद्योगिक केन्द्र**
A. पर्ल फिशंग	1. तूतीकोरिन
B. आटोमोबाइल्स	2. पुणे
C. पोत निर्माण	3. मर्मगांव
D. इंजीनियरिंग सामान	4. पिंजौर

	A	B	C	D
(a)	2	1	4	3
(b)	2	1	3	4
(c)	1	2	4	3
(d)	1	2	3	4

31. सूची-I को सूची-II से सुमेलित कीजिए-

सीमेन्ट उद्योग	**राज्य (स्थान)**
A. सिक्का	1. गुजरात
B. कटनी	2. मध्य प्रदेश
C. चुर्क	3. उत्तर प्रदेश
D. तिरूनेलवेली	4. तमिलनाडु

	A	B	C	D
(a)	1	2	3	4
(b)	1	4	3	2
(c)	1	3	2	4
(d)	1	2	4	3

32. सूची-I को सूची-II से सुमेलित कीजिए-

स्थान	**उद्योग**
A. विशाखापत्तनम्	1. मोटर गाड़ियां
B. मूरी	2. पोत निर्माण
C. गुड़गांव	3. उर्वरक
D. पनकी	4. एल्युमीनियम

	A	B	C	D
(a)	2	3	4	1
(b)	1	2	3	4
(c)	2	4	3	1
(d)	2	4	1	3

33. सूची-I को सूची-II से सुमेलित कीजिए-

	केन्द्र		उद्योग
A.	अंबाला	1.	पाली फाइबर
B.	मोदीनगर	2.	उर्वरक
C.	बाराबंकी	3.	रबर
D.	कानपुर	4.	विस्फोटक

	A	B	C	D
(a)	1	2	3	4
(b)	4	3	2	1
(c)	4	2	1	3
(d)	2	3	1	4

34. निम्न में से कौन-सी एक लघु उद्योग की समस्या नहीं है?
(a) निवेश (Investment)
(b) विपणन (Marketing)
(c) कच्चा माल (Raw materials
(d) हड़ताल, तालाबंदी (Hartaal, Taalabandi)

35. निम्न में से लघु उद्योगों की समस्या है-
(a) पूंजी का अभाव
(b) विपणन की जानकारी का अभाव
(c) कच्चे माल का अभाव
(d) उपरोक्त सभी

◆ स्तर : सम्भावित

1. उद्योग बन्धु है एक-
(a) श्रमिक आपूर्ति एजेन्सी
(b) रुग्ण उद्योग पुनर्वास एजेन्सी
(c) औद्योगिक विकास के लिए वित्त उपलब्ध कराने के लिए एजेन्सी
(d) औद्योगिक इकाइयों की स्थापना में तथा संबंधित समस्याओं में सहायता करने के लिए एजेन्सी

2. किस नगर को Electronic City के रूप में जाना जाता है?
(a) गुड़गांव (b) बंगलौर
(c) जयपुर (d) सलेम

3. ''भारतीय कालीन प्रौद्योगिकी संस्थान'' कहाँ स्थित है?
(a) नागपुर (b) पटना
(c) भदोही (d) जोधपुर

4. Ecomark किसी उत्पादन पर दिए गए इस प्रमाणन का चिन्ह है कि वह उत्पाद-
(a) किफायती कीमत वाला है
(b) पर्यावरण की दृष्टि से अनुकूल है
(c) नष्ट होने वाला नहीं है
(d) अच्छी किस्म का है

5. भारत के किस उद्योग में सर्वाधिक संख्या में महिलाएं कार्यरत हैं? (a)
चाय उद्योग (b) जूट उद्योग
(c) वस्त्र उद्योग (d) रबड़ उद्योग

6. देश में रेशम उद्योग का सर्वाधिक स्थानीयकरण किस राज्य में हुआ है?
(a) मणिपुर (b) कर्नाटक
(c) असम (d) केरल

7. पंजाब में कौन-सा स्थान ''हौजरी उद्योग'' के लिए प्रसिद्ध है?
(a) गुरदासपुर (b) अमृतसर
(c) जालंधर (d) लुधियाना

8. सूची-I को सूची-II से सुमेलित कीजिए-

	सूची-I		सूची-II
A.	पूर्व का बोस्टन	1.	अहमदाबाद
B.	सूती वस्त्र की राजधानी	2.	कानपुर
C.	भारत का मैनचेस्टर	3.	मुम्बई

	A	B	C
(a)	1	2	3
(b)	1	3	2
(c)	2	1	3
(d)	2	3	1

9. भारत का प्राचीनतम विशाल उद्योग है-
(a) सूती वस्त्र (b) लौह इस्पात
(c) जूट उद्योग (d) कागज उद्योग

10. भारत में निम्नलिखित में से किस उद्योग में सर्वाधिक जनसंख्या कार्यरत है?
(a) सीमेन्ट (b) पेट्रोलियम
(c) कपड़ा (d) लौह इस्पात

11. उत्तर प्रदेश अवस्थापना विकास कोष संबंधित है-
(a) उद्योग क्षेत्र के विकास से।
(b) प्रदेश के सभी क्षेत्रों (विशेषकर पिछड़े क्षेत्रों) से अवस्थापना सुविधा के विकास से।
(c) प्रदेश के सभी औद्योगिक क्षेत्रों को आपस में जोड़ना।
(d) उपरोक्त में से कोई नहीं

12. मेजा (इलाहाबाद) में स्थापित तापीय परियोजना किसका संयुक्त उपक्रम है?
(a) SAIL (b) NTPC
(c) IOC (d) उक्त सभी

13. 6ठी आर्थिक गणना के अनुसार भारत में सर्वाधिक उद्यम संख्या वाले राज्यों का सही क्रम है–
1. उत्तर प्रदेश 2. आंध्र प्रदेश
3. तमिलनाडु 4. महाराष्ट्र
5. प. बंगाल

कूट :
(a) 2, 3, 4, 1, 5 (b) 4, 3, 2, 1, 5
(c) 1, 4, 5, 3, 2 (d) 3, 4, 5, 2, 1

14. भारत में खादी एवं ग्रामोद्योग आयोग (KVIC) की स्थापना कब हुई?
(a) 1948 (b) 1956
(c) 1970 (d) 1991

15. मीरा सेठ समिति का संबंध है–
(a) लघु उद्योग (b) कुटीर उद्योग
(c) हथकरघा उद्योग (d) भारी उद्योग

16. अन्तर्राष्ट्रीय ऊर्जा एजेंसी (IEA) के अनुसार निम्न में से कौन–सा कथन सत्य नहीं है?
(a) खनिज तेल की खपत में चीन ने जापान को पीछे छोड़ दिया है।
(b) विश्व में सर्वाधिक खनिज तेल का खपत अमेरिका करता है।
(c) वर्ष 2025 तक खनिज तेल की खपत में भारत विश्व का तीसरा सबसे बड़ा देश बन जायेगा।
(d) भारत वर्ष 2030 तक अकेला कुल खनिज तेल का 40% आयात करेगा।

17. भारत को खनिज तेल की सर्वाधिक आपूर्ति (Supply) करने वाला देश –
(a) इराक (b) सऊदी अरब
(c) इंडोनेशिया (d) कतर

18. निम्न में से सर्वाधिक तेलशोधन क्षमता वाली भारत की रिफायनरी कौन–सी है?
(a) बीना रिफायनरी
(b) रिलायंस पेट्रोलियम लि. जामनगर
(c) इंडियन आयल कारपोरेशन लि. मथुरा
(d) उपरोक्त सभी

19. मंगला, एश्वर्य एवं भाग्यम नामक स्थान किस क्षेत्र से संबंधित हैं?
(a) तेल की खोज से
(b) यूरेनियम की खोज से
(c) कोयले के नये ब्लॉक
(d) प्राकृतिक गैस

20. भारतीय पर्यटन विकास निगम का स्थापना वर्ष–
(a) 1948 (b) 1955
(c) 1966 (d) 1990

21. प्रवीर सेन गुप्ता समिति संबंधित है–
(a) मिनी रत्न (b) नवरत्न
(c) रक्षारत्न (d) महारत्न

22. भारत में कालीन निर्माण के प्रमुख केन्द्र हैं।
(a) मिजोरम (b) भदोही
(c) गोपीगंज (d) सभी

23. ONGC हाल ही में निम्न में से किन/किन स्थानों पर नयी रिफायनरी की स्थापना की योजना है?
(a) मंगलौर (कर्नाटक) (b) काकीनाडा (आंध्र प्रदेश)
(c) बाड़मेरा (राजस्थान) (d) उपरोक्त सभी

24. असंगठित क्षेत्र (Unorganized Sector) के संदर्भ में निम्न में से असत्य कथन का चयन कीजिए।
1. इस क्षेत्र से जुड़े लोग रोजगार के अस्थायी स्वरूप, अज्ञानता और निरक्षरता, छोटे तथा बिखरे प्रतिष्ठानों आदि एवं कुछ कारणों से अपने साझा हितों के लिए स्वयं को संगठित नहीं कर पाते।
2. NSSO द्वारा वर्ष 2004–05 में कराए गए सर्वेक्षण के अनुसार देश में संगठित एवं असंगठित दोनों ही क्षेत्रों में श्रमिकों की कुल संख्या 45.9 करोड़ थी जिसमें असंगठित क्षेत्र की हिस्सेदारी 43.3 करोड़ अर्थात् 93% थी।
3. सरकार ने असंगठित क्षेत्रों के उद्यमों की समस्याओं के समाधान के लिए डॉ. अर्जुन सेन गुप्ता की अध्यक्षता में ''राष्ट्रीय आयोग'' की स्थापना की है।
4. भारत सरकार ने बीड़ी श्रमिकों, कोयले को छोड़कर अन्य खानों के श्रमिकों और सिने कर्मियों के कल्याण के लिये ''कल्याण कोष'' का गठन किया है।

कूटः
(a) 1, 3, 2 (b) 1, 4, 2
(c) 2, 3, 4 (d) 1, 2, 3, 4

25. वर्तमान में महारत्न कम्पनियों की संख्या है।
(a) 8 (b) 7
(c) 6 (d) 5

26. निवेली लिग्नाइट जिसे अभी तक ''मिनीरत्न'' का दर्जा प्राप्त था उसे नवरत्न कम्पनियों के श्रेणी में कब शामिल किया गया?
(a) 1 अप्रैल, 2009 (b) 31 मार्च, 2009
(c) 1 अप्रैल, 2010 (d) 1 अप्रैल, 2011

27. औद्योगिकी रुग्णता (Industrial Sickness) की समस्या से निम्न में से कौन-सी कमेटी संबंधित है?
1. डॉ. ओकार गोस्वामी समिति
2. सेनगुप्ता समिति
3. इराडी समिति
4. दामोदर समिति

कूट :
(a) 1, 2 (b) 2, 3
(c) 1, 3 (d) 3, 4

28. निम्न में से कौन-सा राज्य गोंडवाना कोयला क्षेत्र से संबंधित नहीं है?
(a) पं. बंगाल (b) उड़ीसा
(c) मध्य प्रदेश (d) राजस्थान

29. लिग्नाइट किस्म के कोयले की निम्न में से कौन-सी विशेषता नहीं है?
1. इसमें कार्बन की मात्रा 45 से 55 प्रतिशत है।
2. इसका रंग भूरा है तथा अधिक धुंआ देता है।
3. इससे मिलने वाला ताप व शक्ति बहुत अधिक है।
4. इसमें जल का अंश 2 से 5% है।
(a) 1, 4 (b) 2, 3
(c) 1, 3 (d) 3, 4

30. निम्न में औद्योगिक वित्त संस्था नहीं है-
(a) IDCI (b) IFCI
(c) SCICI (d) SFC

31. विश्व में यूरेनियम की सर्वाधिक उपलब्धता वाले देशों का निम्न में से कौन-सा सही क्रम है?
(a) कनाडा, भारत, रूस
(b) कनाडा, ऑस्ट्रेलिया, कजाकिस्तान
(c) कनाडा, रूस, ऑस्ट्रेलिया
(d) कनाडा, नाइजर, रोमानिया

32. सूची-I को सूची-II से सुमेलित कीजिए-

एल्युमिनियम कं.	**सहायक देश**
A. बाल्को	1. अमेरिका
B. नाल्को	2. सोवियत रूस
C. हिन्डाल्को	3. इटली
D. माल्को	4. फ्रांस

	A	B	C	D
(a)	3	1	4	2
(b)	2	3	4	1
(c)	1	2	3	4
(d)	2	4	1	3

33. भारत में स्वर्ण उत्पादन के क्षेत्र में शीर्ष राज्य-
(a) आंध्र प्रदेश
(b) कर्नाटक
(c) तमिलनाडु
(d) उड़ीसा

34. सूची-I को सूची-II से सुमेलित कीजिए-

सूची-I (प्रस्तावित नई फैक्ट्रियां)	**सूची-II (स्थान)**
A. मेट्रो रेल कोच फैक्ट्रियां	1. रायबरेली
B. डीजल लोकोमोटिव सेन्टर	2. प. बंगाल एवं असम
C. रेल औद्योगिक पार्क	3. मणिपुर
D. रेल कोच फैक्ट्री	4. सिंगूर

	A	B	C	D
(a)	4	3	2	1
(b)	1	2	3	4
(c)	4	3	1	2
(d)	1	2	4	3

35. रेल कोच फैक्टरी से संबंधित स्थान है-
1. रायबरेली 2. पेरम्बूर
3. पलक्कल 4. कोलार
5. कच्छ 6. पालघाट
(a) 2, 3
(b) 3, 4, 5
(c) 5, 6, 3
(d) सभी

उत्तरमाला

- **स्तर : परम्परागत**

1. (a)	2. (d)	3. (a)	4. (a)	5. (d)	6. (c)	7. (b)	8. (c)	9. (c)	10. (a)
11. (b)	12. (a)	13. (d)	14. (b)	15. (d)	16. (b)	17. (c)	18. (c)	19. (d)	20. (d)
21. (a)	22. (d)	23. (d)	24. (a)	25. (a)	26. (d)	27. (d)	28. (b)	29. (c)	30. (d)
31. (a)	32. (d)	33. (d)	34. (d)	35. (d)					

- **स्तर : सम्भावित**

1. (d)	2. (b)	3. (c)	4. (b)	5. (a)	6. (b)	7. (d)	8. (b)	9. (a)	10. (c)
11. (b)	12. (b)	13. (c)	14. (b)	15. (c)	16. (d)	17. (b)	18. (b)	19. (a)	20. (c)
21. (c)	22. (a)	23. (d)	24. (d)	25. (a)	26. (d)	27. (c)	28. (d)	29. (d)	30. (a)
31. (b)	32. (d)	33. (b)	34. (a)	35. (d)					

मुख्य परीक्षा हेतु अभ्यास प्रश्न

1. महारत्न, नवरत्न व मिनिरत्न का दर्जा किस आधार पर दिया जाता है?
2. नई औद्योगिक नीति 1991 की विशेषताएँ लिखें।
3. किसी अर्थव्यवस्था के विकास में उद्योगों की भूमिका पर प्रकाश डालें। भारत के पर्यटन उद्योग की स्थिति पर विचार करें और सरकार द्वारा इस क्षेत्र के विकास के लिए किए जा रहे प्रयासो पर चर्चा करें।

अध्याय 8

मुद्रा एवं बैंकिंग

(Money and Banking)

प्रस्तावना

मनुष्य के तीन सर्वश्रेष्ठ आविष्कारों में पहला स्थान - ''**अग्नि**'', दूसरा स्थान ''**पहिया**'', और तीसरा स्थान ''**मुद्रा**'' का है। यह मुद्रा का चलन ही है जिसने वस्तु विनिमय में आने वाली सभी परेशानियों को समाप्त कर एक बेहतर आर्थिक व्यवस्था का सृजन किया। समय के साथ मुद्रा के स्वरूप में परिवर्तन आता रहा अर्थात प्रारम्भ में जो मुद्रा विभिन्न धातुओं जैसे - सोना, चांदी, कांस्य एवं तांबे से निर्मित की जाती थी वर्तमान में मिश्र धातु एवं कागज से निर्मित होने लगी। समय के अनुरूप मुद्रा के स्वरूप में परिवर्तन आज भी जारी है। पालीमर मुद्रा का चलन इसका नवीनतम उदाहरण है।

मुद्रा का अर्थ

सभी लेन-देनों में भुगतान के माध्यम का कार्य करने वाली कोई भी चीज ''मुद्रा'' है।

मुद्रा के कार्य

मुद्रा के कार्य निम्नवत् हैं-

- मुद्रा का प्रयोग सामान्य तौर पर विनिमय के साधन के रूप में होता है।
- मुद्रा का सामान्य लेन-देनों में स्वीकार्यता मुद्रा की सबसे बड़ी विशेषता है।
- मुद्रा वस्तुओं एवं सेवाओं के मूल्य निर्धारण का कार्य करती है।
- मुद्रा के माध्यम से ही ब्याज, लगान, वेतन, मजदूरी, पेंशन, बीमा प्रीमियम जैसे विलम्बित भुगतान या भविष्य के भुगतान किये जाते हैं।
- मुद्रा को सम्पत्ति के रूप में भी व्यक्ति अपने पास रखते हैं जबकि मुद्रा स्वयं में संपत्ति नहीं है परन्तु इसके माध्यम से संपत्ति प्राप्त की जा सकती है।

उपरोक्त कार्यों के आधार पर मुद्रा के 4 प्रमुख कार्य हैं-

1. विनिमय का सर्वस्वीकार्य साधन
2. वस्तुओं और सेवाओं के मूल्यों का मानक।
3. मूल्य का संग्रह
4. भावी देयों का साधन

मुद्रा की विशेषताएं

एक अच्छी मुद्रा की विशेषताएं निम्नवत् हैं-

- जिसका मूल्य स्थिर हो।
- आसानी से पहचानने योग्य हो।
- स्वीकृत हो।
- लाने-ले जाने में सुविधाजनक हो।
- मुद्रा पर्याप्त विभाजित होनी चाहिए (1, 2, 5, 10, 20, 50, 100, 200, 500 और 2000 के नोट)
- शीघ्र नष्ट न होने वाली हो।
- मुद्रा की अन्य प्रमुख विशेषता यह है कि मुद्रा निर्गमित करने का एकाधिकार उस देश के केन्द्रीय बैंक के पास हो और जिसे सरकार का संरक्षण प्राप्त हो।

मुद्रा, परिसम्पत्ति एवं पूंजी के मध्य अंतर

सामान्य बोलचाल में मुद्रा, परिसम्पत्ति एवं पूंजी को समानार्थी समझा जाता है परन्तु इन शब्दों के मध्य और उनके प्रयोग में व्यापक अन्तर देखने को मिलता है, जो निम्नवत् है-

मुद्रा (Money)

- भुगतान के माध्यम का कार्य करने वाली कोई भी वस्तु **मुद्रा** है। भारत में मुद्रा की इकाई रुपया है जो दशमलव पद्धति पर आधारित है।

परिसम्पत्ति (Asset)

- किसी व्यक्ति अथवा कम्पनी के पास मौजूद ऐसी कोई भी चीज जिसका ''मौद्रिक मूल्य'' हो **परिसम्पत्ति** कहलाता है। यह तीन प्रकार की होती है:

1. मूर्त परिसम्पत्ति
(Tangible Asset)

ऐसी परिसम्पत्तियां जिन्हें देखा, छुआ तथा अनुभव किया जा सकता है जैसे–भूमि, भवन, मशीनरी, उपभोक्ता वस्तुयें (कार, टीवी, फ्रिज, रेडियो, कम्प्यूटर इत्यादि)। यह परिसम्पित्तियों का भौतिक रूप होता है।

2. अमूर्त परिसम्पत्ति
(Intangible Asset)

इन परिसम्पत्तियों का भौतिक अस्तित्व नहीं होता अर्थात इनका आन्तरिक मूल्य कुछ नहीं होता किन्तु इनका मूल्य स्वामित्व व कब्जे के द्वारा प्रदत्त अधिकारों से प्राप्त किया जाता है– जैसे– व्यापारिक चिन्ह, ब्राण्ड, गुडविल, पेटेण्ट, कापीराइट इत्यादि।

3. वित्तीय परिसम्पत्ति
(Financial Asset)

मूर्त परिसम्पत्ति अथवा अमूर्त परिसम्पत्तियों के अतिरिक्त वित्तीय रूप से मूल्यवान वस्तुएं जैसे– मुद्रा, बैंक खाते, बॉण्ड, प्रतिभूति, शेयर, इत्यादि वित्तीय परिसम्पत्ति कहलाती है।

पूंजी (Capital)

- पूंजी शब्द का प्रयोग प्रायः तीन अलग-अलग रूपों में किया जाता है

  पहला रूपः उत्पादन के साधन के रूप में-श्रम (Labour), भूमि (Land), पूंजी (Capital)

  दूसरा रूपः पूंजी को प्रायः दो भागों में बांटा जा सकता है–

  1. भौतिक पूंजी (Physical Capital) जैसे – फैक्टरी, मशीन, दफ्तर।
  2. मानव पूंजी (Human Capital) जैसे – प्रशिक्षण, कारीगरी इत्यादि।

  तीसरा रूपः संयुक्त स्टाफ कम्पनियों में शेयर पूंजी के रूप में –

  1. अधिकृत पूंजी (Authorised Capital)
  2. शोधित पूंजी (Paid-up Capital)
  3. अभिदत्त पूंजी (Subscribed Capital)
  4. प्रचलित पूंजी (Issued Capital)

1. अधिकृत पूंजी (Authorised Capital)

यह पूंजी की वह अधिकतम मात्रा है, जिस सीमा तक कोई कम्पनी अपने शेयर जारी कर सकती है।

नोटः शेयरों का मूल्य अधिकृत पूंजी के बराबर या उससे कम हो सकता है परन्तु अधिक नहीं।

उदाहरणः टाटा मोटर कम्पनी की कुल अधिकृत पूंजी 5 करोड़ निर्धारित की गयी है, तो कम्पनी के जो शेयर जारी किये जायेंगे उनका मूल्य 5 करोड़ या उससे कम का होगा अर्थात कम्पनी 6 करोड़ के शेयर नहीं निकाल सकती।

2. शोधित पूंजी (Paid-up Capital)

कम्पनी के अधिकृत पूंजी का वह भाग जिसका भुगतान शेयरधारकों द्वारा किया गया हो।

नोट : शोधित पूंजी, अधिकृत पूंजी से कम या बराबर हो सकती है अधिक नहीं।

उदाहरण : मान लीजिए, टाटा मोटर कम्पनी की कुल अधिकृत पूंजी 5 करोड़ रुपए निर्धारित की गयी परन्तु कम्पनी को 2 करोड़ रुपए की पूंजी की आवश्यकता है, अतः कम्पनी ने 2 करोड़ रुपए के शेयर जारी किये। जिसका भुगतान शेयरधारकों द्वारा किया गया। यह पूंजी शोधित पूंजी कहालाती है।

3. अभिदत्त पूंजी (Subscribed Capital)

वह पूंजी जिसका वास्तविक रूप से भुगतान शेयर धारकों द्वारा किया जाता है। इसका अर्थ यह है कि अभिदत्त पूंजी शेयरधारकों से वसूली गयी शोधित पूंजी ही है।

4. प्रचलित पूंजी (Issued Capital)

किसी कम्पनी द्वारा शेयर जारी करने से पूंजी प्राप्ति की अनुमानित मात्रा को प्रचलित पूंजी कहते हैं।

नोटः प्रचलित पूंजी, अधिकृत पूंजी से अधिक नहीं होती।

मुद्रा की आपूर्ति

मुद्रा की आपूर्ति से तात्पर्य, अर्थव्यवस्था में प्रचलित मुद्रा की मात्रा की गणना करना है। क्योंकि जब तक अर्थव्यवस्था में मुद्रा की आपूर्ति कितनी है? का अनुमान नहीं लगाया जाता तब तक मुद्रा की आपूर्ति/प्रचलन को बढ़ाने या घटाने संबंधी निर्णय लेना असम्भव है।

मुद्रा आपूर्ति की माप का कार्य भारत में देश के केन्द्रीय बैंक RBI द्वारा किया जाता है। भारत में वर्तमान में मुद्रा

आपूर्ति की माप के लिए जिस सूत्र का उपयोग किया जाता है उसका सुझाव RBI द्वारा गठित मुद्रा आपूर्ति के द्वितीय कार्यदल (Second working group) द्वारा सन् 1971-72 में किया गया था।

मुद्रा की आपूर्ति की गणना कि लिए चार घटकों (Components) का प्रयोग किया जाता है। इन्हें M_1, M_2, M_3 और M_4 के नाम से जाना जाता है जिनकी आंतरिक बनावट निम्नवत् है-

1. **M_1:** जनता के पास मुद्रा (करेंसी नोट व सिक्के) + बैंकों की मांग जमा (बैंकों का बचत खाता एवं चालू खाता) + RBI की अन्य जमायें।
   नोटः M_1 को निम्न प्रकार से भी स्पष्ट किया जा सकता है। $M_1 = C + DD + OD$
   C : जनता के पास मुद्रा
   DD : बैंकों की मांग जमायें
   OD : RBIs की अन्य जमायें
2. **M_2:** M_1 + डाकघरों की मांग जमायें (डाकघर का बचत खाता एवं बचत योजनायें।)
3. **M_3:** M_1+ बैंकों की सावधिक जमायें (Fixed Deposit)
4. **M_4 :** M_3 + डाकघरों की समग्र जमायें (बचत खाता, बचत योजनायें + सावधि जमायें)

मुद्रा आपूर्ति के महत्वपूर्ण तथ्य

- कुल मुद्रा से आशय केवल ऐसी मुद्रा से है जो जनता के पास होती है। बैंकों और सरकारों के पास मुद्रा, मुद्रा आपूर्ति में शामिल नहीं की जाती क्योंकि इन्हें मुद्रा का उत्पादक माना जाता है।
- मुद्रा की आपूर्ति अथवा मौद्रिक तरलता के उपर्युक्त चार मापों में M_1 मुद्रा के अन्य तीनों मापों M_2, M_3 और M_4 की तुलना में "सर्वाधिक तरल" रूप का प्रतिनिधित्व करता है। अतः इसे **संकुचित मुद्रा (Narrow Money)** भी कहते हैं।
- M_1 की अपेक्षा M_2 कम तरल है क्योंकि इसमें शामिल डाकघरों की बचत जमाएं बैंकों की बचत जमाओं से कम तरल होती हैं।
- M_3, M_1 और M_2 की अपेक्षा कम तरल होती है क्योंकि इसमें बैंकों की सावधि जमायें (FD) भी सम्मिलित होती हैं।
- M_4 सबसे कम तरल होती है क्योंकि इसमें डाकखाने की समस्त जमाओं को शामिल किया गया और डाकखाने की जमाएं, बैंकों की जमाओं की तुलना में कम तरल होती हैं।
- वास्तव में प्रमुख विशेषता जो मुद्रा के एक रूप को दूसरे रूप से भिन्न करती है वह है उसकी "तरलता की श्रेणी"। अन्य शब्दों में, जैसे-जैसे हम M_1 से M_2, M_3 तथा M_4 की ओर बढ़ते हैं, मुद्रा की तरलता घटती जाती है।
  नोटः भारत में मुद्रा आपूर्ति के उपर्युक्त संघटकों में M_3 सबसे अधिक महत्वपूर्ण है। इसे ही प्रायः **विस्तृत मुद्रा (Broad Money)** कहा जाता है।
- डा. वाई वी रेड्डी (1998) की अध्यक्षता में गठित कार्यदल ने मुद्रा आपूर्ति के संकेतकों में व्यापक परिवर्तन का सुझाव देते हुए 4 मौद्रिक सूचकों M_0, M_1, M_2, M_3 के अतिरिक्त 3 तरलता सूचकों L_1, L_2 और L_3 की सिफारिश की।

भारत में बैंकिंग प्रणाली

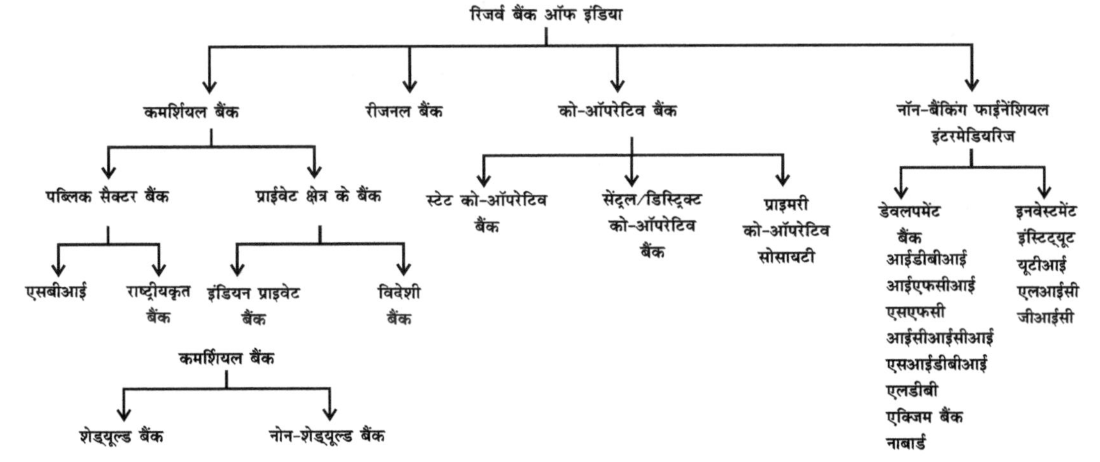

भारतीय रिजर्व बैंक (Reserve Bank of India)

- यह भारत का केन्द्रीय बैंक है।
- भारतीय रिजर्व बैंक की स्थापना RBI Act, 1934 के तहत 1 अप्रैल 1935 को 5 करोड़ रुपये की अधिकृत पूंजी से हुई थी। यह 5 करोड़ रुपये की पूंजी 100 रुपये मूल्य के 5 लाख अंशों (Share) में विभाजित थी।
- प्रारम्भ में लगभग समस्त पूंजी का स्वामित्व गैर-सरकारी अंशधारियों के पास था किन्तु अंशों को कुछ व्यक्तियों के हाथों में केन्द्रित होने से रोकने के लिए सरकार ने 1 जनवरी 1949 को रिजर्व बैंक का राष्ट्रीयकरण कर दिया।
- बैंक में सामान्य प्रबन्ध एवं निर्देशन का कार्य 20 सदस्यों के एक **''केन्द्रीय निदेशक मण्डल''** द्वारा किया जाता है निम्नवत है:

तालिका 8.1

पद	केन्द्रीय निदेशक मण्डल की सदस्य संख्या
गवर्नर	1
डिप्टी गवर्नर	4
सरकारी अधिकारी	1 (वित्त मंत्रालय द्वारा नियुक्त)
निदेशक	10 (भारत सरकार द्वारा नामजद ऐसे लोग जो देश के आर्थिक जीवन के विभिन्न पहलुओं का प्रतिनिधित्व करते है)
निदेशक, स्थानीय बोर्ड	4 (केन्द्र सरकार द्वारा नामजद)
कुल	**20**

- केन्द्रीय बोर्ड के अतिरिक्त चार स्थानीय बोर्ड हैं- 1. मुंबई, 2. कोलकाता, 3. चेन्नई, 4. नई दिल्ली। यह चारों स्थानीय बोर्ड, केंद्रीय निदेशक मंडल के आदेशानुसार कार्य करते हैं और महत्वपूर्ण विषयों पर केंद्रीय निदेशक मंडल को परामर्श भी देते है।
- रिजर्व बैंक का मुख्यालय मुंबई में है।
- भारतीय रिजर्व बैंक के गवर्नर-
  - प्रथम गवर्नर - सर ओबार्न स्मिथ
  - प्रथम भारतीय गवर्नर - सी.डी. देशमुख
  - वर्तमान गवर्नर - उर्जित पटेल (24वें गवर्नर 4 सितम्बर 2016 से कार्य प्रारंभ)

रिजर्व बैंक के प्रमुख कार्य

बैंक के रूप में प्रमुख कार्य

- नोटो का निर्गमन
- सरकार के बैंकर के रूप में कार्य।
- बैंकों का बैंकर अर्थात् अन्तिम ऋणदाता।
- साख नियन्त्रक।
- विदेशी विनिमय पर नियन्त्रण।
- विदेशी मुद्रा का संरक्षक।

विकासात्मक कार्य

- ग्राम तथा अर्द्ध नगरीय क्षेत्रों मे बैंक सुविधाओं का विस्तार करना।
- बैंक व्यापार करने के लिए लाइसेन्स जारी करना।
- सरकारी प्रतिभूतियों व व्यापारिक बिलों का क्रय-विक्रय करना।
- मूल्यवान वस्तुओं का क्रय-विक्रय करना।
- कृषि साख की व्यवस्था नाबार्ड के माध्यम से करना।
- वित्तीय समावेशन को बढ़ावा देना।
- सभी अनुसूचित बैंकों के नकद आरक्षण (Cash reserve) को अपने पास रखना।

अन्य

- बैंकों को समाशोधन गृह की सुविधा प्रदान करना।
- आर्थिक आंकड़े एकत्रित करना एवं प्रकाशित करना।
- अंतर्राष्ट्रीय मुद्रा कोष में भारत की सदस्यता के संदर्भ में सरकार के प्रतिनिधित्व के रूप में कार्य करना।
- मुद्रा एव बैंक व्यवस्था संबंधी मामलों पर सरकार को परामर्श देना।

नोट:

- भारतीय रिजर्व बैंक सरकार की ओर से करेंसी जारी करने का काम ''न्यूनतम निधि पद्धति'' (Minimum Reserve System) का इस्तेमाल कर करता है। इसके तहत आरबीआई को अपने पास 115 करोड़ मूल्य का स्वर्ण और 85 करोड़ मूल्य का विदेशी ऋणपत्र आरक्षित करना होता है। यह पद्धति 1957 के बाद से अपनायी गयी।
- रिजर्व बैंक को एक रुपए के नोटों और छोटे सिक्कों को छोड़कर भारत में विभिन्न मूल्यवर्ग के नोट जारी करने का एकाधिकार है। जबकि आरबीआई सरकार के प्रतिनिधि के रूप में इन छोटे सिक्कों का देशभर में वितरण का कार्य करता है। 1 रुपये के नोट पर वित्त मंत्रालय के वित्त सचिव के हस्ताक्षर होते हैं जबकि शेष सभी नोटों पर आरबीआई के गवर्नर के हस्ताक्षर होते हैं।

वाणिज्यिक बैंक (Commercial Bank)

वाणिज्यिक बैंक उन बैंकों को कहा जाता है जो जनता की बचतों का स्वीकार करने, उत्पादक वर्ग एवं आम जनता को ऋण उपलब्ध कराने का कार्य करते हैं साथ-ही-साथ खाताधारकों को चेक बुक, एटीएम एवं लॉकर जैसी सुविधाएं भी प्रदान करते हैं।

वाणिज्यिक बैंकों को प्राय: दो वर्गों में विभाजित किया जा सकता है-

1. सार्वजनिक बैंक (Public Bank)
2. निजी बैंक (Private Bank)

1. **सार्वजनिक बैंक** : सार्वजनिक बैंकों की श्रेणी में SBI और SBI के सहायक बैंकों और राष्ट्रीयकृत बैंकों को शामिल किया जाता है जिनका क्रमबद्ध अध्ययन निम्न प्रकार से किया जा सकता है।

(a) स्टेट बैंक ऑफ इण्डिया एवं उसके सहायक बैंक:

भारत में आधुनिक बैंकिंग का आरंभ 1806 में कलकत्ता मे प्रथम प्रेसीडेंसी बैंक, बैंक ऑफ बंगाल की स्थापना से माना जाता है। 1840 व 1843 में क्रमशः बम्बई व मद्रास प्रेसीडेंसी में बैंक ऑफ बंबई एवं बैंक ऑफ मद्रास स्थापित किये गये। 1921 में इन तीनों प्रेसीडेंसी बैंकों का विलय इम्पीरियल बैंक ऑफ इण्डिया मे किया गया। देश के ग्रामीण क्षेत्र में बैंकिंग सुविधाओं का विकास करने के लिए इम्पीरियल बैंक ऑफ इण्डिया का 1 जुलाई 1955 को आंशिक राष्ट्रीयकरण कर दिया गया तथा इसका नाम **स्टेट बैंक ऑफ इण्डिया** कर दिया गया। इसके साथ अन्य 8 (वर्तमान मे 5 हैं) बैंकों को इसके सहायक बैंक के रूप में बदल दिया गया, जिन्हें ''स्टेट बैंक समूह'' के बैंक कहा जाता है। ये बैंक निम्नलिखित हैं-

1. स्टेट बैंक ऑफ बीकानेर एण्ड जयपुर
2. स्टेट बैंक ऑफ हैदराबाद
3. स्टेट बैंक ऑफ मैसूर
4. स्टेट बैंक ऑफ पटियाला
5. स्टेट बैंक ऑफ त्रावणकोर

नोट: स्टेट बैंक आफ सौराष्ट्र का जुलाई 2008 में तथा स्टेट बैंक आफ इन्दौर का जून 2010 में SBI में विलय के कारण वर्तमान में स्टेट बैंक समूह में केवल 5 सहायक बैंक ही रह गए है।

1 अप्रैल 2017 में SBI के 5 सहायक बैंकों एवं महिला बैंक का विलय SBI में कर दिया गया है, जिसके कारण वर्तमान में SBI विश्व के शीर्ष 50 बड़े बैंकों में शामिल को गया है।

(b) राष्ट्रीयकृत बैंक :

- बैंको को और अधिक समाजोपयोगी बनाने के उद्देश्य से देश के ऐसे 14 बड़े व्यावसायिक बैंकों का 19 जुलाई, 1969 को राष्ट्रीयकरण कर दिया, जिनकी जमाएं 50 करोड़ रुपए से अधिक थी। ये बैंक निम्नलिखित थे-
  - (i) सेन्ट्रल बैंक ऑफ इण्डिया
  - (ii) बैंक ऑफ इण्डिया
  - (iii) पंजाब नेशनल बैंक
  - (iv) केनरा बैंक
  - (v) यूनाइटेड कमर्शियल बैंक
  - (vi) सिंडीकेट बैंक
  - (vii) बैंक ऑफ बड़ौदा
  - (viii) यूनाइटेड बैंक ऑफ इंडिया
  - (ix) यूनियन बैंक ऑफ इण्डिया
  - (x) देना बैंक
  - (xi) इलाहाबाद बैंक
  - (xii) इण्डियन बैंक
  - (xiii) इण्डियन ओवरसीज बैंक
  - (xiv) बैंक ऑफ महाराष्ट्र
- एक दशक पश्चात् 15 अप्रैल, 1980 को पुनः 6 उन व्यावसायिक बैंकों का राष्ट्रीयकरण किया गया जिनकी जमाएं ₹ 200 करोड़ से अधिक थी। ये बैंक निम्नलिखित थे-
  - (i) आन्ध्रा बैंक
  - (ii) पंजाब एण्ड सिन्ध बैंक
  - (iii) न्यू बैंक ऑफ इण्डिया
  - (iv) विजया बैंक

(v) कार्पोरेशन बैंक

(vii) ओरिएंटल बैंक ऑफ कॉमर्स

नोट: 4 सितम्बर, 1993 को सरकार ने न्यू बैंक ऑफ इण्डिया को पंजाब नेशनल बैंक में विलय कर दिया। इससे राष्ट्रीयकृत वाणिज्यिक बैंकों की संख्या 20 से घटकर 19 रह गई।

2. **निजी बैंक :** निजी बैंक उन बैंकों को कहा जाता है जिसमें निजी क्षेत्र की सहभागिता 51% या उससे अधिक है। भारत में निजी बैंक को दो श्रेणियों में विभक्त किया गया है जो निम्नवत् है–
   - (a) ऐसे बैंक जो 1969 एवं 1980 मे राष्ट्रीयकृत नहीं किये गये। ऐसे बैंकों को ''पुराने निजी क्षेत्र के बैंक'' कहा जाता है।
   - (b) 1991 के आर्थिक सुधारों को अपनाने के बाद RBI ने जिन निजी क्षेत्र को, बैंकों की स्थापना के लिये लाइसेन्स जारी किये उन्हें ''नये निजी क्षेत्र के बैंक'' कहा जाता है।

भारत में कार्यरत निजी क्षेत्र के बैंक

पुराने निजी क्षेत्र के बैंक (13)	नये निजी क्षेत्र के बैंक (9)
1. कैथोलिक सीरियन बैंक	1. एक्सिस बैंक
2. सिटी यूनियन बैंक	2. डेवलपमेन्ट क्रेडिट बैंक
3. धनलक्ष्मी बैंक	3. एचडीसफसी बैंक
4. फेडरल बैंक	4. आईसीआईसीआई बैंक
5. आईएनजी वैश्य बैंक	5. इंडसइंड बैंक
6. जम्मू एण्ड कश्मीर बैंक	6. कोटक महिन्द्रा बैंक
7. कर्नाटक बैंक	7. यस बैंक
8. करूर वैश्य बैंक	8. आईडीएफसी बैंक
9. लक्ष्मी विलास बैंक	9. बंधन फाइनेंशियल सर्विसेज प्राइवेट लि.
10. नैनीताल बैंक	
11. रत्नाकर बैंक	
12. साउथ इण्डियन बैंक	
13. तमिल मर्कन्टाइल बैंक	

- भारत में कार्यरत विदेशी बैंक : 1. एचएसबीसी बैंक 2. सिटी बैंक, 3. ड्यूश बैंक 4. स्टैण्डर्ड चाटर्ड बैंक, 5. बैंक ऑफ नोवा स्कोटिया
- वाणिज्यिक बैंकों को पुन: दो भागों में विभाजित किया जा सकता है–
  - (i) अनुसूचित बैंक (Scheduled Bank)
  - (ii) गैर-अनुसूचित बैंक (Non-scheduled Bank)

(i) **अनुसूचित बैंक:** वे बैंक अनुसूचित बैंक की श्रेणी में आते हैं जो निम्नलिखित शर्तों को पूरा करते हैं–

- वह बैंक जिसका नाम रिजर्व बैंक अधिनियम 1934 की द्वितीय अनुसूची में शामिल है।
- बैंक की प्रदत्त पूंजी और संचित कोष ₹ 5 लाख से कम न हो।
- भारतीय रिजर्व बैंक को इस बात की संतुष्टि दिलाना कि वे कोई भी ऐसा कार्य नहीं करेंगे जिससे जमाकर्ताओं के हित प्रभावित हों।
- ये बैंक RBI के पास सीआरआर और एसएलआर रखते हैं।
- अनुसूचित व्यापारिक बैंको को उनके स्वामित्व/संचालन की प्रकृति के अनुसार 5 अलग-अलग समूहों में वर्गीकृत किया गया है- (i) भारतीय स्टेट बैंक, (ii) राष्ट्रीयकृत बैंक, (iii) क्षेत्रीय ग्रामीण बैंक, (iv) विदेशी बैंक, (v) निजी बैंक।

सुविधायें: अनुसूचित बैंक कों निम्नलिखित सुविधाएं दी जाती हैं–

- यें बैंक RBI से बैंक दर पर ऋण प्राप्त करने के लिए अधिकृत हो जाते हैं।
- प्रत्येक अनुसूचित बैंक स्वत: ही समाशोधन गृह की सदस्यता प्राप्त कर लेते है।

(ii) **गैर-अनुसूचित बैंक:** वे बैंक गैर अनुसूचित बैंकों की श्रेणी में शामिल होते हैं जिन बैंकों के नाम रिजर्व बैंक अधिनियम 1934 की द्वितीय अनुसूची में शामिल नहीं है। ऐसे बैंक गैर-अनुसूचित बैंक की श्रेणी में आते हैं। इन बैंकों को नकद आरक्षी अनुपात (CRR) को मानना पड़ता है लेकिन इस कोष को ये बैंक रिजर्व बैंक के पास रखने को बाध्य नहीं हैं। ये बैंक इस राशि को अपने पास रख सकते हैं। ये बैंक सामान्य कार्य उददेश्यों हेतु रिजर्व बैंक से उधार लेने के अधिकारी नहीं होते, किन्तु असामान्य परिस्थितियों में ये रिजर्व बैंक से संपर्क करके उधार प्राप्त कर सकते हैं।

नोट: गैर-अनुसूचित बैंकों की श्रेणी में को-ऑपरेटिव बैंकों की 3 श्रेणियों यथा- 1. राज्य सहकारी बैंक, 2. जिला/केन्द्रीय सहकारी बैंक, 3. प्राइमरी साख समितियों को शामिल किया जाता है।

क्षेत्रीय ग्रामीण बैंक (Regional Rural Bank)

उद्देश्य: क्षेत्रीय ग्रामीण बैंक की स्थापना का प्रमुख उद्देश्य दूरदराज के ग्रामीण क्षेत्रों के उन लोगों को बैंकिंग सुविधाओं से जोड़ना है जहां अभी तक बैंकिंग सुविधाओं की पहुंच नहीं हो पायी है। इन बैंकों का मूल उद्देश्य समाज के उन कमजोर वर्गों के लोगों को रियायती दर पर संस्थागत ऋण उपलब्ध कराना और साथ ही ग्रामीण बचतों को जुटाकर उत्पादक गतिविधियों में लगाना है।

स्थापना: 2 अक्टूबर 1975 को पांच क्षेत्रीय ग्रामीण बैंक स्थापित किये गये–

उत्तर प्रदेश में – मुरादाबाद, गोरखपुर
हरियाणा में – भिवानी
राजस्थान में – जयपुर
प. बंगाल में – माल्दा

नोट : क्षेत्रीय ग्रामीण बैंक सिक्किम व गोवा के अलावा सभी राज्यों में कार्यरत हैं।

प्रमुख कार्य :
- ये बैंक छोटे व सीमांत किसानों, खेतिहर मजदूरों एवं दस्तकारों को ऋण उपलब्ध कराते हैं।
- कमजोर वर्ग के लोगों को कम ब्याज दर पर ऋण उपलब्ध कराना।

महत्वपूर्ण तथ्य :
- क्षेत्रीय ग्रामीण बैंकों का स्वामित्व भारत सरकार, संबंधित राज्य सरकार तथा इनके प्रवर्तक बैंकों (Sponsored Banks) के पास है। इनकी निर्गत पूंजी का बंटवारा इन तीनों के मध्य क्रमशः 50%, 15% तथा 35% के अनुपात में है।
- कुछ विशेष प्राथमिकता प्राप्त गतिविधियों के वित्तीयकरण के लिये नाबार्ड एवं इनके प्रवर्तक बैंक इन्हें पुनर्वित्त की सुविधा प्रदान करते हैं।
- क्षेत्रीय ग्रामीण बैंकों को एक करने तथा उन्हें और सशक्त बनाने के विचार के साथ भारत सरकार ने सितंबर 2005 में चरणबद्ध तरीके से इन बैंकों के विलय की प्रक्रिया शुरू की, जो वर्तमान में भी जारी है।

कमियां : क्षेत्रीय ग्रामीण बैंकों की अनेक कारणों से क्षमता प्रभावित होती है जैसे के इन बैंकों में राज्य सरकार, केन्द्र सरकार एवं प्रायोजित बैंकों द्वारा शेयर पूंजी मे अंशदान है जिस कारण निर्णय लेने में विलम्ब होता है। अल्प ब्याज दर व ऋणों की अदायगी समय पर न होने या बिल्कुल नहीं होने से बैंकों की कार्यक्षमता पर विपरीत प्रभाव पड़ा है।

सहकारी बैंक (Co-operative Bank)

स्थापना: सहकारी बैंकों की स्थापना अलग-अलग राज्यों द्वारा बनाए गए सहकारी समितियों के अधिनियमों

वाणिज्यिक बैंक (Commercial Bank)	सहकारी बैंक (Co-operative Bank)
• वाणिज्यिक बैंकों का गठन संसद द्वारा पारित अधिनियम द्वारा किया गया।	• जबकि सहकारी बैंकों की स्थापना अलग-अलग राज्यों द्वारा बनाए गए सहकारी समितियों के अधिनियम द्वारा किया गया है।
• प्रत्येक वाणिज्यिक बैंक को भारतीय रिजर्व बैंक से पुनर्वित्त की सुविधा लेने का अधिकार प्राप्त होता है।	• जबकि सहकारी ढांचे के अंतर्गत केवल राज्य सहकारी बैंकों का ही भारतीय रिजर्व बैंकों को पास पहुंच करने का अधिकार प्राप्त है।
• वाणिज्यिक बैंक किसी भी जिले, राज्य यहां तक विदेशों में भी अपनी शाखाएं खोल सकते हैं।	• जबकि सहकारी बैंक केवल निर्धारित क्षेत्र में ही अपना कार्य सीमित रखते हैं। जैसे राज्य सहकारी बैंक, एक राज्य विशेष तक ही सीमित रहता है और इसी प्रकार जिला सहकारी बैंक एक जिला विशेष में ही कार्य करता है।
• वाणिज्यिक बैंक पर बैंकिंग विनियमन अधिनियम 1949 की सभी धाराएं लागू होती हैं। अत: वाणिज्यिक बैंकों पर आरबीआई का पूर्ण नियंत्रण रहता है।	• इन बैंकों पर आरबीआई का आंशिक नियंत्रण रहता है।
• वाणिज्यिक बैंक व्यापारिक सिद्धान्तों पर परिचालन करते हैं।	• जबकि सहकारी बैंक ''सहकारिता के सिद्धान्तों'' पर कार्य करते हैं।

द्वारा की गयी है। भारत में सहकारी बैंकों का गठन तीन स्तरों वाला है-(i) राज्य सहकारी बैंक (संबंधित राज्य में शीर्ष संस्था) (ii) केन्द्रीय या जिला सहकारी बैंक (जिला स्तर पर कार्य करते हैं) (iii) प्राथमिक ऋण समितियां (ग्राम स्तर पर कार्य करती हैं)

तालिका 8.2: वाणिज्यिक एवं सहकारी बैंक के मध्य अंतर

गैर-बैंकिंग वित्तीय मध्यवर्ती (Non-Banking Finance Intermediary)

वाणिज्यिक बैंकों, क्षेत्रीय ग्रामीण बैंकों एवं सहकारी बैंकों के अतिरिक्त भारतीय बैंकिंग व्यवस्था के अंतर्गत "गैर-बैंकिंग वित्तीय मध्यवर्ती" भी शामिल हैं। आरबीआई द्वारा गैर-बैंकिंग वित्तीय मध्यवर्ती (NBFI) का विनियमन "भारतीय रिजर्व बैंक अधिनियम 1934" में दिए गए उपबंधों के अन्तर्गत किया गया है।

एनबीएफआई के अन्तर्गत वे सभी वित्तीय संस्थान शामिल किये जाते हैं जो प्रत्यक्ष या अप्रत्यक्ष रूप से जनता से बचत गतिमान कर अंतिम व्ययकर्ता को सुलभ कराते हैं। गैर-बैंकिंग वित्तीय मध्यवर्तियों में सभी "विकास संस्थान" आते हैं जिन्हें सावधि ऋण प्रदान करने मे विशेषज्ञता प्राप्त हो।

विकास संस्थान के कार्य

- विकास संस्थान मे वे बैंक आते हैं जिनकी स्थापना किसी विशिष्ट क्षेत्र के विकास करने के उद्देश्य से की गयी हो।

  उदाहरण :

विशिष्ट क्षेत्र	विकास बैंक
कृषि क्षेत्र	नाबार्ड, भूमि विकास बैंक
उद्योग क्षेत्र	आईडीबीआई, आईएफसीआई, सिडबी
विदेशी व्यापार	एक्जिम बैंक
सूक्ष्म उद्योग	मुद्रा बैंक
लघु उद्योग	सिडबी

- स्वतंत्रता के पश्चात भारत में विकास बैंकों ने अभूतपूर्व प्रगति की है और देश के आर्थिक विकास में महत्वपूर्ण सहायता की है।
- विकास बैंक वे संस्थान हैं, जो एक ओर निजी उद्यमियों को मध्यम एवं दीर्घावधि ऋण सुलभ कराते हैं, वहीं दूसरी ओर आर्थिक विकास को बढ़ावा देने वाली अनेक प्रोत्साहक गतिविधियों का निष्पादन करते हैं।
- आम वाणिज्यिक बैंकों के विपरीत ये बैंक जनता से प्रत्यक्षतः जमाएं स्वीकार नहीं करते और न ही अल्पकालिक ऋण प्रदान करते हैं अपितु इन्हें मध्यकालिक एवं दीर्घकालिक ऋण प्रदान करने में विशेषज्ञता प्राप्त होती है।

तालिका 8.3: भारत के प्रमुख विकास संस्थान

विकास संस्थान / बैंक	स्थापना वर्ष	महत्वपूर्ण तथ्य
भारतीय औद्योगिक वित्त निगम लिमिटेड (Industrial Finance Corporation of India Ltd. - IFCI Ltd.)	1948 (विशेष अधिनियम द्वारा केंद्रीय बैंकिंग जांच समिति की सिफारिश पर) मुख्यालय : बंगलुरू	• यह संस्थान औद्योगिक क्षेत्र को दीर्घकालिक एवं मध्यकालिक साख उपलब्ध कराता है। • 1 जुलाई 1993 से इस निगम की प्रकृति में परिवर्तन करके इसे एक कम्पनी का रूप दिया गया जिससे इसे IFCI Ltd. का स्तर प्रदान कर दिया गया। इसका पंजीकरण कम्पनी अधिनियम 1956 के तहत किया जा चुका है।
भारतीय औद्योगिक ऋण तथा निवेश निगम लिमिटेड (Industrial Credit & Investment Corporation of India Ltd.- ICICI Ltd.)	जनवरी, 1955 मुख्यालय : मुम्बई	• इस संस्थान की स्थापना निजी क्षेत्रों में लघु तथा मध्यम उद्योगों के विकास के लिए की गयी थी।

भारतीय औद्योगिक विकास बैंक (Industrial Development Bank of India - IDBI)	जुलाई, 1964 मुख्यालय : मुम्बई	• देश में औद्योगिक विकास बैंकों के क्षेत्र में "IDBI" सर्वोच्च संस्था है। • इस बैंक का प्रमुख कार्य औद्योगिक उद्यमों को वित्तीय सहायता प्रदान करना तथा उद्योगों के विकास में लगी संस्थाओं को बढ़ावा देना है। • 1976 तक IDBI, RBI का Subsidiary Bank था परन्तु 1976 में इसका स्वामित्व भारत सरकार ने अपने हाथ में ले लिया। वर्तमान में IDBI में सरकार की हिस्सेदारी 58.47 प्रतिशत है।
भारतीय लघु उद्योग विकास बैंक (Small Industries Development Bank of India - SIDBI)	अप्रैल, 1990 मुख्यालय : लखनऊ	• यह बैंक छोटे पैमाने के उद्योग की स्थापना, वित्तपोषण, विकास तथा ऐसे कार्यों में संलग्न अन्य संस्थाओं के कार्यों में समन्वय करने वाली प्रमुख वित्तीय संस्था है। • SIDBI द्वारा अपनी एकल खिड़की सेवा के तहत भारतीय मुद्रा के साथ-साथ विदेशी मुद्रा ऋण भी लघु उद्योगों को उपलब्ध कराता है।
राज्य वित्त निगम (State Finance Corporation - SFC)	--	• यह निगम अपने-अपने राज्यों में छोटे और मध्यम उद्यमों के उन्नयन के लिए प्रयास करते हैं और इस प्रकार संतुलित क्षेत्रीय वृद्धि, अधिक निवेश, अधिक रोजगार और उद्योगों के व्यापक स्वामित्व में सहायक होते हैं।
भूमि विकास बैंक (Land Development Bank - LDB)	--	• इन्हें भूमि बंधक बैंक भी कहा जाता है। • किसानों की दीर्घकालीन वित्तीय आवश्यकताओं की पूर्ति के लिए भूमि विकास बैंक की स्थापना की गई। • ये बैंक किसानों को भूमि खरीदने, भूमि पर स्थायी सुधार करने अथवा पुराने ऋणों का भुगतान करने आदि के लिए दीर्घकालिक ऋणों की व्यवस्था करते हैं। • राज्य स्तर पर केन्द्रीय भूमि विकास बैंक तथा जिला अथवा तालुक स्तर पर प्राथमिक भूमि विकास बैंकों की स्थापना की गयी है।
भारतीय निर्यात-आयात बैंक (Export-Import Bank of India - EXIM)	1 जनवरी, 1982 मुख्यालय : मुम्बई	• एक्जिम बैंक का उद्देश्य निर्यातकों एवं आयातकों को वित्तीय सहायता प्रदान करना है। • यह बैंक उन सभी वित्तीय संस्थाओं के काम का समन्वय करते हैं जो वस्तुओं एवं सेवाओं के निर्यात एवं आयात के लिए वित्त जुटाते हैं। • यह बैंक न केवल भारत, अपितु तृतीय विश्व के देशों के लिए भी वस्तुओं तथा सेवाओं के निर्यात एवं आयात के लिए वित्त का प्रबन्ध करता है।
राष्ट्रीय कृषि तथा ग्रामीण विकास बैंक (National Bank for Agriculture & Rural Development - NABARD)	12 जुलाई, 1982 मुख्यालय : मुम्बई	• यह देश में कृषि एवं ग्रामीण विकास हेतु वित्त उपलब्ध करने वाली शीर्ष संस्था है। • यह राज्य भूमि विकास बैंक, राज्य सहकारी बैंक, अनुसूचित वाणिज्यिक बैंक और क्षेत्रीय ग्रामीण बैंक को पुनर्वित्त सुविधाएं प्रदान करता है जो ग्रामीण क्षेत्रों में उत्पादक गतिविधियों के विस्तृत क्षेत्रों को बढ़ावा देने के लिए ऋण देते हैं। • नाबार्ड भारत सरकार, विश्व बैंक तथा अन्य एजेन्सियों से राशियां प्राप्त करता है। • 1 अप्रैल, 1995 से नाबार्ड के तहत एक नई ''ग्रामीण आधारित संरचनात्मक विकास निधि'' (RIDF) की स्थापना की गई।
भारतीय औद्योगिक निवेश बैंक (Industrial Investmet Bank of India - IIBI)	1985 मुख्यालय : कोलकाता	• इस बैंक की स्थापना का मुख्य उद्देश्य रुग्ण तथा बन्द ओद्योगिक इकाइयों के पुर्ननिर्माण के लिए वित्त का प्रबन्ध करना है।

तालिका 8.4: भारत की विनियोग संस्था

संस्था का नाम	स्थापना	महत्वपूर्ण तथ्य
भारतीय यूनिट ट्रस्ट (Unit Trust of Inida - UTI)	1964 मुख्यालय : मुंबई	• सार्वजनिक क्षेत्र में शामिल भारतीय यूनिट ट्रस्ट अब अपने परिवर्तित स्वरूप में निजी क्षेत्र की कम्पनी हो गया है। • निजी क्षेत्र के UTI बैंक लि. का नाम बदलकर अब Axis Bank कर दिया गया है। बैंक का यह नाम 30 जुलाई, 2007 से प्रभावी किया गया।
भारतीय जीवन बीमा निगम (Life Insurance Corporation of India - LIC)	सितम्बर, 1956 मुख्यालय : मुंबई	• बीमा के व्यापक प्रसार के साथ-साथ जनता की बचत को देश के हित में जुटाना था।
साधारण बीमा निगम (General Insurance Corporation of India - GIC)	नवम्बर, 1972 मुख्यालय : मुंबई	• सामान्य बीमा निगम विशिष्ट जोखिमों, व्यक्तिगत दुर्घटनाओं व बीमारी के विरुद्ध सुरक्षा उपलब्ध कराता है। • मोटर गाड़ी, समुद्री माल, वस्तुएं एवं मशीनरी तथा बिल्डिंग इत्यादि परिसम्पत्तियों के लिए भी GIC बीमा प्रदान करता है।

गैर-बैंकिंग वित्तीय कंपनिया ($NBFC_s$)

बैंकिंग संस्थाओं की पहुंच गरीबों और वंचित वर्गों तक पहुंचाने के उद्देश्य से सरकार द्वारा 1956 में कंपनी अधिनियम के तहत एन.बी.एफ.सी. का सृजन किया ताकि गरीब/वंचित वर्ग तक बैंकिंग सुविधाएं पहुंचायी जा सकें। ये ऐसी वित्तीय संस्थाएं हैं जिनके कार्य बहुत कुछ बैंक के कार्य के समरूप हैं और ये बैंक के समान प्रतीत होते हैं परंतु वास्तव में वह बैंक नहीं होते इसलिये इन्हें **गैर-बैंकिंग वित्तीय कंपनियां** ($NBFC_s$) कहा जाता है।

तालिका 8.5: बैंक एवं एन.बी.एफ.सी. के मध्य अंतर

बैंक	एन.बी.एफ.सी.
बैंकों का संचालन बैंकिंग नियमन अधिनियम 1949 के तहत होता है।	जबकि एन.बी.एफ.सी. का संचालन 1956 के कंपनी अधिनियम के तहत होता है और आरबीआई के साथ पंजीकरण इनके लिए अनिवार्य होता है।
आम जनता के साथ बैंकों के मौद्रिक लेन-देन का दायरा व्यापक होता है	जबकि एन.बी.एफ.सी. छोटे बचतकर्ताओं की मांग जमाएं स्वीकार नहीं करते क्योंकि बैंक मांग एवं सावधि दोनों ही जमाओं को स्वीकार करते हैं। अर्थात इनकी मौद्रिक गतिविधियां किसी योजना के तहत एक मुश्त या किस्तों में जमा राशियाँ प्राप्त करना है।
बैंक प्राथमिक क्षेत्रों के लिए आरक्षित किये गये क्षेत्रों को ऋण उपलब्ध कराता है	जबकि एन.बी.एफ.सी. मुख्य रूप से ऋणों, अग्रिमों, से जुड़ी गतिविधियों में संलग्न होते हैं। इसके अतिरिक्त बीमा-कारोबार, हायर परचेज, लीजिंग और चिट फंड के कारोबार मे शामिल हो सकते हैं।

ऐसी वित्तीय संस्थाएँ जो बैंक नहीं हैं, किंतु वे जमा राशि स्वीकार करती हैं तथा बैकों की तरह ऋण सुविधा प्रदान करती है, $NBFC_s$ कहते हैं। $NBFC_s$ मांग जमा स्वीकार नहीं कर सकती है और न ही इसके द्वारा चेक जारी किये जा सकते है।

प्रमुख कार्य: इसका मुख्य कारोबार उधार देना, विभिन्न प्रकार के शेयरो/स्टॉक/बॉण्ड्स/डिबेंचर/प्रतिभूतियों/हायर पर्चेज, बीमा कारोबार, चिट संबंधी कारोबार में निवेश करना आदि। यह किसी योजना अथवा व्यवस्था के अन्तर्गत एक मुश्त रूप से अथवा किस्तों में जमा राशि प्राप्त करते है परन्तु किसी $NBFC_s$ में ऐसी कोई संस्था शामिल नहीं है जिसका मुख्य कारोबार कृषि, औद्योगिक, व्यापार संबंधी गतिविधियाँ है। अथवा अचल सम्पत्ति का विक्रय/क्रय/निर्माण करना है।

प्रमुख $NBFC_s$ के नाम: बजाज फिनेनस लि०, महिन्द्रा एण्ड महन्द्रिा फिनेनस सर्विस लि०, मथूड फिनेनस लि०, टाटा कैपिटल फिनेनस लि०, आदित्य बिरला फिनेनस लि०, मन्नापुरम फिनेनस लि०, मेग्मा फिनेनस कार्पोरेशन लि०।

भुगतान व लघु बैंक (Payment & Small Bank)

भारतीय रिजर्व बैंक ने नचिकेत मोर समिति की सिफारिशो के आलोक मे बैंकिंग की नई श्रेणी Payment Bank एवं Small Bank के लिय प्रारुप 17 जौलाई 2014 को जारी किया, जो निम्नवत है–

तालिका 8.6: भुगतान व लघु बैंक

आधार	भुगतान बैंक	लघु बैंक
संचालक	दूरसंचार कंपनी, शापिंग माल, पीएसयू, एनबीएफसी	व्यक्तिगत/पेशेवर व्यक्ति जिन्हें वित्त, माइक्रो फाइनेन्स के क्षेत्र में 10 वर्ष का अनुभव हो।
कार्य	पेमेंट बैंक के माध्यम से लघु बचतों को स्वीकार किया जायेगा। यह एक स्थान से दूसरे स्थान पर जाने वाले सीमान्त श्रमिकों और समाज के वंचित तबकों को पूंजी जमा कराने तथा पैसे भेजने जैसी बुनियादी सुविधाएँ उपलब्ध करायेंगे।	ये बैंक छोटे, लघु उद्योगों को कर्ज दे सकते हैं। यह ग्रामीण इलाकों में कृषि की जरूरतों को पूरा कर सकेंगे।
सुविधाएँ	– इंटरनेट बैंकिंग उपयोग करने की अनुमति – 1 लाख रूपये तक की जमाये स्वीकारने की अनुमति। – म्यूच्यूअज फंड, बीमा, पेंशन देने की अनुमति। – बिजनेस कार्रेस्पाडेट। – एटीएम संचालन की अनुमति। – बचत एवं चालू खाता खोलने की अनुमति।	– म्यूच्यूअल फंड एवं बीमा की बिक्री – बचतों को स्वीकारने और क्रेडिट कार्ड जारी करेंगे। – भविष्य में पूर्ण बैंक में परिवर्तित हो सकता है। – पूरे देश में विस्तार बचतों को स्वीकारने और क्रेडिट कार्ड जारी करेंगे।
जिसकी अनुमति नहीं है	– क्रेडिट कार्ड – एन.आर.आई. जमा को स्वीकारना – ऋण का वितरण	– बड़े ऋण के विस्तार की अनुमति नहीं। – वृहद वित्तीय क्षेत्र
पूंजी आधार	100 करोड़	100 करोड़
सैद्धांतिक मंजूरी	रिजर्व बैंक द्वारा 19 अगस्त, 2015 में 11 आवेदनों को सैद्धान्तिक मंजूरी प्रदान की गयी।	आरबीआई द्वारा लघु बैंकों की स्थापना हेतु 10 आवेदनों को सैद्धान्तिक मंजूरी 16 सितम्बर, 2015 को प्रदान की गयी।
सैद्धांतिक मंजूरी प्राप्त करने वाले आवेदक	1. आदित्य बिड़ला नूवो लिमिटेड 2. एयरटेल एम. कामर्स सर्विसेज लिमिटेड 3. चोलामण्डलम डिस्ट्रीब्यूशन सर्विसेज लिमिटेड 4. डाक विभाग 5. फिनो पेटेक लिमिटेड 6. नेशनल सिक्योरिटीज डिपॉजिटरी लिमिटेड 7. रिलायंस इंडस्ट्रीज लिमिटेड 8. दिलीप शान्तिलाल शांधवी 9. विजय शेखर शर्मा 10. टेक महिन्द्रा लिमिटेड 11. वोडाफोन एम. पेसा लिमिटेड	1. अनु फाइनेंशियर्स (इंडिया) लि., जयपुर 2. कैपिटल लोकल एरिया बैंक लि., जालन्धर 3. दिशा माइक्रो फिनांस प्रा.लि. अहमदाबाद 4. इक्विटैस होल्डिंग्स प्रा.लि., चेन्नई 5. ईएसएएफ माइक्रो फाइनेंस एण्ड इन्वेस्टमेंट्स प्रा.लि., चेन्नई 6. जन लक्ष्मी फाइनेंशियल सर्विसेज प्रा.लि. बैंगलूरू 7. आरजीवीएन (नार्थ ईस्ट) माइक्रो–फाइनेंस लि., गुवाहाटी 8. सूर्योदय माइक्रो फाइनेंस प्रा.लि., नवी मुम्बई 9. उज्जीवन फाइनेंशियल सर्विसेज प्रा.लि. बैंगलूरू 10. उत्कर्ष माइक्रो फाइनेंस प्रा.लि., वाराणसी

बैंकिंग क्षेत्र के नवीन घटनाक्रम

♦ प्लास्टिक/पालीमर नोट

निर्माण	:	प्लास्टिक या पालीमर बैंक नोट एक प्रकार के पालीमर यथा बायएक्सिअली ओरिएंटेड पाली प्रोपिलीन या पाली विनाइल क्लोराइड फिल्म से किया जाता है।
विशेषताएँ	:	ये नोट औसतन 5 वर्षों तक सुरक्षित होते हैं, वाटरप्रुफ होने के साथ धूल न जमने के कारण गंदे नहीं होते हैं, इन्हें सरलता से फाड़ा नहीं जा सकता, ये मोड़ने पर वापस अपने मूल आकार में आ जाते हैं, इनकी नकल कर जाली प्रतिकृति बना पाना अत्यन्त कठिन है, अर्थात् ये अधिक सुविधाजनक और सुरक्षित हैं।
चुनौती	:	भारत में मौसमी परिस्थितियाँ पृथक-पृथक है अर्थात् कहीं 40° से 50° सेल्सियस तापमान है तो कही तापमान शून्य डिग्री या उससे नीचे चला जाता है। यही कारण है विभिन्न तापमान वाले 5 शहरों - शिमला, कोच्चि, मैसूर, जयपुर व भुवनेश्वर में 2014 में 10 रूपये मूल्य के पालीमर नोट पायलेट आधार पर प्रचलित किये गये हैं।
वैश्विक परिप्रेक्ष्य	:	विश्व में सबसे पहले पालीमर नोटर का चलन **आस्ट्रेलिया** में 1988 में किया गया और वर्ष 1996 में आस्ट्रेलिया में पूरी तरह से कागज करेंसी का स्थान पालीमर नोटों ने ले लिया था।

♦ देश के प्रमुख भुगतान बैंक

भुगतान बैंक		**लाइसेंस प्राप्ति**
एयरटेल पेमेण्ट बैंक	:	11 अप्रैल 2016 को आरबीआई द्वारा लाइसेन्स व अंतिम स्वीकृति दी गयी। 23 नवम्बर 2016 को राजस्थान से प्रारम्भ तथा 12 जनवरी 2017 को सम्पूर्ण देश में सेवायें प्रारम्भ।
पेटीएम पेमेण्ट बैंक	:	जनवरी 2017 को आरबीआई द्वारा फाइनल लाइसेन्स जारी किया गया।
इंडिया पोस्ट पेमेण्ट बैंक	:	जनवरी 2017 को आरबीआई द्वारा अंतिम लाइसेन्स जारी किया गया।

♦ डिजिटल भुगतान

डिजिटल भुगतान के माध्यम	:	क्रेडिट या डेबिट कार्ड, ई वॉलेट, इण्टरनेट बैंकिंग।
प्रमुख ई-वॉलेट	:	पेटीएम, मोबीक्विक, एयरटेल मनी, ऑक्सीजन वॉलेट, स्टेट बैंक बडी, जियो मनी, एचडीएफसी चिल्लर।
डिजिटल पेमेण्ट को प्रोत्साहन	:	• सरकारी विभाग उपभोक्ताओं पर ट्रांजेक्शन चार्ज का भार नहीं डालेंगे। • बैंक की स्वाइप मशीन का किराया 100 रूपये महीने से अधिक नहीं होगा। • एक लाख गांवों में दो-दो स्वाइप मशीनें सरकार मुफ्त में देगी। • सरकार किसानों को रूपे कार्ड जारी करेगी। • कार्ड से 2000 तक के भुगतान पर ट्रांजेक्शन शुल्क पर सेवा कर नहीं।
डिजिटल पेमेण्ट का हेल्पलाइन नंबर	:	11 दिसम्बर 2016 को केन्द्र सरकार द्वारा डिजिटल पेमेण्ट प्रणाली को प्रभावी बनाने के लिए 14444 नामक हेल्पलाइन नवम्बर को शुरूआत की। दूरसंचार विभाग द्वारा प्रारम्भ इस योजना में नास्काम भी योगदान दे रहा है।
डिजिशाला	:	यह एक उपग्रह आधारित टेलीविजन चैनल है जिसका संचालन दूरदर्शन करेगा। यह फ्री-टू-एयर चैनल है जिस पर लोगों को वित्तीय हस्तान्तरण की अनिवार्य जानकारियाँ दी जायेगी।
कैशलैस इंडिया	:	यह डिजिटल ज्ञान से संबंधित वेबसाइट है जिस पर इण्टरनेट बैंकिंग, मोबाइल बैंकिंग तथा डिजिटल भुगतान से सम्बन्धित जानकारी उपलब्ध होगी।

♦ पहला बैंकिंग रोबोट : लक्ष्मी

निजी क्षेत्र के सिटी यूनियन बैंक की चेन्नई स्थित बैंक शाखा में 10 नवम्बर 2016 को देश का पहला बैंकिंग रोबोट लक्ष्मी लांच किया गया। आर्टिफिशयल इण्टेलीजेन्सी से परिपूर्ण लक्ष्मी रोबोट, बैंक में रहकर ग्राहकों की मदद करने में सक्षम है। यह ग्राहकों के खाता विवरण, बैलेन्स जानने, गृह ऋण की ब्याज दरों, मियादी जमा योजना के विवरण ऑडियो और डिस्प्ले दोनों विधि से उपलब्ध करायेगा।

♦ देश का प्रथम लघु बैंक

लाइसेन्स	:	28 नवम्बर 2016 को आरबीआई द्वारा जारी किया गया।
लघु बैंक	:	वाराणसी (उत्तर प्रदेश) आधारित गैर-बैंकिंग वित्तीय कम्पनी "उत्कर्ष माइक्रो फाइनेन्स लिमिटेड" को लघु बैंक की स्थापना हेतु सैद्धान्तिक मंजूरी आरबीआई के दिशा-निर्देशों के आधार पर दी गयी।
महत्वपूर्ण तथ्य	:	वर्ष 2009 में स्थापित **उत्कर्ष माइक्रो फाइनेन्स लिमिटेड** देश की शीर्ष 10 माइक्रोफाइनेन्स कम्पनियों में शामिल है।

♦ बैंक बोर्ड ब्यूरो का गठन

गठन की तिथि	:	प्रधानमंत्री नरेन्द्र मोदी ने 28 फरवरी, 2016 को वित्तीय सेवा विभाग के "बैंक बोर्ड ब्यूरो" के गठन सम्बन्धी प्रस्ताव को मंजूरी प्रदान कर दी।
गठन का उद्देश्य	:	सार्वजनिक बैंकों की कार्यप्रणाली में सुधार लाना तथा उनके फंसे हुए ऋणों की समस्या से निजात दिलाने के लिए सलाहकार की भूमिका निभाना।
बैंक बोर्ड ब्यूरो की संस्थागत संरचना	:	**चेयरमैन** : विनोद राय (पूर्व कैग), प्रधानमंत्री मोदी द्वारा नियुक्त। **पदेन सदस्य** : 3 (1. सचिव वित्त सेवा विभाग, 2. सचिव लोक उद्यम विभाग, 3. डिप्टी गवर्नर आरबीआई) विशेष सदस्य : 3 कुल सदस्य : 7 (1 चेयरमैन + 3 पदेन सदस्य + 3 विशेष सदस्य) **नोट:** अध्यक्ष और अन्य 6 सदस्यों का कार्यकाल अंशकालिक होगा।
बैंक बोर्ड ब्यूरो के कार्य	:	• यह ब्यूरो सरकार को सार्वजनिक क्षेत्र के बैंकों में शीर्ष स्तर की नियुक्तियों पर सुझाव देगा। • धन जुटाने के विभिन्न माध्यमों, विलय तथा अधिग्रहण के सम्बन्ध में सलाह देगा। • ब्यूरो लगातार बैंकों के निदेशकों के साथ सम्पर्क में रहकर बैंकों के लिए रणनीति तैयार करने में सहायता करेगा। • गैर कार्यकारी अध्यक्ष और गैर सरकारी निदेशकों की नियुक्ति बोर्ड करेगा।

♦ ग्रीन पिन)

जारीकर्ता	:	स्टेट बैंक ऑफ इंडिया।
तिथि	:	19 फरवरी 2016 को SBI की अध्यक्ष अरून्धति भट्टाचार्य द्वारा प्रारम्भ।
उद्देश्य	:	पेपर लेस बैंकिंग को बढ़ावा देना।
लाभ	:	इस पर्यावरण अनुकूल पिन के माध्यम से ग्राहक, बैंक के ATM, Internet Banking तथा SMS के द्वारा डेबिट कार्ड का पिन जनरेट कर सकते हैं।
ग्राहकों को लाभ	:	SBI के ग्राहकों को अब डेबिट कार्ड के पिन के लिए बैंक की शाखाओं के चक्कर नहीं लगाने होंगे। ग्राहकों को पिन प्राप्त करने के लिए बैंक के समक्ष आवेदन भी नहीं करना होगा। ग्राहक स्वयं ही आवश्यकतानुसार पिन जनरेट कर सकते हैं। जिससे ग्राहक अपने समय की बचत के साथ ही अनावश्यक परेशानियों से बच सकेंगे।

बैंक को लाभ : बैंक कर्मचारियों को पिन सम्भालकर रखने तथा उसका रिकार्ड रखने से राहत मिलेगी और इन बैंकिंग कर्मचारियों को दूसरे उत्पादक कार्यों में लगाया जा सकेगा। बैंक की कागज तथा कोरियर पर लागत में कमी आयेगी। बैंक कर्मचारियों को ATM PIN की फिजिकल कस्टडी मेण्टेन करने की आवश्यकता नहीं होगी। ग्रीन पिन से बैंकों का कार्बन फुटप्रिण्ट भी कम करने में सहायता मिलेगी।

♦ वायदा बाजार का सेबी में विलय

घोषणा : बजट 2015-16 में।

विलय की तिथि : 28 सितम्बर, 2015

महत्वपूर्ण तथ्य :
- वित्त अधिनियम, 2015 की धारा 131 एवं 133 के तहत केन्द्र सरकार द्वार 28 अगस्त, 2015 को अधिसूचना जारी कर Forward Market Commission (FMC) को SEBI में विलय किये जाने तथा सेबी को ही जिस वायदा बाजार का विनियमन सौंपे जाने की घोषणा की गयी थी।
- वर्तमान में सेबी भारत में शेयर बाजार के साथ-साथ जिस वायदा बाजार का भी विनियामक निकाय बन गया।

नोटः सेबी की स्थापना 1988 में प्रतिभूति बाजार के विनियमन हेतु गैर-सांविधिक निकाय के रूप में हुआ था तथा 1992 में सेबी अधिनियम के द्वारा इसे सांविधिक दर्जा दिया गया। वायदा बाजार आयोग का गठन 1953 में हुआ था।

♦ व्हाइट लेबल एवं ब्राउन लेबल एटीएम

- व्हाइट लेबल एटीएम से तात्पर्य गैर-बैंकिंग कम्पनियों द्वारा संचालित एटीएम केन्द्रों से है। 10 सितम्बर, 2015 में हुई केन्द्रीय मंत्रिमण्डल की बैठक में वित्तीय समावेशन को बढ़ावा देने के लिए देश में एटीएम केन्द्रों की संख्या बढ़ाने के लिए व्हाइट लेबल एटीएम केन्द्रों की स्थापना के लिए स्वअनुमोदित रूट (Automatic Route) से 100 प्रतिशत विदेशी प्रत्यक्ष निवेश की अनुमति का फैसला किया गया है।
- वर्तमान में भारत के व्हाइट लेबल एटीएम निम्नवत् हैः-

व्हाइट लेबल एटीएम का नाम	**गैर बैंकिंग कम्पनी**
इंडिकैश	टाटा कम्यूनिकेशन पेमेंट सॉल्यूशंस लि. द्वारा स्थापित। (देश का पहला व्हाइट लेबल एटीएम 27 जून, 2013 को थाणे 'महाराष्ट्र' में खोला गया)
मनीस्पाट	प्रिज्म पेमेंट सर्विसेज प्रा. लि. द्वारा स्थापित।
मथूट एटीएम	मुथूट फाइनेंस द्वारा स्थापित।

नोटः वक्रांगी लि. नामक कम्पनी को भी व्हाइट लेबल एटीएम खोलने की अनुमति दी गयी है।

- ब्राउन लेबल एटीएम से तात्पर्य निजी स्वामित्व वाले ऐसे एटीएम है, जिनके समस्त हार्ड वेयर निजी सेवा प्रादाता द्वारा उपलब्ध कराया जाता है, जबकि नकदी का प्रबंधन एवं बैंकों से कनेक्टिविटी का प्रबन्धन प्रायोजक बैंक द्वारा किया जाता है।

♦ सार्वजनिक क्षेत्र की सामान्य बीमा कम्पनियों को शेयर बाजार में सूचीबद्ध की मंजूरी

घोषणा : 29 फरवरी 2016 को बजट 2016-17 प्रस्तुत करते समय अरूण जेटली (वित्त मंत्री) ने पहली बार सार्वजनिक क्षेत्र की बीमा कम्पनियों को शेयर बाजार में सूचीबद्ध करने की बात कही।

मंजूरी : प्रधानमंत्री मोदी की अध्यक्षता में CCEA द्वारा 18 जनवरी 2017 की बैठक में मंजूरी प्रदान की गयी और वर्ष 2017-18 में इसे प्रस्तावित कर दिया गया।

सार्वजनिक क्षेत्र की सामान्य बीमा कम्पनियों का शेयर बाजार में सूचीबद्ध होने से लाभ :
- वर्तमान में सार्वजनिक क्षेत्र की सामान्य बीमा कम्पनियों की कुल संख्या 5 है, जिनमें सरकार की 100 प्रतिशत हिस्सेदारी है। इस हिस्सेदारी को 100 प्रतिशत से कम करके 75 प्रतिशत करने के उद्देश्य से, इन कम्पनियों की इक्विटी के अच्छे मूल्य, शेयर बाजार में सूचीबद्ध होकर प्राप्त किये जा सकते हैं।

- इन कम्पनियों को बाजार से संसाधन जुटाने और आगे बढ़ने में मदद मिलेगी।
- सरकार का यह कदम विनिवेश के लक्ष्यों को प्राप्त करने में सहायक होगा।
- सार्वजनिक क्षेत्र की 5 सामान्य बीमा कम्पनियाँ जो शेर बाजार में सूचीबद्ध होने जा रही है:-
  1. न्यू इंडिया इंश्योरेंस कम्पनी।
  2. यूनाइटेड इंडिया इंश्योरेंस कम्पनी।
  3. नेशनल इंश्योरेंस कम्पनी।
  4. ओरिएंटल इंश्योरेंस कम्पनी।
  5. जनरल इंश्योरेंस कार्पोरेशन ऑफ इंडिया।

भारत में प्रतिभूति-मुद्रण एवं सिक्कों का उत्पादन

भारत में प्रतिभूति-मुद्रण एवं सिक्कों का उत्पादन निम्नलिखित स्थानों पर किया जाता है-

छापेखाने (Printing Press)

1. **इण्डिया सिक्योरिटी प्रेस, नासिक (महाराष्ट्र)**-नासिक रोड स्थित भारत प्रतिभूति मुद्रणालय (India Securiy Press) में डाक संबंधी लेखन सामग्री, डाक एवं डाक-भिन्न टिकटों, अदालती एवं गैर-अदालती स्टाम्पों, बैंकों (आरबीआई तथा एसबीआई) के चेकों, बॉण्डों, राष्ट्रीय बचत पत्रों, पोस्टल ऑर्डर, पासपोर्ट, इन्दिरा विकास पत्रों, किसान विकास पत्रों आदि के अलावा राज्य सरकारों, सरकारी क्षेत्र के उपक्रमों, वित्तीय निगमों आदि के प्रतिभूति पत्रों की छपाई की जाती है।
2. **सिक्योरिटी प्रिन्टिंग प्रेस, हैदराबाद**-सिक्योरिटी प्रिन्टिंग प्रेस, हैदराबाद की स्थापना दक्षिण राज्यों की डाक लेखन सामग्री की मांगों को पूरा करने व पूरे देश की केन्द्रीय उत्पाद शुल्क स्टाम्प की मांग को पूरा करने के लिए 1982 में की गई थी, ताकि भारत प्रतिभूति मुद्रणालय, नासिक रोड के उत्पादन की आपूर्ति की जा सके।
3. **करेन्सी प्रेस नोट, नासिक (महाराष्ट्र)**-नासिक रोड स्थित करेंसी नोट प्रेस 10, 50, 100, 500 तथा 1000 रुपए के बैंक नोट छापती है और उनकी पूर्ति करती है।
4. **बैंक नोट प्रेस, देवास (मध्य प्रदेश)**-देवास स्थित बैंक नोट प्रेस 20, 50, 100 और 500 रुपए के उच्च मूल्य वर्ग के नोट छापती है। बैंक नोट प्रेस का स्याही का कारखाना प्रतिभूति पत्रों की स्याही का निर्माण भी करता है।
5. **शाहबनी (पं. बंगाल) तथा मैसूर (कर्नाटक) के भारतीय रिजर्व बैंक नोट मुद्रण लिमिटेड**-दो नए एवं अत्याधुनिक करेन्सी नोट प्रेस मैसूर (कर्नाटक) तथा शाहबनी (पं. बंगाल) में स्थापित किए गए हैं। यहां आरबीआई के नियंत्रण में करेन्सी नोट छापे जाते हैं। इन नए मुद्रणालयों में 1998-99 तक 10,000 मिलियन करेन्सी नोटों का अतिरिक्त वार्षिक मुद्रण का अनुमान था। देवास तथा नासिक रोड स्थित करेन्सी नोट प्रेसों में प्रतिवर्ष 6,000 मिलियन करेन्सी नोटों का मुद्रण होता है।
6. **सिक्योरिटी पेपर मिल, होशंगाबाद (मध्य प्रदेश)**-बैंक और करेन्सी नोट कागज तथा नॉन-ज्यूडिशियल स्टाम्प पेपर की छपाई मे प्रयोग होने वाले कागज का उत्पादन करने के लिए सिक्यूरिटी पेपर मिल, होशंगाबाद में 1967-68 मे चालू की गई थी।

टकसाल

सिक्कों का उत्पादन करने तथा सोने और चांदी की परख करने एवं तमगों का उत्पादन करने के लिए भारत सरकार की चार टकसालें मुम्बई, कोलकाता, हैदराबाद तथा नोएडा में स्थित हैं। मुंबई, हैदराबाद और कोलकाता की टकसालें काफी समय पहले क्रमशः 1830, 1903 और 1950 में स्थापित की गई थीं, जबकि नोएडा की टकसाल 1989 में स्थापित की गई थी। मुंबई तथा कोलकाता की टकसालों मे सिक्कों के अलावा विभिन्न प्रकार के पदकों (मेडल) का भी उत्पादन किया जाता है। नोएडा की टकसाल में नवीनतम मशीनरी तथा उपकरण हैं परंतु अन्य तीनों टकसालों की मशीनें काफी पुरानी हैं, जिसके परिणामस्वरूप उनके रखरखाव पर काफी लागत आती है।

तथ्य सार संग्रह

भारत की प्रमुख वित्तीय संस्थाओं के स्थापना वर्ष

संस्थान	स्थापना वर्ष
इम्पीरियल बैंक ऑफ इंडिया	1921
भारतीय रिजर्व बैंक (RBI)	1 अप्रैल, 1935
RBI का राष्ट्रीयकरण	1 जनवरी, 1949
भारतीय औद्योगिक वित्त निगम (IFCI)	1948
भारतीय औद्योगिक ऋण व निवेश निगम (ICICI)	जनवरी, 1955
भारतीय स्टेट बैंक (SBI)	1 जुलाई, 1955
भारतीय यूनिट ट्रस्ट (UTI)	1 फरवरी, 1964
भारतीय औद्योगिक विकास बैंक (IDBI)	जुलाई, 1964
कृषि एवं ग्रामीण विकास हेतु राष्ट्रीय बैंक (NABARD)	12 जुलाई, 1982
भारतीय औद्योगिक पुनर्निर्माण बैंक(IRBI)	20 मार्च, 1985
भारतीय लघु उद्योग विकास बैंक (SIDBI)	1990
भारतीय निर्यात-आयात बैंक (EXIM Bank)	1 जनवरी, 1982
राष्ट्रीय आवास बैंक (NHB)	जुलाई, 1988
भारतीय जीवन बीमा निगम (LIC)	सितम्बर, 1956
भारतीय साधारण बीमा निगम (GIC)	नवम्बर, 1972
क्षेत्रीय ग्रामीण बैंकों का प्रारंभ	2 अक्टूबर, 1975

राष्ट्रीयकृत बैंकों का संक्षिप्त विवरण

इलाहाबाद बैंक

- इलाहाबाद बैंक की स्थापना 24 अप्रैल, 1865 में की गई तथा इसका मुख्यालय कोलकाता में स्थित है। यह भारत का सबसे पुराना ज्वॉइण्ट स्टॉक बैंक है।
- इस बैंक की एक शाखा भारत के बाहर हाँगकाँग में स्थित है तथा इसका प्रतिनिधि कार्यालय रोंजेन (चीन) में स्थित है।

  नोटः इसकी टैग लाइन 'A tradition of trust' है।

बैंक ऑफ बड़ौदा

- बैंक ऑफ बड़ौदा की स्थापना राणाजीराव गायकवाड़ तृतीय के द्वारा वर्ष 1908 में की गई तथा इसका मुख्यालय वड़ोदरा (गुजरात) में स्थित है। 19 जुलाई, 1969 को इस बैंक का राष्ट्रीयकरण किया गया था।

  नोटः इसकी टैग लाइन 'India's International Bank' है।

बैंक ऑफ इण्डिया

- बैंक ऑफ इंडिया की स्थापना 7 सितम्बर, 1906 में की गई। इसका मुख्यालय मुंबई में स्थित है। वर्ष 1969 में इस बैंक का राष्ट्रीयकरण किया गया।
- बैंक ऑफ इंडिया भारत में स्विफ्ट (SWIFT) सोसायटी फॉर वर्ल्ड वाइड इंटर बैंक फाइनेन्शियल टेलीकम्युनिकेशन का एक संस्थापक सदस्य है।
- वर्ष 1946 में लंदन में यह भारत के बाहर किसी शाखा की स्थापना करने वाला प्रथम बैंक है।

  नोटः इसकी टैग लाइन 'Relationship Beyond Banking' है।

केनरा बैंक

- केनरा बैंक भारत का प्रमुख वाणिज्यिक बैंक है जिसकी स्थापना वर्ष 1906 में की गई तथा इसका मुख्यालय बंगलुरू (कर्नाटक) में स्थित है।
- 'टोटल ब्रान्च बैंकिंग' के लिए आईएसओ प्रमाण-पत्र प्राप्त करने वालाा यह प्रथम बैंक है।

  नोटः इसकी टैग लाइन 'Its easy to change for those who you Love together we can do......' है।

बैंक ऑफ महाराष्ट्र

- बैंक ऑफ महाराष्ट्र की स्थापना 16 सितम्बर, 1935 में की गई। इस बैंक का प्रमुख उद्देश्य आम आदमी तक पहुँचना तथा उसकी सभी बैंकिंग जरूरतों को पूरा करना है।
- इस बैंक की स्थापना में वीजी काले तथा डीके साठे की महत्त्वपूर्ण भूमिका रही तथा वर्ष 1998 में इस बैंक ने स्वायत्त दर्जा प्राप्त किया।

  नोटः इसकी टैग लाइन 'One family one bank' है।

आन्ध्रा बैंक

- आन्ध्रा बैंक की स्थापना 20 नवंबर, 1923 में डॉ. पट्टाभि सीतारमैय्याय द्वारा मुसलीपट्टनम में की गई। इसका मुख्यालय हैदराबाद में स्थित है।

  नोटः इसकी टैग लाइन 'Much more to do with you in focus' है।

सेण्ट्रल बैंक ऑफ इंडिया

- सेण्ट्रल बैंक ऑफ इंडिया की स्थापना सर सोराबजी पोचखानावाला द्वारा 21 दिसंबर, 1911 में की गई थी। इस बैंक को पहला वाणिज्यिक बैंक होने का गौरव प्राप्त है। जिसका पूर्ण स्वामित्व एवं प्रबंधन, स्थापना के समय भारतीयों के हाथ में था।
- इसका मुख्यालय मुम्बई में स्थित है।

  नोटः इस बैंक की टैग लाइन 'Build a better life around us' है।

कॉर्पोरेशन बैंक

- कॉर्पोरेशन बैंक भारत का एक प्रमुख अनुसूचित वाणिज्यिक बैंक है। वर्ष 1952 में कॉर्पोरेशन बैंक ने भारतीय रिजर्व बैंक से अनुसूचित वाणिज्यिक बैंक होने की अनुज्ञप्ति प्राप्त की तथा यह भारत का तीसरा अनुसूचित बैंक बन गया।
- 15 अप्रैल, 1980 को इसका राष्ट्रीयकरण किया गया। इस बैंक का मुख्यालय मंगलौर (कर्नाटक) में स्थित है।

  नोटः इस बैंक की टैग लाइन 'A Premier Public Sector Bank' है।

देना बैंक

- देना बैंक की स्थापना देवकरण नानजी के परिवार द्वारा 26 मई, 1938 में देवकरण नानजी बैंकिंग कंपनी लिमिटेड के नाम से की गई तथा बाद में इसका नाम परिवर्तित कर देना बैंक रखा गया।
- 19 जुलाई, 1969 को इसका राष्ट्रीयकरण किया गया। इस बैंक का मुख्यालय मुंबई में स्थित है।

  नोटः इसकी टैग लाइन 'Trusted Family Bank' है।

इण्डियन बैंक

- इण्डियन बैंक की स्थापना 15 अगस्त, 1907 को की गई तथा 19 जुलाई, 1969 को इसका राष्ट्रीयकरण किया गया।
- इस बैंक का मुख्यालय चेन्नई (तत्कालीन मद्रास) में स्थित है।

  नोटः इस बैंक की टैग लाइन 'Taking Banking technology to the common man' है।

इण्डियन ओवरसीज बैंक

- इण्डियन ओवरसीज बैंक की स्थापना 10 फरवरी, 1937 को श्री एम सीटीएम चेट्टियार ने विदेशी विनिमय व्यवसाय तथा विदेशी बैंकिंग में विशिष्टता के दोहरे उद्देश्य के साथ की।
- यह उपभोक्ता ऋण शुरू करने वाला पहला बैंक था। इसका मुख्यालय चेन्नई में स्थित है तथा वर्ष 1969 में इस बैंक का राष्ट्रीयकरण किया गया था।

  नोटः इसकी टैग लाइन 'Good people to grow with' है।

ओरिएण्टल बैंक ऑफ कॉमर्स

- ओरिएण्टल बैंक ऑफ कॉमर्स की स्थापना 19 फरवरी, 1943 में राय बहादुर लाला सोहनलाल द्वारा लाहौर में की गई थी।
- इस बैंक का मुख्यालय नई दिल्ली में स्थित है।

  नोटः इसकी टैग लाइन 'Where every individual is committed' है।

पंजाब नेशनल बैंक

- पंजाब नेशनल बैंक की स्थापना वर्ष 1895 में लाहौर में की गई थी। यह एक अनुसूचित बैंक है तथा इसे भारतीय पूँजी से प्रारंभ होने वाले प्रथम बैंक का गौरव प्राप्त है।
- इस बैंक का मुख्यालय नई दिल्ली में स्थित है तथा यह भारतीय स्टेट बैंक के पश्चात दूसरा सबसे बड़ा सार्वजनिक क्षेत्र का बैंक है।

  नोटः इसकी टैग लाइन 'The name you can bank on' है।

पंजाब एण्ड सिन्ध बैंक

- पंजाब एण्ड सिन्ध बैंक की स्थापना वर्ष 1908 में की गई। इसकी स्थापना में भाई वीर सिंह, सर सुन्दर सिंह मजीठिया तथा सरदार तिरलोचन सिंह की महत्त्वपूर्ण भूमिका रही।
- इस बैंक का मुख्यालय नई दिल्ली में स्थित है तथा इसकी स्थापना समाज के कमजोर वर्ग के लोगों के आर्थिक उत्थान द्वारा उनके जीवन स्तर को ऊँचा उठाने हेतु सामाजिक वचनबद्धता के सिद्धान्तों पर की गई।
- यह आईएसओ 9002 प्राप्त करने वाला प्रथम भारतीय बैंक है।

सिण्डीकेट बैंक

- सिण्डीकेट बैंक की स्थापना टीएमए पाई, वमन कुडवा द्वारा वर्ष 1925 में की गई तथा 19 जुलाई, 1969 को इसका राष्ट्रीयकरण किया गया।
- इस बैंक का मुख्यालय मणिपाल (कर्नाटक) में स्थित है।
  नोटः इस बैंक की टैग लाइन 'Your faithful & friendly financial partner' है।

यूनियन बैंक

- एक लिमिटेड कंपनी के रूप में यूनियन बैंक की स्थापना 11 नवंबर, 1919 को मुंबई में की गई तथा इसका उद्घाटन महात्मा गाँधी द्वारा किया गया।
- 19 जुलाई, 1969 को इसका राष्ट्रीयकरण किया गया। इसका मुख्यालय मुंबई में स्थित है।
  नोटः यूनियन बैंक की टैग लाइन 'Good people to bank with' है।

यूनाइटेड बैंक ऑफ इंडिया

- यूनाइटेड बैंक ऑफ इंडिया की स्थापना वर्ष 1950 में चार बैंकों के विलय (कोमिल्ला बैंकिंग कॉर्पोरेशन, बंगाल सेण्ट्रल बैंक, कोमिल्ला यूनियन बैंक तथा हुगली बैंक) के परिणामस्वरूप हुई।
- इस बैंक का मुख्यालय कोलकाता में स्थित है।
  नोटः इस बैंक की टैग लाइन 'The Bank that begins with U' है।

यूको बैंक

- यूको बैंक की स्थापना 'यूनाइटेड कॉमर्शियल बैंक' के नाम से वर्ष 1943 में कोलकाता में की गई।
- वर्ष 1969 में इसका राष्ट्रीयकरण किया गया तथा वर्ष 1985 में इसका नाम परिवर्तित कर यूको बैंक रखा गया।
- इस बैंक का मुख्यालय कोलकाता में स्थित है।
  नोटः इस बैंक की टैग लाइन 'Honours your trust' है।

विजया बैंक

- विजया बैंक की स्थापना 23 अक्टूबर, 1931 में अट्टावर बालकृष्ण मोट्टी द्वारा मंगलौर में की गई तथा 15 अप्रैल, 1980 को इस बैंक का राष्ट्रीयकरण किया गया।
- इस बैंक का मुख्यालय बंगलुरू में स्थित है।
  नोटः इस बैंक की टैग लाइन 'A friend you can bank on' है।

देश के राष्ट्रीयकृत बैंक, लोगो एवं मुख्यालय

क्र.सं.	बैंक का नाम	लोगो	मुख्यालय
1.	इलाहाबाद बैंक		कोलकाता
2.	बैंक ऑफ बड़ोदा		वड़ोदरा
3.	बैंक ऑफ इंडिया		मुंबई
4.	कैनरा बैंक		बैंगलूरू
5.	बैंक ऑफ महाराष्ट्र		पुणे

6.	आंध्र बैंक	हैदराबाद
7.	सेंटल बैंक ऑफ इंडिया	मुंबई
8.	कार्पोरेशन बैंक	मंगलौर
9.	देना बैंक	मुंबई
10.	इन्डियन बैंक	चेन्नई
11.	इंडियन ओवरसीज बैंक	चेन्नई
12.	ओरिएण्टल बैंक ऑफ कामर्स	नई दिल्ली
13.	पंजाब नेशनल बैंक	नई दिल्ली
14.	पंजाब एंड सिंध बैंक	नई दिल्ली
15.	सिंडिकेट बैंक	मणिपाल, कर्नाटक
16.	यूनियन बैंक आफ इंडिया	मुंबई
17.	यूनाइटेड बैंक ऑफ इंडिया	कोलकाता
18.	यूको बैंक	कोलकाता
19.	विजया बैंक	बैंगलूरू

महत्वपूर्ण शब्दावली

- **जोखिम पूंजी (Venture Capital):** नए एवं छोटे उपक्रमों में, जहाँ जोखिम अधिक होता है के लिए वित्तीय संस्थाएं दीर्घकालिक पूँजी निवेश को तैयार होती हैं ''जोखिम पूंजी'' कहलाती है।
- **एक्चुअरीज़ (Actuaries):** बीमा गतिविधियों के तहत कवर किये जाने वाले जोखिमों का निर्धारण तथा इनके लिए बीमा प्रीमियम का आकलन एक्चुरीज़ द्वारा किया जाता है।
- **वित्तीय समावेशन (Financial Inclusion):** देश के सभी भागों जहाँ बैंकिंग सुविधाएं उपलब्ध नहीं हैं, बैंकिंग सुविधा पहुंचाना ताकि, सरल प्रक्रिया से ऋण उपलब्ध कराया जा सके जिससे ग्रामीण लोग साहूकारों के चंगुल से बच सकें साथ ही लोगों को बैंकिंग सुविधाओं के संबंध में शिक्षित करना एवं परिवारों को खाता खोलने के लिए प्रेरित करना वित्तीय समावेशन कहलाता है।
- **Wilfull Defaulter:** ऐसी कम्पनियां जो बैंकों द्वारा दिए गए ऋणों के भुगतान की क्षमता होने के बावजूद भी बैंकों को यदि जानबूझकर भुगतान नहीं करतीं तो बैंक ऐसी कम्पनियों को Wilful Defaulter घोषित कर देती हैं। ऐसी स्थिति में कम्पनी को डिफाल्टर घोषित करने वाले बैंक से भविष्य में कभी भी ऋण प्राप्त नहीं हो पाता।
- **पी-नोट्स (Participatory notes-P-Notes):** पी-नोट्स समुद्रपारीय डेरिवेटिव्स इंस्ट्रुमेंट है जिसके जरिये समुद्रपारीय उच्च संपदा वाले व्यक्ति, हेज फंड या अन्य संस्थागत निवेशक भारतीय शेयर बाजार में निवेश करते हैं। दरअसल, भारतीय शेयर बाजार में निवेश के इच्छुक FIIs को सेबी के पास रजिस्ट्रेशन कराना होता है। पर जो विदेशी निवेशक अपनी पहचान छुपाने के लिए सेबी के यहां रजिस्ट्रेशन नहीं करना चाहता, पर भारतीय शेयर बाजार में निवेश के इच्छुक हैं, तो ऐसे निवेशकों के लिए पंजीकृत FIIs सब-एकाउंट बनाकर पी-नोट्स जारी करती है। ये सब-एकाउंट सेबी के पास पंजीकृत तो होते हैं पर सेबी को इन निवेशकों के बारे में पूरी जानकारी नहीं होती है।
- **आरक्षित जमा अनुपात (Reserve Deposit Ratio-RDR):** लोग अपने बैंक खातों में जो करेंसी जमा करते हैं, उसका एक हिस्सा आरक्षित मुद्रा के रूप में रखकर शेष राशि को बैंक विविध निवेश परियोजनाओं को कर्ज के रूप में देती है। आरक्षित मुद्रा में दो चीजें होती हैं, बैंकों में नकदी और व्यावसायिक बैंकों द्वारा भारतीय रिजर्व बैंक के पास रखी जमा। व्यावसायिक बैंक अपनी कुल जमा का जो अनुपात आरक्षित निधियों के रूप में रखते हैं, उसे आरक्षित निधि जमा अनुपात कहा जाता है।
- **प्राथमिकता क्षेत्र उधार (Priority Sector Lending):** प्राथमिकता क्षेत्र के उधार अर्थात् प्राथमिक क्षेत्र उन क्षेत्रों को कहा जाता है जिन पर यदि विशेष ध्यान नहीं दिया जाये तो उन्हें समय पर पर्याप्त ऋण नहीं उपलब्ध हो पाएगा। प्राथमिक क्षेत्र के तहत निम्नलिखित क्षेत्रों को शामिल किया जाता है-

1. कृषि	2. सूक्ष्म एवं लघु उद्यम
3. शिक्षा	4. आवास
5. निर्यात साख	6. अन्य

उपर्युक्त क्षेत्रों को पर्याप्त सांस्थानिक ऋण आवश्यकतानुसार उपलब्ध कराने हेतु भारतीय रिजर्व बैंक ने निर्देश दिया है कि बैंक अपने अग्रिमों का कम-से-कम 40 प्रतिशत हिस्सा प्राथमिकता वाले क्षेत्रों को उधार दें।

- **लोकल एरिया बैंक (Local Area Bank-LAB):** लोकल एरिया बैंक स्कीम की शुरुआत अगस्त 1996 में हुयी थी। इस स्कीम की शुरुआत के पीछे मुख्य उद्देश्य स्थानीय संस्थाओं द्वारा ग्रामीण बचतों का लामबंदीकरण एवं उनका उपयोग स्थानीय क्षेत्र में निवेश करना था।
- **लीड बैंक योजना (Lead Bank Scheme-LBS):** गाडगिल स्टडी ग्रुप और नरीमन कमेटी की सिफारिशों के आधार पर भारतीय रिजर्व बैंक ने 1969 के अंत में लीड बैंक योजना की शुरुआत की। स्कीम के तहत देश के सभी जिलों (बंबई, दिल्ली, चेन्नई और कोलकाता तथा केंद्र शासित प्रदेशो को छोड़कर) के किसी एक बैंक को (जिनमें सार्वजनिक क्षेत्र के साथ-साथ निजी क्षेत्र के कुछ बैंक भी शामिल थे) लीड बैंक का दर्जा प्रदान किया गया। लीड बैंक स्कीम का उद्देश्य बैंक शाखा सुविधाओं के विस्तार व ग्रामीण अर्थव्यवस्था की

साख आवश्यकताओं की पूर्ति के लिए प्रत्येक जिले में साख सुविधा संस्थानों के मध्य समन्वयन के लिए एक बैंक को नामांकित करना था। वर्ष 1979 में एक लीड बैंक मैनेजर की नियुक्ति का भी प्रावधान किया गया था।

- **गिल्ट फंड्स:** गिल्ट फंड्स ऐसी म्यूचुअल फंड योजनाएं हैं जो मुख्य रूप से सरकारी प्रतिभूतियों में निवेश करती हैं। इन सरकारी प्रतिभूतियों में डेटेड सेंट्रल गवर्नमेंट प्रतिभूतियां, राज्य सरकार प्रतिभूतियां और ट्रेजरी बिल शामिल होते हैं। गिल्ट फंडस में निवेश किए जाने के बाद निवेशकों को किसी तरह की साख का जोखिम नहीं होता है कारण, इन प्रतिभूतियों को केंद्र सरकार गारंटी देती है।
- **प्रमुख उधारी दर (Prime Landing Rate-PLR) :** यह वह ब्याज दर होती है, जिस पर बैंक अपने सर्वप्रिय (विश्वसनीय) ग्राहक को ऋण देता है। (विश्वसनीयता से तात्पर्य है जिसमें जोखिम शून्य हो) PLR एक प्रकार से आधार ब्याज दर की भूमिका अदा करता है।
- **बेस रेट (Base Rate) :** बैंकों द्वारा दी जाने वाली उधारियों पर ब्याज दरों के मामले मे आर्थिक पारदर्शिता लाने के लिए RBI ने PLR के स्थान पर Base Rate को अपनाने के निर्देश दिये हैं। सभी बैंकों को 30 जून 2011 तक Base Rate सिस्टम अपनाना होगा। बेस रेट, बैंक द्वारा घोषित वह दर होगी जिससे कम दर पर कोई भी ऋण बैंक द्वारा नहीं दिया जायेगा।
- **गैर-निष्पादनीय परिसम्पत्तियां (Non-Performing Assets) :** बैंकों एवं वित्तीय संसाधनों द्वारा वितरित वे ऋण जिनके मूलधन एवं उस पर देय ब्याज की वापसी समय से नहीं हो पाती या बिल्कुल नहीं हो पाती।
- **मर्चेन्ट बैंकिंग (Merchant Banking) :** वाणिज्यिक बैंकिंग के अंतर्गत औद्योगिक तथा व्यापारिक संस्थानों को विशिष्ट प्रकार की सेवाएं उपलब्ध करायी जाती हैं जैसे–
  - परियोजना संबंधी परामर्श (Project Counselling)
  - व्यवहार्यता रिपोर्ट (Feasibility Report) तैयार करना
  - प्रस्तावों पर सरकार की सहमति प्राप्त करना
  - नये निर्गमों के प्रबन्धक के रूप में कार्य करना
  - कार्यशील पूंजी (Working Capital) की व्यवस्था करना
- **गैर निष्पादित परिसम्पत्तियाँ (Non Performing Assets) :** एनपीए से आशय बैंकों द्वारा वृहद प. रयोजनाओं के लिए प्रदत्त उन ऋणों से है, जिन पर ब्याज और मूलधन की किस्त एक निश्चित समयावधि के पूर्ण होने के उपरान्त भी बैंकों को प्राप्त नहीं हो पा रही है। इन परिसम्पत्तियों को अनर्जक अस्तियाँ या तनावग्रस्त सम्पत्तियाँ (Stressed Assets) की संज्ञा दी जाती है।

  एनपीए को 3 प्रकार की सम्पत्तियों में वर्गीकृत किया जाता है

  1. घटिया परिसम्पत्तियाँ (Sub-Standard Assets)
  2. संदेहात्मक परिसम्पत्तियाँ (Doubtfull Assets)
  3. हानि या क्षति परिसम्पत्तियाँ (Loss Assets)

1. **घटिया परिसम्पत्तियाँ :** जब बैंकों द्वारा वितरित ऋणों के मूलधन तथा उस पर देय ब्याज का पुनर्भगतान 90 दिनों से अधिक किन्तु 12 माह से कम अवधि से बकाया पड़ा है, तो ऐसे ऋणों को घटिया परिसम्पत्तियों की श्रेणी में शामिल किया जाता है।
2. **संदेहात्मक परिसम्पत्तियाँ :** जब कोई ऋण हालांकि एक साथ तक घटिया परिसम्पत्तियों के रूप में सूचीबद्ध रहा हो, किन्तु उसके वसूल होने की संभावना है और उसे अभी तक हानि या क्षति परिसम्पत्तियों के रूप में सम्मिलित नहीं किया है, सन्देहात्मक परिसम्पत्तियों की श्रेणी में सम्मिलित किया जाता है। सन्देहात्मक परिसम्पत्तियों में अधिकांशतः उन बीमार या रूग्ण औद्योगिक इकाईयों द्वारा लिए गए ऋणों में सम्मिलित किया जाता है, जिनको Board for Industrial Finance & Reconstruction (BIFR) को सन्दर्भित कर दिया गया है और इस बोर्ड की ओर से इन इकाइयों को वित्तीय सहायता प्राप्ति की पूर्ण सम्भावना है।
3. **हानि या क्षति परिसम्पत्तियाँ :** सन्देहात्मक परिसम्पत्तियाँ जिनके मिलने अर्थात् पुनर्भुगतान की सभी सम्भावनाएं समाप्त हो जाती है, हानि या क्षति परिसम्पत्तियाँ कहलाती हैं।

अभ्यास प्रश्न

- **स्तरः परम्परागत**

1. ''मुद्रा स्वयं मुद्रा का निर्माण करती है''–यह परिभाषा किसने प्रस्तुत की?
   (a) मार्शल (b) क्राउथर
   (c) क्रोउमर (d) हैन्सम
2. ऐसी विदेशी मुद्रा जिसमें शीघ्र पलायन कर जाने की प्रवृत्ति हो, कहलाती है–
   (a) हार्ड मनी (b) सॉफ्ट मनी
   (c) हॉट मनी (d) टोकन मनी
3. हवाला (Hawala) क्या है?
   (a) किसी विषय की पूर्ण जानकारी
   (b) विदेशी मुद्रा विनिमय का अवैध कारोबार
   (c) शेयर बाजार में प्रतिभूतियाँ का अवैध लेन-देन
   (d) कर चोरी
4. हार्ड (Hard) एवं सॉफ्ट (Soft) Currency के मध्य अन्तर
   (a) मांग - आपूर्ति = हार्ड करेंसी
   मांग - आपूर्ति = सॉफ्ट करेंसी
   (b) मांग . आपूर्ति = हार्ड करेंसी
   मांग . आपूर्ति = सॉफ्ट करेंसी
   (c) मांग - आपूर्ति = हार्ड करेंसी
   मांग - आपूर्ति = सॉफ्ट करेंसी
   (c) मांग - आपूर्ति = हार्ड करेंसी
   मांग - आपूर्ति = सॉफ्ट करेंसी
5. निम्नलिखित में से कौन-से मामलों में आरबीआई वाणिज्यिक बैंकों को नियंत्रित करता है?
   1. परिसम्पत्तियों की तरलता
   2. शाखा विस्तार
   3. बैंकों का विलय
   4. बैंकों का समापन

   कूट:
   (a) 1, 4 (b) 2, 3, 4
   (c) 1, 2, 3 (d) 1, 2, 3, 4
6. ''सस्ती मुद्रा नीति'' से अभिप्राय है–
   (a) देश की मुद्रा का अंतर्राष्ट्रीय बाजारों में आसानी से उपलब्ध होना
   (b) उद्योग एवं व्यवसायों और उपभोक्ताओं को कम ब्याज दरों पर ऋण उपलब्ध होना
   (c) उद्योग एवं व्यवसायों और उपभोक्ताओं को अधिक ब्याज दरों पर ऋण उपलब्ध होना
   (d) उपरोक्त सभी
7. SBI के सन्दर्भ में सत्य कथन का चुनाव कीजिए–
   (a) पूर्व नाम इम्पीरियल बैंक है।
   (b) राष्ट्रीयकरण 1955 में किया गया
   (c) वर्तमान में विश्व के शीर्ष 50 बैंकों में शामिल है।
   (d) उपरोक्त सभी
8. सरकार द्वारा देश की सबसे बड़ी मूल्य वाली मुद्रा को चलन से समाप्त कर नई मुद्रा का चलन कहलाता है–
   (a) डीवैल्यूएशन
   (b) डीमौनिटाइज़ेशन
   (c) डीफ्लेशन
   (d) डीकैपिटलाईजेशन
9. निम्नलिखित में से मुद्रा आपूर्ति की सर्वाधिक तरल माप है–
   (a) M_1 (b) M_2
   (c) M_3 (d) M_4
10. निम्न में से किसे मुद्रा आपूर्ति का ''विस्तृत स्वरूप'' कहा जाता है?
    (a) M_1 (b) M_2
    (c) M_3 (d) M_4
11. मुद्रा आपूर्ति की माप M_3 में किसे सम्मिलित नहीं किया जाता है?
    (a) जनता के पास नकद मुद्रा
    (b) डाकखानों की मांग जमाएं (Demand Deposit)
    (c) बैंकों की सावधि जमाएं (Time Deposit)
    (d) बैंकों की मांग जमाएं (Demand Deposit)
12. भारत में सर्वप्रथम ''पत्र मुद्रा'' (कागजी मुद्रा) का चलन कब प्रारंभ हुआ?
    (a) 1542 ई. (b) 1601 ई.
    (c) 1680 ई. (d) 1806 ई.
13. काले धन की सबसे मान्य परिभाषा है–
    (a) यह गैर कानूनी आय है।
    (b) यह बिना बतायी गयी एवं छिपायी गई आय है।
    (c) यह ऐसी आय है जिसका कोई कानूनी रिकार्ड नहीं।
    (d) यह वह आय है जिस पर कर नहीं दिया गया है।

14. निम्नलिखित कथनों पर विचार कीजिए-
भारत में वाणिज्यिक बैंकों के कार्यों में शामिल है-
1. ग्राहकों की ओर से, शेयरों एवं प्रतिभूतियों की खरीद एवं बिक्री।
2. वसीयतों के लिए निष्पादक तथा न्यासी के रूप में कार्य करना।
(a) केवल 1 (b) केवल 2
(c) 1 और 2 दोनों (d) न तो 1 और न ही 2

15. RBI का राष्ट्रीयकरण कब हुआ?
(a) 1945 (b) 1947
(c) 1949 (d) 1950

16. भारत में NBFCs के संदर्भ में निम्नलिखित कथनों पर विचार कीजिए-
1. ये सरकार द्वारा जारी प्रतिभूतियों के अधिग्रहण में भाग नहीं ले सकते।
2. ये बचत खाते की तरह मांग जमाएं स्वीकार नहीं कर सकते।
उपरोक्त में से कौन-सा/से कथन सही है/हैं?
(a) केवल 1 (b) केवल 2
(c) 1 और 2 दोनों (d) न तो 1 और न ही 2

17. भारत के विदेशी विनियम संचय का प्रतिरक्षक है-
(a) विदेश मंत्रालय (b) वित्त मंत्रालय
(c) एसबीआई (d) आरबीआई

18. किस भारतीय राज्य में RBI के दिशा-निर्देश के माध्यम से वित्तीय लेन-देन नहीं होता?
(a) सिक्किम (b) गोवा
(c) अरुणाचल प्रदेश (d) जम्मू और कश्मीर

19. RBI के संदर्भ में सही कथन का चुनाव करें-
1. यह देश का केन्द्रीय बैंक है।
2. यह मुद्रा आपूर्ति को नियंत्रित करता है।
3. यह व्यापारिक घरानों को ऋण प्रदान करता है।
4. यह NABARD के कार्यों का निरीक्षण करता है।
5. आरबीआई का राष्ट्रीयकरण 1 जनवरी 1949 में हुआ था।

कूटः
(a) 1 और 2, 5 (b) 2 और 4, 5
(c) 1, 2 और 3, 5 (d) 1, 2 और 4, 5

20. RBI के ''नोट निर्गमन विभाग'' के पास हर समय कम से कम कितने मूल्य का स्वर्ण कोष रहना चाहिए?
(a) 85 करोड़ रु. (b) 115 करोड़ रु.
(c) 200 करोड़ रु. (d) 300 करोड़ रु.

21. 1 रुपये के नोट पर किसके हस्ताक्षर होते हैं?
(a) वित्त सचिव, भारत सरकार
(b) वित्त मंत्री, भारत सरकार
(c) उप वित्त मंत्री, भारत सरकार
(d) गवर्नर, भारतीय रिजर्व बैंक

22. सूची-I को सूची-II से सुमेलित कीजिए-

	सूची I	**सूची II**
A.	करेन्सी नोट प्रेस	1. मुंबई, कोलकत्ता, हैदराबाद, नोएडा
B.	बैंक नोट प्रेस	2. होशंगाबाद (मध्य प्रदेश)
C.	सिक्यूरिटी प्रिंटिंग प्रेस	3. देवास (मध्य प्रदेश)
D.	इंडियन मिंट	4. नासिक रोड (महाराष्ट्र)

कूटः

	A	B	C	D
(a)	4	2	3	1
(b)	1	2	3	4
(c)	2	3	4	1
(d)	4	3	2	1

23. RBI का लेखा वर्ष (Accounting Year) होता है-
(a) अप्रैल-मार्च (b) जुलाई-जून
(c) अक्टूबर-सितम्बर (d) जून-दिसम्बर

24. भारत में नोट जारी करने की कौन-सी प्रणाली अपनायी जाती है?
(a) Minimum Record System
(b) Minimum Reserve System
(c) Minimum Rupee System
(d) Maximum Reserve System

25. मन्दड़िया (Bear) शब्द किसका द्योतक है?
(a) उस निवेशक का, जो यह महसूस करता है कि अमुक प्रतिभूति की कीमत गिरने वाली है।
(b) उस निवेशक का, जो यह महसूस करता है कि अमुक शेयरों की कीमत बढ़ने वाली है।
(c) उस शेयरधारक या बाण्ड धारक का, जिसकी निजी, वित्तीय या अन्यथा, कंपनी में हिस्सेदारी है।
(d) उस उधारदाता का, जो कर्ज देता है या बाण्ड खरीदता है।

26. सहभागिता नोट (Participatary Notes) निम्नलिखित में से किस एक से संबंधित है?
(a) भारतीय संचित निधि (Consolidated Fund)
(b) विदेशी संस्थागत निवेशक (FII_S)
(c) विश्व बैंक (WB)
(d) भारतीय रिजर्व बैंक (RBI)

27. RBI द्वारा निर्धारित संवेदनशील क्षेत्र के रूप में शामिल है-
    (a) पूँजी बाजार (b) रियल स्टेट
    (c) जिंस (d) सभी
28. भुगतान बैंक के कार्य हैं–
    (a) 1 लाख रूपये तक की जमाये स्वीकारता है।
    (b) म्यूच्यूअल फंड, बीमा, पेंशन देने की अनुमति
    (c) बचत एवं चालू खाता खोलने की अनुमति
    (d) सभी

◆ सम्भावित

1. NABARD की स्थापना किस समिति की सिफारिश के आधार पर की गई थी?
    (a) लोक लेखा समिति (b) शिवरामन समिति
    (c) नरसिंहम समिति (d) फेरवानी समिति
2. NABARD की स्थापना किस पंचवर्षीय योजना के तहत की गयी?
    (a) चौथी पंचवर्षीय योजना
    (b) पांचवीं पंचवर्षीय योजना
    (c) छठी पंचवर्षीय योजना
    (d) सातवीं पंचवर्षीय योजना
3. नेशनल हाउसिंग बैंक किसका नियंत्रित उपक्रम है?
    (a) आरबीआई (b) नाबार्ड
    (c) यूटीआई (d) एलआईसी
4. SIDBI का मुख्यालय (HQ) कहाँ है?
    (a) मुम्बई (b) दिल्ली
    (c) नागपुर (d) लखनऊ
5. नेशनल स्टॉक एक्सचेन्ज ऑफ इंडिया का प्रवर्तक है-
    1. LIC 2. GIC
    3. IDBI 4. SBI
    5. BOB
    (a) 1, 3 (b) 2, 3, 4
    (c) 4, 5 (d) सभी
6. भारत के किस राज्य में कोई RRBs नहीं है?
    (a) सिक्किम एवं गोवा (b) सिक्किम एंव असम
    (c) बिहार एवं राजस्थान (d) नागालैंड एवं गोवा
7. SEBI है-
    (a) वैधानिक निकाय (b) सलाहकार निकाय
    (c) संवैधानिक निकाय (d) अवैधानिक निकाय
8. IRDA नियमन करती है-
    (a) बैंकिंग कंपनियों का (b) बीमा कंपनियों का
    (c) फुटकर व्यापार का (d) सभी
9. लघु बैंक के प्रमुख कार्य हैं–
    (a) बचतों को स्वीकारना
    (b) क्रेडिट कार्ड जारी करना
    (c) छोटे व लघु उद्योगों को ऋण देना
    (d) सभी
10. फेडरल रिजर्व बैंक किस देश का केन्द्रीय बैंक है?
    (a) यूएसए (b) यूके
    (c) रूस (d) जापान
11. निम्नलिखित में कौन-सा युग्म सुमेलित नहीं है?
    (a) EXIM Bank - Import Export
    (b) RBI - Banker 's Bank
    (c) IDBI - Industrial Finance
    (d) FCI - Commercial Bank
12. किस अधिनियम द्वारा SLR की न्यूनतम सीमा (Minimum Limit) को समाप्त किया गया?
    (a) बैंकिंग रेग्यूलेशन एक्ट 1949 (वर्ष 2007 में)
    (b) बैंकिंग रेग्यूलेशन एक्ट 1935 (वर्ष 2007 में)
    (c) आरबीआई एक्ट 1935 (वर्ष 2009 में)
    (d) आरबीआई रेग्यूलेशन एक्ट 1949 (वर्ष 2005 में)
13. नचिकेत मोर समिति की सिफारिश में निम्न में से कौन-सी सिफारिश सत्य है?
    1. 1 जनवरी, 2016 तक हर वयस्क का बैंक अकाउंट हो।
    2. प्राथमिक क्षेत्र को दिए जाने वाले ऋण की मौजूदा सीमा 40% से बढ़ाकर 50% तक करने की सिफारिश की।
    3. किसी भी हिस्से से सिर्फ 15 मिनट की पैदल दूरी पर बैंक शाखा है।
    4. ब्याज में छूट और ऋण माफी जैसी योजनाओं को समाप्त करने की सिफारिश की।
    (a) केवल 1, 2 (b) केवल 2, 3, 4
    (c) 1, 3, 4 (d) सभी
14. देश का पहला भुगतान बैंक है–
    (a) एयरटेल पेमेण्ट बैंक (b) बन्धन बैंक
    (c) इंडिसइंड बैंक (d) उपरोक्त सभी
15. अनुसूचित बैंक Sheduled Bank से अभिप्राय उन बैंकों से है जिनका
    (a) राष्ट्रीयकरण हो चुका है।
    (b) राष्ट्रीयकरण नहीं हो चुका है।
    (c) मुख्यालय विदेशों में है।
    (d) नाम RBI Act 1934 की II अनुसूची में है।

16. एलआईसी की स्थापना किस वर्ष की गई?
(a) 1948 (b) 1950
(c) 1956 (d) 1964

17. R. N. मल्होत्रा समिति ने किस क्षेत्र में सुधार हेतु अपनी रिपोर्ट प्रस्तुत की?
(a) बीमा उद्योग (b) कर सुधार
(c) कृषि ऋण आबंटन (d) बैंकिंग क्षेत्र

18. SEBI (Security Exchange Board of India) की स्थापना कब की गई?
(a) 1988 (b) 1992
(c) 1993 (d) 1996

19. सेबी को वैधानिक दर्जा किस वर्ष प्रदान किया गया?
(a) 1988 (b) 1991
(c) 1992 (d) 1996

20. यूनिट बैंकिंग का अर्थ–
(a) एक बैंक का कार्य साधारणतया एक ही कार्यालय तक सीमित है।
(b) एक बैंक की विदेशों में शाखायें कार्यरत हैं।
(c) एक बैंक केवल भारतीय सीमा के अंदर कार्य करे।
(d) उपरोक्त सभी।

21. नचिकेत मोर समिति का गठन किसने किया?
(a) भारत सरकार ने
(b) वित्त मंत्रालय ने
(c) आरबीआई के गवर्नर रघुराम राजन ने
(d) सेबी ने

22. बिमल जलान समिति के संबंध में असत्य कथन का चुनाव कीजिये–
1. यह समिति नए बैंक लाइसेन्स मूल्यांकन से संबंधित है।
2. समिति का गठन 7 सितंबर 2013 को आरबीआई द्वारा किया गया।
3. ऊषा थोराट, सी बी भावे एवं नचिकेत मोर इस समिति के अन्य सदस्य हैं।
4. बैंकों को 25% शाखाएं शहरी क्षेत्रों में खोलने की अनिवार्यता है।

कूट:
(a) 3, 4 (b) 2, 3, 4
(c) 2 (d) 4

23. नन्हीं कली योजना का प्रारंभ किया गया–
(a) SBI द्वारा (b) BOB द्वारा
(c) BMB द्वारा (d) PNB द्वारा

24. निम्न में से कौन-सा युग्म सुमेलित है?
1. RTGS - Real Time Gross Settlement System
2. NEFT - National Electronic Fund Transfer
3. ECS - Electronic Capital System
4. ISCII - Indian Script Code Information Interest

कूट:
(a) 1, 2, 3 (b) 3, 4
(c) 2, 3 (d) 1, 3, 4

25. Tangible Security के अन्तर्गत किसे शामिल किया जाता?
(a) शेयर (Shares)
(b) डिबेंचर (Debentures)
(c) जीवन बीमा पोलिसी (Life Insurance Policy)
(d) स्वर्ण (Gold)

26. डिजिटल भुगतान के माध्यम हैं–
(a) क्रेडिट-डेबिट कार्ड (b) ई-वॉलेट
(c) इण्टरनेट बैंकिंग (d) उपरोक्त सभी

27. पी. जे. नायक समिति संबंधित है–
(a) बैंकों की संरचना में सुधार।
(b) बैंकों की एटीएम सेवा से संबंधित।
(c) डेबिट और क्रेडिट कार्ड सेवा से।
(d) चेक बुक की सेवा से।

28. सूची-I को सूची-II से सुमेलित कीजिए–

सूची I	**सूची II**
A. वाघुल समिति	1. बैंकिंग क्षेत्र सुधार
B. भंडारी समिति	2. वाणिज्य बैंकों की पुर्नसंरचना
C. चक्रवती समिति-2	3. वित्तीय बैंकिंग सुधार
D. N.S.वर्मा समिति	4. RRBs की पुनर्संरचना
	5. म्युचुअल फंड

कूट :

	A	B	C	D
(a)	4	2	3	5
(b)	5	4	1	2
(c)	3	1	2	5
(d)	5	1	4	2

29. सूची-I को सूची-II से सुमेलित कीजिए–

बैंक	**स्थापना वर्ष**
A. नेशनल हाउसिंग बैंक	1. नवंबर 1972
B. जीआईसी	2. अक्टूबर 1975
C. आर.आर.बी (RRBs)	3. जनवरी 1982
D. एक्जिम बैंक	4. जुलाई 1988
E. आईसीआईसीआई	5. जनवरी 1955

कूट :

	A	B	C	D	E
(a)	1	2	3	4	5
(b)	5	4	3	2	1
(c)	4	1	2	3	5
(d)	1	3	2	5	4

30. भारत के नवीनतम निजी बैंक में शामिल है/हैं–
    1. यस बैंक
    2. कोटेक महिन्द्रा लि.
    3. आईडीएफसी
    4. बन्धन फाइनेशियल सर्विसेज कं.

    कूट :
    (a) 1, 2 (b) 3, 4
    (c) 1, 2, 3 (d) सभी
31. White Lable ATM के संबंध में असत्य कथन का चुनाव कीजिए–
    (a) निजी कं. द्वारा एटीएम खोलना
    (b) टाटा कम्यूनिकेशन पेमेंट साल्यूशन द्वारा इडिकैश नामक एटीएम स्थापित किया गया।
    (c) मनी स्पाट भी एक Whie Lable ATM है
    (d) रिलाइन्स कं. ने 2014 में 6 शहरों में ऐसे एटीएम स्थापित करने की घोषणा की है।
32. हाल ही में किस देश ने भारतीय मुद्रा '₹' को मान्यता दी है?
    (a) चीन (b) कोरिया
    (c) लीबिया (d) जिम्बाब्वे
33. 'Ru Pay' के संबंध में असत्य कथन का चुनाव कीजिए–
    (a) 8 मई 2014 को राष्ट्रपति द्वारा नई दिल्ली में इसका प्रारंभ किया गया।
    (b) इसका निर्माण NPCI द्वारा किया गया।
    (c) इसका प्रयोग बैंकों में किया जा सकेगा।
    (d) इस प्रणाली का प्रयोग एटीएम, ऑनलाइन पेमेण्ट और बिक्री केंद्रों में होगा।
34. ब्रेल की पैड युक्त एटीएम संबंधित है–
    (a) व्यापारी वर्ग के लिए
    (b) महिलाओं के लिए
    (c) नेत्रहीनों के लिए
    (d) उपरोक्त सभी
35. निजी क्षेत्र में नये बैंकों की स्थापना का उद्देश्य–
    (a) प्रतिस्पर्धा बढ़ाना
    (b) लागत घटाना
    (c) सेवा स्तर बेहतर करना
    (d) उपरोक्त सभी

उत्तरमाला

◆ स्तर : परम्परागत

1. (c)	2. (c)	3. (b)	4. (a)	5. (d)	6. (b)	7. (d)	8. (b)	9. (a)	10. (c)
11. (b)	12. (d)	13. (d)	14. (b)	15. (c)	16. (b)	17. (d)	18. (d)	19. (d)	20. (b)
21. (a)	22. (d)	23. (b)	24. (b)	25. (a)	26. (b)	27. (d)	28. (d)		

◆ सम्भावित

1. (b)	2. (c)	3. (a)	4. (d)	5. (d)	6. (a)	7. (a)	8. (b)	9. (d)	10. (a)
11. (d)	12. (a)	13. (d)	14. (a)	15. (c)	16. (c)	17. (a)	18. (c)	19. (a)	20. (c)
21. (d)	22. (c)	23. (b)	24. (d)	25. (a)	26. (a)	27. (b)	28. (d)	29. (a)	30. (d)
31. (d)	32. (c)	33. (c)	34. (d)	35. (a)					

मुख्य परीक्षा हेतु अभ्यास प्रश्न

1. आरबीआई के कार्यों पर प्रकाश डाले।
2. भारतीय बैंकिंग व्यवस्था में एनपीए बनने के प्रमुख कारण क्या है।
3. भुगतान बैंक और लघु बैंको की स्थापना की आवश्यकता क्यो पड़ी? वर्तमान में ये बैंक वित्तीय समावेशन के मिशन को कहाँ तक पूरा कर रहे है।

अध्याय 9

विदेशी व्यापार
(Foreign Trade)

प्रस्तावना

जब मानव ने पहिए का आविष्कार किया, तब उसने व्यापार के क्षेत्र में अपना पहला कदम सफलतापूर्वक रखा क्योंकि इससे पहले वह जानवरों, विशेषकर घोड़ों में अपना सामान लेकर जाते और उसे बेचते तथा अपनी जरूरतों का सामान लादकर लाते। अर्थात् पहिये के प्रचलन ने किसी स्थान-विशेष की वस्तुओं को शीघ्रता से एक स्थान से दूसरे स्थान तक पहुंचाना शुरू कर दिया। यह साहसिक कार्य व्यापारियों द्वारा संभव हो पाया। यह व्यापार ही, एक माध्यम था जिसने भौगोलिक एवं औद्योगिक सीमाओं को तोड़कर वस्तुओं का आदान-प्रदान शुरू किया। व्यापारिक संबंधों ने देश की राजनीति, कला, संस्कृति, भाषा, खान-पान, पहनावे को भी प्रभावित किया क्योंकि जब कोई व्यापारी दूसरे देशों या राज्यों में अपनी वस्तुएं लेकर जाते तो वहां की भाषा, संस्कृति एवं पहनावे को सीखता और अपनी चीजें सिखाता। कई व्यापारी भिन्न देशों में जाकर बसे, इस प्रकार एक साझा संस्कृति के विकास में व्यापार ने महत्वपूर्ण योगदान दिया।

विदेशी व्यापार

अर्थ

साधारण शब्दों में विदेशी व्यापार का अर्थ, किसी देश का विश्व के अन्य देशों के साथ व्यापारिक सम्बन्ध (आयात एवं निर्यात) स्थापित करने से है। अर्थात किसी देश का विदेशी व्यापार अर्थव्यवस्था में व्याप्त आर्थिक क्रियाओं के स्तर तथा स्वरूप का परिचायक होता है जैसे यदि कोई देश कच्चे माल, खाद्यानों एवं खनिज पदार्थों का निर्यात करता है तो यह सुनिश्चित तौर पर कहा जा सकता है कि वह देश अभी विकास कें आरम्भिक चरणों में है एवं यदि कोई देश मशीनरी संयत्रों, विनिर्मित वस्तुओं और प्रौद्योगिकी का निर्यात कर रहा हो तब वह देश विकसित देशों की श्रेणी में होगा।

विदेशी व्यापार का महत्व

किसी भी देश की अर्थव्यवस्था में विदेशी व्यापार के महत्व को निम्न प्रकार से समझा जा सकता है:

- विदेशी व्यापार के माध्यम से एक देश का व्यापारिक तथा आर्थिक सम्बन्ध दूसरे देशों से जुड़ता है।
- विकसित देशों के यांत्रिक कौशल, औजारों तथा मशीनो का आयात कर विकासशील व अल्पविकसित देश आपने देश के उपलब्ध संसाधनों का बेहतर उपयोग करते है।
- आयात और निर्यात बहुधा वस्तु की अस्थिर कीमतों में जो कमी या आधिक्य के रूप में होता है, कमी लाता है।
- विदेशी व्यापार न केवल देश की आर्थिक स्थिति को मजबूत करता है बल्कि जिस देश का जितना अधिक व्यापारिक सम्बन्ध विश्व के अन्य देशों से होता है उस देश की वैश्विक स्थिति उतनी ही मजबूत मानी जाती है।
- विदेशी व्यापार विकासशील देशों को विदेश विनिमय के मामले में शक्तिशाली बनाता है।
- विदेशी व्यापार विदेशी मुद्रा अर्जित करने का महत्वपूर्ण स्त्रोत है।
- मन्दी, मुद्रास्फीति एवं विदेशी निवेश जैसी स्थिति में व्यापारिक सम्बन्ध महत्वपूर्ण भूमिका अदा करते हैं।
- अन्त में यह कहा जा सकता है कि 'व्यापार' विश्व के अन्य देशों के साथ आर्थिक, सामाजिक, राजनैतिक, सामरिक एवं सांस्कृतिक सम्बन्ध स्थापित करने का एक माध्यम है।

भारत के विदेशी व्यापार का विकास क्रम

भारत के आर्थिक विकास में विदेश व्यापार का अहम योगदान रहा है। इसके विकास क्रम को तीन समयावधियों में बाँटकर समझा जा सकता है। इन तीनों समयावधियों का वर्गीकरण निम्नवत है:-

(i) ब्रिटिश काल में भारत का विदेशी व्यापार (1947 से पूर्व)
(ii) स्वतंत्रता के उपरान्त भारत का विदेशी व्यापार (1950-51 से 1990-91 तक)

(iii) वर्तमान में भारत का विदेशी व्यापार (1990-91 से 2017-18 तक)

(i) ब्रिटिश काल में भारत का विदेशी व्यापार (1947 से पूर्व)

वर्ष 1947 से पूर्व भारत ब्रिटिश शासन का एक उपनिवेश था और उसके विदेश व्यापार का ढांचा एक प्रकार से औपनिवेशिक ढांचा ही था। भारत औद्योगिक देशों, विशेषकर इंग्लैण्ड को खाद्य पदार्थों और कच्चे माल का निर्यात करता था और उनसे निर्मित वस्तुओं का आयात करता था। निर्मित वस्तुओं के लिए विदेशों पर निर्भर होने के कारण देश औद्योगिक प्रगति न कर सका, बल्कि ब्रिटिश निर्मित वस्तुओं द्वारा भारतीय माल से घोर प्रतिस्पर्धा के कारण देशी हस्तशिल्पों को भी भारी धक्का लगा।

(ii) स्वतंत्रता के उपरान्त भारत का विदेशी व्यापार (1950-51 से 1990-91 तक)

स्वतंत्रता के उपरान्त भारत के विदेशी व्यापार में उत्तरोतर वृद्धि हुई है। यह वृद्धि व्यापार की मात्रा एवं मूल्य दोनों में ही हुई है। नियोजन काल के शुरू होने से नई औद्योगिक नीतियों का दौर प्रारम्भ हुआ जिसनें भारत के विदेशी व्यापार के स्वरूप में बदलाव ला दिया। उस समयावधि में भारत के निर्यात मुख्यतः चार भागों में बटे थे, जो निम्नवत है:-

1. कृषि और सहयोगी उत्पाद जिसमें चाय, काफी, तेल, कोको, तम्बाकू, नकदी फलस, मसाले, चीनी, कच्चा कपास, चावल, मछली, मांस, वनस्पति तेल, फल इत्यादि को शामिल किया जाता था।
2. अयस्क और खनिज जिसमें लौह अयस्क एवं मैग्नींज आदि शामिल थे।
3. तैयार माल जिसमें बनी-बनाई पोषाक, जूट उत्पाद, चमड़ा व चमड़े का सामान, हथकरघा, मोतियों तथा कीमती पत्थरों के जेवर को शामिल किया जाता थ।
4. खनिज तेल ल्यूब्रिकेन्ट (स्नेहक)।

उसी समयावधि में भारत के मुख्य आयात में- कल पुर्जे, परिवहन साधन, वनस्पति व खनिज तेल, खाद्यान्न (दाल व गेहूँ), उर्वरक, पेट्रोलियम तेल व ल्युब्रिकेन्ट, रसायन, मोती तथा कीमती पत्थर, कागज तथा लौह व इस्पात निर्मित धातु छोड़कर अन्य धातुओं का आयात किया जाता था।

भारत के आयात में 1951 से निम्न बदलाव देखने को मिलते है -

- बढ़ते हुये औद्योगीकरण के चलते पूँजीगत माल तथा कच्चे माल के आयात में वृद्धि।
- कृषि और औद्योगिक विकास के चलते देश के खाद्यान्न व उपभोक्ता सामानों की आत्मनिर्भरता के कारण इनके आयात में कमी।

(iii) वर्तमान में भारत का विदेशी व्यापार (1990-91 से 2017-18 तक)

भारत के विदेश व्यापार की संरचना और दिशा में खास कर वर्ष 1990 के दशक से उदारीकरण की प्रक्रिया शुरू होने के बाद से बहुत बदलाव आया है।

भारत द्वारा वस्तुओं का आयात	
वित्तीय वर्ष	वस्तु का आयात (बलियन डालर में)
2016-17	384.4
2016-17 (अप्रैल से दिसम्बर)	277.9
2017-18 (अप्रैल से दिसम्बर)	338.4
भारत द्वारा वस्तुओं का निर्यात	
वित्तीय वर्ष	वस्तु का आयात (बलियन डालर में)
2016-17	275.9
2016-17 (अप्रैल से दिसम्बर)	199.5
2017-18 (अप्रैल से दिसम्बर)	223.5

स्रोत : आर्थिक समीक्षा 2017-18

उपरोक्त स्थिति से स्पष्ट होता है कि भारत के आयात में वृद्धि का क्रम बना हुआ है और निर्यात की स्थिति संतोषजनक है। इस प्रकार भारत का भुगतान शेष (Balance of Trade – BoT) नकारात्मक स्थिति मे बना हुआ है।

विदेशी व्यापार नीति 2015-20 (FTP 2015-20)

विदेशी व्यापार नीति, 2015-20 के प्रमुख बिंदु

- 1 अप्रैल, 2015 को केंद्रीय वाणिज्य एवं उद्योग राज्य मंत्री (स्वतंत्र प्रभार) निर्मला सीतारमण (वर्तमान में रक्षा

मंत्री) ने विदेश व्यापार नीति, 2015-20 जारी किया।

- इस नई पंचवर्षीय विदेश व्यापार नीति में वस्तुओं एवं सेवाओं का निर्यात बढ़ाने के साथ-साथ रोजगार सृजन करने और प्रधानमंत्री के **'मेक इन इंडिया'** विजन को ध्यान में रखते हुए देश मे मूल्यवर्द्धन को नई गति प्रदान करने की रूपरेखा का उल्लेख किया गया है।
- नई नीति में **विनिर्माण** एवं **सेवा** दोनों ही क्षेत्रों को समर्थन देने पर ध्यान केंद्रित किया गया है। साथ ही इस व्यापार नीति में कारोबार करने को आसान बनाने पर बल दिया गया है।
- नई एफटीपी (FTP) का एक प्रमुख उद्देश्य सप्ताह के सातों दिन, 24 घंटे **'कागज रहित कामकाज'** की तरफ कदम बढ़ाना है।
- इस नई विदेश व्यापार नीति में पहले से लागू कई योजनाओं के स्थान पर दो नई योजनाओं-**'भारत से वस्तु निर्यात योजना' (एमईआईएस-MEIS)** और **'भारत से सेवा निर्यात योजना' (एसईआईएस-SEIS)** की शुरुआत की गई है।
- इस एमईआईएस का उद्देश्य विशेष बाजारों को विशेष वस्तुओं का निर्यात करना है, जबकि एसईआईएस का उददेश्य अधिसूचित सेवाओं का निर्यात बढ़ाना है।
- एमईआईएस के तहत पांच विभिन्न योजनाओं (फोकस उत्पाद योजना, बाजार लिंक्ड फोकस उत्पाद योजना, फोकस बाजार योजना, कृषि अवसंरचना प्रोत्साहन पावती-पत्र (Scrip), वीकेजीजेवाई-VKGJY) का विलय करके एक नई योजना शुरू की गयी है।
- भारत से सेवित योजना (Served from India Scheme) को प्रस्थापित करके भारतीय सेवा निर्यात योजना (एसईआईएस) आरंभ की गई है।
- एसईआईएस 'भारतीय सेवा प्रदाताओं' के स्थान पर भारत में स्थित सेवा प्रदाताओं पर लागू होगी।
- इन योजनाओं (एमईआईएस और एसईआईएस) के तहत जारी की जाने वाली किसी भी स्क्रिप (पावती पत्र) के लिए कोई शर्त नहीं रखी गयी है।
- इन दोनों योजनाओं के तहत जारी की जाने वाली ड्यूटी क्रेडिट स्क्रिप और इन स्क्रिप के एवज में आयात की जाने वाली वस्तुएं पूरी तरह से हस्तांतरण योग्य हैं।
- एमईआईएस के तहत प्रोत्साहन/पुरस्कार देने के लिए देशों को तीन समूहों में श्रेणीबद्ध किया गया है। इसके तहत प्रोत्साहन/पुरस्कार की दरें 2 से लेकर 5 फीसदी तक हैं।
- एसईआईएस के तहत चुनिंदा सेवाओं को 3 प्रतिशत और 5 प्रतिशत की दर पर पुरस्कृत/प्रोत्साहित किया जाएगा।
- विशेष आर्थिक क्षेत्र से निर्यात बढ़ाने के लिए सरकार ने अब एसईजेड में स्थित इकाइयों को उपर्युक्त दोनों प्रोत्साहन/पुरस्कार योजनाओं (एमईआईएस एवं एसईआईएस) का लाभ देने का निर्णय लिया गया है।
- ऐसे विनिर्माता जो दर्जा धारक (Status holders) भी हैं, वे अब से अपने निर्मित उत्पादों को इस बात के लिए चरणबद्ध ढंग से खुद प्रमाणित कर सकेंगे कि वे मूल रूप से भारत के ही हैं। इससे द्विपक्षीय एवं क्षेत्रीय व्यापार समझौतों में वरीयता पाने में मदद मिलेगी। साथ ही इस 'मंजूर निर्यात प्रणाली' (Approved Exporter System) से इन निर्यातकों को अंतर्राष्ट्रीय बाजारों में अपनी पहुंच बनाने में आसानी होगी।
- ईपीसीजी (Export Promotion Capital Goods) योजना के तहत स्वदेशी निर्माताओं से ही पूंजीगत सामान खरीदने के उपाय किए गए हैं। इसके तहत विशेष निर्यात प्रतिबद्धता को 90 प्रतिशत से घटाकर सामान्य निर्यात प्रतिबद्धता के 75 फीसदी के स्तर पर ला दिया गया है। इससे घरेलू पूंजीगत सामान निर्माण उद्योग को बढ़ावा मिलेगा।
- इस तरह के लचीलेपन से निर्यातकों को स्थानीय एवं वैश्विक दोनों ही तरह की खपत के लिए अपनी उत्पादक क्षमताओं को विकसित करने में मदद मिलेगी।
- रक्षा एवं हाई-टेक उत्पादों के निर्यात को नई गति प्रदान करने के भी उपाय किए गए हैं।
- साथ ही हथकरघा उत्पादों एवं किताबों, चमड़े के जूते-चप्पल और खिलौनों के ई-कॉमर्स निर्यात को भी एमईआईएस का लाभ (25 हजार रुपये तक मूल्य के लिए) दिया जाएगा।
- शत-प्रतिशत **ईओयू** (एक्सपोर्ट ओरिएंटड यूनिट्स) **ईएचटीपी** (इलेक्ट्रानिक हार्डवेयर टेक्नोलॉजी पार्क्स)/**एसटीपीआई** (साफ्टवेयर टेक्नोलाजी पार्क्स ऑफ इंडिया), **बीटीपी** (बिजनेस ट्रांसऐक्शन प्रोटोकाल) योजनाओं के तहत निर्माण एवं निर्यात को बढ़ावा देने के लिए भी अनेक कदम उठाए गए हैं। इन इकाइयों के लिए 'त्वरित मंजूरी सुविधा' भी इन अनेक कदमों में शामिल है। इसके अलावा ये इकाइयां अपनी बुनियादी ढांचगत सुविधाओं को भी साझा कर सकेंगी।

- दोहरी उपयोग की वस्तुओं के निर्यात को सुगम बनाने और प्रोत्साहित करने के लिए एससीओएमईटी निर्यात प्राधिकरण की वैधता वर्तमान 12 माह से बढ़ाकर 24 माह किया गया है।
- कुछ विशेष दशाओं में स्वचालित आधार पर दोहराने के आदेश को प्राधिकार पर विचार किया जाएगा।
- निर्माण क्षेत्र एवं रोजगार सृजन में छोटे एवं मझौले उपक्रमों की विशेष अहमियत को ध्यान में रखते हुए 108 'एमएसएमई' (MSMEs) की पहचान की गई है ताकि निर्यात को नई गति प्रदान की जा सके।
- नई विदेश व्यापार नीति में 'दर्जा प्राप्त' (status holders) नामक व्यापारिक नेताओं को परिभाषित एवं वर्गीकृत किया गया है। इसके अनुसार अब व्यापारिक नेताओं, जिन्होंने अंतर्राष्ट्रीय व्यापार में उत्कृष्ट प्रदर्शन किया है और देश के विदेशी व्यापार को बढ़ाने में सफलतापूर्वक योगदान दिया है, को 'दर्जा प्राप्त' के रूप में मान्यता प्रदान किए जाने का प्रस्ताव है।
- ऐसे व्यापारियो को उनके व्यापारिक लेन-देन की लागत और समय को घटाने के लिए उनके साथ विशेष व्यवहार और उनके व्यापार को सुविधाजनक बनाने के लिए विशेष सुविधाएं उपलब्ध कराने का प्रस्ताव है।
- नई विदेश व्यापार नीति में निर्यात गृह, स्टार निर्यात गृह, व्यापार गृह, स्टार व्यापार गृह, प्रीमियर व्यापार गृह, प्रमाण पत्र को परिवर्तित करके क्रमश: एक, दो, तीन, चार, पांच, स्टार निर्यात गृह कर दिया गया है।

विदेश व्यापार नीति 2015-16 की मध्यावधि समीक्षा

भारत सरकार ने 5 दिसंबर, 2017 को विदेश व्यापार नीति 2015-20 की मध्यावधि समीक्षा जारी की। समीक्षा के तहत मर्कंडाइज एक्सपोर्ट स्कीम (MEIS) में एमएसएमई और श्रम बहुल उद्योगों के लिए इन्सेंटिव की दर 2 प्रतिशत बढ़ा दी गई हैं। निर्यात बढ़ाने के लिए कुल 8450 करोड़ रुपये के इन्सेंटिव की घोषणा की गई है। यह पहले घोषित इन्सेंटिव से 34% प्रतिशत अधिक है।

इसमें रेडिमेड गारमेंट के लिए पहले से ही घोषित 2743 करोड़ रुपये का पैकेज भी शामिल है। इसमें एक ईआईएस स्कीम के तहत इन्सेंटिव 2 प्रतिशत से बढ़ाकर 4 प्रतिशत किया गया है। विभिन्न क्षेत्रों में निर्यात बढ़ाने के लिए घोषित इन्सेंटिव निम्नवत हैं–

क्षेत्र	इन्सेंटिव राशि (करोड़ रुपये)
कृषि एवं संबद्ध	1354
टेक्सटाइल/गारमेंट्स	1140
हाथ से बने गलीचे/कॉरपेट	921
समुद्री उत्पाद	759
लेदर-फुट वियर	749
टेलीकॉम/इलेक्ट्रॉनिक	369
मेडिकल उपकरण	193
समीक्षा से पहले घोषित इन्सेंटिव	
वस्तु निर्यात	4567
सेवा निर्यात	1140
रेडीमेट उपकरण	2743

विदेश व्यापार नीति की समीक्षा से आसान हुए नियम

- निर्यातकों के लिए ड्यूटी ड्रॉबैक स्क्रिप की मान्यता अवधि 18 महीने से बढ़ाकर 24 महीने कर दी गई है।
- ड्रॉबैक के लिए सैम्पल टेस्टिंग का प्रावधान खत्म। इससे कनसाइनमेंट को जल्दी क्लियरेंस मिलेगी।
- कनसाइनमेंट के लिए ई-सील सुविधा। इससे भी जल्दी क्लियरेंस मिलेगी और पोर्ट पर भीड़ कम होगी।
- ड्यूटी-फ्री इंपोर्ट के लिए सेल्फ सर्टिफिकेशन स्कीम शुरू की गई है। इससे आयात में समय कम लगेगा।

कस्टम क्लियरेंस में आसानी के लिए एडवांस अथॉराइजेशन

- वाणिज्य विभाग में नया लॉजिस्टिक्स डिवीजन और नेशनल लॉजिस्टिक्स इन्फॉर्मेशन पोर्टल बनेगा। इससे आगे चलकर लॉजिस्टिक खर्च कम करने में मदद मिलेगी।
- निर्यातकों के लिए एडवांस अथॉराइजेशन की सुविधा शुरू की गई है। उन्हें अथॉराइज्ड इकोनॉमिक ऑपरेटर्स के रूप में रजिस्ट्रेशन कराना होगा। इससे कस्टम क्लियरेंस में आसानी होगी।
- विदेश व्यापार महानिदेशालय के अधीन एक नया विभाग आंकड़ों के विश्लेषण का काम करेगा। इसके मुताबिक समय-समय पर विदेश व्यापार नीति में बदलाव किए जाएंगे।

मौजूदा विदेश व्यापार नीति 1 अप्रैल, 2015 से 31 मार्च, 2020 तक के लिए है। इसमें वर्ष 2020 तक वार्षिक 900 अरब डॉलर के निर्यात का लक्ष्य रखा गया है। वर्ष 2015-16 में 262.30 और 2016-17 में 274.65 अरब डॉलर का निर्यात हुआ था। विश्व निर्यात में भारत की हिस्सेदारी भी 2 प्रतिशत से बढ़कर 3.5 प्रतिशत करने का लक्ष्य है।

फेरा व फेमा

अत्यधिक कठोर कहे जाने वाले विदेशी मुद्रा नियमन कानून जो कि विदेशी विनियम अधिनियम-1973 (FERA-1973) था अब बीते दिनों की बात हो गयी है। 31 मई, 2002 से इस अधिनियम का अस्तित्व पूर्णतः समाप्त हो गया है तथा इसके तहत किसी के भी विरुद्ध मुकदमा अब प्रारम्भ नहीं किया जा सकेगा। किन्तु फेरा के तहत लम्बित मामलों की जांच तथा मुकदमे की कार्यवाही प्रारंभ करने के लिए 'सनसेट क्लॉज' (Senset Clause) के तहत 2 वर्ष का समय प्रवर्तन निदेशालय को प्रदान किया गया था। इस प्रावधान के चलते 31 मई, 2002 तक जिन मामलों में मुकदमे की कार्यवाही शुरू नहीं हो सकी, उन्हें समाप्त माना जाएगा।

विदेशी मुद्रा बाजार में लेन-देन को उदार बनाने तथा देश में विदेशी मुद्रा बाजार के समुचित एवं सुव्यवस्थित विकास को प्रोत्साहित करने के उद्देश्य से केन्द्र सरकार ने वर्ष 2000 में 27 वर्ष पुराने वर्ष 1973 से प्रभावी विदेशी मुद्रा नियमन अधिनियम (Foreign Exchange Regulation Act - FERA) के स्थान पर 11 जून, 2000 से एक नया विदेशी मुद्रा प्रबंधन अधिनियम (Foreign Exchange Management Act - FEMA) - 1999 फेमा विधेयक लागू कर दिया है। 'फेमा' पूर्ववर्ती 'फेरा' की तुलना में अति उदार अधिनियम है। कठोर प्रावधानों वाले फेरा (FERA) को वर्ष 1973 में ऐसे समय में लागू किया गया था, जबकि देश में विदेशी मुद्रा की बड़ी कमी थी। नए फेमा (FEMA) कानून में सबसे बड़ा उदारीकरण यह किया गया है कि अधिनियम के उल्लंघनकत्ताओं को अब केवल मौद्रिक दंड ही भुगतान होगा, जो कि सम्बंध राशि का अधिकतम तीन गुना तक होगा। पूर्ववर्ती 'फेरा' के तहत यह दण्ड पांच गुना तक था तथा साथ-ही-साथ कारावास के दण्ड का भी उसमें प्रावधान था। 'फेमा' के तहत दंडित उल्लंघनकर्त्ता यदि अर्थ दण्ड चुकाने में असफल रहते हैं। केवल उसी स्थिति में भी जेल में उनकी स्थिति 'सिविल अपराधी' की होगी जिन्हें अपने जेल प्रवास का खर्च स्वयं वहन करना होगा।

फेरा तथा फेमा में मुख्य अन्तर

- फेरा (FERA) -1973 कानून का मुख्य उद्देश्य जहां विदेशी मुद्राओं का संरक्षण करना था वहीं फेमा-1999 का उद्देश्य विदेशी व्यापार एवं भुगतानों को सुविधानजक बनाना तथा विदेशी मुद्रा बाजार के सुव्यवस्थित रख-रखाव को बढ़ावा देना है।
- भारत में विदेशी निवेश तथा विदेशों में भारतीय निवेश संबंधी नियम 'फेरा' की तुलना में 'फेमा' अधिक उदार एवं पारदर्शी है।
- भारत में रह चुका कोई व्यक्ति भारत के बाहर का निवासी हो जाने पर भी उन शेयरों, प्रतिभूतियों एवं सम्पत्तियों को धारण कर सकेगा जो उसने भारत प्रवास के दौरान धारण की थी।
- विदेशी यात्राओं व अन्य विभिन्न उद्देश्यों के लिए विदेशी मुद्राओं के आहरण की सीमाएं फेरा की तुलना में फेमा में काफी अधिक निर्धारित की गयी है।
- फेमा के उल्लघंन के मामलों का निपटान सिविल अपराधों के तरीके से किया जाएगा, अर्थात इसके उल्लंघनकर्त्ताओं को जेल की सजा नहीं, बल्कि केवल अर्थदंड ही वहन करना होगा।
- 'फेरा' उल्लघंन के मामले में दंड की राशि जहां सम्बद्ध राशि के पांच गुना तक हो सकती थी, वहीं नए 'फेमा' के तहत यह अधिकतम तीन गुना ही होगी।
- 'फेरा (FERA) के तहत दोष सिद्ध करने का दायित्व अभियुक्त का होता था, जबकि 'फेमा' (FEMA) के तहत यह दायित्व प्रवर्तन एजेंसी का होगा।

डंपिंग रोधी उपाय

- देश के घरेलू उद्योग को समान अवसर प्रदान करने के विचार से, बड़े बाजारों द्वारा डंपिग रोधी कार्रवाही का सहारा लिया जा रहा है ताकि वे उन विदेशी निर्यातकों से घरेलू बाजार में प्रभावी रूप से प्रतिस्पर्धा करने में सक्षम हो सकें जिनमें से कुछ डंपिंग का सहारा लेते हैं। **एंटी डंपिंग और संबंद्ध ड्यूटि महानिदेशालय** (डीजीएडी) देश में माल की डंपिंग के प्रथम दृष्ट्या साक्ष्य के साथ घरेलू उद्योग द्वारा दर्ज कराए गए आवेदनों, घरेलू-उद्योगों को हुई क्षति तथा डंपिंग और घरेलू उद्योग को हुई क्षति के बीच कारण कार्य संबधों के आधार पर डंपिंग रोधी जांच करता है।

- घरेलू उद्योग द्वारा प्रस्तुत अधिनियम–1975 और इसके अंतर्गत बनी नियमावली के तहत विनिर्दिष्ट पद्धति के अनुसार और नियत समय सीमा के भीतर कार्यवाही की जाती है। डीजीएडी जांच संचालित करता है और जहां उचित हो अपने प्रारंभिक/अंतिम परिणाम जारी करते हुए राजस्व विभाग को शुल्क लगाने की सिफारिश करता है।
- डीजीएडी की इन सिफारिशों पर कार्रवाही करते हुए राजस्व विभाग अंतिम या स्थायी शुल्क लगा सकता हैं।
- अर्थिक समीक्षा 2017-18 के अनुसार भारत द्वारा जिन वस्तुओं पर एंटी डंपिग शुल्क लगाया गया है वह – रसायन और पेट्रो रसायन के समूह के उत्पाद, इस्पात एवं अन्य धातुओं के उत्पाद, रबड़ व प्लास्टिक के उत्पाद आदि। भारत द्वारा जिस देशो के उत्पाद पर सर्वाधिक डंपिग शुल्क लगाया गया वह चीन है।

प्रत्यक्ष विदेशी निवेश

- प्रत्यक्ष विदेशी निवेश या फॉरेन डायरेक्ट इन्वेस्टमेंट (एफडीआई) का अर्थ है विदेशी निवेशकों की ओर से किसी अन्य अर्थव्यवस्था में लगायी गयी पूंजी। इस निवेश का सीधा उद्देश्य लगायी गयी पूंजी पर लाभ हासिल करना होता है। इसे सीधे तौर पर ऐसे समझा जा सकता है कि जब एक देश की कोई कम्पनी (या कोई इकाई) दूसरे देश की किसी कंपनी या इकाई में पूंजी निवेश करती है तो उसे **एफडीआई** (FDI) कहते हैं।
- यह अप्रत्यक्ष निवेश से अलग है यानी इसमें पोर्टफोलियो निवेश को शामिल नहीं किया जाता। अगर एक देश का कोई संस्थागत निवेशक शेयर बाजार के माध्यम से दूसरे देश की कंपनी के शेयरों में निवेश करे तो इसे एफडीआई नहीं कहा जाता ऐसे निवेश को हम संस्थागत विदेशी निवेश या फॉरेन इंस्टीट्यूशनल इन्वेस्टमेंट (FIIs) कहते हैं।
- ऑर्गेनाइजेशन फॉर इकोनॉमिक को-ऑपरेशन एंड डेवलपमेंट (ओईसीडी) के मानकों के मुताबिक 10 प्रतिशत से ज्यादा इक्विटी के निवेश को ही एफडीआई माना जाता है, जबकि इससे कम निवेश को पोर्टफोलियो निवेश या एफआईआई में गिना जाता है।
- एक देश की कंपनी दूसरे देश में कई तरीकों से एफडीआई कर सकती है। वह दूसरे देश में या तो खुद अपनी एक सहायक कंपनी खोल सकती है और उसके माध्यम से पूंजी लगा सकती है या उस देश की किसी अन्य कंपनी की इक्विटी में निवेश कर सकती है। अन्य कंपनी में यह निवेश विलय या साझा उद्यम के रूप में हो सकता है।

FDI और FIIs के मध्य अन्तर

- एफडीआई और पोर्टफोलियो निवेश में एक मुख्य अंतर निवेश की अवधि का है। सामान्य तौर पर एफडीआई काफी लंबी अवधि को ध्यान में रख कर किया जाता है क्योंकि इसके जरिए कोई कंपनी दूसरे देश में अपना उद्यम लगाती है या किसी उद्यम में साझेदार बनती है। वहीं पोर्टफोलिओ निवेश में वांछित लाभ मिलते ही निवेशक अपना पैसा वापस निकालने की इच्छा रखता है। इसलिए पोर्टफोलियो निवेश लंबी अवधि का हो यह आवश्यक नहीं है।
- एफडीआई और पोर्टफोलियो निवेश में दूसरा मुख्य अंतर कारोबार के प्रबंधन पर नियंत्रण को लेकर है। सामान्य रूप से एफडीआई के जरिए विदेशी निवेशक उस कंपनी के प्रबंधन पर पूरा या आंशिक नियंत्रण हासिल करता है और इस तरह कारोबार चलाने में भूमिका निभाता है। लेकिन पोर्टफोलियो निवेशक का उस कारोबार के प्रबंधन पर नियंत्रण नहीं होता।
- एफडीआई के जरिए केवल विदेशी पूंजी ही नहीं आती, बल्कि कई अन्य चीजें साथ-साथ आ सकती हैं। एक विदेशी निवेशक अपनी पूंजी के साथ-साथ तकनीक और ज्ञान भी लाता है। उत्पादों की डिजाइन और गुणवत्ता नियंत्रण जैसे पहलुओं में विदेशी निवेशक योगदान कर सकता है और उस नए उद्यम को अपनी को अपनी वैश्विक उत्पाद शृंखला से जोड़ने और विदेशी बाजार तक ले जाने जैसे फायदे पहुंचा सकता है। एफडीआई आकर्षिक करने वाले देश के उपभोक्ता को भी उक्त उत्पादों के ज्यादा विकल्प मिलते हैं। भारत में वाहन (ऑटो) क्षेत्र की क्रांति एफडीआई निवेश के फायदों का एक बेहतरीन उदाहरण है।

FDI शर्तों को और अधिक उदार करने का सरकार का निर्णय

हाल ही के वर्षों में देश में प्रत्यक्ष विदेशी निवेश (FDI) में उत्तरोत्तर वृद्धि का सिलसिला जारी है। देश में और अधिक

एफडीआई आकर्षित करने की क्षमता को महसूस करते हुए इस क्षमता विदोहन हेतु एफडीआई नीति को और अधिक उदार सरकार ने बनाया है। इसके लिए निम्नलिखित निर्णय केन्द्रीय मंत्रिमण्डल की 10 जनवरी, 2018 की बैठक में लिए गए हैं–

1. सिंगल ब्रांड रिटेल ट्रेडिंग (SBRT) में अब 100 प्रतिशत विदेशी प्रत्यक्ष निवेश (FDI) की अनुमति ऑटोमैटिक रूट के जरिए ही प्रदान कर दी गई है, इससे पूर्व 'सिंगल ब्रांड रिटेल ट्रेडिंग में 100 प्रतिशत एफडीआई की अनुमति थी, किन्तु स्वतः रूट (ऑटोमैटिक रूट) से 49 प्रतिशत तक ही निवेश किया जा सकता था तथा शेष निवेश सरकारी मंजूरी मार्ग के जरिए ही किया जा सकता था।
2. पूर्ववर्ती नीति के तहत् विदेशी एयर लाइन्सो को भारतीय विमानन कम्पनियों की चुकता पूँजी में सरकारी मंजूरी रूट के तहत 49 प्रतिशत तक एफडीआई की अनुमति दी गई थी, किन्तु एयर इंडिया में निवेश के लिए यह प्रावधान मान्य नहीं था, अब एयर इण्डिया में भी इसी सीमा तक इसी रूट से विदेशी निवेश किया जा सकेगा। इस संबंध में निम्नलिखित शर्तें होंगी–
   (i) एयर इंडिया में विदेशी निवेश प्रत्यक्ष या अप्रत्यक्ष रूप से 49 प्रतिशत से अधिक न हो
   (ii) एयर इण्डिया का व्यापक स्वामित्व एवं प्रभावकारी नियन्त्रण आगे भी भारतीय हाथों में निहित रहेगा।
3. यह स्पष्ट किया गया है कि रियल एस्टेट ब्रोकिंग सेवा का वास्ता अचल परिसम्पत्ति व्यवसाय से नहीं है (Real Estate Broking Service does not amount to real estate business) अतः इसमें स्वतः रूट के तहत् 100 प्रतिशत एफडीआई सम्भव है।

प्रत्यक्ष विदेशी निवेश (FDI) देश के आर्थिक विकास का एक प्रमुख वाहक (Major driver of economic growth) एवं विकास हेतु गैर ऋण का एक स्रोत (Source of non-debt finance) है इसके महत्व को स्वीकार करते हुए ही सरकार ने एफडीआई के सम्बन्ध में निवेशानुकूल नीति कार्यान्वित की है, जिसके तहत् अब अधिकांश क्षेत्रों की गतिविधियों में स्वतः रूट (automatic route) से 100 प्रतिशत तक एफडीआई की अनुमति प्रदान की गई है हाल ही के महीनों में अनेक क्षेत्रों यथा–रक्षा, निर्माण, बीमा, पेंशन, अन्य वित्तीय सेवाओं, परिसम्पत्ति पुनर्निर्माण कम्पनियों, प्रसारण, नागरिक उड्डयन, फार्मास्यूटिकल्स व ट्रेडिंग आदि में एफडीआई के मामले में नीतिगत सुधार किए गए हैं। सरकार के इन कदमों के परिणामस्वरूप देश में एफडीआई के अन्तर्प्रवाह (Inflow) में उल्लेखनीय वृद्धि इन वर्षों में हुई है। इसका अनुमान देश में प्रत्यक्ष विदेशी निवेश के निम्नलि. खित आंकड़ों से लगाया जा सकता है–

वित्तीय वर्ष	भारत में कुल प्रत्यक्ष विदेशी निवेश (अरब डॉलर)
2013–14	36.05
2014–15	45.15
2015–16	55.46
2016–17	60.08

सरकार के इन आंकड़ों के अनुसार 2016–17 में देश में कुल प्रत्यक्ष विदेशी निवेश अब तक का सर्वकालिक उच्चतम स्तर पर रहा है।

विदेशी व्यापार से सम्बन्धित महत्वपूर्ण संस्थाएं

संस्थान/अधिनियम का नाम	स्थापना वर्ष	स्थापना का उद्देश्य/कार्य
1. EXIM Bank	1 जनवरी 1982	• निर्यातकों एवं आयातकों को वित्तीय सहायता देना।
2. EPZ (Export Processing Zone)	1965 कांडला (गुजरात)	• देश के निर्यात को बढ़ाने के उद्देश्य से देश का प्रथम EPZ कांडला गुजरात में 1965 में स्थापित किया गया। भारत एशिया का पहला देश था जिसने निर्यात को बढ़ाने में EPZ के महत्व को समझा

3. SEZ (Special Economic Zone)	संसद द्वारा 2005 में पारित	• 10 फरवरी 2006 में लागू। देश में निर्यात, रोजगार, निवेश, आधारभूत संरचना, विदेशी मुद्रा भंडार, विकास दर आदि में वृद्धि करने के उद्देश्य से स्थापित किया गया। यह संकल्पना चीन से ली गयी है।
4. ECGC (Export credit & Gurantee Corporation)	1975	• परियोजनाओं एवं सेवाओं के निर्यात से संबंधित साख के जोखिम को कवर करना।
5. IDI (Indian Dimond Institute)	1978 सूरत (गुजरात)	• रत्न एवं आभूषण के क्षेत्र में विभिन्न डिप्लोमा के पाठ्यक्रम आयोजित कर, इस उद्योग के लिये प्रशिक्षित कारीगरों की उपलब्धता बढ़ाना।
6. BT (Board of Trade)	5 मई 1989 (1 अप्रैल 2005 में बोर्ड का पुनर्गठन)	• वर्तमान कार्य- राष्ट्रीय और अंतर्राष्ट्रीय स्तर पर उभरने वाले आर्थिक परिदृश्य के परिप्रेक्ष्य में निर्यात प्रोत्साहन के लिए अल्पकालिक व दीर्घकालिक योजनाओं की तैयारी और कार्यान्वयन संबंधी नीतिगत उपायों के बारे में सरकार को सलाह देना, निर्यात उपलब्धियों की सम. ीक्षा करना, आयात में कमी और निर्यात के विस्तार हेतु सुझाव देना। **नोट:** वर्तमान में बोर्ड के अध्यक्ष- कुमार मंगलम बिड़ला हैं।
7. DGAD (एंटी डंपिग और सम्बद्ध शुल्क महानिदेशालय)	अप्रैल 1998	• अधिनियम के अंतर्गत आवश्यकतानुसार एंटी डंपिग शुल्क चिन्हित वस्तुओं पर लगाने की सिफारिश करना।
8. FERA (Foreign Exchange Regulation Act 1973)	1974 में लागू	• विदेशी मुद्राओं का संरक्षण करना।
9. FEMA (Foreign Exchange Management Act 1999)	1 जून 2000 में लागू	• FEMA पूर्ववर्ती FERA की तुलना में अति उदार अधिनियम है।
10. WTO (World Trade Organization) कुल वर्तमान सदस्य : 164 160वां देश यमन (27 मई 2014) 161वां देश सैशल्स (30 अप्रैल 2015) 162वां देश कजाकिस्तान (27 जुलाई 2015) 163वां देश लाइबेरिया (2015) 164वां देश अफगानिस्तान (19 दिसम्बर 2015) **नोट :** WTO का मुख्यालय जेनेवा (स्विट्जरलैंड) में है।	1 जनवरी 1995	• GATT (General Agreement on Tariff & Trade) के स्थान पर 15 अप्रैल 1994 को 123 देशों के वाणिज्य मंत्रियों ने मरकेश में उरूग्वे दौर (1986-94) के फाइनल एक्ट पर हस्ताक्षर कर WTO का गठन किया। WTO की प्रमुख परिषदें हैं: 1. Dispute Settlement Body (DSB), 2. Trade Policy Review Body (TPRB), 3. Council for Trade in Goods, 4. Council for Trade in Servies, 5. Council for Trade Related Aspects of Intellectual Property Right
11. ADB (Asian Development Bank)	दिसंबर 1966 (कार्य प्रारंभ- 1 जनवरी 1967)	• एशियाई देशों के आर्थिक विकास को प्रोत्साहित करने हेतु स्थापित। • मुख्यालय-मनीला (फिलीपीन्स)। भारत इसके संस्थापक देशों में से एक है।
12. IDA (International Development Association)	24 सितंबर 1960	• विश्व बैंक की अनुषंगी संस्था है। इसे विश्व बैंक की रियायती ऋण देने वाली खिड़की अर्थात "Soft Loan Window" भी कहते हैं। **नोट:** IDA से प्राप्त ऋणों पर कोई ब्याज नहीं देना पड़ता तथा यह ऋण विश्व के निर्धन राष्ट्रों को ही उपलब्ध कराये जाते हैं।
13. IFC (International Finance Corporation)	जुलाई 1956	• विश्व बैंक की अनुषंगी संस्था है। इसका प्रमुख कार्य विकासशील देशों में निजी उद्योगों के लिए बिना सरकारी गारन्टी के धन की व्यवस्था करना है।

तथ्य सार संग्रह

(i) भारत के निर्यात की शीर्ष मदें:
1. इंजीनियरी संबंधी वस्तुएँ
2. रत्न और आभूषण
3. रासायनिक और संबंधित उत्पाद
4. कपड़ा व संबंधित उत्पाद
5. पेट्रोलियम अपशिष्ट उत्पाद
6. कृषि और संबंद्ध उत्पाद
7. इलेक्ट्रॉनिक वस्तुएँ
8. समुद्री उत्पाद
9. अयस्क और खनिज
10. चर्म और चर्म उत्पाद

(ii) भारत के आयात की शीर्ष मदें:
1. पेट्रोलियम तेल और स्नेहक पदार्थ
2. पूंजीगत वस्तुएं
3. रत्न और आभूषण (सोना, चाँदी, मोती कीमती पत्थर)
4. रासायनिक और संबंधित उत्पाद (जैव रसायन और उर्वरक)
5. इलेक्ट्रॉनिक वस्तुएं
6. कृषि और सम्बद्ध उत्पाद
7. अयस्क और खनिज (कोयला, कोक और संपीडित खंड)

(iii)विदेशी मुद्रा भण्डार (बिलियन अमेरिकी डॉलर में):

वित्तीय वर्ष	विदेशी मुद्रा भंडार की स्थिति (वित्तीय वर्ष के अंत अर्थात् मार्च में)
2010-11	304.8
2011-12	294.4
2012-13	292.0
2013-14	304.2
2014-15	341.6
2015-16	360.2
2016-17	370.0
2017-18 (अप्रैल से सिम्बर)	400.2

स्रोत: आरबीआई

(iv)विदेशी ऋण की स्थिति:

वित्तीय वर्ष	विदेशी ऋण (बिलियन अमेरिकी डॉलर में)	जीडीपी के प्रतिशत के रूप में विदेशी ऋण
2012-13	409.4	22.4
2013-14	446.2	23.9
2014-14	474.7	23.9
2015-16	485.1	23.5
2016-17	471.8	20.2
2017-18 (अप्रैल से सिम्बर)(P)	493.7	-

स्रोत: भारतीय रिजर्व बैंक
R: रिजर्वड, P: प्रोविजनल

महत्वपूर्ण शब्दावली

- **भुगतान संतुलन (Balance of Payment):** किसी निर्धारित समय के दौरान सामान्यत: एक वर्ष में किसी देश का विश्व के अन्य देशों के साथ समस्त आयात और निर्यात का लेखा-जोखा, उस देश का "भुगतान संतुलन" कहलाता है। भुगतान संतुलन में दो प्रकार के खातों को शामिल किया जाता है- (i) चालू खाता (Current A/c), (ii) पूंजीगत खाता (Capital A/c)

***(i)* चालू खाता (Current A/c) :** यह खाता किसी देश की सरकार के उस खाते को इंगित करता है जिसमें सारे चालू किस्म के आगत और निर्गत विदेशी मुद्राओं में होते हैं। जैसे- आयात, निर्यात, विदेशी ऋणों पर ब्याज भुगतान एवं ब्याज की प्राप्ति तथा शेयरों में होने वाले विदेशी निवेश। इस खाते में अंतर्प्रवाह (In-flow) तथा बहिर्प्रवाह (Outflow) होता है। वर्ष के अंत में यह खाता धनात्मक या ऋणात्मक हो सकता है। धनात्मक होने पर इसे चालू खाता अतिरेक (Surplus) तथा ऋणात्मक होने पर इसे चालू खाता घाटा (Deficit) कहते हैं।

नोट: चालू खाते के घाटे का मौद्रिक मूल्य, उस वर्ष के सकल घरेलू उत्पाद (GDP) के प्रतिशत के रूप में दर्शाया जाता है तथा इस खाते का प्रबंधन RBI द्वारा किया जाता है।

***(ii)* पूंजी खाता (Capital A/c) :** किसी देश के सभी विदेशी लेन-देन जो पूंजीगत किस्म के होते हैं,

का विवरण पूंजीगत खाते में किया जाता है। इस खाते में- विदेशी ऋणों की प्राप्ति एवं आवंटन, निजी प्रेषण (Private Remittances) का आना तथा जाना, विदेशी बॉण्ड की खरीद से बाहर जाने वाला धन तथा विदेशों में भारतीय बाण्डों की बिक्री से प्राप्त धन तथा प्रत्यक्ष विदेशी निवेश (FDI) का अंतर्प्रवाह एवं बहिर्प्रवाह को शामिल किया जाता है।

नोट : इस खाते में कोई घाटा या अतिरेक नहीं होता। चालू खाते के घाटे को इस खाते से पूरा किया जाता है और इस खाते का प्रबन्धन भी RBI द्वारा किया जाता है।

- **व्यापार शेष (Balance of Trade)** : किसी निर्धारित समय (सामान्यतः एक वर्ष) में आयातित एवं निर्यातित वस्तुओं के मौद्रिक मूल्य का अंतर उस देश का ''व्यापार शेष'' कहलाता है।

  नोट: व्यापार शेष, भुगतान संतुलन का एक अंश मात्र है।

- **मुद्रा की परिवर्तनीयता (Convertibility of Rupee)**: ऐसी व्यवस्था जिसके तहत देश की मुद्रा मुक्त रूप से प्रमुख विदेशी मुद्राओं में तथा प्रमुख विदेशी मुद्राएँ मुक्त रूप से स्थानीय मुद्रा में परिवर्तनशील होती हैं।

  3.(i) भारत के सन्दर्भ में रुपये की परिवर्तनीयता :

  - 20 अगस्त 1994 में भारतीय रुपये को ''भुगतान संतुलन'' के चालू खाते के लेन-देन के लिए पूर्ण परिवर्तनीय घोषित कर दिया गया।
  - भारतीय संदर्भ में रुपये की पूर्ण परिवर्तनीयता का तात्पर्य यह नहीं कि भारतीय बाजार में खुले रूप से जितने डालर खरीदना चाहे खरीद सकते हैं बल्कि यहां ''बाजार'' का तात्पर्य Commerical Banks, EXIM Bank और RBI से है। यदि आयातक डालर की मांग करते हैं तो व्यापारिक बैंक, रिजर्व बैंक से एक निश्चित मूल्य सीमा के भीतर विनिमय दर के आधार पर पूर्ति करता है और भारतीय निर्यातकों को प्राप्त होने वाली विदेशी मुद्रा रिजर्व बैंक एक निश्चित विनिमय दर पर खरीद लेता है। इस प्रकार विदेशी मुद्रा का क्रय-विक्रय दोनों मूल्य केन्द्रीय बैंक निश्चित करता है।

- **अवमूल्यन (Devalution)**: जब किसी मुद्रा के मूल्य में किसी विदेशी मुद्रा के सापेक्ष ''मूल्य ह्रास'' आधिकारिक तौर पर (जानबूझकर, उस देश की सरकार द्वारा निर्यात बढ़ाने के उद्देश्य से) कर दिया जाए तो यह "Devalution" कहलाता है। परन्तु यदि अंतर्राष्ट्रीय बाजार में मांग और पूर्ति के असंतुलन के कारण किसी मुद्रा का मूल्य ह्रास होता है तो वह Depreciation कहलाता है।

- **अधिमूल्यन (Revaluation)** : जब किसी एक मुद्रा के मूल्य में किसी दूसरी मुद्रा के सापेक्ष मूल्य वृद्धि आधिकारिक रूप से की जाए तो यह स्थिति "Revaluation" कहलाती है। परन्तु यदि बाजार द्वारा ऐसा हो तो उसे Appreciation कहते हैं।

अभ्यास प्रश्न

◆ स्तरः परम्परागत

1. वर्तमान में रुपये की परिवर्तनशीलता का अर्थ है कि-
   (a) रुपया सभी प्रकार के लेन-देन के लिए विदेशी मुद्रा में परिवर्तनीय है।
   (b) रुपया सभी प्रकार के व्यापार के लिए विदेशी मुद्रा में परिवर्तनीय है।
   (c) रुपया सभी प्रकार के चालू व्यवहारों के लिए विदेशी मुद्रा में परिवर्तनीय है।
   (d) रुपया सभी प्रकार के पूंजीगत व्यवहारों के लिए विदेशी मुद्रा में परिवर्तनीय है।
2. 'सुपर 301' संबंधित है-
   (a) अंतर्राष्ट्रीय संधि
   (b) परमाणु विस्फोट
   (c) मानवाधिकार
   (d) मुक्त व्यापार में अवरोध
3. भुगतान संतुलन में संनिहित होता है-
   (a) दृश्य व्यापार (b) अदृश्य व्यापार
   (c) ऋण (d) उपरोक्त सभी
4. नई एकल यूरोपियन मुद्रा का नाम क्या है?
   (a) पीसी (b) यूरो
   (c) पाउण्ड (d) स्टर्लिंग

5. एक देश अपनी मुद्रा के अवमूल्यन का सहारा लेता है:
   (a) व्यापार शेष को ठीक करने के लिए
   (b) आयातित वस्तुओं तथा सेवाओं की लागत को ठीक करने के लिए
   (c) देश में मुद्रास्फीति की प्रवृत्ति को कम करने के लिए
   (d) उपरोक्त सभी के लिए
6. भारतीय रुपये को परिवर्तनीय बनाया गया है–
   (a) चालू खाते में 1 मार्च, 1993 को
   (b) चालू खाते में अगस्त, 1994 में
   (c) पूंजीगत खाते में अगस्त, 1994 में
   (d) चालू खाते में अप्रैल, 1995 में
7. भारत में रुपए का अवमूल्यन पहली बार किस वर्ष किया गया?
   (a) 1949 (b) 1966
   (c) 1972 (d) 1990
8. मुद्रा अवमूल्यन का अर्थ है–
   (a) अंतराष्ट्रीय व्यापार में प्रयुक्त प्रमुख मुद्राओं के सापेक्ष जानबूझकर मुद्रा के मूल्य में कमी
   (b) अंतर्राष्ट्रीय बाजार में मुद्रा को अपना स्तर ढूंढने की अनुमति
   (c) IMF तथा WB की सहायता से मुद्रा का मूल्य निर्धारण
   (e) उपरोक्त में से कोई नहीं
9. जब कोई देश अपनी मुद्रा का अवमूल्यन करता है, तो इसका प्रभाव होता है कि–
   (a) आयात सस्ते हो जाते हैं एवं निर्यात महंगे।
   (b) आयात महंगे हो जाते हैं और निर्यात सस्ते।
   (c) आयात और निर्यात दोनों सस्ते हो जाते हैं।
   (d) आयात और निर्यात दोनों महंगे हो जाते हैं।
10. भारतीय रुपये की पूर्ण परिवर्तनीयता के प्रश्न का परीक्षण जिस समिति के द्वारा किया गया है–
   (a) वाघुल समिति
   (b) रंगराजन समिति
   (c) तारापोर समिति द्वितीय
   (d) हाशिम समिति
11. निम्नलिखित कथनों पर विचार कीजिए–
   भारतीय रुपया पूर्णत: परिवर्तनीय है–
   1. भुगतान शेष के चालू लेखा के संबंध में
   2. भुगतान शेष को पूंजी लेखा के संबंध में
   3. स्वर्ण में

   इनमें से कौन-सा/से कथन सही है/हैं?
   (a) एकमात्र 1
   (b) एकमात्र 3
   (c) 1 और 2
   (d) 1, 2 और 3
12. **कथन (A) :** मुद्रा का अवमूल्यन (Devaluation) निर्यातों को बढ़ाने के लिए किया जाता है।
   कारण (R) : विदेशी बाजार में घरेलू वस्तुएं सस्ती हो जाती हैं।
   कूट :
   (a) A एवं R दोनों सहीं हैं तथा R, A की सही व्याख्या है।
   (b) A तथा R दोनों सहीं हैं परन्तु R, A की सही व्याख्या नहीं है।
   (c) A सही है परन्तु R गलत है।
   (d) A गलत है परन्तु R सही है।
13. 'यूरो' राष्ट्रीय मुद्रा है–
   (a) यूरोप के सभी राज्यों की
   (b) यूरोपीय संघ के सभी राज्यों की
   (c) यूरोपीय संघ के केवल 17 राज्यों की
   (d) यूरोपीय संघ के केवल 10 राज्यों की
14. नई मुद्रा यूरो किस वर्ष से प्रारंभ की गई?
   (a) 1996 (b) 1997
   (c) 1998 (d) 1999
15. निम्नलिखित कथनों पर विचार कीजिए–
   1. भारत के प्रथम EPZ की स्थापना 1965 में हुई थी।
   2. भारत वर्ष में SEZ नीति 2000 में बनाई गई थी।
   3. बड़ोदरा पटोला सिल्क के लिए प्रसिद्ध है।
   4. मध्य प्रदेश में पन्ना, सोने की खानों के लिए प्रसिद्ध है।

   इन कथन में,
   (a) केवल 1, 2 तथा 3 सही हैं।
   (b) केवल 2, 3 तथा 4 सही हैं।
   (c) केवल 3 तथा 4 सही हैं।
   (d) सभी सही हैं।
16. किसके निर्यात से भारत की निर्यात आय में सर्वाधिक योगदान होता है?
   (a) कृषि उत्पादों के
   (b) रत्न एवं आभूषणों के
   (c) मशीनरी के
   (d) कपड़ा एवं सिले-सिलाए वस्त्रों का

17. विशेष आर्थिक जोन (SEZ) अधिनियम संसद द्वारा पारित किया गया, वर्ष
    (a) 2004 में (b) 2005 में
    (c) 2006 में
    (d) उपर्युक्त वर्षों में से किसी में भी नहीं
18. भारत का प्रथम निर्यात उपयोगीकरण क्षेत्र (EPZ) का सृजन कहाँ हुआ था?
    (a) कांडला में (b) मुंबई में
    (c) नोएडा में (d) विशाखापट्टनम में
19. निजी क्षेत्र का प्रथम निर्यात प्रक्रिया क्षेत्र स्थापित किया गया:
    (a) सूरत में (b) नोएडा में
    (c) चेन्नई में (d) मेंगलूर में
20. भारत का 50 प्रतिशत से अधिक आयात आता है-
    (a) अफ्रीकी देशों से
    (b) एशियाई देशों से
    (c) अमेरिकी देशों से
    (d) यूरोपीय देशों से
21. एक्जिम बैंक ऑफ इंडिया की स्थापना की गई थी:
    (a) 1964 में (b) 1976 में
    (c) 1980 में (d) 1982 में
22. अंतर्राष्ट्रीय व्यापार का प्रमुख प्रहरी है-
    (a) I.M.F. (b) I.B.R.D.
    (c) W.T.O. (d) I.F.C.
23. सुपर 301 क्या है?
    (a) यह भारत द्वारा विकसित एक सुपर कम्प्यूटर का ब्रांड नाम है।
    (b) चावल की नई विकसित किस्म है।
    (c) अमेरिकी व्यापार कानून की वह धारा है जो उन्हें अपने आयात पर उच्च सीमा शुल्क (High Customs Duty) लगाने की शक्ति देती है।
    (d) यह एड्स से निपटने के लिए खोजी गई नई औषधि का नाम है।
24. डंकल ड्राफ्ट था-
    (a) उरूग्वे चक्र समझौते से संबंधित
    (b) नाभिकीय शक्ति से युक्त देशों पर आर्थिक प्रतिबंधों से संबंधित
    (c) विश्व सांस्कृतिक धरोहर के भवनों को सुरक्षित रखने से संबंधित
    (d) मादक औषधि के व्यापार को रोकने से संबंधित
25. ब्रेक इवन (Break even) बिन्दु क्या है?
    (a) वह स्थिति जब फर्म लाभ उठा रही है।
    (b) वह स्थिति जब फर्म को हानि हो रही है।
    (c) वह स्थिति जब फर्म को न लाभ और न ही हानि हो रही हो।
    (d) इसका लाभ-हानि से कोई संबंध नहीं है।
26. ट्रेड प्वाइंट (Trade Point) की स्थापना का उद्देश्य है-
    (a) आयात-निर्यात का आदान-प्रदान करने वाले देश
    (b) आयात-निर्यात संबंधी सूचनाओं का आदान-प्रदान करने वाले देश
    (c) विदेशी बैंकिंग व्यापार को आदान-प्रदान केंद्र
    (d) सीमा शुल्क एकत्रित करने का केंद्र
27. भारत में घाटे की वित्त व्यवस्था किसके लिए संसाधनों को बढ़ाने के लिए उपयोग की जाती है?
    (a) आर्थिक विकास के लिए
    (b) सार्वजनिक ऋण चुकाने के लिए
    (c) भुगतान शेष का समायोजन करने के लिए
    (d) विदेशी ऋण कम करने के लिए
28. विगत कुछ वर्षों में भारत के विदेशी व्यापार के संदर्भ में निम्नलिखित में से कौन-सा कथन सत्य है?
    (a) आयात कम हुआ है
    (b) निर्यात कम हुआ है
    (c) आयात कम हुआ है किन्तु निर्यात बढ़ा है
    (d) आयात और निर्यात दोनों बढ़ा है
29. यदि प्राथमिक घाटे में ब्याज भुगतान को सम्मिलित कर लिया जाए, तो यह बराबर होता है-
    (a) बजट घाटे के
    (b) राजकोषीय घाटे के
    (c) घाटे की वित्त व्यवस्था के
    (d) आगम घाटे के
30. भारतीय निर्यात को प्रोत्साहित (Export Promotion) करने के लिए 'इंडिया ब्रांड इक्विटी फंड' किस मंत्रालय द्वारा स्थापित किया गया?
    (a) वाणिज्य मंत्रालय
    (b) उद्योग मंत्रालय
    (c) वित्त मंत्रालय
    (d) गृह मंत्रालय
31. 'इंडिया ब्रांड इक्विटी फंड' की स्थापना कब की गई?
    (a) 1992 ई. (b) 1996 ई.
    (c) 1999 ई. (d) 1998 ई.

32. भारत के किस नकदी फसल (Commercial Crop) से निर्यात (Export) के द्वारा अधिकतम विदेशी मुद्रा की आय प्राप्त होती है?
(a) जूट (b) तम्बाकू
(c) चाय (d) कॉफी

33. वस्त्रों की रंगाई में एजो (Azo) आधारित रंगों के उपयोग के कारण किस देश ने भारत से टेक्सटाइल आयात (Textile Import) बंद करने की घोषणा की है?
(a) यू. के. (b) जर्मनी
(c) दाहेज (d) सं.रा.अ.

34. विदेशी व्यापार को बढ़ावा देने के लिए भारत में विशेष आर्थिक क्षेत्रों (Special Economic Zones) की स्थापना किस देश की तर्ज पर की गई है?
(a) सं.रा.अ. (b) रूस
(c) चीन (d) इस्रायल

35. गिल्ट एज्ड बाजार किससे संबंधित है?
(a) कटे-फटे पुराने करेंसी नोट से
(b) सोना-चाँदी/सर्राफा
(c) सरकारी प्रतिभूतियों से
(d) निगम ऋण पत्र से

36. कालीनों के निर्यात के संदर्भ में 'कालीन चिन्ह' किस तथ्य का परिचायक है?
(a) यह द्योतक है कि वस्तु कालीन है
(b) यह द्योतक है कि वस्तु हस्तकला का नमूना है
(c) यह द्योतक है कि वस्तु बनाने में बाल श्रम का उपयोग नहीं हुआ है
(d) यह किसी भी तथ्य का द्योतक नहीं है।

37. सूची-I को सूची-II से सुमेलित कीजिए-

सूची-I **निर्यात विकास केंद्र**	**सूची-II** **संबद्ध वस्तुएं**
A. खुर्जा	1. हस्तनिर्मित पीतल की वस्तुएं
B. पानीपत	2. चमड़े के जूते
C. जालंधर	3. खेल का सामान
D. आगरा	4. हथकरधा वस्त्र उद्योग
E. मुरादाबाद	5. मिट्टी के बर्तन

	A	B	C	D	E
(a)	1	2	3	4	5
(b)	5	4	3	2	1
(c)	2	3	4	5	1
(d)	3	2	5	4	1

38. निम्नलिखित में से कौन-से संगठन भारत के आयात-निर्यात को प्रभावित करते हैं?
1. खनिज एवं धातु व्यापार निगम
2. आयात-निर्यात बैंक (EXIM Bank)
3. राज्य व्यापार निगम (STC)
4. भारतीय खाद्य निगम (FCI)
(a) 1, 2, 3 व 4 (b) 2 व 4
(c) 1 व 3 (d) 2, 3 व 4

39. निम्नलिखित में से कौन-सा कथन सत्य है?
(a) अमेरिका के साथ भारत का विदेशी व्यापार Super 301 के कारण बढ़ा है।
(b) अमेरिका के साथ भारत का विदेशी व्यापार Super 301 के कारण घटा है।
(c) Super 301 के कारण भारत का अमेरिका के साथ व्यापार अप्रभावित है।
(d) Super 301 के कारण भारत ने अमेरिका से व्यापारिक सौदे रद्द कर दिये हैं।

◆ स्तर-2 (सम्भावित)

1. भारत सरकार की नई विदेशी व्यापार नीति की समयावधि है-
(a) 2010-11 (b) 2004-09
(c) 2009-14 (d) 2004-08

2. विश्व व्यापार संगठन (WTO) निम्न में किसका अंग है?
(a) IMF
(b) UNO
(c) GATT सदस्यों द्वारा स्थापित
(d) अमरीकी व्यापार

3. निम्नलिखित संगठनों में से कौन-सा संगठन निर्यातकों (Exporter) को विभिन्न जोखिमों हेतु बीमा (Insurance) प्रदान करता है?
(a) भारतीय रिजर्व बैंक (RBI)
(b) स्टेट ट्रेडिंग कारपोरेशन ऑफ इंडिया (STCI)
(c) एक्जिम बैंक (EXIM BANK)
(d) एक्सपोर्ट क्रेडिट एंड गारंटी कारपोरेशन (ECGC)

4. वर्ष 2006 में ''नाथूला दर्रा'' (Silk way) जिन देशों के बीच सीमा पार व्यापार के लिए पुनः खोला गया वे देश हैं?
(a) भारत-बांग्लादेश (b) भारत-चीन
(c) भारत-भूटान (d) भारत-नेपाल

5. Special Economic Zone अधिनियम किस वर्ष प्रभावी हुआ?
   (a) 2004 (b) 2005
   (c) 2006 (d) 2007
6. पश्चिम बंगाल के नन्दी ग्राम में SEZ नीति के अंतर्गत किस समूह को अनुमति दी गयी थी?
   (a) टाटा (b) मारुति
   (c) सलीम समूह (d) रिलायन्स
7. एशिया का प्रथम EPZ की स्थापना कब और कहाँ की गयी?
   (a) 1965, कांडला (b) 1965, सूरत
   (c) 1966, नोएडा (d) 1967, अहमदाबाद
8. सही कथन का चुनाव कीजिए–
   कथन (A) : वर्ष 1991 के पश्चात भारत के कुल निर्यात में पर्याप्त वृद्धि हुई।
   कारण (R) : भारत सरकार निर्यात में वृद्धि अवमूल्यन (Devaluation) द्वारा ही करती है।
   (a) A और R दोनों सही हैं और R, A का सही स्पष्टीकरण है।
   (b) A और R दोनों सही हैं और R, A का सही स्पष्टीकरण नहीं है।
   (c) A सही है परंतु R गलत है।
   (d) A गलत है परंतु R सही है।
9. विगत कुछ वर्षों से दक्षिण एशियाई देशों की मुद्राओं के मूल्यों में गिरावट से भारत के निर्यात (Export) पर क्या प्रभाव पड़ा है?
   (a) अनुकूल (b) प्रतिकूल
   (c) कोई प्रभावी नहीं (d) उपरोक्त सभी
10. निम्न में से कौन रुपये की मजबूती एवं गिरावट को दर्शाने का श्रेष्ठ उदाहरण है?
   (a) 1 डॉलर = 40 रुपया एवं 1 डॉलर = 60 रुपया
   (b) 1 डॉलर = 45 रुपया एवं 1 डॉलर = 55 रुपया
   (c) 1 डॉलर = 43 रुपया एवं 1 डॉलर = 53 रुपया
   (d) 1 डॉलर = 41 रुपया एवं 1 डॉलर = 51 रुपया
11. WTO पर विश्व प्रसिद्ध आतंकी हमला किस वर्ष हुआ था?
   (a) 11 नवंबर, 2011 (b) 11 सितंबर, 2001
   (c) 11 अक्टूबर, 2001 (d) 11 दिसंबर, 2001
12. भारत के प्रमुख व्यापारिक भागीदार निम्न में से कौन हैं?
   (a) रूस (b) चीन
   (c) श्रीलंका (d) इनमें से कोई नहीं
13. भारत ने सर्वप्रथम किस वर्ष मुद्रा का अवमूल्यन किया था?
   (a) सितम्बर 1949 (b) सितम्बर 1950
   (c) सितम्बर 1951 (d) सितम्बर 1991
14. निम्न में से अवमूल्यन (Devalution) का सकारात्मक प्रभाव (Positive Impact) नहीं है–
   (a) आयातित वस्तुओं का महंगा होना
   (b) निर्यात में वृद्धि
   (c) विदेशी मुद्रा के भंडार में वृद्धि
   (d) व्यापार शेष अनुकूल (Balance of Trade) नहीं होगा
15. Anti Dumping का प्रयोग एक देश तब करता है जब
   कथन (A) : कोई देश/फर्म अपने उत्पादों को विदेशी बाजार में वहाँ के प्रचलित मूल्यों से कम पर बेचे।
   कारण (R) : भारत सरकार ने वर्ष 2009-10 में 15 उत्पादों के आयात पर Anti Dumping Duty लगायी थी जिनमें 11 उत्पाद चीन के थे।
   (a) A और R दोनों सही हैं।
   (b) A और R दोनों गलत हैं।
   (c) केवल A सही है।
   (d) केवल R सही है।
16. भारत में FDI करने वाले शीर्ष देशों में निम्न में से कौन-से देश शामिल हैं?
   (a) मारिशस, जापान, चीन, अमरीका
   (b) सिंगापुर, मारीशस, यूके, नीदरलैंड
   (c) मारिशस, चीन, कतर, ब्रिटेन
   (d) सिंगापुर, चीन, रूस, फ्रांस
17. उदार एजेन्सी, अंतर्राष्ट्रीय विकास संघ (IDA) निम्नलिखित में से किस एक द्वारा प्रशासित है?
   (a) अंतर्राष्ट्रीय पुनर्निर्माण और विकास बैंक (IBRD)
   (b) अंतर्राष्ट्रीय कृषि विकास कोष (IADF)
   (c) संयुक्त राष्ट्र विकास कार्यक्रम
   (d) संयुक्त राष्ट्र औद्योगिक विकास संगठन (UNIDO)
18. निम्न में से Core Sector से संबंधित क्षेत्र नहीं है–
   (a) सीमेन्ट (b) लौह इस्पात
   (c) कोयला (d) परिवहन
19. निम्न विनिमय दर प्रणाली (Exchange Rate System) में से कौन-सी विनिमय दर प्रणाली भारत में प्रचलित है।
   (a) स्थिर विनिमय दर प्रणाली
   (b) परिवर्तनशील विनिमय दर प्रणाली
   (c) प्रबन्धकीय विनिमय दर प्रणाली
   (d) आधारभूत विनिमय दर प्रणाली

20. भुगतान संतुलन (Balance of Payment) के पूंजी खाता (Capital A/C) में निम्न में से कौन संबंधित नहीं है?
    (a) निवल विदेशी सहायता
    (b) निवल वाणिज्यिक ऋण
    (c) निवल अल्पावधि ऋण
    (d) निवल वस्तु एवं सेवाओं का आयात मूल्य
21. भारत में सर्वाधिक FDI प्राप्त करने वाले राज्यों को सही क्रम से लगाइए–
    1. गुजरात 2. दिल्ली
    3. महाराष्ट्र 4. तमिलनाडू
    5. कर्नाटक
    (a) 1 2 3 4 5 (b) 1 2 3 5 4
    (c) 3 2 4 5 1 (d) 3 1 2 4 5
22. निम्न में से विश्व के सर्वाधिक कर्जदार देश में कौन-सा देश शामिल नहीं है?
    (a) अमेरिका (b) चीन
    (c) टर्की (d) भारत
23. वर्तमान में भारत के विदेशी मुद्रा भण्डार की स्थिति है?
    (a) 250–300 बिलियन डालर
    (b) 300–350 बिलियन डालर
    (c) 350–400 बिलियन डालर
    (d) 400 बिलियन डालर से अधिक
24. वर्तमान में भारत के विदेशी ऋण की स्थिति है?
    (a) 250–300 बिलियन डालर
    (b) 300–400 बिलियन डालर
    (c) 400 बिलियन डालर से अधिक
    (d) निम्न में से कोई नहीं
25. निम्न में से कौन भारत को विदेशी सहायता देने वाला सबसे बड़ा स्रोत है?
    (a) अंतर्राष्ट्रीय मुद्रा कोष (IMF)
    (b) भारत विकास मंच (Indian Development Forum)
    (c) एशियाई विकास बैंक (Asian Development Bank)
    (d) यूरोपीय यूनियन (EU)

उत्तरमाला

◆ स्तर : परम्परागत

1. (c)	2. (d)	3. (d)	4. (b)	5. (a)	6. (b)	7. (a)	8. (a)	9. (b)	10. (c)
11. (a)	12. (a)	13. (c)	14. (d)	15. (a)	16. (b)	17. (b)	18. (a)	19. (a)	20. (b)
21. (d)	22. (c)	23. (c)	24. (a)	25. (c)	26. (b)	27. (b)	28. (d)	29. (b)	30. (a)
31. (b)	32. (c)	33. (b)	34. (c)	35. (c)	36. (c)	37. (b)	38. (b)	39. (c)	

◆ स्तर : सम्भावित

1. (c)	2. (c)	3. (d)	4. (b)	5. (c)	6. (c)	7. (a)	8. (c)	9. (b)	10. (a)
11. (b)	12. (b)	13. (a)	14. (d)	15. (a)	16. (b)	17. (a)	18. (d)	19. (b)	20. (d)
21. (c)	22. (a)	23. (d)	24. (c)	25. (b)					

मुख्य परीक्षा हेतु अभ्यास प्रश्न

1. विदेशी व्यापार नीति 2015-20 के महत्वपूर्ण तथ्य बिन्दुवार बताये।
2. एफडीआई का अर्थ बताये। हालही मे भारत सरकार ने एफडीआई की नीति में क्या नये परिवर्तन किये है स्पष्ट करे।
3. फेरा व फेमा के मध्य अंतर की स्थिति स्पष्ट करे।

अध्याय
10

आर्थिक नियोजन/आयोजन
(Planning)

प्रस्तावना

नियोजन का शाब्दिक अर्थ है कार्यों को प्राथमिकतानुसार क्रमबद्ध कर पूरा करना। जिस प्रकार मानव अपने दिनचर्या के कामों को सुनियोजित ढंग से करता है और दिन के समाप्त होते-होते दिन भर के सभी कार्यों को पूरा कर लेता है और आत्म-सन्तोष की प्राप्ति करता है परन्तु सोचिए कि यदि हम बिना सोचे-समझे, कार्यों को प्राथमिकतानुसार सूचीबद्ध करें, तो हो सकता है कि पूरा दिन भी समाप्त हो जाये और कार्य भी पूरे न हो सके। अतः स्पष्ट है कि मनुष्य सभी प्राणियों में इसलिये भी श्रेष्ठकर है कि वह अपने कार्यों में नियोजन की प्रक्रिया को अपनाता है और उसकी सफलता भी नियोजन पर आधारित है।

नियोजन का अर्थ

आर्थिक नियोजन की अवधारणा को आसानी से नहीं समझाया जा सकता क्योंकि विभिन्न देशों में इसके स्वरूप भी अलग-अलग है फिर भी गौर से देखने पर, आर्थिक नियोजन एक उद्देश्यपूर्ण और सावधानी से निष्पादित की गई प्रक्रिया है जिसमें निर्धारित लक्ष्यों को पूरा करने के लिए उपलब्ध संसाधनों का प्रयोग बेहतर ढंग से होता है। संक्षेप में कहा जा सकता है कि **"एक निर्धारित अवधि में सीमित संसाधनों का बेहतर उपयोग करके अर्थव्यवस्था के विभिन्न क्षेत्रों में आर्थिक लक्ष्यों की उपलब्धियां ही आर्थिक नियोजन है।"**

भारतीय योजना आयोग की आधारशिला

जब भारत आजाद हुआ तब भारत गरीबी, बेरोजगारी व अल्परोजगार, अशिक्षित एवं अकुशल श्रम, गतिहीन कृषि, अर्द्ध-सामंती संबंधों, उद्योग के अल्प-विकास, अपर्याप्त आधारभूत संरचना जैसी समस्याओं से ग्रस्त था। इन समस्याओं के उन्मूलन के लिए वृहत् प्रयासों की आवश्यकता थी।

उस काल में आर्थिक विचारधाराओं पर सोवियत संघ (वर्तमान में रूस) की सफलता का विशेष प्रभाव था। भारतीय आयोजन के शिल्पकार जवाहरलाल नेहरू स्वयं समाजवाद व सोवियत व्यवस्था से प्रभावित थे। समाजवाद के लिए सैद्धांतिक आधार कार्ल मार्क्स व फ्रेड्रिक एंजेल्स ने सर्वप्रथम रखा था जिनका मानना था कि विश्व में शोषण की समाप्ति के लिए उत्पादन के साधनों पर निजी स्वामित्व समाप्त होना चाहिये। इन विचारों से प्रभावित होकर सोवियत संघ में पहली बार पूर्ण राष्ट्रवाद पर आधारित आर्थिक आयोजन को विकास का माध्यम स्वीकार कर लागू किया गया। सोवियत संघ ने गरीबी, बेरोजगारी व भूख की समाप्ति के लिए आर्थिक आयोजन को चुना। 1928 के पश्चात सोवियत संघ में ऐतिहासिक परिवर्तन हुए व सोवियत संघ के आर्थिक विकास व औद्योगीकरण की दर ऐतिहासिक थी जिससे अनेक अल्पविकसित राष्ट्रों ने प्रेरणा ली। 1929 की महान मंदी से सावियत संघ की अर्थव्यवस्था के अप्रभावी रहने के कारण भी इस व्यवस्था के प्रति विश्वास बढ़ा एवं गरीबी, बेरोजगारी व भूख की समाप्ति में आयोजन की भूमिका को स्वीकारा जाने लगा। इन सबका प्रभाव भारतीय आयोजन पर भी हुआ।

भारत जैसे लोकतांत्रिक राष्ट्र में पहली बार आयोजन का प्रयोग किया गया। भारत ने सोवियत संघ के आयोजन को पूंजीवादी लोकतांत्रिक मूल्यों के साथ समायोजित कर, आर्थिक व सामाजिक विकास का प्रयास किया। लोकतांत्रिक समाजवाद के निम्नलिखित प्रमुख लक्षण हैं -

- सभी के लिए समान अवसर
- गरीबी का उन्मूलन
- आय और सम्पत्ति की असमानताओं में कमी
- मिश्रित अर्थव्यवस्था में विश्वास
- एकाधिकारिक प्रवृत्तियों एवं आर्थिक शक्ति के केन्द्रीकरण को रोकना
- आर्थिक निर्णयों का आधार निजी लाभ न होकर सामाजिक लाभ होना।

सोवियत संघ के 1991 में पतन व पूर्वी यूरोपीय समाजवादी देशों में राजनैतिक व आर्थिक उथल-पुथल के पश्चात इन देशों में बाजार आधारित अर्थव्यवस्था को लागू किया गया। इन घटनाओं से भारत द्वारा मिश्रित अर्थव्यवस्था अपनाये जाने का निर्णय सही साबित होता है, जिसके माध्यम से भारत को ऐसी समस्याओं का सामना नहीं करना पड़ा।

भारतीय आयोजन का उद्देश्य

हमारे संविधान में जो निर्देशात्मक सिद्धान्तों और राज्य नीतियों का उल्लेख है उन्हीं से भारतीय नियोजन के उद्देश्य एवं सामाजिक आधार की उत्पत्ति हुई है। देश में नियोजन की प्रक्रिया दीर्घकालिक उद्देश्यों पर ही आधारित रही है हालांकि अल्पकालिक उद्देश्यों का समावेश भी विभिन्न योजनाओं मे हुआ है। भारत में आयोजन के मुख्य दीर्घकालिक उद्देश्य इस प्रकार है-

- आर्थिक संवृद्धि।
- आत्म निर्भरता
- बेरोजगारी उन्मूलन।
- आय की असमानता में कमी।
- गरीबी निवारण।
- रोजगार सृजन
- शोषण मुक्त समाज की स्थापना।
- आधुनिकीकरण
- आधारभूत संरचना का विकास।
- देश में एकता, अखण्डता एवं न्याय पर आधारित विकास।

भारत की सभी पंचवर्षीय योजनायें इन उद्देश्यों को समान महत्व नहीं देती। प्रारंभिक योजनाओं ने आर्थिक संवृद्धि पर अधिक बल दिया जबकि बाद की योजनाओं में आत्म-निर्भरता, पूर्ण रोजगार व गरीबी निवारण पर विशेष महत्व दिया गया। सातवीं योजना में आधुनिकीकरण पर जोर रहा। लेकिन 1991 में सरकार ने सहसा इन दीर्घकालिक उद्देश्यों को त्याग कर वित्तीय सुधार द्वारा वृहत् आर्थिक स्थिरता के कार्यक्रम को लागू करने पर अधिक जोर दिया। आठवीं योजना (1992-97) के अन्तर्गत सरकार ने उदारीकरण, निजीकरण और वैश्विकरण की नीति अपनाकर केन्द्रीकृत आर्थिक नियोजन के स्थान पर बाजारोन्मुख अर्थव्यवस्था को अपना लिया। इस क्रम में नवीं पंचवर्षीय योजना का केन्द्रीय बिन्दु आर्थिक समृद्धि, उदारीकरण एवं मानव विकास रहा। दसवीं पंचवर्षीय योजना का उद्देश्य सामाजिक न्याय तथा समता के साथ आर्थिक विकास पर केन्द्रित रहा अर्थात समाज में आर्थिक विषमता को न्याय के साथ कम करने पर जोर दिया गया। ग्यारहवीं पंचवर्षीय योजना में तीव्रतर विकास की ओर उन्मुख रही। बारहवीं पंचवर्षीय योजना पहली बार तीव्रतर सतत विकास के साथ-साथ समावेशी विकासों को अपनाने पर जोर दिया गया।

आयोजन का वर्गीकरण

(i) आदेशात्मक आयोजन (Imperative Planning)
(ii) निर्देशात्मक आयोजन (Indicative Planning)
(iii) केन्द्रीकृत आयोजन (Centralized Planning)
(iv) विकेन्द्रीकृत आयोजन (Decentralized Planning)
(v) दीर्घवधिक आयोजन (Perspective Planning)
(vi) अल्पकालिक आयोजन (Short Term Planning)

(i) आदेशात्मक नियोजनः स्वतंत्र भारत में आदेशात्मक आयोजन के मॉडल को **सोवियत संघ** से लिया गया है।

विशेषताएं :

- इस मॉडल में केन्द्रीय स्तर पर शीर्ष संस्था होती है, जो योजनाओं का निर्माण करती है और उसके क्रियान्वयन को सुनिश्चित करती है।
- आदेशात्मक आयोजन में निर्णय-प्रक्रिया केन्द्रीकृत होती है।
- इसमें राज्य की भूमिका अत्यंत महत्वपूर्ण होती है, जबकि निजी क्षेत्र और बाजार को सीमित या नगण्य भूमिका प्रदान की जाती है। उन्हें राज्य के नियंत्रण मे रहकर काम करना पड़ता है।
- आदेशात्मक आयोजन में लाइसेंसिंग प्रणाली और अन्य कानूनों के जरिये सरकारी आदेशों का क्रियान्वयन सुनिश्चित किया जाता है। इसे सुनिश्चित करने के लिए व्यापक प्रशासनिक ढांचा मौजूद होता है। इसके द्वारा जरूरत पड़ने पर दंड और पुरस्कार का सहारा लिया जाता है।

नोट : ***भारतीय परिप्रेक्ष्य में देखें तो आठवीं योजना के पूर्व तक आयोजन का स्वरूप आदेशात्मक था।***

(ii) निर्देशात्मक आयोजन : इस प्रकार के नियोजन की संकल्पना **फ्रांस** से ली गई है।

विशेषताएं :

- इस प्रणाली में निर्णय-प्रक्रिया विकेन्द्रीकृत होती है।
- इसमें राज्य के द्वारा योजना के लक्ष्य का निर्धारण तो किया जाता है परन्तु उसे प्राप्त करने की जिम्मेदारी निजी क्षेत्र और बाजार शक्तियों को सौंपी जाती है।
- इसमें आर्थिक गतिविधियों में राज्य की भूमिका सीमित होती है। वह मुख्यत: प्रेरणादायक और प्रोत्साहक की भूमिका में होता है। राज्य के द्वारा अनुकूल माहौल के सृजन के लिए मौद्रिक और राजकोषीय रियायतों का सहारा लिया जाता है ताकि निर्धारित लक्ष्यों की प्राप्ति संभव हो सके।
- इसमें राज्य की भूमिका नियामक के रूप में होती है। उसके द्वारा हस्तक्षेप तभी किया जाता है, जब बाजार में अव्यवस्था उत्पन्न हो जाए या आर्थिक सन्तुलन प्रभावित हो।

  नोट : ***भारतीय परिप्रेक्ष्य में देखें तो आठवीं योजना के प्रारंभ से निर्देशात्मक आयोजन की शुरुआत हुई और नवीं योजना से निर्देशात्मक आयोजन को स्वीकार कर लिया गया।***

(iii) केन्द्रीकृत आयोजन : केन्द्रीकृत आयोजन ऐसा आयोजन है, जिसमें शीर्ष पर एक केन्द्रीकृत संस्था होती है, जो योजना के निर्माण से लेकर उसके क्रियान्वयन तक की प्रक्रिया को सुनिश्चित करती है। इस संदर्भ में सभी निर्णय उसके द्वारा स्वयं ही लिये जाते हैं।

नोट : ***सामान्यत: आदेशात्मक आयोजन को केन्द्रीकृत आयोजन भी कहा जाता है।***

(iv) विकेन्द्रीकृत आयोजन: विकेन्द्रीकृत आयोजन में योजनाएं स्थानीय आवश्यकताओं के अनुरूप स्थानीय स्तर पर तैयार की जाती हैं। योजनाओं के निर्माण से लेकर क्रियान्वयन तक की प्रक्रिया में स्थानीय संस्थाओं की महत्वपूर्ण भूमिका होती है।

नोट : ***भारत मे 1993 में 73वें-74वें संविधान संशोधन के द्वारा स्थानीय संस्थाओं को वैधानिक स्वरूप प्रदान करते हुए विकेन्द्रीकृत आयोजन की दिशा में पहल की गयी।***

(v) दीर्घावधिक आयोजन : लम्बे समय के लिए योजना के लक्ष्यों और रणनीतियों का निर्धारण दीर्घावधिक आयोजन कहलाता है। समान्यत: यह अवधि 15 से 25 वर्षों की होती है।

नोट: ***विजन-2020, सहस्राब्दी विकास लक्ष्य 2000- 2015, सतत् विकास लक्ष्य 2015 से 2030 दीर्घावधिक आयोजन के उदाहरण हैं।***

(vi) अल्पकालिक आयोजन : सामान्यत: वार्षिक आधार पर योजना के लक्ष्यों और रणनीतियो का निर्धारण अल्पकालिक आयोजन कहलाता है। इसकी अवधि तीन-चार वर्ष तक भी हो सकती है।

योजना निर्माण की प्रक्रिया

- योजना निर्माण एक जटिल प्रक्रिया है तथा प्रत्येक योजना के निर्माण में एक वृहत् तंत्र का योगदान होता है। योजना-निर्माण स्वीकृति से लेकर क्रियान्वयन में विभिन्न चरणों से विभिन्न निकायों और सरकार की महत्वपूर्ण भूमिका होती है।
- योजना के निर्माण, स्वीकृति व क्रियान्वयन में **योजना आयोंग (वर्तमान में नीति आयोग), राष्ट्रीय विकास परिषद, केन्द्र तथा राज्य सरकारें शामिल होती हैं।** इनके संयुक्त प्रयास से ही देश में आर्थिक नियोजन की प्रक्रिया सम्पन्न होती है।
- देश में आर्थिक नियोजन के निर्माण की प्रक्रिया मुख्य रूप से चार चरणों से होकर गुजरती है, जो निम्नवत् हैं-

प्रथम चरण - योजना निर्माण की दृष्टि से योजना आयोग एक महत्वपूर्ण संस्था है। आयोग विभिन्न मंत्रालयों तथा राज्य सरकारों से परामर्श कर कुछ निश्चित बिंदुओं तथा परियोजनाओं के लिए पूर्वानुमान लगाता है, इसके अतिरिक्त आयोग, नियोजन प्राथमिकताओं को भी निश्चित करता है तथा देश में उपलब्ध नैतिक, पूंजीगत तथा मानवीय साधनों एवं संसाधनों का अनुमान लगाता है। इस प्रकार प्राक्कलन का यह पहला चरण समाप्त हो जाता है।

दूसरा चरण - योजना निर्माण के दूसरे चरण में केन्द्रीय तथा राज्य सरकारें अपनी-अपनी योजनायें बनाते हैं। इन योजनाओं को योजना आयोग को प्रेषित कर दिया जाता है। आयोग सरकार द्वारा भेजी गयी योजनाओं का अध्ययन करता है तथा विभिन्न सरकारों द्वारा प्रस्तावित योजनाओं का एकीकरण करता है। इस दौरान आयोग विभिन्न विशेषज्ञों तथा राजनैतिक दलों से गम्भीर मंत्रणा भी करता है। इस प्रक्रिया के पश्चात आयोग, योजना का प्रारूप जारी कर देता है।

तृतीय चरण - योजना निर्माण का तृतीय चरण सर्वाधिक महत्वपूर्ण होता है। इस चरण की शुरुआत आयोग द्वारा **''योजना का प्रारूप''** जारी करने के पश्चात होती है। प्रारूप जारी होने के बाद आयोग तथा सरकार के मध्य चर्चा चलती है। इस चर्चा का उद्देश्य राज्य स्तरीय परियोजनाओं

की प्रकृति को निर्धारित करना होता है। प्रकृति निर्धारित हो जाने के पश्चात आयोग केन्द्रीय मंत्रिमंडल से परामर्श करता है तथा विभिन्न मंत्रालयों से परामर्श करने के पश्चात योजना का अंतिम प्रारूप कैबिनेट के समक्ष प्रस्तुत करता है।

चतुर्थ चरण - योजना निर्माण के चौथे और अंतिम चरण में कैबिनेट अंतिम प्रारूप का अनुमोदन कर, प्रारूप को राष्ट्रीय विकास परिषद (**NDC**) को भेज देता है। **NDC** आयोग द्वारा प्रस्तावित योजना को अंतिम रूप में स्वीकृत करती है इसके उपरान्त योजना संसद में पेश की जाती है जहाँ अनुमोदन के पश्चात यह ''सरकारी योजना'' बन जाती है और उसका प्रकाशन कर दिया जाता है

योजना निर्माण की इस जटिल प्रक्रिया के पश्चात राज्य व केन्द्र सरकार योजना को क्रियान्वित करती हैं।

भारत में नियोजन का इतिहास

वर्ष **नियोजन का प्रयास**

1934 सर्वप्रथम भारत में नियोजन का साक्ष्य एम. विश्वेश्वरैया की पुस्तक Planned Economy for India में मिलता है, जो 1934 में प्रकाशित हुई थी।

1938 भारत में नियोजन की आवश्यकता व सम्भावना पर विचार करने के लिए भारतीय राष्ट्रीय कांग्रेस के हरिपुरा अधिवेशन (1938) में सर्वप्रथम एक **''राष्ट्रीय नियोजन समिति''** का गठन किया गया, जिसका अध्यक्ष पं. जवाहरलाल नेहरू को बनाया गया।

1943 गांधीजी के आर्थिक विचारों से प्रभावित होकर श्री मन्नारायण द्वारा **''गांधीवादी योजना''** (Gandhian Plan) को प्रस्तुत किया गया।

1944 मुम्बई के आठ उद्योगपतियों द्वारा अर्देशिर दलाल की देखरेख में **''बाम्बे योजना''** (Bombay Plan) प्रस्तुत किया गया।

1945 श्रमिक नेता एम. एन. राय द्वारा **''जन योजना''** (Peoples Plan) प्रस्तुत किया गया।

1950 जयप्रकाश नारायण द्वारा **''सर्वोदय योजना''** (Sarvodaya Plan) को प्रस्तुत किया गया।

उपरोक्त प्रयासों के बाद भारत में 15 मार्च 1950 को योजना आयोग का गठन हुआ और यही से भारत में नियोजन का काल प्रारंभ होता है। अब तक भारत 12 पंचवर्षीय योजना सफलतापूर्वक पूरी कर चुका है।

तालिका 10.1: प्रथम पंचवर्षीय योजना से लेकर बारहवीं पंचवर्षीय योजना तक का सार

योजना	केन्द्रीय बिन्दु	योजना आयोग के अध्यक्ष	महत्वपूर्ण तथ्य
प्रथम (1951-56)	कृषि विकास पर बल	पं. जवाहर लाल नेहरू	• 1952 में सामुदायिक विकास कार्यक्रम का प्रारंभ। भाखड़ा नांगल, दामोदर घाटी एवं हीराकुण्ड जैसी बहुउद्देशीय परियोजना प्रारंभ की गयी।
द्वितीय (1956-61)	आधारभूत एवं भारी उद्योगों का विकास	पं. जवाहर लाल नेहरू	• राउरकेला (उड़ीसा), भिलाई (छत्तीसगढ़), दुर्गापुर (प. बंगाल) इस्पात संयंत्रों की स्थापना। इन्टेग्रल कोच फैक्टरी एवं चितरंजन लोकोमोटिव भी इसी योजना की देन है।
तीसरी (1961-66)	आत्मनिर्भर व स्वतः स्फूर्ति अर्थव्यवस्था	पं. जवाहर लाल नेहरू **व** लाल बहादुर शास्त्री	• भारत-चीन युद्ध (1962), भारत-पाक युद्ध (1965) और 1965-66 के दौरान भीषण सूखा पड़ा। 1964 में बोकारो आयरन एंड स्टील इंडस्ट्री बोकारो (झारखंड) रूस के सहयोग से स्थापित। 1964 में UTI, IDBI की स्थापना।
वार्षिक योजना (1966-1969)	योजना अवकाश	श्रीमति इंदिरा गांधी	• 1966-67 के दौरान हरित क्रांति का प्रारंभ। • 1969 में लीड बैंक योजना का प्रारंभ।
चौथी (1969-74)	स्थिरता के साथ आर्थिक विकास एवं आत्म-निर्भरता की ओर प्रगति	श्रीमति इंदिरा गांधी	• 1969 में वाणिज्यिक बैंकों का राष्ट्रीयकरण व गरीबी हटाओ का नारा इंदिरा गांधी द्वारा दिया गया।
पांचवीं (1974-79)	गरीबी उन्मूलन तथा आत्म-निर्भरता	श्रीमति इंदिरा गांधी **व** मोरारजी देसाई	• 1974 में न्यूनतम आवश्यकता कार्यक्रम की शुरुआत। जनता सरकार के सत्ता में आने से योजना को एक वर्ष

			पूर्व 1978 में समाप्त कर दिया गया। नोट : ***देश की एकमात्र योजना जिसने अपना 5 वर्षों का निश्चित कार्यकाल पूरा नहीं किया। कांग्रेस पार्टी का सत्ता परिवर्तन जनता पार्टी द्वारा किया गया।***
अनवरत योजना (1979-80)	-	चरण सिंह	• 1979 में ग्रामीण युवा स्वरोजगार प्रशिक्षण कार्यक्रम (TRYSEM) की शुरूआत।
छठवीं (1980-85)	गरीबी निवारण तथा रोजगार सृजन	श्रीमती इंदिरा गांधी **व** राजीव गांधी	• 12 जुलाई 1982 में NABARD और 1982 में ही EXIM Bank की स्थापना। गरीबी निर्देशांक ग्रामीण क्षेत्र में 2400 कैलोरी और शहरी क्षेत्र में 2100 कैलोरी प्रतिदिन उपभोग गरीबी रेखा के रूप में परिभाषित किया गया। नोट : ***देश की पहली पंचवर्षीय योजना जिसका निर्माण दो बार किया गया एक बार जनता दल द्वारा दूसरी बार कांग्रेस द्वारा।***
सातवीं (1985-90)	कृषि विकास प्रेरित समृद्धि रणनीति	राजीव गांधी **व** वी.पी. सिंह	• सितंबर 1986 में कपार्ट की स्थापना। 1988 में सेबी की स्थापना।
वार्षिक योजना	योजना अवकाश (1990-92)	चन्द्रशेखर **व** पी. वी. नरसिंह राव	• 1990 में SIDBI की स्थापना की गयी। • 1991 में आर्थिक सुधार की नीति अपनायी गयी।
आठवीं (1992-97)	आर्थिक, समृद्धि रोजगार एवं उदारीकरण	पी. वी. नरसिंह राव व एच.डी. देवगौड़ा	• 1 जनवरी 1995 को भारत WTO का सदस्य बना। • 1993 में शिक्षित बेरोजगारों के लिये ''प्रधानमंत्री रोजगार योजना'' शुरू की गयी।
नवीं (1997-2002)	मानव विकास पर बल	इंद्र कुमार गुजराल **व** अटल बिहारी वाजपेयी	• 1997 में स्वर्ण जयंती शहरी रोजगार योजना का प्रारंभ हुआ। स्वर्ण जयंती ग्राम स्वरोजगार योजना (1999), जवाहर ग्राम समृद्धि योजना (1999), प्रधानमंत्री ग्रामोदय योजना (2000-01) प्रारंभ की गयी। वर्ष 2000 में अन्नपूर्णा योजना, अन्त्योदय अन्न योजना एवं प्रधानमंत्री सड़क योजना प्रारंभ की गयी।
दसवीं (2002-2007)	सामाजिक न्याय तथा समता के साथ आर्थिक विकास	अटल बिहारी वाजपेयी **व** मनमोहन सिंह	• इस योजना में वर्ष 2005-06 में भारत निर्माण योजना, मनरेगा, राष्ट्रीय ग्रामीण स्वास्थ्य मिशन एवं जेएनयूआरएम जैसी महत्वकांक्षी योजनाओं का प्रारंभ किया गया।
ग्यारहवी (2007 -12)	तीव्रतर और अधिक समावेशी विकास की ओर	डॉ. मनमोहन सिंह	• 70 मिलियन नये रोजगार अवसरो के सृजन का लक्ष्य, साक्षरता दर को बढ़ाकर 85 प्रतिशत करना, शिक्षित बेरोजगारी को घटाकर 5 प्रतिशत से नीचे लाना, अकुशल श्रमिको की वास्तविक मजदूरी में 20 प्रतिशत की वृद्धि करना, स्वास्थ्य सेवाओ से सम्बन्धित व्यय पर जीडीपी का 2 प्रतिशत खर्च करना, **शिक्षा-स्वास्थ्य**, गरीबी उन्मूलन तथा बुनियादी ढांचे का विकास, 0-6 आयु वर्ग में लिंगानुपात को 2011-12 तक बढ़ाकर 935 तथा 2016-17 तक 950 करना है।
बारहवीं (2012 -17)	तीव्रतर सतत और समावेशी विकास	डॉ. मनमोहन सिंह व नरेन्द्र मोदी	• GDP की औसत वृद्धि दर = 9% • GDP की संशोधित वृद्धि दर = 8%

12वीं योजना के दस्तावेज को NDC की मंजूरी

देश की 12वीं पंचवर्षीय योजना (2012-17) के दौरान सकल घरेलू उत्पाद (**GDP**) की औसत वार्षिक वृद्धि का लक्ष्य अब 8.2 प्रतिशत निर्धारित किया गया है। योजना आयोग की संस्तुति पर राष्ट्रीय विकास परिषद् (**NDC**) ने इस पंचवर्षीय योजना में वार्षिक वृद्धि का लक्ष्य 8.2 प्रतिशत से घटाकर अब 8.0 प्रतिशत कर दिया है। इस संशोधन के साथ 12वीं योजना के दस्तावेज को प्रधानमंत्री डॉ. मनमोहन सिंह की अध्यक्षता वाली परिषद ने 27 दिसम्बर, 2012 का नई दिल्ली में सम्पन्न बैठक में स्वीकार किया। **यह दूसरा अवसर है जब इस पंचवर्षीय योजना में वार्षिक विकास का लक्ष्य घटाया गया है। योजना के एप्रोच पेपर में यह लक्ष्य 9.1 प्रतिशत का निर्धारित किया गया था जिसे बाद में सितम्बर 2012 में घटाकर 8.2 प्रतिशत किया गया था। देश की 11वीं पंचवर्षीय योजना में सकल घरलू उत्पाद में 7.9 प्रतिशत (अन्तिम) वार्षिक वृद्धि प्राप्त की गई है।** 12वीं पंचवर्षीय योजना में पांच वर्ष की अवधि में गैरकृषि क्षेत्र में रोजगार के 5 करोड़ नए अवसर सृजित करने तथा देश में निर्धनता अनुपात में 10 प्रतिशत बिन्दु की कमी करने का लक्ष्य भी निर्धारित किया गया है।

12वीं पंचवर्षीय योजना के मुख्य लक्ष्य एक दृष्टि में

- वार्षिक विकास दर का लक्ष्य 8.0 प्रतिशत।
- कृषि क्षेत्र में 4.0 प्रतिशत व विनिर्माण क्षेत्र में 10.0 प्रतिशत की औसत वार्षिक वृद्धि के लक्ष्य।
- योजनावधि में गैर-कृषि क्षेत्र में रोजगार के 5 करोड़ नए अवसरों के सृजन का लक्ष्य।
- योजना के अन्त तक निर्धनता अनुपात में नीचे से जनसंख्या के प्रतिशत में पूर्व आकलन की तुलना में 10 प्रतिशत बिन्दु की कमी लाने का लक्ष्य
- योजना के अन्त तक देश में शिशु मृत्यु-दर को 25 तथा मातृत्व मृत्यु-दर को 1 प्रति हजार जीवत जन्म तक लाने तथा 0-6 वर्ष के आयु वर्ग में बाल लिंगानुपात को 950 करने का लक्ष्य।
- योजना के अन्त तक कुल प्रजनन दर को घटाकर 2.1 तक लाने का लक्ष्य।
- योजना के अन्त तक आधारिक संरचना क्षेत्र में निवेश को बढ़ाकर जीडीपी के 9 प्रतिशत तक लाने का लक्ष्य।
- योजना के अन्त तक सभी गांवों में विद्युतीकरण।
- योजना के अन्त तक सभी गांवों को बारहमासी सड़कों से जोड़ना।
- ग्रामीण क्षेत्रों में टेलीडेंसिटी को बढ़ाकर 70 प्रतिशत करने का लक्ष्य।

12वीं पंचवर्षीय योजना का अन्तिम प्रारूप

योजना आयोग की संस्तुति पर राष्ट्रीय विकास परिषद (**NDC**) ने देश की 12वीं पंचवर्षीय योजना में सकल घरेलू उत्पाद में वार्षिक वृद्धि का लक्ष्य 8.2 प्रतिशत से घटाकर 8.0 प्रतिशत कर दिया है। इस संशोधन के साथ 12वीं योजना के दस्तावेज को राष्ट्रीय विकास परिषद् की प्रधानमंत्री मनमोहन सिंह की अध्यक्षता में 27 दिसम्बर, 2012 को नई दिल्ली में सम्पन्न बैठक में स्वीकार किया गया।

बारहवीं योजना (2012-17) के लिए 8 प्रतिशत का विकास दर के लक्ष्य के अनुरूप अर्थव्यवस्था के विभिन्न क्षेत्रकों के संवृद्धि लक्ष्य निम्नलिखित प्रकार हैं-

(अ)	1. कृषि, वानिकी एवं मत्स्यपालन	**4%**
(ब)	उद्योग (2 से 5)	**7.6%**
	2. खनन एवं उत्खनन	5.7%
	3. विनिर्माण	7.1%
	4. विद्युत गैस एवं जलापूर्ति	7.3%
	5. निर्माण	9.1%
(स)	सेवाएं (6 से 9)	**9.0%**
	6. व्यापार, होटल एवं रेस्तरां	7.4%
	7. परिवहन, भंडारण एवं संचार	11.8%
	8. वित्तीयन, बीमा, स्थावर सम्पदा एवं व्यापारिक सेवाएं	9.9%
	9. सामुदायिक, सामाजिक एवं वैयक्तिक सेवाएं	7.2%

बारहवीं याजना के दौरान (2004-05 के मूल्यों पर सकल घरेलू उत्पाद के प्रतिशत के रूप में)

(**i**) सकल घरेलू बचत दर	33.6%
(**ii**) निवेश दर	38.8%

योजना आयोग (Planning Commission)

1946 में गठित के. सी. नियोगी समिति की संस्तुति के आधार पर भारत में योजना आयोग का गठन 15 मार्च 1950 को एक **गैर-सांविधिक तथा परामर्शदात्री निकाय** के रूप में किया गया। सरकार द्वारा योजना आयोग को निम्नलिखित कार्य सौंपे गए हैं-

- देश के मानवीय, पूंजीगत एवं भौतिक संसाधनों का अनुमान लगाना और इनके सर्वाधिक प्रभावी एवं संतुलित उपयोग के लिये योजना निर्मित करना।
- योजना के प्रत्येक चरणों का निर्धारण और प्राथमिकता के आधार पर संसाधनों के आवंटन करने का प्रस्ताव करना।
- आर्थिक विकास में बाधक तत्वों को उजागर करना एवं उन परिस्थितियों का निर्धारण करना, जो वर्तमान सामाजिक एवं राजनीतिक परिस्थितियों में योजना के कार्यान्वयन के लिए आवश्यक हैं।
- योजना विशेष के प्रत्येक चरण के क्रियान्वयन के फलस्वरूप प्राप्त सफलता की समय-समय पर समीक्षा करना और यथेष्ट सुधारात्मक सुझाव देना।
- योजना आयोग के सदस्य –
  - आयोग के पदेन अध्यक्ष – प्रधानमंत्री
  - उपाध्यक्ष – (केंद्रीय मंत्री का दर्जा प्राप्त होता है)
  - तीन पूर्णकालिक सदस्य तथा तीन अंशकालिक सदस्य होते हैं। (सदस्यों की संख्या एवं कार्यकाल निश्चित नहीं)

राष्ट्रीय विकास परिषद (National Development Council)

6 अगस्त, 1952 को मंत्रिमंडल सचिवालय के एक प्रस्ताव द्वारा **गैर-सांविधिक निकाय** के रूप में "राष्ट्रीय विकास परिषद" (NDC) का गठन किया गया। इसके प्रमुख कार्य निम्नवत् हैं-

- ऐसी सामाजिक व आर्थिक नीतियों की समीक्षा करना, जो राष्ट्रीय विकास को प्रभावित करती हैं।
- राष्ट्रीय योजना में निर्धारित लक्ष्यों की प्राप्ति के लिए सुझाव देना तथा राष्ट्रीय नियोजन में जन सहयोग प्राप्त करना एवं प्रशासनिक दक्षता को सुधारना।
- अल्प विकसित व पिछड़े वर्गों एवं क्षेत्रों के विकास के लिए आवश्यक परियोजना का सुझाव देना और राष्ट्रीय विकास के लिए संसाधनों का निर्माण करना।
- योजना आयोग द्वारा तैयार की गई योजनाओ का अध्ययन करना तथा विचार-विमर्श के पश्चात् उसे अन्तिम रूप प्रदान करना। अर्थात् राष्ट्रीय विकास परिषद् की स्वीकृति के बाद ही योजना आयोग द्वारा निर्मित कोई योजना का प्रारूप प्रकाशित होता है।
- एनडीसी के सदस्य–
  - योजना आयोग के सभी सदस्य
  - मंत्रिमंडल के सभी सदस्य
  - राज्यों के मुख्यमंत्री
  - केन्द्रशासित प्रदेशों के प्रशासक/उपराज्यपाल

नोट: ***NDC के अध्यक्ष वही होते हैं जो योजना आयोग के होते हैं, अर्थात् देश का प्रधानमंत्री।***

अन्तर्राज्यीय परिषद् (Interstate Council)

अन्तर्राज्यीय परिषद एक **संवैधानिक संस्था** है। केन्द्र तथा राज्यों के बीच समन्वय स्थापित करने के लिए राष्ट्रपति ऐसी परिषद का गठन कर सकता है। भारतीय संविधान के अनुच्छेद 263 में ऐसी परिषद् की स्थापना, संगठन, प्रक्रिया तथा कार्यों का उल्लेख किया गया है। परिषद् के प्रमुख कार्य निम्नवत् हैं:

- राज्य तथा केन्द्र के मध्य जो विवाद हों उनकी जाँच कर उचित सलाह देना।
- राज्यों तथा केन्द्र के समान लाभ से सम्बन्धित विषयों पर अनुसंधान करना।
- उपयुक्त विषयों के बारे में उत्तम समन्वय हेतु कार्यवाही की सिफारिश करना।
- अनुच्छेद 263 के अन्तर्गत यह वर्णन है कि यह परिषद एक परामर्शदात्री संस्था के रूप में कार्य करेगी।

क्षेत्रीय परिषद (Zonal Council)

देश के प्रथम प्रधानमंत्री प. जवाहर लाल नेहरू द्वारा क्षेत्रीय परिषद की संकल्पना 1956 में प्रस्तुत की गयी। भारत 6 क्षेत्रों यथा-***पूर्वी क्षेत्र, पश्चिमी क्षेत्र, दक्षिणी क्षेत्र, उत्तरी क्षेत्र, केन्द्रीय क्षेत्र एवं उत्तर-पूर्वी क्षेत्र*** (1971 में इस क्षेत्र को पूर्वी राज्यों के मध्य समन्वय स्थापित करने हेतु गठित किया गया) में विभाजित है। इन क्षेत्रों के मध्य समन्वय स्थापित करने के उद्देश्य से राज्य पुनर्गठित विधेयक 1956 में पारित किया गया।

वित्त आयोग (Finance Commission)

भारतीय संविधान के अनुच्छेद 280(1) के उपबंध के तहत प्रत्येक पांचवें वर्ष की समाप्ति से पहले राष्ट्रपति एक वित्त आयोग (Finance Commission) का गठन करता है।

जिसमें एक अध्यक्ष तथा चार अन्य सदस्य होते हैं। यह एक **संवैधानिक संगठन** है। आयोग, करों से प्राप्त राजस्व का केन्द्र और राज्यों के बीच वितरण किस प्रकार किया जाए, इस आशय हेतु राष्ट्रपति को अपनी सिफारिशें पेश करता है। साथ ही वह भारत की संचित निधि से राज्यों को सहायता अनुदानों को विनियमित करने वाले सिद्धांतों के संबंध में अपनी सिफारिशें पेश करता है।

प्रमुख वित्त आयोग : एक दृष्टि में

आधार	प्रथम वित्त आयोग	13वाँ के वित्त आयोग	14वाँ वित्त आयोग	15वाँ वित्त आयोग
अध्यक्ष	के॰ सी॰ नियोगी	विजय केलकर	वाई॰ वी॰ रेड्डी	एन॰ के॰ सिंह
समय अवधि	1952–57	2010–2015	2015–2020	2020–2025
गठन का वर्ष	1951	2007	2013	2017
अन्य सदस्य	–	1. वी॰ के॰ चर्तुर्वेदी 2. अतुल शर्मा 3. संजय मिश्रा 4. संजय मिश्रा	1. प्रो॰ अभिजीत सेन 2. सुषमा नाथा 3. डॉ॰ एम॰ गोविंदराय 4. डॉ॰ सुदिप्तो मुड्ले	1.शक्तिकांत दास 2. प्रो॰ अनूप सिंह 3. अशोक लहरी* 4. प्रो॰ रमेश चन्द्र* 5. अरविन्द मेहता#
केन्द्र व राज्य का हिस्सा (% में) क्रमशः	–	68:32	58:42	–

* पार्टटाइम सदस्य, # सचिव

नोट : वित्त आयोग के अध्यक्ष व 4 अन्य सदस्यों की नियुक्ति राष्ट्रपति द्वारा की जाती है।

14वाँ वित्त आयोग एवं प्रमुख अनुशंसाएं

केन्द्र सरकार द्वारा 24 फरवरी, 2015 को की गई घोषणा के अनुसार, केन्द्रीय करों में राज्यों की हिस्सेदारी बढ़ाने के लिए भारतीय रिजर्व बैंक के पूर्व गवर्नर **वाईवी रेड्डी** की अध्यक्षता में गठित 14वें वित्त आयोग की सिफारिशें स्वीकार कर ली गई हैं।

प्रमुख अनुशंसाएँ

- आयोग ने केन्द्र सरकार के कर संग्रह में से राज्यों को मिलने वाली हिस्सेदारी में 10% वृद्धि की सिफारिश की थी। अब केन्द्रीय करों में राज्यों की हिस्सेदारी 32% से बढ़कर 42% हो गई है।
- केन्द्र सरकार की ओर से योजना और अनुदान आधारित मदद के स्थान पर अब **प्रदर्शन आधारित सहायता** का प्रावधान किया जा रहा है।
- कुल जनसंख्या, आय में विषमता, क्षेत्रफल और वन क्षेत्र के मानकों के आधार पर राज्यों की हिस्सेदारी का निर्धारण किया जाएगा।
- पंचायतों और नगरपालिकाओं सहित सभी स्थानीय निकायों को 31 मार्च, 2020 तक (पाँच वर्ष की अवधि) के लिए कुल 287436 करोड़ रुपए अनुदान का प्रावधान है।
- ग्राम पंचायतों को 180262 करोड़ रुपए मूल अनुदान के रूप में मिलेंगे, जबकि 20029 करोड़ रुपए सभी राज्यों को प्रदर्शन के आधार पर अनुदान के रूप में मिलेंगे। कुल मिलाकर 42% राज्यों को दिये जाने के अलावा भी 11 राज्यों को अतिरिक्त राशि आवंटित किये जाने का प्रावधान है।
- इन 11 राज्यों में जम्मू-कश्मीर, हिमाचल प्रदेश, आन्ध्र प्रदेश, असम, पश्चिम बंगाल, केरल, मणिपुर, मिजोरम, मेघालय, नागालैण्ड ओर त्रिपुरा शमिल हैं। उत्तर प्रदेश, उत्तराखण्ड, बिहार, हिमाचल प्रदेश, ओडिशा, राजस्थान और तमिलनाडु की केन्द्रीय करों में हिस्सेदारी प्रतिशत पहले की तुलना में आंशिक रूप से कम की गई है।
- आयोग ने आपदा प्रबन्धन के लिए 61219 करोड़ रुपए का राज्य आपदा राहत कोष बनाने की सिफारिश की है। इसमें केन्द्र 55097 करोड़ रुपए और राज्य 6122 करोड़ रुपए का योगदान देंगे।

- राजकोषीय घाटा वित्त वर्ष 2015-16 में 3.6% और वर्ष 2016-17 में 3% के दायरे में रखने का सुझाव दिया गया है।
- आयोग ने राजकोषीय स्थिति की निगरानी के लिए **'स्वतन्त्र राजकोषीय काउन्सिल'** के गठन की सिफारिश की। इसके लिए राजकोषीय उत्तरदायित्व और बजट प्रबन्धन अधिनियम (एफआरबीएम एक्ट) में बदलाव की सिफारिश की गई है।
- अनुच्छेद 292 के तहत केन्द्र की उधारी सीमित रहे और राज्यों के लिए अनुच्छेद-293 पर अमल किया जाए।
- सार्वजनिक क्षेत्र की कम्पनियों का उच्च प्राथमिकता, प्राथमिकता, कम प्राथमिकता और बिना प्राथमिकता के आधार पर वर्गीकरण करने की सिफारिश। बीमार और गैर-सूचीबद्ध सार्वजनिक क्षेत्र की कम्पनी की पारदर्शी नीलामी हो।
- सार्वजनिक क्षेत्र की कम्पनियों में विनिवेश प्रत्येक वर्ष बाजार परिस्थितियों को ध्यान में रखकर किया जाना चाहिए।
- राज्यों में उन क्षेत्रों की पहचान की जानी चाहिए जहां केन्द्र से सीधे धन आवंटित किया जा सके।
- वर्ष 2016 से प्रस्तावित जीएसटी के पहले तीन वर्षों तक राज्यों को 100% क्षतिपूर्ति सरकार की तरफ से दी जाएगी। चौथे वर्ष में 75% और पाँचवें वर्ष में 50% क्षतिपूर्ति की जाएगी।

नोट : 01 जुलाई-2017 की मध्य रात्रि से लागू जीएसटी में 5 वर्षों के लिए 100 प्रतिशत क्षतिपूर्ति का प्रावधान किया गया है।

- हाई-वे टोल निर्धारित करने और सेवा की गुणवत्ता निगरानी के लिए स्वतन्त्र नियामक प्राधिकरण का गठन किया जाये।
- बिजली अधिनियम में आवश्यक बदलाव किए जाए। बिजली पानी का वितरण पूरी तरह से मीटर के आधार पर किया जाये।

15वां वित्त आयोग

नीति आयोग के पूर्ववर्ती व योजना आयोग के पूर्व सदस्य एन के सिंह को 15वें वित्त आयोग का अध्यक्ष नियुक्त किया गया। इस बारे में 27 नवम्बर, 2017 को जारी अधिसूचना के अनुसार वित्त मंत्रालय में आर्थिक मामलों के पूर्व सचिव शक्तिकांत दास, पूर्व मुख्य आर्थिक सलाहकार अशोक लाहिड़ी, नीति आयोग के सदस्य रमेश चंद व अमेरिका के जॉर्जटाउन विश्वविद्यालय में प्रोफेसर अनूप सिंह आयोग के सदस्य बनाए गए हैं। केन्द्रीय मंत्रिमंडल ने 15वें वित्त आयोग के गठन को 22 नवम्बर, 2017 को मंजूरी दी थी। यह आयोग देश के कर संसाधनों का आकलन करने और उसे राज्यों के बीच बांटने का फॉर्मूला सुझाएगा। आयोग केन्द्र व राज्यों की वित्तीय स्थिति, घाटे, ऋण, नकदी संतुलन और वित्तीय अनुशासन के प्रयासों की समीक्षा करेगा। यह मजबूत राजकोषीय प्रबंधन के लिए राजकोषीय स्थिति मजबूत करने की व्यवस्था पर भी सुझाव देगा। इस बार आयोग को 1 जुलाई, 2017 से लागू हुए वस्तु एवं सेवा कर (GST) प्रणाली के केन्द्र और राज्य सरकारों के संसाधनों पर प्रभावों की भी समीक्षा करनी है। नवगठित 15वें वित्त आयोग को अपनी रिपोर्ट अक्टूबर, 2019 तक प्रस्तुत करनी होगी। पंद्रहवें वित्त आयोग की सिफारिशें 1 अप्रैल, 2020 से 31 मार्च, 2025 तक की अवधि के लिए होंगी।

नीति आयोग

नई सरकार के पहले नववर्ष के अवसर पर नए संस्थान **'नीति आयोग' (NITI Ayog)** का गठन किया गया। 1 जनवरी, 2015 को यह नया संस्थान, योजना आयोग के स्थान पर अस्तित्व में आया और उसी दिन योजना आयोग को समाप्त घोषित कर दिया गया।

15 मार्च, 1950 को जिस प्रस्ताव क माध्यम से योजना आयोग की स्थापना की गई थी उसके स्थान पर 1 जनवरी, 2015 को एक नया मंत्रिमंडल प्रस्ताव लाकर नीति आयोग की स्थापना की गई है। इस प्रकार नति आयोग का गठन भी एक मंत्रिमंडल प्रस्ताव द्वारा हुआ तथा यह भी एक परामर्शदात्री एवं संविधानेतर संस्था है। प्रस्ताव जारी करते हुए सरकार ने बताया है कि यह संस्थान सरकार के **थिंक टैंक** के रूप में सेवाएं प्रदान करेगा।

जिन कारणों से योजना आयोग के स्थान पर नीति आयोग की जरूरत है इसके लिए नीति अयोग के कुछ उद्देश्य निर्धारित किए गए हैं। जो निम्नवत हैं-

- राज्यों की सक्रिय भागीदारी के साथ राष्ट्रीय विकास प्राथमिकताओं, क्षेत्रों और रणनीतियों का एक साझा दृष्टिकोण विकसित करना।

- प्रधानमंत्री और मुख्यमंत्री को राष्ट्रीय एजेंडा का प्रारूप उपलब्ध कराना।
- सहयोगपूर्ण संघवाद को बढ़ावा देना।
- ग्राम स्तर पर विश्वसनीय योजना तैयार करने के लिए तंत्र विकसित करना।
- आर्थिक कार्यनीति में राष्ट्रीय सुरक्षा के हितों को शामिल करना।
- सामाज के उन वर्गों पर विशेष रूप से ध्यान देना जिन तक आर्थिक प्रगति से उचित प्रकार से लाभान्वित न हो पाने का जोखिम हो।
- रणनीतिक और दीर्घावधिक कार्यक्रम का ढांचा तैयार करना।
- राष्ट्रीय और अंतराष्ट्रीय थिंक टैंक और शैक्षिक एवं नीति अनुसंधान संस्थानों के बीच भागीदारी के लिए परामर्श और प्रोत्साहन देना।
- कार्यक्रमों और नीतियों के क्रियान्वयन के लिए प्रोद्यो. गिकी उन्नयन (बढ़ाना) और क्षमता निर्माण पर बल प्रदान करना।

नीति आयोग का गठन निम्न प्रकार से होगा-

- **अध्यक्ष** - भारत का प्रधानमंत्री
- **गवर्निंग काउंसिल** - राज्यों के मुख्यमंत्री और केन्द्रशासित प्रदेशों के उपराज्यपाल।
- **क्षेत्रीय परिषद्** - विशिष्ट मुद्दों और ऐसे आकस्मिक मामले जिनका संबंध एक से अधिक राज्य क्षेत्र से हो, के लिए।
- बैठक प्रधानमंत्री के निर्देश पर होगी
- परिषद में संबंधित क्षेत्र के राज्यों के मुख्यमंत्री ओर केन्द्रशासित प्रदेशों के उपराज्यपाल शामिल होंगे।
- **विशेष आमंत्रित सदस्य**- प्रधानमंत्री द्वारा नामित।
- **उपाध्यक्ष**-प्रधानमंत्री द्वारा नियुक्त।
- **सदस्य**-(i) पूर्णकालिक (ii) अंशकालिक
- **पदेन सदस्य**- केंद्रीय मंत्रिपरिषद से अधिकतम चार सदस्य, प्रधानमंत्री द्वारा नामित।
- **मुख्य संचालन अधिकारी**- भारत सरकार के सचिव स्तर का अधिकारी, प्रधानमंत्री द्वारा नियुक्त।
- **सचिवालय**- आवश्यकतानुसार
- 2 जनवरी, 2015 को योजना भवन के स्थान पर 'नीति आयोग' का नया बोर्ड लगा दिया गया है।
- इस परिवर्तन के क्रम में पहला कार्य यह किया गया है कि योजना आयोग की वेबसाइट को त्वरित प्रभाव से 'संग्रहित' (Archieved) कर दिया गया है।
- योजना आयोग के सभी पूर्व दस्तावेजों को इस वेबसाइट पर देखा जा सकता है।
- एक बात और स्पष्ट है कि योजना आयोग द्वारा किए जाने वाले अधिकांश परंपरागत कार्य नीति आयोग को स्थानांतरित कर दिए जाएंगे।
- योजना आयोग के उपाध्यक्ष Deputy Chairman कहलाते थे जबकि नवगठित नीति आयोग के उपाध्यक्ष Vice Chairman कहलाते हैं।

नीति आयोग द्वारा 15 वर्षीय विजन, 7 वर्षीय रणनीति और 3 वर्षीय एक्शन प्लान जारी किया

- भारत की 12वीं पंचवर्षीय योजना 31 मार्च, 2017 को पूरी होने के साथ ही देश में पंचवर्षीय योजनाओं की व्यवस्था समाप्त हो गई है और नीति आयोग द्वारा निम्न दस्तावेज तैयार किये जा रहे हैं :–
    - 15 वर्षीय दृष्टिकोण (Fifteen Year Vision)
    - 7 वर्षीय रणनीति (Seven Years Strategy)
    - 3 वर्षीय कार्य योजना (Three Year Action Plan)

15 वर्षीय दृष्टिकोण : नीति आयोग की गवर्निंग काउन्सिल की 23 अप्रैल, 2017 को हुई तीसरी बैठक में "India Vision 2031-32" की झलक प्रस्तुत की गयी, जिसमें निम्न. लिखित दृष्टिकोण को शामिल किया गया था:–

- देश की GDP जो 2015-16 में 137 लाख करोड़ थी वह बढ़कर 2031-32 में 469 लाख करोड़ हो जायेगी।
- वर्ष 2015-16 में PCI 1.06 लाख रूपये थी, वह बढ़कर 2031-32 में 3.14 लाख रूपये हो जायेगी।
- केन्द्रीय एवं राज्य सरकारों का कुल व्यय, जो 2015-2016 में 38 लाख करोड़ था, वह बढ़कर 2031-32 में 130 लाख करोड़ होने का अनुमान है।

नोट : 15 वर्षीय दृष्टिकोण व 7 वर्षीय रणनीति को नीति आयोग द्वारा अन्तिम रूप अभी दिया जा रहा है

3 वर्षीय कार्य योजना : वर्ष 2017-18, 2018-19 व 2019-20 की अवधि जो कि 14वें वित्त आयोग (2015-2020) के अंतिम वर्ष भी है, के लिए तीन वर्षीय कार्य योजना का मसौदा नीति आोग की गवर्निंग काउन्सिल की 23 अप्रैल, 2017 की बैठक में आयोग के उपाध्यक्ष अरविन्द पनगढ़िया ने जारी किया। यह गवर्निंग काउन्सिल

की तीसरी बैठक थी। इस तीन वर्षी एक्शन प्लान के मसौदे को केन्द्र सरकार के विभिन्न मंत्रालयों, राज्य सरकारों, वैज्ञानिक, अर्थशास्त्रियों, स्वयंसेवी संगठनों व उद्योग जगत के अतिरिक्त चिकित्सा, शिक्षा, परिवहन व संस्कृति आदि क्षेत्रों के विशेषज्ञों से विचार-विमर्श के पश्चात् तैयार किया है। इसमें निम्नलिखित प्रस्ताव मुख्य रूप से शामिल किए गए हैं:-

- राजकोषीय घाटा को घटाते हुए वर्ष 2019-20 तक इसे जीडीपी के 3.0 प्रतिशत तक लाना तथा राजस्व घाटे (Revenue Deficit) को घटाते हुए जीडीपी के 0.9 प्रतिशत तक लाना।
- किसानों की आय को 2022 तक दोगुना करने के उद्देश्य से उनकी उपज का समुचित मूल्य उन्हें दिलाना तथा सिंचाई आदि की सुविधाओं का विस्तार कर अधिक मूल्य वाली उपजों, पशुपालन व मत्स्यिकी आदि को बढ़ावा देना।
- उद्योगों व निर्यातों को बढ़ावा देने के लिए निर्यात आधारित उद्योगों को बढ़ावा देना तथा **'कोस्टल एम्प्ला. ॅयमेंट जोन'** सृजित करना।
- आवास-विस्तार हेतु जमीनों के मूल्य में कमी लाना, भूमि के उपयोग परिवर्तन नियमों को उदार करना तथा रूग्ण इकाइयों के पास उपलब्ध भूमि को मुक्त करना।
- निजी भूमि पर पेड़ काटने की नीति की समीक्षा करना।
- सड़क, रेल, नौवहन व वायु परिवहन तन्त्र को मजबूत बनाना।
- ऊर्जा क्षेत्र की सुदृढ़ता के लिए कोयला क्षेत्र में नियामक की नियुक्ति कर इस क्षेत्र में सुधार लाना तथा विद्युत के मामले में क्रॉस सब्सिडी को समाप्त करना।
- घाटे में चल रहे केन्द्रीय सार्वजनिक उपक्रमों को बन्द करना तथा सरकार की 20 कम्पनियों में रणनीतिक विनिवेश (Strategic Disinvestment) करना।
- सभी के लिए 2022 तक विद्युत की आपूर्ति सुनिश्चित करना, सभी बीपीएल परिवारों के लिए एलपीजी कनेक्शन उपलब्ध करना तथा 2022 तक ब्लैक कार्बन की समाप्ति।
- विज्ञान एवं प्रौद्योगिकी को बढ़ावा देने के लिए उपाय करना तथा इस मामले में प्राथमिकताएं निर्धारित करने तथा राष्ट्रीय मुद्दों पर विचार हेतु **'नेशनल साइंस टेक्नोलॉजी एण्ड इन्नोवेशन फाउण्डेशन'** का गठन करना।
- व्यापक कर सुधारों के जरिए कर आधार में वृद्धि, करवंचना पर अंकुश व कर प्रणाली का सरलीकरण करना।
- बेहतर मानव संसाधन प्रबन्धन व ई गवर्नेस के जरिए नागरिक सेवाओं को सुदृढ़ करना।
- जन स्वास्थ्य सुविधाओं में मजबूती लाने के लिए विभिन्न कदम उठाना।
- महिलाओं, बच्चों, युवा वर्ग, अल्पसंख्यकों, अनुसूचित जाति, जनजाति, अन्य पिछड़े वर्गों, दिव्यांगों व वरिष्ठ नागरिकों के कल्याण स्तर में वृद्धि लाना तथा समाज में महिलाओं की स्थिति के आकलन हेतु लिंग आधारित सूचकांक (Gender Based Index) सृजित करना।
- उच्च विकास को बढ़ावा देने के लिए सस्टेनेबल व्यवहारों को अपनाना, जल संसाधनों के सस्टेनेबल उपयोग को बढ़ावा देना।
- राष्ट्रीय पोषण मिशन शुरू करना तथा एक व्यापक पोषक सूचना तंत्र (Comprehensive Nutrition Information System) विकसित करना।

एसडीजी 2030

अब सहस्राब्दी विकास लक्ष्य (Millennium Development Goals - MDG) का स्थान सतत विकास लक्ष्य (Sustainable Development Goals - SDG) ने ले लिया है। संयुक्त राष्ट्र के इन महत्वाकांक्षी सतत विकास लक्ष्यों का उद्देश्य अगले 15 सालों में **गरीबी** और **भूख** को समाप्त करना और **लिंग समानता सुनिश्चित** करने के अलावा सभी को **सम्मानित जीवन** का अवसर उपलब्ध कराना है।

193 सदस्यीय संयुक्त राष्ट्र महासभा ने इस नई रूपरेखा **'अपनी दुनिया में बदलाव: टिकाऊ विकास के लिए 2015 से 2030 का एजेंडा'** को अंगीकार किया। इसमें अगले 15 साल के लिए **17 लक्ष्य** और **169 प्रयोजन** तय किये गए हैं, जो निम्नवत् हैं-

- गरीबी के सभी रूपों की पूरे विश्व से समाप्ति।
- भूख की समाप्ति, खाद्य सुरक्षा और बेहतर पोषण और टिकाऊ कृषि को बढ़ावा।
- सभी आयु के लोगों में स्वास्थ्य, सुरक्षा और स्वस्थ जीवन को बढ़ावा।
- समावेशी और न्यायसंगत गुणवत्तयुक्त शिक्षा सुनिश्चित करने के साथ ही सभी को सीखने का अवसर देना।

- लैंगिक समानता प्राप्त करने के साथ ही महिलाओं और लड़कियों को सशक्त करना।
- सभी के लिये स्वच्छता और पानी के सतत प्रबंधन की उपलब्धता सुनिश्चित करना।
- सस्ती, विश्वसनीय टिकाऊ और आधुनिक ऊर्जा तक पहुंच सुनिश्चित करना।
- सभी के लिये निरंतर समावेशी और सतत आर्थिक विकास, पूर्ण और उत्पादक रोजगार तथा बेहतर कार्य को बढ़ावा देना।
- लचीले बुनियादी ढाँचे, समावेशी और सतत औद्योगीकरण को बढ़ावा।
- देशों के बीच और भीतर असमानता को कम करना।
- सुरक्षित, लचीले और टिकाऊ शहर और मानव बस्तियों का निर्माण।
- स्थायी खपत और उत्पादन पैटर्न को सुनिश्चित करना।
- जलवायु परिवर्तन और उसके प्रभावों से निपटने के लिये तत्काल कार्यवाही करना।
- स्थायी सतत विकास के लिये महासागरों, समुद्र और समुद्री संसाधनों का संरक्षण और उपयोग।
- सतत उपयोग को बढ़ावा देने वाली स्थलीय पारिस्थितिकी प्रणालियों, सुरक्षित जंगलों, भूमि क्षरण और जैव-विविधता के बढ़ते नुकसान को रोकने का प्रयास करना।
- सतत विकास के लिये शांतिपूर्ण और समावेशी समितियों को बढ़ावा देने के साथ ही सभी स्तरों पर इन्हें प्रभावी, जवाहदेहपूर्ण बनाना ताकि सभी के लिये न्याय सुनिश्चित हो सके।
- सतत विकास के लिये वैश्विक भागीदारी को पुनर्जीवित करने के अतिरिक्त, क्रियान्वयन के साधनों को मजबूत बनाना।

प्रधानमंत्री की आर्थिक सलाहकार परिषद्

वृहद आर्थिक महत्व के मुद्दों पर प्रधानमंत्री को सलाह देने के लिए प्रधानमंत्री आर्थिक सलाहकार परिषद (EAC—PM-Economic Advisory Council to the Prime Minister) का गठन प्रधानमंत्री नरेन्द्र मोदी ने सितम्बर, 2017 में किया, नीति आयोग द्वारा 25 सितम्बर, 2017 को जारी विज्ञप्ति के अनुसार प्रतिष्ठित और विख्यात पाँच अर्थशास्त्रियों को इसमें शामिल किया गया है। इसकी संरचना इस प्रकार है–

1. डॉ. बिबेक देबरॉय (अध्यक्ष)

नोट : बिबेक देबरॉय नीति आयोग के सदस्य भी है।

2. डॉ. सुरजीत भल्ला (अंशकालिक सदस्य)
3. डॉ. रथिन रॉय (अंशकालिक सदस्य)
4. डॉ. अशीम गोयल (अंशकालिक सदस्य)
5. श्री रतन वाटल (प्रधान सलाहकार)

आर्थिक सलाहकार परिषद् एक स्वतत्र निकाय है, जो भारत सरकार, विशेष रूप से प्रधानमंत्री को आर्थिक मुद्दे से संबंधित विषयों पर सलाह देती है। प्रधानमंत्री द्वारा परिषद् को सौंपे गए आर्थिक या अन्य मुद्दे का विश्लेषण करना, वृहत आर्थिक महत्व के मुद्दों का समाधान करना और उनके बारे में प्रधानमंत्री को सलाह देना, इसके कार्यों में सम्मिलित है।

योजना आयोग का इंडिया विजन–2020

आने वाले दो दशकों में अर्थव्यवस्था की प्रगति का पूर्वाकलन करने वाला महत्वपूर्ण दस्तावेज **'इंडिया विजन–2020'** योजना आयोग ने 23 जनवरी, 2003 को जारी किया था। योजना आयोग के सदस्य श्याम प्रसाद गुप्ता की अध्यक्षता में विशेषज्ञों द्वारा तैयार किए गए 97 पृष्ठों के इस दस्तावेज में यह नहीं दर्शाया गया कि दो दशकों बाद वास्तविक स्थिति क्या होगी, बल्कि यह दर्शाने का प्रयास किया गया है कि क्या कुछ प्राप्त किया जा सकता है?

विशेषज्ञों की राय के आधार पर तैयार इस दस्तावेज में आशा व्यक्त की गई है कि 2 प्रतिशत वार्षिक वृद्धि की दर से रोजगार के 20 करोड़ अतिरिक्त अवसर सन 2020 तक सृजित किए जा सकेंगे इसके साथ ही कृषि में रोजगार 56 प्रतिशत के मौजूदा स्तर से घटकर 40 प्रतिशत ही रह जाएगा। रोजगार के नए अवसर मुख्यत: असंगठित क्षेत्रों में सृजित होने की सम्भावना इस दस्तावेज में बताई गई है। दस्तावेज के अनुसार देश की कुल जनसंख्या में शहरी जनसंख्या 25.5 प्रतिशत के मौजूदा स्तर से बढ़कर 2020 तक 40 प्रतिशत हो जाने की सम्भावना है। शहरों व गांवों में व्यापक जल संरक्षण कार्यक्रमों के बावजूद बड़े शहरों में जल संकट की स्थिति बने रहने की बात भी इसमें कही गई है। दस्तावेज के अनुसार खाद्यान्न उत्पादन में आधिक्य की स्थिति के बावजूद कुपोषण की पूर्ण अनुपस्थिति निश्चित नहीं है।

दस्तावेज को जारी करते हुए योजना आयोग के उपाध्यक्ष के.सी. पंत ने कहा कि लोकतंत्र में अनिश्चितताओं की विद्यमानता रहती है। इसलिए 20 वर्ष आगे के लिए स्पष्ट पूर्वानुमान लगाना सम्भव नहीं है, किन्तु सकारात्मक नीतियों के कार्यान्वयन व दृढ़ इरादों के साथ क्या कुछ प्राप्त किया

जा सकता है? यह दर्शाने का प्रयास इस दस्तावेज मे किया गया है।

इण्डिया विजन-2020 के महत्वपूर्ण लक्ष्यों का ब्यौरा निम्नलिखित प्रकार से वर्णित किया जा सकता है-

विकास के सूचक		2000 की स्थिति	2020 की सम्भावना
1.	गरीबी रेखा से नीचे की आबादी (% में)	26 प्रतिशत	13 प्रतिशत
2.	बेरोजगारी की दर	7.3 प्रतिशत	6.8 प्रतिशत
3.	वयस्क पुरुष साक्षरता	68 प्रतिशत	96 प्रतिशत
4.	वयस्क महिला साक्षरता	44 प्रतिशत	94 प्रतिशत
5.	प्राथमिक विद्यालयों में दाखिला	77.2 प्रतिशत	99.9 प्रतिशत
6.	शिक्षा पर खर्च (सकल राष्ट्रीय उत्पाद का प्रतिशत)	3.2 प्रतिशत	4.9 प्रतिशत
7.	जीवन प्रत्याशा (जन्म के समय)	64 वर्ष	69 वर्ष
8.	5 वर्ष से कम के बच्चों में कुपोषण	45 प्रतिशत	8 प्रतिशत
9.	स्वास्थ्य पर खर्च (सकल राष्ट्रीय उत्पाद का प्रतिशत)	0.8	3.4
10.	प्रति व्यक्ति ऊर्जा खपत (किलोग्राम तेल के समतुल्य)	486.0	2002.0
11.	बिजली खपत (किलोवाट प्रति घंटे)	384.0	2460.0
12.	टेलीफोन (प्रति हजार आबादी पर)	34.0	203.0
13.	व्यक्तिगत कम्प्यूटर (प्रति 1000 पर)	3.3	52.3
14.	अनुसंधान व विकास में लगे वैज्ञानिक व इंजीनियरों की संख्या (प्रति एक लाख आबादी में)	149.0	590.0
15.	सकल घरेलू उत्पाद में प्रतिशत हिस्सा		
	(i) कृषि	28.0 प्रतिशत	6.0 प्रतिशत
	(ii) उद्योग	26.0 प्रतिशत	34.0 प्रतिशत
	(iii) सेवा क्षेत्र	46.0 प्रतिशत	60.0 प्रतिशत
16.	कुल पूँजी निर्माण में प्रत्यक्ष विदेशी निवेश का हिस्सा	2.1 प्रतिशत	24.5 प्रतिशत
17.	शिशु मृत्यु दर (प्रति 1000 जीवित जन्म)	71 प्रतिशत	22.5 प्रतिशत

तथ्य सार संग्रह

- नियोजन का शाब्दिक अर्थ है कार्यों को प्राथमिकतानुसार क्रमबद्ध कर पूरा करना।
- निर्धारित अवधि में सीमित संसाधनों का बेहतर उपयोग करके अर्थव्यवस्था के विभिन्न क्षेत्रों में आर्थिक लक्ष्यों की उपलब्धियां ही आर्थिक नियोजन है।
- स्वतंत्रता के पश्चात भारत की प्रमुख चुनौतियों में शामिल था- गरीबी, बेरोजगारी, अल्परोजगार, अशिक्षित एवं अकुशल श्रम, गतिहीन कृषि, अर्द्ध-सामंती संबंध, उद्योगों के अल्प-विकास, अपर्याप्त आधारभूत संरचना आदि।
- भारत में आदेशात्मक नियोजन प्रथम योजना से आठवीं योजना के पूर्व तक रहा जबकि निर्देशात्मक नियोजन का आरंभ आठवीं योजना से माना जाता है, जिसे नवी योजना से पूर्णत: अपना लिया गया।
- 1943 में गांधीवादी योजना, 1944 में बाम्बे योजना, 1945 में जन योजना तथा 1950 में सर्वोदय योजना प्रस्तुत की गयी।
- भारत की पंचवर्षीय योजनाओं का कार्यकाल निम्नवत है-
    - प्रथम योजना (1951-56)
    - द्वितीय योजना (1956-61)
    - तीसरी योजना (1961-66)
    - चौथी योजना (1969-74)
    - पांचवी योजना (1974-79)
    - छठी योजना (1980-85)
    - सातवीं योजना (1985-90)
    - आठवीं योजना (1992-97)
    - नवीं योजना (1997-2002)
    - दसवीं योजना (2002-2007)
    - ग्यारहवीं योजना (2007-2012)

- बारहवीं योजना (2012-2017)

महत्वपूर्ण शब्दावली

- **समावेशी विकास (Inclusive Development):** समान अवसरों के साथ विकास करना ही समावेशी विकास है, दूसरे शब्दों में ऐसा विकास जो न केवल नए आर्थिक अवसरों को पैदा करे बल्कि समाज के सभी वर्गों के लिए सृजित ऐसे अवसरों की समान पहुंच को सुनिश्चित भी करे। हम उस विकास को समावेशी विकास कह सकते हैं जब यह समाज के सभी सदस्यों की इसमें भागीदारी और योगदान को सुनिश्चित करता है। विकास की इस प्रक्रिया का आधार समानता है। समावेशी विकास में जनसंख्या के सभी वर्गों के लिए बुनियादी सुविधाओं यानी आवास, भोजन, पेयजल, शिक्षा, कौशल, विकास, स्वास्थ्य के साथ-साथ एक गरिमामय जीवन जीने के लिए आजीविका के साधनों की सुपुर्दगी भी करना है।
- **सतत/धारणीय विकास (Sustainable Development) :** विकास का ऐसा मॉडल जिसमें ''प्राकृतिक संसाधनों के ऐसे प्रयोग को महत्व दिया जाता है जहाँ प्र. ाकृतिक संसाधनों का हस्तांतरण एक पीढ़ी से दूसरी पीढ़ी की ओर निर्बाध चलता रहे। अर्थात् प्राकृतिक संसाधनों का इस प्रकार दोहन करना ताकि भविष्य में आने वाली पीढ़ी भी उसका प्रयोग स्वयं के विकास के लिए कर सके।
- **योजना अवकाश (Plan Holiday) :** युद्ध, आपातकाल, वित्तीय संकट एवं प्राकृतिक आपदाओं के कारण देश में पंचवर्षीय योजना के स्थान पर वार्षिक योजना को अपनाया जाता है। यह स्थिति ही योजना अवकाश कहलाती है।

अभ्यास प्रश्न

◆ **स्तरः परम्परागत**

1. भारत में आर्थिक नियोजन के उद्देश्य रहे हैं-
   1. पूर्ण रोजगार की प्राप्ति (Full Employment)
   2. आय की समानता (Equality in Income)
   3. अवसर की समानता (Equality in Opportunity)
   4. आत्म-निर्भरता (Self-Reliance)

   कूटः

   (a) 1, 2 (b) 2, 3
   (c) 2, 1, 4 (d) 1, 2, 3, 4

2. सूची I को सूची II से सुमेलित कीजिए-

नियोजन	**वर्ष**
A. राष्ट्रीय योजना समिति (National Planning Committee)	1. 1945
B. बोम्बे प्लान (Bombay Plan)	2. 1950
C. सर्वोदय प्लान (Sarvodaya Plan)	3. 1944
D. जन योजना (The People's Plan)	4. 1938
	5. 1934

	A	**B**	**C**	**D**
(a)	3	4	5	2
(b)	5	3	4	2
(c)	4	3	2	1
(d)	1	5	4	3

3. भारत में नियोजन की अवधारणा कब स्वीकार की गयी?

   (a) 1947 (b) 1950
   (c) 1951 (d) 1952

4. पंचवर्षीय योजना (FYP) का अन्तिम प्रारूप (Final Draft) कौन प्रस्तुत करता है?

   (a) राष्ट्रपति (President)
   (b) संसद (Parliament)
   (c) राष्ट्रीय विकास परिषद् (NDC)
   (d) योजना आयोग (Planning Commission)

5. भारत में आर्थिक नियोजन कब प्रारंभ हुआ?

   (a) 15 अगस्त 1947 को
   (b) 26 जनवरी 1949 को
   (c) 1 अप्रैल 1951 को
   (d) 1 मई 1956 को

6. "Planned Economy for India" नामक पुस्तक के लेखक कौन हैं?

   (a) श्रीमन्न नारायण (b) एम. विश्वेश्वरैया
   (c) आर्दिशर दलाल (d) जयप्रकाश नारायण

7. "Planning and The Poor" नामक पुस्तक के लेखक कौन हैं?

   (a) J.K. Mehta (b) P. C. Mahalinobis
   (c) G. Myrdal (d) उक्त मं से कोई नहीं

8. राष्ट्रीय योजना समिति (National Planning Committee) की स्थापना कब हुई?
   (a) वर्ष 1938 (b) वर्ष 1942
   (c) वर्ष 1947 (d) वर्ष 1951

9. श्री मन्न नारायण द्वारा प्रस्तुत योजना का नाम था–
   (a) कांग्रेसी योजना (b) गांधीवादी योजना
   (c) जन योजना (d) बंबई प्लान

10. जन योजना (People's Plan) का प्रारूप किसने तैयार किया था?
   (a) जय प्रकाश नारायण (b) श्रीमन्न नारायण
   (c) एम. एन. राय (d) जान मथाई

11. राष्ट्रीय योजना समिति (National Planning Committee) के अध्यक्ष पद पर नियुक्त होने वाले व्यक्ति थे–
   (a) सुभाष चंद्र बोस
   (b) जवाहरलाल नेहरू
   (c) पी.सी. महालिनोबिस
   (d) वी. के. आर. वी. राव

12. निम्न में से किस अर्थशास्त्री ने विकासशील देशों के लिए "Rolling Plan" की अवधारणा का सर्वप्रथम समर्थन किया था?
   (a) हैरोड डोमर (b) जे. के. मेहता
   (c) डेविड रिकार्डो (d) गुन्नार मिर्डल

13. आर्थिक नियोजन का विषय है–
   (a) संघ सूची का (Union List)
   (b) राज्य सूची का (State List)
   (c) समवर्ती सूची का (Concurrent List)
   (d) किसी विशेष सूची में वर्णित नहीं है।

14. निम्नलिखित में कौन सुमेलित है?
   (a) तृतीय पंचवर्षीय योजना (Third Five Year Plan) - 1962 - 67
   (b) छठी पंचवर्षीय योजना (Sixth Five Year Plan) - 1980 - 85
   (c) पांचवीं पंचवर्षीय योजना (Fifth Five Year Plan) - 1975 - 1979
   (d) आठवीं पंचर्षीय योजना (Eighth Five Year Plan) - 1991 - 1996

15. अनवरत योजना (Rolling Plan) किस अवधि (Time Period) के लिया बनाया गया?
   (a) 1964 – 65 (b) 1971 – 78
   (c) 1979 – 1980 (d) 1980 – 1983

16. भारत में योजना अवकाश (Plan Holiday) कब रहा?
   (a) 1962 के चीन-भारत युद्ध के पश्चात्
   (b) 1966 के सूखे के पश्चात्
   (c) 1971 के बांग्लादेश की स्वतंत्रता के पश्चात्
   (d) 1965 में भारत-पाकिस्तान युद्ध के पश्चात्

17. निम्नलिखित में कौन सुमेलित है?

1. प्रथम पंचवर्षीय योजना (First Five Year Plan)	कृषि को प्राथमिकता (Focus on Agriculture Sector)
2. चतुर्थ पंचवर्षीय योजना (Fourth Five Year Plan)	आत्म-निर्भरता एवं स्थिरता के साथ विकास (Self-reliance and growth with stability)
3. पाचवीं पंचवर्षीय योजना (Fifth Five Year Plan)	आत्म-निर्भरता एवं गरीबी उन्मूलन (Self-Reliance and Poverty Elimination)
4. सातवीं पंचवर्षीय योजना (Seventh Five Year Plan)	सामाजिक न्याय के साथ विकास (Growth with social justice)

   कूट :
   (a) 1, 2, 3 (b) 1, 3, 4
   (c) 1, 2, 3, 4 (d) 1, 2, 4

18. आदेशात्मक नियोजन (Imperative Planning) की विशेषता नहीं है–
   1. यह आयोजन सामान्यतः पूंजीवादी एवं समाजवादी देशों में प्रचलित है।
   2. लाइसेंसिंग प्रणाली का चलन होता है।
   3. निजी एवं बाजार शक्तियों का प्रभुत्व होता है।
   4. केन्द्रीय स्तर पर एक शीर्ष संस्था नहीं होती।
   (a) 1, 2, 3 (b) 3, 4
   (c) 2, 3, 4 (d) 1, 2, 3, 4

19. सामुदायिक विकास कार्यक्रम (Community Development Programme) किस पंचवर्षीय योजना से संबंधित है?
   (a) I FYP (b) II FYP
   (c) III FYP (d) IV FYP

20. निम्न में से कौन-सी योजना द्वितीय पंचवर्षीय योजना (II FYP) से संबंधित है?
   (a) चितरंजन लोकोमोटिव
   (b) दुर्गापुर स्टील संयंत्र
   (c) राउरकेला स्टील संयंत्र
   (d) उपरोक्त सभी

21. "खादी एवं ग्राम उद्योग आयोग" की स्थापना किस पंचवर्षीय योजना के अन्तर्गत की गयी?
    (a) I FYP (b) II FYP
    (c) III FYP (d) IV FYP
22. पंचवर्षीय योजना को अनुमोदित करने वाली सर्वोच्च संस्था है–
    (a) योजना आयोग (Planning Commission)
    (b) राष्ट्रीय विकास परिषद (National Development Council)
    (c) वित्त आयोग (Finance Commission)
    (d) उपरोक्त में से कोई नहीं
23. निम्न में से सत्य कथन का चुनाव कीजिए–
    1. नेहरू मॉडल–भारी औद्योगिक विकास को प्राथमिकता
    2. गाँधी मॉडल–लघु एवं कुटीर उद्योगों को प्राथमिकता
    3. सिंह एवं राव मॉडल–एल.पी.जी. की नीति को प्राथमिकता
    4. महालिनोबिस मॉडल–आधारभूत उद्योगों को प्राथमिकता
    (a) 1, 2, 3 (b) 2, 3, 4
    (c) 3, 4 (d) सभी
24. किस पंचवर्षीय योजना के दौरान देश में हरित क्रांति का आरंभ हुआ?
    (a) चौथी पंचवर्षीय योजना
    (b) पांचवी पंचवर्षीय योजना
    (c) छठी पंचवर्षीय योजना
    (d) इनमें से कोई नहीं
25. चतुर्थ पंचवर्षीय योजना के असफल होने का प्रमुख कारण क्या था?
    (a) भारत–चीन युद्ध, बिगड़ती कीमत स्थिति
    (b) भारत–चीन एवं भारत–पाकिस्तान युद्ध
    (c) बांग्लादेशी शरणार्थियों का भारत आना एवं भारत चीन युद्ध
    (d) खराब मानसून, बिगड़ती कीमत स्थिति एवं बांग्लादेशी शरणार्थियों का भारत आना
26. निर्देशात्मक नियोजन (Indicative Planning) की विशेषता है–
    1. यह संकल्पना फ्रांस से ली गयी है।
    2. लोकतांत्रिक देशों में प्रचलित है।
    3. निर्णय प्रक्रिया विकेन्द्रीकृत होती है।
    4. राज्य की भूमिका नियामक के रूप में होती है।
    5. राज्य द्वारा योजना के लक्ष्य निर्धारित किये जाते हैं और जिन्हें प्राप्त करने की जिम्मेदारी निजी एवं बाजार शक्तियों की होती है।
    (a) 2, 3, 4 (b) 1, 4, 5
    (c) 3, 4, 5 (d) सभी
27. भारत में "गरीबी हटाओ" का नारा किस पंचवर्षीय योजना के अंतर्गत दिया गया?
    (a) दूसरी पंचवर्षीय योजना
    (b) तीसरी पंचवर्षीय योजना
    (c) चौथी पंचवर्षीय योजना
    (d) नौंवी पंचवर्षीय योजना
28. "Minimum Need Plan" किस योजना के अंतर्गत चलाया गया?
    (a) दूसरी पंचवर्षीय योजना
    (b) तृतीय पंचवर्षीय योजना
    (c) चौथी पंचवर्षीय योजना
    (d) पांचवी पंचवर्षीय योजना
29. पाँचवीं पंचवर्षीय योजना का मुख्य उद्देश्य–
    (a) आत्म–निर्भरता (b) गरीबी उन्मूलन
    (c) a और b दोनों (d) स्थिरता के साथ विकास
30. NABARD की स्थापना किस पंचवर्षीय योजना के दौरान हुई?
    (a) पांचवी पंचवर्षीय योजना
    (b) छठी पंचवर्षीय योजना
    (c) योजना अवकाश में
    (d) उपरोक्त में से कोई नहीं
31. तृतीय पंचवर्षीय योजना की विशेषता है–
    (a) 1964 में UTI और IDBI की स्थापना
    (b) 1965 में FCI और APC की स्थापना
    (c) सबसे विफल योजना
    (d) उपरोक्त सभी
32. सातवीं पंचवर्षीय योजना की अवधि थी–
    (a) 1987 - 92 (b) 1986 - 91
    (c) 1985 - 90 (d) 1988 - 94

◆ स्तर : सम्भावित

1. स्वर्ण जयन्ती ग्राम स्वरोजगार योजना (SGSY) के अन्तर्गत किन योजनाओं का विलय किया गया है?
    1. IRDP, TRYSEM
    2. Ganga Kalyan Yojana and Million Wells Scheme (MWS)
    3. DWCRA
    4. SITRA
    (a) 1, 3, 4 (b) 2, 3, 4
    (c) 1, 2, 4 (d) 1, 2, 3, 4
2. मरूभूमि विकास कार्यक्रम का प्रारंभ किस वर्ष हुआ?
    (a) 1977 - 78 (b) 1982 - 83
    (c) 1967 - 68 (d) 1986 - 87

3. CAPART के संबंध में **सत्य** कथन का चुनाव करें:
   1. इसका विस्तृत रूप "Council For Advancement of People Action and Rural Technology" है।
   2. यह भारत सरकार के ''ग्रामीण विकास विभाग'' की स्वतंत्र संस्था है।
   3. इसकी स्थापना 1 सितम्बर 1986 में की गयी।
   4. यह ''ग्रामीण विकास'' के लिए स्वयंसेवी संस्थाओं (NGOs) को अनुदान प्रदान करता है।
   5. इसका मुख्यालय नई दिल्ली में है।

   कूट :
   (a) 1, 3, 4 (b) 2, 3, 4
   (c) 1, 2, 4, 5 (d) उपरोक्त सभी
4. NIRD का विस्तृत रूप
   (a) National Institute of Rural Development
   (b) National Industrial and Rural Development
   (c) Nehru Rural Development Institute
   (d) None of these
5. भारत में 14 बड़े व्यापारिक बैंकों का राष्ट्रीयकरण (Nationalisation) किस योजना के दौरान हुआ?
   (a) चौथी पंचवर्षीय योजना
   (b) पांचवी पंचवर्षीय योजना
   (c) छठी पंचवर्षीय योजना
   (d) उपरोक्त में से कोई नहीं
6. आठवीं पंचवर्षीय योजना (VIII FYP) का आरंभ वर्ष–
   (a) 1992–97 (b) 1993–98
   (c) 1994–99 (d) None of these
7. 7वीं पंचवर्षीय योजना की प्रमुख विशेषता है–
   1. 1985 में NAFED की स्थापना
   2. 1987 में TRIFED की स्थापना
   3. 1988 में SEBI की स्थापना
   4. 1989 में JRY का प्रारंभ

   (a) 2, 3 (b) 3, 4
   (c) 1, 2, 3 (d) सभी
8. सबसे विफल योजना के रूप में किस पंचवर्षीय योजना को याद किया जाता है?
   (a) I FYP (b) II FYP
   (c) III FYP (d) IV FYP
9. निम्न में से किस योजना ने अपने निर्धारित लक्ष्य से अधिक की प्राप्ति की?
   (a) 8वीं (b) 9वीं
   (c) 10वीं (d) 11वीं
10. भाखड़ा नांगल, दामोदर एवं हीराकुंड जैसी बहुउद्देशीय नदी घाटी परियोजना किस पंचवर्षीय योजना में प्रारंभ की गयी?
    (a) प्रथम (b) द्वितीय
    (c) तृतीय (d) चतुर्थ
11. 9वीं पंचवर्षीय योजना का आरंभ वर्ष-
    (a) 1 अप्रैल 1997 से 31 मार्च 2002
    (b) 1 अप्रैल 1996 से 31 मार्च 2002
    (c) 1 अप्रैल 1995 से 31 मार्च 2000
    (d) उपरोक्त में से कोई नहीं
12. निम्न में से असत्य विकल्प का चुनाव करें-
    (a) 9वीं योजना - स्वर्ण जयंती शहरी रोजगार योजना का प्रारंभ
    (b) 6वीं योजना - EXIM बैंक की स्थापना
    (c) 10वीं योजना - भारत निर्माण एवं मनरेगा का प्रारंभ
    (d) 8वीं योजना - DWCRA एवं TRYSEM योजना का प्रारंभ।
13. नियोजन के लिए आवश्यक वित्तीय संसाधनों में शामिल है–
    1. कराधान (Taxation)
    2. सार्वजनिक ऋण (Public Borrowing)
    3. घाटे की वित्त व्यवस्था (Deficit Financing)
    4. निजी क्षेत्र में बचत (Saving in Public Sector)

    (a) 3, 4 (b) 1, 2
    (c) 1, 2, 3 (d) सभी
14. 15 वे वित्त आयोग के अध्यक्ष है।
    (a) रघुराम पटेल (b) उर्जित पटेल
    (c) विजय केलकर (d) एन.के. सिंह
15. वर्तमान में सरकार के थिंक टैंक के नाम से किये जाना जाता है।
    (a) नीति आयोग
    (b) योजना आयोग
    (c) आर्थिक सलाहकार समिति
    (d) इनमें से कोई नहीं
16. 15 वे निम्न आयोग की समयावधि है।
    (a) 2015–2020 (b) 2012–2017
    (c) 2019–2022 (d) 2020–2025
17. 12वीं पंचवर्षीय योजना की सर्वोच्च प्राथमिकता है–
    (a) त्वरित्त सम्पोषणीय एवं अधिक समावेशी संवृद्धि
    (b) न्याय वितरण एवं समानता के साथ विकास
    (c) मानव विकास
    (d) उक्त में से कोई नहीं।

18. 14 वे वित्त आयोग के अनुसार कल राजस्व में केन्द्र व राज्य की हिस्सेदारी क्रमशः
(a) 60:40 (b) 50:50
(c) 55:45 (d) 58:42

19. निम्न में से असत्य कथन का चुनाव कीजिए-

वित्त आयोग	अध्यक्ष
A. I	1. के.सी. नियोगी
B. XI	2. ए.एम. खुसरो
C. XII	3. विजय केलकर
D. XIII	4. सी. रंगराजन

(a) 3 (b) 2, 3
(c) 3, 4 (d) सभी सत्य हैं

20. सूची-I को सूची-II से सुमेलित कीजिए-

योजना	प्रारंभ वर्ष
A. भारत निर्माण (Bharat Nirman)	1. 3 दिसंबर 2005
B. आम आदमी बीमा योजना (Aam Admi Bima Yojana)	2. 2005-06
C. मिड डे मील योजना (Mid-Day Meal)	3. 12 अप्रैल 2005
D. राष्ट्रीय ग्रामीण स्वास्थ्य मिशन (National Rural Health Mission-NRHM)	4. August 1995
E. जवाहरलाल नेहरू राष्ट्रीय ग्रामीण रिन्यूबल मिशन (JNURM)	5. 2 Oct. 2007

	A	B	C	D	E
(a)	1	2	3	4	5
(b)	5	3	2	1	4
(c)	2	5	4	3	1
(d)	3	4	5	2	1

21. भारत में वित्त आयोग के गठन का प्रावधान संविधान के किस अनुच्छेद में है?
(a) अनुच्छेद 263 (b) अनुच्छेद 280
(c) अनुच्छेद 293 (d) अनुच्छेद 356

22. भारत में योजना आयोग की स्थापना कब की गयी?
(a) 15 मार्च 1950 (b) 6 अगस्त, 1950
(c) 2 मार्च, 1951 (d) उक्त में से कोई नहीं

23. प्रथम योजना आयोग के उपाध्यक्ष (Vice-Chairman) थे-
(a) जवाहर लाल नेहरू (b) जगजीवन राम
(c) गुलजारी लाल नंदा (d) सी. डी. देशमुख

24. योजना आयोग के उपाध्यक्ष (Vice-Chairman) को भारत सरकार के "सरकारी वरीयता क्रम" में महत्व का दर्जा (Rank) दिया गया है-
(a) सुप्रीम कोर्ट के जज के समान
(b) भारत सरकार के सचिव के समान
(c) भारत सरकार के कैबिनेट मंत्री के समान
(d) उक्त में से कोई नहीं

25. अंतर्राज्यीय परिषद (Interstate Council) की विशेषताएं हैं-
1. यह एक संवैधानिक संस्था है।
2. केन्द्र एवं राज्यों के बीच विवादों का निपटारा करती है।
3. राष्ट्रपति ऐसी परिषदों का गठन करता है।
4. भारतीय संविधान के अनुच्छेद 265 में उल्लेख है।

कूट :
(a) 1, 2 (b) 3, 4
(c) 1, 2, 3 (d) सभी

26. राज्य वित्त आयोग का गठन राज्यपाल संविधान के किस अनुच्छेद के अंतर्गत करता है?
(a) 245 (A) (b) 242 (C)
(c) 243 (I) (d) 252 (b)

27. सूची I को सूची II से सुमेलित कीजिए-

A. Art. 271	1. केंद्र सरकार राज्यों को 'कर्ज' दे सकती है।
B. Art. 275	2. आयकर पर सरचार्ज लगाना केंद्र सरकार का एकाधिकार है।
C. Art. 282	3. केंद्र, राज्य सरकारों को 'योजना उद्देश्य' हेतु अनुदान।
D. Art. 293	4. केंद्र, राज्य सरकारों को "सार्वजनिक उद्देश्य" हेतु अनुदान

	A	B	C	D
(a)	2	4	3	1
(b)	1	2	3	4
(c)	4	3	2	1
(d)	2	3	4	1

28. निम्न में से कौन अब तक गठित किसी भी वित्त आयोग का अध्यक्ष नहीं रहा है?
(a) अमरीश बागची
(b) महावीर त्यागी
(c) के.सी. पंत
(d) ब्रह्मनन्द रेड्डी

29. 73वाँ संविधान संशोधन संबंधित है-
  (a) न्यायपालिका
  (b) शिक्षा का अधिकार
  (c) ग्रामीण पंचायती व्यवस्था
  (d) वित्तीय सुधार

30. क्षेत्रीय परिषद की प्रमुख विशेषताएं हैं-
  (a) यह एक संवैधानिक निकाय है।
  (b) यह एक गैर-संवैधानिक निकाय है।
  (c) यह एक सांवधिक निकाय है।
  (d) निम्न में से कोई नहीं

31. नीति आयोग का गठन कब हुआ?
  (a) 1 अप्रैल 2015
  (b) 1 जनवरी 2015
  (c) 1 मार्च 2015
  (d) 1 जून 2015

32. विजन 2020 सम्बन्धित है-
  (a) योजना आयोग से
  (b) विश्व बैंक
  (c) अन्तर्राष्ट्रीय मुद्रा कोष
  (d) उपरोक्त में से कोई नहीं

उत्तरमाला

◆ **स्तरः परम्परागत**

1. (d)	2. (c)	3. (b)	4. (c)	5. (c)	6. (b)	7. (c)	8. (a)	9. (b)	10. (c)
11. (b)	12. (d)	13. (c)	14. (d)	15. (a)	16. (d)	17. (a)	18. (d)	19. (a)	20. (d)
21. (b)	22. (b)	23. (d)	24. (d)	25. (d)	26. (d)	27. (c)	28. (d)	29. (c)	30. (b)
31. (d)	32. (c)								

◆ **स्तरः सम्भावित**

1. (d)	2. (a)	3. (d)	4. (a)	5. (a)	6. (a)	7. (d)	8. (c)	9. (c)	10. (a)
11. (a)	12. (d)	13. (d)	14. (d)	15. (a)	16. (d)	17. (a)	18. (d)	19. (c)	20. (c)
21. (b)	22. (a)	23. (c)	24. (c)	25. (c)	26. (d)	27. (d)	28. (a)	29. (c)	30. (c)
31. (b)	32. (a)								

मुख्य परीक्षा हेतु अभ्यास प्रश्न

1. आदेशात्मक व निर्देशात्मक आयोजन की विशेषता लिखे और भारतीय अर्थव्यवस्था के सन्दर्भ में इन आयोजनों का अपनाने का औचित्य क्या था।।
2. ''योजना आयोग का स्थान नीति आयोग ने ग्रहण कर लिया है'' कारण सहित व्याख्या करे।
3. एसडीजी (2015 से 2030) और विजन-2020 इन दोनों दस्तावेजों में क्या समानताएं है? इस प्रकार के दस्तावेज भारत की अर्थव्यवस्था में सुधार लाने में कितने कारगर सिद्ध हांगे।

अध्याय 11

बजट
(Budget)

प्रस्तावना

बजट शब्द फ्रेंच भाषा के "बूजट" से लिया गया है फ्रेंच में "बूजट" शब्द का अर्थ है–"चमड़े का थैला"। सन् 1733 में ब्रिटेन के तत्कालिक वित्त मंत्री सर राबर्ट वालपोल ने संसद के समक्ष पेश करने के लिऐ अपने वित्तीय प्रस्ताव चमड़े के एक थैले में से निकाले थे उसी समय से बजट शब्द का प्रयोग सरकार के वार्षिक आय-व्यय के विवरण के लिये किया जाने लगा।

बजट का अर्थ

सामान्य प्रचलित अर्थ में "बजट" का अभिप्राय सरकार के वार्षिक आय-व्यय के उन लिखित दस्तावेजों से है जिसे कार्यपालिका एवं मंत्रिमंडल द्वारा संयुक्त रूप से तैयार किया जाता है जिसके आधार पर सरकार को वार्षिक एवं दीर्घकालिक आर्थिक नीतियाँ एवं कल्याणकारी योजनाओं को बनाने एवं क्रियान्वयन करने में सहायता प्राप्त होती है।

बजट सामान्यतः सरकारी विवरण या दस्तावेज के रूप में जाना जाता है जिसमें सरकार की गत वर्ष की आय-व्यय की स्थिति, आगामी वर्ष के आर्थिक सामाजिक कार्यक्रम एवं उन पर व्यय, प्रस्तावित कर ढांचा जिसमें आय को बढ़ाने एवं व्यय को घटाने से संबंधित प्रस्तावों का विवरण सम्मिलत होता है।

नोटः *भारतीय संविधान में बजट शब्द का कहीं भी उल्लेख नहीं है परन्तु संविधान में "वार्षिक वित्तीय विवरण" शब्द का उल्लेख मिलता है जिसे सामान्यतः बजट समझा जाता है। संविधान के अनुच्छेद 112 के अनुसार- "सरकार प्रत्येक वर्ष आय-व्यय का एक लेखा-जोखा प्रस्तुत करेगी जिसमें यह उल्लेख होगा कि सरकार आगामी वित्तीय वर्ष में किस मद पर कितना व्यय करेगी तथा इस व्यय को पूरा करने के लिये आय कहाँ से प्राप्त करेगी?"*

बजट के प्रमुख प्रकार

अर्थव्यवस्था में सरकारी हस्तक्षेप के बदलते आयामों, उद्‌देश्यों व परिस्थितियों आदि के फलस्वरूप बजट की प्रक्रिया और स्वरूपों में समय-समय पर परिवर्तन किए जाते रहे हैं। मोटे तौर पर प्रचलन में आए बजट के विभिन्न स्वरूपों का विवरण निम्नवत् है–

(i) परंपरागत अथवा आम बजट | (ii) निष्पादन बजट | (iii) शून्य आधारित बजट | (iv) आउटकम बजट | (v) जेण्डर बजटिंग

(i) परंपरागत अथवा आम बजट

- पारम्परिक बजट आज के आम बजट का प्रारम्भिक रूप कहा जा सकता है।
- इस प्रकार के बजट का मुख्य उद्‌देश्य विधायिका का कार्यपालिका पर वित्तीय नियन्त्रण स्थापित करना रहा है।
- इस बजट में मुख्य रूप से विभिन्न मदों में किये जाने वाले व्ययों और विभिन्न मदों से प्राप्त होने वाली आय को प्रस्तुत किया जाता है।
- इसमें किस क्षेत्र में कितना धन व्यय करना है उसी का उल्लेख होता था किन्तु इस व्यय को करने से क्या-क्या परिणाम प्राप्त होगें, उनका ब्यौरा नहीं दिया जाता था अर्थात् इस प्रकार के बजट का मुख्य उद्‌देश्य सरकारी खर्चों पर नियन्त्रण करना था न कि तीव्र गति से विकास तथा विकास कार्यों को अंजाम देना।

अतः यह बजट स्वतन्त्र भारत की समस्याओं को सुलझाने तथा इसकी महत्वाकांक्षाओं को पूर्ण करने में असमर्थ समझा गया। यही कारण है कि भारत में निष्पादन बजट की आवश्यकता तथा महत्ता को स्वीकार किया जाने लगा।

निष्पादन बजट

- निष्पादन बजट को **उपलब्धि बजट** या **कार्यपूर्ति बजट** भी कहा जाता है। अतः कार्य के "परिणामों" या "निष्पादन" को आधार बनाकर निर्मित होने वाला बजट निष्पादन बजट कहलाता है।
- निष्पादन बजट के सम्बन्ध में प्रशासनिक सुधार आयोग का मानना है कि निष्पादन बजट सरकारी प्रचलन के कार्यों, कार्यक्रमों, क्रियाओं तथा परियोजनाओं को पेश करने की एक कार्यविधि है।
- निष्पादन बजट मूलतः लक्ष्योन्मुखी तथा उद्देश्यपरक प्रणाली पर आधारित है जिसमें केवल संगठनात्मक आय का हिसाब ही नहीं बल्कि प्राप्त हुए निष्कर्षों या कार्य निष्पादन को मूल्यांकन का आधार बनाया जाता है।
- निष्पादन बजट का शुभारंभ संयुक्त राज्य अमरीका में हुआ जहां प्रशासनिक सुधारों के लिए बने प्रथम हूपर आयोग (1949) ने सरकार को कार्यों, कार्यक्रमों तथा क्रियाओं पर आधारित बजट बनाने की अनुशंसा की। हूपर आयोग के अनुसार-**"निष्पादन बजट" सरकार क्या कर रही है,? कितना कर रही है? तथा कितनी कीमत पर कर रही है? इन सभी बातों को प्रतिबिम्बित करता है।**
- हूपर आयोग की अनुशंसा के आधार पर संयुक्त राज्य अमरीका की संघीय सरकार ने 1951 में निष्पादन बजट बनाना शुरू किया।

शनैः-शनैः निष्पादन बजट प्रणाली विश्व के अन्य देशों में भी लोकप्रिय होने लगी और वर्तमान में यह प्रणाली भारतीय बजट व्यवस्था में भी देखने को मिलती है।

शून्य आधारित बजट

- शून्य आधारित बजट को अपनाने के दो प्रमुख कारण हैं-
  (i) देश के बजट में निरन्तर बढता हुआ घाटा।
  (ii) निष्पादन बजट प्रणाली के क्रियान्वयन का अनुभव।
- इन दोनों स्थितियों ने इस बात की आवश्यकता पर बल दिया कि व्ययों पर कटौती कर बजट में प्रचलित घाटों पर अंकुश लगाया जाये। अर्थात् शून्य आधारित बजट प्रणाली व्यय पर अंकुश लगाने की एक तार्किक प्रणाली है।
- इस बजट प्रणाली में विगत वर्षों के व्ययों को भावी व्यय के लिये तर्क के रूप में स्वीकार नहीं किया जाता। अर्थात् प्रश्न यह नहीं होता कि व्यय में कितनी वृद्धि या कितनी कमी की जाए बल्कि प्रश्न यह है कि व्यय किया जाए या ना किया जाए।
- इस प्रणाली में प्रत्येक क्रियाकलाप का शून्य आधार से पुनः औचित्य निर्धारित किया जाता है न कि पुराने व्ययों पर नये व्ययों का प्रावधान किया जाता है।
- इस प्रणाली का उद्देश्य प्रत्येक क्रियाकलाप का परीक्षण ठीक उसी प्रकार से किया जाता है जिस प्रकार किसी नए प्रस्ताव का परीक्षण कर यह निर्णय लिया जाता है कि क्या यह गतिविधि वर्तमान परिस्थितियों के लिए आवश्यक है?
- इस प्रणाली को सूर्यास्त बजट प्रणाली (सनसेट बजट सिस्टम) भी कहा जाता है जिसका अर्थ यह है कि वित्तीय वर्ष के सूर्यास्त से पूर्व प्रत्येक विभाग को एक शून्य आधारित बजट प्रस्तुत करना होता है जिसमें उसके प्रत्येक क्रियाकलाप व उपलब्धियों का लेखा-जोखा रहता है।
- अमरीका के टेक्सास इन्स्ट्रूमेन्ट के बजट निदेशक **पीटर ए.पायर**(1970) को जीरो बेस बजट का जनक माना जाता है। इस प्रणाली को सर्वप्रथम प्रयोग 1973 में अमरीका के जार्जिया प्रान्त के बजट में तत्कालीन गर्वनर जिमी कार्टर द्वारा अपनाया गया तथा बाद में 1979 में इसे अमरीका के राष्ट्रीय बजट में राष्ट्रपति जिमी कार्टर द्वारा अपनाया गया।
- भारत में जीरो बेस बजटिंग की प्रक्रिया की शुरुआत सरकारी क्षेत्र के एक प्रमुख शोध संगठन **"काउन्सिल ऑफ साइन्टिफिक एण्ड इण्डस्ट्रियल रिसर्च"** द्वारा की गयी। वर्ष 1987-88 का बजट बनाते समय केन्द्र सरकार के सभी विभागों द्वारा जीरोबेस पद्धति पर बजट बनाने का प्रयास किया। इस प्रक्रिया को अपनाकर कई विभागों और मंत्रालयों के व्यय में भारी कटौती हुई। केन्द्र सरकार के अतिरिक्त विभिन्न राज्य सरकारों द्वारा बढ़ते सरकारी खर्चों और अनुपयोगी होती जा रही अनेक स्कीमों और कार्यक्रमों पर होने वाले भारी-भरकम व्ययों को कम करने के उद्देश्य से इस प्रणाली को प्रयोग में लाना प्रारम्भ किया गया है।

नोट : वर्तमान में लगभग सभी राज्य सरकारों द्वारा पूर्णरूपेण न सही तो आंशिक रूप से शून्य आधारित बजट को लागू किया जा रहा है। तथा इस बात के अधिक से अधिक प्रयास करने पर बल दिया जा रहा है कि इसे यथासम्भव अधिक से अधिक विभागों और कार्यकलापों अथवा कार्यक्रमों में प्रभावी रूप से लागू किया जाये।

आउट कम बजट

- केन्द्र सरकार द्वारा बजट की इस नयी पद्धति की शुरुआत वर्ष 2005-06 के बजट में की गयी और देश के संसदीय इतिहास में पहली बार 25 अगस्त 2005 को आउटकम बजट वित्त मंत्री द्वारा संसद में प्रस्तुत किया गया।

  देश में आउटकम बजट लाने का उद्देश्य यह था कि-देश में हर साल बड़ी संख्या में विकास योजनाएं बनती हैं और उन पर भारी धनराशि खर्च की जाती है। इन योजनाओं को अमली जामा किस हद तक पहनाया गया है इसके लिए कोई खास पैमाना निर्धारित नहीं है और जो निर्धारित भी है उस पर खास ध्यान नहीं दिया जाता। योजनाओं के लटके रहने और लागत बढ़ते जाने से जो नुकसान होता है उसकी जिम्मेदारी तय करने के लिए भी कोई तन्त्र उपलब्ध नहीं है। इस तरह की कई कमियों को दूर करने की कोशिश "आउटकम बजट" में की जाती है।
- आम बजट में आवंटित धनराशि का विभिन्न मंत्रालयों और विभागों ने क्या और कैसे उपयोग किया? आउटकम बजट इसका रिपोर्ट कार्ड है। यह मन्त्रालयों और विभागों के कार्य-प्रदर्शन में एक "मापक" का भी काम करता है। जिससे कार्यक्रमों के परिणामों को बेहतर बनाया जा सकता है
- इस प्रणाली के माध्यम से निर्धारित लक्ष्यों की आपूर्ति की सही-सही जानकारी मिल सकती है जैसे यदि यह जानना हो कि किसी स्कूल, भवन अथवा स्वास्थ्य केन्द्र के लिए आवंटित धन क्या वास्तव में जारी कर दिया गया है तो आउटकम बजट से इसका पता लगाया जा सकता है। इससे यह भी पता चल सकता है कि निर्धारित धनराशि में से निर्धारित समयावधि में कितना धन खर्च किया जा चुका है और कितना कार्य हुआ है।
- सरकार द्वारा विभिन्न योजनाओं के अन्तर्गत निर्धारित किए गए परिव्यय व परियोजनाओं के क्रियान्वयन तथा परिणामों की निगरानी के लिए उपयोगी होने के कारण भारत जैसे कई देशों में इसे अपनाया जा रहा है।

जेण्डर बजटिंग

- देश में महिला अधिकारिता और महिला सशक्तिकरण की दिशा में बजट के योगदान को स्वीकार करते हुए केन्द्र सरकार द्वारा जेण्डर बजटिंग की शुरुआत वर्ष 2005 से की गयी।
- जेण्डर बजटिंग के माध्यम से सरकार द्वारा महिलाओं के विकास, कल्याण और सशक्तिकरण से सम्बन्धित योजनाओं और कार्यक्रमों के लिए प्रतिवर्ष बजट में एक निर्धारित राशि की व्यवस्था करने का प्रावधान है।
- वर्तमान बजट में उन तमाम योजनाओं और कार्यक्रमों पर जिनका सम्बन्ध महिला और शिशु कल्याण से है कितना धन आवंटित किया गया उल्लेख ही **जेण्डर बजटिंग** कहलाता है।

केन्द्रीय बजट के प्रमुख दस्तावेज

समान्यतया केन्द्रीय बजट में निम्नांकित सात दस्तावेज शामिल होते हैं-

(i) **वित्तमंत्री का भाषणः** यह दस्तावेज दो भागों में बँटा होता है-पहले भाग में सामान्य आर्थिक परिदृश्य और दूसरे भाग में प्रत्यक्ष व अप्रत्यक्ष कर प्रस्ताव तथा सरकार की आर्थिक नीतियों का विवरण होता है।

(ii) **वार्षिक वित्तीय कथनः** इस दस्तावेज में आगामी वित्त वर्ष के लिए अनुमानित सरकारी आय और व्यय संबंधी विस्तृत टिप्पणियां दी जाती हैं।

(iii) **बजट का सारः** इस दस्तावेज में पूरे बजट का सारांश संक्षिप्त आंकड़ों और ग्राफों के रूप में दिया जाता है। विभिन्न राज्यों, केन्द्रशासित प्रदेशों से केन्द्र सरकार को प्राप्त होने वाली धनराशि तथा उन्हें दी जाने वाली धनराशि का विवरण भी बजट सार में दिया जाता है।

(iv) **वित्त विधेयकः** इस दस्तावेज में सरकार द्वारा प्रस्तावित कर प्रस्तावों का विवरण दिया जाता है।

(v) **बजट प्राप्तियाँः** इसमें अगामी वर्ष में सरकार को प्राप्त होने वाला अनुमानित राजस्व पूँजी प्राप्तियां तथा घरेलू और विदेशी ऋण का विवरण दिया जाता है।

(vi) **बजट व्ययः** इस दस्तावेज में आगामी वर्ष में सरकार द्वारा व्यय की जाने वाली धनराशि विभिन्न मंत्रालयों और विभागों पर योजनागत और गैर-योजनागत मदों के अन्तर्गत

व्यय की जाने वाली धनराशि का विवरण दिया जाता है।
नोटः बजट 2017-18 को पेश करते हुए वित्त मंत्री अरुण जेटली ने योजनागत व गैर योजनागत व्यय की श्रेणियों को समाप्त करने की घोषणा की थी।

(vii) **अनुदान की मांगः** इसमें विभिन्न मन्त्रालयों की अपनी निजी मांगों के साथ-साथ समस्त अनुदानों की मांगों का सारांश दिया जाता है।

बजट में शामिल आंकड़ों का स्वरूप

केन्द्रीय बजट में अर्थव्यवस्था के प्रत्येक क्षेत्र अथवा उप-क्षेत्र के लिए आकड़ों का तीन सेट/समूह होता है:

(i) पिछले वर्ष के वास्तविक आंकड़े (Actual Data-AD)
(ii) चालू वित्त वर्ष के अनन्तिम/अस्थायी आंकड़े (Provisional Estimates-PE)
(iii) आगामी वर्ष के बजट का अनुमान/आकलन (Budgetary Estimates-BE)

उदाहरणः मान लीजिये 2018-19 का बजट पेश किया जा रहा हो तो उस बजट में तीन प्रकार के आंकड़ों का समूह निम्न तरीके से प्रस्तुत किया जायेगा-

2016-17 : वर्ष 2016-17 के वास्तविक आंकड़े प्रस्तुत किये जाएंगे।
2017-18 : वर्ष 2017-18 का अनन्तिम/अस्थायी आंकड़े प्रस्तुत किये जाएंगे।
2018-19 : वर्ष 2018-19 के बजट अनुमान/आकलन के आंकड़े प्रस्तुत किये जाएंगे।

बजट निर्माण की प्रक्रिया

- बजट निर्माण एक अत्यन्त विस्तृत एवं जटिल आर्थिक प्रक्रिया है जिसमें विभिन्न मन्त्रालयों, विभागों और कई प्रमुख संस्थाओं का योगदान रहता है।
- हमारे देश में वित्तीय वर्ष की अवधि जिसके लिये बजट बनाया जाता है प्रत्येक वर्ष 1अप्रैल से 31मार्च तक की अवधि रहती है। वित्तीय वर्ष के लिए प्रयुक्त इस अवधि को देश में वर्ष 1967 में अपनाया गया था। इससे पूर्व देश में यह अवधि 1 मई से 30 अप्रैल तक मानी जाती थी।
- किसी देश की प्राकृतिक, आर्थिक एवं सामाजिक परिस्थितियों के आधार पर उस देश की वित्तीय वर्ष की अवधि निश्चित की जाती है।
- देश के केन्द्रीय बजट निर्माण हेतु प्रत्येक आगामी वित्तीय वर्ष के लिए बजट तैयार करने की प्रक्रिया सामान्यतया 6-7 माह पूर्व अर्थात पूर्ववर्ती वर्ष के अगस्त-सितम्बर माह में प्रारम्भ हो जाती है।
- बजट निर्माण का कार्य विविध विभागों के परस्पर सहयोग तथा समन्वय का परिणाम है। बजट निर्माण प्रक्रिया को पाँच चरणों में बांटा जा सकता है जो निम्नवत है:
  (i) बजट की रूपरेखा
  (ii) बजट के दस्तावेज
  (iii) संसद की स्वीकृति
  (iv) बजट का क्रियान्वयन
  (v) वित्तीय कोषों का लेखांकन और लेखा परीक्षण

बजट निर्माण का प्रथम चरण

- बजट निर्माण की प्रक्रिया के अन्तर्गत सर्वप्रथम वित्त मंत्रालय द्वारा प्रशासनिक मन्त्रालयों एवं योजना आयोग (वर्तमान में नीति आयोग) तथा नियन्त्रक महालेखा परीक्षक के सहयोग से बजट की रूपरेखा तैयार की जाती है।

  प्रशासनिक मंत्रालयः यह मंत्रालय अपने अधीनस्थ कार्यालयों से प्राप्त विवरण के अधार पर वित्त मन्त्रालय की प्रशासकीय आवश्यकताओं की जानकारी प्रदान करते हैं।

  योजना आयोगः योजना आयोग योजनाओं की प्राथमिकता के बारे में परामर्श देने का महत्वपूर्ण कार्य करता है।

  नियन्त्रक महालेखा परीक्षकः कैग "बजट का प्राक्कथन" तैयार करने हेतु वित्त मन्त्रालय को लेखा कौशल उपलब्ध कराता है।

  उपरोक्त तालमेल के अधार पर इस प्रकार पहले चरण में व्ययों के अनुमान तैयार किये जाते हैं जिसके लिए वित्त मंत्रालय जुलाई-अगस्त में विभिन्न मंत्रालयों एंव विभागों को प्रपत्र प्रेषित करता है तथा इस प्रपत्र में विनियोग के शीर्षक तथा उपशीर्षक एवं गतवर्ष की वास्तविक आय तथा व्यय एवं वर्तमान वर्ष के स्वीकृत अनुमान, वर्तमान वर्ष के संशोधित अनुमान एवं आगामी वर्ष के बजट प्राक्कलन के अतिरिक्त आय-व्यय में हुई कमी/बढ़ोत्तरी आदि का कॉलम होता हैं जिसे भरकर विभिन्न विभाग अपने प्रशासकीय मन्त्रालयों को भेजते हैं जो उन्हें

सशोधित कर नवम्बर के मध्य तक वित्तमंत्रालय को भेज देतें है। इस प्रपत्र की एक प्रति सम्बन्धित विभाग महालेखा परीक्षक के पास भी विचारार्थ भेजते हैं जो अपनी टिप्पणी के साथ इसे वित्त मंत्रालय तथा प्रशासकीय मन्त्रालय के पास भेजता है।

नोटः *महालेखा परीक्षक जब इसे वित्त मंत्रालय के पास भेजता है तो वित्त मंत्रालय द्वारा इसका परीक्षण मितव्ययिता के उद्‌देश्य से करता है जबकि प्रशासकीय मंत्रालय द्वारा बजट के अनुमानों का सूक्ष्म परीक्षण सरकारी नीतियों के सन्दर्भ में किया जाता है।*

- वित्त मंत्रालय द्वारा व्यय के अनुमानों के परीक्षण के दौरान योजना आयोग से भी परामर्श लिया जाता है और इस प्रकार व्ययों के अनुमान तैयार हो जाते हैं।
- व्ययों के अनुमान तैयार होने के बाद वित्त मंत्रालय सरकारी आय अथवा राजस्व से सम्बन्धित अनुमान आयकर विभाग, सीमा शुल्क विभाग तथा उत्पादन कर विभाग से विगत वर्ष में संग्रह की गयी धनराशि के आंकड़ों के आधार पर आगामी वित्तीय वर्ष के लिये सम्भावित आय का अनुमान लगाता है। इसी आधार पर आगामी वित्त वर्ष के लिये करों की दरों का पुनर्निर्धारण करने हेतु प्रस्ताव तैयार किया जाता है।

बजट निर्माण का दूसरा चरण

- बजट निर्माण के दूसरे चरण में वित्त मंत्रालय समस्त विभागों की मांगों को एकत्रित करता है और वित्तीय नीति सम्बन्धी मामलों में सम्पूर्ण मन्त्रिपरिषद में निर्णय लेकर दो अलग-अलग भागों में आय और व्यय का विवरण तैयार किया जाता है यह ब्योरा ही **बजट दस्तावेज** कहलाता है।
- वित्त मंत्री इस दस्तावेज को सामान्यतः फरवरी माह के अंतिम कार्य दिवस में लोक सभा में प्रस्तुत करता है और इसके बाद वित्त मंत्री द्वारा बजट भाषण दिया जाता है।

बजट निर्माण का तीसरा चरण

- तीसरे चरण में बजट पर संसद में चर्चा करायी जाती है। यह दिशा-निर्देश लोक सभा के कार्य संचालन नियम संख्या 207 (1) (2) में उल्लेखित है। जिसमें यह प्रावधान है कि संसद सम्पूर्ण बजट के बारे में विचार-विमर्श कर सकती है लेकिन वाद-विवाद के मध्य न तो कोई प्रस्ताव पेश किया जा सकता है और न ही सदन में बजट पर मतदान कराया जा सकता है।
- लोक सभा में अलग-अलग मन्त्रालयों के लिए क्रमवार अनुदान मांगों को प्रस्तुत किया जाता है।

नोटः *हमारा आम बजट 109 अनुदान मांगों में विभाजित रहता है जिसमें से 103 मांगें लोक व्यय (सार्वजनिक व्यय) से संबन्धित हैं तथा 6 मांगें सुरक्षा व्यय से सम्बन्धित हैं।*

- अनुदान मांगों पर विचार करते समय विपक्षी सदस्यों को बजट की आलोचना का पूरा अवसर दिया जाता है और उनके द्वारा अनेक प्रकार की कटौतियों के प्रस्ताव सदन के समक्ष प्रस्तुत किये जाते हैं। अनुदान मांगों पर विचार-विमर्श की अवधि 26 दिन की होती है। इस अवधि में **विनियोजन विधेयक** पास करवाया जाता है जिससे सरकार को सरकारी कोष से धन खर्च करने की शक्ति प्राप्त हो जाती है। परन्तु व्यय को पूरा करने हेतु वित्तीय साधनों की प्राप्ति "कर प्रस्ताव" द्वारा ही सम्भव हो पाती है जिसके लिये वित्त विधेयक को प्रस्तुत किया जाता है।
- वित्त-विधेयक में करों की दरों में संशोधन सम्बन्धी प्रस्ताव होते हैं।

नोटः *विनियोजन विधेयक तथा वित्त विधेयक, दोनों सदनों (लोक सभा एंव राज्य सभा) के लिये प्रेषित किये जाते हैं जिसके बाद राष्ट्रपति के हस्ताक्ष. रोपरान्त ही विधेयक कानून बन जाता है।*

बजट निर्माण का चौथा चरण

संसद द्वारा केन्द्रीय बजट के पास कर दिये जाने के बाद बजट निर्माण के चौथे चरण में विनियोजन अधिनियम के अनुसार इसके कार्यान्वयन की कार्यवाही प्रारम्भ होती है। इसमें यह ध्यान दिया जाता है कि बजट के क्रियान्वयन से सम्बन्धित सरकारी तंत्र पूर्ण निष्ठा और कुशलता से कार्य करने के लिए प्रेरित हो।

बजट के कार्यान्वयन में समान्यतया पाँच प्रक्रियाएं सम्मिलित रहती हैं यथा-

(i) वित्तीय स्रोतों का एकत्रीकरण
(ii) वित्तीय संसाधनों का संरक्षण
(iii) वित्तीय संसाधनों का वितरण
(iv) सरकारी आय-व्यय का लेखा
(v) लेखांकन

बजट के क्रियान्वयन में "लेखांकन" का विशेष महत्व होता है। इसी वजह से "नियन्त्रक तथा महालेखा

परीक्षक" के अधीन लेखा एंव अंकेक्षण विभाग की अलग से स्थापना की गयी है जो सभी प्रकार के लेन-देन का ब्यौरेवार वर्गीकरण तथा मासिक एंव वार्षिक संकलन आदि के लिए उत्तरदायी होता है।

बजट निर्माण का पाँचवा चरण

बजट निर्माण का अंतिम एंव पाँचवा चरण लेखा परीक्षण का होता है। सामान्यतया सभी सरकारी विभागों द्वारा प्रतिमाह के हिसाब महालेखाकार के कार्यालय को प्रेषित किए जाते हैं। यहाँ पर इन्हें आय-व्यय के लिए निर्धारित विभिन्न शीर्षकों के अन्तर्गत वर्गीकृत किया जाता है और फिर इन लेखों का नियमित रूप से लेखा अधिकारियों द्वारा अंकेक्षण किया जाता है।

अंकेक्षण के बाद महालेखा परीक्षक द्वारा इन लेखों का वार्षिक संकलन मुख्य चार शीर्षकों यथा-

(i) राजस्व खाता (ii) पूंजीगत खाता (iii) ऋण खाता (iv) दूरस्थ प्राप्तियों में किया जाता है। यह बजट-सत्र के समय संसद के समक्ष प्रस्तुत किए जाते हैं और इस प्रकार बजट का अन्तिम चरण पूर्ण होकर बजट सम्बन्धी प्रक्रिया पूर्ण हो जाती है।

बजट का वर्गीकरण

बजट को सामान्यतः दो वर्गों में बांटा जा सकता है

1. सार्वजनिक आय/प्राप्तियाँ [Public Receipts],
2. सार्वजनिक व्यय [Public Expenditure]

1. सार्वजनिक प्राप्तियां

एक वित्तीय वर्ष में सरकार को प्राप्त होने वाला कुल राजस्व "सार्वजनिक प्राप्तियाँ" कहलाता है। बजट में सार्वजनिक प्राप्तियों को दो भागों में बाटाँ जा सकता है- (i) **राजस्व प्राप्तियाँ [Revenue Receipts], (ii) पूंजीगत प्राप्तियाँ [Capital Receipts]**

(i) **राजस्व प्राप्तियां :** एक वित्तीय वर्ष में प्राप्त ऐसे राजस्व को इस वर्ग में शामिल किया जाता है जिसका भुगतान करने का उत्तरदायित्व सरकार पर नहीं होता। यह मद सरकार की वास्तविक आय होती है।

राजस्व प्राप्तियां दो प्रकार की होती हैं-

(a) कर राजस्व [Tax Revenue]

(b) गैर-कर राजस्व [Not Tax Revenue]

(a) **कर राजस्वः** प्रत्यक्ष एवं परोक्ष करों से प्राप्त समस्त आय ''कर राजस्व'' के अन्तर्गत शामिल की जाती हैं। प्रत्यक्ष एवं परोक्ष कर के उदाहरण निम्नवत हैं-

प्रत्यक्ष कर

केन्द्र सरकार के प्रत्यक्ष करः आयकर, निगम कर।

राज्य सरकार के प्रत्यक्ष करः भू-राजस्व, कृषि आय पर कर।

परोक्ष कर

केन्द्र सरकार के परोक्ष करः सीमा शुल्क, केन्द्रीय उत्पादक शुल्क, सेवा कर।

राज्य सरकार के परोक्ष करः विज्ञापन कर, राज्य उत्पाद शुल्क, स्टाम्प एवं पंजीयन शुल्क।

नोटः 1 जुलाई 2017 से जीएसटी को सम्पूर्ण भारत में लागू कर दिया गया है। जिसमें सभी (केन्द्र व राज्य सरकार) अप्रत्यक्ष करो का विलय कर दिया गया है।

(b) **गैर-कर राजस्व :** करों को छोड़कर अन्य स्रोतों से प्राप्त होने वाली आय ''गैर-कर राजस्व'' में शामिल की जाती है। गैर-कर राजस्व में शामिल होने वाली मदें निम्नवत् हैं-

- **लाभ एवं लाभांशः** भारत सरकार स्वयं कई प्रकार की औद्योगिक तथा वित्तीय संस्थाओं और सेवाओं का संचालन करती है जैसे- ONGC, SAIL, GAIL, BHEL, राष्ट्रीयकृत बैंक, जीवन बीमा निगम आदि। सरकार को इनसे प्रतिवर्ष लाभ तथा लाभांश प्राप्त होता है।
- **ब्याज आयः** कई बार केन्द्र, भारत सरकार के द्वारा राज्य सरकारों, अन्य संस्थाओं, एवं विदेशी सरकारों को उधार देती है, जिस पर केन्द्र सरकार को वार्षिक ब्याज के रूप में आय मिलती है।
- **अन्यः** फीस एवं जुर्माने से प्राप्त आय, विदेशों से प्राप्त अनुदान एवं सहायता।

(ii) **पूँजीगत प्राप्तियांः** इसके अन्तर्गत आय के उन समस्त स्रोतों को रखा जाता है, जिसका ब्याज समेत भुगतान करना अनिवार्य होता है। पूँजीगत प्राप्तियों में शामिल प्रमुख मदें निम्नवत् हैं:-

- **निवल घरेलू ऋणः** इससे आशय उन सरकारी उधारों से है जिनका प्रयोग भारत सरकार धन उगाहने के लिए करती है। प्रायः ये प्रतिभूतियां बैंक तथा ट्रस्टों द्वारा क्रय की जाती हैं। इनकी भिन्न-भिन्न परिपक्वता अवधियों पर भिन्न-भिन्न ब्याज दरें देय होती हैं जिनके भुगतान हेतु भारत सरकार वचनबद्ध होती है। अतः सरकार को विगत वर्षों (पिछले वर्षों) में प्राप्त नए ऋणों में से इस वर्ष चुकाए जाने वाले ब्याज को घटाने पर ''निवल घरेलू ऋण'' (Net Domestic Debt) की मात्रा ज्ञात की जाती है। इसे उदाहरण के माध्यम से समझा जा सकता हैं-

उदाहरणः

2010 से 2018 के मध्य सरकार द्वारा लिया गया ऋण	-	वर्तमान वित्तीय वर्ष 2018 में सरकार द्वारा चुकाया गया ब्याज	=	निवल घरेलू ऋण 2018 में
↓		↓		↓
100 करोड़	-	1 करोड़	=	99 करोड़

नोट : निवल घरेलू ऋण में मुख्य रूप से- बाजारी ऋण, अल्प बचतें (निवल), राज्य लोक भविष्य निधियाँ (निवल), लोक भविष्य निधियां (निवल), विशेष प्रतिभूतियां तथा विविध पूंजीगत प्राप्तियों आदि को शामिल किया जाता है।

- **निवल विदेशी ऋणः** सरकार को विदेशी सरकारों, विदेशी वाणिज्यिक बैंकों तथा अन्तर्राष्ट्रीय मौद्रिक संस्थाओं से ऋण प्राप्त होता है। साथ ही सरकार को विगत वर्ष में प्राप्त हुए ऋणों पर ब्याज भी देना होता है। अतः सरकार को विगत वर्षों में प्राप्त नए ऋणों में से इस वर्ष चुकाए जाने वाले ब्याज की मात्रा घटाने पर ''निवल विदेशी ऋण'' (Net Foreign Debt) की मात्रा ज्ञात की जाती है।
- **ऋण वापसी** : सरकार ने पिछले वित्तीय वर्षों में राज्य सरकारों, सार्वजनिक निगमों, अन्य संस्थाओं, विदेशी सरकारों को यदि कोई ऋण दिया है, तो उसके जिस भाग की वापसी चालू वित्तीय वर्ष में होती है उस धनागम को ऋण वापसी के तहत रखा जाता है।
- **लोक लेखा प्राप्तियां** : सरकार बैंकिंग संस्थाओं का नियंत्रक होने के साथ-साथ बैंकर के रूप में भी कार्य करती है। पोस्ट आफिसों में समय जमाएं, लघु बचतें तथा भिन्न प्रकार के बचत-पत्र, किसान विकास पत्र आदि समय-समय पर जारी होते रहते हैं। इन सबसे जो समग्र आय प्राप्त होती है उसे ''लोक लेखा प्राप्तियां'' (Public Debt) कहते हैं। इन स्रोतों से प्राप्त समग्र आय में से इसी वित्तीय वर्ष में किए जाने वाले ब्याज भुगतान को घटाकर जो आय प्राप्त होती है उसे निवल लोक लेखा प्राप्तियां कहते हैं।

2. सार्वजनिक व्यय

एक वित्तीय वर्ष में सरकार द्वारा किये जाने वाले कुल व्यय को ''सार्वजनिक व्यय'' कहा जाता है। बजट में सार्वजनिक व्ययों को दो भागों में बाँटा जा सकता है-

(i) राजस्व व्यय (Revenue Expenditure)

(ii) पूंजीगत व्यय (Capital Expenditure)

(i) राजस्व व्यय : राजस्व व्यय को दो भागो में बाँटा जाता है (a) गैर-विकासात्मक व्यय और (b) विकासात्मक व्यय

(a) गैर-विकासात्मक व्यय : इस व्यय में शामिल प्रमुख मदें निम्नवत् हैं :

- सरकारी सेवाओं पर होने वाला व्यय
- ब्याज अदायगी
- अनुदान
- सब्सिडी

- **सरकारी सेवाओं पर होने वाला व्यय** : सरकार के व्यय का मुख्य कारण समाज कल्याण में वृद्धि लाना है। समाज कल्याण हेतु सरकार कई प्रकार की सेवाएं उपलब्ध कराता है जिस पर प्रत्येक वर्ष भारी-भरकम व्यय किया जाता है। जैसेः **प्रतिरक्षा व्यय**- इसके अंतर्गत सेना के तीनों अंगों के कर्मचारियों और उनकी जरूरतों पर किया जाने वाला व्यय शामिल है। **प्रशासनिक सेवाएं**- इसके अन्तर्गत न्यायालय, पुलिस, सार्वजनिक व्यवस्थाओं, विदेशी राजनयिक (राजदूतों) आदि सेवाओं

पर होने वाला व्यय शामिल है। **आर्थिक सेवाएं**- इसके अन्तर्गत प्रत्यक्ष या अप्रत्यक्ष रूप से उपलब्ध करायी जाने वाली आर्थिक सुविधायें जैसे सिंचाई, विदेशी व्यापार, प्रोत्साहन सेवाएं, परिवहन तथा संचार सेवाएं, खाद्यान्न उपलब्ध कराने की योजनाएं शामिल है। **सामाजिक तथा सामुदायिक सेवायें**- इसके अन्तर्गत सामाजिक उत्थान एवं जीवन स्तर में सुधार करने वाली सेवाओं यथा-स्वास्थ्य, परिवार कल्याण, खेलकूद, युवा तथा महिला विकास, सूचना तथा प्रसारण सांस्कृति विकास कार्यक्रम पर होने वाला व्यय शामिल है।

- **ब्याज अदायगी :** ब्याज अदायगी में सभी प्रकार के ऋणों चाहे वह घरेलु हों या विदेशी, निजी या संस्थागत हों, पर अदा किया गया ब्याज शामिल होता है। वर्तमान में राजस्व व्यय में ब्याज अदायगी ही सबसे बड़ा व्यय का मद है।
- **अनुदान:** केन्द्र सरकार राज्य सरकारों, सार्वजनिक उद्यम की इकाइयां तथा अन्य संस्थाओं को विभिन्न कारणों से समय-समय पर अनुदान देती है। अकाल, सूखा राहत, भूकम्प, बाढ़ तथा अन्य असामान्य परिस्थितियों में भी अनुदान दिये जाते हैं। कभी-कभी सरकार विदेशों को भी अनुदान देती है।
- **सब्सिडी:** केन्द्र सरकार निर्यात प्रोत्साहन, उत्पादन प्रोत्साहन तथा निम्न आय वर्ग के लोगों के लिए खाद्यान्न की उचित मात्रा, उचित मूल्य पर या निःशुल्क उपलब्ध कराने के लिए विभिन्न मात्रा में सब्सिडी प्रदान करती है।

(b) विकासात्मक व्यय: इस व्यय में शामिल प्रमुख मदें निम्नवत् हैं-

- सामाजिक एवं सामुदायिक सेवाएं
- सामान्य आर्थिक सेवाएं
- कृषि एवं सहायक सेवाएं
- रासायनिक उर्वरक सब्सिडी
- विद्युत, सिंचाई एवं बाढ़ नियंत्रण
- परिवहन एवं संचार

(ii) पूंजीगत व्यय : पूँजी व्यय खाते में सरकार के उन व्ययों को शामिल किया जाता है जिनमें व्यय तो चालू वर्ष में किया जाए किन्तु जिनसे सामाजिक कल्याण में वृद्धि चालू वर्ष के सा. थ-साथ आगामी वर्षों तक वृद्धि होती रहती है, जैसे यदि सरकार लोगों के स्वास्थ्य कल्याण हेतु किसी जिले में चिकित्सालय की स्थापना करे, तो सरकार को दो प्रकार का व्यय करना होगा।

(i) अस्पताल के भवन तथा अन्य स्थायी परिसम्पत्तियों का निर्माण।

(ii) डाक्टर तथा नर्सों की नियुक्ति, दवाइयों पर व्यय आदि।

दवाइयों तथा डाक्टर व नर्सों के वेतन पर होने वाले खर्च से रोगियों को तत्काल लाभ मिलेगा किन्तु स्थायी परिसम्पत्तियां-भवन आदि के निर्माण से आगामी वर्षों में भी लाभ प्राप्त होता रहेगा। इस कारण इन पर होने वाला व्यय पूंजी खाते में शामिल किया जाता है।

बजट में प्रचलित घाटे

भारत के बजट में निम्नलिखित घाटे देखने को मिलते हैं-

- राजस्व घाटा (Revenue Deficit)
- प्रभावी राजस्व घाटा (Effective Revenue Deficit)
- राजकोषीय घाटा (Fiscal Deficit)
- प्राथमिक घाटा (Primary Deficit)
- मौद्रीकृत घाटा (Monetised Deficit)

राजस्व घाटा

सरकारी बजट में राजस्व प्राप्तियों (Revenue Receipts) के सापेक्ष राजस्व व्यय (Revenue Expenditure) अधिक होता है तो यह स्थिति ''राजस्व घाटा'' (Revenue Deficit) कहलाती है।

नोट: भारत में इस नयी शब्दावली का प्रयोग वित्त वर्ष 1997-98 से प्रारम्भ हुआ। किसी भी वित्त वर्ष के राजस्व घाटे को मात्रात्मक रूप में सकल घरेलू उत्पाद के प्रतिशत के रूप में दर्शाया जाता है।

सूत्र: राजस्व प्राप्तियां (कर राजस्व + गैर-कर राजस्व) ↓
- राजस्व व्यय (गैर-विकासात्मक + विकासात्मक व्यय) ↑
= राजस्व घाटा

राजस्व घाटा को कम करने के लिये राजस्व व्यय के गैर-विकासात्मक व्ययों को कम करके विकासात्मक कार्यों में व्यय किया जाये तो यह घाटा कम हो सकता है।

प्रभावी राजस्व घाटा

परंपरागत रूप से राजस्व घाटा, सरकार की राजस्व प्राप्ति और राजस्व व्यय के बीच का ऋणात्मक अंतर है परन्तु इस घाटे में केन्द्र सरकार के वे व्यय भी शामिल होते हैं जो केन्द्र, राज्य सरकारों को अनुदान के रूप में देता है और राज्य इनसे

कई स्थायी परिसम्पत्तियों का सृजन करता है। हालांकि इन परिसम्पत्तियों का स्वामित्व केन्द्र की बजाय राज्यों का होता है। अत: यह व्यय ''गैर-विकासात्मक'' या ''अनुत्पादक'' (Non-Productive) नहीं माना जा सकता क्योंकि इनसे प्रत्यक्ष स्थायी निवेश होता है। इस प्रकार यह तर्क रखा गया कि केन्द्र के राजस्व व्यय में से उन खर्चों को जिनसे राज्यों मे परिसम्पत्तियां सृजित होती है, को घटाकर देखा जाना चाहिए और घटाने के बाद जो मात्रा बचती है वास्तव में वहीं केन्द्र का राजस्व घाटा माना जाना चाहिये। इस स्थिति को दर्शाने के लिए नयी अवधारणा ''प्रभावी राजस्व घाटे'' (Effective Revenue Deficit) का चलन प्रारम्भ हुआ।

नोट: भारत में इस नयी शब्दावली का प्रयोग वित्तीय वर्ष 2011-12 से प्रारम्भ हुआ।

सूत्र : राजस्व घाटा – पूँजीगत अस्तियों संबंन्धित अनुदान (केन्द्र द्वारा राज्यों को विकासात्मक कार्यों हेतु दिया गया अनुदान) = प्रभावी राजस्व घाटा।

राजकोषीय घाटा

यदि सरकार की कुल प्राप्ति (राजस्व + पूंजीगत प्राप्तियां) तथा कुल व्यय (राजस्व + पूंजीगत व्यय) का संतुलन नकारात्मक हो तो यह ''राजकोषीय घाटा'' (Fiscal Deficit) कहलाता है।

राजकोषीय घाटे का अभिप्राय यह है कि सरकार द्वारा किया गया खर्च उनके साधनों से कहीं अधिक है। यानि सरकार अपने आय से अधिक व्यय कर रही है। राजकोषीय घाटे को सकल घरेलू उत्पाद के प्रतिशत के रूप में दर्शाया जाता है। राष्ट्रीय तथा अंतर्राष्ट्रीय अध्ययनों के लिए सामान्यत: इसे प्रतिशत में दर्शाया जाता है। भारत में प्राय: यह घाटा सर्वाधिक होता है।

नोट: भारत में इस नयी शब्दावली का प्रयोग वित्तीय वर्ष 1997-98 से प्रारम्भ हुआ।

सूत्र: कुल प्राप्तियां (राजस्व + पूंजीगत प्राप्तियां) ↓ – कुल व्यय (राजस्व + पूंजीगत व्यय) ↑ = राजकोषीय घाटा

प्राथमिक घाटा

सरकारी बजट के राजकोषीय घाटे में से सरकारी बजट के कुल ब्याज भुगतान को घटाने पर जो शेष बचता है उसे ''प्राथमिक घाटा'' (Primary Deficit) कहते हैं।

नोट: भारत में इस नयी शब्दावली का प्रयोग वित्तीय वर्ष 1997-98 से प्रारंभ हुआ।

सूत्र: राजकोषीय घाटा – ब्याज भुगतान = प्राथमिक घाटा

तालिका 11.1 घाटे की प्रवृत्तियां (जीडीपी के % के रूप में)

घाटे	2014-15	2015-16	2016-17	2017-18
1. राजस्व घाटा	2.9	2.5	2.1	1.9
2. राजकोषीय घाटा	4.1	3.9	3.5	3.2
3. प्राथमिक घाटा	0.9	0.7	0.4	0.1

स्रोत : आर्थिक समीक्षा 2017-18

मौद्रीकृत घाटा

राजकोषीय घाटे का वह भाग, जिसकी आपूर्ति सरकार को RBI द्वारा की गयी (कर्ज के रूप में) उसे ''मौद्रीकृत घाटा'' (Monetised Deficit) कहा जाता है। किसी वित्त वर्ष के लिये इसे सकल घरेलू उत्पाद के रूप में दर्शाया जाता है।

नोट: वर्तमान में यह घाटा अलग से नहीं दर्शाया जाता।

बजट घाटा तथा बजट अधिशेष
(Budget Deficit and Surplus Budget)

सरकारी बजट की कुल आय (राजस्व खाते की आय + पूँजी खाते की आय) यदि व्यय से अधिक हो तो इस आधिक्य को **बजट अधिशेष (Budget Surplus)** कहते हैं। इसी तरह सरकारी बजट का कुल व्यय (राजस्व खाते का व्यय + पूंजी खाते का व्यय) यदि कुल आय (राजस्व खाते का आय + पूंजी खाते का आय) से अधिक हो तो यह **बजट घाटा (Budget Deficit)** कहलाता है।

व्यवहार में विश्व भर में कई सरकारें अधिशेष बजट प्रस्तुत करती हैं लेकिन भारत में इस तरह का बजट कभी प्रस्तुत नहीं किया गया।

घाटे का वित्त पोषण (Deficit Financing)

यह सरकार द्वारा बजट घाटे के लिए की गई वित्त प्रबन्ध की प्रक्रिया है। इस प्रक्रिया में सरकार को यह पूर्व से ही मालूम होता है कि उसका कुल व्यय कुल प्राप्ति से अधिक होगा तथा वह ऐसी नीतियों का निर्धारण करती है, जिससे इस घाटे को वहन किया जा सके। इसका पहली बार उपयोग 1930 के दशक में संयुक्त राज्य अमेरिका में लोक वित्त के क्षेत्र में किया गया। अब इस शब्द का प्रयोग 'कॉर्पोरेट क्षेत्र' में भी किया जाता है।

घाटे के वित्त पोषण की आवश्यकता (Need of Deficit Financing)

1920 के दशक में इस प्रकार की नीति की आवश्यकता महसूस की गई तथा इस अवधारणा का उद्‌भव हुआ। इसकी आवश्यकता तब होती है, जब सरकार को किसी निर्धारित अवधि में विकास हेतु आय से अधिक व्यय करने की आवश्यकता होती है। विकास होने के बाद आय से अधिक व्यय किए गए पैसों की प्रतिपूर्ति की जाती है–यही सोच इसका आधार है।

1930 के दशक में पहली बार संयुक्त राज्य अमेरिका ने इस प्रकार की नीति को आजमाया तथा उसके तुरंत बाद सभी यूरोप–अमेरिकी सरकारों ने इस नीति का अनुसरण किया। इस नीति के द्वारा ही विश्व के विकसित देश 1929 की आर्थिक मन्दी से उभर पाए। 1960 के दशक में यह अवधारणा विश्वभर में लोकप्रिय हो गई। भारत ने वित्तीय अभाव की नीति को 1969 में आजमाया तथा 1970 के दशक में यह एक अनिवार्य नीति बन गई। धीरे-धीरे भारत ने राजकोषीय सुधार की प्रक्रिया को अपनाया, जिसे वित्तीय समेकन (Fiscal Consolidation) की प्रक्रिया कहा जाने लगा।

घाटे के वित्त पोषण के साधन (Means of Deficit Financing)

जब वित्तीय अभाव की नीति लोक वित्त के क्षेत्र में विश्व भर में एक स्थापित प्रक्रिया बन गई तब समय के साथ-साथ इसके साधन भी विकसित होने लगे। ये साधन निम्नलिखित हैं :

I. **विदेशी सहायता (External Aids) :** यह सबसे उचित साधन है जिसके द्वारा सरकारी घाटे की आवश्यकता को पूरा किया जा सकता है यदि यह निम्न ब्याज के साथ आता हो तो भी। यदि यह सहायता बिना ब्याज के आता हो तो इससे बेहतर और कुछ नहीं हो सकता।

II. ***विदेशी अनुदान (External Grants) :*** यह विदेशी सहायता से भी बेहतर साधन है क्योंकि न तो इस पर किसी किस्म का ब्याज होता है तथा न ही इसकी अदायगी जरूरी है, यह निःशुल्क होता है। इस तरह का अनुदान भारत को पोखरण परमाणु परीक्षण (सन् 1975) के बाद मिलना बंद हो गया। कई बार भारत ने इस तरह के अनुदान को नहीं स्वीकारा है, जैसे–सुनामी के उपरान्त भारत को दिया गया अनुदान (क्योंकि इनमें शर्तें छुपी होती हैं)।

III. **विदेशी ऋण (Foreign Debt) :** विदेशी ऋण वित्तीय घाटे को संभालने का दूसरा सबसे बेहतर तरीका है, बशर्ते कि वे तुलनात्मक रूप से सस्ते तथा लम्बी अवधि के हों। यद्यपि विदेशी ऋण को देश की संप्रभु निर्णय लेने की प्रक्रिया पर हस्तक्षेप माना जाता है लेकिन इसके अपने फायदे हैं तथा यह आंतरिक ऋण से दो कारणों से बेहतर माना जाता है:

(a) विदेशी ऋण विदेशी मुद्रा के रूप में आता है जिससे सरकारी खर्च को अतिरिक्त फायदा होता है, सरकार चाहे तो इस ऋण का उपयोग देश के अन्दर अथवा आयात पर टिकी विकास की आवश्यकताओं के लिए कर सकती है।

(b) यह 'क्राउडिंग ऑउट' (Crowding out) प्रभाव के कारण भी बेहतर माना जाता है क्योंकि सरकार यदि देश के बैंकों से ऋण लेगी तो अन्य लोग निवेश के लिए कहां से ऋण लेंगे?

IV. **आंतरिक ऋण (Internal Borrowings) :** आंतरिक ऋण वित्तीय घाटे को कम करने का तीसरा सबसे बेहतर तरीका है लेकिन यदि इस किस्म का ऋण अत्यधिक लिया गया तो जनता तथा निजी क्षेत्र के निवेश संभावनाओं पर प्रतिकूल प्रभाव पड़ता है। अर्थव्यवस्था पर दोहरा नकारात्मक प्रभाव पड़ता है- **निम्न निवेश** (जिसके कारण निम्न उत्पादन, निम्न सकल घरेलू उत्पाद तथा निम्न प्रति व्यक्ति आय, इत्यादि) व **निम्न मांग** (आम जनता तथा निजी क्षेत्र द्वारा) - अर्थव्यवस्था की गति धीमी पड़ जाती है, जैसा कि 1960, 1970 तथा 1980 के दशकों में देखा गया।

V. **मुद्रा छापकर (Printing Currency) :** यह वित्तीय घाटे को कम करने का अंतिम हथियार है। लेकिन इस साधन की कमी यह है कि सरकार इसके द्वारा वह व्यय नहीं कर सकती है जिसे विदेशी मुद्रा में किया जाना है।

मुद्रा छापने के कारण अर्थव्यवस्था पर पड़ने वाले अन्य प्रतिकूल प्रभाव निम्नलिखित हैं:

(a) यह आनुपातिक रूप में मुद्रास्फीति में वृद्धि करता है।

(b) यह सरकारी कर्मचारियों के वेतनमान में संशोधन करने के लिए सरकार को बाध्य करता है जिसके कारण सरकारी खर्च का भार अधिक हो जाता है।

सरकार इन सभी साधनों में से किसी भी साधन का चयन कर अपने वित्तीय घाटे को कम कर सकती है। सामान्यत: सरकारें वित्तीय प्रबन्धन के लिए इन सभी साधनों के संयोजन का प्रयोग करती हैं।

राजकोषीय प्रबंधन

पिछले दो दशक के दौरान राजकोषीय घाटे के सन्दर्भ में आर्थिक उदारीकरण के परिणाम मिश्रित रहे। इसी के **मद्देनजर** 2003 में **राजकोषीय उत्तरदायित्व और बजटीय प्रबंधन अधिनियम** पारित किया गया जो 2004 से लागू हुआ। इसके तहत 2008-09 तक **राजकोषीय घाटे को 3%** और **राजस्व घाटे को 0%** के स्तर पर लाया जाना था, लेकिन 2009-10 में यह एक बार फिर से बढ़ता हुआ 6.7% के स्तर पर पहुंच गया।

राजकोषीय घाटे में वृद्धि का कारण: 2008-09 के बजट में राजकोषीय घाटा 2.5% रहने का अनुमान लगाया गया था, लेकिन वित्तीय वर्ष के अन्त तक आते-आते उस वर्ष यह घाटा 2.5 गुनी क वृद्धि के साथ 6.7% के स्तर पर पहुँच गया। इस वृद्धि को निम्न परिप्रेक्ष्य में देखा जा सकता है:

1. वैश्विक आर्थिक मंदी के कारण न केवल औद्योगिक संवृद्धि दर के साथ-साथ आर्थिक संवृद्धि दर में गिरावट आयी वरन् इसके परिणामस्वरूप सरकार को प्राप्त होने वाले अनुमानित राजस्व में भी गिरावट आयी। राजस्व के संदर्भ में उत्पाद एवं सीमा शुल्क दोनों में गिरावट आई।
2. मंदी की चुनौती से निपटने के लिए सरकार ने वित्तीय वर्ष 2008-09 और 2009-10 के दौरान तीन-तीन राजकोषीय राहत एवं प्रोत्साहन पैकेज दिये जिसके परिणामस्वरूप सरकारी राजस्व पर लगभग GDP के 3.5% तक का दबाव बना। इसका एक महत्वपूर्ण कारण यह भी था कि सरकार के द्वारा मंदी से निपटने के मददेनजर सार्वजनिक व्यय की मात्रा में वृद्धि के जरिए घरेलू मांगों में होने वाली कमी की क्षतिपूर्ति का प्रयास किया गया।
3. छठे वेतन आयोग की सिफारिशों को दो चरणों में लागू करने की घोषणा की गई। साथ ही, किसानों को दी जाने वाली आम ऋण-माफी के कारण सरकारी राजकोष पर लगभग 70,000 करोड़ से अधिक का दबाव पड़ा। इन दोनों के परिणामस्वरूप GDP का 0.95% अतिरिक्त व्यय रहा।
4. पिछले कुछ समय से सरकार के न्यूनतम समर्थन मूल्य में तीव्र वृद्धि का रुझान दिखता है और खाद्यान्न मुद्रास्फीति के लगातार उच्च स्तर पर बने रहने के कारण सरकार द्वारा दी जाने वाली सब्सिडी की मात्रा ने भी घाटे को बढ़ा दिया।

क्या FRBM अधिनियम विफल हो गया?

2004 से लागू FRBM अधिनियम द्वारा निर्धारित लक्ष्यों के मुताबिक 2008-09 तक राजकोषीय घाटे को 3% और राजस्व घाटे को 0% के स्तर पर लाया जाना था। 2008-09 वित्तीय वर्ष के आरंभ में ऐसा लग रहा था कि भले ही राजस्व घाटे के संदर्भ में FRBM के लक्ष्यों की प्राप्ति न हो सके, लेकिन राजकोषीय घाटे के सन्दर्भ में भारतीय अर्थव्यवस्था की स्थिति FRBM द्वारा निर्धारित लक्ष्यों से बेहतर है। जब 2008-09 का राजकोषीय परिणाम आया, तो यह अनुमान गलत साबित हुआ लेकिन इसके आधार पर यह नहीं माना जा सकता कि FRBM अधिनियम विफल रहा। कारण यह कि इसका उद्देश्य राजकोषीय अनुशासन को बहाल करना था और निश्चित तौर पर इसमें उसे सफलता हासिल हुई। हाँ, यह जरूर है कि इसमें कुछ कमियां रहीं जिसे अगर ध्यान में रखा जाता, तो शायद स्थिति बेहतर होती। **जैसे** ऐसे किसी भी अधिनियम को अन्तिम रूप दिए जाने से पूर्व इसमें आकस्मिक प्रावधान किया जाना अपेक्षित है और इन आकस्मिक प्रावधानों के मद्देनजर FRBM अधिनियम के लक्ष्यों में लोचशीलता बनाए रखा जाना चाहिए। अगर इस बात को ध्यान में रखा जाता, तो वैश्विक आर्थिक मंदी ने जिस तरह FRBM अधिनियम अप्रासंगिक बना दिया, वैसा संभव नहीं होता। बात यह है कि जिस समय FRBM अधिनियम तैयार किया जा रहा था, उस समय सरकार को इस बात को ध्यान में रखना चाहिए था कि छठे वेतन आयोग की सिफारिशों को अधिनियम के लक्ष्य काल में ही लागू किया जाना है। इसलिए इसमें इतनी लोचशीलता अपेक्षित थी कि राजकोषीय स्थिति पर इसके पड़ने वाले प्रतिकूल प्रभावों को भी समायोजित किया जा सके। इसीलिए FRBM अधिनियम

को पूरी तरह से विफल ठहराना उचित नहीं है। सच तो यह है कि इससे केन्द्र के सन्दर्भ में ही नहीं वरन् राज्यों के सन्दर्भ में भी राजकोषीय अनुशासन की बहाली में सहायता मिली। जिन कारकों से यह अधिनियम आज विफल प्रतीत होता, वे कारण अपरिहार्य हैं और अर्थव्यवस्था की स्वास्थ्य की दृष्टि से राजकोषीय लक्ष्यों की प्राप्ति की तुलना में मंदी से अर्थव्यवस्था को उबारना कहीं अधिक आवश्यक था।

प्रमुख कोष

केन्द्र तथा राज्य सरकार दोनों के खाते तीन भागों में विभाजित किये जाते हैं जो निम्नलिखित प्रकार के होते हैं-

प्रमुख कोष	अनुच्छेद से संबंध	कार्य प्रणाली
1. संचित कोष (Consolidated fund)	अनुच्छेद 266(i) से संबंधित।	• सरकार को प्राप्त सभी प्रकार की आय यथा-**कर आय, गैर कर आय, ऋण प्राप्तियां** आदि इसमें शामिल की जाती हैं। इसी प्रकार समस्त व्यय भी इसी खाते से किये जाते हैं। • इस कोष की कोई भी राशि संसद की अनुमती के बिना व्यय नहीं की जा सकती। ***नोट : राज्य सरकारों के लिए राज्य संचित कोष होता है जिनके व्यय की अनुमति राज्य विधान सभा देती है।***
2. आकस्मिक कोष (Contingency fund)	अनुच्छेद 267 से संबंधित।	• इस कोष से सरकार के ऐसे व्ययों को पूरा किया जाता है जिनमें विलम्ब नहीं किया जा सकता अर्थात् जो अनिवार्य हों। • इस कोष से व्यय करने के लिए लोकसभा/राज्य विधानसभा की पूर्व अनुमति नही लेनी पड़ती है परन्तु प्रत्येक व्यय के बाद सदन से स्वीकृत कराना अनिवार्य होता है। • इस कोष का कोई भी अंश व्यय हो जाने के बाद सदन की अनुमति से संचित कोष से उसकी भरपायी करा दी जाती है।
3. लोक खाता (Public Account)	अनुच्छेद 266(ii) से संबंधित।	• सरकार को करों से प्राप्त आय के अतिरिक्त कुछ ऐसी भी धनराशि प्राप्त होती है जिसका वह मालिक नहीं होता, केवल ट्रस्टी होता है। और जिसे सरकार को एक निश्चित समयावधि के बाद नियमानुसार ब्याज के साथ लौटाना होता है। • इस खाते में- **लघु बचतों, जमाओं, भविष्य निधियों** के रूप में सरकार को प्राप्त होने वाली आय को शामिल किया जाता है। • इस खाते में से किसी भी प्रकार का भुगतान करने के लिए सरकार को लोकसभा/राज्य विधान सभा से अनुमति लेने की आवश्यकता नहीं होती।

तथ्य सार संग्रह

- सर्वप्रथम 1803 में फ्रांस में ''बजट'' शब्द का प्रयोग किया गया था।
- भारत में बजट की प्रक्रिया आजादी के पहले से ही चलन में थी, भारतीय प्रशासन को ईस्ट इंडिया कं. से ''ब्रिटिश राजशाही'' को सौंपने के दो वर्ष बाद, पहला बजट 7 अप्रैल 1860 को प्रस्तुत हुआ तथा जेम्स विल्सन बजट पेश करने वाले पहले वित्त सदस्य थे।
- स्वतंत्र भारत का पहला केन्द्रीय बजट 26 नवंबर 1947 को तत्कालीन वित्तमंत्री आर. के. षणमुखम चेट्टी द्वारा प्रस्तुत किया गया। यह बजट 15 अगस्त, 1947

से 31 मार्च 1948 तक की साढे सात माह की अवधि के लिये था।

- गणतंत्र भारत का पहला केन्द्रीय बजट 1950 में जान मथाई द्वारा पेश किया गया।
- सी. डी. देशमुख ने वर्ष 1955-56 का बजट पेश करते हुए पहली बार बजट की प्रतियों को हिंदी भाषा में प्रकाशित किया अर्थात इससे पहले बजट के सभी दस्तावेज अंग्रेजी भाषा में ही प्रकाशित होते थे।
- देश के 4 प्रधानमंत्री ऐसे भी हैं जिन्होंने वित्तमंत्री पद पर भी काम किया है। उनके नाम इस प्रकार हैं- मोरारजी देसाई, चौधरी चरण सिंह, वी. पी. सिंह और मनमोहन सिंह।
- अंग्रेजों ने भारत का बजट पेश करने का समय शाम 5 बजे का रखा, जिसे वर्ष 1999 में राजग सरकार (NDA Govt.) के वित्तमंत्री 'यशवंत सिन्हा' ने बजट पेश करने का समय दिन के 11 बजे किया।
- भारत में पहली बार बजट का प्रसारण टेलीविजन में 25 फरवरी, 1992 में रेल बजट और 29 फरवरी 1992 में आम बजट प्रसारित किया गया।
- बजट को संसद के सम्मुख प्रस्तुत करने से पहले बजट प्रस्तावों की जानकारी केवल वित्त मंत्री को होती है तथा संसद में प्रस्तुत करने के बाद यह सामान्य चर्चा का विषय बनता है।
- भारत में वित्तीय वर्ष की अवधि जिसके लिए बजट बनाया जाता है 1 अप्रैल से 31 मार्च तक की होती है। इस समय अवधि को वर्ष 1967 में अपनाया गया। इससे पूर्व देश में यह अवधि 1 मई से 30 अप्रैल तक मानी जाती थी।
- भारत की तरह जापान, इराक, यू.के., आयरलैंड, दक्षिण अफ्रीका, जर्मनी, डेनमार्क और कनाडा आदि देशों का वित्तीय वर्ष 1 अप्रैल से 31 मार्च का होता है।
- पाकिस्तान, नार्वे, स्वीडन, इटली आदि देशों का वित्तीय वर्ष 1 जुलाई से 30 जून का होता है।
- म्यांमार, यूएसए, श्रीलंका आदि देशों का वित्तीय वर्ष 1 अक्टूबर से 30 सितंबर तक का होता है।
- फ्रांस, बेल्जियम, नीदरलैंड, रूस, अर्जेन्टीना, ब्राजील, चीन आदि देशों का वित्तीय वर्ष 1 जनवरी से 31 दिसंबर का होता है।
- जिस प्रकार संविधान का अनुच्छेद 112 देश के वित्तीय बजट से संबंधित है उसी प्रकार संविधान के अनुच्छेद 202 राज्य सरकारों के बजट के संबंध में व्यवस्था से संबंधित है।
- इंदिरा गांधी देश की एकमात्र महिला वित्त मंत्री रही हैं। (1970-71)
- 2005-06 के बजट में पहली बार मनरेगा, NRHM एवं Gender Budgeting की घोषणा की गयी।
- आर. वेंकटरमन एवं प्रणब मुखर्जी ऐसे वित्त मंत्री रहे हैं जो बाद में राष्ट्रपति बने।
- संसद में बजट प्रस्तुत करने के बाद 75 दिनों की अवधि के भीतर इसे संसद द्वारा पारित होना अनिवार्य है।
- भारत में सर्वाधिक 10 बार मोरारजी देसाई ने बजट प्रस्तुत किया है। इसके बाद पी. चिंदबरम का स्थान है, उन्होंने 17 फरवरी, 2014 को नौवी बार बजट प्रस्तुत किया।
- संविधान के अनुच्छेद 112 के अधीन प्रत्येक वित्तीय वर्ष के संबंध में जो 1 अप्रैल से 31 मार्च तक होता है, भारत सरकार की अनुमानित प्राप्तियों और व्यय का विवरण संसद के समक्ष प्रस्तुत किया जाता है।
- पूर्व प्रधानमंत्री राजीव गांधी ने ही शून्य आधारित बजट की परंपरा भारत में वर्ष 1987-88 से प्रारंभ की। शून्य आधारित बजट की अवधारणा पीटर ए. पायर ने दी थी।
- चुनावी वर्ष में बजट दो बार पेश किया जा सकता है। अंतरिम बजट कुछ महीनों के लिए अनुदान प्राप्त करता है और बाद में पूर्ण बजट पेश होता है।
- 1921 में गठित विलियम अफवर्थ समिति की सिफारिशों के आधार पर 1925 में पहली बार रेल बजट को आम बजट से पृथक किया गया।
- केन्द्र सरकार का मुख्य बजट 'वार्षिक वित्तीय विवरण' नामक शीर्षक से प्रस्तुत किया जाता है।
- भारत की परिसंघीय व्यवस्था के तहत केन्द्र सरकार एक बजट बनाती है और इसके अतिरिक्त प्रत्येक राज्य सरकार अपने-अपने अलग बजट बनाते हैं।
- संघीय स्तर पर दो बजट प्रस्तुत किए जाते हैं- (i) सामान्य बजट (ii) रेलवे बजट।
- वित्तीय वर्ष 2017-18 में रेल बजट आम बजट में विलय कर दिया गया ताकि रेल बजट भी सरकार की राजकोषीय निती का हिस्सा बन सके।
- भारत में बजट निर्माण का उत्तरदायित्व वित्त मंत्रालय को सौंपा गया है।

- घाटे की वित्त व्यवस्था (Deficit Financing) वह वित्त व्यवस्था होती है जिसमें सरकारी व्यय, आय से अधिक होते हैं तथा शेष घाटे को सामान्यत: अतिरिक्त मुद्रा छापकर पूरा किया जाता है।
- वर्तमान में बजट पेश करने की अवधि जो फरवरी माह का अंतिम दिन होता था को परिवर्तित कर 1 फरवरी को पेश किया जाता है यह प्रथा वर्ष 2017-18 से प्रारम्भ की गयी।

(BUDGET)

- 1. सार्वजनिक आय/प्राप्तियाँ [Public Receipts]
  - (i) राजस्व प्राप्तियाँ [Revenue Receipts]
    नोट: जिसे सरकार को भुगतान स्वरूप वापस नहीं करना पड़ता।
    - (a) कर राजस्व [Tax Revenue]
      नोट : प्रत्यक्ष एवं परोक्ष करों से प्राप्त आय।
    - (b) गैर-कर राजस्व [Non-Tax Revenue]
      नोट : कर को छोड़कर अन्य स्रोत लाभ, लाभांश, फीस शुल्क, ब्याज प्राप्तियाँ, विदेशों से प्राप्त अनुदान एवं सहायता।
  - (ii) पूंजीगत प्राप्तियां [Capital Receipts]
    नोट : जिसे सरकार को भुगतान स्वरूप वापस करना अनिवार्य होता है। उदाहरण
    - निवल घरेलू ऋण
    - निवल विदेशी ऋण
    - ऋण वापसी
    - निवल लोक लेखा प्राप्तियाँ
- 2. सार्वजनिक व्यय [Public Expenditure]
  - (i) राजस्व व्यय [Revenue Expenditure]
    - गैर-विकासात्मक
      नोट: सरकारी सेवाएं सब्सिडी, ब्याज अदायगी एवं अनुदान पर किया व्यय शामिल
    - विकासात्मक व्यय
      नोट: सामाजिक एवं सामुदायिक सेवा, कृषि, विद्युत, सिंचाई, परिवहन एवं संचार सेवाओं पर किया व्यय शामिल।
  - (ii) पूंजीगत व्यय [Capital Expenditure]
    - सामाजिक कल्याण में वृद्धि चालू वित्त वर्ष में
    - सामाजिक कल्याण में वृद्धि आगामी वित्त वर्ष में।

महत्वपूर्ण शब्दावली

- **वित्त विधेयक:** नए करों को लागू करने, पुराने करों में घटत-बढ़त या उन्हें यथावत् रखने के बारे में सरकारी प्रस्ताव वित्त विधेयक कहलाता है। संविधान के अनुच्छेद 110 के अनुसार वित्त विधेयक एक धन विधेयक है।
- **विनियोग विधेयक :** संसद द्वारा स्वीकृत बजट में से आवश्यक धनराशि निकालने के लिए जो विधेयक पेश किया जाता है उसे विनियोग विधेयक कहते हैं।
- **पूरक बजट :** यदि कभी बजट में स्वीकृत धनराशि 31 मार्च से पहले समाप्त हो जाती है तो उस स्थिति में सर. कार संसद के सम्मुख पूरक बजट प्रस्तुत करती जिसमें शेष समय के लिए अतिरिक्त धन की मांग की जाती है।
- **लेखानुदान (Vote on Account):** चुनाव के दौरान और जब तक नयी सरकार बन नहीं जाती तब तक कामचलाऊ सरकार को सार्वजनिक व्यय (जैसे वेतन आदि) के लिए धन की आवश्यकता होती है। चूँकि भारतीय संविधान के अनुसार, संसद की स्वीकृति के बिना सरकार कोई धन व्यय नहीं कर सकती, ऐसे में कुछ महीनों का व्यय करने के लिए सरकार ''लेखानुदान'' के द्वारा संसद की स्वीकृति लेती है।
- **अंतरिम बजट (Interim Budget):** आम चुनाव के पहले प्रस्तुत होने वाले बजट को ''अंतरिम बजट'' कहते हैं। आमतौर पर इस बजट में कर और शुल्क ढांचे में कोई परिवर्तन नहीं किया जाता और न ही कोई नयी योजना घोषित की जा सकती है परंतु पुरानी योजना का विस्तार एवं उन पर धन आवंटन किया जा सकता है।

  नोट: लेखानुदान, बजट के व्यय तक सीमित होता है जबकि अंतरिम बजट व्यय के साथ प्राप्तियों को भी शामिल करता है।
- **जेंडर बजटिंग (Gender Budgeting):** इस बजट के माध्यम से सरकार द्वारा महिलाओं के विकास कल्याण और सशक्तिकरण से संबंधित योजनाओं और कार्यक्रमों के लिए प्रतिवर्ष बजट में एक नियमित राशि की व्यवस्था सुनिश्चित करने के प्रावधान किये जाते हैं।

अभ्यास प्रश्न

◆ स्तरः परम्परागत

1. बजट शब्द ''बोगेट'' (Bouget) किस भाषा से संबंधित है?
   (a) जर्मनी (b) फ्रेंच
   (c) ब्रिटिश (d) a और b दोनों
2. सन् 1773 में वित्त मंत्री सर राबर्ट वालपोल (Robert Wallpoul) ने संसद के समक्ष बजट प्रस्तुत किया। वह किस देश के वित्तमंत्री (Finance Minister) थे?
   (a) फ्रांस के (b) ब्रिटेन के
   (c) जर्मनी के (d) अमेरिका के
3. भारतीय संविधान के अनु.-112 में ''बजट'' शब्द के स्थान पर किस शब्द का प्रयोग किया गया है?
   (a) बजट प्रणाली
   (b) बजट वितरण
   (c) वार्षिक वित्तीय वितरण
   (d) निम्न में से कोई नहीं
4. निष्पादन बजट (Performance Budget) की निम्न में से कौन-सी विशेषता नहीं है?
   1. यह कार्य के परिणामों को आधार बनाकर निर्मित किया जाता है।
   2. यह बजट मुख्यत: ''लक्ष्योन्मुखी'' तथा ''उद्देश्यपरक'' नहीं होता
   3. विश्व में सर्वप्रथम निष्पादन बजट का आरंभ यूएसए में हुआ।
   4. वर्तमान में भारत निष्पादन बजट बनाता है।

   कूट :
   (a) 2, 3 (b) 3, 4
   (c) 1, 3 (d) 2
5. शून्य आधारित बजट (Zero Based Budget) के प्रयोग का मुख्य उद्देश्य है-
   (a) अनेक योजनाओं और कार्यक्रमों पर होने वाले भारी-भरकम खर्च को कम करना
   (b) देश को नवीनतम स्रोतों से आय प्राप्त करने की सलाह देना
   (c) देश में आय और व्यय पर नजर रखना
   (d) उपरोक्त सभी

6. शून्य आधारित बजट (Zero Based Budget) के जनक थे–
   (a) पीटर ए. पायर (1970) (b) जैक डिसूजा (1970)
   (c) जिमी कार्टर (1970) (d) निम्न में से कोई नहीं
7. भारतीय बजट में प्राय: 7 महत्वपूर्ण दस्तावेजों को शामिल किया जाता है। निम्न में कौन महत्वपूर्ण दस्तावेज नहीं है?
   (a) वित्तमंत्री का भाषण (Speech of Finance Minister)
   (b) बजट का सार (Summary of Budget)
   (c) अनुदान की मांग (Grant in Aid)
   (d) निवेश बिल (Investment Bill)
8. निम्न में से कौन-सा कथन धन विधेयक के संबंध में असत्य है?
   (a) यह केवल लोक सभा में राष्ट्रपति की अनुमति से प्रस्तुत किया जाता है।
   (b) लोक सभा में पारित होने के पश्चात इसे राज्यसभा में प्रस्तुत किया जाता है।
   (c) राज्यसभा इसे 16 दिन के भीतर पुन: लोकसभा को वापस करती है।
   (d) यदि राज्य सभा इसे 14 दिन के भीतर वापस नहीं करती तो धन विधेयक के मूल स्वरूप को पारित मान लिया जाता है।
9. निम्न में से भारत में बजट निर्माण की प्रमुख एजेन्सी कौन-सी है?
   (a) योजना आयोग
   (b) वित्त मंत्रालय
   (c) नियंत्रक एवं महालेखा परीक्षक
   (d) उपरोक्त सभी
10. निम्न में से केन्द्र एवं राज्य सरकारों के खातों को किन कोषों में विभाजित किया जाता है?
   (a) संचित कोष (Consolidated Fund)
   (b) आकस्मिक कोष (Contingency Fund)
   (c) लोक खाता (Public Account)
   (d) उपरोक्त सभी
11. लोक खाता के संबंध में असत्य कथन का चुनाव कीजिए–
   (a) इस खाते में एकत्रित राशि सरकार की नहीं होती
   (b) इन खातों में लघु बचतों, जमा एवं भविष्य निधि से प्राप्त आय को रखा जाता है।
   (c) इस खाते का प्रयोग सरकार भुगतान करने के लिए कर सकती है।
   (d) सरकार लोक खाते की राशि का प्रयोग संसद की अनुमति के बिना नहीं कर सकती।
12. निम्न में से भारतीय बजट को प्राय: किन दो भागों में विभाजित किया जाता है?
   (a) राजस्व आय और राजस्व व्यय (Revenue Receipts and Revenue Expenditure)
   (b) पूंजीगत आय और पूंजीगत व्यय (Capital Receipts and Capital Expenditure)
   (c) सार्वजनिक आय और सार्वजनिक व्यय (Public Receipts and Public Expenditure)
   (d) योजनागत एवं गैर-योजनागत व्यय (Planned and Non-Planned Expenditure)
13. गैर कर आय में सम्मिलित है–
   (a) फीस (b) लाभांश
   (c) ब्याज (d) सभी
14. वर्तमान में निम्न में से कौन-सा घाटा (Deficit) प्रचलित नहीं है?
   (a) बजट घाटा (b) राजकोषीय घाटा
   (c) राजस्व घाटा (d) प्राथमिक घाटा
15. निम्न में से किन देशों की वित्तीय वर्ष की समयावधि 1 अप्रैल से 31 मार्च है?
   1. भारत 2. जापान
   3. यू.के. 4. द. अफ्रीका
   5. जर्मनी

   कूट :
   (a) 2, 1, 4 (b) 1, 2, 3
   (c) 1, 3, 5 (d) उपरोक्त सभी
16. स्वतंत्र भारत का पहला बजट तत्कालीन वित्तमंत्री आर. के षणमुखम चेट्टी द्वारा कब प्रस्तुत किया गया?
   (a) 5 दिसम्बर 1947 (b) 1 अप्रैल 1948
   (c) 26 नवम्बर 1947 (d) 1 जून 1948
17. गणतंत्र भारत का पहला केन्द्रीय बजट वर्ष 1950 में किसके द्वारा प्रस्तुत किया गया था?
   (a) मोरारजी देसाई (b) जान मथाई
   (c) सी. डी. देशमुख (d) टी.टी. कृष्णामचारी
18. अंग्रेजों ने भारत में बजट पेश करने का समय शाम के 5 बजे निर्धारित किया था, जिसे राजग सरकार के वित्तमंत्री यशवंत सिन्हा ने बदलकर 11:00 a.m. किया। यह परिवर्तन किस वर्ष किया गया?
   (a) 1991 (b) 1995
   (c) 1999 (d) उक्त में से कोई नहीं
19. भारत में वर्तमान में सर्वाधिक घाटा है–
   (a) राजकोषीय घाटा (Fiscal Deficit)

(b) राजस्व घाटा (Revenue Deficit)
(c) प्राथमिक घाटा (Primary Deficit)
(d) उपरोक्त तीनों मे है।

20. हीनार्थ प्रबंधन का उद्देश्य–
(a) सरकार के व्यय में कमी करना।
(b) RBI द्वारा सरकार को ऋण उपलब्ध कराना।
(c) सरकार के बजटीय घाटे की पूर्ति RBI अतिरिक्त नये नोट छापकर करना है।
(d) सरकार को विनिवेश के माध्यम से आय प्राप्त करवाना।

◆ स्तर : सम्भावित

1. जेंडर बजटिंग (Gender Budgeting) का महत्त्व है क्योंकि–
(a) यह पुरुष और स्त्रियों के मध्य असमानता को दर्शाता है।
(b) यह प्रत्येक वित्तीय वर्ष में महिलाओं और शिशु कल्याण कार्यक्रमों पर होने वाले धन आवंटन को दर्शाता है।
(c) यह पुरुषों की तुलना में महिलाओं की साक्षरता दर को दर्शाता है।
(d) उपरोक्त सभी।

2. आकस्मिक कोष की विशेषता है?
(a) यह कोष सरकार के उन व्ययों को पूरा करता है जिन्हें तुरंत करना अनिवार्य होता है।
(b) इस कोष के प्रयोग से पहले लोकसभा/राज्य विधानसभा की अनुमति नहीं लेनी पड़ती।
(c) सरकार इस कोष से जितनी राशि निकालती है उसकी पूर्ति वह संचित कोष से कर देती है।
(d) उपरोक्त सभी।

3. हीनॉर्थ प्रबंधन की प्रक्रिया को वर्ष 1997 में समाप्त कर दिया गया क्योंकि–
(a) यह अर्थव्यवस्था में तरलता की मात्रा में वृद्धि करता है।
(b) यह मुद्रास्फीति की दर में वृद्धि करता है।
(c) यह घाटे को कम करने का उपयुक्त तरीका नहीं था।
(d) उपरोक्त सभी

4. राजस्व आय की विशेषताओं में सम्मिलित नहीं है?
(a) यह सार्वजनिक आय का प्रमुख स्रोत है।
(b) इसे सरकार को पुनः वापस करना होता है।
(c) इसे कर एवं गैर–कर राजस्व मे बांटा जाता है।
(d) इसमें उन प्राप्तियों को शामिल किया जाता है जिन्हें सरकार को वापस नहीं करना पड़ता–

5. पूंजीगत व्यय में निम्न में से किन व्ययों को सम्मिलित किया जाता है?
(a) जो सरकार की परिसम्पत्ति में वृद्धि करे।
(b) जो सरकार की जिम्मेदारी में वृद्धि करे।
(c) जो सरकार की आय को कम करे।
(d) जो सरकार की बचत में वृद्धि करे।

6. भारतीय संविधान के अनु.-112 ''वित्तीय बजट'' से संबंधित है। उसी प्रकार राज्य सरकारों के लिए बजट की व्यवस्था किस अनुच्छेद से संबंधित है?
(a) अनु.-112 A (1) (b) अनु.-204 B (i)
(c) अनु. 202 (d) अनु. 111 B (2)

7. भारत ने किस वर्ष "1 April से 31 March" की समयावधि को वित्तीय वर्ष के रूप में घोषित किया गया है?
(a) 1948 (b) 1950
(c) 1967 (d) 1981

8. प्राथमिक घाटा के संबंध में असत्य कथन का चुनाव कीजिए–
(a) यह किसी अर्थव्यवस्था की ''वास्तविक ऋण के बोझ'' को दर्शाता है।
(b) यह Fiscal Deficit - Intrest Payment = Primary Deficit है।
(c) भारत में सर्वाधिक घाटा प्राथमिक घाटा ही है।
(d) उपरोक्त सभी

उत्तरमाला

◆ स्तर : परम्परागत

1. (b)	2. (b)	3. (c)	4. (d)	5. (d)	6. (a)	7. (d)	8. (c)	9. (d)	10. (d)
11. (d)	12. (c)	13. (d)	14. (a)	15. (d)	16. (c)	17. (b)	18. (c)	19. (a)	20. (c)

- **स्तर : सम्भावित**

1. (b) 2. (d) 3. (d) 4. (b) 5. (a) 6. (c) 7. (c) 8. (c)

मुख्य परीक्षा हेतु अभ्यास प्रश्न

1. निष्पादन व शून्य आधारित बजट का महत्त्व स्पष्ट करें।
2. भारतीय बजट में व्याप्त सभी घाटों पर चर्चा करें
3. भारतीय बजट में व्याप्त घाटों के वित्त पोषण के स्रोतों पर चर्चा करें।

अध्याय 12

कर
(Tax)

प्रस्तावना

कर प्रणाली का प्रारम्भ, अस्तित्व में कब आया इसके साक्ष्य इतिहास में कम ही मिलते हैं। परन्तु यह अवश्य स्पष्ट है कि राज्य की आय का प्रमुख स्रोत कर ही थे। राज्य द्वारा कृषि, व्यापार जैसे आर्थिक व धार्मिक क्रियाकलापों पर कर लगाया जाता था और एकत्रित कर का प्रयोग जनता की भलाई जैसे-नहर खुदवाना, कुएँ एवं सराय का निर्माण करवाना, सड़क के किनारे छायादार वृक्ष लगवाना आदि सार्वजनिक व्ययों में किया जाता था। राज्य, **कर राजस्व** के एक बहुत बड़े हिस्से को सेना, राज्य कर्मचारियों, दरबारियों के वेतन में भी व्यय करता था। भारत में कई शासक ऐसे भी हुए हैं जो अपनी न्यायपूर्ण कर प्रणाली के लिए इतिहास में प्रसिद्ध हैं जैसे-अलाउद्दीन खिलजी, शेरशाह सूरी एवं अकबर। परन्तु ब्रिटिश शासन की स्थापना के साथ ही देश में कर प्रणाली शोषण का एकमात्र साधन बन कर रह गयी।

स्वतन्त्रता के पश्चात, देश में कर प्रणाली में संरचनात्मक परिवर्तन किये गए, जो आज भी जारी हैं। उदाहरणस्वरूप GST (Good and Service Tax), DTC (Direct Tax Code) और कई पुराने एवं अस्तित्वविहीन करों जैसे संपत्ति शुल्क (Wealth Tax), बैंकिंग कैश ट्रांजेक्शन टैक्स (BCTT) एवं फ्रिंज बेनिफिट टैक्स (FBI) को चलन से बाहर कर दिया गया है।

कर का अर्थ

किसी भी अर्थव्यवस्था में उस देश के नागरिको द्वारा सरकार को दिया जाने वाला अनिवार्य भुगतान **कर (Tax)** कहलाता है। आधुनिक अर्थशास्त्र के अनुसार 'कर' आय को पुनः वितरित करने का एक तरीका है। साधारण शब्दों में **कर सरकार की व्यय संबंधी आवश्यकताओं को पूरा करने का माध्यम है।**

करारोपण की विधियाँ

अर्थव्यवस्था में करारोपण (कर लगाने की) की तीन विधियाँ प्रचलित हैं जिनके अपने गुण एवं दोष हैं :-

(i) प्रगामी/प्रगतिशील कर (Progressive Tax)
(ii) प्रतिगामी कर (Regressive Tax)
(iii) समानुपाति/अनुपातिक कर (Proportional Tax)

आधार	प्रगामी कर (Progressive Tax)	प्रतिगामी कर (Regressive Tax)	समानुपाति कर (Proportional Tax)
• अर्थ	ऐसे कर जिसमें आय में परिवर्तन के साथ-साथ कर की दर में भी परिवर्तन होता है।	ऐसे कर जिसमें कर की दर आय में वृद्धि के साथ क्रमशः घटते जाते है।	ऐसे कर जिसमें कर की दर स्थिर रहती है
• उदाहरण	आयकर	–	निगम कर
• कर की दर % में	5, 20, 30	–	25
• लाभ	करारोपण की यह विधि निम्न आय वर्गों के पक्ष में है जिसके कारण विश्व में सबसे प्रचलित है।	करारोपण की यह विधि किसी क्षेत्र विशेष के लिये हमेशा के लिए नहीं दी जाती अर्थात सरकार किसी क्षेत्र-विशेष को प्रोत्साहित करने के उद्देश्य से यह विधि अपनाती है, जैसे, लघु उद्योग, सेज में निवेश को	करारोपण की यह विधि प्रगामी या प्रतिगामी विधियों के पूरक के रूप में उपयोग में लायी जाती है, क्योंकि यदि प्रगामी विधि में एक स्तर के बाद समानुपातिक व्यवस्था नहीं अपनायी गयी तो आय बढ़ने के साथ-साथ कर की

		प्रोत्साहित करने के लिए सरकार ने कर की दरों को उदार बनाया है।	दर बढ़ती जायेगी जो न तो उद्यमियों और न ही अर्थव्यवस्था के हित में होगी।
• दोष	अधिक आय अर्जित करने वालों को अधिक कर की दर आरोपित कर दण्डित किया जाता है जबकि निम्न आय वर्गों को निम्न कर की दर आरोपित कर पुरस्कृत किया जाता है। करारोपण की यह विधि कर वंचन (कर चोरी) की प्रवृत्ति को बढ़ाती है।	उत्पादन को प्रोत्साहन देने के लिए यदि सरकार किसी ऐसे क्षेत्र का चुनाव करें जो अधिक आय अर्जित करता हो तो इस स्थिति में वह क्षेत्र उत्पादन प्रोत्साहन के आधार पर निम्न कर की दर की सुविधा प्राप्त कर लेगा। जो व्यावहारिक रूप से न्यायसंगत नहीं लगता।	नोट : प्रत्येक कर चाहे वह प्रगामी हो या प्रतिगामी एक स्तर के बाद समानुपातिक हो जाता है जो व्यावहारिक और न्यायपूर्ण है।

यदि कर प्रणाली ऐसी हो जिसमें आय में वृद्धि के साथ कर की दर बढ़ायी जाये परन्तु एक सीमा के बाद आय में वृद्धि के बावजूद भी कर की दर स्थिर कर दी जाये तो इस कर प्रणाली को **''अवक्रमिक'' (Degressive) कर प्रणाली** कहते हैं अर्थात जिसमें प्रगतिशील और समानुपाति कर दोनों के ही गुण एक साथ अपनाये गये हों, अवक्रमिक कर कहलाते हैं। सम्पूर्ण विश्व में कर की यह प्रणाली सर्वाधिक न्यायोचित एवं व्यावहारिक मानी गयी है।

उपरोक्त चारों करारोपण प्रणालियों को रेखाचित्र के माध्यम से भी स्पष्ट किया जा सकता है।

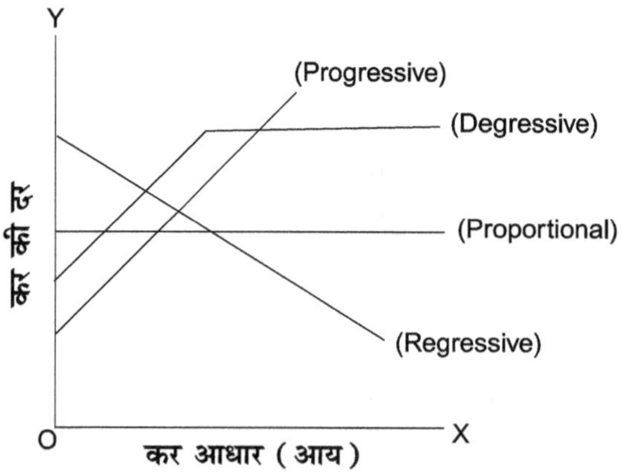

केन्द्रीय बजट 2018-19 के अनुसार भारत में आयकर की दर 2 लाख 50 हजार तक शून्य है, 2 लाख 50 हजार से अधिक तथा 5 लाख तक 5% है, 5 लाख से अधिक तथा 10 लाख तक 20% है, तथा 10 लाख से अधिक पर 30% है अर्थात 10 लाख आय हो या 50 लाख देश में 30% से अधिक **आय कर (Income Tax)** को नहीं वसूला जायेगा। यह स्पष्ट करता है कि आय में वृद्धि के आधार पर कर की दर 5 से 20 और 20 से 30 प्रतिशत तक बढ़ती है जो प्रगामी कर (Progressive Tax) प्रणाली को दर्शाता है परन्तु 30% के बाद कर की दर को स्थिर कर दिया गया है अर्थात आय बढ़ने के बावजूद भी कर की दर 30% से अधिक नहीं वसूला जायेगा यह स्थिति समानुपाती कर (Proportional Tax) प्रणाली को स्पष्ट करता है इस प्रकार 'आय कर' प्रगामी और समानुपाति कर का मिश्रण अवक्रमिक कर (Degressive Tax) है।

एक अच्छी कर व्यवस्था कैसी हो ?

अर्थशास्त्रियों के मध्य सदैव से ही यह चर्चा का विषय रहा है कि किसी देश की अर्थव्यवस्था के लिए ''अच्छी कर व्यवस्था'' का आधार क्या होना चाहिए? जो व्यावहारिक भी और न्यायसंगत भी, जो राजस्व में वृद्धि करे और निम्न आय वर्ग पर कर का बोझ भी न बढ़े। उत्पादन वृद्धि में भी सहायक हो और सार्वजनिक बचतों पर भी नकारात्मक प्रभाव न पड़े। इन बिन्दुओं को केन्द्र में रखकर अर्थविदों एवं नीति-निर्माताओं ने एक अच्छी कर व्यवस्था के लिए पाँच सिद्धान्तों पर सहमति दी है जो निम्नवत् हैं :-

1. न्यायसंगति (Fairness)
2. दक्षता (Efficiency)
3. प्रशासनिक सरलता (Administrative Simplicity)
4. लचीलापन (Flexibility)
5. पारदर्शिता (Transparency)

कर के प्रकार

कर भार के आधार पर कर को दो भागों में वर्गीकृत किया जाता है–

(i) प्रत्यक्ष कर (Direct Tax)

(ii) परोक्ष कर (Indirect Tax)

(i) प्रत्यक्ष कर (Direct tax): प्रत्यक्ष कर वे कर होते हैं जिनको वही व्यक्ति भुगतान करता है जिस पर यह कर आरोपित किये गये है प्रत्यक्ष कर का दबाव तथा भार अन्तिम रूप से उसी व्यक्ति पर पड़ता है जिस पर वह, सरकार द्वारा लगाया जाता है। करदाता इस कर के मौद्रिक भार को किसी अन्य व्यक्ति पर नहीं टाल सकता है।

दूसरे शब्दों में – ऐसा कर जिसमें करापात और कराघात दोनों एक ही व्यक्ति पर हों उसे प्रत्यक्ष कर कहते हैं। **उदाहरण** – आय कर, निगम कर, सम्पत्ति कर।

(ii) अप्रत्यक्ष कर (Indirect tax) : अप्रत्यक्ष अथवा परोक्ष कर वे कर हैं जिनका दबाव (करापात) एक व्यक्ति पर तथा उसका मौद्रिक भार (कराघात) दूसरे व्यक्ति पर पड़ता है।

अर्थात सरकार जिस पर कर आरोपित करती है वह उस कर का पूर्ण या आंशिक मौद्रिक भार दूसरे व्यक्ति पर हस्तान्तरित कर देता है।

दूसरे शब्दों में – ''ऐसा कर जिसमें करापात और कराघात दोनों अलग-अलग व्यक्ति पर हो अप्रत्यक्ष कर कहलाते हैं। **उदाहरण** – केन्द्रीय उत्पाद शुल्क, सेवा कर, सीमा शुल्क।

नोट: अप्रत्यक्ष कर जैसे केन्द्रीय उत्पाद शुल्क, सरकार उत्पाद वर्ग पर आरोपित अर्थात करापात करती है परन्तु उत्पादक वर्ग इस कर का मौद्रिक भार उपभोक्ता वर्ग पर हस्तान्तरित (कराघात) कर देते हैं।

भारतीय कर ढ़ाचा

भारतीय संविधान के अनुसार कर का संग्रह तीन प्रकार में किया जा सकता है–

1. केन्द्र सरकार, 2. राज्य सरकार, 3. स्थानीय सरकार। परन्तु यदि बजट में राजस्व प्राप्तियों के आधार पर देखे तो प्राप्तियों का स्रोत-कर राजस्व एवं गैर कर-राजस्व है।

कर आधार पर केन्द्र सरकार के कर राजस्व के स्त्रोतों को तीन भागों में बांटा जा सकता है–

1. आय पर कर
   - (i) व्यक्तिगत आयकर
   - (ii) निगमकर
2. सम्पत्ति तथा पूंजी व्यवहार पर कर
   - (i) धन कर/सम्पत्ति कर
   - (ii) उपहार कर
   - (iii) इस्टेट ड्यूटी
3. वस्तुओं तथा सेवाओं पर कर
   - (i) केन्द्रीय उत्पाद कर
   - (ii) सीमा शुल्क
   - (iii) सेवा कर

प्रत्यक्ष एवं परोक्ष कर के आधार पर केन्द्र सरकार के करों का वर्गीकरण निम्न प्रकार से किया जा सकता है–

प्रत्यक्ष कर	परोक्ष कर
(i) व्यक्तिगत आय कर	(i) जीएसटी
(ii) निगम कर	(ii) सीमा शुल्क

केन्द्र सरकार के प्रत्यक्ष कर

(i) व्यक्तिगत आय कर (Personal Income Tax) : आयकर व्यक्तियों की आय, संयुक्त हिन्दु परिवारों तथा संस्थाओं की आय पर आरोपित किया जाता है। यह कर केन्द्र द्वारा आरोपित तथा एकत्रित किया जाता है और वित्त आयोग की सिफारिश पर इसे केन्द्र एवं राज्य के मध्य विभाजित किया जाता है।

आय कर का इतिहास

- भारत में आयकर सबसे पहले 24 जुलाई, 1860 में लगाया गया। 24 जुलाई 2010 को 150 वर्ष पूरे होने के उपलक्ष्य में 24 जुलाई को ''आयकर दिवस'' के रूप में मनाया जाता है।
- 24 जुलाई 1860 में ''आयकर अधिनियम 1860'' लागू तो हुआ परन्तु यह 1865 में समाप्त हो गया।

- 1860 में जेम्स विल्सन, जिन्हें भारत में बजट का जनक मानते हैं, ने भारत के संबंध में पहला बजट प्रस्तुत किया तथा आयकर पहली बार लगाया। उस समय भारत का वायसराय लार्ड केनिंग था।
- 1865 में आयकर अधिनियम, 1860 समाप्त होने के बाद **आयकर अधिनियम 1886** सन 1886 में पारित हुआ जिसकी आधारभूत व्यवस्था वर्तमान के आयकर अधिनियम 1961 में बनी हुई हैं।

आय कर की वर्तमान दर

- बजट 2018-19 में व्यक्तिगत आय करारोपण की व्यवस्थाएं निम्नवत् हैं-

	आयु वर्ग	कर मुक्त आय (रु.)	5% कर	20% कर	30% कर
(i)	सामान्य (60 वर्ष तक आयु वर्ग)	2,50,000	2,50,001 से 5,00,000	5,00,001 से 1,00,000	दस लाख एक से अधिक
(ii)	वरिष्ठ नागरिक (60 से 80 आयु वर्ग)	3,00,000	3,00,001 से 5,00,000	5,00,001 से 1,00,000	दस लाख एक से अधिक
(iii)	अधिक वरिष्ठ नागरिक (80 वर्ष के ऊपर)	5,00,000	-	5,00,001 से 1,00,000	दस लाख एक से अधिक

नोट :

- 10% का सरचार्ज = 50 लाख से 1 करोड़ की वार्षिक आय पर।
- 15% का सरचार्ज = 1 करोड़ से अधिक की वार्षिक आय पर।
- 4% का सेस = शिक्षा व स्वास्थ्य नामक सेंस
- 1.50 लाख रूपये तक कर योग्य आय को निर्देष्टि स्थानों पर निवेश कर बचाया जा सकता है।

सरकार आमतौर पर कर रियायतों के जरिये बचत को प्रोत्साहन देती है। देश में अधिकांश करदाता जीवन बीमा, पीपीएफ, भविष्य निधि और गृह ऋण वापसी में निवेश के जरिए आयकर अधिनियम की धारा 80सी के तहत कर छूट का लाभ लेते हैं। लेकिन कहा जाता है कि निवेश का पोर्टफोलियो हमेशा विस्तृत होना चाहिए। इसलिए कुछ ऐसी कर प्रचारित स्कीमें भी हैं जिसमें निवेश कर आयकर की धारा 80सी के तहत कर छूट का लाभ लिया जा सकता है। जिसका विवरण निन्नवत है-

सुकन्या समृद्धि योजनाः सरकार के 'बेटी बचाओ, बेटी पढ़ाओ' अभियान के तहत 'सुकन्या समृद्धि खाता' नाम से एक नई योजना आरंभ की गई है। यह एक लड़की के लिए जमा योजना है। करदाता इस खाते में कम-से-कम एक हजार रुपये और अधिकतम डेढ़ लाख रुपये सालाना का निवेश कर सकते हैं। इससे निवेश पर 9.1 फीसदी का ब्याज मिलता है।

यूलिपः यूलिप का अर्थ है यूनिट लिंक्ड (Linked) इंश्योरेंस प्लान। इसमें इक्विटी निवेशक के साथ जीवन बीमा का दोहरा लाभ मिलता है। यह एक अच्छा निवेश विकल्प हो सकता है क्योंकि यह अच्छा प्रतिफल भी देता है। निवेश पर कर छूट पाने के लिए एक पूर्व शर्त इसमें यह है कि पॉलिसी स्वयं, पति या पत्नी अथवा बच्चे के नाम पर ली गई हो।

ईएलएसएसः ईएलएसएस का मतलब है इक्विटी लिंक्ड सेविंग स्कीम। मूलतः यह म्यूचअल फंड में निवेश है। एक बार इस योजना को अपनाने पर आप निवेश की तारीख से तीन वर्ष के अंदर इस निवेश का विमोचन (बिक्री) नहीं कर सकते हैं। इसमें दो विकल्प होते हैं। पहला, जो निवेशक अपनी संपत्ति को अधिकतम बढ़ाना चाहें वे ग्रोथ विकल्प अपना सकते हैं। दूसरा, जो निवेशक स्थिर आय चाहें वे डिविडेंड विकल्प ले सकते हैं।

पोस्ट ऑफिस बचतः राष्ट्रीय बचत पत्र (एनएससी) और किसान विकास पत्र (केवीसी) छोटे निवेश के प्रयोजन से मुख्य रूप से प्रयोग किए जाने वाले बचत बांड हैं। ये बांड पांच से दस वर्ष की परिपक्वता अवधि के साथ डाकघरों में उपलब्ध हैं। इस पर अर्जित ब्याज का पुनः निवेश अन्य स्रोत से आय के रूप में कर योग्य है, हालांकि यह ब्याज 80सी के तहत कटौती योग्य है।

बांड व डिपॉजिट स्कीम: इंफ्रास्ट्रक्चर कंपनियों द्वारा जारी बांड प्रचलित तौर पर इंफ्रा बांड के रूप में जाने जाते हैं। इन बांडों में निवेश 80सी के तहत कटौती योग्य है। ये बांड भी अच्छा प्रतिफल देते हैं और इसलिए ये का अच्छा विकल्प हो सकते हैं।

आवास का स्टांप शुल्क व पंजीकरण शुल्क: अधिकांश करदाताओं को यह जानकारी नहीं है किन्तु मकान के अधिग्रहण के समय स्टांप शुल्क, पंजीकरण शुल्क और अन्य खर्च के लिए चुकाई गई रकम भी आयकर की धारा 80 के तहत कर कटौती के योग्य है।

(ii) निगम कर (Corporate Tax) : निगम कर कम्पनियों की आय पर कर है। केन्द्र सरकार बड़ी तथा छोटी कम्पनियों के निवल लाभ पर कर लगाती है। निगम कर केन्द्र सरकार द्वारा आरोपित एवं एकत्रित किया जाता है। परन्तु इससे प्राप्त होने वाले राजस्व का उपयोग केवल केन्द्र सरकार करती है।

निगम कर का इतिहास

- 1960-61 के पूर्व कम्पनियों पर उनके लाभ पर जो कर लगता था उसे सुपर टैक्स कहते हैं। 1960-61 में इसे समाप्त कर दिया गया, उसके स्थान पर कम्पनियों के निवल लाभ (आय) पर जो कर लगाया गया उसे निगम कर कहते हैं।
- 1996-97 से सरकार ने **न्यूनतम वैकल्पिक कर (MAT)** कम्पनियों पर लगाया। इसका उद्देश्य ऐसी कम्पनियों को कर जाल (Tax Net) में लाना था जिनका निवल लाभ तो धनात्मक था पर छूटों, कटौतियों, प्रोत्साहनों, मूल्य ह्रास की विभेदक दरों के प्रावधानों का लाभ उठाकर जिनका निवल लाभ शून्य हो जाता है। इस प्रकार इन कम्पनियों को कुछ भी निगम कर नहीं देना पड़ता था। इन कम्पनियों को हम "शून्य कर कम्पनी" (Zero Tax Companies) कहते हैं। वर्ष 1997-98 के बजट में तत्कालीन वित्तमंत्री पी. चिदम्बरम् ने न्यूनतम कर को लागू किया तथा 115J का नया प्रावधान जोड़ा। जिसके अनुसार उस स्थिति में जबकि सभी छूट का लाभ लेने के बाद कम्पनी का कर योग्य लाभ पुस्तकीय लाभ (Book Profit) के 30% से कम हो, उस स्थित में कर के उद्देश्य से कर योग्य निवल लाभ को (Book Profit) के 30% के बराबर माना जायेगा। इस प्रकार कम-से-कम 30% आय पर निगम कर देना आवश्यक होगा।
- बजट 2018-19 में 250 करोड़ के वार्षिक टर्न ओवर पर निगम कर देय नहीं है। वर्तमान में निगम कर की दर 25 प्रतिशत है।

केन्द्र सरकार का अप्रत्यक्ष कर

जीएसटी

1. जीएसटी अपनाने के कारण

वर्तमान में जीएसटी 140 से ज्यादा देशों अर्थात् विश्व के लगभग 2/3 देशों में लागू हैं। भारत में इसे अप्रत्यक्ष करों के संदर्भ में सबसे बड़े सुधार के रूप में देखा जा रहा है। देश में अप्रत्यक्ष करों की व्यवस्थित संकल्पना होने के बावजूद भी भारत में जीएसटी अपनाने की कवायद आज से 16 वर्ष पहले शुरू हो गयी थी। अप्रत्यक्ष करों के स्थान पर जीएसटी को अपनाने के दो प्रमुख कारण हैं–

(i) आन्तरिक कारण (Internal Reason)

(ii) बाह्य कारण (External Reason)

(i) आन्तरिक कारण : यदि हम वर्तमान संदर्भ में देखे तो किसी वस्तु के उत्पादन से लेकर उपभोक्ताओं के पास पहुँचने से पहले तक आपूर्ति श्रृंखला (Supply Chain) के विभिन्न चरणों पर केन्द्र व राज्य सरकारों द्वारा अनेक प्रकार के कर लगाये जाते हैं। इसके अलावा केन्द्र सरकार विभिन्न सेवाओं पर सेवा कर भी लगाती है।

वर्तमान में प्रचलित उक्त कर प्रणाली में कई खामियाँ हैं–जैसे कि कर के ऊपर कर, जिसे कैस्कैडिंग इफैक्ट (Cascading Effect) भी कहा जाता है। ऐसा इसलिए होता है क्योंकि उत्पादन से लेकर उपभोक्ता तक पहुंचने की प्रक्रिया में कोई भी वस्तु विभिन्न चरणों से होकर गुजरती है। इस दौरान प्रत्येक चरणों पर उसके ऊपर अलग-अलग प्रकार के कर लगते हैं। फलस्वरूप होता ये है कि पहले दिये गये टैक्स कंपोनट के ऊपर भी टैक्स लगता है। इस स्थिति को एक उदाहरण के माध्यम से समझा जा सकता है। **उदाहरण :** मान लीजिए कि किसी वस्तु का उत्पादन हुआ है और फैक्ट्री गेट से बाहर निकलते ही उस पर उत्पाद शुल्क (Excise Duty) लगा, फिर जब बिक्री हेतु बाजार में आयी तो उस पर बिक्री कर लगता है, परन्तु बिक्री कर जिस मूल्य पर लगता है उसमें उत्पाद शुल्क भी शामिल होता है। इस प्रकार कर के ऊपर कर की वजह से वस्तु का मूल्य बढ़ जाता है

और उपभोक्ता पर अतिरिक्त बोझ पड़ता है। चूँकि अप्रत्यक्ष कर की अधिकता विशेषकर गरीब वर्गों को प्रभावित करती है। अतः अप्रत्यक्ष कर का न्यून होना आवश्यक है। साथ ही विभिन्न प्रकार के अप्रत्यक्ष कर होने के कारण अलग. -अलग पंजीकरण, रिटर्न, भुगतान आदि की समस्या कहीं न कहीं इसके अनुपालन को कठिन बना देती है। अनुपालन में जटिलता एवं एकीकृत कर प्रणाली के अभाव में कर वंचन होना स्वभाविक है। और यह प्रत्यक्ष रूप से सरकार के कर राजस्व को क्षति पहुँचाती है।

(ii) बाह्य कारण : 1991 में देश में आर्थिक उदारीकरण के दौर की शुरूआत हुई और भारत के विश्व व्यापार संगठन (WTO) का सदस्य (वर्ष 1995 में बना) बन जाने बाद से, विदेशी निवेशक भारत में निवेश करने के लिए आकर्षित हुए परन्तु भारतीय कर प्रणाली के जटिल ढांचे के चलते विदेशी निवेशक भारत में निवेश करने से बचते रहे। यही कारण है कि ईज डूइंग बिजनेस इंडेक्स (विश्व बैंक द्वारा जारी सूचकांक) में भारत आज भी 100 शीर्ष देशों में अपना स्थान नहीं बना पाया है। इस स्थिति को समझने के लिए कि, विदेशी निवेदशक या देश के निवेशकों को भारत में निवेश करने में कितनी जटिलता का सामना करना पड़ता है को उदाहरण के माध्यम से समझा जा सकता है। **उदाहरण** मान लीजिए यदि कोई निवेशक (विदेशी/देशी) तमिलनाडु में कारखाना स्थापित करता है तो उसे उस राज्य में प्रचलित कर की दरों के अनुरूप कर देना होगा और जब यही उत्पाद अन्य राज्यों में बिक्री के लिए जायेगा तब उस निवेशक को हर राज्य के अलग अलग वैट दरों, चुंगी कर, प्रवेश कर को चुकाना पड़ेगा जो कि एक जटिल प्रक्रिया है।

उपरोक्त कारणों के चलते जीएसटी उपभोक्ता, उत्पादक वर्ग, विदेश निवेश, कर वंचन को रोकने तथा कर राजस्व जैसे महत्वपूर्ण आधारों की दृष्टि से अनिवार्य हो जाता है।

2. जीएसटी की संवैधानिक प्रक्रिया

अप्रत्यक्ष कर सुधारों से जुड़े जीएसटी की कवायद 16 वर्ष पहले (वर्ष 2000 में) अटल बिहारी बाजपेयी की सरकार ने शुरू की थी जबकि यूपीए सरकार पहली बार जीएसटी से जुड़ा विधेयक संसद में लेकर आई, लेकिन गतिरोध के चलते यह विधेयक पारित न हो सका। जीएसटी का संवैधानिक प्रक्रिया का क्रम इन 16 वर्ष में कैसा रहा, को निम्न प्रकार से समझा जा सकता है–

वर्ष	जीएसटी का संवैधानिक प्रक्रिया का क्रम
2000	बाजपेयी सरकार ने अप्रत्यक्ष कर सुधार के लिए विजय केलकर की अध्यक्षता में समिति गठित की।
2004	केलकर समिति ने मार्च 2004 में अपनी रिपोर्ट सरकार को सौंपी और जीएसटी को अर्थव्यवस्था के लिए अहम बताया।
2006	बजट में जीएसटी लाने की घोषणा की गयी और तत्कालिक वित्त मंत्री पी चिदम्बरम ने अप्रैल 2010 से इसे लागू करने का प्रस्ताव रखा।
2007	राज्यों की सलाह से 31 दिसम्बर 2007 को जीएसटी पर बेहतर संभव ढांचे वाली रिपोर्ट पेश की गयी।
2010	तत्कालीन वित्त मंत्री प्रणव मुखर्जी ने अप्रैल 2011 से जीएसटी लागू करने का ऐलान किया।
2011	115वां संविधान संशोधन विधेयक पेश किया गया और तत्पश्चात् यह विधेयक संसद की स्थायी समिति को भेजा गया।
2013	अगस्त 2013 में स्थायी समिति की रिपोर्ट पेश हुई परन्तु गुजरात समेत कई राज्यों ने जीएसटी का विरोध किया।
2014	जीएसटी का 122वां संविधान संशोधन बिल पेश किया गया। कांग्रेस ने इस संशोधन बिल को स्थायी समिति के पास भेजने की मांग की।
19 दिसम्बर 2014	देश भर में जीएसटी लागू किये जाने के संदर्भ में संविधान (122वां संशोधन) विधेयक 2014 लोक सभा में प्रस्तुत किया गया।
6 मई 2015	यह विधेयक लोक सभा में पारित किया गया और तत्पश्चात इसे राज्य सभा में प्रस्तुत किया गया।

14 मई 2015	राज्य सभा में प्रस्तुत किये जाने पर यह विधेयक 14 मई 2015 को सिलेक्ट कमेटी (अध्यक्ष भूपेन्द्र यादव) के विचारार्थ भेजा गया, जिसने अपनी रिपोर्ट 22 जुलाई 2015 को सौंपी।
3 अगस्त 2016	राज्य सभा ने संशोधनों के साथ यह विधेयक पारित किया।
8 अगस्त 2016	राज्य सभा द्वारा इसमें संशोधन किये जाने के कारण यह विधेयक पुन: लोक सभा में प्रस्तुत (वित्त मंत्री अरूण जेटली द्वारा) एवं पारित हुआ।
12 अगस्त 2016	संसद में पारित होने के बाद संवैधानिक अपेक्षानुसार इस विधेयक का कम से कम आधे राज्यों के विधान मंडलों द्वारा अनुसमर्थन आवश्यक था। 12 अगस्त 2016 को असम इस विधेयक का अनुसमर्थन करने वाला देश का पहला राज्य बना। नोट : जिन 18 राज्यों की विधान मण्डल में जीएसटी पास हो चुका है का क्रम निम्नवत है - बिहार, झारखण्ड, छत्तीसगढ़, हिमाचल प्रदेश, गुजरात, मध्य प्रदेश, दिल्ली, नागालैण्ड, महाराष्ट्र, हरियाणा, सिक्किम, मिजोरम, तेलंगाना, गोवा, ओडिशा, राजस्थान, अरूणाचल प्रदेश, आन्ध्र प्रदेश।
8 सितम्बर 2016	राष्ट्रपति प्रणव मुखर्जी द्वारा संविधान (122वाँ संशोधन) विधेयक को स्वीकृति दी गयी। इसी दिन इस विधेयक को संविधान (101वां संशोधन) अधिनियम के रूप में भारत के राजपत्र में प्रकाशित कर अधिसूचित कर दिया गया।

3. जीएसटी को लागू करने की प्रक्रिया

1 जुलाई 2017 की मध्यरात्रि से पूरे भारत में जीएसटी लागू हो गया। जीएसटी आरोपित करने की प्रक्रिया निम्न प्रकार से रहेगी:–

चरण	क्षेत्र	जीएसटी को लागू करने की प्रक्रिया
पहला चरण	मैन्युफैक्चरिंग	• मान लीजिए एक उद्यमी 100 रूपये मूल्य का कपड़ा खरीदता है और इस कपड़े में 10 प्रतिशत का अप्रत्यक्ष कर भी शामिल है। • वह उद्यमी इस कपड़े से शर्ट तैयार करता है जिसमें उसने 30 रूपये खर्च किये अर्थात् शर्ट बनाने की लागत 30 रूपये की पड़ी। • उद्यमी शर्ट तैयार होने पर उसकी कीमत 130 रूपये रखता है। • 130 रूपये की शर्ट पर 10 प्रतिशत के हिसाब से 13 रूपये का जीएसटी पड़ेगा चूंकि वह 10 रूपये का कर कपड़ा खरीदते वक्त अदा कर चुका है अत: वह वास्तविक कर 3 रूपये (13-10 = 3 रूपया) देगा।
द्वितीय चरण	थोक विक्रेता	• उद्यमी द्वारा निर्मित शर्ट अब थोक विक्रेता के पास पहुंचती है और उसने उस शर्ट के लिए 130 रूपये मूल्य चुकाये। • 130 रूपये की शर्ट पर थोक विक्रेता 20 रूपये का अपना मुनाफा जोड़ता है अब शर्ट की कीमत हुई 150 रूपये। • अब शर्ट पर 10 प्रतिशत के हिसाब से जीएसट बनती है 15 रूपये, चूंकि शर्ट निर्माता इस शर्ट पर पहले ही कर भुगतान कर चुका है। अर्थात् 13 रूपये का कुल कर भुगतान हो चुका है। अत: थोक विक्रेता 2 रूपये (15-13 = 2 रूपये) कर देगा।
तीसरा चरण	खुदरा व्यापारी/ रिटेल व्यापारी	• थोक विक्रेता ने खुदरा कारोबारी को 150 रूपये में शर्ट बेची। • खुदरा व्यापारी ने इस पर 10 रूपये का अपना मुनाफा जोड़ा अब शर्ट की खुदरा कीमत 160 रूपये हो गयी। • 160 रूपये मूल्य की शर्ट पर 10 प्रतिशत की दर से जीएसटी लगता है अर्थात् 16 रूपये कर हुआ चूंकि थोक विक्रेता के स्तर तक कर का भुगतान 15 रूपये तक का हो चुका है। अत: खुदरा व्यापारी को केवल 1 रूपये (16-15 = 1 रूपये) कर चुकाना पड़ेगा।

कुल जीएसटी : यानी शर्ट पर निर्माता, थोक विक्रेता और रिटेलर के स्तर पर लगा कुल जीएसटी 10+3+2+1 = 16 रूपये का हुआ। शर्ट की कीमत 150 + 16 = 166 रूपये हो गयी। इस प्रकार जीएसटी निर्माण या सेवा प्रदाता से उपभोक्ता तक वस्तुओं एवं सेवाओं की आपूर्ति के प्रत्येक चरण में मूल्य वर्धन (Value Addition) पर लगने वाला एकल कर है, जिससे करो का क्रमप्रपाती (Cascading Effect) प्रभाव नहीं पड़ेगा। इसके तहत कच्चे माल पर अदा किया गया कर, तैयार माल पर अदा किए गए कर से घटा दिया जाएगा और यही प्रक्रिया आगे थोक विक्रेता से रिटेलर तक हर चरण में मूल्य वर्धन पर "इनपुट टैक्स क्रेडिट" के रूप में लागू होगी। साथ ही इसके तहत देश भर में समान कर व्यवस्था होगी, जिससे एक राज्य से दूसरे राज्य में भी इनपुट टैक्स क्रेडिट पर अबाधित हस्तांतरण होगा।

4. जीएसटी की संरचना

भारत में जीएसटी त्रिस्तरीय की संरचना का प्रारूप तैयार किया गया हैं जो निम्नवत् हैं-

1. केन्द्रीय जीएसटी — केन्द्र वसूलेगा
2. राज्य जीएसटी — राज्य वसूलेंगे
3. दोहरी/इंटीग्रेटेड जीएसटी — दो राज्यों के बीच होने वाले कारोबार पर केन्द्र कर वसूलेगा और दोनों राज्यों के मध्य बांट देगा।

5. जीएसटी में शामिल कर

• जीएसटी में शामिल केन्द्र सरकार के कर:	• केन्द्रीय उत्पाद शुल्क (Central Excise Duty) • अतिरिक्त उत्पाद शुल्क (Aditional Duty of Excise) • सेवा कर (Service Tax) • विशेष अतिरिक्त सीमा कर (Special Aditional Duty of Customs)
• जीएसटी में शामिल राज्य सरकार के कर:	• मूल्यवर्धनकर/विक्रय कर (VAT/Sale Tax) • मनोरंजन कर (Entertainment Tax) • चूंगी कर • प्रवेश शुल्क (Entry Tax) • विलासिता कर (Luxury Tax) • लाटरी पर कर • सट्टेबाजी पर कर

6. जीएसटी का वर्ग विशेष पर प्रभाव

वर्ग विशेष	प्रभाव		
राज्य व केन्द्र सरकार	(i) बेहतर राजस्व दक्षता	:	ऐसा अनुमानित है कि जीएसटी आने के बाद कर-संग्रहण की लागत में वर्तमान की अपेक्षा कमी आयेगी।
	(ii) कर वंचना पर बेहतर नियंत्रण	:	वर्तमान कर प्रणाली की अपेक्षा जीएसटी के अनुपालन में जटिलता कम रहेगी, क्योंकि विभिन्न केन्द्रीय व राज्य करों के लिए अलग रिटर्न या पंजीकरण की समस्या को छुटकारा मिलेगा सरल प्रक्रिया व तकनीकी प्रयोग से जीएसटी के अंतर्गत कर वंचना पर भी नियंत्रण पाया जा सकेगा।

व्यापार एवं उद्योग जगत	(i) पूरे देश में कर संरचना एवं कर की दरों में समानता :	जीएसटी लागू होने के पश्चात पूरे देश में वस्तु व सेवा कर की एकसमान दर होगी, जिससे पूरा देश एक बाजार के रूप में उभरेगा, इससे व्यापार करने में सरलता होगी तथा कर के ऊपर कर लगाने से कही न कही लागत में वृद्धि होती है, परन्तु इनपुट टैक्स क्रेडिट की व्यवस्था बिजनेस की लागत को कम करेगी।
	(ii) बेहतर प्रतिस्पर्द्धा :	• सभी राज्यों में एक समान कर प्रणाली तथा व्यापार की लागत में आने वाली कमी स्वस्थ प्रतिस्पर्द्धा को उद्योग जगत में बढ़ावा देगी। • सशक्त सूचना एवं संचार (IT) अवसंरचना का प्रयोग GST के अनुपालन को अधिक सरल एवं आसान बनाएगा, जिससे भारत की "ईज ऑफ डूइंग बिजनेस इंडेक्स में रैंकिंग सुधर सकती है।"
उत्पादकों एवं निर्यातकों का वर्ग	केन्द्र व राज्य सरकारों द्वारा लगाए जाने वाले विभिन्न प्रकार के अप्रत्यक्ष कर जीएसटी में समाहित हो जाने से जहाँ कर की दर कम लगेगी, वहीं पूरे देश में कर की दर में समानता रहने से देश के भीतर वस्तुओं एवं सेवाओं का निर्बाध आवागमन सुनिश्चित हो सकेगा। इसके अलावा, इनपुट टैक्स क्रेडिट की सुविधा से उत्पादन लागत में कमी आएगी, जिसका फायदा देश के उत्पादक वर्ग को होगा, साथ ही देश की वस्तु की लागत कम होने से अन्तर्राष्ट्रीय बाजारों में भारतीय वस्तुओं की मांग बढ़ने से देश के निर्यात भी प्रोत्साहित होंगे।	
उपभोक्ता वर्ग	जैसा कि विदित है, अप्रत्यक्ष कर का अंतिम बोझ उपभोक्ता को ही उठाना है, इसलिए जीएसटी आने के बाद इससे उपभोक्ताओं को भी राहत मिलेगी। वर्तमान व्यवस्था के अंतर्गत केन्द्र व राज्यों द्वारा कई प्रकार के अप्रत्यक्ष करो के कारण तथा मूल्यवर्द्धन श्रृंखला में इनपुट टैक्स क्रेडिट की खामियों के कारण अनावश्यक रूप से वस्तुओं एवं सेवाओं के मूल्य बढ़ जाते हैं, परन्तु जीएसटी में एक दर होने एवं इनपुट टैक्स क्रेडिट की व्यवस्था होने से इस समस्या से निजात मिलेगी। इतना ही नहीं जीएसटी के अन्तर्ग कर भी वर्तमान दर से कम ही देय होगा। **नोट:** जीएसटी परिषद ने जीएसटी के सर्वाधिक दर 28 प्रतिशत रखी है।	

7. जीएसटी परिषद के गठन की स्वीकृति

12 दिसम्बर 2016 को केन्द्रीय मंत्रिमंडल द्वारा संविधान के नए अनुच्छेद 279ए के अनुरूप जीएसटी परिषद के सृजन को स्वीकृति दी गई। साथ ही जीएसटी सचिवालय की स्थापना को भी स्वीकृति दी गई। जिसका कार्यालय नई दिल्ली में होगा। सचिव (राजस्व) को जीएसटी परिषद का पदेन सचिव बनाया गया है तथा जीएसटी परिषद की कार्यवाहियों में "सेन्ट्रल बोर्ड ऑफ एक्साइज एंड कस्टम" के अध्यक्ष को स्थायी आमंत्रित (गैर मतदाता) के रूप में शामिल किए जाने को भी मंजूरी दी गई है जीएसटी परिषद की पहली बैठक 22-23 सितम्बर, 2016 के मध्य हुई।

जीएसटी परिषद के कार्य : जीएसटी के मामले में विभिन्न निर्णयों के लिए जीएसटी परिषद का गठन किया गया है जिसमें केन्द्र व राज्य दोनों का प्रतिनिधित्व होगा। केन्द्रीय वित्त मंत्री की अध्यक्षता वाली जीएसटी परिषद में सभी राज्य सरकारें सदस्य होंगी। इस प्रकार यह एक शक्तिशाली सांविधिक निकाय होगा।

8. जीएसटी की दर संरचना

- 3 नवम्बर 2016 को केन्द्रीय वित्त मंत्री अरूण जेटली की अध्यक्षता में राज्यों के प्रतिनिधित्व वाली जीएसटी परिषद की बैठक में "नई अप्रत्यक्ष कर व्यवस्था" हेतु वस्तु एवं सेवा कर की 4 स्तरीय संरचना को स्वीकृति प्रदान की गई।
- जीएसटी की यह 4 स्तरीय दर संरचना अधिभार (Cess) सहित बहु-स्लैब दरों के साथ है जिसके तहत कर दरों के 4 मूल स्तर निम्नवत् हैं:-

जीएसटी कर की दरें	शामिल वस्तुएँ
शून्य	खाद्यान्न सहित लगभग आधी उपभोक्ता खुदरा महंगाई बास्केट वस्तुओं पर जीएटी शून्य होगा ताकि आम जनता को स्फीतिक दबावों से संरक्षित किया जा सके।
5 प्रतिशत	आम उपभोग की वस्तुओं पर 5 प्रतिशत की दर से जीएसटी लगायी जायेगी।
12 और 18 प्रतिशत	एफएमसी वस्तुओं अन्तर्गत आने वाली अधिकांश वस्तुएँ व सेवाएँ।
28 प्रतिशत	घरेलू इलेक्ट्रॉनिक उत्पादों एवं सामान्य कारों आदि पर आरोपित होगी तथा वर्तमान में 30-31 प्रतिशत कर (उत्पाद व वैट सहित) दायरे वाली वस्तुएं एवं सेवाएं इसके तहत आएगी।
28 प्रतिशत + अधिभार	तम्बाकू उत्पाद, पान मसाला, शीतल पेय एवं लक्जरी गाड़ियों सहित विलासिता एवं अवगुण वस्तुओं पर आरोपित किया जायेगा। अधिभार की दर क्या होगी, पर सहमति नहीं बनी है।

- वर्तमान स्वच्छ ऊर्जा अधिभार जारी रहेगा जबकि वर्तमान में लगाये जा रहे अन्य अधिभार/उपकर-स्वच्छ भारत अधिभार, कृषि कल्याण अधिभार व शिक्षा उपकर जीएसटी में समाहित हो जायेंगे।

16 जनवरी 2017 को सम्पन्न जीएसटी परिषद की बैठक में केन्द्र व राज्यों के बीच निम्न संदर्भ में सहमति बनी–

- 1.5 करोड़ रूपये तक सालाना कारोबार वाली इकाइयों से वसूले गए कर के संदर्भ में आंकलन एवं प्रशासन में केन्द्र सरकार का हिस्सा मात्र 10 प्रतिशत रहेगा तथा शेष 90 प्रतिशत पर राज्यों का प्रशासनिक अधिकार होगा।
- 1.5 करोड़ रूपये से अधिक के वार्षिक कारोबार वाली इकाइयों से वसूले गए कर के संदर्भ में केन्द्र एवं राज्य का 50:50 के अनुपात में अधिकार होगा।
- करदाताओं की कर समीक्षा के लिए एक ही प्राधिकार होगा।
- राज्यों को उनके समुद्र तट से 12 समुद्री मील के दायरे में होने वाली आर्थिक गतिविधियों पर कर उद्ग्रहण (Levy) की शक्ति होगी हालांकि संवैधानिक रूप से ये अधिकार केन्द्र में निहित किए गए हैं।

नोट : 16 जनवरी 2017 की बैठक के बाद केन्द्रीय वित्तीय मंत्री अरूण जेटली द्वारा जीएसटी को लागू किये जाने की विधि को 1 अप्रैल 2017 से बढ़ाकर 1 जुलाई 2017 किए जाने की घोषणा की थी।

9. जीएसटीएन

गैर-लाभकारी एवं गैर-सरकारी कंपनी के माध्यम से Good & Service Tax Network (GSTN) की सभी प्रक्रियाएं ऑनलाइन एवं पारदर्शी होगी। रिर्टन और इनपुट टैक्स क्रेडिट की व्यवस्था के पूरी तरह से ऑनलाइन होने से कर आधार व्यापक होने के साथ-साथ कर अनुपालन में भी सुधार होगा। इससे पारदर्शिता और सरलता आने से जहां व्यापारी कर अनुपालन हेतु प्रोत्साहन होंगे, वहीं समान कर व्यवस्था से प्रतिस्पर्द्धा में वृद्धि होगी। साथ ही जीएसटी कर अपवंचन की रोकथाम के साथ कर प्रशासन को दक्ष भी बनाएगा।

जीएसटीएन के कार्य का प्रारूप

- कारोबारी जीएसटीएन पोर्टल पर अपने मोबाइल नम्बर और पैन नम्बर के माध्यम से पंजीकरण कर सकेंगे।
- जीएसटीएन पर पंजीकरण कराने पर 15 डिजिट का एक नंबर कारोबारी को मिलेगा।
- जीएसटीएन पोर्टल का इस्तेमाल केन्द्र, राज्य सरकारें और कारोबारी एक साथ अपने-अपने कार्य के लिए कर सकेंगे।
- कारोबारी इस पोर्टल की मदद से केन्द्र और राज्य का जीएसटी जमा कर सकेंगे और रिर्टन फाइल कर सकेंगे।
- कारोबारी छोटे हो या बड़े, उन्हें कर अधिकारियों से सम्पर्क करने की जरूरत नहीं होगी वे सिर्फ इसी पोर्टल के माध्यम से कर अधिकारियों से सम्पर्क कर सकेंगे।

जीएसटी कलेक्शन 1 लाख करोड़ रूपये से अधिक

- त्वरित प्रसंग : 1 मई, 2018 को जारी आंकड़ों के अनुसार पहली बार वस्तु एवं सेवा कर (जीएसटी) कलेक्शन एक महीने में 1 लाख करोड़ रूपये के स्तर को पार कर गया है। अप्रैल, 2018 में कुल जीएसटी कलेक्शन, 1,03,458 करोड़ रूपये हुआ है।
- वित्त मंत्रालय के अनुसार अप्रैल महीने में समायोजन के बाद केन्द्र और राज्य सरकारों में प्राप्त कुल राजस्व में 32,493 करोड़ रूपये सीजीएसटी और 40,257 करोड़ रूपये एसजीएसटी के तहत कलेक्ट हुए है।
- विदित है कि एक महीने में कंपोजिशन डीलर्स की

तिमाही रिटर्न भी दाखिल करना था। जिसके तहत 19.31 लाख कंपोजिशन डीलर्स में से 11.47 लाख डीलर्स ने तिमाही रिटर्न (जीएसटीआर-4) दाखिल किया, जो कि 59.40 फीसदी है और 579 करोड़ रूपये टैक्स दिया। यह कुल प्राप्त 1.03 लाख करोड़ जीएसटी में शामिल है।

वित्त वर्ष 2017-18 में अगस्त से मार्च के बीच जीएसटी से संग्रह	
सीजीएसटी	1.19 लाख करोड़ रूपये
एसजीएसटी	1.72 लाख करोड़ रूपये
आईजीएसटी	3.66 लाख करोड़ रूपये
मुआवजा उपकर	62.021 करोड़ रूपये
कुल	7.19 लाख करोड़ रूपये
नोट: आईजीएसटी और उपकर के कुछ हिस्से का भुगतान जुलाई 17 में हुआ हैं। अगर इसे शामिल कर लिया जाये तो कुल कर 7.41 लाख करोड़ रूपये हो जायेगा।	

- अप्रैल, 2018 में जीएटी संग्रह का 1 लाख करोड़ रूपये से अधिक होने का आंकड़ा ऐतिहासिक उपलब्धि है। इससे आर्थिक गतिविधियों के बढ़ने का संकेत मिलता है। ई-वे बिल प्रणाली शुरू होने और जीएसटी अनुपालन सुधरने से आगे भी संग्रहण में बेहतर रूझान आने की संभावना है।

जनरल एंटी एवाएडेन्स रूल (गार)

गार क्या है?	:	गार कर अपवंचन (Tax Evasion) और काले धन को रोकने हेतु बनाया गया एक प्रकार का नियम है, जिसके पीछे सरकार का एक ही लक्ष्य है, जो भी विदेशी कंपनी भारत में निवेश करे, वह यहाँ पर तय नियमों के अनुसार कर भुगतान करें न कि कर चोरी के उद्देश्य से भारत में निवेश करे। अर्थात् कंपनियों को कर अपवंचन के लिए गलत तथा गैर-कानूनी तरीके अपनाने के प्रति हतोत्साहित करने वाले नियम ही **"गार"** हैं।
प्रमुख उद्देश्य	:	• गार का मुख्य उद्देश्य उन सौदों या आय को कर के दायरे में लाना है, जिनको केवल करों के भुगतान से बचने के लिए सृजित किया गया है। • कर चोरी को रोक कर सरकारी राजस्व में वृद्धि करना। • देश की कराधान प्रणाली (Taxation System) की खामियाँ दूर करना तथा कर चोरी करने वालों का पता लगाना। • गार नियमों को लाने का उद्देश्य विदेशी निवेशकों को ऐसे रास्ते अपनाने से रोकना है, जिनका मुख्य ध्येय कर लाभ प्राप्त करना हो।
लागू	:	गार 1 अप्रैल, 2017 को लागू किया गया।
महत्वपूर्ण तथ्य	:	गार का प्रस्ताव सबसे पहले 2012-13 में तत्कालीन वित्त मंत्री प्रणब मुखर्जी ने अपने बजट भाषण में किया था ताकि निवेश के स्वरूप को बदलकर अपवंचन करने वालों पर अंकुश लगाया जा सके। लेकिन विदेशी निवेश में कमी की आशंकाओं के चलते गार के क्रियान्वयन को टाला जा रहा था। पहले इसे 1 अप्रैल, 2014 से लागू करने का प्रस्ताव था। अब यह 1 अप्रैल, 2017 से लागू होगा, जिसका आंकलन वर्ष 2018-19 के वित्तीय वर्ष में होगा।
नोट : • GAAR, CBDT (Central Board of Direct Tax) की अब तक की सबसे बड़ी उपलब्धियों में से एक है। • गार लागू करने वाले प्रमुख देश- ऑस्ट्रेलिया, सिंगापुर, चीन और ब्रिटेन हैं।		

तथ्य सार संग्रह

- **केन्द्र सरकार के कर (Taxes of Central Govt.):**

केन्द्र सरकार के कर

प्रत्यक्ष कर	अप्रत्यक्ष कर
आयकर, निगम कर, उपहार कर, सम्पत्ति कर, ब्याज कर।	केन्द्रीय उत्पाद शुल्क, सीमा शुल्क, सेवा कर, केन्द्रीय बिक्री कर

- **राज्य सरकार के कर (Taxes of State Govt.):**

राज्य सरकार के कर

प्रत्यक्ष कर	अप्रत्यक्ष कर
कृषि आय पर कर, भू-राजस्व, व्यवसाय कर, पथकर, होटल प्राप्तियों पर कर	राज्य उत्पाद शुल्क, डीजल एवं पेट्रोल पर कर, स्टाम्प एवं पंजीयन शुल्क, विज्ञापन कर, शिक्षा उपकर (Cess)

महत्वपूर्ण शब्दावली

- **प्रत्यक्ष कर संहिता (Direct Tax Code):** प्रत्यक्ष कर संहिता (Direct Tax Code) में सभी प्रत्यक्ष करों, जैसे-आयकर, लाभांश वितरण कर, अनुषंगी लाभ कर और संपत्ति कर से संबंधित कानूनों को समेकित तथा संशोधित किया जाना हैं, ताकि एक किफायती रूप से दक्ष, प्रभावी और साम्य योग्य प्रत्यक्ष कर प्रणाली स्थापित की जा सके तथा प्रत्यक्ष कर सकल घरेलू उत्पाद अनुपात को बढ़ाने में सहायता करें। इसका एक अन्य उद्देश्य विवादों के विस्तार को कम करना और मुकदमों को न्यूनतम रखना है। यह संहिता वर्ष 1961 की आयकर अधिनियम का स्थान लेगा।
- **कर परिहार (Tax Avoidance):** कर परिहार से आशय है-कर को बचाना तथा वैध ढंग अपनाकर कर को कम करना अर्थात् बचतों तथा आय के एक अंश को सरकारी योजनाओं में निवेश करके या जीवन बीमा, चंदा या अन्य मान्यता प्राप्त राहतों का लाभ उठाकर कर योग्य आय को कम करना कर परिहार कहलाता है।
- **कर वंचन (Tax Evasion):** कर वंचन से अभिप्राय है अवैध ढंग अपनाकर करदाता द्वारा करों का भुगतान करने से बचने का प्रयास करना। उदाहरण के लिए कर अधिकारियों के समक्ष कर योग्य आय को घोषित न करना या कपटपूर्ण लेखा या विवरण प्रस्तुत करना या गलत छूटों या राहतों का दावा करना। कर वंचन दंडनीय अपराध है।
- **कराधान (Taxation) :** कराधान का अभिप्राय है-कर लगाने की क्रिया है। कराधान का आशय सरकार की कर व्यवस्था या कर नीति से है। कराधान राजकोषीय नीति का वह साधन है, जिसके द्वारा राजस्व प्राप्त करने के लिए कर लगाए जाते हैं।
- **करारोपण के सिद्धांत (Principle of Taxation):** जब कर आरोपित करते समय करदाता की क्षमता, योग्यता, मितव्ययिता, जन-कल्याण, विषमता, उत्पादकता तथा प्रशासनिक सरलता आदि को ध्यान में रखा जाता है तो इनको करारोपण के सिद्धांत कहा जाता है।
- **लैफर वक्र (Laffer Curve) :** उस वक्र को लैफर वक्र कहा जाता है जो कर की दर तथा इनसे प्राप्त राजस्व के मध्य संबंध को व्यक्त करता है। शुरू में आर्थिक क्रिया न होने पर कर की दर तथा कर राजस्व दोनों ही शून्य होते हैं। कर आरोपित होने के पश्चात् जैसे ही इसकी दर बढ़ाई जाती है वैसे ही राजस्व में वृद्धि होने लगती है परंतु एक सीमा के बाद यदि कर की दरें बढ़ायी जायेंगी तो कर राजस्व बढ़ने के स्थान पर घटेगा जिसका प्रमुख कारण कर चोरी की प्रवृत्ति का बढ़ना है।
- **दोहरा करारोपण (Double Taxation) :** किसी एक ही आय पर दो राज्यों या देशों द्वारा कर लगाना दोहरा

करारोपण कहा जाता हैं। ऐसा तब हो जाता है जब किसी कंपनी की संपत्ति से एक देश में अर्जित आय पर उस देश में कर लगाया जाता है परंतु यदि वह कंपनी मूलतः दूसरे देश में स्थित हो और वहां भी पहले देश में अर्जित आय पर करारोपण किया जाता है। इस प्रकार कंपनी एक ही आय पर दोहरा कर देती है।

- **करावकाश (Tax Holiday) :** किसी व्यक्ति या कंपनी को निर्दिष्ट अवधि हेतु पूर्णतया या आंशिक रूप से कर मुक्त करना करावकाश कहलाता है। स्वदेशी तथा विदेशी निवेशकों को, चयनित उद्योगों तथा चयनित क्षेत्रों को प्रोत्सा. हन देने हेतु कर मुक्त अवधि प्रदान की जाती है। परंतु उस अवधि की समाप्ति पर उनसे भी सामान्य दर से कर लिया जाता है।
- **कर विवरणिका (Tax Return) :** वह निर्धारित प्रपत्र जिसके माध्यम से करदाता अपनी कर संबंधी सूचनाओं को प्रस्तुत करते हैं। इस विवरणिका में संबधित करदाता की समग्र सूचना निहित होती है।
- **स्वयं कर का निर्धारण करना (Self-Assessment of tax) :** वह कर प्रणाली जिसके अंतर्गत करदाता स्वयं ही अपनी आय, व्यय तथा सभी प्रकार की छूट आदि की प्रविष्टियों का उल्लेख करके कर का निर्धारण करता है तथा तत्पश्चात् भुगतान करता है। कर अधिकारी इस आकलन की जांच करके उसे स्वीकार कर लेता है। किसी भी प्रकार की शंका होने पर वे करदाता की आय तथा व्ययों की गहन जांच करके उसके द्वारा प्रस्तुत विवरणिका का पता लगाते हैं।
- **कर सूची (Taxation Schedule) :** वह सूची जो कर की राशि तथा आय के अनुपात को दर्शाती है कर सूची कहलाती है। इन दोनों में धनात्मक संबंध होता है।
- **कर योग्य आय (Taxable Income) :** कुल आय का वह भाग जिस पर कर लगाया जाता है कर योग्य आय कहलाती है। यदि किसी सम्पत्ति का बाजार मूल्य अधिक है तो उस अतिरेक को पूंजीगत लाभ मानकर करा. रोपण किया जाता है। कर योग्य आय के अंतर्गत तो केवल व्यक्ति या फर्म की शुद्ध आय को सम्मिलित किया जाता है।
- **करदाताओं की शरणस्थली (Tax haven) :** वह देश जहां विदेशी निवेशकों से बहुत कम दर पर आयकर तथा निगम कर को वसूला जाता है उसे करदाताओं की शरण ास्थली कहा जाता है। इस नीति का उददेश्य विदेशी पूंजी को आकर्षित करना होता है।

अभ्यास प्रश्न

◆ **स्तरः परम्परागत**

1. निम्न में से कौन-सा क्षेत्र सबसे अधिक ''कर भुगतान'' (Tax Payment) करता है?
   (a) कृषि क्षेत्र (Agriculture Sector)
   (b) औद्योगिक क्षेत्र (Industrial Sector)
   (c) परिवहन क्षेत्र (Transportation Sector)
   (d) बैंकिंग क्षेत्र (Banking Sector)
2. किसी वस्तु पर उत्पाद शुल्क (Excise) देय होता है उसके-
   (a) उत्पादन पर
   (b) उत्पादन और बिक्री पर
   (c) उत्पादन और परिवहन पर
   (d) उत्पादन, परिवहन और बिक्री
3. अप्रत्यक्ष कर का भार मुख्यत: किन्हें वहन करना पड़ता है?
   (a) उत्पादनकर्ता को (Producer)
   (b) व्यापारियों को (Businessmen)
   (c) उपभोक्ताओं को (Consumers)
   (d) करदाताओं को (Tax payee)
4. केन्द्रीय करों में राज्यों का हिस्सा निश्चित करने वाला प्राधिकरण कौन-सा है?
   (a) वित्त आयोग (Finance Commission)
   (b) वित्त मंत्री (Finance Minister)
   (c) योजना आयोग (Planning Commission)
   (d) निर्वाचन आयोग (Election Commission)
5. भारत में राज्य सरकार की आय का प्रमुख स्रोत क्या है?
   (a) बिक्री कर (Sale Tax)
   (b) उत्पाद शुल्क (Excise Duty)
   (c) आय कर (Income Tax)
   (d) सम्पत्ति कर (Wealth Tax)
6. विजय केलकर समिति की रिपोर्ट संबंधित थी-
   (a) व्यापार सुधारों से
   (b) केन्द्र राज्य वित्तीय संबंध
   (c) प्रत्यक्ष एवं अप्रत्यक्ष कर
   (d) उपरोक्त सभी

7. कराधान (Taxation) एक उपकरण है–
   (a) राजकोषीय नीति (Fiscal Policy) का
   (b) कीमत नीति (Price Policy) का
   (c) मौद्रिक नीति (Monetary Policy) का
   (d) मजदूरी नीति (Wages Policy) का
8. MAT है–
   (a) Maximum Alternate Tax
   (b) Minimum Alternate Tax
   (c) Minimum Affordable Tax
   (d) Maximum Affordable Tax
9. MODVAT का स्थान वर्ष 2000 में किसने लिया?
   (a) CEN-VAT
   (b) MANVAT
   (c) VAT
   (d) State Value Added Tax
10. VAT के संबंध में सत्य कथन का चुनाव कीजिए–
   (a) यह एक अप्रत्यक्ष कर है।
   (b) यह उत्पादन के प्रत्येक स्तर पर होने वाली मूल्य वृद्धि पर लगाया जाता है।
   (c) यह उत्पादन के प्रथम चरण से लेकर उपभोक्ता को बेचने तक के बीच सभी चरणों पर लगाया जाता है।
   (d) उपरोक्त सभी
11. उत्तर प्रदेश में VAT को किस वर्ष अपनाया गया?
   (a) 1 April 2008 (b) 1 January 2008
   (c) 1 April 2009 (d) 1 January 2009
12. सेवा कर (Service Tax) का प्रारंभ भारत में कब किया गया?
   (a) 1947–48 (b) 1951–52
   (c) 1991–92 (d) 1994–95
13. GST लाने के लिये कौन-सा संविधान संशोधन विधेयक लाया गया?
   (a) 113वां (b) 114वां
   (c) 122वां (d) 116वां
14. GST सम्मिलित रूप होगा–
   (a) उत्पाद शुल्क (Excise Duty)
   (b) सेवा कर (Service Tax)
   (c) वैट (VAT)
   (d) उपरोक्त सभी
15. GST के अन्तर्गत एक "GST Council" के गठन का प्रस्ताव है जिसका अध्यक्ष देश का
   (a) प्रधानमंत्री होगा (Prime Minister)
   (b) वित्त मंत्री होगा (Finance Minister)
   (c) राष्ट्रपति होगा (President)
   (d) मुख्य न्यायाधीश (Chief Justice of India)
16. Laffer Curve दर्शाता है–
   (a) Tax और Employment के मध्य संबंध को
   (b) Inflation और Recessoin के मध्य संबंध को
   (c) Income और Expenditure के मध्य संबंध को
   (d) Tax Revenue और Rate of Tax के मध्य संबंध को
17. आयकर रिटर्न (Income Tax Return) हेतु ''सहज'' और ''सुगम'' नामक दो फार्म को वित्त मंत्रालय द्वारा किस वर्ष जारी किया गया?
   (a) 1 April, 2010 (b) 1 April, 2011
   (c) 1 April, 2012 (d) 1 April, 2013
18. DTC का अर्थ है–
   (a) Direct Tax Code
   (b) Demand Tax Code
   (c) Direct Consumption Tax
   (d) None of these
19. भविष्य में ''आयकर लोकपाल'' की नियुक्ति के पीछे सरकार का उद्देश्य क्या है?
   1. आयकर अधिकारियों की मनमानी पर अंकुश लगाना
   2. करदाताओं की शिकायतों का शीघ्र निपटारा
   3. करदाताओं को अधिक कर अदा करने के लिये प्रोत्साहित करना
   4. बेरोजगारी में कमी लाना

   कूट:
   (a) 3, 4 (b) 2, 3
   (c) 1, 2 (d) 2, 4
20. सूची I को सूची II से सुमेलित कीजिए–

समिति	**संबंधित क्षेत्र**
A. वाई.वी. रेड्डी समिति	1. मोटरवाहन करों में वृद्धि
B. चेलैया समिति	2. अप्रत्यक्ष कर
C. भूरेलाल समिति	3. कर सुधार
D. एल.के. झा समिति	4. आयकर छूटों की समीक्षा
	5. कर नीति की समीक्षा

कूट:

	A	B	C	D
(a)	1	2	3	4
(b)	5	4	3	2

(c) 4 5 3 2
(d) 4 3 1 2

21. भारत में आयकर (Income Tax) का प्रारंभ किस वर्ष से हुआ?
(a) 1951 (b) 1961
(c) 1971 (d) 1981

22. शेयर बाजार में होने वाली शेयरों की खरीद एवं बिक्री को वर्ष 2004 में किस कर के दायरे में लाया गया?
(a) Share Market Transaction Tax
(b) Security Transaction Tax
(c) Share Security Tax
(d) Profit Return Tax

23. निगम कर (Corporate Tax) का प्रारंभ भारत में किस वर्ष हुआ?
(a) 1956 (b) 1948
(c) 1966 (d) 1969

24. Fring Benefit Tax किस पर लगाया जाता है?
(a) लागत से ज्यादा आय पर
(b) उत्पादन पर
(c) कम्पनियों पर
(d) अतिरिक्त वित्तीय लाभ पर

25. Zero Tax Company को किस कर के दायरे में लाया गया?
(a) MAT (b) CEN-VAT
(c) MODVAT (d) VAT

◆ स्तर : सम्भावित

1. निम्न में से कौन अप्रत्यक्ष कर है?
(a) बिक्री कर (sale tax) (b) आबकारी कर
(c) आमदनी कर (d) चुंगी कर

2. निम्नलिखित करों पर विचार कीजिए-
1. कंपनी कर (Corporate tax)
2. सीमा शुल्क (Custom duty)
3. संपत्ति कर (Estate tax)
4. उत्पाद शुल्क (Excise duty)
इनमें से कौन-सा/से अप्रत्यक्ष कर (Indirec tax) है/हैं?
(a) केवल 1 (b) 2 और 4
(c) 1 और 3 (d) 2 और 3

3. निम्न में से कौन-सा अप्रत्यक्ष कर है?
(a) आय कर (b) मृत्यु कर
(c) व्यय कर (d) बिक्री कर

4. निम्न में से कौन-सा कर प्रत्यक्ष कर नहीं है?
(a) आय कर (b) निगम कर
(c) बिक्री कर (d) सम्पत्ति कर

5. आयकर अधिनियम की धारा 88 के अन्तर्गत कर छूटों को समाप्त करने की अनुशंसा किस कमेटी ने की थी?
(a) चेलैया कमेटी ने (b) केलकर कमेटी ने
(c) रंगराजन कमेटी ने (d) शोम कमेटी ने

6. निम्न में से कौन "Second Generation of Economic Reform" में सरकार द्वारा चिन्हित किए गए हैं, का भाग नहीं है?
(a) तेल क्षेत्र में सुधार
(b) सार्वजनिक क्षेत्र में सुधार
(c) न्यायिक प्रणाली में सुधार
(d) शासकीय एवं सार्वजनिक संस्थाओं के सुधार

7. उत्पाद शुल्क (Excise Duty) क्या है?
(a) प्रत्यक्ष कर
(b) अप्रत्यक्ष कर
(c) एक प्रकार का उपयोग कर
(d) एक प्रकार का विक्रय कर

8. आयात व निर्यात पर लगाए जाने वाले कर को जाना जाता है?
(a) आय कर (Income tax)
(b) व्यापार कर (Trade tax)
(c) सीमा शुल्क (Custom duty)
(d) एक्साइज ड्यूटी (Excise duty)

9. निम्नलिखित करों में से राज्य सरकारों द्वारा कौन-सा कर नहीं लगाया जाता?
(a) मनोरंजन कर (b) राज्य उत्पादन शुल्क
(c) कृषि आय कर (d) निगम कर

10. बजट अनुमान 2018-19 के अनुसार प्रत्यक्ष करो में सर्वाधिक राजस्व किस कर से प्राप्त होने का अनुमान है?
(a) कारपोरेट कर (Corporate tax)
(b) आयकर (Income tax)
(c) सम्पत्ति कर (Wealth tax)
(d) उपहार कर (Gift tax)

11. बजट अनुमान 2018-19 के अनुसार अप्रत्यक्ष करो में सर्वाधिक राजस्व किस कर से प्राप्त होगा?
(a) मनोरंजन कर (Entertainment tax)
(b) कृषि कर (Agriculture tax)
(c) जीएसटी (GST)
(d) सेवा कर (Service tax)

12. केंद्र सरकार को प्राप्त राजस्व में प्रत्यक्ष करों के योगदान का सही क्रम है-
    (a) कारपोरेट कर, आयकर, सम्पत्ति कर
    (b) आयकर, कारपोरेट कर, सम्पत्ति कर
    (c) सम्पत्ति कर, कारपोरेट कर, आयकर
    (d) आयकर, सम्पत्ति कर, कारपोरेट कर
13. GST में शामिल कर है
    (a) सेवा कर
    (b) चूंगी कर
    (c) प्रवेश शुल्क
    (d) उपरोक्त सभी
14. GAAR से तात्पर्य-
    (a) General Auto Account Revenue
    (b) General Anti Avoidance Rule
    (c) Gross Anti Avoidance Rule
    (d) None of these
15. वर्ष 2018-19 के बजट में सीनियर सिटिजन के लिए आयकर छूट सीमा कितनी स्वीकृत की गयी है?
    (a) 2,25000 (b) 2,50,000
    (c) 300000 (d) 500000
16. समाज में धन के वितरण की असमानता को कम करने में कौन-सा कर सहायक होता है?
    (a) Proportional Tax (b) Progressive Tax
    (c) Regressive Tax (d) All of these
17. Cascading Effect है?
    (a) कर पर कर
    (b) केवल मूल्य वृद्धि पर कर
    (c) वस्तु की उत्पादन लागत पर कर
    (d) निम्न में से कोई नहीं
18. निम्न में से असत्य कथन का चुनाव कीजिए-
    (a) बिक्री कर - राज्य सरकार का अप्रत्यक्ष कर
    (b) धन कर - राज्य सरकार का प्रत्यक्ष कर
    (c) निगम कर - केंद्र सरकार का प्रत्यक्ष कर
    (d) सीमा शुल्क - केंद्र सरकार का अप्रत्यक्ष कर
19. 14वें वित्त आयोग की सिफारिश पर विभिन्न केंद्रीय करों की निवल प्राप्तियों का 42% हिस्सा प्रत्येक वर्ष राज्यों में बांटा जायेगा। पूर्व में यह प्रतिशत कितना था?
    (a) 28.5 (b) 32
    (c) 31.00 (d) 30.00
20. GAAR के प्रावधानों में संशोधन हेतु प्रधानमंत्री ने जुलाई 2012 में एक समिति का गठन किया जिसके अध्यक्ष थे-
    (a) विजय केलकर (b) पार्थ सारथी शोम
    (c) अमर्त्य सेन (d) इनमें से कोई नहीं
21. भारतीय संविधान के किस अनुच्छेद में केंद्र एवं राज्य सरकारों के मध्य "वित्तीय संबधं" की विस्तृत व्याख्या की गयी है?
    (a) अनुच्छेद 264-293 (b) अनुच्छेद 285-295
    (c) अनुच्छेद 115-125 (d) अनुच्छेद 255-264
22. Input tax credit है
    (a) निर्माता से उपभोक्ता तक हर चरण मे मूल्यवर्धन पर अदा कर को कुल कर से घटाया जाना।
    (b) उपभोक्ता को कर राहत
    (c) कर की दोहरी गणना
    (d) निम्न में से कोई नहीं
23. GSTIN है-
    (a) 14 अंकीय पहचान संख्या
    (b) 15 अंकीय पहचान संख्या
    (c) 20 अंकीय पहचान संख्या
    (d) 12 अंकीय पहचान संख्या
24. DTC के अंतर्गत किन करों को समेकित तथा संशोधित किया जाना है?
    1. आय कर
    2. लाभांश (Divided) वितरण कर
    3. अनुषंगी लाभ कर (Fring Benifit Tax)
    4. सम्पत्ति कर (Wealth Tax)
    (a) 2, 3 (b) 1, 2
    (c) 3, 4 (d) सभी
25. CBEC किन करों की वसूली के लिए उत्तरदायी है?
    1. सेवा कर 2. केंद्रीय सीमा शुल्क
    3. केंद्रीय उत्पाद शुल्क 4. संपत्ति शुल्क
    (a) 1, 2 (b) 2, 3, 4
    (c) 1, 3, 4 (d) 1, 2, 3
26. निम्न में से असत्य कथन का चयन कीजिए-
    1. CBDT एक वैधानिक प्राधिकरण है।
    2. आयकर विभाग, वित्त मंत्रालय के राजस्व विभाग के अंतर्गत कार्य करता है।
    3. Tax Aovidance एक गैरकानूनी प्रक्रिया है।
    4. वर्ष 2000 में वाजपेयी सरकार ने GST पर चर्चा हेतु पं. बंगाल के वित्त मंत्री असीम दासगुप्ता की अध्यक्षता में समिति गठित की थी।
    5. प्रत्यक्ष कर वस्तुओं के मूल्यों पर एवं अप्रत्यक्ष कर आय पर लगाया जाता है।

(a) 3, 5 (b) 1, 3, 4
(c) 4, 5 (d) 3, 4, 5

27. करावकाश (Tax Holiday) का प्रमुख उद्देश्य-
(a) उत्पादन में वृद्धि (b) निवेश में वृद्धि
(c) उद्योगों का संरक्षण (d) कोई नहीं

28. वर्तमान में शिक्षा व स्वास्थ्य उपकर की दर है–
(a) 2 प्रतिशत (b) 3 प्रतिशत
(c) 5 प्रतिशत (d) 4 प्रतिशत

29. GST के घटकों में शामिल हैं-
(a) सेन्ट्रल गुड एवं सर्विस टैक्स
(b) स्टेट गुड एवं सर्विस टैक्स
(c) इंटीग्रेटेड जीएसटी
(d) उपरोक्त सभी

30. वर्तमान में प्रचलित निगम कर की दर है–
(a) 25 प्रतिशत (b) 27 प्रतिशत
(c) 29 प्रतिशत (d) 30 प्रतिशत

उत्तरमाला

◆ **स्तरः परम्परागत**

1. (b)	2. (a)	3. (c)	4. (a)	5. (a)	6. (c)	7. (a)	8. (b)	9. (a)	10. (d)
11. (b)	12. (d)	13. (c)	14. (d)	15. (b)	16. (d)	17. (b)	18. (a)	19. (c)	20. (d)
21. (b)	22. (b)	23. (c)	24. (d)	25. (a)					

◆ **सम्भावित**

1. (a)	2. (b)	3. (d)	4. (c)	5. (b)	6. (b)	7. (b)	8. (c)	9. (d)	10. (a)
11. (c)	12. (a)	13. (d)	14. (b)	15. (c)	16. (b)	17. (a)	18. (b)	19. (b)	20. (b)
21. (a)	22. (a)	23. (b)	24. (d)	25. (d)	26. (a)	27. (c)	28. (d)	29. (d)	30. (a)

मुख्य परीक्षा हेतु अभ्यास प्रश्न

1. GST अपनाने के प्रमुख कारण लिखें।
2. GST आम जनता के लिये किस प्रकार लाभदायक है।
3. GST काउन्सिल पर टिप्पणी कीजिये।

अध्याय 13

निर्धनता एवं बेरोजगारी
(Poverty & Unemployment)

प्रस्तावना

भारत की पंचवर्षीय योजनाओं का मूल उद्देश्य देश से गरीबी को समूल मिटाना रहा है। यही उद्देश्य प्रमुख है, बाकी सब गौण उद्देश्य हैं। हम इस उद्देश्य की प्राप्ति में कहां तक सफल हुए, इसके प्रतीक हैं- शहरों में बढ़ती झुग्गी-झोपड़ी, बस्तियों का उमड़ता जमघट, पटरियों और नालों को अपना शयनकक्ष समझने वाला बढ़ता वर्ग, धूल कीचड़ और गन्दी गलियों में खेलता बचपन। ये सब देश में फैली भयंकर गरीबी के संकेत हैं। अत: यह आवश्यक हो जाता है कि हम इस सामाजिक बुराई का विस्तारपूर्वक अध्ययन करें और इसे जड़ से समाप्त करने के उपायों पर चर्चा करें।

निर्धनता का अर्थ

सामान्यत: निर्धनता वह स्थिति है जिसमें व्यक्ति अपने जीवन-निर्वाह हेतु **आवश्यक न्यूनतम आवश्यकताओं की पूर्ति में अक्षम रहता है।** अर्थात निर्धनता का तात्पर्य है- ''न्यूनतम संसाधनों को भी न जुटा पाना''। निर्धनता सीधे आर्थिक विकास, प्रति व्यक्ति आय, क्रय शक्ति एवं जनसंख्या की अधिकता से संबंधित है।

विश्व बैंक के अनुसार निर्धनता

4 अक्टूबर 2015 को विश्व बैंक द्वारा नवीनतम् निर्धनता आंकलन हेतु 1.90 डालर (इससे पहले यह 1.25 डालर थी) प्रतिदिन की अद्यतन अंतर्राष्ट्रीय निर्धनता रेखा का प्रयोग किया गया है। नई अंतर्राष्ट्रीय निर्धनता के आधार पर विश्व मे अतिशय निर्धन व्यक्तियों की संख्या में कमी देखने को मिली है जैसे

वर्ष	निर्धनो की संख्या (मिलयन में)
1990	1,958
1999	1,747
2012	902
2015	702

महत्वपूर्ण तथ्य : विश्व बैंक के आंकलन के अनुसार 2015 मे उप-सहारा अफ्रीका और दक्षिण एशिया में सम्मिलित रूप से वैश्विक निर्धनों का लगभग दो-तिहाई भाग निवासित है।

- वर्ष 2015 में पूर्वी एशिया और प्रशान्त क्षेत्र में निर्धनों की संख्या यहाँ की कुल जनसंख्या का 4.1 प्रतिशत है।

योजना आयोग के अनुसार निर्धनता

योजना आयोग द्वारा गठित विशेषज्ञ दल "Task force on Minimum Needs and Effective consumption Demand" की रिपोर्ट के अनुसार ग्रामीण क्षेत्र में प्रति व्यक्ति 2400 कैलोरी प्रतिदिन तथा शहरी क्षेत्र में प्रतिव्यक्ति 2100 कैलोरी प्रतिदिन के हिसाब से जिन्हें प्राप्त नहीं हो पाता उसे गरीबी रेखा से नीचे माना जाता है।

निर्धनता के प्रकार

निम्नलिखित दो प्रकार की निर्धनता में अंतर करना आवश्यक है:

(i) सापेक्ष निर्धनता।

(ii) निरपेक्ष निर्धनता

(i) सापेक्ष निर्धनता: सापेक्ष निर्धनता में गरीबी का आंकलन तुलनात्मक परिप्रेक्ष्य में किया जाता है। इसके लिए पहले किसी समाज की औसत आय और औसत जीवन-स्तर का पता लगाया जाता है। फिर जो भी उस औसत से नीचे की जिंदगी जी रहे हैं, उन्हें सापेक्ष गरीब माना जाता है। स्पष्ट है कि सापेक्ष गरीबी समाज के विभिन्न आय वर्गों के बीच आय और जीवन स्तर की विषमता की ओर संकेत करता है। इसे लोरेंज वक्र और गिनी गुणांक के जरिए प्रदर्शित किया जाता है।

(ii) निरपेक्ष निर्धनता: निरपेक्ष निर्धनता का आंकलन स्वतंत्र रूप से किया जाता है। इसके लिए पहले निर्धनता के एक निश्चित मापदंड का निर्धारण किया जाता है और फिर हेडकाउंट विधि से उस रेखा के नीचे जिंदगी गुजर-बसर करने वाले लोगों का पता लगाया जाता है। चूंकि विभिन्न देश आर्थिक विकास

की विभिन्न अवस्थाओं से गुजर रहे होते हैं, इसीलिए वहां के लोगों की वस्तु और सेवा संबंधी आवश्यकताएं अलग-अलग होती हैं। इसी के मद्देनजर बुनियादी न्यूनतम आवश्यकताओं को सबके द्वारा अलग-अलग तरीके से परिभाषित किया गया है और उसी अनुरूप निर्धनता-रेखाओं के मानक का भी अलग-अलग निर्धारण किया गया है।

भारत में वास्तविक अथवा निरपेक्ष निर्धनता की धारणा का प्रयोग निर्धनता को मापने में किया जाता है।

भारत में निर्धनता के प्रमुख कारण

(i) आर्थिक कारण

(ii) सामाजिक कारण

(iii) ऐतिहासिक कारण

(i) आर्थिक कारण: देश में निर्धनता के प्रमुख आर्थिक कारण निम्नवत् हैं-

- व्यापक बेरोजगारी और अल्प रोजगार की स्थिति।
- रोजगार के अवसरों में धीमी वृद्धि।
- निम्न स्तरीय आर्थिक गतिविधियों में संलग्नता।
- आय और सम्पत्ति का असमान वितरण।
- कृषि में निम्न उत्पादकता और उत्पादन।
- वैकल्पिक व्यवसाय के अभाव में कृषि पर अत्यधिक निर्भरता।
- प्राथमिक शिक्षा का सर्वत्र सुलभ न होना।
- प्रशिक्षण संस्थानों एवं व्यावसायिक संस्थानों की कमी।
- भारत में पूंजी निर्माण, बचत एवं निवेश का हर स्तर पर निम्न होना।
- आधुनिक तकनीकों का अभाव/कम विकास
- परिवहन, संचार एवं ऊर्जा के साधनों का धीमा विकास एवं असमान वितरण।

(ii) सामाजिक कारण: देश में निर्धनता के प्रमुख सामाजिक कारण निम्नवत हैं-

- तीव्र गति से बढ़ती हुई जनसंख्या।
- भारतीय समाज का रूढ़िवादी एवं परंपरागत विचारों से ग्रस्त होना।
- सामाजिक रीति-रिवाजों में सामर्थ्य से अधिक व्यय।
- भूमि सुधार लागू करने में असफलता।
- ग्रामीण क्षेत्रों से उच्च स्तरीय प्रवासन।
- भारतीय समाज में जाति प्रथा, धार्मिक एवं सामाजिक परम्पराओं का प्रचलन।

(iii) ऐतिहासिक कारण: भारत लम्बे समय तक पराधीन (गुलाम) रहा। अंग्रेजों ने भारतीय अर्थव्यवस्था को ''उपनिवेश'' के रूप में परिवर्तित कर दिया अर्थात देश के कच्चे माल को इंग्लैण्ड भेजा जाने लगा तथा वहां से तैयार माल भारत में महंगे दामों में बेचा जाने लगा जिसने भारतीय लघु एवं कुटीर उद्योगों पर नकारात्मक प्रभाव डाला। अंग्रेजों ने भारत के आधारभूत संरचना के विकास में भी कोई रुचि नहीं ली, जो भी विकास किये गये (रेल, डाक, व्यापार) उनका मूल उद्देश्य स्वयं का विकास एवं भारतीयों का शोषण करना था। अंग्रेजों द्वारा औद्योगीकरण की नीति को बढ़ावा दिया गया जिसके परिणामस्वरूप भारतीय संसाधनों का दोहन इंग्लैंड के विकास के लिये किया गया और भारतीय समाज शोषण एवं गरीबी के शिकंजे में जकड़ता गया। अत: भारत में निर्धनता की स्थिति को ऐतिहासिक परिप्रेक्ष्य में औपनिवेशिक विरासत से जोड़कर देखा जा सकता है।

तालिका 13.1 भारत में निर्धन जनसंख्या एवं उनका प्रतिशत

वर्ष	निर्धनता का प्रतिशत			निर्धन जनसंख्या (मिलियन में)		
	ग्रामीण	शहरी	कुल	ग्रामीण	शहरी	कुल
1993-94	50.1	31.8	**45.3**	32.86	7.45	**40.37**
2004-05	41.8	25.7	**37.2**	32.63	8.08	**40.71**
2009-10	33.8	20.9	**29.8**	27.82	7.64	**35.47**
2011-12 (तेंदुलकर समिति)	25.7	13.7	**21.9**	21.65	5.28	**26.93**
2011-12 (रंगराजन समिति)	30.9	26.4	**29.5**	26.05	10.25	**36.30**

• रंगराजन विशेषज्ञ समूह (2014) विधि पर आधारित निर्धनता के आंकड़े : एक दृष्टि में

• सर्वाधिक निर्धनता अनुपात वाले राज्य	: 1. छत्तीसगढ़ (47.9%) 2. मणिपुर (46.7%) 3. ओडिशा (45.9%) 4. मध्य प्रदेश (44.3%) 5. झारखण्ड (42.4%)
• न्यूनतम निर्धनता अनुपात वाले राज्य	: 1. गोवा (6.3%) 2. हिमाचल प्रदेश (10.9%) 3. केरल व पंजाब (11.3%) 4. हरियाणा (12.5%)
• सर्वाधिक निर्धनता अनुपात वाले केन्द्रशासित प्रदेश	: 1. दादरा नागर हवेली (35.6%) 2. चण्डीगढ़ (21.3%) 3. दिल्ली (15.6%)
• न्यूनतम निर्धनता अनुपात वाले केन्द्रशासित प्रदेश	: 1. अंडमान (6.0%) 2. लक्षद्वीप (6.5%) 3. पुंडुचेरी (7.7%)
• सर्वाधिक निर्धनता अनुपात वाले पूर्वोत्तर राज्य	: 1. मणिपुर (46.7%) 2. असम (40.9%) 3. अरूणाचल प्रदेश (37.4%)
• न्यूनतम निर्धनता अनुपात वाले पूर्वोत्तर राज्य	: 1. नागालैण्ड (14.0%) 2. मेघालय (24.4%) 3. मिजोरम (27.4%)
• ग्रामीण क्षेत्र में सर्वाधिक निर्धनता अनुपात वाले राज्य	: 1. छत्तीसगढ़ (49.2%) 2. ओडिशा (47.8%) 3. झारखण्ड (45.9%)
• ग्रामीण क्षेत्र में न्यूनतम निर्धनता अनुपात वाले राज्य	: 1. गोवा (1.4%) 2. नागालैण्ड (6.1%) 3. केरल (7.3%)
• शहरी क्षेत्र में सर्वाधिक निर्धनता अनुपात वाले राज्य	: 1. छत्तीसगढ़ (47.9%) 2. मणिपुर (46.7%) 3. उड़ीसा (45.9%)
• शहरी क्षेत्र में न्यूनतम निर्धनता अनुपात वाले राज्य	: 1. हिमाचल (8.8%) 2. गोवा (9.1%) 3. केरल (15.3%)
• सर्वाधिक निर्धन जनसंख्या वाले राज्य	: 1. उत्तर प्रदेश, 2. बिहार, 3. मध्य प्रदेश, 4. पश्चिम बंगाल, 5 महाराष्ट्र
• न्यूनतम निर्धन जनसंख्या वाले राज्य	: 1. गोवा, 2. सिक्किम, 3. नागालैण्ड, 4. मिजोरम, 5. अरूणाचल प्रदेश

• पिछड़ेपन का सूचकांक (Index of Backwardness) :

उद्देश्य	: केन्द्र सरकार द्वारा राज्यों को दिये जाने वाले अनुदानों के लिए पात्र राज्यों की पहचान हेतु इस सूचकांक की सिफारिश मई 2013 में केन्द्र सरकार द्वारा गठित रंगराजन समिति ने की।
सूचकांक को तैयार करने वाले आधार	: इस सूचकांक में राज्यों को रैंकिंग देने के आधार हैं– प्रतिव्यक्ति मासिक उपभोग व्यय, शिक्षा, स्वास्थ्य, आवासीय सुख-सुविधाएँ, निर्धनता दर, महिला साक्षरता, कुल जनसंख्या में अनु-जाति/जनजाति की जनसंख्या का प्रतिशत, शहरीकरण, वित्तीय समावेशन आदि।
सूचकांक के आधार पर 10 सर्वाधिक पिछड़े राज्य	: 1. ओडिशा, 2. बिहार, 3. मध्य प्रदेश, 4. छत्तीसगढ़, 5. झारखण्ड, 6. अरूणाचल प्रदेश, 7. असम, 8. मेघालय, 9. उत्तर प्रदेश, 10. राजस्थान।
सूचकांक के आधार पर 7 सर्वाधिक विकसित राज्य	: 1. गोवा, 2. केरल, 3. तमिलनाडु, 4. पंजाब, 5. महाराष्ट्र, 6. उत्तर प्रदेश, 7. हरियाणा।

• बहुआयामी गरीबी सूचकांक (Multidimensional Poverty Index – MPI) :

अवधारणा का विकास	: MPI की अवधारणा का विकास संयुक्त राष्ट्र विकास कार्यक्रम (UNDP) द्वारा किया गया।
महत्वपूर्ण तथ्य	: UNDP के अनुसार "निर्धनता" एक बहुआयामी संकल्पना है। इसे केवल आय के आधार पर ही नहीं निकाला जा सकता है। इस सूचकांक में मानव विकास सूचकांक (HDI) को प्रतिबिंबित करने वाले तीन आयाम लिये गये हैं–1. स्वास्थ्य 2. शिक्षा 3. जीवन स्तर। इन तीनों आयामों को 10 सूचकों में विभाजित किया गया है जो निम्नवत् है–

आयाम	भारांश	सूचक
1. स्वास्थ्य	33.3%	1. शिशु मृत्यु दर, 2. कुपोषण
2. शिक्षा	33.3%	1. नामांकित शिशु, 2. शैक्षिक वर्ष
3. जीवन स्तर	33.3%	1. आवास, 2. विद्युत, 3. जलापूर्ति, 4. शौचालय, 5. ईंधन आपूर्ति, 6. संपत्ति
कुल	**100.00%**	**10 सूचक**

नोटः भारत की 54% जनसंख्या बहुआयामी निर्धनता से पीड़ित है।

भारत में बेरोजगारी

- **बेरोजगारी (Unemployment) :** बेरोजगारी वह विशेष अवस्था है जिसमें मानसिक और शारीरिक रूप से कार्य करने में समर्थ एवं इच्छुक व्यक्ति को प्रचलित मानकों व प्रचलित मजदूरी दर पर काम नहीं मिलता। बेरोजगारी कुल उपलब्ध कार्यबल की प्रतिशतता व्यक्त करता है। भारत में बेरोजगारी को तीन वर्गों में बांटा जा सकता है– (i) ग्रामीण बेरोजगारी (ii) शहरी बेरोजगारी (iii) ग्रामीण एवं शहरी दोनों क्षेत्रों में पायी जाने वाली बेरोजगारी

(i) ग्रामीण बेरोजगारी

- **अदृश्य/प्रच्छन्न बेरोजगारी (Disguised Unemployment) :** अदृश्य बेरोजगारी मुख्य रूप से भारत के ग्रामीण क्षेत्रों के कृषि क्षेत्र में पाई जाती है जिसकी सीमांत उत्पादकता शून्य होती है। कारण, लोगों की खेती में उपस्थिति अथवा अनुपस्थिति का उत्पादन पर कोई प्रभाव नहीं पड़ता। इस तरह की बेरोजगारी में श्रमिक यद्यपि ऊपरी तौर पर रोजगार मे लगे दिखाई देते हैं, परंतु सब लोगों के लिए पर्याप्त मात्रा में कार्य नहीं पाया जाता। किसी कार्य को करने के लिए जितने लोगों की आवश्यकता होती है उससे अधिक लोग काम पर लगे हुए होते हैं। ऐसी स्थिति में यदि कुछ श्रमिकों को काम पर से हटा लिया जाए तो भी कुल उत्पादन में कमी नहीं आएगी। यह स्थिति ही अदृश्य बेरोजगारी कहलाती है।
- **मौसमी बेरोजगारी (Seasonal Unemployment):** भारत के ग्रामीण क्षेत्र में पाई जाने वाली दूसरी तरह की बेरोजगारी मौसमी बेरोजगारी है। इसका कारण यह है कि खेती एक मौसमी व्यवसाय है अर्थात खेती में मौसम के अनुसार फसलें बोई जाती हैं। खाली मौसम में प्रायः खेती में काम करने वाले कृषकों के पास कोई काम नहीं रहता। ग्रामीण क्षेत्रों में खेती के अलावा और भी कई मौसमी कार्य हैं जैसे गन्ना पिराई, ईंटों के भट्टे आदि। इन कार्यों में लगे हुए श्रमिकों को वर्ष के केवल कुछ महीनों तक काम मिलता है। शेष समय के लिए ये बेकार रहते हैं।

(ii) शहरी क्षेत्र में बेरोजगारी

- **औद्योगिक बेरोजगारी (Industrial Unemployment):** औद्योगिक बेरोजगारी में उन गैर–साक्षर व्यक्तियों को शामिल किया जाता है जो उद्योगों, खनिज, यातायात, व्यापार, निर्माण आदि व्यवसायों में काम करना चाहते हैं। इस तरह की समस्या जनसंख्या बढ़ने के साथ–साथ बढ़ती जाती है इसके अलावा शहरों में औद्योगीकरण के कारण जनसंख्या गांवों से पलायन कर शहरों की ओर आती है। इससे भी श्रमिकों की पूर्ति बढ़ने से बेरोजगारी उत्पन्न होती है। इसके अतिरिक्त विकसित देशों की तरह भारतीय उद्योगों में मशीनीकरण बढ़ने और श्रम बचत विधियों का उपयोग करने से औद्योगिक क्षेत्र में बेरोजगारी की मात्रा लगातार बढ़ती जा रही है।
- **शिक्षित बेरोजगारी (Educational Unemployment):** भारत में आज साक्षरता दर बढ़ती हुई लगभग 73 प्रतिशत तक पहुंच गई है। बावजूद इसके भारतीय शिक्षण प्रणाली रोजगारोन्मुख नहीं है। यह केवल उपाधि प्रेरक है, इसलिए शिक्षित लोग कई व्यवसायों के लिए अनुपयुक्त होते हैं।

(iii) भारत के ग्रामीण एवं शहरी दोनों क्षेत्रों में पायी जाने वाली बेरोजगारी

- **खुली बेरोजगारी (Open Unemployment) :** वह स्थिति खुली बेरोजगारी कहलाती है जिसमें

लोग काम करने के लिए तैयार होते हैं तथा उनमें काम करने की आवश्यक योग्यता भी होती है लेकिन उन्हें काम नहीं मिलता। उन्हें अपनी आय के लिए परिवार के अन्य सदस्यों पर निर्भर रहना पड़ता है। इस प्रकार की बेरोजगारी खेतिहर श्रमिकों, शिक्षित व्यक्तियों में तथा उन लोगों में पायी जाती है जो गांवों से शहरों में काम करने के लिए आते हैं परन्तु उन्हें काम करने के अवसर नहीं मिलते।

- **संरचनात्मक बेरोजगारी (Structural Unemployment) :** वह बेरोजगारी जो अर्थव्यवस्था की संरचना में परिवर्तन के कारण उत्पन्न होती है। इस तरह की बेरोजगारी प्रौद्योगिकी में परिवर्तन और मांग में परिवर्तन के फलस्वरूप उत्पन्न होती है।
- **अल्प रोजगार (Under Employment) :** जब एक व्यक्ति को अपेक्षित समय से कम समय के लिए काम मिलता है अथवा वर्ष भर में कुछ माह के लिए बेरोजगार रहना पड़ता है तो उसे अल्परोजगार की स्थिति कहतें है।
- **चक्रीय बेरोजगारी (Cyclical Unemployment):** चक्रीय उतार चढ़ावों या परिवर्तनों के कारण उत्पन्न होने वाली बेरोजगारी चक्रीय बेरोजगारी कहलाती है। आर्थिक तेजी (Boom), आर्थिक सुस्ती (Recession), आर्थिक मंदी (Depression) तथा आर्थिक पुनरुत्थान (Recovery) पूंजीवादी अर्थव्यवस्था की पहचान है।

तेजी (Boom) – आर्थिक तेजी की स्थिति में आर्थिक गतिविधियों का स्तर ऊंचा हो जाता है।

सुस्ती (Recession) – आर्थिक सुस्ती की स्थिति में अर्थव्यवस्था में समग्र मांग के घटने की प्रवृत्ति पायी जाती है।

आर्थिक मंदी (Depression) – आर्थिक मंदी वह स्थिति है जिसमें समग्र मांग में बहुत अधिक गिरावट हो जाती है, इस स्थिति में उत्पादक वर्ग को उत्पादन एवं रोजगार सृजन में कमी करनी पड़ती है। यह क्रम ही चक्रीय बेरोजगारी कहलाता है।

पुनरुत्थान (Recovery) – आर्थिक पुनरुत्थान वह अवस्था है जिसमें आर्थिक गतिविधियां फिर से उभरना शुरू करती हैं, समग्र मांग में वृद्धि होने लगती है और पुनः उत्पादक वर्ग निवेश एवं नये रोजगार सृजन हेतु प्रेरित होने लगते हैं। इन सभी स्थितियों को रेखाचित्र के माध्यम से प्रस्तुत किया जा रहा है।

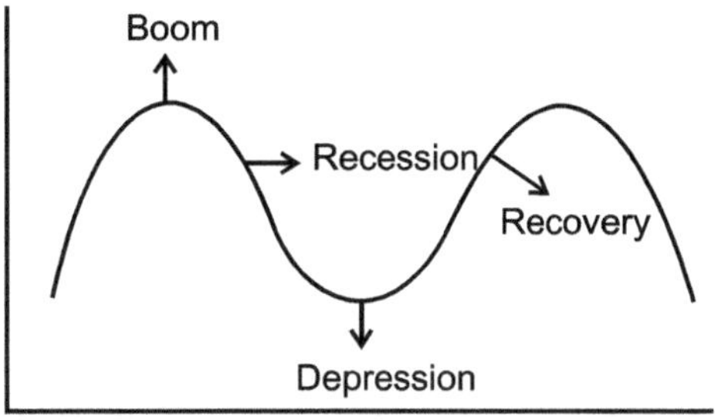

बेरोजगारी की स्थिति

- 19 फरवरी 2016 को राष्ट्रीय सर्वेक्षण कार्यालय (एनएसएसओ) द्वारा जारी आंकड़ों के अनुसार वर्ष 2011-2012 में बेरोजगारी की दर 3.4 प्रतिशत हुई जो वर्ष 2004-2005 में 4.5 थी।
- बेरोजगारी का स्तर उन लोगों के बीच सबसे अधिक रहा जो अधिक सम्पन्न और अधिक पढ़े लिखे हैं इसका कारण यह रहा कि गरीब व्यक्ति कोई भी कुछ भी कर लेते हैं। जबकि पढ़े लिखे लोग ऐसा नहीं करते हैं। यही कारण है कि ईसाई लोग सबसे अधिक शिक्षित होने के कारण सर्वाधिक बेरोजगार हैं।
- मुसलमानों की बेरोजगारी दर में पहले की तुलना में वृद्धि हुई है अर्थात् बेरोजगारी की दर 2.3 से बढ़कर 2.6 प्रतिशत हो गयी है।
- शहरी क्षेत्र में हिन्दुओं का बेरोजगारी दर सबसे कम है।
- शहरी क्षेत्रों में आय का प्रमुख साधन वेतन और नियमित मजदूरी है।

बेरोजगारी की स्थिति 2015-16 पर आधारित

मापमण्ड	कुल	पुरूष	महिला
• श्रम बल भागीदारी पर	50.3	75.0	23.7
• कामगार जनसंख्या अनुपात	47.8	71.1	21.7
• बेरोजगारी	5.0	4.0	8.7

ग्रामीण विकास, रोजगार, निर्धनता उन्मूलन व सामाजिक सुरक्षा से जुड़ी प्रमुख योजनायें

योजना का नाम	प्रारम्भ तिथि	उद्देश्य
प्रधानमंत्री कौशल विकास योजना	2015	युवाओं को प्रशिक्षण प्रदान करके उन्हे कुशल श्रमिक बनाया जा सकेगा।
प्रधानमंत्री मुद्रा योजना	8 अप्रैल 2015	असंगठित क्षेत्र के छोटे कारोबारियों के लिए वित्त एवं पुनर्वित की सुविधा उपलब्ध कराने के लिए।
अटल पेंशन योजना	9 मई 2015	पेशंन के प्रावधान वाली योजना (18-40 वर्ष आयु वर्ग के लिए)
प्रधानमंत्री जीवन ज्योति बीमा योजना	9 मई 2015	जीवन बीमा की सुविधा उपलब्धा कराने के लिए (रु 2 लाख का बीमा, 18-50 वर्ष आयु वर्ग के लिए)
प्रधानमंत्री सुरक्षा बीमा	9 मई 2015	दुर्घटना की स्थिति में मृत्यु या अपंगता के मामलों में क्षतिपूर्ति हेतु बीमा योजना योजना (मृत्यु या स्थायी अपंगता 2 लाख रूपये, अंशिक अपंगता 1 लाख रूपये, 18-70 वर्ष आयु वर्ग)
उस्ताद योजना	14 मई, 2015 (वाराणसी से)	कौशल उन्नयन एंव प्रशिक्षण द्वारा पारम्परिक कला एवं हस्तशिल्प का विकास करना है।
अमृत योजना	25 जून 2015	1 लाख से अधिक जनसंख्या वाले 500 से अधिक शहरों में पेयजल, सीवेज, स्थानीय यातायात सहित आधारिक संरचना का विकास करना
स्मार्ट सिटी मिशन	25 जून 2015	देश भर मे 100 स्मार्ट शहरों का विकास किया जाना है जहाँ 24 घंटे बिजली, पानी की सुविधा के साथ पूरे शहर मे वाई - फाई फनेक्शन होगा।
हाउसिंग फौरआल	25 जून 2015	शहरी क्षेत्रो में सभी पात्र जनो के लिए आवास की सुविधा उपलब्ध करेगा।
स्किल इण्डिया मिशन	15 जुलाई 2015	युवा मानव शक्ति को वैश्विक चुनौतियों से के लिए कौशल एवं योग्यता उपलब्ध कराने के लिए।
दीनदयाल उपाध्याय ग्राम ज्योति योजना	25 जुलाई 2015	सभी गाँवो का विद्युतीकरण उपभोक्ताओं और किसानों को पर्याप्त बिजली, उप पारेषण और वितरण नेटवर्क में सुधार करना।
नई मंजिल	8 अगस्त 2015	देश मे अल्पसंख्यक समुदायों की प्रगति और सशक्तिकरण के सम्बन्ध मे समस्त दृष्टिकोण एवं अल्पसंख्यकों के कल्याण मे सुधार लाने के लिए।
श्यामा प्रसाद मुखर्जी ग्रामीण मिशन	16 सितम्बर 2015	गांव को स्मार्ट गाँव में बदलना स्थानीय स्तर पर लोगो को रोजगार महानगरों की और पलाया रोकना और ग्रामीण क्षेत्रों में आर्थिक विकास को गति देगा।
प्रधानमंत्री खनिज क्षेत्र कल्याण योजना	17 सितम्बर 2015	खनन से प्रभावित क्षेत्रो मे विभिन्न विकास तथा कल्याणकारी परियोजनाओं / कार्यक्रमों को लागू करना।
स्वावलम्बन स्वास्थ्य बीमा योजना	21 सितम्बर 2015	विकलांग व्यक्तियों को सस्ती स्वास्थ्य बीमा योजना प्रदान करना।
स्टार्ट अप इंडिया	16 जनवरी 2016	नए शुरू किए जा रहे उद्यमो को बढावा देने के लिए
स्टैण्ड अप इण्डिया योजना	5 अप्रैल 2016	देश भर में बैंक की प्रत्येक शाखा अपने क्षेत्र में कम से कम दो परियोजनाओं के लिए लक्षित (अनु. जाति/जनजाति व महिला उद्यमी को ऋण उपलब्ध कराने हेतु।
ग्रामोदय से भारत	14 अप्रैल 2016	देश मे समस्त गाँवो में पंचायती राजव्यवस्था सुदृढ कर सामाजिक सद्भाव बढ़ाने देने तथा किसानो की विकास को बढावा देने तथा किसानो की प्रगाति व गरीबी की जीविका के लिए राष्ट्रव्यापी प्रयास
प्रधानमंत्री उज्जवला योजना	1 मई 2016	गरीब परिवार की महिला सदस्यों को मुफ्त रसोई गैस दिये जाने का प्रावधान
मछुआर मुद्रा योजना	8 मार्च 2017	मछुआरों को ऋण उपलब्ध कराने हेतु
सौभाग्य योजना	27 सितम्बर 2017	ग्रामीण व शहरी क्षेत्रों के सभी घरों का विद्युतीकरण सुनिश्चित कराने हेतु।

तथ्य सार संग्रह

- **निर्धनता का श्रेणीकरण–**
  - **श्रेणी 1. चिरकालिक निर्धनः** वे व्यक्ति या परिवार जो काफी लम्बे समय से निर्धनता का जीवन व्यतीत कर रहे हैं और वे अपनी न्यूनतम मूलभूत आवश्यकताओं की भी पूर्ति नहीं कर पाते हैं। **उदाहरण–**भूमिरहित श्रमिक एवं अनियमित मजदूर।
  - **श्रेणी 2. अल्पकालिक निर्धनः** वे व्यक्ति/परिवार जो निरंतर निर्धन और गैर-निर्धन वर्गों के बीच आते-जाते रहते हैं। ये कभी निर्धनता रेखा से नीचे जीवनयापन करते हैं, लेकिन रोजगार मिलने पर ये लोग निर्धनता रेखा से ऊपर आ जाते हैं। **उदाहरण–** मौसमी मजदूर।
  - **श्रेणी 3. कभी निर्धन नहीं:** वे व्यक्ति जो कभी निर्धन नहीं होते, उन्हें गैर-निर्धन कहा जाता है। इनके पास आय के निश्चित स्रोत एवं सम्पत्ति होती है।
- भारत में गरीबी को मापने से संबंधित समितियाँ हैं–डॉ. वाई.के. अलघ समिति (1979 में योजना आयोग द्वारा गठित) लकड़वाला समिति (1989 में योजना आयोग द्वारा गठित), सुरेश तेंदुलकर समिति (2005 में योजना आयोग द्वारा गठित) सी. रंगराजन समिति (2012 में योजना आयोग द्वारा गठित) तथा अरविंद पनगड़िया टोस्क फोर्स (मार्च 2015 में नीति आयोग द्वारा गठित)।
- गरीबी के दुष्परिणाम है–
  - आर्थिक संवृद्धि का निम्न होना।
  - भुखमरी, कुपोषण एवं खराब स्वास्थ्य की समस्याएँ।
  - समाज में असमानता में वृद्धि।
  - जनसंख्या वृद्धि में सहायक।
  - अशिक्षा की समस्या में वृद्धि।
  - निम्न जीवन स्तर।
  - स्वच्छता का अभाव।
  - समावेशी विकास में बाधा।
  - बढ़ती आत्महत्या की घटनाएँ।
  - बाल श्रम में वृद्धि।
  - अपराधिक गतिविधियों में वृद्धि।
  - उत्पादन के संसाधनों पर अत्याधिक दबाव।
- गरीबी को दूर करने के उपाय हैं–
  - जीडीपी में तीव्र वृद्धि
  - जनसंख्या वृद्धि दर को न्यून करना।
  - रोजगार के नए अवसरों का सृजन।
  - आर्थिक संवृद्धि की प्रक्रिया को अधिक समावेशी बनाना।
  - कृषि क्षेत्र का विकास।
  - व्यावसायिक एवं तकनीकी शिक्षा को बढ़ावा देना।
  - उत्पादन की तकनीक में परिवर्तन।
  - बचत व पूंजी निर्माण की दर को बढ़ावा देना।
  - कर प्रणाली में आवश्यक सुधार।
  - स्वरोजगार के नये अवसर सृजित करना।

प्रमुख शब्दावली

- **निर्धनता जाल (Poverty Trap) :** वह स्थिति निर्धनता जाल कहलाती है जिसमें ''सामाजिक सुरक्षा'' जैसे-बेरोजगारी भत्ता, विधवा पेंशन, विकलांग पेंशन के अंतर्गत सरकार से राहत पाने वाला व्यक्ति रोजगार की तलाश ही करना बंद कर देता है क्योंकि उसे जो रोजगार प्राप्त होता है, उससे मिलने वाला पारिश्रमिक सरकार द्वारा दिए गए सामाजिक सुरक्षा के अंतर्गत प्राप्त भुगतान से भी कम होता है। ऐसी स्थिति में, निर्धन व्यक्ति काम करने की अपेक्षा सामाजिक सुरक्षा के अंतर्गत सरकार से भत्ता लेना अधिक उपयुक्त समझते हैं।
- **गिनी गुणांक (GINI Coefficient):** समाज में व्याप्त आय एवं सम्पत्ति के असमान वितरण की माप ''सांख्यिकी'' (Statistical) आधार पर करना 'Gini Coefficient' कहलाता है यदि Gini Coefficient मान 'शून्य' है तो समाज के सभी व्यक्तियों की आय समान मानी जायेगी। इसके विपरीत यदि Gini Coefficient का मान 1 है तो इसका अर्थ है कि समाज में कुछ वर्ग विशेष के पास देश की समस्त आय केंद्रित है। अन्य शब्दों में यह कहा जा सकता है कि- Gini Coefficient का मान जितना अधिक होगा समाज में विषमता भी उतनी ही अधिक होगी। इसके विपरीत Gini Coefficient का मान जितना कम होगा (या शून्य)

वहाँ सभी व्यक्तियों की आय को समान माना जायेगा।

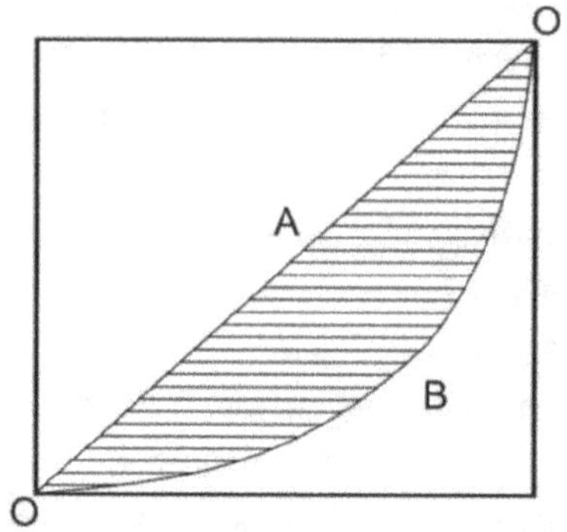

- **लॉरेन्ज वक्र (Lorenz Curve) :** इस वक्र को 1905 में **मैक्स ओ. लॉरेन्ज** ने विकसित किया। लॉरेन्ज वक्र द्वारा किसी देश के लोगों के बीच आय विषमता को ज्ञात करते हैं। लॉरेन्ज वक्र का प्रत्येक बिन्दु उन व्यक्तियों को प्रदर्शित करता है, जो एक निश्चित आय के प्रतिशत के नीचे होते हैं। यदि समाज के 10% लोगों के पास कुल आय का 10%, 20% लोगों के पास कुल आय का 20% हो एवं इसी अनुपात में आगे भी बढ़ रहा हो तो इन्हें प्रदर्शित करने वाली रेखा 45° रेखा होगी। इसे हम पूर्ण समता रेखा या **"निरपेक्ष समता रेखा''** भी कहते हैं। लॉरेन्ज वक्र जितना ही निरपेक्ष समता रेखा के पास होगा, आय की विषमता उतनी ही कम होगी।

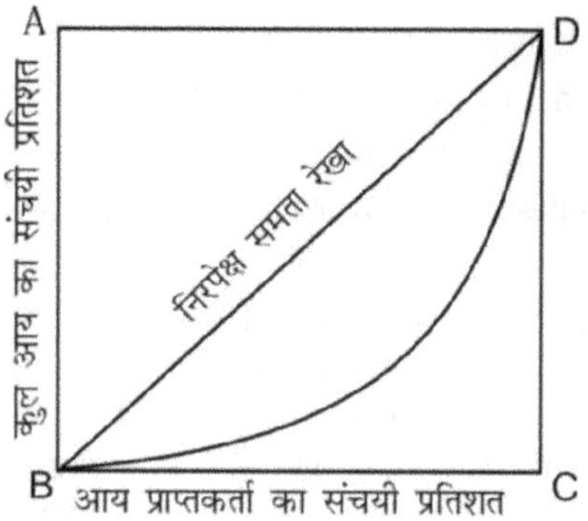

- **वेबरेज वक्र (Webriz Curve) :** यह वक्र किसी अर्थव्यवस्था में बेरोजगारी के स्तर तथा रोजगार उपलब्धता के स्तर के बीच का संबंध वक्र द्वारा प्रदर्शित करता है।

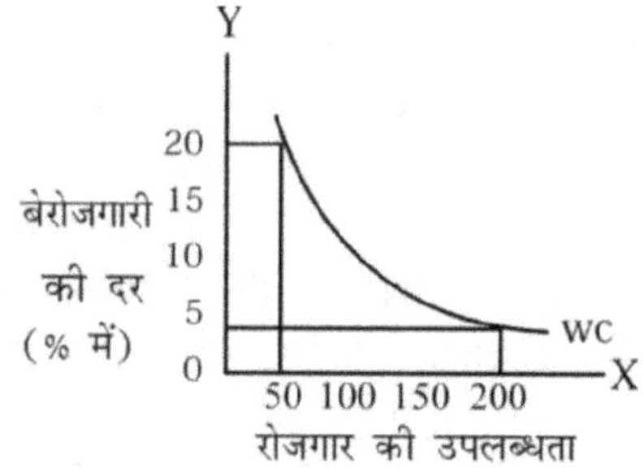

उपरोक्त चित्र से स्पष्ट है कि यदि अर्थव्यवस्था में बेरोजगारी की दर अधिक है तो इसका सीधा अर्थ यह है कि अर्थव्यवस्था में नये रोजगार सृजन की दर कम और जिससे रोजगार की उपलब्धता सीमित है और यदि इसके विपरीत देश की अर्थव्यवस्था में बेरोजगारी की दर कम है तो इसका सीधा अर्थ है कि अर्थव्यवस्था के विभिन्न क्षेत्रों में नये रोजगार सृजित हो रहें हैं और रोजगार की उपलब्धता बनी हुयी है।

नोट : बेरोजगारी के स्तर तथा रोजगार उपलब्धता के स्तर में विपरीत संबंध होता है।

- **फिलिप्स वक्र (Philips Curve) :** यह वक्र देश में बेरोजगारी के स्तर (Level of unemployment) और मौद्रिक मजदूरी में परिवर्तन (Money wages) की दर को दर्शाता है। इस वक्र के माध्यम से बेरोजगारी और मुद्रास्फीति के मध्य व्याप्त नकारात्मक संबंध को दर्शाया जाता है। अर्थात् अगर मुद्रास्फीति की दर अधिक होगी तो बेरोजगारी की दर घटेगी क्योंकि मुद्रास्फीति नये रोजगार के सृजन में सहायक है।

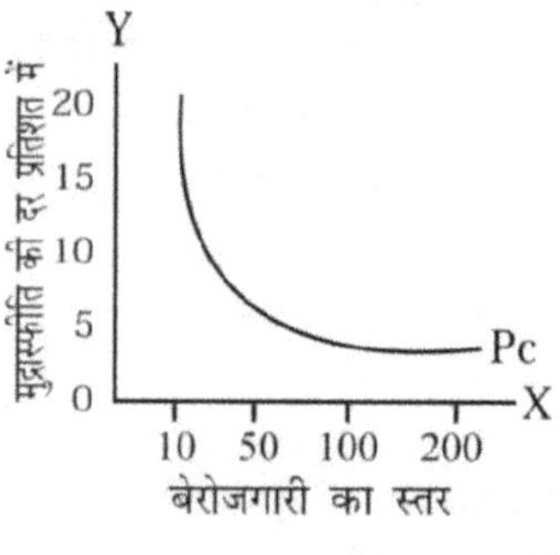

- **गरीबी का दुष्चक्र (Vicious Circle of Poverty):** प्रो. रागनर नर्क्से द्वारा प्रतिपादित इस अवधारणा के अनुसार- एक अल्पविकसित देश गरीबी के दुष्चक्र में फंसा होता है और यह दुष्चक्र अनेक शक्तियों का एक ऐसा घेरा होता है जो एक-दूसरे के साथ इस प्रकार प्रतिक्रिया करते हैं कि निर्धन सदैव निर्धन बना रहता है। एक देश की गरीबी ही उसके गरीबी का कारण है अर्थात एक देश गरीब है क्योंकि वह गरीब है। प्रो. नर्क्से के अनुसार-निर्धनता के दुष्चक्र के विभिन्न कारकों में से सबसे प्रमुख कारक ''पूँजी का अभाव'' है क्योंकि पूंजी का अभाव निवेश को प्रभावित करता है जिससे उत्पादन, रोजगार एवं आय तीनों पर नकारात्मक प्रभाव पड़ता है।

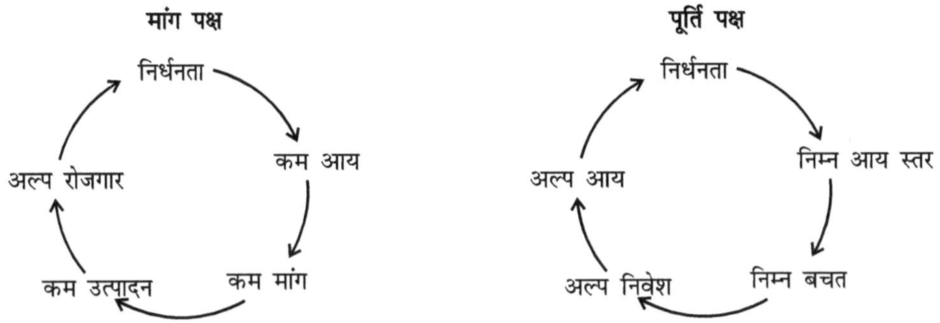

निर्धनता का दुष्चक्र

अभ्यास प्रश्न

- **स्तरः परम्परागत**

1. निर्धनता (Poverty) का अर्थ है-
   (a) यह एक सामाजिक बुराई है।
   (b) इसमें व्यक्ति अपने जीवन निर्वाह हेतु ''आवश्यक न्यूनतम वस्तुओं'' की पूर्ति में अक्षम रहता है।
   (c) निर्धनता प्रत्यक्ष रूप से आर्थिक विकास, प्रति व्यक्ति आय, क्रयशक्ति एवं जनसंख्या से जुड़ी है।
   (d) उपरोक्त सभी
2. विश्व बैंक के अनुसार 1.25 डॉलर प्रतिदिन की आय प्राप्त करने वाले व्यक्ति ''गरीब की श्रेणी'' में आते हैं-
   (a) अल्पविकसित देश (b) विकसित देश
   (c) विकासशील देश (d) केवल a और c
3. ''ग्रामीण क्षेत्र'' में 2400 कैलोरी, ''शहरी क्षेत्र'' में 2100 कैलोरी प्रतिदिन प्रतिव्यक्ति प्राप्त ना करने वाले, गरीबी रेखा के नीचे माने जायेंगे''- यह किस रिपोर्ट में वर्णित था?
   (a) Task force on minimum needs & effective capital demand
   (b) Poverty elemination & effective market demand
   (c) Task force on minimum needs & effective consumption demand
   (d) None of these
4. भारत के सहस्त्राब्दि विकास (Millennium Development) का लक्ष्य है-
   (a) गरीबी के अनुपात में 50% की कटौती
   (b) गरीबी के अनुपात में 27% की कटौती
   (c) गरीबी के अनुपात में 35% की कटौती
   (d) गरीबी के अनुपात में 40% की कटौती
5. 'MNREGA' सम्पूर्ण भारत में किस वर्ष लागू हुई?
   (a) 2 फरवरी 2006 (b) 1 अप्रैल 2006
   (c) 1 अप्रैल 2008 (d) 1 अप्रैल 2009
6. बहुआयामी गरीबी सूचकांक (Multidimensional Poverty Index) कौन जारी करता है?
   (a) भारत सरकार (b) योजना आयोग
   (c) UNDP (d) SAARC

7. MPI के अंतर्गत निर्धनता के आंकलन के लिए निम्न में से कौन-से आधारों को शामिल किया जाता है?
(a) शिक्षा, स्वास्थ्य, जीवन स्तर
(b) शिक्षा, प्रति व्यक्ति आय, प्रति व्यक्ति उपभोक्ता व्यय
(c) शिक्षा, प्रति व्यक्ति आय, स्वास्थ्य
(d) शिक्षा, प्रति व्यक्ति उपभोग व्यय, कैलोरी

8. MPI का सर्वप्रथम प्रयोग किसके अंतर्गत और किस वर्ष किया गया?
(a) वैश्विक भूख सूचकांक में, वर्ष 2011 में
(b) UNDP की मानव विकास रिपोर्ट में, वर्ष 2010 में
(c) योजना आयोग द्वारा, 2009 में
(d) NSSO द्वारा, 2008 में

9. सूची-I को सूची-II से सुमेलित कीजिए-

वर्ष (अखिल भारत स्तर पर)	निर्धनता अनुपात % में
A. 1993-94	1. 21.9
B. 2004-05	2. 37.2
C. 2009-10	3. 29.8
D. 2011-12	4. 45.3

	A	B	C	D
(a)	4	1	2	3
(b)	3	2	1	4
(c)	4	2	3	1
(d)	1	2	3	4

10. वर्ष 2011-12 के लिए जारी निर्धनता अनुपात (% में) में शीर्ष 3 राज्यों का सही क्रम तेंदुलकर समिति के अनुसार क्या है?
(a) बिहार > छत्तीसगढ़ > झारखंड
(b) छत्तीसगढ़ > झारखंड > मणिपुर
(c) उ.प्र. > बिहार > छत्तीसगढ़
(d) झारखंड > मणिपुर > बिहार

11. तेंदुलकर समिति के अनुसार वर्ष 2011-12 में अखिल भारतीय स्तर पर प्रति व्यक्ति मासिक उपभोग व्यय (₹ में) ग्रामीण एवं शहरी क्षेत्र में क्रमश: है-
(a) 925 एवं 1125 (b) 816 एवं 1000
(c) 1000 एवं 1250 (d) 963 एवं 1000

12. वर्ष 2009-10 में अखिल भारतीय स्तर पर प्रति व्यक्ति प्रतिदिन उपभोग व्यय ग्रामीण क्षेत्र ₹ 22.42 था जो 2011-12 में बढ़कर हो गया–
(a) ₹ 30.33 (b) ₹ 28.30
(c) ₹ 25.50 (d) ₹ 27.20

13. निम्न में से कौन-सा राज्य सर्वाधिक पाँच गरीब राज्य (% में) की श्रेणी में नहीं आता है?
(a) छत्तीसगढ़ (b) अरूणाचल प्रदेश
(c) उ. प्र. (d) मणिपुर
(e) बिहार

14. निम्न में से कौन-सा राज्य न्यूनतम पाँच गरीब राज्यों की श्रेणी में नहीं आता है?
(a) गोवा (b) गुजरात
(c) हिमाचल (d) सिक्किम
(e) पंजाब

15. निम्न में से कौन भारत में पायी जाने वाली बेरोजगारी का मुख्य प्रकार नहीं है?
1. संरचनात्मक बेरोजगारी (Structural Unemployment)
2. प्रच्छन्न बेरोजगारी (Disguised Unemployment)
3. अल्प बेरोजगारी (Under Unemployment)
4. आवर्ती बेरोजगारी (Cyclical Unemployment)
(a) 1, 2 (b) 4
(c) 2, 4 (d) 4, 3

16. निम्नलिखित में से कौन निर्धनता का प्रमुख कारण है?
(a) जनसंख्या में तीव्र वृद्धि
(b) आर्थिक विकास की नीची दर
(c) मुद्रास्फीति दबाव
(d) उपरोक्त सभी

17. निम्न में से कौन निर्धनता उन्मूलन कार्यक्रमों की प्रमुख कमियाँ हैं?
1. अपर्याप्त वित्तीय सीमाएं
2. राजनैतिक इच्छाशक्ति का अभाव
3. दोषपूर्ण लक्ष्य निर्धारण
4. उत्तरदायित्व का अभाव
(a) 2, 3 (b) 1, 2, 3
(c) 3, 4 (d) सभी

18. निम्न में से कौन-सी योजना है जिसके अंतर्गत TRYSEM, IRDP, DWCRA जैसी महत्वपूर्ण योजनाओं का विलय किया गया?
(a) JGSY (b) SGSY
(c) PMGAY (d) EAS

19. निम्न में से कौन-सी योजना "Poverty Elimination" (गरीबी उन्मूलन) से संबंधित नहीं है?
(a) PMRY (b) KCC
(c) SGRY (d) SGSY

20. जून 2012 में गरीबी रेखा निर्धारण संबंधी फार्मूले एवं प्रक्रिया की समीक्षा हेतु योजना आयोग ने किसकी अध्यक्षता में विशेषज्ञ समिति का गठन किया?
    (a) वर्मा समिति
    (b) केलकर समिति
    (c) बी. एन. कृष्णा समिति
    (d) रंगराजन समिति
21. अण्डमान-निकोबार द्वीप समूह में निर्धनता रेखा का आकलन किस राज्य की निर्धनता रेखा के आधार पर किया गया है?
    (a) केरल (b) पुदुचेरी
    (c) तमिलनाडु (d) आंध्र प्रदेश
22. जुलाई 2013 में जारी, 2011-12 के लिए निर्धनता संबंधी आंकड़े NSSO के किस दौर पर आधारित थे?
    (a) 67वें दौर पर (b) 68वें दौर पर
    (c) 65वें दौर पर (d) उक्त में से कोई नहीं
23. प्रच्छन्न बेरोजगारी का उल्लेख किनके लिए होता है?
    (a) जो लोग बेरोजगार हैं
    (b) जिस काम को कम लोग कर सकते हैं, उसके लिए ज्यादा लोगों को लगाना
    (c) महिलाओं की बेरोजगारी
    (d) 60 वर्ष की आयु से अधिक लोगों की बेरोजगारी

◆ स्तरःसम्भावित

1. संपूर्ण रोजगार की स्थिति में भी किस प्रकार की बेरोजगारी पैदा हो सकती है?
    (a) संरचनात्मक बेरोजगारी (Structural unemployment)
    (b) कार्यात्मक बेरोजगारी (functional unemployment)
    (c) आवर्ती बेरोजगारी (cyclical unemployment)
    (d) प्रच्छन्न बेरोजगारी (disguised unemployment)
2. सापेक्ष निर्धनता का अर्थ एक ऐसी स्थिति है जिसमें-
    (a) एक व्यक्ति दूसरों से पीछे रह जाता है
    (b) एक व्यक्ति जीवन के लिए आवश्यक वस्तुएं हासिल नहीं कर पाता है।
    (c) व्यक्ति गरीबी रेखा के नीचे है।
    (d) व्यक्ति विकसित देशों के गरीबों से भी गरीब है।
3. अंत्योदय कार्यक्रम का मुख्य उद्देश्य था-
    (a) अनुसूचित जनजातियों के जीवन स्तर में सुधार करना
    (b) अनुसूचित जातियों के जीवन स्तर में सुधार करना
    (c) गरीबी में सबसे अधिक गरीबों को मदद करना
    (d) शहरी गरीबों को दूर करना
4. ट्रायसेम (TRYSEM) योजना किससे संबंधित थी?
    (a) युवा स्नातकों को रोजगार से
    (b) ग्रामीण महिलाओं के स्वरोजगार से
    (c) शहरी युवकों के स्वरोजगार से
    (d) ग्रामीण युवकों के स्वरोजगार से
5. भारत में बेरोजगारी की समस्या का कारण है-
    (a) शिक्षा का अव्यवस्थित विकास एवं व्यावसायिक शिक्षा का अभाव
    (b) आर्थिक विकास की धीमी गति
    (c) रोजगार सृजन के कार्यक्रमों की अपर्याप्त संख्या
    (d) उपरोक्त सभी
6. भारत सरकार द्वारा चलाए गए विभिन्न कार्यक्रमों में से निर्मल ग्राम पुरस्कार क्या है?
    (a) यह ऐसी बालिकाओं के लिए जो ग्रामीण परिवारों में जन्मी एकल सन्तान है, छात्रवृत्ति के रूप में प्रोत्साहन योजना है।
    (b) यह कम्प्यूटर शिक्षा के लिए ग्रामों में विद्यालयों के लिए प्रोत्साहन योजना है।
    (c) ग्रामीण क्षेत्रों में बेहतर स्वास्थ्य सुविधाओं के लिए चलाई गई योजना
    (d) यह पंचायती राज संस्थाओं के लिए प्रोत्साहन योजना है।
7. निम्न में से कौन-सा दायित्व 'ग्रामीण रोजगार' गारंटी अधिनियम, 2005 के अंतर्गत ग्राम सभा का नहीं है?
    (a) ग्राम पंचायत को परियोजनाओं की संस्तुति करना और संभावित कार्यों की सूची बनाना।
    (b) कार्य के लिए प्रार्थना पत्र प्राप्त करना और उसकी प्राप्ति तिथि अंकित करते हुए जारी करना।
    (c) ग्राम पंचायत में हो रहे कार्यों के निष्पादन का अनुश्रवण करना।
    (d) ग्राम पंचायत के अंतर्गत कार्य हेतु ली गई सभी परियोजनाओं का नियमित रूप से सामाजिक अंकेक्षण करना।
8. राष्ट्रीय ग्रामीण रोजगार गारंटी कार्यक्रम अन्य रोजगार कार्यक्रमों से अलग है, क्योंकि-
    (a) यह शहरी क्षेत्रों में भी लागू होता है
    (b) एक वित्तीय वर्ष में इसमें 200 दिन के रोजगार की गारंटी है
    (c) रोजगार के आवेदन से एक महीने में रोजगार देना होता है
    (d) यह रोजगार की एक योजना न होकर कानूनी व्यवस्था है

9. यू.पी.ए. सरकार के भारत निर्माण कार्यक्रम में सम्मिलित नहीं है–
   (a) ग्रामीण जल पूर्ति योजना
   (b) सिंचाई लाभ कार्यक्रम
   (c) ग्रामीण विद्युतीकरण
   (d) सर्व शिक्षा अभियान
10. सामाजिक समावेशन की क्रिया संबंधित है–
   (a) मुख्यत: गरीबी, आय, सम्पत्ति तथा उपभोग में वितरण की विषमता, बेरोजगारी, अशिक्षा, कुपोषण, स्वास्थ्य सेवाओं की कमी, लैंगिक विभेद आदि सामाजिक विषमताओं को दूर करने से संबंधित हैं।
   (b) ग्राम स्तर पर अधिक गुणवत्तायुक्त जीवन से
   (c) प्रधानमंत्री समेकित शहरी गरीबी उन्मूलन कार्यक्रम से
   (d) ग्रामीण महिलाओं को रोजगार एवं प्रौढ़ शिक्षा से
11. कुपोषण को मापने के लिए दिए गए तरीके में सम्मिलित हैं–
   1. जन्म के 1 माह के अन्दर बच्चे का वजन
   2. बालक की लंबाई तथा वजन का अनुपात
   3. प्रोटीन इनर्जी मालनरिशमेंट (PEM)
   (a) 1, 2 (b) 1, 3
   (c) 1, 2, 3 (d) कोई भी नहीं
12. निम्नलिखित में कौन–सा/से योजना शहरी क्षेत्र से संबंधित हैं?
   1. राजीव आवास योजना
   2. एकीकृत आवासन एवं मलिन बस्ती विकास कार्यक्रम
   3. इन्दिरा आवास योजना
   (a) केवल 1 (b) केवल 2
   (c) सभी 1, 2 एवं 3 (d) केवल 1 और 2
13. निम्नलिखित में से कौन–सी बेरोजगारी भारत सरकार के लिए ज्यादा खतरनाक होगा?
   (a) औद्योगिक श्रमिकों की बेरोजगारी
   (b) शिक्षित बेरोजगारी
   (c) मौसमी बेरोजगारी
   (d) प्रच्छन्न बेरोजगारी
14. कृषि के संपूर्ण तकनीकीकरण का परिणाम होगा–
   1. मौसमी बेरोजगारी की अवधारणा ही समाप्त हो जाएगी।
   2. मौसमी बेरोजगारी में वृद्धि होगी।
   3. प्रत्यक्ष बेरोजगारी में वृद्धि होगी।
   4. प्रच्छन्न बेरोजगारी में वृद्धि होगी।
   उपरोक्त विकल्पों में से सत्य विकल्प चुनिए–
   (a) 1 और 3 (b) 1, 3 और 4
   (c) 1, 2 और 3 (d) 1, 2 और 4
15. निम्नलिखित में से कौन बेरोजगारी की अवधारणा में शामिल नहीं किया जाता?
   (a) गांव के किसान
   (b) उच्च शिक्षा प्राप्ति में व्यस्त छात्र
   (c) मनरेगा के श्रमिक
   (d) सरकारी कर्मचारी
16. यदि भारत सरकार मुद्रास्फीति को नियंत्रित करने के लिए राजकोषीय नीति का सहारा लेती है तो इससे बेरोजगारी पर क्या प्रभाव पड़ेगा?
   (a) शिक्षित बेरोजगारी में कमी आएगी
   (b) औद्योगिकी श्रमिकों की बेरोजगारी में वृद्धि होगी
   (c) चक्रीय बेरोजगारी में वृद्धि होगी
   (d) मौसमी बेरोजगारी में कमी आएगी
17. औद्योगिकी श्रमिकों की बेरोजगारी को दूर करने के लिए किन बिंदुओं पर बल दिया गया है?
   1. श्रम कानूनों को सरल बनाया जाए
   2. श्रम प्रधान उद्योगों को वरीयता दी जाए
   3. बदलते हुए परिवेश के अनुरूप श्रमिकों को दक्ष किया जाए

   कूट :
   (a) 1 और 2 (b) 2 और 3
   (c) 1 और 3 (d) 1, 2 और 3
18. नेशनल रूरल लिवलीहुड मिशन से संबंधित निम्नलिखित कथनों में से सत्य कथन को चुनिए–
   1. इस मिशन की शुरुआत जून 2011 को राजस्थान के बांस बाड़ा ग्राम से की गयी।
   2. इस मिशन का उद्‌देश्य गरीब परिवारों को स्वरोजगार उपलब्ध कराकर तथा दक्ष बनाकर गरीबी को घटाना है।

   कूट :
   (a) केवल 1 (b) केवल 2
   (c) 1 और 2 दोनों (d) न तो 1 न ही 2
19. फिलिप्स वक्र संबधित है–
   (a) गरीबी एवं बेरोजगारी से
   (b) मुद्रास्फीति एवं बेरोजगारी से
   (c) मुद्रास्फीति एवं गरीबी
   (d) उक्त में से कोई नहीं
20. गिन कोफिशेन्ट का मान यदि 1 है तो, इसका अर्थ है–
   (a) देश में गरीबी अधिक है।
   (b) देश में बेरोजगारी का स्तर अधिक है।
   (c) देश में विषमता अधिक है।
   (d) उक्त सभी

21. प्रधानमंत्री रोजगार सृजन कार्यक्रम किस मंत्रालय से संबंधित है?
    (a) वाणिज्य मंत्रालय
    (b) ग्रामीण विकास मंत्रालय
    (c) सूक्ष्म, लघु एवं मध्यम उद्योग मंत्रालय
    (d) उक्त में से कोई नहीं
22. काम के बदले अनाज कार्यक्रम को किस योजना में समाहित किया गया है?
    (a) मनरेगा
    (b) प्रधानमंत्री रोजगार योजना
    (c) राष्ट्रीय ग्रामीण आजीविका मिशन
    (d) उक्त में से कोई नहीं
23. सम्पूर्ण ग्रामीण रोजगार योजना जो वर्ष 2001 में प्रारंभ की गयी थी, किस योजना में समाहित की गयी है?
    (a) राष्ट्रीय ग्रामीण आजीविका मिशन
    (b) मनरेगा
    (c) राष्ट्रीय शहरी आजीविका मिशन
    (d) उक्त में से कोई नहीं

उत्तरमाला

- **स्तरः परम्परागत**

1. (d)	2. (d)	3. (c)	4. (a)	5. (c)	6. (c)	7. (a)	8. (b)	9. (c)	10. (b)
11. (b)	12. (d)	13. (c)	14. (b)	15. (b)	16. (d)	17. (d)	18. (b)	19. (b)	20. (d)
21. (c)	22. (b)	23. (b)							

- **स्तरः सम्भावित**

1. (b)	2. (a)	3. (c)	4. (d)	5. (d)	6. (d)	7. (b)	8. (d)	9. (d)	10. (a)
11. (c)	12. (d)	13. (b)	14. (b)	15. (b)	16. (b)	17. (d)	18. (c)	19. (b)	20. (c)
21. (c)	22. (a)	23. (a)							

मुख्य परीक्षा हेतु अभ्यास प्रश्न

1. ''गरीबी व बेरोजगारी की स्थिति अतंरसबधित है ''कथन को स्पष्ट करे।
2. भारत में बेरोजगारी के स्वरूपों की चर्चा करे। वर्तमान में सरकार द्वारा चलायी जा रही रोजगार सृजन की स्कीमो पर प्रकाश डाले।
3. सापेक्ष व निरपेक्ष गरीबी के मध्य अंतर स्पष्ट करे।

अध्याय 14

केन्द्रीय योजनाएं, परियोजनाएं तथा कार्यक्रम/मिशन

1. केन्द्रीय योजनाएं एवं कार्यक्रम

क्र.सं.	योजना का नाम	प्रारम्भ	केन्द्रीय विषय /मंत्रालय	प्रमुख तथ्य
1.	स्वजल कार्यक्रम	20 फरवरी–2018	–	• केन्द्रीय पेयजल और स्वच्छता मंत्री उमा भारती द्वारा उत्तराखण्ड राज्य के उत्तर काशी जिले से स्वजल नामक एक राष्ट्रीय पेयजल कार्यक्रम की शुरूआत की गयी। **नोट :** यह कार्यक्रम उत्तराखण्ड सहित 6 राज्यों में लागू होगा, परन्तु पायलट आधार पर चुना जाने वाला पहला राज्य उत्तराखण्ड है।
2.	पूर्वोत्तर के लिए नीति फोरम	21 फरवरी 2018 को केन्द्र सरकार द्वारा स्थापना की स्वीकृति	–	**उद्देश्य:** पूर्वोत्तर क्षेत्र के विकास कार्यों में आने वाली अड़चनों की पहचान करना तथा तीव्र एवं सतत् विकास के लिए आवश्यक कदमों की सिफारिश करना है। यह पूर्वोत्तर क्षेत्र में विकास स्थिति का भी जायजा लेगा।
			– **महत्वपूर्ण तथ्य:**	• इस फोरम के सह-अध्यक्ष नीति आयोग के उपाध्यक्ष तथा पूर्वोत्तर क्षेत्र के विकास राज्य मंत्री (स्वतंत्र प्रभार) होंगे। • फोरम का सचिवालय ''पूर्वोत्तर क्षेत्र विकास मंत्रालय'' में होगा। • पूर्वोत्तर राज्यों (सिक्किम सहित 7 पूर्वोत्तर राज्य) के मुख्य सचिव फोरम के सदस्य होंगे। • विभिन्न क्षेत्रों के विशेषज्ञों को भी सदस्यता दी जायेगी।
3.	कृषि मशीनरी प्रोत्साहन योजना	7 मार्च 2018 को प्रधानमंत्री की अध्यक्षता वाली कैबिनेट ने मंजूरी दी।	–	• पंजाब, हरियाणा, उत्तरप्रदेश और राष्ट्रीय राजधनी क्षेत्र दिल्ली में फसलों के अवशेषों के प्रबंधन हेतु प्रारम्भ की गयी है। • केन्द्रीय स्तर पर यह योजना कृषि सहयोग और किसान कल्याण विभाग द्वारा संचालित होगी जबकि राज्य स्तर पर पंजाब, हरियाणा, उ.प्र. तथा एनसीआर के राज्य कृषि विभाग नोडल कार्यान्वयन एजेन्सी होंगे।

				• इस योजना के उद्देश्य उक्त राज्यों में वायु प्रदूषण की समस्या का समाधान करना है। • इस योजना का कुल व्यय 1151.80 करोड़ रूपये (2018-19 में 591.65 करोड़ रूपये व 2019-20 में 560.15 करोड़ रूपये) है।
4.	राष्ट्रीय पोषण मिशन	8 मार्च 2018 को झुंझुनू जिला राजस्थान से प्रधानमंत्री मोदी द्वारा प्रारम्भ	–	• राष्ट्रीय पोषण मिशन का उद्देश्य अल्प पोषित एवं जन्म के समय कम भार वाले बच्चों की संख्या को घटाने के साथ-साथ छोटे बच्चों, महिलाओं एवं किशोरवय लड़कियों में एनीमिया को कम करना है। **नोटः** अंतर्राष्ट्रीय महिला दिवस (8 मार्च) के अवसर पर प्रधानमंत्री मोदी ने राष्ट्रीय पोषण मिशन के साथ ही बेटी बचाओं बेटी पढ़ाओ योजना को विस्तार दिया अर्थात् 161 जिलों में संचालित इस योजना को 640 जिलों में कार्यान्वित किया जायेगा।
5.	समेकित सिल्क उद्योग विकास योजना	21 मार्च-2018 को प्रधानमंत्री मोदी की अध्यक्षता में आर्थिक मामलों की मंत्रिमण्डल समिति द्वारा मंजूरी दी गयी।	–	• **लागू :** वस्त्र मंत्रालय के केन्द्रीय रेशम बोर्ड द्वारा। • **समयावधि :** 3 वर्ष (2017-18 से 2019-20 तक) • **उद्देश्य :** 2022 तक भारत को रेशम उत्पादन में आत्मनिर्भर बनाना है और कच्चे रेशम का आयात शून्य करना है।
6.	ग्राम स्वराज अभियान	14 अप्रैल 2018 से 5 मई 2018 तक	ग्रामीण विकास मंत्रालय द्वारा प्रारम्भ	• इस अभियान की शुरूआत अम्बेडकर जयंती के अवसर पर 14 अप्रैल 2018 से की गयी है। • इस अभियान का उद्देश्य 21058 ग्रामों में 7 जन कल्याणकारी योजनाओं का शत-प्रतिशत लक्ष्य प्राप्ति का संकल्प पूरा करना है। • इस अभियान में शामिल 7 योजनायें हैं- 1. प्रधानमंत्री उज्जवला योजना। 2. सौभाग्य (प्रधानमंत्री सहज बिजली हर घर योजना)। 3. उजाला योजना। 4. मिशन इंद्रधनुष। 5. प्रधानमंत्री सुरक्षा बीमा योजना। 6. प्रधानमंत्री जीवन ज्योति बीमा योजना। 7. प्रधानमंत्री जन धन योजना। • इस अभियान का स्लोगन है- **ग्राम समृद्धि संकल्प, हर जन हो खुशहाल।**

7.	नई बेनामी लेन-देन सूचनार्थी पुरस्कार योजना	4 जून, 2018	– **उद्देश्यः** बेनामी लेन-देन तथा सम्पत्तियों पर अंकुश लगाने के उद्देश्य से आयकर विभाग द्वारा इस योजना का प्रारम्भ किया गया है। – **महत्वपूर्ण तथ्यः** • कर चोरी की सूचना देने वाले व्यक्ति को आकर्षक इनाम देने की तैयारी इस योजना में की गयी है।
8.	सेवा भोज योजना	3 जून, 2018	– **महत्वपूर्ण तथ्यः** • केन्द्रीय संस्कृति मंत्रालय द्वारा वित्तीय वर्ष 2018-19 व 2019-20 के लिए इस योजना के तहत 325 करोड़ रूपये का उपबन्ध किया गया है। • इस योजना के तहत परोपकारी धार्मिक संस्थानों के विशेष भोज्य सामग्रियों पर GST की दरों से छूट दी जायेगी। • यह छूट प्राप्त करने के लिए इन संस्थानों का पंजीकरण सक्षम पदाधिकारी द्वारा किया जाना है। • सभी पात्र संस्थानों का ''दर्पण पोर्टल'' में पंजीकरण आवश्यक है। सभी आवेदनों की जाँच के लिए मंत्रालय द्वारा समिति का गठन किया जाएगा।
9.	समग्र शिक्षा योजना	24 मई, 2018	– **महत्वपूर्ण तथ्यः** • केन्द्रीय मानव संसाधन विकास मंत्री प्रकाश जावडेकर द्वारा प्रारम्भ इस योजना में ''स्कूल'' को स्कूल पूर्व प्राइमरी, अपर प्राइमरी, माध्यमिक और उच्च माध्यमिक स्तरों तक एक समेकित योजना लॉन्च की गई है। इस योजना में टीचर्स और टेक्नोलॉजी के एकीकरण पर बल दिया जाएगा। जिससे शिक्षा की गुणवत्ता में सुधार लाने में सहायता मिलेगी तथा डिजिटल और समावेशी शिक्षा को बढ़ावा मिलेगा।
10.	राष्ट्रीय सुस्थिर पर्यावास मिशन	2017	जलवायु परिवर्तन संबंधी कार्य योजना शहरी विकास मंत्रालय द्वारा • वनों में ऊर्जा क्षमता स्थापित करना। • शहरी आयोजन। • पुनः चक्रण और विद्युत उत्पादन सहित ठोस और तरल समुन्नत प्रबंधन। • सार्वजनिक परिवहन के मॉडल को विकसित करना। • भवनों की ऊर्जा क्षमता बढ़ाने हेतु प्रयास करना। • चरम मौसमी घटनाओं के लिए अग्रिम चेतावनी प्रणालियों का सुधार करना।

11.	प्रवासी कौशल विकास योजना	9 जनवरी, 2017	यह योजना राष्ट्रीय कौशल विकास निगम द्वारा अपने प्रशिक्षण भागीदारों विदेश मंत्रालय व कौशल विकास एवं उद्यमिता मंत्रालय के सहयोग से क्रियान्वित की जाएगी।	• प्रधानमंत्री मोदी द्वारा 14वें प्रवासी भारतीय दिवस (बंगलुरू, कर्नाटक) में इस योजना का शुभारम्भ किया। इस योजना का उद्देश्य अंतर्राष्ट्रीय मानकों के अंतर्गत विदेशों में रोजगार की चाह रखने वाले भारतीयों को प्रशिक्षण प्रदान करना है।
12.	प्रधानमंत्री ग्रामीण डिजिटल साक्षरता अभियान	8 फरवरी–2017	ग्रामीण डिजिटल साक्षरता हेतु	• 6 करोड़ लोगों को 2017 तक डिजिटल रूप से साक्षर बनाने का लक्ष्य। • मार्च–2019 तक ग्रामीण भारत को डिजिटल साक्षरता में प्रवेश कराने हेतु 2351 करोड़ रूपये के व्यय की घोषणा। • यह विश्व का सबसे बड़ा डिजिटल साक्षरता कार्यक्रम है। • एनएसएसओ के अनुसार मात्र 6 प्रतिशत ग्रामीणों के पास कम्प्यूटर है।
13.	भारत क्यू आर कोड	21 फरवरी–2017	नगद रहित कारोबार हेतु	• विकास एनपीसीआई, मास्टर कार्ड एवं वीजा द्वारा। • विश्व का प्रथम इंटरॉपरेबल पेमेण्ट एक्सप्टेंस साल्यूशन है। • एक ही प्लेटफार्म पर भुगतान की सुविधा। • टास्क पर सूचनाओं को संजोए रखता है।
14.	राष्ट्रीय वयोश्री योजना	1 अप्रैल–2017	सामाजिक अधिकारिता एवं न्याय मंत्रालय द्वारा	• उम्र संबंधी बीमारियों का सामना कर रहे बीपीएल बुजुर्गों को जीवन यापन के लिए आवश्यक उपकरण उपलब्ध कराना। • इसमें प्रत्येक जिले में 30 प्रतिशत लाभार्थी महिलायें होंगी।
15.	वात्सल्य मातृ अमृत कोष मानव दुग्ध बैंक	7 जून–2017	स्वास्थ्य एवं परिवार कल्याण मंत्रालय द्वारा	• दिल्ली के लेडी हार्डिंग मेडिकल कॉलेज में इसकी स्थापना हुई। • यह एक राष्ट्रीय मानव (मातृ) दुग्ध बैंक और दुग्धपान परामर्श केन्द्र है। • इसकी स्थापना नार्वे के ओस्लो विश्वविद्यालय और नीपी नार्वे इंडिया पार्टनर इनीशियेटिव के सहयोग से हुई है।

16.	साथ कार्यक्रम (Sustainable Action For Transforming Human Capital-SATH)	10 जून-2017	नीति आयोग द्वारा प्रारंभ मानव पूंजी के रूपांतरण हेतु	• शिक्षा एवं स्वास्थ्य क्षेत्रों का कायाकल्प तकनीकी सहायता से करना है। • इसमें राज्य तीन भावी रोल मॉडलों का चयन करेंगे। • इसमें राज्यों के चयन का आधार प्रसूति मृत्युदर, शिशु मृत्यु दर, मलेरिया के मामले आदि है।
17.	भारत का सांस्कृतिक मानचित्रण राष्ट्रीय मिशन	17 जून-2017	केन्द्रीय संस्कृति मंत्रालय द्वारा	• पंडित दीन दयाल उपाध्याय की जन्मभूमि मथुरा से प्रारम्भ। • सांस्कृति प्रमिभा को पोषित करना। सांस्कृतिक विरासत व इसका संरक्षण करना। • ब्लॉक स्तर से राष्ट्रीय स्तर की प्रतिभा खोज प्रतिस्पर्धा का आयोजन किया जायेगा। • कलाकारों एवं लेखकों को विभिन्न आयोजनों में शामिल होने पर **ए, बी, सी,** श्रेणी प्रदान किया जायेगा।
18.	राष्ट्रीय बायोफार्मा मिशन	30 जून-2017	केन्द्रीय विज्ञान एवं प्रौद्योगिकी मंत्रालय द्वारा	• विश्व बैंक के सहयोग से प्रारम्भ फ्लैग शिप कार्यक्रम। • स्वदेशी विनिर्माण एवं उद्यमिता को बढ़ावा देने वाले आवश्यक परितंत्र के निर्माण में सहायक। • जीवन रक्षक दवा के उत्पादन, अनुसंधान को बढ़ावा। • वैश्विक फार्मास्यूटिकल बाजर में भारत का महज 2.8 प्रतिशत योगदान है इस नयी योजना से 5 प्रतिशत होने का अनुमान।
19.	विद्यांजली योजना	जून-2016	विद्यालय में स्वैच्छिक कार्यक्रम हेतु	• सर्व शिक्षा अभियान के तहत। • इसके तहत अप्रवासी भारतीय, सेवानिवृत्त शिक्षक, सेवा निवृत सरकारी अधिकारी इत्यादि स्कूलों में स्वैच्छिक योगदान दे सकते है।
20.	प्रधानमंत्री वय वंदना योजना	21 जुलाई, 2017 को वित्त मंत्री अरूण जेटली द्वारा औपचारिक शुभारंभ	-	• 60 वर्ष से अधिक आयु वर्ग के वरिष्ठ नागरिकों के लिए पेंशन योजना है। यह योजना 10 वर्ष के लिए 8 प्रतिशत रिटर्न सुनिश्चित करता है।
21.	स्वस्थ बच्चे स्वस्थ भारत	22 अगस्त-2017	केन्द्रीय मानव संसाधन मंत्री प्रकाश जावेड़कर ने किया।	• इस योजना के अन्तर्गत केन्द्रीय विद्यालय के 12 लाख से अधिक छात्रों के स्वास्थ्य और तन्दुरूस्ती कार्ड बनाया जाना निर्धारित किया गया है।

22.	मेटर इंडिया अभियान योजना	23 अगस्त–2017	नीति आयोग द्वारा प्रारंभ	• अटल नवाचार मिशन के एक हिस्से के रूप में देशभर में स्थापित 900 से अधिक अटल टिकरिंग लैबों में छात्रों के मार्गदर्शन के काम में अग्रणी भूमिका निभाने वाले लोगों को शामिल करके यह राष्ट्र निर्माण की रणनीतिक पहल है। • मेटर इंडिया अभियान का लक्ष्य अटल टिंकरिंग लैब के प्रभाव को अधिकतम बनाना है। • यह सम्भवतः विश्वभर में औपचारिक शिक्षा के सबसे बड़े प्रसार के अभियान की पहल है।
23.	शादी–शगुन योजना	अगस्त–2017	केन्द्रीय अल्प संख्यक कार्य मंत्रालय के अधीनस्थ संस्था मौलाना आजाद एजुकेशन फाउण्डेशन के तहत शुरू की गयी है।	• मुस्लिम लड़कियों एवं अन्य अल्पसंख्यक समुदायों की लड़कियों की उच्च शिक्षा को प्रोत्साहित करने के लिए 51,000 रूपये की राशि बतौर शादी–शगुन देने का फैसला किया है। • योजना का मकसद मुस्लिम एवं अन्य अल्पसंख्यक समुदाय की लड़कियों को हायर एजुकेशन के लिए आगे बढ़ाना है। • 9वीं और 10वीं में पढ़ने वाली मुस्लिम छात्राओं को 10 हजार रूपये वजीफा दिया जायेगा। • इस राशि की हकदार वही लड़किया होगी जिन्होंने स्नातक की पढ़ाई पूरी की होगी। • इस योजना के अन्तर्गत मुस्लिम के अतिरिक्त सिख, ईसाई, पारसी और जैन धर्म से सम्बन्धित व्यक्ति भी लाभ प्राप्त कर सकते है।
24.	प्रधानमंत्री मातृ वंदना योजना	1 सितम्बर, 2017 को महिला एवं बाल विकास मंत्री मेनका गाँधी ने योजना के कार्यान्वयन के दिशानिर्देश जारी किये **नोटः** प्रधानमंत्री द्वारा 1 जनवरी, 2018 से इस योजना के संपूर्ण भारत में कार्यान्वयन की घोषणा की थी।	महिला एवं बाल विकास मंत्रालय द्वारा	• 1 जनवरी, 2018 से प्रधानमंत्री मातृ वंदना योजना देश के सभी जिलों में राष्ट्रीय खाद्य सुरक्षा अधिनियम 2013 के प्रावधानों के तहत गर्भवती महिलाओं और स्तनपान कराने वाली माताओं को परिवार के पहले जीवित बच्चे के लिए 5000 रूपये की नकद प्रोत्साहन राशि सीधे उनके खाते में उपलब्ध करायी जायेगी।

25.	नाविक सागर परिक्रमा कार्यक्रम	10 सितम्बर, 2017	रक्षा मंत्रालय	• भारतीय नौसेना द्वारा देश में महिला सशक्तीकरण और महासागर नौकायन को बढ़ावा देना है। • विश्व मंच पर नारी शक्ति का प्रदर्शन करना है। • नौकायान के द्वारा पर्यावरण अनुकूल गैर-परम्परागत नवीकरणीय ऊर्जा स्त्रोतों के उपयोग को बढ़ावा देना है। • स्वदेश निर्मित आईएनएस तारिणी पर नौकायन करके "मेक इन इंडिया" की सफलता को दर्शाना है। • समुद्र में प्रदूषण की निगरानी कर रिपोर्ट तैयार करना। • महासागर नौकायन को बढ़ावा देने के लिए चालक दल विभिन्न बंदरगाह पड़ावों पर भारतीय मूल के स्थानीय व्यक्तियों से वार्ता करेंगे।
26.	सौभाग्य योजना (प्रधानमंत्री सहज बिजली हर घर योजना)	25 सितम्बर, 2017	–	• 16,320 करोड़ रूपये की इस योजना के तहत देश के ग्रामीण एवं शहरी क्षेत्रों के सभी निर्धन परिवारों को निःशुल्क तथा अन्य परिवारों को 500 रूपये के भुगतान पर बिजली कनेक्शन दिया जायेगा। इसका लक्ष्य दिसम्बर 2018 के अन्त तक देश के सभी घरों तक बिजली पहुंचाना है।
27.	एक धरोहर गोद लो योजना	27 सितम्बर, 2017	संस्कृति मंत्रालय और भारतीय पुरातत्व के सहयोग से पर्यटन मंत्रालय द्वारा प्रारम्भ	• निजी, सार्वजनिक क्षेत्र की कम्पनियों और कर्पोरेट जगत सर्वेक्षण के व्यक्तियों को स्मारक स्थलों को गोद लेने और संरक्षण तथा विकास के माध्यम से स्मारकों और पर्यटन स्थलों के स्थायी बनाने का दायित्व देने के उद्‌देश्य से प्रारम्भ की गयी है। • आतिथ्य यात्रा व बैंकिंग क्षेत्र की 7 कम्पनियों को **"स्मारक मित्र"** के रूप में पर्यटन मंत्रालय द्वारा **चयनित** किया गया है। इन 7 **कम्पनियों** को 25 अक्टूबर 2017 को केन्द्र सरकार के पर्यटन पर्व के अन्तिम दिन आशय पत्र (Letters of Intent) प्रदान किये गये। **चयनित** 7 **कम्पनियां (गोद दिये गये पर्यटन स्थल)**

				(i) SBI Foundation 1. जतंर-मंतर (दिल्ली) **(ii) TK International Limited** 1. कोणार्क का सूर्य मंदिर (उड़ीसा), 2. राजा रानी मन्दिर (भुवनेश्वर), 3. रत्नागिरी स्मारक (जयपुर), 4. रत्नागिरी स्मारक (उड़ीसा) **(iii) Yatra Online Pvt. Limited** 1. हम्पी (कर्नाटक), 2. लेह-पैलेस (जम्मू-कश्मीर) 3. कुतुबमिनार (दिल्ली), 4. अंजता गुफा (महाराष्ट्र) **(iv) Travel Corporation of India Ltd.** 1. मत्तानचेरी पैलेस संग्राहलय (कोच्चि), 2. सफदरजंग मकबरा (दिल्ली), **(v) Adventure Tour Operator Association of India** 1. गंगोत्री मंदिर क्षेत्र व गोमुख तक के मार्ग (उत्तराखण्ड) 2. माउण्ट स्टोक कांगरी (लद्दाख, जम्मू कश्मीर) **(vi) Special Holiday Travel Pvt. Ltd. (with) Rotary Club of Delhi.** 1. अग्रसेन की बावड़ी (दिल्ली) **(vii) NBCC (National Buildings Construction Corporation Limited)** **1. दिल्ली के पुराने किले।** **नोट:** इस योजना के जरिये देशभर के स्मारकों, धारोहरों और पर्यटन स्थलों को विकसित कर पर्यटक अनुकूल बनाने के लिए योजनाबद्ध और चरणबद्ध तरीके से पर्यटन सम्भावना तथा सांस्कृतिक महत्व को बढावा दिया जायेगा।
28.	सघन मिशन इन्द्रधनुष योजना	8 अक्टूबर, 2017	प्रधानमंत्री मोदी द्वारा गुजरात से प्रारम्भ	• 2 वर्ष से कम आयु के शिशुओं और गर्भवती महिलाओं को टीकाकरण अभियान से जोड़ना है ताकि माता व शिशु के स्वास्थ्य का संरक्षण किया जा सके। यह योजना मुख्य रूप से उनके लिये है जो, सरकार के परम्परागत टीकाकरण अभियान से जुड़ नहीं सके।

				• इस अभियान के तहत देश के 16 राज्यों के 121 जिलों तथा 17 शहरों के साथ 8 पूर्वोत्तर राज्यों के 52 जिलों में प्रत्येक माह में 7 दिन (7 से 14 तारीख) के लिए चलाया जायेगा। • इस अभियान में वर्ष 2020 तक कम से कम 90% शिशुओं तथा माताओं को टीकरण प्रतिरक्षण से जोड़ने का लक्ष्य रखा गया है। • यह अभियान 4 चरणों अर्थात् (i) अक्टूबर, 2017, (ii) नवम्बर, 2017, (iii) दिसम्बर, 2017, (iv) जनवरी, 2018 में सम्पन्न किया जायेगा, जिसमें 2.53 करोड़ बच्चों तथा 68 लाख गर्भवती महिलाओं को जीवन रक्षक टीका प्रतिरक्षण प्रदान किया जाना है।
29.	रो–रो फेरी सर्विस (रोल आन–रोल ऑफ)	22 अक्टूबर, 2017 प्रधानमंत्री मोदी द्वारा गुजरात से	–	• सागरमाला परियोजना (14 अप्रैल, 2016 में प्रारम्भ) जिसके अन्तर्गत बंदरगाहों का विकास तथा बंदरगाहों तक सामानों को त्वरित, कम लागत व कुशलतापूर्वक पहुंच सुनिश्चित करने के लिए आधारभूत संरचना का विकास करना था, के उद्देश्यों को पूरा करने के लिए रो–रो फेरी सर्विस प्रारम्भ की गयी है। • रो–रो सेवा के माध्यम से बड़े ट्रको को सीधे एक बन्दरगाह से दूसरे बन्दरगाह तक पहुंचाने के लिये जहाजों का प्रयोग किया जायेगा, जो पहले सड़क मार्ग से पहुंचाये जाते थे। अर्थात् रो–रो फेरी सर्विस का संचालन घोघा बन्दरगाह से दहेज बन्दरगाह तक होगा। इन बंदरगाहों का विकास सागरमाला परियोजना के तहत किया गया है। • सड़क मार्ग से जो दूरी 360 किमी थी उसे बंदरगाह विकसित कर जलमार्ग द्वारा मात्र 31 किमी दूरी तय करनी पड़ेगी। • समय व परिवहन लागत दोनों में कमी आयेगी। • ट्रैफिक जाम की समस्या से निजात मिलेगा क्योंकि सामान से लदी ये ट्रक सड़क मार्ग के स्थान पर जलमार्ग से अपने गंतव्य स्थान पहुंचेगी। • सड़क दुर्घटनाओं में कमी देखने को मिलेगी

				• परिवहन लागत में कमी वस्तु के मूल्य को कम करने में सहायक होगी, जो मुद्रास्फीति को भी नियंत्रित करेगी। • परिवहन लागत में कमी उत्पादक वर्ग के लाभ को सकारात्मक रूप से प्रभावित करेगी। • इस सेवा के शुरू होने से तटीय शिपिंग और तटीय पर्यटन के क्षेत्र में नई शुरूआत होगी। • ट्रकों के संचालन में कमी आने से वायु प्रदूषण व ध्वनि प्रदूषण की स्थिति नियंत्रित करने में सहयोग मिलेगा। • कम समय अवधि में वस्तुओं के अपने गंतव्य स्थल में पहुंचने से खाद्य सामग्रियों के अपव्यय में कमी आयेगी। **नोट:** घोघा बन्दरगाह भावनगर जिले में स्थित है, जबकि दहेज बंदरगाह भरूच जिले में स्थित है।
30.	सम्पूण बीमा ग्राम योजना	13 अक्टूबर, 2017	–	• ग्रामीण क्षेत्र में रहने वाले लोगों को किफायती जीवन बीमा सेवाएं प्रदान करने के लिए सम्पूर्ण बीमा ग्राम योजना का शुभारंभ किया। • योजना का प्राथमिक उद्देश्य सम्पूर्ण बीमा ग्राम के लिए चिन्हित गांव के सभी आवासों को कवर करना है। • योजना के तहत देश के प्रत्येक राजस्व जिले में कम से कम एक गांव (न्यूनतम 100 आवास के लिए) को चिन्हित किया जायेगा। • प्रत्येक पॉलिसी से कम से कम एक ग्रामीण डाक जीवन बीमा के साथ चिन्हित गांव के सभी घरों को कवर करने का प्रयास किया जायेगा। • सांसद आदर्श ग्राम योजना के अन्तर्गत आने वाले सभी गांव इसकी सीमा में लाये जायेंगे।
31.	दीनदयाल स्पर्श योजना (Scholarship for Promotion of Aptitude & Research in Stamps as a Hobby)	03 नवम्बर, 2017	–	• केन्द्रीय संचार मंत्री मनोज सिन्हा ने टिकटों के संग्रहण तक पहुंच बढ़ाने के लिए कक्षा-6 से 9 तक के छात्रों को प्रतिमाह 500 रूपये छात्रवृत्ति की एक विशेष योजना दीनदयाल स्पर्श योजना की घोषणा की।
32.	दर्पण योजना	21 दिसम्बर, 2017	–	• **शुभारंभ :** केन्द्रीय संचार मंत्री मनोज सिन्हा द्वारा।

	(Digital Advancement of Rural Post Office for A New India)			• **उद्देश्य :** ग्रामीण क्षेत्र के डाकघरों में कोर बैंकिंग सोल्यूशंस सुविधा उपलब्ध कराना।
33.	राष्ट्रीय जल विज्ञान परियोजना	केन्द्रीय मंत्रिमंडल ने अप्रैल, 2016 में मंजूरी दी।	–	• मार्च, 2017 में विश्व बैंक ने भारत की इस महत्वाकांक्षी परियोजना के लिए 175 मीलियन डॉलर के ऋण की मंजूरी दी। यह ऋण 23 वर्ष की परिपक्वता अवधि के लिए है। • यह परियोजना देश में बाढ़ की भविष्यवाणी और आवर्ती बाढ़ एवं सूखे की कमजोरी को कम करने की क्षमता में सुधार के लिए है। • इस परियोजना के तहत गंगा और ब्रह्मपुत्र–बराक घाटियों के साथ–साथ पूरे देश को कवर करके जल विज्ञान परियोजना–। और जल विज्ञान परियोजना–।। को सफलतापूर्वक आगे बढ़ाना।
34.	प्रधानमंत्री किसान पेंशन योजना	केन्द्रीय मंत्रिमंडल ने 31 मई, 2019 में मंजूरी दी	–	• यह एक स्वैच्छिक एवं अंशदान आधारित पेंशन योजना है, जिससे देश के सभी छोटे एवं सीमांत किसान लाभान्वित होंगे। • स्वतंत्रता के बाद से यह प्रथम अवसर है जब देश के किसानों के लिए इस प्रकार की पेंशन योजना की परिकल्पना की गयी है। • इस योजना के लागू होने के प्रथम तीन वर्षों में लगभग 5 करोड़ छोटे एवं सीमान्त किसान इससे लाभान्वित होंगे। • वैकल्पिक रूप से एक किसान इलेक्ट्रॉनिकी एवं सूचना प्रौद्योगिकी मंत्रालय के अंतर्गत कॉमन सर्विस सेन्टर के माध्यम से पंजीकरण कराकर भी अपने मासिक अंशदान का भुगतान कर सकता है।
35.	प्रधानमंत्री किसान सम्मान निधि	24 फरवरी, 2019	–	• देश के लघु एवं सीमान्त कृषकों को प्रत्यक्ष रूप से आय सम्बन्धी सहायता प्रदान करने हेतु एक सुव्यवस्थित कार्य व्यवस्था शुरू करने हेतु। इसके अन्तर्गत किसानों को प्रतिवर्ष 6000 रूपये की आर्थिक सहायता आधार से जुड़े बैंक खातों में सीधे प्रदान की जायेगी।
36.	वन नेशन वन कार्ड	4 मार्च, 2019	–	• स्वदेश निर्मित नेशनल कॉमन मोबिलिटी कार्ड का शुभारंभ किया गया। लोगों को देश भर में मेट्रो सेवाओं एवं टोलटैक्स समेत कई तरह के परिवहन शुल्क का भुगतान करने में सक्षम बनाने के लिए यह योजना शुरू की गयी।

37.	एक राष्ट्र एक राशन कार्ड योजना	29 जून–2019	–	• एक राष्ट्र एक राशन कार्ड योजना को पूरे देश में कार्यान्वित करने के लिए तीव्र गति से कार्य जारी है। इसके लिए सभी राशन कार्डों के आंकड़ों को एक सर्वर से जोड़ा जायेगा। • 30 जून–2020 के बाद लाभार्थी देश के किसी भी हिस्से में और किसी भी सार्वजनिक वितरण प्रणाली के अंतर्गत अनाज प्राप्त कर सकेगा। • पूरी सार्वजनिक वितरण प्रणाली को डिपो ऑनलाइन प्रणाली (डीओएस) के साथ जोड़ा जा रहा है, ताकि राष्ट्रीय खाद्य सुरक्षा अधिनियम के लाभों को लोगों तक पहुंचाने में कोई अवरोध न हो। • इसके लिए एफसीआई राज्य सरकारों को डीओएस के साथ जोड़ने के लिए इंटरनेट गेट–वे उपलब्ध करायेगा। तत्पश्चात राज्य सरकारें अपनी भंडारण प्रणाली को डीओएस के साथ जोड़ सकेंगी।
38.	वन धन योजना	27 जून–2019	–	• जनजाति कार्य मंत्रालय के भारतीय जनजाति सहकारी विपणन विकास परिषद (ट्राईफिड) द्वारा प्रारंभ किया जा रहा है। • इसका उद्देश्य जनजाति समूहों के कारीगरों को लघु वनोपज केन्द्रीय आजीविका को बढ़ावा देना है।
39.	राष्ट्रीय गोकुल मिशन	21 जून–2019	–	• वाराणसी, मथुरा, पटियाला और फोरा के बाद शेष 17 स्थानों पर गोकुल ग्राम स्थापित करेगा। इसके अन्तर्गत देशी गायों, देशी भैसों के विकास और संरक्षण के लिए कार्य किया जायेगा। • वर्ष 2014 से प्रारम्भ की गयी इस योजना को नये कार्य रूप में इसे संचालित किया जा रहा है। • इसके लिए राष्ट्रीय पशु प्रजनन एवं डेरी विकास कार्यक्रम के साथ-साथ इसमें कई एनजीओ को समाहित किया गया है।

2. प्रमुख ऑपरेशन एवं मिशन

1.	**ऑपरेशन ग्रीन**	• केन्द्र सरकार ने फल-सब्जियाँ उगाने वाले किसानों के लिए ऑपरेशन ग्रीन की शुरूआत करने की घोषणा की है, जिससे किसानों को उनकी उपज का सही मूल्य तथा उपभोक्ताओं को ये उत्पाद वाजिब दामों में उपलब्ध हो सकेंगे। • इस कार्य के लिए 500 करोड़ रूपये का प्रावधान किया गया है। • ऑपरेशन ग्रीन किसान उत्पादन संगठनों, कृषि सम्भारतन्त्र, प्रसंस्करण सुविधाओं तथा व्यवसायिक प्रबन्धन को अपनाने के लिए प्रोत्साहन प्रदान करेगा। • ऑपरेशन फ्लड (दुग्ध उत्पादन से संबंधित) की तरह इस योजना से फल सब्जी उत्पादकों को लाभ होगा।
2.	**ग्रामीण हाटों को ग्रामीण कृषि बाजार के रूप में विकसित करना**	• 86 प्रतिशत से ज्यादा लघु और सीमान्त किसानों को सीधे बाजार से जोड़ने के लिए मौजूदा 22 हजार ग्रामीण हाटों को ग्रामीण कृषि बाजारों के रूप में विकसित तथा उन्नत किया जायेगा। • 22 हजार ग्रामीण कृषि बाजारों तथा 585 कृषि उत्पाद विपणन समितियों ($APMC_S$) के उन्न्यन हेतु 2 हजार करोड़ रूपये की स्थायी निधि के साथ एक **कृषि बाजार अवसंरचना कोष** की स्थापना की घोषणा की गयी है।
3.	**टॉप योजना**	• यह योजना वर्तमान में मुख्य रूप से तीन कृषि उत्पादों **टमाटर, प्याज एवं आलू** के लिए है।
4.	**मत्स्य क्रांति अवसंरचना विकास कोष तथा पशुपालन हेतु आधारभूत सुविधा कोष की स्थापना**	• इन दोनों कोषों की स्थापना के लिए बजट 2018-19 में 10 हजार करोड़ रूपये आवंटित किये गये हैं।
5.	**RISE (Revitalising Infrastructure & Systems in Education)**	• आगामी 4 वर्षों (वर्ष 2022 तक) में प्रमुख शैक्षणिक संस्थानों में अनुसंधान और संबंधित अवसंरचना में निवेश को बढ़ावा देने हेतु 1 लाख करोड़ रूपये के साथ RISE नामक पहल की घोषणा की गयी। इस पहल का वित्तीयन उच्चत्तर शिक्षा वित्तपोषण एजेन्सी (HETA) द्वारा किया जायेगा।
6.	**पुनर्गठित राष्ट्रीय बांस मिशन**	• बांस को हरित सोने की संज्ञा दी गयी है। इस मिशन के तहत बांस को वन के स्थान पर घास का दर्जा दिया जायेगा ताकि किसानों विशेषकर उत्तर पूर्वी किसानों की आय बढ़ायी जा सकेगी। इस मिशन के लिए 1290 करोड़ रूपये का आवंटन किया गया है।

7. **आयुष्मान भारत राष्ट्रीय स्वास्थ्य संरक्षण योजनाः**

घोषणा : बजट 2018-19 में केन्द्रीय वित्त मंत्री अरूण जेटली द्वारा

मंजूरी : 21 मार्च, 2018 में केन्द्रीय मंत्रिमण्डल द्वारा

महत्वपूर्ण तथ्य : इस योजना के अन्तर्गत 2 बड़ी स्वास्थ्य योजना का संकलन किया गया है- **(i). स्वास्थ्य एवं आरोग्य केन्द्र, (ii). राष्ट्रीय स्वास्थ्य संरक्षण योजना।**

(i). स्वास्थ्य एवं आरोग्य केन्द्र : राष्ट्रीय स्वास्थ्य नीति 2017 में भारत की स्वास्थ्य प्रणाली की नींव के रूप में **स्वास्थ्य एवं आरोग्य केन्द्रों** की परिकल्पना की गयी थी। आयुष्मान भारत योजना के तहत देशभर में 1.5 लाख ऐसे केन्द्रों की स्थापना की जायेगी, जिसके माध्यम से स्वास्थ्य देखभाल प्रणाली को आमजन के आवास के नज़दीक पहुंचाया जा सके। ये स्वास्थ्य केन्द्र गैर संचारी रोगों और मातृत्व तथा बाल स्वास्थ्य सेवाओं सहित

व्यापक स्वास्थ्य देख-रेख सुविधा उपलब्ध करायेंगे। इन केन्द्रों में इलाज के साथ-साथ जीवन शैली से जुड़ी बीमारियों यथा-हाई ब्लड प्रेशर, डाइबिटीज और मानसिक तनाव पर नियंत्रण हेतु विशेष प्रशिक्षण भी दिया जायेगा। इन केन्द्रों पर आवश्यक औषधियाँ एवं नैदानिक सेवाएं मुफ्त उपलब्ध करायी जायेंगी तथा सरकार द्वारा प्राथमिक स्तर से लेकर तृतीय स्तर तक दवाओं की उपलब्धता सुनिश्चित की जायेगी।

(ii). राष्ट्रीय स्वास्थ्य संरक्षण योजना (AB-NHPM) : इसके अन्तर्गत गरीब और आर्थिक रूप से कमजोर 10 करोड़ से अधिक परिवारों (लगभग-50 करोड़ व्यक्तियों) को प्रतिवर्ष द्वितीयक और तृतीयक स्तरीय देखभाल हेतु अस्पतालों में भर्ती के लिए प्रति परिवार 5 लाख रूपये तक का स्वास्थ्य बीमा कवरेज दिया जायेगा।

नोट: यह योजना वर्ष 2008 में शुरू की गयी **राष्ट्रीय स्वास्थ्य बीमा योजना** तथा **वरिष्ठ नागरिक स्वास्थ्य बीमा योजना** का स्थान लेगी।

लाभार्थियों का चयन:

- AB-NHPM के अंतर्गत वर्ष 2011 की सामाजिक, आर्थिक, जातिगत जनगणना (SECC) डाटा पर आधारित, ग्रामीण व शहरी क्षेत्रों में निवासरत 10.74 करोड़ गरीब, कमजोर आर्थिक स्थिति वाले तथा चिन्हित व्यावसायिक श्रेणियों वाले नगरीय श्रमिकों के परिवारों को कवर किया जाएगा।
- विशेषकर महिलाओं, बच्चों और बुजुर्गों को योजना का लाभ उपलब्ध करवाने के उद्देश्य से योजना में परिवार के आकार और उम्र की कोई सीमा नहीं रखी गई है, किन्तु बीमा कवर प्रति परिवार पाँच लाख रूपये तक ही सीमित रहेगा।

पात्रता हेतु शर्तें:

- AB-NHPM एक पात्रता आधारित योजना होगी, जिसमें पात्रता हेतु निम्नलिखित श्रेणियां होंगी:-

1. ग्रामीण क्षेत्रों में ऐसे परिवार-**(i)** जो कच्ची दीवारों तथा कच्चे छत वाले एक कमरे के घरों में रहते हों, **(ii)** जिसमें 16-59 वर्ष आयु के मध्य का कोई व्यस्क सदस्य नहीं हो, **(iii)** जिसमें 16-59 वर्ष आयु का कोई वयस्क पुरूष सदस्य न हो तथा केवल महिलाएं हों, **(iv)** जिसमें सभी दिव्यांग सदस्य हों तथा कोई भी सक्षम शरीर वाला व्यस्क सदस्य न हो, **(v)** जो अनुसूचित जाति/जनजाति से सम्बन्धित हों, **(vi)** जो भूमिहीन हो एवं मुख्यत: आकस्मिक रूप से शारीरिक श्रम द्वारा अपनी आय अर्जित करते हों।
2. ग्रामीण क्षेत्रों में निम्नलिखित विशेषताओं वाले परिवार स्वत: ही इस योजना हेतु पात्र माने जायेंगे-**(i)** छत विहीन घरों में निवासरत, **(ii)** निराश्रित, **(iii)** भिक्षा पर निर्वाह करने वाले, **(iv)** मैला ढोने वाले, **(v)** आदिम जनजाति समूह, **(vi)** कानूनी रूप से मुक्त किये गये बंधुआ मजदूर आदि।
3. शहरी क्षेत्रों में 11 परिभाषित व्यावसायिक श्रेणियां इस योजना हेतु पात्र होंगे।

इलाज हेतु अस्पताल:

- योजना में पात्र व्यक्ति सरकारी एवं निजी अस्तपालों (पैनल में सूचीबद्ध) दोनों में से किसी में भी इलाज करवा सकते हैं।
- AB-MNHPM को लागू करने वाले राज्यों के सभी सार्वजनिक अस्पतालों को योजना हेतु सूचीबद्ध माना जायेगा।
- कर्मचारी राज्य बीमा निगम (ESIC) से संबंद्ध अस्पतालों को भी बिस्तर अधिभोग (Bed Occupancy) अनुपात पैरामीटर के आधार पर पैनल में शामिल किया जा सकता है।
- निजी अस्तपाल परिभाषित मानदंडों के आधार पर ऑन लाईन सूचीबद्ध होंगे।

योजना हेतु धन का प्रबंधन :

- नीति आयोग के अनुमान के अनुसार, इस योजना पर वार्षिक लागत लगभग 12 हजार करोड़ रूपये आयेगी।
- शिक्षा और स्वास्थ्य पर 1 प्रतिशत अतिरिक्त सेस से प्राप्त होने वाली 11000 करोड़ रूपये की राशि को इस योजना में लगाया जायेगा।
- इस योजना में केन्द्र एवं राज्यों का योगदान अनुपात 60:40 होगा तथा तीन पहाड़ी राज्यों एवं पूर्वोत्तर के राज्यों हेतु योगदान अनुपात 90:10 का होगा।
- वर्ष 2018-19 के बजट में स्वास्थ्य एवं आयोग केन्द्र पहल हेतु 1200 करोड़ रूपये आबंटित किये गये हैं।

विशेषताएं :

- यह विश्व की सबसे बड़ी सरकारी वित्तपोषित स्वास्थ्य संरक्षण योजना होगी।
- AB-MNHPM के अंतर्गत लगभग सभी द्वितीयक स्तरीय एवं अधिकांश तृतीयक स्तरीय देख-भाल प्रक्रियाओं को समाहित किया जायेगा।
- लाभ कवर में अस्पताल में भर्ती के पूर्व एवं पश्चात् के सभी खर्चे शामिल होंगे।
- सभी पूर्व-उपस्थित शर्तों को पॉलिसी के पहले दिन से कवर किया जायेगा।
- लाभार्थी को अस्पताल में भर्ती हेतु एक निश्चित परिवहन भत्ता भी दिया जायेगा।
- इस योजना के लाभ पूरे देश में स्थानांतरणीय है तथा लाभार्थी को पूरे देश में किसी भी सार्वजनिक/निजी पैनल वाले अस्पताल से नकद रहित लाभ लेने की अनुमति होगी।
- इस आरोग्य केन्द्रों में आम आदमी को निरोगी रहने के लिए देशी चिकित्सा पद्धति अपनाने पर जोर दिया जायेगा।
- इन केन्द्रों में योग के प्रशिक्षण के साथ-साथ यूनानी, आयुर्वेद और सिद्ध से जुड़ी दवाएं भी उपलब्ध होगी।
- स्वास्थ्य मंत्री जे.पी. नड्डा ने इस योजना को **नमो केयर** अथवा **मोदी केयर** का नाम दिया है।

भाग II

व्याख्यात्मक हल प्रश्नपत्र

स्तर

1

वास्तविक समपरीक्षण प्रश्नपत्र

1. सूची-I को सूची-II से सुमेलित कीजिए और सूचियों के नीचे दिए गए कूट का प्रयोग कर सही उत्तर चुनिए-

सूची-I (पंचवर्षीय योजना)	**सूची-II (केंद्र बिंदु)**
A. पहली	1. खाद्य सुरक्षा एवं महिला सशक्तिकरण
B. दूसरी	2. भारी उद्योग
C. पाँचवीं	3. कृषि एवं समुदाय विकास
D. नौवीं	4. गरीबी हटाना

कूट:

	A	**B**	**C**	**D**
(a)	1	2	4	3
(b)	1	4	2	3
(c)	3	2	4	1
(d)	3	4	2	1

2. भारत का बाजार नियामक SEBI 'सम्प्रभू सम्पत्ति निधियों' के लिए जो किसी देश की सरकार द्वारा प्रत्यक्षत: नियंत्रित निवेश वाहक हैं, निवेश मानकों में ढील देने की ओर अग्रसर हैं। इस कदम के पीछे मुख्य कारण क्या है?
   (a) अपेक्षाकृत अधिक विदेशी निवेश आकर्षित करने की भारत सरकार की इच्छा
   (b) वित्तीय सेवाओं पर विशिष्ट आपसी सहमतियाँ करने के लिए भारत पर विदेशी शासनों द्वारा दबाव
   (c) विदेशी निवेशकों के लिए समानता के अपेक्षाकृत अधिक अवसर सृजित करने की SEBI की इच्छा
   (d) SEBI को RBI के संगत निदेश

3. हाल का एक सर्वेक्षण (ब्लूमबर्ग द्वारा) दिखाता है कि अमेरिका, निवेश के पसन्दीदा स्थान के रूप में ब्राजील, चीन और भारत में उभरते हुए बाजारों से पीछे रह गया है। ऐसा क्यों है?
   1. अमेरिका की अस्थिर आर्थिक स्थिति जिसकी, विश्वव्यापी निवेशकों को लगता है कि, निकट भविष्य में सुधरने की संभावना नहीं है।
   2. विश्व के निवेशक ब्राजील, चीन और भारत को विदेशी निवेश के प्रति वास्तव में अपेक्षाकृत अधिक परीक्षणीय पा रहे हैं।

   नीचे दिए गए कूट का प्रयोग कर सही उत्तर चुनिए-
   (a) केवल 1 (b) केवल 2
   (c) 1 और 2 दोनों (d) न तो 1 और न ही 2

4. वर्ष 2011 की जनगणना के अनुसार, निम्नलिखित में से किस एक संघ राज्य-क्षेत्र की आबादी न्यूनतम है?
   (a) दमन और दीव (b) दादरा और नगर हवेली
   (c) लक्षद्वीप (d) पुदुचेरी

5. संयुक्त राष्ट्र के अंगों के बारे में निम्नलिखित कथनों में से कौन-सा एक सही है?
   (a) महासभा के निर्णय सभी सदस्यों पर बाध्यकारी हैं।
   (b) सुरक्षा परिषद् के अस्थायी सदस्यों का कार्यकाल तीन वर्षों के लिए है।
   (c) अन्तर्राष्ट्रीय न्यायालय में पाँच वर्षों की अवधि के लिए निर्वाचित 20 न्यायाधीश हैं।
   (d) न्यासिता परिषद 1 नवंबर, 1994 से निलम्बित की गई है।

6. दक्षिण-एशिया के बारे में निम्नलिखित कथनों में से कौन-सा एक सही नहीं है?
   (a) दक्षिण एशिया में सभी देशों में आजकल लोकतंत्र है।
   (b) SAFTA इस्लामाबाद में 12वीं SAARC शिखरवार्ता में हस्ताक्षरित हुआ।
   (c) अमेरिका और चीन कुछ दक्षिण-एशियाई राज्यों की राजनीति में प्रभावशाली भूमिका निभाते हैं।
   (d) बांग्लादेश और भारत का नदी जल को आपस में बाँटने और सीमा विवादों के विषय में करार है।

7. यूरोपियन यूनियन (EU) के बारे में निम्नलिखित में

कौन-कौन से कथन सही हैं?

1. यह विश्व की सबसे बड़ी अर्थव्यवस्था है।
2. इनका अपना ध्वज, गान एवं मुद्रा है।
3. इनका संयुक्त सशस्त्र बल विश्व का दूसरा सबसे बड़ा बल है।
4. इनका अपना संविधान है।

नीचे दिए गए कूट का प्रयोग कर सही उत्तर चुनिए

(a) 1, 2 और 3 (b) 2 और 3
(c) 1 और 4 (d) 3 और 4

8. निक्षेप निधि (सिंकिंग फण्ड) के बारे में निम्नलिखित कथनों पर विचार कीजिए-
   1. यह लोक ऋण के प्रतिसंदाय की विधि है।
   2. यह सरकार द्वारा प्रतिवर्ष बजटीय राजस्वों से सृजित किया जाता है।

   उपरोक्त कथनों में से कौन-सा/से सही है/हैं?

   (a) केवल 1 (b) केवल 2
   (c) 1 और 2 दोनों (d) न तो 1 और न ही 2

9. निम्नलिखित में से कौन-सा एक, विशेष आर्थिक क्षेत्रों के लिए सही नहीं है?
   (a) आयात के लिए लाइसेन्स की जरूरत नहीं होती
   (b) विनिर्माण और सेवा कार्यकलाप की अनुमति होती है
   (c) उपसधित/कार्य की अनुमति नहीं होती
   (d) निर्यात/आयात के माल की सीमा-शुल्क अधिकारियों द्वारा नियमित जाँच नहीं होती

10. ब्रेंट सूचकांक जुड़ा है-
    (a) अपरिष्कृत तेल की कीमतों से
    (b) ताँबे की वायदा कीमतों से
    (c) सोने की वायदा कीमतों से
    (d) नौपरिवहन दर सूचकांक से

11. सूची-I को सूची-II से सुमेलित कीजिए और सूचियों के नीचे दिए गए कूट का प्रयोग कर सही उत्तर चुनिए-

सूची-I (औद्योगिक क्रांति के चरण)	**सूची-II (विशेषताएँ)**
A. पहला चरण	1. इस्पात, रसायन, विद्युत उद्योगों का उदय
B. तीसरा चरण	2. सूती मिल का उदय
C. दूसरा चरण	3. वाष्प इंजन का उदय
D. चौथा चरण	4. पेट्रो रसायन, जेट वायुयान, कम्प्यूटरों का उदय

कूट :

	A	**B**	**C**	**D**
(a)	2	3	1	4
(b)	2	1	3	4
(c)	4	1	3	2
(d)	4	3	1	2

12. 'जनांकिकीय अन्तराल' शब्द क्या सूचित करता है?
    (a) स्त्री-पुरुष अनुपात में अंतर
    (b) आयु में अन्तर
    (c) शिशु/महिला अनुपात में अन्तर
    (d) जन्म एवं मृत्यु दर के बीच अन्तर

13. राष्ट्रीय आय के आकलन के संबंध में निम्नलिखित कथनों पर विचार कीजिए-
    1. भारतीय दूतावासों में काम कर रहे विदेशी, भारत के सामान्य निवासी हैं।
    2. भारत में अवस्थित WHO, विश्व बैंक, UNO आदि के कार्यालय में काम रहे विदेशी, भारत के सामान्य निवासी नहीं हैं।
    3. भारत में विदेशी दूतावासों में काम कर रहे भारतीय, भारत के सामान्य निवासी नहीं हैं।

    उपरोक्त कथनों में से कौन-सा/से सही है/हैं?

    (a) केवल 1 (b) केवल 1 और 2
    (c) केवल 3 (d) 1, 2 और 3

14. सूची-I को सूची-II से सुमेलित कीजिए और सूचियों के नीचे दिए गए कूट का प्रयोग कर सही उत्तर चुनिए-

सूची-I (औद्योगिक नीति)	**सूची-II (विशिष्ट लक्षण)**
A. औद्योगिक नीति 1948	1. राज्य केन्द्रित अर्थव्यवस्था की प्रक्रिया शुरू की
B. औद्योगिक नीति 1956	2. मिश्रित अर्थव्यवस्था में विश्वास पुनः पुष्ट किया
C. औद्योगिक नीति 1980	3. सरकारी गैर-सरकारी साझेदारी की शुरुआत की
D. औद्योगिक नीति 1991	4. मिश्रित अर्थव्यवस्था प्रारंभ की

कूट:

	A	**B**	**C**	**D**
(a)	4	1	2	3

(b)	4	2	1	3
(c)	3	1	2	4
(d)	3	2	1	4

15. सांविधिक तरलता अनुपात (SLR) के संबंध में निम्नलिखित कथनों पर विचार कीजिए-
    1. SLR पूरा करने हेतु वाणिज्यिक बैंक केवल नकदी का उपयोग कर सकते हैं।
    2. SLR, बैंकों द्वारा अपने पास रखा जाता है।
    3. SLR, बैंकों के लेवरेज को अर्थव्यवस्था में अपेक्षाकृत अधिक मुद्रा भर देने से प्रतिबंधित करता है।

    उपर्युक्त कथनों में से कौन-सा/से सही है/हैं?
    (a) 1, 2 और 3 (b) केवल 1 और 3
    (c) केवल 2 और 3 (d) केवल 2
16. निम्नलिखित सार्वजनिक क्षेत्रक बैंकों में से किस एक के प्रतीक चिन्ह में एक कुत्ते की आकृति और 'विश्वसनीय, मैत्रीपूर्ण' शब्द है?
    (a) पंजाब नेशनल बैंक
    (b) सिण्डीकेट बैंक
    (c) ओरिएन्टल बैंक ऑफ कॉमर्स
    (d) भारतीय स्टेट बैंक
17. निम्नलिखित कथनों पर विचार कीजिए-
    1. वर्तमान वैश्विक आर्थिक संकट की उत्पत्ति संयुक्त राज्य के अव-प्रमुख (सब प्राइम) संकट से हुई।
    2. भारतीय अर्थव्यवस्था इस आर्थिक संकट से अपने पाश्चात्य समकक्षों की तुलना में अधिक तेजी से उबरती रही है।

    उपर्युक्त कथनों में से कौन-सा/से सही है/हैं?
    (a) केवल 1 (b) केवल 2
    (c) 1 और 2 दोनों (d) न तो 1 और न ही 2
18. जवाहर रोजगार योजना (JRY) का मुख्य बल निम्नलिखित में से किस पर है?
    (a) ग्रामीण क्षेत्रों में अनुसूचित जातियों के बीच निर्धनता उन्मूलन
    (b) ग्रामीण क्षेत्रों में अतिरिक्त मजदूरी रोजगार की संभावनाओं का सर्जन
    (c) शहरी क्षेत्रों में रोजगार की संभावनाओं का सर्जन
    (d) ग्रामीण युवा को स्व-रोजगार हेतु प्रशिक्षण प्रदान करना
19. निम्नलिखित कथनों में से कौन-सा एक सही नहीं है?
    (a) द नेशनल एसोसिएशन ऑफ सिक्योरिटीज डीलर्स ऑटोमेटेड कोटेशन्स, जो NASDAQ के नाम से जाना जाता है, एक अमेरिकी शेयर बाजार है।
    (b) निक्की (Nikkei) टोक्यो शेयर बाजार का शेयर बाजार इन्डेक्स है।
    (c) S & P CNX निफ्टी बंबई शेयर बाजार में 50 बड़ी कंपनियों का इण्डेक्स है
    (d) हाँगकाँग शेयर बाजार की वृहत्तम कंपनियों के दैनिक परिवर्तनों को हेंग सेंग इण्डेक्स दर्ज करता है
20. थोक कीमत सूचकांक (WPI) से संबंधित निम्नलिखित कथनों पर विचार कीजिए-
    1. यह कीमत आंदोलन को व्यापकता के साथ नियंत्रित रखता है तथा इसीलिए इसे मुदास्फीति के संकेतक के रूप में लिया जाता है।
    2. भारत में साप्ताहिक थोक कीमत सूचकांक के संकलन तथा प्रकाशन का कार्य आर्थिक परामर्शदाता कार्यालय (OEA) को सौंपा गया है।

    उपुर्यक्त कथनों में से कौन-सा/से सही है/हैं?
    (a) केवल 1 (b) केवल 2
    (c) 1 और 2 दोनों (d) न तो 1 और न ही 2
21. सकल घरेलू उत्पादन के बारे में निम्नलिखित कथनों पर विचार कीजिए-
    1. यह एक वर्ष में एक देश की सीमाओं के अन्दर बनी सभी अन्तिम वस्तुओं एवं दी गई सेवाओं का बाजार मूल्य है
    2. यह एक अनुबद्ध समय अवधि में देश के अंदर उत्पादित समस्त अन्त्य वस्तुओं एवं सेवाओं के लिए कुल व्ययों के बराबर है।

    उपर्युक्त कथनों में से कौन-सा/से सही है/हैं?
    (a) केवल 1 (b) केवल 2
    (c) 1 और 2 दोनों (d) न तो 1 और न ही 2
22. मिश्रित अर्थव्यवस्था का तात्पर्य उस अर्थव्यवस्था से है, जिसमें
    (a) राज्य द्वारा कृषि और उद्योग दोनों को ही समान रूप से प्रोत्साहित किया जाए
    (b) प्राइवेट सेक्टर के साथ-साथ पब्लिक सेक्टर का सह-अस्तित्व हो
    (c) भारी उद्योगों के साथ-साथ लघु उद्योगों का महत्व हो
    (d) अर्थव्यवस्था पर सैनिक के साथ-साथ नागरिक शासकों का नियंत्रण हो

23. दक्षिणी पूर्वी एशियाई राष्ट्रों का संघ (ASEAN) के संबंध में निम्नलिखित में से कौन-सा कथन सही नहीं है?
    (a) आसियान (ASEAN) की स्थापना वर्ष 1967 में बैंकाक में पांच संस्थापक सदस्य देशों द्वारा की गयी।
    (b) सिंगापुर आसियान (ASEAN) के संस्थापक सदस्यों में से एक है
    (c) भारत आसियान (ASEAN) का क्षेत्रीय संवाद सहभागी है
    (d) आसियान के दस सदस्य हैं
24. संसद में बजट पारित करने का सही अनुक्रम निर्धारित कीजिए-
    (a) लेखानुदान-वित्त विधेयक-विनियोग विधेयक-बजट पर चर्चा
    (b) वित्त विधेयक-विनियोग विधेयक-बजट पर चर्चा-लेखानुदान
    (c) बजट पर चर्चा-लेखानुदान-वित्त विधेयक-विनियोग विधेयक
    (d) बजट पर चर्चा-विनियोग विधेयक-वित्त विधेयक-लेखानुदान
25. निम्नलिखित में से किस एक स्थान पर एशिया का प्रथम निर्यात प्रसंक्रमण क्षेत्र (EPZ) स्थापित किया गया?
    (a) सान्ताक्रूज (b) काण्डला
    (c) कोचीन (d) सूरत
26. निम्नलिखित राज्यों में से किस एक में सर्वोच्च लिंग-असमानता है?
    (a) उड़ीसा (b) उत्तर प्रदेश
    (c) हरियाणा (d) महाराष्ट्र
27. निम्नलिखित में से किस वर्ष में टैरिफ और व्यापार संबंधी सामान्य करार (GATT) को विश्व व्यापार संगठन (WTO) में मिलाया गया?
    (a) 1991 (b) 1995
    (c) 2000 (d) 2005
28. अन्तर्राष्ट्रीय पुनर्निर्माण और विकास बैंक को निम्नलिखित में से किस एक नाम से भी जाना जाता है?
    (a) क्रेडिट बैंक (b) एक्जिम बैंक
    (c) विश्व बैंक (d) एशियन बैंक
29. निम्नलिखित में से कौन-सा एक युग्म सही सुमेलित नहीं है?

संगठन	मुख्यालय
(a) अन्तर्राष्ट्रीय श्रम संगठन-	जेनेवा
(b) अन्तर्राष्ट्रीय समुद्री संगठन-	लन्दन
(c) अन्तर्राष्ट्रीय मुद्रा कोष-	वाशिंगटन डी सी
(d) अन्तर्राष्ट्रीय परमाणु ऊर्जा- अभिकरण	न्यूयॉर्क

30. सूची-I को सूची-II से सुमेलित कीजिए और सूचियों के नीचे दिए गए कूट का प्रयोग कर सही उत्तर चुनिए-

सूची-I (व्यक्ति)	सूची-II (संगठन)
A. जुवान सोमाविया	1. आई.ए.ई.ए. (IAEA)
B. मार्गरेट चान	2. आई.एल.ओ. (ILO)
C. केमल देरविस	3. डब्ल्यू. एच. ओ. (WHO)
D. मोहम्मद अलबरदेई	4. यू.एन.डी.पी. (UNDP)

कूट :

	A	B	C	D
(a)	1	2	3	4
(b)	2	3	4	1
(c)	2	4	3	1
(d)	1	3	2	4

31. कृषि उत्पादन में वृद्धि करने के लिए ग्यारहवीं पंचवर्षीय योजना की कार्यनीति निम्नलिखित में से किसको ध्यान में रखती है?
    1. भूमि सुधारों पर अधिक ध्यान।
    2. सिविल क्षेत्र की वृद्धि दर को दुगना करना।
    3. पशुपालन एवं मत्स्य उद्योग को बढ़ावा देना।
    4. किसानों को बिना ब्याज ऋण देना।

    नीचे दिए गए कूट का प्रयोग कर सही उत्तर चुनिए-
    (a) केवल 1 और 3 (b) केवल 2 और 3
    (c) 1, 2 और 3 (d) केवल 2 और 4
32. निम्नलिखित में से कौन 'नवरत्न' जिनिक क्षेत्र का उपक्रम नहीं है?
    (a) हिन्दुस्तान पेट्रोलियम कॉरपोरेशन लि.
    (b) इण्डियन ऑयल कॉरपोरेशन लि.
    (c) ऑयल एण्ड नैचुरल गैस कॉरपोरेशन लि.
    (d) ऑयल इण्डिया लि.
33. परिवर्णी शब्द (aeronym) एस.आर.ओ. (SRO) जो पूँजी बाजार में प्रतिभागियों के लिए प्रयुक्त होता है, निम्नलिखित में से किस एक के लिए है?
    (a) स्वनियामक संगठन

(b) लघु राजस्व प्रचालक
(c) प्रतिभूतियाँ प्रत्यापन्नता प्रचालक
(d) प्रतिभूतियाँ नियामक संगठन

34. निम्नलिखित में से कौन-सा देश आसियान (ASEAN) का सदस्य नहीं है?
(a) ब्रुनेई (b) कम्बोडिया
(c) वियतनाम (d) भारत

35. भारत निम्नलिखित में से किस अंतर्राष्ट्रीय संगठन का सदस्य है?
1. इंडियन ओशन रिम ऐसोसिएशएन फॉर रीजनल कोऑपरेशन।
2. ऑर्गेनाइजेशन फॉर इकोनोमिक कोऑपरेशन एंड डेवलपमेंट।
नीचे दिए गए कूट का प्रयोग कर सही उत्तर चुनिए-
(a) केवल 1 (b) केवल 2
(c) 1 और 2 दोनों (d) न तो 1 और न ही 2

36. निम्नलिखित कथनों पर विचार कीजिए-
1. यू.एस.एस.आर. ने भिलाई स्टील प्लांट के निर्माण में सहायता प्रदान की।
2. ब्रिट्रेन ने बोकारो स्टील प्लांट के निर्माण में सहायता प्रदान की।
उपर्युक्त कथनों में से कौन-सा/से कथन सही है/हैं?
(a) केवल 1 (b) केवल 2
(c) 1 और 2 दोनों (d) न तो 1 और न ही 2

37. निम्नलिखित में से कौन-सा एक देश OPEC का संस्थापक सदस्य नहीं है?
(a) अल्जीरिया (b) कुवैत
(c) इराक (d) ईरान

38. ईको-मार्क (ECO-MARK) क्या है?
(a) प्रदूषणमुक्त औद्योगिक इकाई को नामपत्रित करने की योजना
(b) पर्यावरण अनुकूली उपभोक्ता उत्पादन को नामपत्रित करने की योजना
(c) लाभकारी उत्पादन तकनीक
(d) पारिस्थितिकी अनुकूली भवनों को मान्यता देने वाला अंतर्राष्ट्रीय प्रमाणन

39. निम्नलिखित पर विचार कीजिए-
1. BIMSTEC (बे ऑफ बंगाल इनिशिएटिव फॉर मल्टी-सेक्टॅरल-टैक्नीकल एंड इकोनॉमिक कोऑपरेशन) को ASEAN और SAARC के बीच एक जोड़ने वाली कड़ी के रूप में देखा जाता है।
2. इसे पूर्व में बैंकाक एग्रीमेंट के रूप में जाना जाता था।
उपरोक्त कथनों में से कौन-सा/से सही है/हैं?
(a) केवल 1 (b) केवल 2
(c) 1 और 2 दोनों (d) न तो 1 और न ही 2

40. निम्नलिखित में से कौन ASEAN का सदस्य नहीं है?
(a) कम्बोडिया (b) मलेशिया
(c) सिंगापुर (d) दक्षिण कोरिया

41. अंतर्राष्ट्रीय मुद्रा कोष का प्रबंध निदेशक कौन है?
(a) रॉड्रिगो रैटो (b) डॉमिनिक स्ट्रॉस-काहन
(c) डनिएल वसेला (d) अल्बर्टो फूटाना

42. निम्नलिखित भारतीय स्वतंत्रता सेनानियों में से किसने भारत की प्रति व्यक्ति आय के आकलन का प्रयास किया?
(a) गोपाल कृष्ण गोखले (b) फिरोज शाह मेहता
(c) सुरेन्द्रनाथ बनर्जी (d) दादाभाई नौरोजी

43. संघ और राज्यों के बीच वित्तीय आवंटन निम्नलिखित में से किस एक की सिफारिशों के आधार पर होता है?
(a) राष्ट्रीय विकास परिषद्
(b) अन्तर-राज्य परिषद्
(c) योजना आयोग
(d) वित्त आयोग

44. निम्नलिखित में से कौन-सा एक OPEC का सदस्य नहीं है?
(a) अल्जीरिया (b) इंडोनेशिया
(c) मलेशिया (d) नाइजीरिया

45. निम्न में से कौन-सा/से सही है/हैं?
1. वर्तमान आर्थिक जनगणना भारत में अब तक की गई इसश्रृंखला की जनगणनाओं में सातवीं है।
2. भारत में आर्थिक जनगणना आर्थिक-कार्य विभाग (केन्द्रीय वित्त मंत्रालय) द्वारा की जाती है।

कूट :
(a) केवल 1 (b) केवल 2
(c) 1 और 2 दोनों (d) न तो 1 और न ही 2

46. निम्नलिखित में से कौन-सा एक, अंतर्राष्ट्रीय विकास संघ का प्रशासन करता है?
(a) UNDP (b) UNIDO
(c) IFAD (d) IBRD

47. **कथन (A) :** भारत की प्रति व्यक्ति आय उसके आर्थिक विकास का संपूर्ण चित्र नहीं दर्शाती।
कारण (R) : किसी देश की प्रति व्यक्ति आय उसकी जनसंख्या के परिमाण से स्वतंत्र नहीं होती।
कूट:
(a) A और R दोनों सही हैं R, A और का सही स्पष्टीकरण है।
(b) A और R दोनों सही हैं, परंतु R, A का सही स्पष्टीकरण नहीं है।
(c) A सही है, परन्तु R गलत है।
(d) A गलत है, परंतु R सही है।

48. कन्टेनर कॉर्पोरेशन ऑफ इंडिया लिमिटेड (CONCOR) निम्नलिखित मंत्रालयों में से किसके प्रशासकीय नियंत्रण में सार्वजनिक क्षेत्र उपक्रम है?
(a) भारी उद्योग
(b) लघु उद्योग
(c) रेलवे
(d) पोत परिवहन, सड़क और राजमार्ग

49. निम्नलिखित में से कौन-कौन सी सरकारी एजेन्सियों पर बहुराष्ट्रीय कंपनियों पर नियंत्रण रखने का उत्तरदायित्व है?
1. भारतीय रिजर्व बैंक
2. औद्योगक विकास मंत्रालय
3. वित्त मंत्रालय
4. गृह मंत्रालय
(a) 1, 2, 3 (b) 2, 3, 4
(c) 1, 3, 4 (d) उपरोक्त सभी

50. सूची-I को सूची-II से सुमेलित कीजिये।

	सूची-I (लघु रूप)		**सूची-II (क्षेत्र)**
A.	BOT, BOP	1.	रोजगार
B.	SJRY, TRYSEM	2.	विदेशी व्यापार
C.	WPI, CPI	3.	मौद्रिक नीति
D.	CRR, SLR	4.	सूचकांक

	A	B	C	D
(a)	2	3	1	4
(b)	1	2	3	4
(c)	4	3	2	1
(d)	2	1	4	3

51. निम्न में से असत्य युग्म का चयन कीजिये-
1. एम. एस. स्वामीनाथन - हरित क्रांति
2. एल. के. झा - बैंकों पर समाजिक नियंत्रण
3. सी टी कुरियन - दुग्ध उत्पादन
4. मोरारजी देसाई - कराधान
(a) 1, 2, 4 (b) 3, 4
(c) 2, 4 (d) 2, 3, 4

52. निम्न में से कौन-सा कथन असत्य है?
1. खाद्य सुरक्षा विधेयक देश की 65% आबादी पर लागू होगा।
2. इस अध्यादेश के दायरे में 75% ग्रामीण तथा 50% शहरी जनसंख्या आयेगी।
3. अंत्योदय अन्न योजना के अंतर्गत प्रतिमाह 35 किलो अनाज की आपूर्ति पहले की तरह जारी रहेगी।
4. देश की 80 करोड़ जनसंख्या को इस योजना के दायरे में लाया जायेगा।
5. इस अध्यादेश में महिलाओं व बच्चों के पोषण पर विशेष ध्यान दिया गया।
(a) 2, 3, 4 (b) 1, 4
(c) 1, 3, 4 (d) 2, 3, 4

53. सूची-I को सूची-II से सुमेलित कीजिये?

	सूची-I	**सूची-II**
A.	रोशनी	1. 2005-06
B.	अन्नपूर्णा योजना	2. 2008
C.	राष्ट्रीय स्वास्थ्य बीमा योजना	3. 2013
D.	भारत निर्माण	4. 1999-2000

	A	B	C	D
(a)	4	3	2	1
(b)	3	4	2	1
(c)	1	2	3	4
(d)	1	2	4	3

54. मूल्य स्थिरीकरण कोष (Price Stablization Fund) के अंतर्गत निम्न में से कौन-सी फसलों को रखा गया है?
(a) गन्ना, तंबाकू, चाय, रबड़, चीनी
(b) काफी, चाय, रबड़, तंबाकू
(c) चाय, रबड़, मूंगफली, गन्ना
(d) रबड़, तंबाकू, गन्ना, चाय, कपास

55. कृषि क्षेत्र के संबंध में कौन-सा कथन सत्य है?
1. वर्ष 2011 की जनगणना के अनुसार यह क्षेत्र 52% लोगों को रोजगार उपलब्ध कराता है।
2. वर्ष 2012-13 में खाद्यान्न उत्पादन का अग्रिम

अनुमान 250.14 मिलियन टन रखा गया।

3. भारत में सोयाबीन का सर्वाधिक उत्पादन राजस्थान में होता है।
4. विश्व में चीनी का सर्वाधिक उत्पादन करने वाला देश चीन है।
5. काली चाय के उत्पादन एवं उपभोग में भारत का विश्व में प्रथम स्थान है।

(a) 1, 2, 5 (b) 2, 3, 5
(c) 3, 4, 5 (d) उपरोक्त सभी

56. निम्न में से ''बफर स्टाक'' के संबंध में असत्य कथन है–
(a) न्यून उत्पादन की स्थिति से निपटने हेतु प्रयुक्त।
(b) यह PDS के माध्यम से लाभार्थियों तक खाद्यान्न वस्तुओं को उपलब्ध कराती है।
(c) देश में बफर स्टाक की भंडारण क्षमता बहुत अधिक है।
(d) वर्तमान में चावल और गेहूं के बफर स्टाक का मानक क्रमशः 118 लाख टन व 201 लाख टन है।

57. सूची-I को सूची-II से सुमेलित कीजिये–

सूची-I	सूची-II
A. राष्ट्रीय चावल शोध संस्थान	1. पोर्ट ब्लेयर (अंडमान निकोबार)
B. केंद्रीय कृषि अनुसंधान संस्थान	2. कोयम्बटूर (तमिलनाडु)
C. काफी अनुसंधान केंद्र	3. कटक (उड़ीसा)
D. भारतीय गन्ना प्रजनन संस्थान	4. चिकमंगलूर (कर्नाटक)

	A	B	C	D
(a)	2	4	3	1
(b)	3	1	4	2
(c)	1	2	3	4
(d)	4	3	2	1

58. SGSY में निम्न में से किन योजनाओं को विलय किया गया?
1. IRDP 2. TRYSEM
3. DWCRA 4. SITRA
5. GKY 6. MWS

(a) 1 3 4 5 (b) 2 3 4 5
(c) 4 5 6 (d) उपरोक्त सभी

59. CAPART के संबंध में सत्य कथन का चुनाव कीजिए-
1. इसका गठन 1 सितंबर 1986 में हुआ।
2. कपार्ट का विस्तृत रूप Council for Advancement of People's Action & Rural Technology है।
3. इसका मुख्यालय नई दिल्ली में है।
4. इसका उद्देश्य ग्रामीण समृद्धि के लिए परियोजनाओं के कार्यान्वयन में स्वैच्छिक कार्य को प्रोत्साहन देना और उनमें मदद करना है।

(a) 2, 3 (b) 3, 4
(c) 1, 3, 4 (d) 1, 2, 3, 4

60. सूची-I को सूची-II से सुमेलित कीजिये?

सूची-I	सूची-II
A. ISO-9000	1. खाद्य सुरक्षा
B. ISO-14000	2. स्वास्थ्य मानक
C. ISO-18000	3. पर्यावरणीय मानक
D. ISO-22000	4. उत्पाद और प्रबंधकीय गुणवत्ता

	A	B	C	D
(a)	1	2	3	4
(b)	4	3	2	1
(c)	3	4	2	1
(d)	4	2	3	1

61. सूची-I को सूची-II से सुमेलित कीजिये?

सूची-I	सूची-II
A. एग मार्क (Agmark)	1. पर्यावरण संबंधी गुणवत्ता
B. इको मार्क (Ecomark)	2. बालश्रम उन्मूलन
C. रग मार्क (Rugmark)	3. स्वर्ण आभूषणों की गुणवत्ता
D. हाल मार्क (Hallmark)	4. कृषि वस्तुओं की गुणवत्ता

	A	B	C	D
(a)	4	2	1	3
(b)	1	2	4	3
(c)	2	1	3	4
(d)	4	1	2	3

62. निम्न में से किन फसलों के उत्पादन में भारत का प्रथम स्थान नहीं है?
1. तंबाकू 2. कपास
3. गेहूँ 4. जूट

(a) 1, 4 (b) 2, 3, 4
(c) 1, 2, 3, 4 (d) 3, 4

63. विश्व में उर्वरक उत्पादन एवं उपभोग के संदर्भ में कौन–से देश शीर्ष तीन में हैं?
   (a) भारत, चीन, बांग्लादेश
   (b) चीन, अमेरिका, भारत
   (c) भारत, चीन, पाकिस्तान
   (d) अमेरिका, भारत, इंडोनेशिया

64. निम्न में से कौन भूमि सुधार (Land Reform) का प्रमुख अंग है?
   (a) मध्यस्थों की समाप्ति
   (b) काश्तकारी सुधार
   (c) जोतों की चकबंदी करना
   (d) प्रति परिवार भूमि की सीमा निर्धारित करना
   (e) उपरोक्त सभी

65. निम्न में से असत्य कथन है–

	राज्य		उपज
1.	पं. बंगाल	–	चावल
2.	मक्का	–	महाराष्ट्र
3.	मूंगफली	–	गुजरात
4.	दाल	–	उत्तर प्रदेश
5.	मोटे अनाज	–	राजस्थान

   (a) 2 1 3 5 (b) 2 3 4
   (c) 3 4 5 (d) 2 4 5

66. निम्न में से कौन–सा कथन असत्य है?
   1. राष्ट्रीय कृषि बीमा योजना नागालैंड, अरुणाचल प्रदेश एवं पंजाब में लागू नहीं है।
   2. किसान काल सेन्टर की शुरुआत प्रधानमंत्री मनमोहन सिंह ने की।
   3. जया, पन्तधान–10 गेहूँ की नई प्रजातियां हैं।
   4. टिड्डा चेतावनी संगठन जोधपुर (राजस्थान) में स्थापित है।
   (a) 2 और 4 (b) 2, 3
   (c) 1, 2, 3 (d) उपरोक्त सभी

67. निम्न में से कौन ''हरित क्रांति'' के परिणामस्वरूप नहीं हुआ है?
   (a) भारत के विभिन्न राज्यों के बीच असमानता में वृद्धि।
   (b) भारत में अमीरों एवं निर्धनों के बीच असमानता में वृद्धि।
   (c) खाद्यान्नों की प्रतिव्यक्ति उपलब्धता में वृद्धि।
   (d) मोटे अनाजों के अधीन क्षेत्रफल में वृद्धि।

68. सार्वजनिक वितरण प्रणाली (PDS) द्वारा वितरित अनाज की कीमत बढ़ाने का उद्देश्य है:
   (a) किसानों को आकर्षक कीमत मिले।
   (b) अनाज के उपयोग को नियंत्रित किया जा सके।
   (c) इस प्रणाली में निहित उपादान (Subsidies) का भार कम हो सके।
   (d) इस योजना से लाभ कमाना।

69. हरित क्रांति के संदर्भ में सत्य कथन का चुनाव कीजिए।
   1. हरित क्रांति शब्द के प्रतिपादक विलियम गॉड हैं।
   2. भारत में हरित क्रांति के सूत्रधार M.S. Swaminathan हैं।
   3. हरित क्रांति के दौरान मोटे अनाज और दलहन का उत्पादन घटा।
   4. हरित क्रांति से सर्वाधिक सकारात्मक प्रभाव गेहूँ की फसल पर पड़ा।
   (a) 1, 2, 3 (b) 2, 3
   (c) 3, 4 (d) उपरोक्त सभी

70. दौड़ती हुई मुद्रा स्फीति (Hyper Inflation) के संदर्भ में असत्य कथन का चुनाव करें–
   (a) प्रचलित मुद्रा से लोगों का विश्वास उठ जाये।
   (b) मुद्रास्फीति की दर 4 या 5 अंक की होती है।
   (c) यूरोप महाद्वीप का देश जिम्बाम्वे सर्वाधिक मुद्रास्फीति वाला देश है।
   (d) यह स्फीति देश की आर्थिक, सामाजिक, एवं राजनैतिक अस्थिरता का परिणाम है।

71. सही कथन का चयन कीजिए–
   A. भारत जैसे विकासशील देश में मुद्रास्फीति की स्थिति मंदी की स्थिति से बेहतर है।
   B. भारत में मुद्रास्फीति (Inflation) पर नियन्त्रण सरकार के लिए कठिन चुनौती है।
   कूट :
   (a) A सही है।
   (b) B सही है।
   (c) A और B दोनों सही हैं।
   (d) A और B दोनों गलत हैं।

72. अर्थव्यवस्था में रोजगार निर्माण में कमी आती है जब स्थिति होती है–
   (a) मुद्रास्फीति की (Inflation)
   (b) मंदी की (Recession)
   (c) तकनीकी विकास की
   (d) उपरोक्त सभी

73. मंदी (Recession) के दौर में अर्थव्यवस्था में-
1. पूर्ति > मांग
2. मुद्रा की क्रयशक्ति (Purchasing Power of Money) कम हो जाती है।
3. उत्पादकों के लाभांश में कमी (Minimize Profit)
4. रोजगार निर्माण में वृद्धि

कूट–
(a) 1, 2, 3 (b) 1, 3
(c) 3, 4 (d) 1, 3, 4

74. अर्थव्यवस्था में मुद्रा की पूर्ति में वृद्धि (Increase in Money Supply) से तात्पर्य -
(a) लोगों की क्रय शक्ति में वृद्धि
(b) लोगों की आय में वृद्धि
(c) लोगों द्वारा वस्तुओं और सेवाओं की अधिक मांग
(d) उपरोक्त सभी

75. RBI के अनुसार-''निम्नलिखित में से कौन-सा देश के लिये सर्वाधिक चिंता का विषय है?
(a) यूरोप में ऋण संकट (Euro Crisis)
(b) मुद्रास्फीति (Inflation)
(c) GDP में वृद्धि
(d) राजकोषीय घाटा (Fiscal Deficit)

76. हाल ही में पंजाब नेशनल बैंक द्वारा किस बैंक का अधिग्रहण किया गया?
(a) सांगली बैंक (b) देना बैंक
(c) ग्लोबल ट्रस्ट बैंक (d) टाइम्स बैंक

77. निजी क्षेत्र में नये बैंकों की स्थापना का उद्देश्य-
(a) प्रतिस्पर्धा बढ़ेगी
(b) लागत घटेगी
(c) सेवा स्तर बेहतर होना
(d) उपरोक्त सभी

78. सूची-I को सूची-II से सुमेलित कीजिए-

बैंक का नाम	**देश**
A. बी.एन.पी. पारिवास	1. हालैंड
B. ए.बी.एन. एमरो बैंक	2. जर्मनी
C. ड्यूश बैंक	3. फ्रांस
D. सिटी बैंक	4. अमेरिका

कूट :

	A	B	C	D
(a)	2	1	3	4
(b)	1	2	3	4
(c)	3	1	2	4
(d)	1	3	2	4

79. सूची-I को सूची-II से सुमेलित कीजिए-

बैंक	**स्थापना वर्ष**
A. नेशनल हाउसिंग बैंक	1. नवंबर 1972
B. जीआईसी	2. अक्टूबर 1975
C. आर.आर.बी.	3. जनवरी 1982
D. एक्जिम बैंक	4. जुलाई 1988
E. आईसीआईसीआई	5. जनवरी, 1955

कूट :

	A	B	C	D	E
(a)	1	2	3	4	5
(b)	5	4	3	2	1
(c)	4	1	2	3	5
(d)	1	3	2	5	4

80. अनुसूचित बैंक से अभिप्राय उन बैंकों से है जिनका
(a) राष्ट्रीयकरण हो चुका है।
(b) राष्ट्रीयकरण नहीं हो चुका है।
(c) मुख्यालय विदेशों में है।
(d) नाम RBI की II अनुसूची में है।

81. NABARD की स्थापना किस पंचवर्षीय योजना के तहत की गयी?
(a) चौथी पंचवर्षीय योजना
(b) पांचवीं पंचवर्षीय योजना
(c) छठी पंचवर्षीय योजना
(d) सातवीं पंचवर्षीय योजना

82. सूची-I को सूची-II से सुमेलित कीजिए-

सूची I	**सूची II**
A. करेन्सी नोट प्रेस	1. मुंबई, कोलकात्ता, हैदराबाद, नोएडा
B. बैंक नोट प्रेस	2. होशंगाबाद (मध्य प्रदेश)
C. सिक्यूरिटी प्रिंटिंग प्रेस	3. देवास (मध्य प्रदेश)
D. इंडियन मिंट	4. नासिक रोड (महाराष्ट्र)

कूट :

	A	B	C	D
(a)	4	2	3	1
(b)	1	2	3	4
(c)	2	3	4	1
(d)	4	3	2	1

83. 1 रुपये के नोट पर किसके हस्ताक्षर होते हैं?
(a) वित्त सचिव, भारत सरकार
(b) वित्त मंत्री, भारत सरकार
(c) उप वित्त मंत्री, भारत सरकार
(d) गवर्नर, भारतीय रिजर्व बैंक

84. किन देशों की मुद्रा प्रायः 'हार्ड करेन्सी' कहलाती है?
(a) विकसित देशों की
(b) अल्पविकसित देशों की
(c) विकासशील देशों की
(d) अर्द्धविकसित देशों की

85. सूची-I को सूची-II से सुमेलित कीजिए-

	योजना	**प्रारंभ काल**
A.	भारत निर्माण (Bharat Nirman)	1. 3 दिसंबर 2005
B.	आम आदमी बीमा योजना (Aam Admi Bima Yojana)	2. 2005-06
C.	मिड डेल मील योजना (Mid-Day Meal)	3. 12 अप्रैल 2005
D.	राष्ट्रीय ग्रामीण स्वास्थ्य मिशन (National Rural Health Mission-NRHM)	4. अगस्त 1995
E.	जवाहरलाल नेहरू राष्ट्रीय ग्रामीण रिन्यूबल मिशन (JNURM)	5. 2 अक्टूबर 2007

	A	B	C	D	E
(a)	1	2	3	4	5
(b)	5	3	2	1	4
(c)	2	5	4	3	1
(d)	3	4	5	2	1

86. निम्न में से असत्य (False) कथन का चुनाव कीजिए-

	वित्त आयोग	**चेयर मैन**
A.	I	1. के.सी. नियोगी
B.	XI	2. ए.एम. खुसरो
C.	XII	3. विजय केलकर
D.	XIII	4. सी. रंगराजन

(a) 3 (b) 2, 3
(c) 3, 4 (d) सभी सत्य हैं

87. सूची-I को सूची-II से सुमेलित कीजिए-

सूची-I	**सूची-II**
(a) हार्टी कल्चर (Horticulture)	1. रेशम उद्योग
(b) ओलेरी कल्चर (Olericulture)	2. मत्स्य पालन
(c) वीटी कल्चर (Viticulture)	3. अंगूर की खेती
(d) सेरी कल्चर (Sericulture)	4. सब्जी विज्ञान
(e) पिसी कल्चर (Pisciculture)	5. बागवानी

	A	B	C	D	E
(a)	5	4	1	3	2
(b)	1	2	3	4	5
(c)	5	2	3	4	1
(d)	4	3	2	1	5
(e)	5	4	3	1	2

88. सूची-I को सूची-II से सुमेलित कीजिए-

	सूची-I	**सूची-II**
A.	खरीफ	1. गन्ना, तम्बाकू, कपास
B.	रबी	2. बाजरा, ज्वार, धान, मक्का, सोयाबीन
C.	जायद	3. गेहूँ, जौ, चना, सरसों, आलू, मसूर
D.	व्यापारिक फसलें	4. तरबूज, ककड़ी, खरबूजा

	A	B	C	D
(a)	1	3	4	2
(b)	3	4	1	2
(c)	2	1	4	3
(d)	2	3	4	1

89. सूची-I को सूची-II से सुमेलित कीजिए-

	एल्युमिनियम कं.	**सहायक देश**
A.	बाल्को	1. अमेरिका
B.	नाल्को	2. सोवियत रूस
C.	हिन्डाल्को	3. इटली
D.	माल्को	4. फ्रांस

	A	B	C	D
(a)	3	1	4	2
(b)	2	3	4	1
(c)	1	2	3	4
(d)	2	4	1	3

90. क्रिसल (CRISAL) है
(a) एक निर्यात कंपनी है।
(b) ग्रामीण क्षेत्र को वित्त प्रदान करता है।
(c) उद्योगों को वित्तीय सहायता प्रदान करता है।
(d) कंपनी की साख की स्थिति का मूल्यांकन करता है।

91. सूची-I को सूची-II से सुमेलित कीजिए-

नगर	उद्योग
A. कोयम्बटूर	1. तेलशोधन
B. राउरकेला	2. रेल डिब्बा
C. कपूरथला	3. लौह इस्पात
D. बरौनी	4. सूती वस्त्र

	A	B	C	D
(a)	4	3	2	1
(b)	1	2	3	4
(c)	2	3	4	1
(d)	4	2	3	1

92. सूची-I को सूची-II से सुमेलित कीजिए-

सूची-I	सूची-II
A. प्राथमिक क्षेत्र	1. खनन-उत्खनन, विनिर्माण, निर्माण, बिजली गैस एवं जल आपूर्ति
B. द्वितीयक क्षेत्र	2. व्यापार, होटल, परिवहन, संचार, बीमा तथा व्यावसायिक सामुदायिक एवं व्यक्तिगत सेवाएं
C. तृतीयक क्षेत्र	3. कृषि, वानिकी, मत्स्यन

कूट :

	A	B	C
(a)	3	1	2
(b)	3	2	1
(c)	2	3	1
(d)	1	2	3

93. भारत में प्रतिव्यक्ति आय (PCI) में वृद्धि की दर धीमी होने के प्रमुख कारण हैं-
1. उच्च पूंजी उत्पाद अनुपात (Increasing Capital output ratio)
2. जनसंख्या वृद्धि की ऊंची दर (High rate of population growth)
3. पूंजी निर्माण की ऊंची दर (High rate of capital formation)
4. वित्तीय घाटे का ऊंचा स्तर (High level of deficit)

कूट :
(a) 1, 2, 3, 4 (b) 2, 3, 4
(c) 1, 4 (d) 1, 2

94. समावेशी संवृद्धि (Inclusive Growth) का अर्थ है-
(a) किसी विशेष वर्ग की स्थिति में सुधार के प्रयत्न।
(b) केवल BPL के नीचे जीवन यापन करने वाले व्यक्तियों तक सुविधा पहुंचाना।
(c) समाज के सभी वर्गों तक संसाधन एवं सुविधाएँ पहुंचाना।
(d) उपरोक्त में से कोई नहीं।

95. भारत के सकल घरेलू उत्पाद (GDP) में नीचे दिये गये भिन्न क्षेत्रों के योगदान का कौन-सा ह्रासमान क्रम है?
(a) सेवा → उद्योग → कृषि
(b) सेवा → कृषि → उद्योग
(c) उद्योग → सेवा → कृषि
(d) उद्योग → कृषि → सेवा

96. सकल घरेलू उत्पाद (GDP) की अवधारणा में ''जियोग्रॉफिकल बाउण्ड्री'' के अन्तर्गत कौन-से क्षेत्र सम्मिलित नहीं हैं?
1. विदेशों में स्थित दूतावास एवं सैनिक अड्डे
2. विदेशों में स्थित भारतीय संस्कृति के मंदिर
3. दो या दो से अधिक देशों के मध्य ''सीमा विवाद क्षेत्र''
4. सामुद्रिक सीमा

कूट :
(a) 1, 2, 3 (b) 1, 4
(c) 2, 3, 4 (d) 2, 3

97. इको-मार्क (ECO-MARK) क्या है?
(a) प्रदूषणमुक्त औद्योगिक इकाई को नामपत्रित करने की योजना
(b) पर्यावरण अनुकूली उपभोक्ता उत्पादन को नामपत्रित करने की योजना
(c) लाभकारी उत्पादन तकनीक
(d) पारिस्थितिकी अनुकूली भवनों को मान्यता देने वाला अंतर्राष्ट्रीय प्रमाणन

98. निम्नलिखित में से कौन-सा एक देश OPEC का संस्थापक सदस्य नहीं है?
(a) अल्जीरिया (b) कुवैत
(c) इराक (d) ईरान

99. निम्नलिखित में से कौन-सा एक देश आसियान (ASEAN) का सदस्य नहीं है?
(a) ब्रुनेई (b) कम्बोडिया

(c) वियतनाम (d) भारत

100. निम्नलिखित में कौन माल के आयात हेतु विदेशी विनिमय की स्वीकृति देता है?
(a) कोई भी राष्ट्रीयकृत बैंक
(b) विनिमय बैंक
(c) भारतीय रिजर्व बैंक
(d) वित्त मंत्रालय

उत्तरमाला

1. (c)
1. पहली योजना – कृषि एवं समुदाय विकास
2. दूसरी योजना – भारी उद्योग
3. पाँचवीं योजना – गरीबी हटाना
4. नौवीं योजना – खाद्य सुरक्षा एवं महिला सशक्तीकरण

2. (a) सेबी ने अपेक्षाकृत अधिक विदेशी निवेश आकर्षित करने के लिए निवेश नियमों में ढील दी है।

3. (c) चीन, भारत एवं ब्राजील की अर्थव्यवस्था की वृद्धि दर अमेरिकी आर्थिक अर्थव्यवस्था की वृद्धि दर की अपेक्षा बेहतर है।

4. (c)

संघ राज्य क्षेत्र	**जनसंख्या 2011**
लक्षद्वीप	(64,429)
दमन और दीव	(2,42,911)
दादरा और नगर हवेली	(3,42,853)
पुदुचेरी	(12,44,464)

5. (d) न्यासिता परिषद 1 नवंबर, 1994 से निलम्बित कर दी गई है। इसकी स्थापना वर्ष 1945 में की गई थी।

6. (d) भारत एवं बांग्लादेश के बीच यद्यपि नदी जल बँटवारे को लेकर आपसी समझौता है, लेकिन सीमा विवादों पर सहमति बनाने के लिए दोनों देश प्रयत्नशील हैं।

7. (b) यूरोपियन यूनियन ने वर्ष 2007 में अमेरिकी अर्थव्यवस्था को पीछे छोड़कर, विश्व की सबसे बड़ी अर्थव्यवस्था बनने का गौरव हासिल किया है। यूरोपियन यूनियन की मुद्रा 'यूरो' तथा गान 'ऑड टू जॉय' है। इस संगठन का अपना संविधान एवं ध्वज है।

8. (c) निक्षेप निधि की स्थापना किसी सरकार या कंपनी द्वारा लोक ऋण के प्रतिसंदाय हेतु की जाती है।

9. (d) विशेष आर्थिक क्षेत्र को आयात के लिए लाइसेंस की जरूरत होती है। उसे आभूषण इकाइयों सहित सभी क्षेत्रों में उत्पादन या उत्पादन प्रक्रिया के एक हिस्से के अनुबंध संविदा की अनुमति होती है। इसके अलावा इनको विनिर्माण एवं सेवा कार्यकलापों की अनुमति होती है। इनके निर्यात आयात के माल की सीमा शुल्क अधिकारियों द्वारा नियमित जाँच नहीं होती है।

10. (a) ब्रेंट सूचकांक का संबंध अपरिष्कृत पेट्रोलियम पदार्थों के मासिक मूल्य से है जिसमें कमी या वृद्धि होती रहती है। इसे मापने के लिए इस सूचकांक का प्रयोग किया जाता है। इसे पेट्रोलियम पदार्थों की दैनिक कीमत का पता लगाया जाता है।

11. (b)
प्रथम चरण – सूती वस्त्र
द्वितीय चरण – वाष्प इंजन
तृतीय चरण – इस्पात
चतुर्थ चरण – जेट वायुयान

12. (d) जनसांखिकीय संक्रमण सिद्धांत डब्ल्यू. एम. थाम्पसन (1929) और फ्रेंक डब्ल्यू नोएस्टीन (1945) में प्रतिपादित किया। जनसांख्यिकीय संक्रमण सिद्धांत ऊँची जन्म और मृत्यु दरों से न्यून दरों की ओर संक्रमण को तीन भागों में विभाजित करता है।
प्रथम अवस्था– उच्च जन्म दर और उच्च मृत्यु दर (धीमी जनसंख्या वृद्धि दर)
द्वितीय अवस्था– उच्च जन्म दर और निम्न मृत्यु दर (जनसंख्या विस्फोट)
तृतीय अवस्था– निम्न जन्म दर और निम्न मृत्यु दर (स्थिर जनसंख्या)

13. (b) राष्ट्रीय आय = देश का सकल घरेलू उत्पाद + विदेशों में कार्य कर रहे भारतीय लोगों की आय – देश में कार्य कर रहे विदेशी लोगों की आय

14. (a)
औद्योगिक नीति 1948 – मिश्रित अर्थव्यवस्था
औद्योगिक नीति 1956 – राज्य केन्द्रित अर्थव्यवस्था
औद्योगिक नीति 1980 – मिश्रित व्यवस्था में विश्वास
औद्योगिक नीति 1991 – गैरसरकारी साझेदारी

15. (a) SLR भारत में कार्य करने वाले सभी अनुसूचित बैंकों की सकल जमाओं का वह अनुपात है जिसे उन्हें अपने पास नगद रूप में आरक्षित रखना होता है। इसका मुख्य उद्देश्य बाजार में मुद्रा प्रसार को नियंत्रित करना होता है। इसके अधिक होने से बाजार में मुद्रा का प्रसार कम होता है तथा इसके विपरीत भी।

16. (b) सिंडिकेट बैंक की स्थापना 1925 ई. में उदुपी, कर्नाटक में हुई थी। इस बैंक का मुख्यालय वर्तमान में मणिपाल, कर्नाटक में स्थित है। इसके लोगो में एक कुत्ते की आकृति तथा 'विश्वसनीय, मैत्रीपूर्ण' शब्द उत्कीर्ण है।

17. (c) आर्थिक संकट की शुरुआत अमेरिका के सब प्राइम संकट से हुई थी। इस आर्थिक मंदी का प्रभाव वैश्विक अर्थव्यवस्था पर पड़ा था। परंतु भारतीय अर्थव्यवस्था में आरबीआई द्वारा केन्द्रीय नियंत्रण के कारण इसका प्रभाव अन्य यूरोपीय देशों की अपेक्षा कम पड़ा है।

18. (b) जवाहर रोजगार योजना की शुरुआत 1988 ई. में की गई थी। इसमें राष्ट्रीय ग्रामीण रोजगार कार्यक्रमों और खेतिहर मजदूर रोजगार गारंटी कार्यक्रम का विलय कर दिया गया था। इस योजना में मुख्य बल ग्रामीण क्षेत्र में अतिरिक्त मजदूरी रोजगार की संभावनाओं का सृजन करना था।

19. (c)

NASDAQ	- यू. एस. ए.
Nikkei	- जापान
S & P CNX	- नेशनल स्टॉक एक्सचेंज (भारत)
HENG SENG	- हाँगकाँग

20. (c) थोक मूल्य सूचकांक एक मूल्य सूचकांक है जो कुछ चुनी हुई वस्तुओं के सामूहिक औसत मूल्य का प्रतिनिधित्व करता है। भारत में थोक मूल्य सूचकांक को आधार मानकर महँगाई दर की गणना होती है। थोक मूल्य सूचकांक के लिए एक आधारवर्ष होता है। भारत में थोक मूल्य सूचकांक में 435 वस्तुओं को शामिल किया गया है जिनमें खाद्यान्न, धातु ईंधन, रसायन आदि हर तरह के पदार्थ हैं और इनके चयन में कोशिश की जाती है कि ये अर्थव्यवस्था के हर पहलू का प्रतिनिधित्व करें। इसमें आधारवर्ष के लिए सभी 435 वस्तुओं का सूचकांक 100 मान लिया जाता है।

21. (a) सकल घरेलू उत्पाद (GDP) देश के आर्थिक प्रवृत्तियों का आधारभूत पैमाना है। एक निश्चित समयावधि एक भौगोलिक सीमा के भीतर उत्पादित वस्तुओं तथा सेवाओं के मौद्रिक मूल्य को सकल घरेलू उत्पाद (GDP) कहा जाता है।

22. (b) मिश्रित अर्थव्यवस्था के अंतर्गत सार्वजनिक तथा निजी उद्यमों के बीच सामंजस्य बनाने का प्रयास किया जाता है। भारत मिश्रित अर्थव्यवस्था को अपनाने वाला प्रमुख देश है।

23. (c) दक्षिण-पूर्वी एशियाई राष्ट्रों का संघ (ASEAN) की स्थापना 8 अगस्त, 1967 ई. में बैंकाक में हुई। इंडोनेशिया, मलेशिया, फिलीपीन्स, थाइलैंड तथा सिंगापुर इसके संस्थापक देश थे। वर्तमान में ASEAN के सदस्यों की संख्या 10 है।

24. (c) सही क्रम है
बजट पर चर्चा लेखानुदान माँग वित्त विधेयक विनियोग विधेयक

25. (b) विनिर्मित वस्तुओं के निर्यातों के प्रोत्साहन के लिए निर्यात प्रोसेसिंग क्षेत्रों का प्रभावशाली यंत्र के रूप में प्रयोग किया जा रहा है। इन क्षेत्रों की स्थापना का उद्देश्य देश से निर्यातित वस्तुओं के लिए उपर्युक्त वातावरण उत्पन्न करना है। भारत में ऐसे 8 निर्यात प्रोसेसिंग क्षेत्र शामिल हैं। एशिया का प्रथम निर्यात प्रसंस्करण क्षेत्र 1965 ई. में गुजरात के कांडला में स्थापित किया गया।

26. (c) हरियाणा का लिंगानुपात 861 है, तो भारत के राज्यों में सबसे कम है। केरल में लिंगानुपात 1058 है।

27. (b) GATT की स्थापना वर्ष 1947 ई. में हुई थी। परंतु इसके बाद बहुराष्ट्रीय व्यापार प्रणाली के विकास के कारण एक नई प्रणाली की आवश्यकता महसूस की गई। इसके तहत 15 अप्रैल, 1994 को 123 देशों के वाणिज्य मंत्रियों ने मराकेश में उरूग्वे दौर के फाइनल एक्ट पर अपने हस्ताक्षर किए। जिसके परिणामस्वरूप 1 जनवरी 1995 को विश्व व्यापार संगठन की स्थापना हुई।

28. (c) वर्तमान में विश्व बैंक निम्नलिखित संस्थाओं का समूह है-
(i) अंतर्राष्ट्रीय विकास एवं पुनर्निर्माण बैंक (IBRD)

(ii) अंतर्राष्ट्रीय विकास बैंक (IDA)
(iii) अंतर्राष्ट्रीय वित्त निगम (IFC)
(iv) बहुपक्षीय निवेश गारंटी संख्या (MIGA)
(v) निवेश विवादों को सुलझाने के लिए अंतर्राष्ट्रीय केंद्र (ICSID) भारत (ICSID) को छोड़कर अन्य सभी का सदस्य है

29. (c) अंतर्राष्ट्रीय परमाणु ऊर्जा अभिकरण की स्थापना 29 मई, 1957 को हुई। इसका उद्देश्य है विश्व में परमाणु शक्ति का प्रयोग, शांति सुरक्षा एवं निर्माण की दिशा में हो। इसका मुख्यालय वियना (ऑस्ट्रिया) में है।

30. (b) अंतर्राष्ट्रीय पुनर्निर्माण और विकास बैंक (IBRD) को अन्य सहयोगी संस्थाओं के साथ मिलकर विश्व बैंक के नाम से जाना जाता है।

31. (a) 11वीं पंचवर्षीय योजना में कृषि तथा कृषि उत्पादन के क्षेत्र में वृद्धि दर को तेज करने के लिए पशुपालन तथा मत्स्य पर ध्यान दिया गया है।

32. (a)

33. (a)

34. (d) आसियान दक्षिण-पूर्वी एशियाई राष्ट्रों का संघ है। इंडोनेशिया, फिलीपीन्स, मलेशिया, सिंगापुर तथा थाइलैंड ने एक प्रादेशिक संगठन के रूप में 8 अगस्त, 1967 को इसका औपचारिक गठन बैंकाक घोषणा द्वारा किया। इसका केन्द्रीय सचिवालय जकार्ता में है। वर्तमान में आसियान के 10 सदस्य देश हैं- इंडोनेशिया, फिलीपीन्स, मलेशिया, थाइलैंड, सिंगापुर, ब्रूनेई, वियतनाम, लाओस, कम्बोडिया, म्यांमार।

35. (a) भारत 'इण्डियन ओशन रिम एसोसिएशन फॉर रीजनल कॉपरेशन' (हिमतक्षेस) का संस्थापक सदस्य है।

36. (a) भिलाई स्टील प्लांट की स्थापना 1955 ई. में तत्कालीन सोवियत संघ की सहायता से की गई थी।
बोकारो स्टील प्लांट की स्थापना 1964 ई. में की गई थी। इसकी स्थापना में भी सोवियत संघ (अब रूस) की सहायता ली गई थी।

37. (a) ओपेक पेट्रोलियम उत्पादक देशों का संगठन है। इसकी स्थापना सितम्बर, 1960 को ईरान, इराक, कुवैत, सउद अरब तथा वेनेजुएला के द्वारा की गई थी। वर्तमान में इसके 12 सदस्य हैं-अल्जीरिया अंगोला, एक्वाडोर, ईरान, इराक, कुवैत, सउदी अरब, संयुक्त अरब अमीरात, कतर, नाइजीरिया, लिबिया तथा वेनेजुएला। इसका मुख्यालय विएना में है। इंडोनेशिया की सदस्यता स्वैच्छिक रूप से समाप्त हो गई क्योंकि अब वह तेल निर्यातक के बजाए आयातक हो चुका है।

38. (b) घरेलू और अन्य उपभोक्ता उत्पादों पर पर्यावरणीय मानदंडों को पूरा करने हेतु एक मानक तय किया गया तथा जो उत्पाद उन मानकों को पूरा करता है उस पर इको मार्क का निशान प्रदान किया जाता है।

39. (a) बंगाल की खाड़ी से लगे चार राष्ट्रों—बांग्लादेश, भारत, श्रीलंका तथा थाइलैंड ने इकोनॉमिक कोऑपरेशन के रूप में BISTEC की स्थापना जून 1997 में बैंकॉक में की गई थी। अब इसमें म्यामांर, नेपाल और भूटान के शामिल होने के बाद इसका नाम BIMSTEC कर दिया गया है। बिमस्टेक का पहला शिखर सम्मेलन थाइलैंड की राजधानी बैंकाक में 30-31 जुलाई 2004 में सम्पन्न हुआ।

40. (d) आसियान दक्षिण-पूर्वी एशियाई राष्ट्रों का संघ है। इंडोनेशिया, फिलीपीन्स, मलेशिया, सिंगापुर तथा थाइलैंड ने एक प्रादेशिक संगठन के रूप में 8 अगस्त, 1967 को इसका औपचारिक गठन बैंकाक घोषणा द्वारा किया। इसका केन्द्रीय सचिवालय जकार्ता में है। वर्तमान में आसियान के 10 सदस्य देश हैं- इंडोनेशिया, फिलीपीन्स, मलेशिया, थाइलैंड, सिंगापुर, ब्रूनेई, वियतनाम, लाओस, कम्बोडिया, म्यांमार।

41. (b) डॉमिनिक स्ट्रॉस-काहन अंतर्राष्ट्रीय मुद्रा कोष के प्रबंध निदेशक थे। वे फ्रांस के रहने वाले हैं। पद पर रहते हुए उन्हें यौन शोषण के आरोप में गिरफ्तार किया गया था। अपने पद से इस्तीफा देने वाले वे पहले IMF प्रबंध निदेशक हैं।

42. (d) भारत की राष्ट्रीय आय और प्रति व्यक्ति आय की गणना का प्रथम प्रयास दादाभाई नौरोजी ने वर्ष 1867-68 में किया गया था। नौरोजी के आकलन के अनुसार वर्ष 1868 में प्रतिव्यक्ति आय 20 रुपया थी।

43. (d) वित्त आयोग एक संवैधानिक संस्था है। संविधान के अनुच्छेद 280 में इसके गठन की चर्चा है। राष्ट्रपति

प्रत्येक 5 वर्ष के अंतराल पर इसका गठन करते हैं। यह केन्द्र तथा राज्यों के मध्य राजस्व के बँटवारे पर रिपोर्ट पेश करता है।

44. (c) OPEC (Organisation of the Petroleum Exporting Countries) की स्थापना पांच मुस्लिम देशों (ईरान, इराक, कुवैत, सउदी अरब और वेनेजुएला) ने मिलकर 1960 ई. में की थी। वर्तमान में इसके कुल 12 सदस्य हैं।
1. अल्जीरिया, 2. अंगोला, 3. इक्वाडोर, 4. ईरान, 5. इराक, 6. कुवैत, 7. लीबिया, 8. नाइजीरिया, 9. कतर, 10. सउदी अरब, 11. युनाइटेड अरब अमीरात, 12. वेनेजुएला।
पहले इंडोनेशिया भी इसका सदस्य था, किंतु उसकी सदस्यता स्वयं ही समाप्त हो गई है क्योंकि वह पेट्रोलियम आयात करने लगा है। मलेशिया कभी OPEC का सदस्य नहीं रहा है।

45. (b) पांचवी आर्थिक जनगणना 2005 ई. में आयोजित की गई थी। छठी आर्थिक जनगणना 2012 ई. में आयोजित होगी।

46. (d) अंतर्राष्ट्रीय पुनर्निर्माण तथा विकास बैंक अर्थात् विश्व बैंक की स्थापना 1944 ई. के ब्रेटन-वुड्स समझौते के अंतर्गत 1945 ई. में इस उद्देश्य से हुई थी कि युद्धकालीन अर्थव्यवस्था को शांतिपूर्ण ढंग से सामान्य स्तर पर लाने में सहायता दी जाए। यह अंतर्राष्ट्रीय मुद्रा कोष की सह-संस्था है।

47. (b) भारत में आय की असमानता के कारण प्रति व्यक्ति आय के आधार पर आर्थिक विकास का चित्र नहीं खींचा जा सकता है। दिल्ली की प्रति व्यक्ति आय 1.35 लाख रुपए है वहीं बिहार की प्रति व्यक्ति आय 15,217 रुपए है।

48. (d) कन्टेनर कॉर्पोरेशन ऑफ इंडिया लिमिटेड (CONCOR) पोत, परिवहन तथा सड़क राजमार्ग मंत्रालय के नियंत्रण में है।

49. (a)

50. (d)

लघु रूप		**क्षेत्र**
BOT-BOP	-	विदेशी व्यापार
SJRY, TRYSEM	-	रोजगार
WPI, CPI	-	सूचकांक
CRR, SLR	-	मौद्रिक नीति

51. (c)

52. (b)

53. (b)

रोशनी	-	2013
अन्नपूर्णा योजना	-	1990-2000
राष्ट्रीय स्वास्थ्य बीमा योजना	-	2008
भारत निर्माण	-	2005-2006

54. (b) 55. (a) 56. (c)
57. (b) 58. (d) 59. (d)
60. (b) 61. (d) 62. (c)
63. (b) 64. (e) 65. (d)
66. (b) 67. (d) 68. (c)
69. (d)

70. (c) जिम्बाब्वे अफ्रीका महाद्वीप का देश है।

71. (b) 72. (b) 73. (b)
74. (d) 75. (b) 76. (b)
77. (d) 78. (c)

79. (d)

नेशनल हाउसिंग बैंक	-	नवंबर 1972
जीआईसी	-	जनवरी 1982
आरआरबी	-	अक्टूबर 1975
एक्जिम बैंक	-	जनवरी 1955
आईसीआईसीआई	-	जुलाई 1988

80. (d) 81. (c) 82. (d)
83. (a) 84. (c) 85. (c)
86. (c) 87. (e) 88. (d)
89. (d) 90. (d)

91. (a)

कोयम्बटूर	-	सूती वस्त्र
राउरकेला	-	लौह इस्पात
कपूरथला	-	रेल डिब्बा
बरौनी	-	तेल शोधन

92. (a) 93. (d) 94. (c)
95. (a) 96. (d) 97. (b)

98. (a) OPEC की स्थापना 1960 में बगदाद में हुई। इसका मुख्यालय वियना (आस्ट्रीया) में है। इसके 5 संस्थापक देशों में- ईरान, इराक, कुवैत, सऊदी अरब तथा वेनेजुएला शामिल हैं।

99. (d)

100.(c) RBI

स्तर
2

वास्तविक समपरीक्षण प्रश्नपत्र

1. भारतीय रिजर्व बैंक (RBI) बैंकरों के बैंक के रूप में कार्य करता है। इसका अर्थ निम्नलिखित में से कौन-से हैं?
   1. अन्य बैंक RBI के पास अपनी जमा संचित रखते हैं।
   2. आवश्यकता के समय RBI वाणिज्यिक बैंकों को ऋण देता है।
   3. RBI वाणिज्यिक बैंकों को मौद्रिक विषयों पर परामर्श देता है।

   निम्नलिखित कूटों के आधार पर सही उत्तर चुनिए-
   (a) 2 और 3 (b) 1 और 2
   (c) 1 और 3 (d) 1, 2 और 3
2. निम्नलिखित उपायों में से किसके/किनके परिणामस्वरूप अर्थव्यवस्था में मुद्रा आपूर्ति में वृद्धि होगी?
   1. केन्द्रीय बैंक द्वारा लोगों से सरकारी प्रतिभूतियों का क्रय
   2. लोगों द्वारा वाणिज्यिक बैंकों में जमा की गई करेन्सी
   3. सरकार द्वारा केन्द्रीय बैंक से लिया गया ऋण
   4. केन्द्रीय बैंक द्वारा लोगों को सरकारी प्रतिभूतियों का विक्रय

   निम्नलिखित कूटों के आधार पर सही उत्तर चुनिए-
   (a) केवल 1 (b) 2 और 4
   (c) 1 और 3 (d) 2, 3 और 4
3. भारत में, निम्नलिखित में से कौन-सा, वायदा बाजार आयोग द्वारा विनियमित होता है?
   (a) मुद्रा फ्यूचर्स व्यापार
   (b) जिंस फ्यूचर्स व्यापार
   (c) इक्विटी फ्यूचर्स व्यापार
   (d) जिंस फ्यूचर्स व्यापार तथा वित्तीय फ्यूचर्स व्यापार दोनों
4. भारत में बैंकिंग लोकपाल संस्था के संदर्भ में निम्नलिखित में से कौन-सा एक कथन सही नहीं है?
   (a) बैंकिंग लोकपाल की नियुक्ति RBI करता है।
   (b) बैंकिंग लोकपाल भारत में खाता रखने वाले अनिवासी भारतीयों की शिकायतें सुन सकता है।
   (c) बैंकिंग लोकपाल द्वारा पारित आदेश अंतिम और संबंधित पक्षों के लिए बाध्यकारी है।
   (d) बैंकिंग लोकपाल द्वारा दी गई सेवाएँ निःशुल्क होती हैं।
5. निम्नलिखित में से कौन-सी मुद्रा/मुद्राएँ कृत्रिम समझी जाती है/हैं?
   (a) ADR (b) GDR
   (c) SDR (d) ADR और SDR दोनों
6. भारत में गैर-बैंकिंग वित्तीय कंपनियों (NBFCs) के संदर्भ में, निम्नलिखित कथनों पर विचार कीजिए-
   1. ये सरकार द्वारा जारी प्रतिभूतियों के अधिग्रहण में भाग नहीं ले सकते।
   2. ये बचत खाते की तरह मांग निक्षेप (डिमाण्ड डिपोजिट) स्वीकार नहीं कर सकते।

   उपरोक्त में से कौन-सा/से कथन सही है/हैं?
   (a) केवल 1 (b) केवल 2
   (c) 1 और 2 दोनों (d) न तो 1 और न ही 2
7. वित्तीय निवेशों के विशिष्ट व्यवहार में, मन्दड़िया (Bear) शब्द जिसका द्योतक है?
   (a) उस निवेशक का, जो यह महसूस करता है कि अमुक प्रतिभूति की कीमत गिरने वाली है।
   (b) उस निवेशक का, जो यह महसूस करता है कि अमुक शेयरों की कीमत बढ़ने वाला है।
   (c) उस शेयरधारक या बाण्डधारक का, जिसकी किसी, वित्तीय या अन्यथा, कंपनी में हिस्सेदारी है।
   (d) उस उधारदाता का, जो कर्ज देता है या बाण्ड खरीदता है

8. जब भारतीय रिजर्व बैंक नकदी रिजर्व अनुपात (CRR) में वृद्धि की घोषणा करता है, तो इसका तात्पर्य क्या है?
   (a) वाणिज्यिक बैंकों के पास उधार देने के लिए कम मुद्रा होगी।
   (b) भारतीय रिजर्व बैंक के पास उधार देने के लिए कम मुद्रा होगी।
   (c) केंद्रीय सरकार के पास उधार देने के लिए कम मुद्रा होगी।
   (d) वाणिज्यिक बैंकों के पास उधार देने के लिए अपेक्षाकृत अधिक मुद्रा होगी
9. सहभागिता नोट (Participatary Notes) निम्नलिखित में से किस एक से संबंधित है?
   (a) भारतीय संचित निधि
   (b) विदेशी संस्थागत निवेशक
   (c) संयुक्त राष्ट्र विकास सूचकांक
   (d) क्योटो प्रोटोकोल
10. बाम्बे स्टॉक एक्सचेन्ज का क्या सूचकांक है?
   (a) डाउ जोन्स (b) निक्की
   (c) एस एण्ड पी (d) नैसडेक
11. भारतीय रिजर्व बैंक द्वारा निर्धारित संवेदनशील क्षेत्र के रूप में शामिल है-
   (a) पूंजी बाजार (b) रियल एस्टेट
   (c) जिंस (d) सभी
12. आरबीआई-भारतीय वित्तीय प्रणाली की शीर्षस्थ संस्था है। निम्नलिखित कौन-से कार्य आरबीआई द्वारा संचालित होते हैं?
   1. अर्थव्यवस्था में मुद्रा की आपूर्ति पर निगरानी
   2. सिक्कों एवं एक रुपये के नोट के अलावा मुद्रा जारी करना
   3. बैंक के बैंकर्स के रूप में कार्य
   4. सरकार के बैंक के रूप में कार्य

   उपरोक्त में से कौन-सा/से सही है/हैं?
   (a) 1 और 2 (b) 1, 2 और 3
   (c) 2, 3 और 4 (d) उपर्युक्त सभी
13. बेरोजगारी समस्या से गरीबी बढ़ती है क्योंकि-
   (a) गरीबी रेखा से नीचे रहने वालों की संख्या बढ़ती है
   (b) जनसंख्या तेजी से बढ़ती है
   (c) मुद्रास्फीति की दर बढ़ती है
   (d) ब्याज दर बढ़ती है
14. नेशनल स्टॉक एक्सचेन्ज ऑफ इंडिया का प्रवर्तक है-
   (a) भारतीय स्टेट बैंक
   (b) एलआईसी और जीआईसी
   (c) आईडीबीआई
   (d) ये सभी
15. निम्नलिखित में से कौन-सा भारत में मुद्रास्फीति के प्राकलन का सबसे प्रचलित माप है?
   (a) मूल्य सूचकांक
   (b) औद्योगिक वस्तुओं का मूल्य सूचकांक
   (c) थोक मूल्य सूचकांक
   (d) उपभोक्ता मूल्य सूचकांक
16. सेबी है-
   (a) एक वैधानिक निकाय
   (b) सलाहकार निकाय
   (c) संवैधानिक निकाय
   (d) अवैधानिक निकाय
17. भारत सरकार ने 14 बड़े व्यापारिक बैंकों का राष्ट्रीयकरण सर्वप्रथम किया-
   (a) वर्ष 1956 में (b) वर्ष 1959 में
   (c) वर्ष 1969 में (d) वर्ष 1971 में
18. भारतीय रुपये की पूर्ण परिवर्तनीयता के प्रश्न का परीक्षण जिस समिति के द्वारा किया गया वह है-
   (a) वाघुल समिति
   (b) रंगराजन समिति
   (c) तारापोर समिति द्वितीय
   (d) हाशिम समिति
19. इरडा (IRDA) नियमन करती है-
   (a) बैंकिंग कंपनियों का
   (b) बीमा कंपनियों का
   (c) फुटकर व्यापार का
   (d) इनमें से किसी का नहीं
20. मौद्रिक नीति का निर्माण भारत में कौन करता है?
   (a) सेबी (b) आरबीआई
   (c) वित्त मंत्रालय (d) योजना आयोग
21. यदि भारतीय रिजर्व बैंक के द्वारा नकद आरक्षण अनुपात (CRR) में कमी की जाती है तो इसका साख सृजन पर प्रभाव होगा-
   (a) वृद्धि (b) कमी
   (c) कोई प्रभाव नहीं (d) कोई अन्य नहीं

22. बैंकों द्वारा लाए गए निम्नलिखित में से किस भुगतान उपाय को प्लास्टिक मुद्रा के नाम से जाना जाता है?
(a) वाहक चेक (b) क्रेडिट कार्ड
(c) डिमाण्ड ड्राफ्ट (d) उपहार चेक

23. भारत की बैंकिंग प्रणाली में उच्चतम बैंक कौन-सा है?
(a) स्टेट बैंक ऑफ इंडिया
(b) रिजर्व बैंक ऑफ इंडिया
(c) सेण्ट्रल बैंक ऑफ इंडिया
(d) इंडस्ट्रियल डेवलपमेंट बैंक ऑफ इंडिया

24. किसी वाणिज्यिक बैंक और गैर-बैंकिंग वित्तीय संस्था (NBFT) के बीच अंतर यह है कि-
(a) बैंक अपने ग्राहकों के साथ सीधा व्यवहार करता है, जबकि NBFT बैंकों और सरकार के साथ आदान-प्रदान करती है।
(b) बैंक अपने ग्राहकों के साथ वित्त संबंधी अनेक क्रियाकलापों में संलग्न रहता है, जबकि NBFT मुख्यतः बड़े उद्यमों की दीर्घकालिक ऋण की पूर्ति करता है।
(c) बैंक राष्ट्रीय तथा अंतर्राष्ट्रीय दोनों ही प्रकार के ग्राहकों से लेन-देन करता है, जबकि NBFT का संबंध मुख्यतः विदेशी कंपनियों के वित्त से होता है।
(d) बैंक का मुख्य कार्य केवल व्यापारिक लेन-देन और बचत/निवेश तक सीमित होता है, जबकि NBFT का मुख्य कार्य मुद्रा के स्थिरीकरण से होता है।

25. मुद्रा संकुचन का कारण होता है-
(a) आयात की तुलना में निर्यात की वृद्धि
(b) निर्यात की तुलना में आयात में वृद्धि
(c) मुद्रा की पूर्ति की तुलना में माल व सेवाओं की पूर्ति में कमी
(d) माल एवं सेवाओं की पूर्ति की तुलना में मुद्रा की पूर्ति की कमी

26. बाजार में मंदी स्थिति संकेत करती है-
(a) माँग में कमी के कारण व्यापार एवं उद्योग में भारी गिरावट
(b) माँग में वृद्धि के कारण व्यापार एवं उद्योग में प्रगति
(c) माँग में स्थिरता के कारण व्यापार एवं उद्योग में कोई परिवर्तन नहीं
(d) उपरोक्त में से कोई भी सत्य नहीं है

27. निम्न में से कौन मुद्रास्फीति से सर्वाधिक लाभ पाता है?
(a) साहूकार
(b) ऋणी
(c) बचत खाता एकाउंट धारक
(d) राजकीय पेंशनर

28. किसी देश द्वारा मुद्रा के अवमूल्यन का तात्पर्य है-
1. आयात व्यापार का विस्तार
2. आयात प्रतिस्थापन को प्रोत्साहन
3. निर्यात व्यापार का विस्तार
(a) केवल 1 (b) 2 एवं 3
(c) 1 एवं 2 (d) 1 एवं 4

29. मुद्रास्फीति को नियंत्रित करने में RBI निम्नलिखित में से किस मुद्रा का सहारा लेती है?
(a) हार्ड मनी (b) चीप मनी
(c) डीयर मनी (d) साफ्ट मनी

30. डीयर मनी का अर्थव्यवस्था पर नकारात्मक प्रभाव पड़ता है-
1. इससे निवेश हतोत्साहित होता है।
2. बेरोजगारी में वृद्धि होता है।
3. मुद्रा का पलायन होता है।
4. अर्थव्यवस्था धीरे-धीरे मंदी की ओर अग्रसर होती है।

कूट :
(a) 1, 2 (b) 1, 2, 3
(c) 2, 3, 4 (d) 1, 2, 3, 4

31. रेंगती या नम्र स्फीति (creeping or moderate inflations)
1. आर्थिक विकास में सहायक होती है।
2. से अर्थव्यवस्था में रोजगार का सृजन होता है।
3. से निवेश प्रोत्साहित होता है।
उपरोक्त में से सत्य है-
(a) केवल 1 (b) 1 एवं 2 दोनों
(c) 2 एवं 3 (d) सभी

32. मुद्रास्फीति का सामाजिक-राजनीतिक प्रभाव होगा-
1. सरकार द्वारा वंचित वर्ग या गरीब वर्ग के लिए कल्याणकारी कार्यक्रमों पर बल दिया जाएगा।
2. नक्सलवाद एवं आतंकवाद जैसी समस्याओं का जन्म होगा।

कूट :
(a) केवल 1 सही (b) केवल 2 सही
(c) 1 एवं 2 सही (d) न तो 1 न 2 सही

33. मुद्रास्फीति की स्थिति में लाभ होगा-
(a) उपभोक्ता वर्ग, उधार लेने वाला, बाण्ड धारक
(b) उत्पादक वर्ग, स्थिर आय वर्ग, उधार देने वाला
(c) व्यापारी वर्ग, कृषक, उत्पादक वर्ग
(d) विनियोजक, पेंशनभोगी वर्ग, बाण्ड धारक

34. गैर निष्पादनकारी सम्पत्तियां (NPA) बैंकों के लिए हानिकारक होती हैं क्योंकि-
1. NPA बढ़ने से बैंक की तरलता में कमी आती है।
2. बाजार में बैंक की साख में कमी आती है।
3. NPA में अत्यधिक वृद्धि से अर्थव्यवस्था मंदी की जाल में फंस सकती है।

कूट :
(a) 1, 2 और 3 (c) 2 और 3
(b) 1 और 3 (d) 1 और 2

35. गैर निष्पादनकारी सम्पत्ति (NPA) को रोकने के लिए कौन-से कदम उठाए जा सकते हैं?
1. ऋण वसूली न्यायाधीकरण का गठन
2. एसेट रिकन्स्ट्रक्सन कंपनी का गठन
3. अत्यधिक NPA वाले बैंकों का नैरो बैंक बन जाना

कूट :
(a) 1 और 2 (c) 1, 2 और 3
(b) 2 और 3 (d) 1 और 2

36. 'जननी सुरक्षा योजना' कार्यक्रम का प्रयास है-
1. संस्थागत प्रसव को प्रोत्साहित करना।
2. प्रसुति की लागत वहन करने हेतु माँ को आर्थिक सहायता उपलब्ध कराना।
3. गर्भावस्था और प्रसूति से हुई वेतन हानि की आपूर्ति करना।

उपरोक्त में से कौन-सा/से कथन सही है/हैं?
(a) 1 और 2 (c) केवल 2
(b) केवल 3 (d) 1, 2 और 3

37. निम्नलिखित पर विचार कीजिए-
1. होटल तथा रेस्तरां
2. मोटर परिवहन उद्योग
3. समाचार पत्र प्रतिष्ठान
4. निजी चिकित्सा संस्थान

उपरोक्त में से किस इकाई/किन इकाइयों के कर्मचारी, 'कर्मचारी राज्य बीमा योजना' के अंतर्गत 'सामाजिक सुरक्षा' कवच प्राप्त कर सकते हैं?
(a) 1, 2 और 3 (c) केवल 4
(b) 1, 3 और 4 (d) 1, 2, 3 और 4

38. राष्ट्रीय ग्रामीण स्वास्थ्य मिशन के सन्दर्भ में, प्रशिक्षित सामुदायिक स्वास्थ्य कार्यकर्त्ता, 'आशा' के कार्य निम्नलिखित में से कौन-से हैं?
1. स्त्रियों को प्रसव पूर्व देखभाल जांच के लिए स्वास्थ्य सुविधा केंद्र साथ ले जाना।
2. गर्भावस्था के प्रारंभिक संसूचन के लिए गर्भावस्था परीक्षण किट प्रयोग करना
3. पोषण एवं प्रतिरक्षण के विषय में सूचना देना।
4. बच्चे का प्रसव कराना।

निम्नलिखित कूटों के आधार पर सही उत्तर चुनिए-
(a) 1, 2 और 3 (b) 2 और 4
(c) 1 और 3 (d) 1, 2, 3 और 4

39. 'राष्ट्रीय ग्रामीण आजीविका मिशन' ग्रामीण क्षेत्रीय निधनों के आजीविका विकल्पों को सुधारने का किस प्रकार प्रयास करता है?
1. ग्रामीण क्षेत्रों में बड़ी संख्या में नए विनिर्माण उद्योग तथा कृषि व्यापार केंद्र स्थापित करके।
2. 'स्वयं सहायता समूहों' को सशक्त बनाकर और कौशल विकास की सुविधाएँ प्रदान करके।
3. कृषिकों को नि:शुल्क बीज, उर्वरक, डीजल पम्प से तथा लघु सिंचाई संयंत्र देकर।

निम्नलिखित कूटों के आधार पर सही उत्तर चुनिए-
(a) 1 और 2 (b) केवल 2
(c) 1 और 3 (d) 1, 2 और 3

40. 'आम आदमी बीमा योजना' के संदर्भ में निम्नलिखित कथनों पर विचार कीजिए-
1. इस योजना के अंतर्गत बीमाकृत व्यक्ति भूमिहीन ग्रामीण कुटुम्ब परिवार का मुखिया अथवा कमाऊ सदस्य होना चाहिए।
2. बीमाकृत व्यक्ति 30 से 46 वर्ष के आयु वर्ग में होना चाहिए।
3. योजना में बीमाकृत व्यक्ति के कक्षा 9 से 12 के बीच पढ़ रहे दो बच्चों तक के लिए नि:शुल्क छात्रवृत्ति का प्रावधान है।

उपर्युक्त में से कौन-सा/से कथन सही है/हैं?
(a) केवल 1 (b) केवल 2 और 3
(c) केवल 1 और 3 (d) 1, 2 और 3

41. भारत सरकार में महिला विकास के लिए 'स्वाधार' और 'स्वयंसिद्ध' नामक दो योजनाओं की शुरुआत की है-
1. 'स्वयंसिद्ध योजना उन महिलाओं के लिए है जो,

कठिन परिस्थितियों में हैं जैसे कि प्राकृतिक आपदा या आतंकवाद से जीवित बची महिलाएँ, जेल से रिहा की गई महिला कैदी, मानसिक रूप से विकलांग महिलाएं आदि, जबकि स्वाधार योजना स्वयं सहायता समूहों के द्वारा महिलाओं के संपूर्ण सशक्तीकरण के लिए स्थापित की गई।

2. 'स्वयंसिद्धा' योजना स्वशासी निकायों अथवा प्रतिष्ठित स्वैच्छिक संगठनों द्वारा कार्यान्वित की जाती है जबकि 'स्वाधार' योजना राज्यों द्वारा स्थापित ICDS इकाइयों द्वारा की जाती है।

उपरोक्त में से कौन-सा/से कथन सही है/हैं?

(a) केवल 1 (b) केवल 2
(c) 1 और 2 दोनों (d) न तो 1 और न ही 2

42. प्रधानमंत्री ग्रामोदय योजना का ध्येय है-
(a) ग्रामीण आवश्यकताओं की पूर्ति, जैसे कि प्राथमिक शिक्षा, स्वास्थ्य रक्षण, पेय जल, आवास ग्रामीण सड़कें
(b) सूक्ष्म उद्यमों द्वारा निर्धनता मुक्ति
(c) ग्रामीण क्षेत्रों में रोजगार सृजन
(d) पंचायत राजव्यवस्था का ग्रामीण क्षेत्रों में सुदृढ़ीकरण

43. 'स्वाधार' योजना है-
(a) अद्वितीय पहचान के लिए
(b) पुरुषों हेतु स्वरोजगार
(c) कठिन परिस्थितियों में महिलाओं के लिए
(d) वरिष्ठ नागरिकों हेतु साझा गृह के लिए

44. 'निर्मल भारत अभियान योजना' किससे संबंधित है?
(a) बिहार के विकास से
(b) गंदी बस्तियों में सामूहिक शौचालयों से
(c) निम्न आय वर्ग के लोगों के लिए गृह निर्माण में
(d) उपरोक्त में से कोई नहीं

45. निम्नलिखित में से कौन-सी योजना ग्रामीण लोगों के गृह निर्माण के लिए बनी है?
(a) इन्दिरा आवास योजना
(b) अंबेडकर आवास योजना
(c) पुरा योजना
(d) इनमें से कोई नहीं

46. निम्नलिखित में से कौन-सा एक असमानता घटाने का उपाय नहीं है?
(a) न्यूनतम आवश्यकता कार्यक्रम
(b) अर्थव्यवस्था का उदारीकरण
(c) करारोपण
(d) भूमि-सुधार

47. सार्वजनिक वितरण प्रणाली (Public Distribution System) का लक्ष्य है-
(a) गरीबों को खाद्य सुरक्षा उपलब्ध कराना
(b) जमाखोरी (Hoarding) एवं कालाबाजारी (Black Marketing रोकना
(c) व्यापारियों द्वारा अधिक मूल्य लिए जाने से रोकना
(d) उपरोक्त सभी

48. निम्न में कौन-सा मानव विकास सूचकांक (Human Development Index) में शामिल नहीं है?
(a) जीवन प्रत्याशा (Life Expectancy)
(b) वास्तविक प्रति व्यक्ति आय
(c) सामाजिक असमानता
(d) प्रौढ़ साक्षरता

49. प्रधानमंत्री ग्रामोदय योजना का अवयव कौन नहीं है?
(a) प्राथमिक शिक्षा (b) प्राथमिक स्वास्थ्य
(c) पोषण (d) ग्रामीण सड़क

50. आई.आर.डी.पी. का मुख्य उद्देश्य है-
(a) निर्यात संवर्धन
(b) कुशल राजकोषीय निर्धनता
(c) बैंकिंग सुधार
(d) ग्रामीण विकास एवं निर्धनता निवारण

51. भारत में नियोजित अर्थव्यवस्था आधारित है-
(a) गाँधीवादी व्यवस्था पर
(b) समाजवादी व्यवस्था पर
(c) पूंजीवादी व्यवस्था पर
(d) मिश्रित अर्थव्यवस्था पर

52. पंचवर्षीय योजनाएं अनुमोदित करने हेतु भारत में अंतिम प्रधिकारी (Final Authority) कौन है?
(a) केंद्रीय मंत्रिपरिषद (b) योजना आयोग
(c) प्रधानमंत्री (d) उपरोक्त में से कोई नहीं

53. भारतीय विकास फोरम (IDF) पहले जाना जाता था-
(a) भारतीय सहायता क्लब
(b) भारत सहायता बैंक
(c) विश्व बैंक
(d) उपरोक्त में से कोई नहीं

54. यह सत्य होगा कि भारत को परिभाषित किया जाए-
(a) एक खाद्य की कमी वाली अर्थव्यवस्था के रूप में
(b) एक श्रम आधिक्यवाली अर्थव्यवस्था के रूप में

(c) एक व्यापार आधिक्य वाली अर्थव्यवस्था के रूप में

(d) एक पूंजी आधिक्य वाली अर्थव्यवस्था के रूप में

55. राष्ट्रीय नियोजन में 'रोलिंग प्लान' की अवधारणा लागू की गई थी–

(a) इन्दिरा गांधी के द्वारा

(b) राष्ट्रीय फ्रंट सरकार के द्वारा

(c) जनता सरकार के द्वारा

(d) राजीव गांधी के द्वारा

56. भारत में आर्थिक आयोजन के दिये गये निम्नलिखित लक्ष्यों में से सत्य लक्ष्यों को बतायें–

1. पूर्ण रोजगार की प्राप्ति
2. आत्मनिर्भरता की प्राप्ति
3. समावेशी विकास
4. सामाजिक न्याय
5. गरीबी निवारण

कूट :

(a) 1, 2 और 5 (b) 1, 2 और 4

(c) 1, 2, 4 और 5 (d) सभी

57. पंचवर्षीय योजनाओं का सामान्य क्रम अब तक तीन बार अवरुद्ध हुआ, निम्नलिखित में से किस विकल्प में सही वर्ष वर्णित है?

(a) 1967-69, 1979-80, 1990-92

(b) 1966-69, 1978-80, 1990-92

(c) 1966-69, 1979-80, 1989-91

(d) 1966-69, 1979-80, 1990-92

58. इण्डिया विजन–2020 के संबंध में निम्नलिखित कथनों में से कौन–सा/से कथन सत्य है/हैं?

1. इण्डिया विजन–2020 जनवरी 2003 को योजना आयोग द्वारा जारी किया गया।
2. इण्डिया विजन 2020 योजना आयोग के सदस्य श्याम प्रसाद गुप्त की अध्यक्षता में विशेषज्ञ समूह द्वारा तैयार किया गया।
3. 'इण्डिया विजन 2020' दस्तावेज में प्राप्त किए जा सकने वालों लक्ष्यों को प्राप्त करने की रणनीति के संबंध में कुछ भी स्पष्ट नहीं किया गया है।

कूट :

(a) 1 और 2 (b) 1 और 3

(c) 2 और 3 (d) 1, 2 और 3

59. सर्वाधिक रोजगार उपलब्ध कराने वाला भारत का सबसे बड़ा उद्यम कौन है?

(a) कोका कोला लि.

(b) भारतीय जीवन बीमा निगम

(c) पावर ग्रिड कॉर्पोरेशन ऑफ इंडिया लि.

(d) भारतीय रेल

60. भारत में पंचवर्षीय योजना के संदर्भ में सत्य है–

1. योजना का अंतिम रूप राष्ट्रीय विकास परिषद के समक्ष अनुमोदन के लिए रखा जाता है।
2. योजना के अंतिम रूप को प्रधानमंत्री संसद में अनुमोदन के लिए प्रस्तुत करता है।

कूट :

(a) केवल 1 (b) केवल 2

(c) 1 और 2 (d) न तो 1 न ही 2

61. भारत में आर्थिक नियोजन के दीर्घकालीन उद्देश्य हैं–

1. पूर्ण रोजगार की प्राप्ति
2. आर्थिक स्वावलंबन
3. समावेशित विकास
4. लोगों के जीवन स्तर में सुधार
5. आवश्यक वस्तु के आयात में वृद्धि

कूट :

(a) 1, 2, 4 एवं 5 (b) 1, 3 एवं 4

(c) 1, 2, 3, 4 एवं 5 (d) 1, 2, 3 एवं 4

62. किस पंचवर्षीय योजना में दामोदर घाटी, हीराकुंड एवं भाखड़ा नांगल बहुउद्देश्यीय नदी परियोजनाएं चालू की गयीं?

(a) प्रथम पंचवर्षीय योजना

(b) द्वितीय पंचवर्षीय योजना

(c) तृतीय पंचवर्षीय योजना

(d) चतुर्थ पंचवर्षीय योजना

63. निम्नलिखित में से कौन–सी संस्था कृषि तथा संबंधित क्षेत्रों को सर्वाधिक साख प्रदान करती है?

(a) सहकारी बैंक

(b) क्षेत्रीय ग्रामीण बैंक

(c) वाणिज्यिक बैंक

(d) संयुक्त रूप से सहकारी तथा क्षेत्रीय ग्रामीण बैंक

64. न्यूनतम समर्थन मूल्य (Minimum support price) का निर्धारक है–

(a) भारतीय कृषि अनुसंधान परिषद

(b) राज्य सरकार

(c) कृषि लागत एवं मूल्य आयोग

(d) उपरोक्त में से कोई नहीं

65. इन्द्रधनुषीय क्रांति का संबंध है-
(a) हरित क्रांति से (b) श्वेत क्रांति से
(c) नीली क्रांति से (d) इन सभी से

66. सहकारी कृषि को प्रोत्साहन के क्या-क्या लाभ हो सकते हैं?
1. कृषि उत्पादन तथा उत्पादकता में वृद्धि
2. कृषि रोजगार में वृद्धि
3. भूमि का अधिकतम उपयोग संभव होगा
4. कृषि के तकनीकीकरण में कमी के फलस्वरूप कृषि रोजगार में वृद्धि
उपरोक्त में से सत्य कथन को चुनिए-
(a) 1, 2 और 3 (b) 1, 2 और 4
(c) 2, 3 और 4 (d) 1, 2, 3 और 4

67. निम्नलिखित कथनों में से असत्य कथन को चुनिए-
(a) सीमांत किसान उन किसानों को कहते हैं जिनके पास 1 हेक्टेयर से कम कृषि योग्य जमीन हो।
(b) मध्यम किसान उन किसानों का कहते हैं जिनके पास 4 हेक्टेयर से लेकर 10 हेक्टेयर तक कृषि योग्य जमीन हो।
(c) लघु किसान उन किसानों को कहते हैं जिनके पास 1 हेक्टेयर से 4 हेक्टेयर कृषि योग्य जमीन हो।
(d) लघु मध्यम किसान वे किसान होते हैं जिनके पास 2 हेक्टेयर से 4 हेक्टेयर कृषि योग्य जमीन हो।

68. प्रत्यक्ष विदेशी निवेश (FDI) तथा संस्थागत विदेशी निवेश (FII) दोनों ही किसी देश में निवेश से सम्बद्ध हैं। निम्नलिखित में से कौन-सा कथन दोनों के बीच की एक महत्वपूर्ण भिन्नता को सबसे अच्छे ढंग से व्यक्त करता है?
(a) FII बेहतर प्रबंधन कुशलताएँ तथा प्रौद्योगिकी अंतरण को लाने में सहायक है, जबकि FDI केवल पूंजी लेकर आता है।
(b) FII व्यापक स्तर पर पूंजी उपलब्धता बढ़ाने में सहायक है, जबकि FDI का लक्ष्य केवल विशिष्ट क्षेत्रों तक सीमित होता है।
(c) FDI केवल द्वितीयक बाजार में चलित होता है, जबकि FII का लक्ष्य प्राथमिक बाजार होता है।
(d) FDI की तुलना में FII अधिक स्थायी माना जाता है।

69. श्रम गहन उद्योग (Labour intensive industry) वह है, जहां-
(a) कठिन मानव श्रम की आवश्यकता होती है।
(b) श्रमिकों को प्रयाप्त मजदूरी दी जाती है।
(c) अधिक श्रमिकों को रखा जाता है।
(d) श्रमिकों को सुविधाएं उपलब्ध होती हैं।

70. रोजगार में कोर सेक्टर का तात्पर्य है-
(a) कृषि (b) चयनित आधारभूत उद्योग
(c) रक्षा (d) लोहा एवं इस्पात उद्योग

71. नवरत्न स्टेटस संबंधित है-
(a) संयुक्त उद्यम कंपनी से
(b) निजी कंपनी से
(c) सार्वजनिक कंपनी से
(d) पॉवर सेक्टर कंपनी से

72. कौन-सा आर्थिक अधिसंरचना में नहीं आता है?
(a) सड़कें (b) रेलवे
(c) शिक्षा एवं स्वास्थ्य (d) ऊर्जा

73. सामाजिक अधिसंरचना में किसे शामिल नहीं किया गया है?
(a) शिक्षा
(b) स्वास्थ्य
(c) तार-संचार (दूरसंचार)
(d) आवास

74. भारत में 'कोर उद्योग' क्या है?
(a) विद्युत (b) कोयला
(c) पेट्रोलियम पदार्थ (d) ये सभी

75. भारतीय लघु उद्योग विकास बैंक, सिडबी (SIDBI) के बारे में सत्य है-
1. यह लघु उद्योग क्षेत्र में उद्योगों के प्रवर्तन, वित्तीय सुविधा पहुंचाने तथा विकास करने की प्रमुख वित्तीय संस्था के रूप में कार्य करती है।
2. यह उन सभी संस्थाओं के कार्यों में समन्वय स्थापित करने का भी कार्य करती है जो लघु उद्योगों के प्रवर्तन में जुटे हैं।
(a) केवल 1 सही (b) केवल 2
(c) 1 और 2 दोनों (d) न तो 1 न ही 2

76. किस औद्योगिक नीति में लघु, कुटीर एवं ग्रामीण उद्योगों के विस्तार पर सर्वाधिक बल दिया गया था?
(a) औद्योगिक नीति, 1948
(b) औद्योगिक नीति, 1977
(c) औद्योगिक नीति, 1980
(d) औद्योगिक नीति, 1991

77. राष्ट्रीय लघु उद्योग निगम के बारे में सत्य है-
   1. राष्ट्रीय लघु उद्योग निगम एक केंद्रीय एजेंसी है।
   2. इस एजेंसी का किराया क्रय पद्धति पर छोटे उद्योगों को मशीनरी उपलब्ध कराने में मुख्य योगदान है।
   (a) केवल 1 (b) केवल 2
   (c) 1 एवं 2 दोनों (d) न तो 1 न ही 2
78. कम्पनियों के संदर्भ में अधिकृत पूंजी क्या है?
   (a) कंपनी द्वारा अन्य कंपनियों के अधिग्रहण के फलस्वरूप प्राप्त पूंजी।
   (b) कंपनी द्वारा जारी अंशों का वह न्यूनतम मूल्य जिसे कंपनी को जारी करना आवश्यक होता है।
   (c) कंपनी द्वारा जारी किए जा सकने वाले अंशों का वह अधिकतम मूल्य जिसे कंपनी जारी कर सकती है।
   (d) उपरोक्त में से कोई नहीं।
79. निम्नलिखित कथनों पर विचार करें-
   1. आई.डी.बी.आई., आई.एफ.सी.आई., आई.सी.आई. सी.आई. तथा आई.आर.सी.आई. बड़े उद्योगों को ऋण देता है।
   2. एस.आई.डी.बी.आई. (SIDBI) लघु उद्योगों के लिए ऋण उपलब्ध कराता है।
   3. आई.एफ.सी.आई. उद्योगों को अल्पकालीन ऋण की व्यवस्था करता है जबकि एस.एफ.सी. दीर्घकालीन ऋण को व्यवस्था करता है।
   उपरोक्त कथनों में से असत्य कथन को चुनिए-
   (a) केवल 1 (b) केवल 2
   (c) केवल 3 (d) 1 और 3
80. निम्नलिखित कथनों पर विचार कीजिए-
   1. शिशु मृत्युदर जन्म से एक महीने के अंदर होने वाली शिशु मृत्यु का आकलन करती है।
   2. शिशु मृत्युदर किसी वर्ष में प्रति 100 जीवित जन्मों पर उसी वर्ष में मृत शिशुओं की संख्या है।
   उपरोक्त कथनों में से कौन-सा/से सत्य है/हैं?
   (a) केवल 1 (b) केवल 2
   (c) 1 तथा 2 दोनों (d) न तो 1 और न ही 2
81. जनसंख्या के पिरामिड में कौन-सा समूह आश्रित आबादी के रूप में जाना जाता है?
   (a) 15-60 वर्ष आयु समूह
   (b) 60 वर्ष से ऊपर आयु समूह
   (c) 50 वर्ष से ऊपर आयु समूह
   (d) 0-14 वर्ष आयु समूह
82. निम्नलिखित में कौन-सा मानदंड भारत में किसी अधिवास को नगरीय केंद्र परिभाषित करने के लिए स्वीकार नहीं किया गया है?
   (a) भौतिक विस्तार (Physical layout)
   (b) जनसंख्या आकार (Population size)
   (c) जनसंख्या घनत्व (Density of population)
   (d) व्यावसायिक संरचना (Occupational structure)
83. जनसंख्या में संपूर्ण प्रजनन दर (Total Fertility Rate) की अवधारणा का अर्थ है-
   (a) किसी महिला के जीवनकाल में जन्म लेने वाले बच्चों की औसत संख्या
   (b) किसी वयस्क पुरुष के जीवन काल में जन्म लेने वाले बच्चों की औसत संख्या
   (c) किसी परिवार में जन्म लेने वाले बच्चों की औसत संख्या
   (d) जनसंख्या में वृद्धि की औसत दर
84. जनसंख्या विस्फोट के निम्न में से कौन उपर्युक्त कारण है?
   1. उच्च जन्म दर 2. उच्च मृत्यु दर
   3. निम्न जन्म दर 4. निम्न मृत्यु दर
   (a) केवल 1 (b) 2 और 4
   (c) 1 और 4 (d) 2 और 3
85. लिंगिक अनुपात के संदर्भ में निम्नलिखित कथनों में से सत्य कथन को चुनिए-
   1. लगातार घटना हुआ लिंगानुपात नीति निर्धारकों के सामने गंभीर समस्या के रूप में रहा है।
   2. 2011 जनगणना में लिंगानुपात की स्थिति में बढ़ोत्तरी देखी गयी है।
   3. जम्मू एवं कश्मीर, बिहार तथा गुजरात में लिंगानुपात (2011 की जनगणना के अनुसार) में कमी आयी है।
   कूट:
   (a) 1 और 2 (b) 2 और 3
   (c) 1 और 3 (d) 1, 2 और 3
86. भारत में राष्ट्रीय आय के प्राकलन तैयार किए जाते हैं-
   (a) भारत विकास परिषद द्वारा
   (b) भारतीय उत्पादकता परिषद द्वारा
   (c) भारतीय आय समिति द्वारा
   (d) केंद्रीय सांख्यिकीय संगठन द्वारा

87. यू.पी.ए. सरकार के भारत निर्माण कार्यक्रम में सम्मिलित नहीं है–
(a) ग्रामीण जलपूर्ति योजना
(b) सिंचाई लाभ कार्यक्रम
(c) ग्रामीण विद्युतीकरण
(d) सर्व शिक्षा अभियान

88. किसी देश की प्रति व्यक्ति आय प्राप्त की जाती है–
(a) जनसंख्या से
(b) राष्ट्रीय आय से
(c) राष्ट्रीय आय एवं जनसंख्या दोनों से
(d) उपरोक्त में से कोई नहीं

89. भारत सरकार के बजट के कुल घाटे में, किस घाटे का सबसे अधिक योगदान है?
(a) राजस्व घाटा (Revenue deficit)
(b) आय-व्यय घाटा (Budgetary deficit)
(c) राजकोषीय घाटा (Fiscal deficit)
(d) प्राथमिक घाटा (Primary deficit)

90. भारतीय अर्थव्यवस्था का कौन-सा क्षेत्र सकल राष्ट्रीय उत्पाद में सबसे अधिक योगदान करता है?
(a) प्राथमिक क्षेत्र (Primary sector)
(b) द्वितीयक क्षेत्र (Secondary sector)
(c) तृतीयक क्षेत्र (Tertiary sector)
(d) सार्वजनिक क्षेत्र (Public sector)

91. राष्ट्रीय आय–
(a) बाजार मूल्य पर निवल राष्ट्रीय उत्पाद है
(b) उत्पादन लागत पर निवल राष्ट्रीय उत्पाद है
(c) बाजार मूल्य पर निवल राष्ट्रीय उत्पाद है
(d) उत्पादन लागत पर निवल देशीय उत्पाद है

92. राष्ट्रीय आय की गणना करते समय निम्न क्षेत्रों में से किस क्षेत्र की आय गणना आय विधि (Income Method) से की जाती है?
(a) बैंकिंग और बीमा
(b) कृषि और सम्बद्ध गतिविधियां
(c) मत्स्यन
(d) वानिकी

93. किसी विदेशी दूतावास द्वारा भारत में की गई खरीददारी निम्न में से किसके अंतर्गत शामिल की जाएगी?
(a) विदेश से शुद्ध साधन आय
(b) स्थानांतरण भुगतान
(c) भारत से उस देश को निर्यात
(d) घरेलू उपभोग व्यय

94. 'मोडवेट' संबंधित है–
(a) उत्पाद कर से (b) मूल्यवर्द्धित कर से
(c) धन कर से (d) आयकर से

95. यदि प्राथमिक घाटे में ब्याज भुगतान को सम्मिलित कर लिया जाए, तो यह बराबर होता है–
(a) बजट घाटे के
(b) राजकोषीय घाटे के
(c) घाटे के वित्त व्यवस्था से
(d) आगम घाटे से

96. निम्नलिखित में से कौन-सा कर भारत सरकार द्वारा नहीं लगाया जाता है?
(a) सेवा कर (b) शिक्षा कर
(c) सीमा कर (d) टोल टैक्स

97. आयकर विभाग द्वारा जारी PAN कार्ड निम्न में से किस उद्देश्य के लिए प्रयोग नहीं किया जा सकता है?
(a) पते का प्रमाण
(b) पहचान का प्रमाण
(c) पंजीकृत कर दाता का प्रमाण
(d) जन्मतिथि का प्रमाण

98. आयात एवं निर्यात पर लगाए जाने वाले कर को किस नाम से जाना जाता है?
(a) आय कर (b) व्यापार कर
(c) सीमा कर (d) उपरोक्त में से कोई नहीं

99. वित्त आयोग राष्ट्रपति को संस्तुति भेजने में मुख्य रूप से संबंधित है–
(a) राज्यों को दिए जाने वाले अनुदान के सिद्धांत से
(b) राज्यों एवं केंद्र के बीच करों के बंटवार से
(c) न तो 'a' न ही 'b' से
(d) 'a' तथा 'b' दोनों से

100. भारत सरकार की राजकोषीय नीति (Fiscal Policy) का निम्न में से कौन एक उद्देश्य नहीं है?
(a) पूर्ण रोजगार (Full employment)
(b) मूल्य स्थिरता (Price stability)
(c) अन्तर्राज्यीय व्यापार का नियमन
(d) धन तथा आय का न्यायोचित वितरण

उत्तरमाला

1. (b) रिजर्व बैंक बैंकों के बैंक तथा बैंकों के अन्तिम ऋणदाता की भूमिका निभाता है। प्रत्येक अनुसूचित बैंक को अपने NDTL का एक निश्चित हिस्सा (वर्तमान में 4%) नकद रूप में रिजर्व बैंक के पास रखाना होता है जिसे CRR कहते हैं। रिजर्व बैंक CRR को 15% तक बढ़ा सकता है। साथ ही बैंकों को बैंक दर व रेपो दर पर RBI से ऋण मांगने का अधिकार भी है। RBI वाणिज्यिक बैंकों को साख नियंत्रण हेतु परामर्श भी देता है परंतु परामर्श देना बैंकों के बैंक होने का उपयुक्त आधार नहीं है।

2. (c) मुद्रा आपूर्ति से अभिप्राय अर्थव्यवस्था में गतिमान मुद्रा की मात्रा तथा मुद्रा आपूर्ति में वृद्धि का अर्थ है विद्यमान मुद्रा की मात्रा में वृद्धि। केन्द्रीय बैंक द्वारा सरकारी प्रतिभूतियों का क्रय एवं सरकार द्वारा लिया गया ऋण से चलन में विद्यमान मुद्रा की मात्रा में वृद्धि होता है लोगों द्वारा वाणिज्यिक बैंकों में करेन्सी जमा करने से तथा केन्द्रीय बैंक द्वारा सरकारी प्रतिभूतियों की बिक्री से चलन में विद्यमान मात्रा की कमी आती है।

3. (c) वायदा बाजार के अंतर्गत दो पक्षों के बीच विनियमन की शर्त निर्धारण या चालू कीमत को ही कायम रखने के लिए समझौता होता है जो भविष्य की किसी निश्चित तिथि पर क्रियान्वित होगा। यह एक वैधानिक समझौता होता है और इस प्रकार हुए प्रसंविदा की जीवन अवधि में परिवर्तन नहीं किया जा सकता। वायदा बाजार का नियमन फारवर्ड मार्केट्स कमीशन द्वारा होता है। भारत में जिंस फ्यूचर व्यापार (कमोडिटी- फ्यूचर्स व्यापार) वायदा बाजार आयोग द्वारा विनियमित होता है। वित्तीय बाजार SEBI द्वारा नियंत्रित होता है।

4. (c) भारत में बैंकिंग लोकपाल संस्था द्वारा पारित आदेश अंतिम और संबंधित पक्षों के लिए बाध्यकारी नहीं होता। यदि इससे संबंधित कोई भी पक्ष बैंकिंग लोकपाल संस्था द्वारा पारित आदेश से संतुष्ट नहीं होता तो वह इस निर्णय को अस्वीकार कर सकता है एवं वह अपीलीय न्यायाधिकरण में दुबारा अपील कर सकता है।

5. (c) SDR - विशेष आहरण अधिकार (Special Drawing Right) IMF द्वारा सृजित एक मुद्रा है जो सदस्य देशों के बीच बिना किसी भौतिक स्थानांतरण के परस्पर भुगतान के लिए स्वीकार की जाती है। इस सामान्य स्वीकृति के कारण ही यह कागजी पत्र मुद्रा का कार्य करता है तथा इसलिए इसे पेपर गोल्ड के नाम से सम्बोधित किया जाता है। इसका प्रयोग केंद्रीय बैंकों द्वारा भुगतान संतुलन संबंधी घाटा तथा अधिकता को समायोजित करने के लिए किया जाता है, निजी व्यापारिक व्यवहारों के लिए नहीं SDR एक वित्तीय संस्था है।

6. (b) NBFC एक संस्था या कंपनी है जिसका प्रमुख व्यवसाय किसी भी योजना के तहत जमा स्वीकार करना तथा उसे किसी रूप तथा तरीके से उधार देना है। वे सभी निवेश कंपनियां जो कंपनी एक्ट में पंजीकृत हों, वे सभी NBFC में सम्मिलित हो जाएंगे। NBFCs, RBI के नियंत्रण में आते हैं कंपनीज अधिनियम के तहत रिजर्व बैंक निम्नांकित क्रियाओं में लगी कपंनियों को NBFC की श्रेणी में रखता है- (1) इक्विपमेंट लीजिंग कंपनी (2) हायर परचेज फाइनेंस कंपनी (3) हाउसिंग फाइनेंस कंपनी (4) इन्वेस्टमेंट कंपनी जो प्रतिभूति के क्रय-विक्रय का कारोबार कर रही है। RBI के अनुसार 'ऐसी NBFCs जिन्हें गैर-सार्वजनिक जमा कंपनी के रूप में पंजीकरण किया गया है, उन्हें जमा स्वीकार इकाई के रूप में पंजीकरण के लिए 2 करोड़ रुपए की न्यूनतम पूंजी रखना अनिवार्य होगी। अन्य बैंकों के संबंध में यह सीमा 300 करोड़ रुपया है।

7. (a) बाजार में भाग लेने वाले ऐसे लोग जैसे-ब्रोकर जो यह उम्मीद करते हैं कि भविष्य में बाजार मूल्य ऊपर उठेगा इस प्रकार पूंजी लाभ की संभावना बढ़ेगी उन्हें बुल या तेजड़िया कहते हैं पर ऐसे भागीदार जो यह उम्मीद करते हैं कि बाजार कीमत गिरेगी तथा पूंजी हानि होगी ऐसे भागीदार को बीयर या मंदडिया कहते हैं।

8. (a) अनुसूचित बैंकों के लिए यह अनिवार्य है कि वे अपनी जमा राशि के कम-से-कम 3% के बराबर रकम रिजर्व बैंक के पास नकद रूप में जमा रखें।

रिजर्व बैंक इस अनुपात को 3% से बढ़ाकर 15% तक कर सकता है। CRR की दर जितनी ही ऊंची होगी बैंकों के पास उतना ही कम नकद शेष उधार देने तथा साख सृजन के लिए होगा।

9. (b) सहभागिता नोट विदेशी संस्थागत निवेशकों (FII) द्वारा उन निवेशकों को निर्गत किए जाते हैं जो भारतीय स्टॉक मार्केट में निवेश करना चाहते हैं। पर अपना पंजीयन SEBI के साथ नहीं कराना चाहते। ऐसे FII जो, SEBI में पंजीकृत हैं पी नोट निर्गत कर सकते हैं। पी नोट के माध्यम से निवेश करने वाले निवेशकों का कोई विवरण SEBI को नहीं दिया जाता है FII पी नोट किसी भारतीय राष्ट्रीय तथा भारतीय मूल निवासी को निर्गत नहीं कर सकता।

10. (c) बॉम्बे स्टॉक एक्सचेंज के सूचकांक हैं- डालेक्स, सेंसेक्स, निफ्टी, बैंकक्स, एस एंड पी. सी. एन. एक्स। डो जोन्स- न्यूयार्क, निक्की-टोकियो, तेन-चीन, कोस्पी-कोरिया, सिमेक्स, स्ट्रेटस टाइम्स, सिंगापुर।

11. (d) पूंजी बाजार, रियल एस्टेट व जिंस इन सभी को आरबीआई ने संवेदनशील क्षेत्र में शामिल किया है।

12. (d) एक रुपये के नोट वित्त मंत्रालय द्वारा तथा सभी सिक्के भारत सरकार द्वारा निर्गमित किए जाते हैं।

13. (c) बेरोजगारी बढ़ने से जहां एक ओर उत्पादन हतोत्साहित होता है वहीं दूसरी ओर व्यक्ति की क्रयशक्ति में कमी आती है परिणामस्वरूप मुद्रास्फीति की दर में वृद्धि होती है मुद्रास्फीति की दर में वृद्धि से गरीबी में वृद्धि होती है।

14. (d) नेशनल स्टॉक एक्सचेंज ऑफ इंडिया के प्रमुख प्रवर्तक हैं-(a) LIC (b) GIC (c) IDBI (d) SBI (e) BOB (f) नेशनल इंश्योरेन्स कंपनी (g) केनरा बैंक

15. (c) मूल्यतर में परिवर्तन की दर ही मुद्रास्फीति की दर प्रदर्शित करती है। अर्थव्यवस्था में स्फीति हेतु दर के मापन की सामान्यतया दो तरीके प्रयोग में लाये जाते हैं- (क) मूल्य सूचकांक (PI) (ख) GNP या GDP अवस्फीतिक (Deftator) में परिवर्तन। थोक मूल्य सूचकांक (WPI) भारत में मुद्रास्फीति (Inflation) के प्राकलन का सबसे प्रचलित माप है।

16. (a) सेबी (Security and Exchange Board of India) की स्थापना 12 अप्रैल 1988 को हुई। इसका प्रमुख उद्देश्य भारतीय स्टाक निवेशकों को उत्तम संरक्षण प्रदान करना है। सेबी को एक गैर-वैधानिक संगठन के रूप में स्थापित किया गया जिसे सेबी एक्ट 1992 के अंतर्गत वैधानिक दर्जा प्रदान किया गया। जनवरी 25, 1995 को सरकार द्वारा पारित एक अध्यादेश के द्वारा पूंजी के निर्गमन, प्रतिभूतियों के हस्तांतरण तथा अन्य संबंधित मामले के संबंध में सेबी को नियंत्रक शक्ति प्रदान कर दिया गया है। वर्तमान कानूनों तथा नियंत्रणों में परिवर्तन के संबंध में सेबी अब एक स्वायत्त संस्था है और अब उसे सरकार से अनुमति लेने की आवश्यकता नहीं।

17. (c) 19 जुलाई 1969 को तत्कालीन कार्यवाहक राष्ट्रपति बी. गिरि द्वारा जारी अध्यादेश द्वारा 14 व्यापारिक बैंकों का राष्ट्रीयकरण कर दिया गया। इस राष्ट्रीयकरण में आरबीआई भागीदार नहीं था, जबकि 1980 को आरबीआई के पहल से 6 और बैंकों का राष्ट्रीयकरण कर लिया गया। वर्तमान में राष्ट्रीयकृत बैंकों की संख्या 20 है।

18. (c) तारापोर समिति का गठन रुपए को पूंजी खाते पर परिवर्तनीय बनाने के लिए रिपोर्ट तैयार करने के लिए किया गया। इसकी मुख्य सिफारिशों में राजकोषीय घाटे को 4.5% से घटाकर 3.5% लाने, मुद्रास्फीति के नियंत्रण में आरबीआई को व्यापक स्वतंत्रता, सार्वजनिक ऋण के प्रबंध का कार्य रिजर्व बैंक से अलग करना, सार्वजनिक ऋण को चुकाने के लिए सिंकिंग फंड की स्थापना इत्यादि शामिल थे।

पूंजी खाता की परिवर्तनीयता से तात्पर्य पूंजी खाते पर होने वाले सभी व्यवहारों को पूरा करने के लिए रुपए को किसी भी अंतर्राष्ट्रीय स्वीकृत मुद्रा में परिवर्तन करने की स्वतंत्रता से है। RBI द्वारा मार्च 2006 में गठित तारापोर समिति II ने अपनी सिफारिशों में पूंजी खाता में पूर्ण परिवर्तनीयता को तीन चरणों में लागू करने की सिफारिश की साथ ही पार्टीसिपेटरी नोट (P.N) को समाप्त करना, विदेशी नागरिकों द्वारा भारतीय स्टॉक मार्केट में पोर्टफोलियो मैनेजर्स एवं म्यूचुअल फंड के जरिये निवेश, भारतीय नागरिक विश्व के किसी भी बैंक

में खाता खोल सकते हैं तथा उन बैंकों में विदेशी मुद्रा रख सकते हैं, अप्रवासी भारतीयों को कंपनी में निवेश की सीमा 10% से बढ़ाकर 20% कर दी जाय, बैंक में सरकारी हिस्सेदारी 51% से घटाकर 33% कर दी जाय अन्य मुख्य सिफारिशें थी।

19. (b) बीमा नियामक एवं विकास प्राधिकरण (Insurance Regulatory and Development Authority-IRDA) का गठन अप्रैल 2000 में बीमा क्षेत्र में निजी कंपनियों के प्रवेश का मार्ग प्रशस्त करते हुए पॉलिसीधारकों के हितों की रक्षा, बीमा उद्योग का विनियमन और समुचित विकास को प्रोत्साहित एवं सुनिश्चित करने के उद्देश्य से किया गया।

20. (b) भारत में मौद्रिक नीति का निर्माण आरबीआई द्वारा किया जाता है मौद्रिक नीति का उद्देश्य अर्थव्यवस्था में विनिमय स्थिरता, कीमत में स्थिरता एवं आर्थिक स्थिरता है। आरबीआई एक वर्ष में 6 बार मौद्रिक नीति घोषित करता है।

21. (a) रिजर्व बैंक अनुसूचित बैंकों को उनके संपूर्ण जमा देयता का 3 से 15 प्रतिशत तक नकद रिजर्व बैंक के पास रखने के लिए बाध्य कर सकता है CRR की दर जितनी ही ऊंची होगी बैंकों के पास उतना ही कम नकद शेष उधार देने तथा साख सृजन के लिए होगा। अर्थात् यदि भारतीय रिजर्व बैंक के द्वारा CRR (कैश रिजर्व रेशियों) में कमी की जाती है तो बैंकों के पास उतना ही साख सृजन की क्षमता में वृद्धि होगी। आर.बी.आई. बिल 2006 की व्यवस्था के अनुसार CRR (नकद कोष अनुपात) की ऊपरी तथा निचली सीमा समाप्त कर दी गयी है।

22. (b) क्रेडिट कार्ड उधार लेने का एक तरीका है। क्रेडिट कार्ड योजना के तहत बैंक अपने ग्राहकों को क्रेडिट कार्ड जारी करता है जिसके आधार पर ग्राहक व्यापक स्तर पर वस्तुओं तथा सेवाओं का क्रय करता है इसके द्वारा किया जाने वाला व्यय कार्ड धारक के खाते में जमा द्वारा सीमित या निर्धारित नहीं होगा बल्कि बैंक द्वारा उसको निर्धारित साख सीमा के द्वारा होगा। इस योजना के तहत विक्रेता व्यापारी से स्लिप प्राप्त करने पर बैंक उसको भुगतान की व्यवस्था करता है तथा बिलिंग अवधि के अंत में क्रेडिट कार्डधारक द्वारा किए गए क्रयों की स्लिप के आधार पर बैंक द्वारा उसे बिल दे दिया जाता है तथा उसके खाते को डेबिट कर दिया जाता है। क्रेडिट कार्ड खाते को डेबिट कर दिया जाता है क्रेडिट कार्डधारक निश्चित ब्याज तथा बैंक चार्जेज के साथ बैंक को भुगतान कर देता है। क्रेडिट कार्ड नकद मुद्रा (Currency) की प्रभावी स्थानापन्न है यह तरल मुद्रा के रूप में प्रयोग में आता है।

23. (b) भारतीय रिजर्व बैंक भारत का केंद्रीय बैंक है साथ ही साथ यह बैंकों के बैंक का भी कार्य करता है इसका प्रमुख कार्य करेन्सी नोटों का निर्गमन, सरकारी बैंकर के रूप में कार्य, विदेशी विनिमय को नियंत्रित करना, साख नियंत्रण, बैंक दर निध रित करना है।

24. (b) वाणिज्यिक बैंक ऐसी वित्तीय संस्था है जो मुद्रा तथा साख में व्यापार करती है। ये संस्था लोगों से मुद्रा जमा के रूप में स्वीकार करती है जबकि आवश्यकता पड़ने पर अपने ग्राहकों को उधार भी देती है। गैर–बैंकिंग वित्तीय संस्थायें (Non-Banking Financial Companies-NBFCs) वे सभी निवेश जो कंपनी एक्ट में पंजीकृत हों, इन कंपनियों में इक्विपमेंट लीजिंग कंपनी, हाउसिंग फाइनेन्स कंपनी, प्रतिभूतियों के क्रय विक्रय का व्यापार करने वाली कंपनी, हायर–परचेज फाइनेंस कंपनी, लोन कंपनी आदि शामिल हैं। रिजर्व बैंक के अनुसार ऐसी NBFCs जिन्हें गैर–सार्वजनिक जमा कंपनी के रूप में पंजीकृत किया गया है, उन्हें जमा स्वीकार इकाई के रूप में पंजीकरण के लिए 2 करोड़ की न्यूनतम पूंजी रखना अनिवार्य होगा जबकि अन्य बैंकों के संबंध में यह सीमा 300 करोड़ रुपया है।

25. (a)	26. (a)	27. (b)
28. (b)	29. (c)	30. (d)
31. (d)	32. (c)	33. (c)
34. (a)	35. (b)	

36. (a) यह एक 100% केंद्र प्रायोजित स्कीम है। इस योजना की शुरुआत राष्ट्रीय ग्रामीण स्वास्थ्य मिशन के अंतर्गत की गई। इस स्कीम को ऐसे राज्यों एवं क्षेत्रों में आरंभ किया गया जहां संस्थागत प्रसव की मांग परिवारों द्वारा कराया जाये जिससे मातृ मृत्युदर को कम किया जा सके। इसके

अंतर्गत प्रसव और प्रसव के बाद चिकित्सकीय सुविधाओं, देखभाल आदि के लिए आर्थिक मदद भी दी जाती है।

37. (d) वर्तमान में संगठित क्षेत्र के सभी प्रतिष्ठान चाहे वह सार्वजनिक हों अथवा निजी राज्य कर्मचारी बीमा निगम के दायरे में आते हैं। अतः होटल तथा रेस्तरां, मोटर परिवहन उद्योग, समाचार पत्र प्रतिष्ठान, निजी चिकित्सा संस्थान आदि भी इसके दायरे में आते हैं।

38. (a) आशा का कार्य प्रसव कराना नहीं बल्कि स्त्रियों के प्रसव पूर्व देखभाल प्रसव पूर्व जांच के लिए स्वास्थ्य सुविधा केंद्र ले जाना, गर्भावस्था के प्रारंभिक संसूचन के लिए गर्भावस्था परीक्षण किट प्रयोग करना तथा पोषण एवं प्रतिरक्षण के संबंध में सूचना देना है। लगभग 1000 ग्रामीण जनसंख्या पर 1 आशा कार्य करती है।

39. (b) स्वर्ण जयंती ग्रामीण स्वरोजगार योजना की अब राष्ट्रीय ग्रामीण आजीविका मिशन के रूप में पूनर्संरचना की गई है। इसका उद्देश्य गरीब परिवारों को लाभदायक स्वरोजगार तथा कौशल मजदूरी वाले रोजगार के अवसर उपलब्ध कराने में सक्षम बनाकर गरीबी को घटाना है। इसके अंतर्गत ग्रामीण क्षेत्रों में स्वयं सहायता समूह को मजबूत बनाना और कौशल विकास के लिए सुविधाएँ उत्पन्न करने पर बल दिया जाता है।

40. (c) यह योजना 2007 को लागू की गयी। इस योजना के तहत देश के ग्रामीण भूमिहीन परिवार के मुखिया या आय अर्जित करने वाले किसी एक सदस्य को स्वाभाविक मौत एवं दुर्घटना से हुई मौत और आंशिक या स्थायी रूप से विकलांगता के लिए बीमा सुरक्षा प्रदान की जायेगी। इसके संबंध में 200 रुपया प्रतिव्यक्ति प्रतिवर्ष प्रीमियम देय होगा। प्रीमियम का 50% केंद्र सरकार वहन करेगी तथा शेष बीमित व्यक्ति द्वारा वहन किया जायेगा। इस योजना के अंतर्गत 18–59 वर्ष के आयु वर्ग के व्यक्तियों को आच्छादित किया गया है इस योजना के तहत बीमाकृत व्यक्तियों के कक्षा 9 से 12 के बीच अध्ययनरत बच्चों के लिए 100 रुपए प्रतिमाह छात्रवृत्ति प्रदान करने की व्यवस्था की गई है।

41. (d) स्वयंसिद्धा योजना स्वयं सहायता समूहों के द्वारा महिलाओं के संपूर्ण सशक्तीकरण के लिए स्थापित की गई है इसका मुख्य उद्देश्य सेवा प्रदान करने, सूक्ष्म वित्तीयन की उपलब्धता तथा सूक्ष्म उद्यमों को प्रोत्साहित करना है।

स्वाधार– यह स्कीम 2001–02 में शुरू की गयी। यह एक केंद्र प्रायोजित स्कीम है जो महिलाओं को कठोर परिस्थितियों में जैसे परिवार से विरक्त विध वाओं, जेल से छूटी ऐसी महिलाओं जिनका कोई ठिकाना नहीं हो, प्राकृतिक विपदाओं से बेघर तथा बिना किसी प्रकार की सहायता प्राप्त महिलाओं या वेश्यावृत्ति से भागी हुयी या निकाली गयी महिलाओं आदि को सहायता पहुँचाती है।

42. (a) इस योजना का प्रमुख उद्देश्य ग्रामीण लोगों की आवश्यक आवश्यकताओं को निर्धारित समायावधि में पूरा करना। उस योजना के अंतर्गत स्वास्थ्य, शिक्षा, पेयजल, आवास, सड़कें तथा ग्रामीण विद्युतीकरण इसके घटक हैं। पहले से चली आ रही आधारभूत न्यूनतम सेवा स्कीम इस नयी योजना में मिला दी गयी।

43. (c) यह स्कीम 2001–02 में शुरू की गयी। यह एक केंद्र प्रायोजित स्कीम है जो महिलाओं को कठोर परिस्थितियों में जैसे परिवार से त्यागी हुई विधवाओं, जेल से छूटी ऐसी महिलाएं जिनका कोई आश्रय नहीं हो, प्राकृतिक विपदाओं से बेघर तथा बिना किसी प्रकार की सहायता प्राप्त महिलाओं या वेश्यावृत्ति से भागी हुयी या निकाली गयी महिलाओं आदि को सहायता पहुंचाती है।

44. (b) निर्मल भारत अभियान के अंतर्गत सामुदायिक शौचालयों के माध्यम से एक स्वस्थ और समर्थकारी वातावरण मुहैया कराती है। इसमें केंद्रीय सरकार 50% सब्सिडी देती है। और 50% की व्यवस्था राज्य सरकार द्वारा की जाती है। निर्मल भारत अभियान वाल्मीकि अम्बेडकर मलिन बस्ती आवास योजना का एक घटक है।

45. (a) एक यह केंद्र प्रायोजित योजना जिसका वित्तपोषण केंद्र एवं राज्यों के बीच 75:25 के अनुपात में किया जाता है। 1999–2000 में प्रारंभ की गई इंदिरा आवास योजना गांवों में गरीबी के लिए मुफ्त में मकानों के निर्माण की प्रमुख योजना है। इस योजना

के अंतर्गत मैदानी क्षेत्रों में 45000 रुपए तथा दुर्गम क्षेत्रों में 48500 रुपए गृह निर्माण के लिए प्रदान किए जाते हैं।

46. (b) अर्थव्यवस्था के उदारीकरण से विदेशी मुद्रा की प्राप्ति होती है तथा राष्ट्रीय लाभ में वृद्धि होती है किंतु असमानता घटाने के लिए सरकार को कई प्रमुख योजनाओं का क्रियान्वयन करना होता है। जैसे- (1) रोजगार सृजन से संबंधित योजनाएं (2) न्यूनतम आवश्यकता कार्यक्रम (3) आर्थिक तथा सामाजिक सुरक्षा (4) करारोपण (5) स्वास्थ्य, शिक्षा आदि से संबंधित योजनाएं (6) भौतिक अवस्थापना विकास से संबंधित योजनाएँ (7) भूमि सुधार आदि।

47. (a) सार्वजनिक वितरण प्रणाली की स्थापना कुछ आवश्यक वस्तुओं को उचित कीमती पर देश के गरीब व दूरदराज के लोगों की आवश्यकता को ध्यान में रखकर की गई थी वर्तमान में देश की संपूर्ण जनसंख्या को इसका लाभ पहुंचाया जा रहा है। इसके लिए सरकार ने उचित दर की दुकानों (Fair Price Shops) की स्थापना की है। इस प्रणाली का मुख्य उद्देश्य कुछ आवश्यक वस्तु को उचित कीमत पर स्थिर मूल्य के साथ इसकी आपूर्ति को वर्ष भर बनाये रखना है। इस कार्यक्रम को क्रियान्वित करने के उद्देश्य से भारतीय खाद्य निगम (Food Corporation of India) की स्थापना की गई जो खाद्य पदार्थों एवं अन्य आवश्यक वस्तुओं की खरीददारी, भंडारण व संग्रहण वितरण एवं बिक्री की व्यवस्था करती हैं/है।

48. (c) मानव विकास सूचकांक मानव की कार्यप्रणाली तथा क्षमताओं में वृद्धि को निरूपित करता है।
संयुक्त राष्ट्र की संस्था 'संयुक्त राष्ट्र विकास कार्यक्रम (United National Development Program)' 1990 से लगातार मानव विकास रिपोर्ट तैयार कर रही है। भारत की पहली मानव विकास रिपोर्ट अप्रैल 2002 में जारी की गई थी जिसे योजना आयोग के तीन सदस्यों के निरीक्षण में तैयार किया गया था। मानव विकास सूचकांक के आकलन का आधार है। (1) जीवन प्रत्याशा (2) शिक्षा का स्तर (3) प्रति व्यक्ति वास्तविक आय। सर्वप्रथम, मानव विकास सूचकांक 1990 में महबूब उल हक ने प्रकाशित किया था। इसका अधिकतम मान एक तथा न्यूनतम मान शून्य होता है। मानव विकास सूचकांक के अनुसार संपूर्ण विश्व को तीन भागों में विभाजित किया गया है-

1. उच्च मानव विकास श्रेणी- इसके अंतर्गत वे देश आते हैं जिनका मानव विकास सूचकांक मूल्य 0.8 से अधिक होता है।
2. मध्य मानव विकास श्रेणी- इसमें वे देश आते हैं जिनका मानव विकास सूचकांक मूल्य 0.5 से 0.8 के बीच होता है।
3. निम्न मानव विकास श्रेणी- इनमें वे देश आते हैं जिनका मानव विकास सूचकांक मूल्य 0.5 से कम होता है।

49. (c) प्रधानमंत्री ग्रामोदय योजना के अंतर्गत शुरू में पांच तत्वों- स्वास्थ्य, शिक्षा, पेयजल, आवास तथा सड़क ग्रामीण विद्युतीकरण को भी शामिल कर लिया गया है।

50. (d) आई.आर.डी.पी. (समन्वित ग्रामीण विकास कार्यक्रम) छठी योजना के दौरान 2 अक्टूबर 1980 को गरीबी तथा बेरोजगारी के निवारण हेतु शुरू की गई। इस योजना से पहली बार गरीबी पर प्रत्यक्ष प्रहार की नीति अपनायी गयी। इस स्कीम को आगे चलकर 1999 में स्वर्ण जयंती ग्राम स्वरोजगार योजना के रूप में पुनर्गठित किया गया।

51. (d) नियोजित अर्थव्यवस्था से तात्पर्य निजी क्षेत्र तथा बाजार व्यवस्था का किसी विशेष सिद्धांत या विचारधारा या व्यवस्था के तहत नियोजन से है, जैसे-साम्यवादी नियोजन, प्रजातांत्रिक नियोजन, केंद्रीकृत (Centralised) तथा विकेन्द्रीकृत (Decentralised) नियोजन आदि। भारत में नियोजित अर्थव्यवस्था मिश्रित अर्थव्यवस्था पर आधारित है। इसकी नींव 1948 को तत्कालीन केंद्रीय मंत्री डा. श्यामा प्रसाद मुखर्जी द्वारा रखी गई। मिश्रित अर्थव्यवस्था से अभिप्राय ऐसी अर्थव्यवस्था से है जिसमें निजी एवं सार्वजनिक उद्यमों का सह-अस्तित्व होता है। ऐसी अर्थव्यवस्था में सरकार बाजार व्यवस्था का सकारात्मक पहलू होता है तथा बाजार की क्रिया जन कल्याण हेतु आवश्यक हस्तक्षेप करता है।

52. (d) भारत में योजना निर्माण, क्रियान्वयन तथा योजना की समीक्षा से संबंधित दो विभाग क्रमशः योजना

आयोग तथा राष्ट्रीय विकास परिषद् हैं। दोनों के ही अध्यक्ष प्रधानमंत्री होते हैं। योजना आयोग के कार्य हैं-प्रभावी योजना बनाना, योजना कार्यान्वयन के चरणों का निर्धारण, समय-समय पर योजना की चरणवार प्रगति का अवलोकन करना आदि। नियोगी समिति की संस्तुति पर अगस्त 1952 में राष्ट्रीय विकास परिषद की स्थापना की गई। इसके कार्य हैं- योजना की प्रगति पर समय-समय पर विचार करना, राष्ट्रीय योजना के निर्धारित लक्ष्यों तथा उद्देश्यों की प्राप्ति के लिए सुझाव देना, पंचवर्षीय योजनाओं का अनुमोदन करना।

53. (a) भारत की द्वितीय पंचवर्षीय योजना (1956-61) तथा तृतीय पंचवर्षीय योजना (1961-66) के दौरान आर्थिक सहायता प्रदान करने के उद्देश्य से वर्ष 1958 में विश्व बैंक ने भारत सहायता क्लब की स्थापना की थी। जून, 1994 ई. में इसका नाम बदलकर भारत विकास मंच कर दिया गया।

54. (b) भारत में जनाधिक्य की स्थिति पाई जाती है। प्रत्येक दशक में यहाँ जनसंख्या में लगभग 24 प्रतिशत की वृद्धि हो जाती है। जनसंख्या वृद्धि की दर इतनी ऊंची होने से जनसंख्या में प्रतिवर्ष 1.81 करोड़ व्यक्तियों की वृद्धि हो जाती है। ग्यारहवीं योजना के अनुसार भारत की श्रम शक्ति में 6.5 करोड़ की वृद्धि की आशा थी। श्रमशक्ति की तीव्र वृद्धि के परिणामस्वरूप श्रम का संभरण बढ़ जाता है परिणामस्वरूप बेरोजगारी को कम करना कठिन हो जाता है।

55. (c) 56. (d) 57. (b)

58. (d) 59. (d) 60. (c)

61. (d) 62. (b)

63. (c) कुल कृषि साख का लगभग 78% साख प्रदान के साथ वाणिज्यिक बैंक कृषि तथा संबंधित क्षेत्रों को सर्वाधिक साख प्रदान करते हैं।

64. (c)

65. (d) केंद्र सरकार द्वारा जुलाई 2000 को नई राष्ट्रीय कृषि नीति की घोषणा की। नई कृषि नीति का वर्णन इन्द्रधनुषी क्रांति के रूप में किया गया है, जिसमें सभी प्रत्यक्ष या अप्रत्यक्ष रूप से देश की कृषि क्षेत्र में आई विभिन्न क्रांतियों, जैसे हरित क्रांति, श्वेत क्रांति, पीली क्रांति, नीली क्रांति, लाल क्रांति, गुलाबी क्रांति, रजत क्रांति को एक साथ लेकर विकास करना होगा, इसी को इन्द्रधनुषी क्रांति कहा गया है।

66. (a) 67. (c)

68. (b) FDI द्वारा किसी देश में नई उत्पादन क्रियाओं में निवेश किया जाता है अत: यह देश के आर्थिक विकास में स्थायी रूप में मदद करता है, जबकि FII अस्थायी प्रकृति का होता है, यह मुख्यत: किसी देश के पूंजी बाजार में निवेश करता है जिससे यह अल्प समय के लिए किसी देश में पूंजी की उपलब्धता बढ़ाने में सहायक होता है।

69. (c) ऐसे उद्योग जहां पूंजी से अधिक श्रम को महत्व दिया जाता है। ऐसे उद्योगों में श्रमिकों की अधिकता होती है तथा कुल श्रम मूल्य पूंजी प्रधान उद्योगों की तुलना में अधिक होता है। जैसे-कोयला खदानें, होटल रेस्तरां इत्यादि।

70. (d) कोर सेक्टर से अभिप्राय समस्त आधारभूत उद्योग जैसे- दूरसंचार, प्रतिरक्षा, रेलवे, सड़क निर्माण विद्युत, लौह तथा इस्पात तथा आण्विक शक्ति से है।

71. (c) नवरत्न स्टेटस सार्वजनिक कंपनी से संबंधित है। पहली बार 1997-98 के बजट में नौ सार्वजनिक उद्यमों को नवरत्न का दर्जा प्रदान किया गया। नवरत्न का दर्जा प्रदान करने के लिए निष्पादन संकेतक (Performance indicator) को आधार के रूप में रखा है। ये संकेतक पिछले तीन वर्षों से कंपनी के निष्पादन को आधार मानकर कंपनी को अंक प्रदान करता है। अधिकतम अंक 100 हैं तथा 60 अंक पाने वाली कंपनी नवरत्न के लिए अर्द्ध होगी। जिन कंपनियों को नवरत्न का दर्जा प्राप्त होता है इन्हें भारी वित्तीय तथा क्रियात्मक स्वायत्ता प्राप्त होती है ये कंपनियां सरकार की अनुमति के बिना देश या विदेश में संयुक्त उद्यम लगा सकती हैं, एक हजार करोड़ रुपए तक का निवेश सरकार की पूर्व अनुमति के बिना कर सकती है। कपंनियों के निदेशक बोर्ड को अधिग्रहण और विलय संबंधी निर्णय लेने का अधिकार होता है। वर्तमान में 14 कंपनियों को नवरत्न का दर्जा प्राप्त है।

72. (b) शिक्षा एवं स्वास्थ्य सामाजिक अधिसंरचना में आते हैं जबकि सड़कें, रेलवे, ऊर्जा, बैंकिंग दूरसंचार सुविधा, परिवहन आदि आर्थिक अधिसंरचना के अंतर्गत आते हैं।

73. (c) तार संचार आर्थिक अधिसंरचना के भाग हैं जबकि शिक्षा, स्वास्थ्य, आवास, पोषण आदि सामाजिक अधिसंरचना के अंतर्गत आते हैं।

74. (d) कोर उद्योग के अंतर्गत आधारभूत अधिसंरचना वाले उद्योग शामिल हैं। ये ऐसे उद्योग होते हैं जिनके विकास से ही इसके अनुषंगी उद्योगों का विकास संभव है।

75. (c) 76. (b) 77. (c)

78. (c) 79. (c)

80. (d) किसी निश्चित वर्ष में एक वर्ष से कम आयु वाले बच्चों की प्रति हजार मृत संख्या को शिशु मृत्यु दर कहा जाता है।

81. (d) जनसंख्या के पिरामिड में 0–14 वर्ष के तथा 65 वर्ष के ऊपर की जनसंख्या को आश्रित जनसंख्या कहते हैं। जबकि 15–64 वर्ष के समूह कार्यकारी जनसंख्या में आते हैं।

82. (a) 83. (a) 84. (c)

85. (d) 86. (d)

87. (d) ग्रामीण क्षेत्रों में अवस्थापना तथा आधारभूत सुविधाओं के निर्माण के लिए केंद्र सरकार द्वारा 2005 में भारत निमार्ण कार्यक्रम शुरू किया। भारत निर्माण के छः अंग हैं- सिंचाई, सड़क, जल आपूर्ति, भवन निर्माण, ग्रामीण विद्युतीकरण तथा ग्रामीण टेलीकॉम कनेक्टिवटी। अतः सर्व शिक्षा अभियान इसमें सम्मिलित नहीं है। सर्व शिक्षा अभियान भारत सरकार द्वारा 2001 में शुरू किया गया था। इसका उद्देश्य 6 से 14 वर्ष तक के बच्चों को उपयोगी एवं गुणवत्तापूर्ण निःशुल्क प्रारंभिक शिक्षा प्रदान करना है।

88. (c) प्रति व्यक्ति आय राष्ट्रीय आय को जनसंख्या से विभाजित करके प्राप्त की जाती है।

89. (c) सरकार के बजट के कुल घाटे में राजकोषीय घाटे का सबसे अधिक योगदान है। राजकोषीय घाटा हमेशा ही बजेटरी घाटा के बराबर या उससे बड़ा होगा। राजकोषीय घाटा सरकार की संपूर्ण देयता प्रदर्शित करता है।
राजकोषीय घाटा = आंतरिक ऋण तथा अन्य देयताएं + विदेशी ऋण + रिजर्व बैंक से प्राप्त ऋण

90. (c) 91. (a) 92. (a)

93. (c)

94. (b) मोडवेट (Modified Value Added Tax) पूर्व में प्रचलित (Value Added Tax) का ही संशोधित रूप है मोडवेट के अनुसार आगतों और मध्यवर्ती वस्तुओं पर कर समाप्त करे उसे निर्मित अन्तिम वस्तुओं पर लगाया जाता है। इस प्रणाली से किसी वस्तु पर दोबारा या बार-बार उत्पाद कर लगाने की संभावना समाप्त हो जाती है। यह योजना 1986-87 के बजट से प्रारंभ की गई थी।

95. (b)

96. (d) टोल टैक्स लगाना परिवहन विभाग की जिम्मेदारी होती है जो राज्य सरकार द्वारा संचालित होती है अतः यह राज्य सरकार का विषय है, जबकि सेवा कर, शिक्षा कर और सीमा कर भारत सरकार द्वारा लगाए जाते हैं।

97. (a) PAN (Permanent Account Number) स्थायी खाता संख्या जिसमें कुल 10 अंक तथा अक्षर सम्मिलित हैं की शुरुआत वर्ष 1998 में आयकर विभाग द्वारा संभावित आयकरदाताओं को चिन्हित करने के उद्देश्य से की गई। वर्ष 2008-09 से स्टाक एक्सचेंज के व्यवहारों सहित सभी वित्तीय व्यवहारों के लिए इसके प्रयोग को अनिवार्य कर दिया गया है। आयकरदाताओं के लिए यह कार्ड अब यू.टी.आई. इनवेस्टर्स द्वारा तैयार किया जाता है। चूंकि इसमें धारक दाता का नाम, जन्म तिथि, फोटो एवं हस्ताक्षर होता है। तथा इसमें आयकर दाता का पता नहीं होता इसलिए इसका प्रयोग स्थायी आवास के पते को प्रमाणित करने के लिए नहीं होता है।

98. (c) देश में आयातित वस्तुओं एवं देश से निर्यातित वस्तुओं पर लगाये जाने वाले कर क्रमशः आयात शुल्क एवं निर्यात शुल्क को सम्मिलित रूप से सीमा शुल्क कहते हैं। अतः आयात कर और निर्यात कर सीमा शुल्क का पर्याय है वर्तमान में निर्यात शुल्क नहीं लिया जाता है। सरकार ने 2008-09 की बजट में गैर-कृषि उत्पादों के लिए सीमा शुल्क को घटाकर 15% से 10% कर दिया यही दर वर्तमान में भी बनी हुई है।

99. (d) संविधान के अनुच्छेद 280 में वित्त आयोग के गठन का प्रावधान है जो राष्ट्रपति प्रत्येक पांचवें वर्ष की समाप्ति पर या इससे पूर्व भी आदेश द्वारा, वित्त आयोग का गठन करेगा। वित्त आयोग के निम्नलिखित कर्त्तव्य हैं–

1. संघ और राज्यों के बीच करों के शुद्ध आगमों के विभाजन, वितरण एवं राज्यों के बीच आवंटन में।
2. भारत की संचित निधि में से राज्यों के राजस्व में सहायता अनुदान से संबंधित सिद्धांतों के बारे में।
3. सुदृढ़ वित्त के हित में राष्ट्रपति द्वारा आयोग को निर्दिष्ट किए गए किसी अन्य विषय के बारे में राष्ट्रपति को सिफारिश करना।

100. (c) राजकोषीय नीति से अभिप्राय सरकार के करारोपण, सार्वजनिक व्यय, सार्वजनिक ऋण तथा उसके प्रबंध से संबंधित उन नीतियों से है जिनका प्रयोग सरकार अर्थव्यवस्था में रोजगार राष्ट्रीय उत्पादन, आंतरिक तथा बाह्य आर्थिक स्थिरता आर्थिक समता आदि आर्थिक नीतियों के प्रमुख उद्देश्यों को प्राप्त करने के लिए करती है।

भाग III

अभ्यास प्रश्न

स्तर
1

अभ्यास प्रश्न

1. सूची-I को सूची-II से सुमेलित कीजिए और सूचियों के नीचे दिए गए कूट का प्रयोग कर सही उत्तर चुनिए-

सूची-I (पंचवर्षीय योजना)	**सूची-II (प्रमुख क्षेत्र)**
A. पहली	1. खाद्य सुरक्षा एवं महिला सशक्तिकरण
B. दूसरी	2. भारी उद्योग
C. पाँचवीं	3. कृषि एवं समुदाय विकास
D. नौवीं	4. गरीबी हटाना

कूटः

	A	B	C	D
(a)	1	2	4	3
(b)	1	4	2	3
(c)	3	2	4	1
(d)	3	4	2	1

2. वर्ष 2011 की जनगणना के अनुसार, निम्नलिखित में से किस एक संघ राज्य-क्षेत्र की आबादी न्यूनतम है?
   (a) दमन और दीव
   (b) दादरा और नगर हवेली
   (c) लक्षद्वीप
   (d) पुदुचेरी
3. यूरोपियन यूनियन (EU) के बारे में निम्नलिखित में कौन-कौन से कथन सही हैं?
   1. यह विश्व की सबसे बड़ी अर्थव्यवस्था है।
   2. इनका अपना ध्वज, गान एवं मुद्रा है।
   3. इनका संयुक्त सशस्त्र बल विश्व का दूसरा सबसे बड़ा बल है।
   4. इनका अपना संविधान है।

   नीचे दिए गए कूट का प्रयोग कर सही उत्तर चुनिए-
   (a) 1, 2 और 3 (b) 2 और 3
   (c) 1 और 4 (d) 3 और 4
4. निम्नलिखित में से कौन-सा एक, विशेष आर्थिक क्षेत्रों के लिए सही नहीं है?
   (a) आयात के लिए लाइसेन्स की जरूरत नहीं होती
   (b) विनिर्माण और सेवा कार्यकलाप की अनुमति होती है
   (c) भारत में विशेष आर्थिक क्षेत्र कानून के रूप में 10 फरवरी 2006 से लागू हुआ।
   (d) निर्यात/आयात के माल की सीमा-शुल्क अधिकारियों द्वारा नियमित जाँच नहीं होती
5. ब्रेंट सूचकांक जुड़ा है-
   (a) अपरिष्कृत तेल की कीमतों से
   (b) ताँबे की वायदा कीमतों से
   (c) सोने की वायदा कीमतों से
   (d) नौपरिवहन दर सूचकांक से
6. सूची-I को सूची-II से सुमेलित कीजिए और सूचियों के नीचे दिए गए कूट का प्रयोग कर सही उत्तर चुनिए-

सूची-I (औद्योगिक क्रांति के चरण)	**सूची-II (विशेषताएँ)**
A. पहला चरण	1. इस्पात, रसायन, विद्युत उद्योगों का उदय
B. दूसरा चरण	2. वाष्प इंजन का उदय
C. तीसरा चरण	3. सूती मिल का उदय
D. चौथा चरण	4. पेट्रोरसायन, जेट वायुयान, कम्प्यूटरों का उदय

कूटः

	A	B	C	D
(a)	2	3	1	4
(b)	2	1	3	4
(c)	4	1	3	2
(d)	4	3	1	2

7. 'जनांकिकीय अन्तराल' शब्द क्या सूचित करता है?
   (a) स्त्री-पुरुष अनुपात में अंतर

(b) आयु में अन्तर
(c) शिशु/महिला अनुपात में अन्तर
(d) जन्म एवं मृत्यु दर के बीच अन्तर

8. सूची-I को सूची-II से सुमेलित कीजिए और सूचियों के नीचे दिए गए कूट का प्रयोग कर सही उत्तर चुनिए-

सूची-I (औद्योगिक नीति)	सूची-II (विशिष्ट लक्षण)
A. औद्योगिक नीति 1948	1. राज्य केन्द्रित अर्थव्यवस्था की प्रक्रिया शुरू की
B. औद्योगिक नीति 1956	2. मिश्रित अर्थव्यवस्था में विश्वास पुनः पुष्ट किया
C. औद्योगिक नीति 1980	3. सरकारी गैर-सरकारी साझेदारी की शुरुआत की
D. औद्योगिक नीति 1991	4. मिश्रित अर्थव्यवस्था प्रारंभ की

कूटः

	A	B	C	D
(a)	4	1	2	3
(b)	4	2	1	3
(c)	3	1	2	4
(d)	3	2	1	4

9. निम्नलिखित सार्वजनिक क्षेत्रक बैंकों में से किस एक के प्रतीक चिन्ह में एक कुत्ते की आकृति और 'विश्वसनीय, मैत्रीपूर्ण' शब्द है?
(a) पंजाब नेशनल बैंक
(b) सिण्डीकेट बैंक
(c) ओरिएन्टल बैंक ऑफ कॉमर्स
(d) भारतीय स्टेट बैंक

10. निम्नलिखित कथनों पर विचार कीजिए-
1. वर्तमान वैश्विक आर्थिक संकट की उत्पत्ति संयुक्त राज्य के अव-प्रमुख (सब प्राइम) संकट से हुई।
2. भारतीय अर्थव्यवस्था इस आर्थिक संकट से अपने पाश्चात्य समकक्षों की तुलना में अधिक तेजी से उबरती रही है।

उपर्युक्त कथनों में से कौन-सा/से सही है/हैं?
(a) केवल 1 (b) केवल 2
(c) 1 और 2 दोनों (d) न तो 1 और न ही 2

11. निम्नलिखित कथनों में से कौन-सा एक सही नहीं है?
(a) द नेशनल एसोसिएशन ऑफ सिक्योरिटीज डीलर्स ऑटोमेटेड कोटेशन्स, जो NASDAQ के नाम से जाना जाता है, एक अमेरिकी शेयर बाजार है।
(b) निक्की (Nikkei) टोक्यो शेयर बाजार का शेयर बाजार इन्डेक्स है।
(c) S & P CNX निफ्टी बंबई शेयर बाजार में 50 बड़ी कंपनियों का इण्डेक्स है।
(d) हाँगकाँग शेयर बाजार की वृहत्तम कंपनियों के दैनिक परिवर्तनों को हेंग सेंग इण्डेक्स दर्ज करता है।

12. सकल घरेलू उत्पादन के बारे में निम्नलिखित कथनों पर विचार कीजिए-
1. यह एक वर्ष में एक देश की सीमाओं के अन्दर बनी सभी अंतिम वस्तुओं एवं दी गई सेवाओं का बाजार मूल्य है
2. यह एक अनुबद्ध समय अवधि में देश के अंदर उत्पादित समस्त अंतिम वस्तुओं एवं सेवाओं के लिए कुल व्ययों के बराबर है।

उपर्युक्त कथनों में से कौन-सा/से सही है/हैं?
(a) केवल 1 (b) केवल 2
(c) 1 और 2 दोनों (d) न तो 1 और न ही 2

13. मिश्रित अर्थव्यवस्था का तात्पर्य वह अर्थव्यवस्था है, जिसमें
(a) राज्य द्वारा कृषि और उद्योग दोनों को ही समान रूप से प्रोत्साहित किया जाए
(b) प्राइवेट सेक्टर के साथ-साथ पब्लिक सेक्टर का सह-अस्तित्व हो
(c) भारी उद्योगों के साथ-साथ लघु उद्योगों का महत्व हो
(d) अर्थव्यवस्था पर सैनिक के साथ-साथ नागरिक शासकों का नियंत्रण हो

14. निम्नलिखित में से किस एक स्थान पर एशिया का प्रथम निर्यात प्रक्रमण क्षेत्र (EPZ) स्थापित किया गया?
(a) सान्ताक्रूज (b) काण्डला
(c) कोचीन (d) सूरत

15. निम्नलिखित राज्यों में से किस एक में सर्वोच्च लिंग-असमानता है?
(a) उड़ीसा (b) उत्तर प्रदेश
(c) हरियाणा (d) महाराष्ट्र

16. निम्नलिखित में से किस वर्ष में टैरिफ और व्यापार संबंधी सामान्य करार (GATT) को विश्व व्यापार संगठन (WTO) में मिलाया गया?

(a) 1991 (b) 1995
(c) 2000 (d) 2005

17. अन्तर्राष्ट्रीय पुनर्निर्माण और विकास बैंक को निम्नलिखित में से किस एक नाम से भी जाना जाता है?
(a) क्रेडिट बैंक (b) एक्जिम बैंक
(c) विश्व बैंक (d) एशियन बैंक

18. कृषि उत्पादन में वृद्धि करने के लिए ग्यारहवीं पंचवर्षीय योजना की कार्यनीति निम्नलिखित में से किसको ध्यान में रखती है?
1. भूमि सुधारों पर अधिक ध्यान।
2. सिंचित क्षेत्र की वृद्धि दर को दुगना करना।
3. पशुपालन एवं मत्स्य उद्योग को बढ़ावा देना।
4. किसानों को बिना ब्याज ऋण देना।
नीचे दिए गए कूट का प्रयोग कर सही उत्तर चुनिए-
(a) केवल 1 और 3 (b) केवल 2 और 3
(c) 1, 2 और 3 (d) केवल 2 और 4

19. निम्नलिखित में से कौन 'नवरत्न' जिनिक क्षेत्र का उपक्रम नहीं है?
(a) हिन्दुस्तान पेट्रोलियम कॉरपोरेशन लि.
(b) इण्डियन ऑयल कॉरपोरेशन लि.
(c) ऑयल एण्ड नैचुरल गैस कॉरपोरेशन लि.
(d) गेल इण्डिया लि.

20. निम्नलिखित में से कौन एक देश आसियान (ASEAN) का सदस्य नहीं है?
(a) ब्रुनेई (b) कम्बोडिया
(c) वियतनाम (d) भारत

21. निम्नलिखित कथनों पर विचार कीजिए-
1. यू.एस.एस.आर. ने भिलाई स्टील प्लांट के निर्माण में सहायता प्रदान की।
2. ब्रिटेन ने बोकारो स्टील प्लांट के निर्माण में सहायता प्रदान की।
उपर्युक्त कथनों में से कौन-सा/से कथन सही है/हैं?
(a) केवल 1 (b) केवल 2
(c) 1 और 2 दोनों (d) न तो 1 और न ही 2

22. निम्नलिखित में से कौन-सा एक देश OPEC का संस्थापक सदस्य नहीं है?
(a) अल्जीरिया (b) कुवैत
(c) इराक (d) ईरान

23. ईको-मार्क (ECO-MARK) क्या है?
(a) प्रदूषणमुक्त औद्योगिक इकाई को नामपत्रित करने की योजना
(b) पर्यावरण अनुकूली उपभोक्ता उत्पादन को नामपत्रित करने की योजना
(c) लाभकारी उत्पादन तकनीक
(d) पारिस्थितिकी अनुकूली भवनों को मान्यता देने वाला अंतर्राष्ट्रीय प्रमाणन

24. निम्नलिखित में से कौन ASEAN का सदस्य नहीं है?
(a) कम्बोडिया (b) मलेशिया
(c) सिंगापुर (d) दक्षिण कोरिया

25. निम्नलिखित भारतीय स्वतंत्रता सेनानियों में से किसने भारत की प्रति व्यक्ति आय के आकलन का प्रयास किया?
(a) गोपाल कृष्ण गोखले
(b) फिरोज शाह मेहता
(c) सुरेन्द्रनाथ बनर्जी
(d) दादाभाई नौरोजी

26. संघ और राज्यों के बीच वित्तीय आवंटन निम्नलिखित में से किस एक की सिफारिशों के आधार पर होता है?
(a) राष्ट्रीय विकास परिषद्
(b) अन्तर-राज्य परिषद्
(c) योजना आयोग
(d) वित्त आयोग

27. सकल घरेलू उत्पाद (GDP) की अवधारणा में "जियोग्रॉफिकल बाउण्ड्री" के अन्तर्गत कौन-से क्षेत्र सम्मिलित नहीं हैं?
1. विदेशों में स्थित दूतावास एवं सैनिक अड्डे
2. विदेशों में स्थित भारतीय संस्कृति के मंदिर
3. दो या दो से अधिक देशों के मध्य "सीमा विवाद क्षेत्र"
4. सामुद्रिक सीमा
कूट :
(a) 1, 2, 3 (b) 1, 4
(c) 2, 3, 4 (d) 2, 3

28. वित्तीय क्षेत्र के विनियामकों के साथ परामर्श करते हुए केंद्र सरकार ने एक वित्तीय स्थिरता एवं विकास समिति के गठन का निर्णय लिया है। इसका अध्यक्ष कौन होगा?
(a) प्रधानमंत्री (b) वित्त मंत्री
(c) गवर्नर, रिजर्व बैंक ऑफ इंडिया
(d) वित्त सचिव

29. वर्तमान सरकारी और अंतर्राष्ट्रीय वार्ताओं में 'सतत्-विकास' एक प्रचलित शब्द है। यह शब्द कहाँ से उत्पन्न हुआ है?
   (a) ब्रूटलैंड आयोग रिपोर्ट
   (b) निरंतर विकास पर संयुक्त राष्ट्र कांफ्रेंस
   (c) सहस्राब्दी विकास लक्ष्य
   (d) पृथ्वी शिखर सम्मेलन

30. निम्नलिखित में से किस प्रकार के ऋणों के लिए आधार दर लागू नहीं होती?
   1. कृषि ऋण।
   2. स्व कर्मचारियों को दिया हुआ ऋण।
   3. जमा पर ऋण।
   4. निर्यात ऋण

   सही कथन हैं-
   (a) 1, 2, 3 और 4 (b) 2, 3 और 4
   (c) 1, 3 और 4 (d) 1, 2 और 3

31. निम्नलिखित कथनों पर ध्यान दें-
   1. प्राथमिक घाटे का अर्थ है कुल राजस्व और कुल खर्च के बीच का अंतर।
   2. राजकोषीय घाटे की गणना प्राथमिक घाटे में से ब्याज भुगतान को घटा कर की जाती है।

   उपर्युक्त में से कौन-सा/से कथन सही है/हैं?
   (a) 1 और 2 दोनों (b) केवल 1
   (c) केवल 2 (d) उपर्युक्त में से कोई नहीं

32. केंद्रीय दत्तकग्रहण संसाधन प्राधिकरण (CARA) किस मंत्रालय के अंतर्गत कार्य करता है?
   (a) महिला एवं बाल विकास मंत्रालय
   (b) जल संसाधन मंत्रालय
   (c) वन एवं पर्यावरण मंत्रालय
   (d) मानव संसाधन विकास मंत्रालय

33. विशेष आर्थिक क्षेत्र (SEZ) के बारे में निम्नलिखित कथनों पर विचार करें-
   1. निर्यात को प्रोत्साहन देने के लिए भारत एशिया में निर्यात सवंर्धन क्षेत्र (EPZ) प्रारूप की क्षमता पहचानने वाले प्रारंभिक देशों में से एक था।
   2. एशिया का प्रथम निर्यात संवर्धन क्षेत्र कांडला में 1968 में स्थापित किया गया था।
   3. सभी 8 निर्यात संवर्धन क्षेत्र (EPZs) विशेष आर्थिक क्षेत्रों में परिवर्तित कर दिए गए हैं।

   उपर्युक्त में से कौन-सा/से कथन सही है/हैं?
   (a) केवल 1 और 2 (b) केवल 1 और 3
   (c) केवल 2 और 3 (d) 1, 2 और 3

34. निम्न में से किन वित्तीय संस्थानों को उद्योगों को ऋण सुविधाएं उपलब्ध कराने के लिए स्थापित किया गया था?
   1. IFCI 2. ICICI
   3. IDBI 4. NABARD

   कूट-
   (a) 2 और 3 (b) 3 और 4
   (c) 1, 2 और 3 (d) 1, 2, 3 और 4

35. वर्ष 1956 की औद्योगिक नीति ने निम्न में से किन सार्वजनिक क्षेत्रों को एकाधिकार दिये हैं?
   1. हथियार व गोला बारूद और परमाणु ऊर्जा
   2. रेलवे और वायु मार्ग
   3. टेलीफोन और स्टील
   4. खनन और प्रसंस्करण

   कूट-
   (a) केवल 1 और 2 (b) केवल 2 और 3
   (c) केवल 3 और 4 (d) केवल 1 और 3

36. निम्नलिखित को सुमेलित कीजिए-

(विवरण)	**(कर)**
A. संघ द्वारा उद्गृहीत व एकत्रित किया जाता है।	1. केन्द्रीय उत्पाद शुल्क
B. राज्य द्वारा उद्गृहीत व एकत्रित किया जाता है।	2. शेयर बाजार में लेन-देन पर कर
C. केंद्र व राज्य के मध्य बाटा जाता है।	3. निगम कर
D. संघ द्वारा उद्गृहीत व एकत्रित किया परंतु राज्य द्वारा विनियोजित किया जाता है।	4. मनोरंजन कर

कूट-

	A	B	C	D
(a)	3	4	1	2
(b)	3	1	2	4
(c)	4	1	3	2
(d)	1	4	2	3

37. प्रत्येक वर्ष प्रमुख कृषि उत्पादों के लिए न्यूनतम समर्थन मूल्यों की घोषणा की जाती है, जो कृषि लागत एवं मूल्य आयोग की सिफारिश के बाद निश्चित की जाती है, कृषि लागत एवं मूल्य आयोग द्वारा मूल्य निर्धारण किन कारकों के आधार पर किया जाता है?
1. उत्पादन की लागत
2. निवेश मूल्य में परिवर्तन
3. निवेश/उत्पादन मूल्य में समानता
4. बाजार मूल्यों में रुझान
5. अंतर-फसल मूल्य समानता

कूट-

(a) 1, 2, 3, 4 (b) 2, 3, 4, 5
(c) 1, 3, 4, 5 (d) उपर्युक्त सभी

38. सूक्ष्म, लघु और मध्यम उद्यम मंत्रालय के सार्वजनिक उपक्रम 'राष्ट्रीय लघु उद्योग निगम' (एन.एस.आई.सी.) के द्वारा सूक्ष्म एवं लघु उद्योग को सहयोग प्रदान करने के लिए निम्नलिखित में से कौन-सी योजनाओं को परिचालित किया जा रहा है?
1. बाजार सहायता योजना
2. निष्पादन एवं साख मूल्यांकन योजना
3. निर्यात बाजार संवर्धन योजना
4. सूक्ष्म वित्त कार्यक्रम योजना

कूट-

(a) केवल 1 और 2 (b) केवल 1, 2 और 4
(c) केवल 2, 3 और 4 (d) 1, 2, 3 और 4

39. निम्नलिखित का सही मिलान कीजिए-

A. सांकेतिक अनुदान — 1. यह अप्रत्याशित मांग की पूर्ति के लिए अनुदानित किया जाता है, जिसका विवरण नहीं दिया जा सकता।

B. अपवादानुदान — 2. वित्तीय वर्ष के अंत से पहले लोक सभा द्वारा पारित किया जाता है।

C. लेखानुदान — 3. यह तब अनुदानित किया जाता है, जब प्रस्तावित खर्चे हेतु पुनर्विलोकन द्वारा किसी नई सेवा पर धन उपलब्ध कराया जाता है।

D. प्रत्ययानुदान — 4. यह किसी भी वित्तीय वर्ष की मौजूदा सेवा का हिस्सा नहीं होता है।

कूट-

	A	B	C	D
(a)	2	1	3	4
(b)	3	4	1	2
(c)	4	3	2	1
(d)	1	2	4	3

40. केंद्र सरकार द्वारा प्रारंभ किये गये मेगा फूड पार्क योजना का उद्देश्य सार्वजनिक-निजी क्षेत्र की साझेदारी को प्रोत्साहित करके खाद्य प्रसंस्करण क्षेत्र में ग्रामीण आधारभूत संरचना का निर्माण करना है। इस तरह के पार्क मदद करेंगे-
1. फसल के बाद होने वाले नुकसान को कम करना।
2. आपूर्ति श्रृंखला को सतत तरीके से बनाए रखना
3. मूल्यवर्धन
4. किसानों के लिए अतिरिक्त आय का सृजन
5. किसानों का बाजार उन्मुख और लाभकारी कृषि गतिविधियों की तरफ रुख को रोकना

उपर्युक्त कथनों में से कौन-से कथन सही हैं?

(a) केवल 2, 3, 4 और 5
(b) केवल 3 और 4
(c) केवल 1, 2, 3 और 4
(d) सभी

41. निम्नलिखित कथनों पर विचार कीजिए-
1. भारतीय राष्ट्रीय कृषि सहकारी विपणन संघ जिसकी स्थापना वर्ष 1948 में राज्य विपणन संघों की शीर्ष संस्था के रूप में हुआ था, संगठन सदस्यों के अधिकतर घरेलू और निर्यात संबंधी विपणन के कार्य को संभालता है।
2. भारतीय कृषि मंत्रालय के अंतर्गत विपणन एवं जांच निदेशालय कृषि उत्पादों एवं विपणन अनुसंधान से संबंधित संघीय अधिनियमों के प्रशासन के लिए जिम्मेदार है।
3. विपणन एवं जांच निदेशालय राज्यों के साथ मिलकर संवैधानिक रूप से राज्यों के अंतर्गत आने वाली कृषि विपणन सेवाओं को भी प्रदान करता है।
4. यद्यपि वस्तुओं के बाजार पर नियंत्रण राज्य सरकार का कार्य है, विपणन एवं जांच निदेशालय, जिस ग्रेडिंग केन्द्रों को स्थापित करने के लिए

विपणन, जांच और वित्तीय सहायता गांव के स्तर तक उपलब्ध कराता है।

उपर्युक्त कथनों में से कौन-सा/से कथन असत्य है/हैं?

(a) केवल 1 (b) केवल 2 और 3

(c) केवल 1 और 4 (d) केवल 2

42. निम्नलिखित कथनों पर विचार कीजिए-

1. रियल टाइम ग्रॉस सेटलमेंट (आर.टी.जी.एस.) प्रणाली भारत में बैंकिंग के विश्वसनीय माध्यम के तहत अंतर-बैंक धन स्थानांतरण की चौबीसों घंटे (24 × 7) सुविधा उपलब्ध कराती है जिसके तहत पूंजी को एक बैंक से दूसरे बैंक के खाते में तीव्रतम गति से स्थानांतरित कर सकते हैं।

2. राष्ट्रीय इलेक्ट्रॉनिक धन स्थानांतरण (एन.ई.एफ.टी.) प्रणाली क्रेडिट खाते में दूसरे भागीदारी बैंक के साथ धन स्थानांतरण करने की सुविधा प्रदान करती है।

उपर्युक्त कथनों में से कौन-सा/से कथन सही है/हैं?

(a) केवल 1 (b) केवल 2

(c) 1 और 2 दोनों (d) न ही 1 न ही 2

43. निम्नलिखित में से कौन-सी समिति औद्योगिक क्षेत्र में भौतिक नियंत्रण से वित्तीय नियंत्रण की तरफ परिवर्तन नीति से संबंधित है?

(a) आबिद हुसैन समिति

(b) नरसिम्हन समिति

(c) अर्जुन सेन गुप्ता समिति

(d) चेलैय्या समिति

44. निम्नलिखित युग्मों को सुमेलित करें व दिये गये कूटों में से सही उत्तर को चुनिए-

1. देश का पहला ग्रीनफील्ड अंतर्राष्ट्रीय हवाई अड्डा : हैदराबाद

2. विश्व का पांचवां सर्वोत्तम हवाई अड्डा : इंदिरा गांधी अंतर्राष्ट्रीय हवाई अड्डा, नई दिल्ली

3. सर्वाधिक संख्या में अधिसूचित विशेष आर्थिक क्षेत्र (SEZ) : आंध्र प्रदेश

4. भारत का एकमात्र बंदरगाह जिसे ISO 9001, ISO 14001 और OHSASI 8001 तीन अंतर्राष्ट्रीय और प्रत्यायन प्राप्त हैं। : चेन्नई

उपर्युक्त युग्मों में से कौन सही सुमेलित है?

(a) केवल 1 और 2 (b) केवल 2 और 3

(c) केवल 1 और 3 (d) केवल 3 और 4

45. पुनर्गठित प्रौद्योगिकी उन्नयन कोष योजना (टीयूएफएस) निम्न में से किस क्षेत्र के लिए है?

(a) औषधि (b) वस्त्र

(c) आटोमोबाइल (d) सूचना प्रौद्योगिकी

46. निम्नलिखित में से कृषि क्षेत्र के कौन-से कारक कृषि और औद्योगिक क्षेत्र के बीच में संयोजन का काम करते हैं?

1. औद्योगिक क्षेत्र को मजदूरों की आपूर्ति करना।

2. कृषि-आधारित उद्योगों की कच्चा माल उपलब्ध कराना।

3. कृषि आय का सृजन जो कि औद्योगिक उत्पादों के लिए शहरी मांग को बढ़ाता है।

कूट:

(a) केवल 1 और 2 (b) 2 और 3

(c) 1, 2 और 3 (d) केवल 1 और 3

47. निम्नलिखित कथनों पर विचार कीजिए-

1. भारत विश्व के कृषि उत्पादक अग्रणी देशों में से एक है, लेकिन धान, मूंगफली, गेहूं और कपास का उत्पादन स्तर अग्रणी उत्पादक देशों से काफी कम है।

2. भारत के पास संभवत: विश्व की सबसे बड़ी लोक कृषि अनुसंधान संरचना है।

उपर्युक्त कथनों में से कौन-सा/से कथन सही है/हैं?

(a) 1 और 2 दोनों (b) केवल 1

(c) केवल 2 (d) न ही 1 न ही 2

48. निम्नलिखित कथनों पर विचार कीजिए-

1. वर्ष 1991 के पश्चात रिजर्व बैंक ऑफ इंडिया मौद्रिक एवं राजकोषीय नीति बनाने के मामले में ज्यादा स्वतंत्र हो गया है।

2. वाणिज्यिक बैंक व्यवस्था में अब निजी क्षेत्र के बैंकों का प्रभुत्व हो गया हैं

उपर्युक्त कथनों में से कौन-सा/से कथन सही है/हैं?

(a) केवल 1 (b) केवल 2

(c) 1 और 2 दोनों (d) न ही 1 न ही 2

49. निम्नलिखित फर्मों पर विचार करें-

1. गोल्डमैन सैक 2. माइंडट्री

3. जे पी मोर्गन 4. ब्लैक रॉक

ऊपर दी गयी कंपनियों में से कौन-सी वित्तीय या इन्वेस्टमेन्ट कंपनियाँ हैं?
(a) केवल 1, 2 और 3
(b) केवल 2, 3 और 4
(c) केवल 1, 3 और 4
(d) 1, 2, 3 और 4

50. निम्नलिखित में से कौन-सा/से कारक महंगाई के नियंत्रण में सहायक है/हैं?
1. ब्याज दर
2. नकद आराक्षित अनुपात
3. वैधानिक तरलता अनुपात

कूट–
(a) केवल 1 (b) केवल 1 और 2
(c) केवल 1 और 3 (d) 1, 2 और 3

51. रवा क्षेत्र तेल एवं गैस का उत्पादन कर रहा है। रवा क्षेत्र बंगाल की खाड़ी के किस अवसादी बेसिन का भाग है?
(a) कावेरी
(b) कृष्णा-गोदावरी (के जी बेसिन)
(c) महानदी
(d) अंडमान निकोबार

52. निम्नलिखित उद्योगों में से कौन-सा उद्योग मुंबई बंदरगाह से मुख्य लाभ प्राप्त करने वाला उद्योग है?
(a) लौह एवं इस्पात उद्योग
(b) चीनी व सूती कपड़ा उद्योग
(c) सूती कपड़ा और पेट्रोरसायन उद्योग
(d) इंजीनियरिंग एवं उर्वरक उद्योग

53. निम्नलिखित में से कौन-सा मंत्रालय मध्याह्न भोजन योजना का क्रियान्वयन करता है?
(a) महिला एवं बाल विकास मंत्रालय
(b) खाद्य एवं सार्वजनिक वितरण विभाग
(c) योजना आयोग
(d) मानव संसाधन विकास मत्रालय

54. सूची-I को सूची-II से मिलान करें एवं नीचे दिए गए कूट का प्रयोग करते हुए सही उत्तर का चुनाव करें-

सूची-I (शहर)	**सूची-II (उद्योग)**
A. भद्रावती	1. रत्नों की कटाई तथा पॉलिस
B. कोयंबटूर	2. इलेक्ट्रॉनिक मोटर्स
C. कपूरथला	3. स्टील
D. सूरत	4. रेल-कोच

कूट–

	A	B	C	D
(a)	4	1	2	3
(b)	4	2	1	3
(c)	2	3	1	4
(d)	2	4	3	1

55. मुक्त व्यापार से संबंधित तर्कों के संदर्भ में निम्नलिखित कथनों पर विचार कीजिए-
1. मुक्त व्यापार घरेलु उद्योगों का संरक्षण करता है।
2. मुक्त व्यापार उत्पादन, आय और रोजगार को अधिकतम बढ़ावा देता है।
3. मुक्त व्यापार एकाधिकार को रोकता है।

उपर्युक्त कथनों में से कौन-सा/से कथन सही नहीं है/हैं?
(a) केवल 3 (b) केवल 1 और 2
(c) केवल 2 और 3 (d) केवल 1

56. **कथन (A) :** भारत के अंतर्राष्ट्रीय व्यापार में वस्तुओं के संघटकों में समय के साथ बदलाव आए हैं, इसमें कृषि तथा समवर्गी उत्पादों का हिस्सा घटा है, जबकि पेट्रोलियम तथा अपरिष्कृत उत्पादों एवं अन्य वस्तुओं में वृद्धि हुई है।

कारण (R) : अंतर्राष्ट्रीय व्यापार में पेट्रोलियम उत्पादों के हिस्से में वृद्धि का कारण पेट्रोलियम के मूल्यों में वृद्धि के साथ-साथ भारत में तेलशोधन क्षमता में वृद्धि भी जिम्मेदार है।

कूट–
(a) A और R दोनों सही हैं, और R, A की सही व्याख्या करता है।
(b) A और R दोनों सही हैं, लेकिन R, A की सही व्याख्या नहीं करता है।
(c) A सही है, परतु R गलत है।
(d) A गलत है, परंतु R सही है।

57. राष्ट्रीय खनिज नीति के समीक्षा के लिए योजना आयोग द्वारा गठित होदा समिति के संदर्भ में विचार कीजिए-
1. उत्खनन के लिए अत्याधुनिक प्रौद्योगिकी का इस्तेमाल
2. सर्वेक्षण एवं आकलन में जोखिम भरा निवेश आकर्षित करने के लिए पूंजी बाजार ढांचे का विकास।
3. रियायतें देने में पारदर्शिता।
4. खनन में शून्य बर्बादी।

उपर्युक्त कथनों में से कौन-सा/से कथन सही है/हैं?
(a) केवल 1, 2 और 3
(b) केवल 1 और 2
(c) केवल 2, 3 और 4
(d) उपरोक्त सभी

58. उत्तर भारत की तुलना में दक्षिण भारत में चीनी उत्पादन की तीव्र वृद्धि का क्या कारण है?
1. प्रति एकड़ कृषि क्षेत्र में गन्ने का उत्पादन अधिक है।
2. गन्ने में शर्करा की मात्रा अधिक होती है।
3. सस्ता श्रम
4. पेराई सत्र का लंबा होना।

कूट-
(a) केवल 1 और 2 (b) केवल 1, 2 और 3
(c) केवल 1, 3 और 4 (d) केवल 1, 2 और 4

59. सूची-I (आधारभूत विकास के लिए उद्योग) को सूची-II (चयनित समूह स्थल) से मिलायें तथा सूचियों के नीचे दिये गये कूटों का प्रयोग करते हुए सही उत्तर चुनिए-

सूची-I (उद्योग)	**सूची-II (चयनित समूह स्थल)**
A. आटो पार्ट	1. कोलकाता
B. खाद्य प्रसंस्करण	2. अमृतसर
C. ऊनी कपड़े	3. गुवाहाटी
D. इंजीनियरिंग वस्तुएं	4. विजयवाड़ा

कूट-

	A	B	C	D
(a)	1	2	3	4
(b)	1	2	4	3
(c)	4	3	1	2
(d)	4	3	2	1

60. 'इन्दिरा आवास योजना' (IAY) जो ग्रामीण क्षेत्र में आवास के विकास के लिए एक अग्रणी योजना है, के संदर्भ में निम्नलिखित कथनों पर विचार करें-
1. अब इंदिरा आवास योजना का लाभ ग्रामीण क्षेत्र में उन गैर-अनुसूचित जाति और गैर-अनुसूचित जनजाति के गरीबों को भी प्रदान किया जाएगा जो गरीबी रेखा से थोड़ा ऊपर हैं।
2. योजना के अंतर्गत मकान का आवंटन लाभान्वित परिवार में महिला सदस्य के नाम पर अथवा पति एवं पत्नी के संयुक्त नाम से किया जाता है।
3. इन्दिरा आवास योजना के मकानों में स्वच्छ शौचालय शामिल करना अनिवार्य है जबकि धूम्ररहित चूल्हा शामिल करना ऐच्छिक है किन्तु निकट भविष्य में दोनों अनिवार्य होंगे।

ऊपर दिए गए कथनों में से कौन-सा/से सही है/हैं?
(a) केवल 1 (b) केवल 2
(c) केवल 1 और 3 (d) केवल 2 और 3

61. मथुरा, डिग्बोई और पानीपत तेल-शोधक कारखाने किसके द्वारा लगाए गए हैं?
(a) भारत पेट्रोलियम कार्पोरेशन लिमिटेड
(b) हिन्दुस्तान पेट्रोलियम कार्पोरेशन लिमिटेड
(c) ब्रिटिश पेट्रोलियम की मदद से रिलायंस इंडस्ट्रीज लिमिटेड द्वारा
(d) इंडियन ऑइल कार्पोरेशन लिमिटेड

62. निम्नलिखित कथनों पर विचार कीजिए-
1. राष्ट्रीय ग्रामीण आजीविका मिशन को केंद्र द्वारा ऐसी योजना के रूप में प्रतिपादित किया गया है जो कि ग्रामीण क्षेत्रों में गरीबी रेखा के नीचे वाले परिवारों के लिए मजदूरी और आय सृजित करने वाली गतिविधियों को प्रोत्साहित करेगा।
2. अनुच्छेद 43 में सभी मजदूरों के लिए जीवनसाध्य मजदूरी को पाने, एक अच्छे स्तर का जीवन बिताने और सामाजिक और सांस्कृतिक अवसरों को प्राप्त करने के लिए प्रावधान है।

उपर्युक्त कथनों में से कौन-सा/से कथन सही है/हैं?
(a) केवल 1 (b) केवल 2
(c) 1 और 2 दोनों (d) न ही 1 न ही 2

63. राष्ट्रीय विकास परिषद (एनडीसी) की स्थापना अगस्त 1952 में भारत सरकार द्वारा की गयी थी। एनडीसी के संदर्भ में निम्नलिखित कथनों पर विचार कीजिए-
1. एनडीसी की स्थापना राजमन्नार आयोग की सिफारिश पर हुई थी।
2. यह एक वैधानिक निकाय है।
3. योजना आयोग का सचिव एनडीसी के सचिव का भी कार्य करता है।

ऊपर दिए गए कथनों में से कौन-सा/से सही है/हैं?
(a) केवल 1 और 2 (b) केवल 2 और 3
(c) केवल 3 (d) केवल 1 और 3

64. प्रच्छन्न अल्परोजगार उन परिस्थिति को निर्दिष्ट करता है

जबः
(a) लोग पूर्णकालिक आधार पर व्यवसाय करते हुए लगते हैं जबकि उनके द्वारा दी जाने वाली सेवाओं के लिए पूर्ण काल से कम समय अवधि आवश्यक है।
(b) श्रमिक अवैतनिक हैं जबकि वे पूर्णकालिक कार्य कर रहे हैं।
(c) बेरोजगारी और मुद्रास्फीति का सहअस्तित्व है।
(d) अर्थव्यवस्था अल्परोजगार संतुलन का अनुभव करती है।

65. डाकघरों से नरेगा के कामगारों को भुगतान के संदर्भ में निम्नलिखित कथनों पर विचार करें–
1. डाकघरों के बचत खाते से भुगतान किया गया।
2. लाभार्थियों का खाता खोलने के लिए कोई सेवा शुल्क नहीं लगता है।
3. जिला मुख्यालय के प्रधान डाकघर में दो माह के वेतन भुगतान के लिए अग्रिम जमा करने का प्रावधान है।
उपर्युक्त कथनों में से कौन-से कथन सही हैं?
(a) केवल 1 और 2 (b) केवल 2 और 3
(c) केवल 1 और 3 (d) उपरोक्त सभी

66. भारत की व्यावसायिक संरचना पिछले कुछ वर्षों से मूलतः समान है, जिसका एक कारण है–
(a) निवेश का ढांचा पूंजी उन्मुख उद्योगों की ओर निर्देशित की।
(b) कृषि के क्षेत्र में उच्च उत्पादकता ने लोगों को कृषि के साथ रहने के लिए प्रेरित किया है।
(c) जमीन की सीलिंग के कारण लोगों को जमीन मिली, जिसके फलस्वरूप लोगों ने कृषि के साथ बने रहने की प्राथमिकता दी।
(d) लोग बड़े पैमाने पर आर्थिक उन्नति के लिए कृषि उद्योगों की तरफ अवस्थांतरण से अनभिज्ञ हैं।

67. भारतीय वित्तीय प्रणाली संसाधनों को केन्द्र से राज्य के लिए स्थानांतरित करती है। संसाधनों के स्थानांतरण के प्रमुख साधन है–
(a) करों का बंटवारा (b) अनुदान
(c) ऋण (d) उपरोक्त सभी

68. क्षेत्रीय ग्रामीण बैंक–
1. के संचालन के सीमित क्षेत्र हैं।
2. के नाबार्ड से उदार पुनर्वित्तीय सुविधा के लिए स्वतंत्र पहुंच है।
3. केवल कमजोर वर्गों को उधार देते हैं।
उपर्युक्त कथनों में से कौन-से कथन सही हैं?
(a) केवल 1 और 3 (b) केवल 2 और 3
(c) केवल 1 और 2 (d) 1, 2 और 3

69. सार्वभौमिक सेवा दायित्व निधि के संदर्भ में निम्नलिखित कथनों पर विचार कीजिए–
1. सार्वभौमिक सेवा दायित्व निधि का गठन संसद द्वारा पारित अधिनियम के तहत हुआ है। इस निधि के प्रशासन के लिए प्रशासक इसका प्रमुख होता है जो केंद्र सरकार द्वारा नियुक्त किया जाता है।
2. प्रशासक सार्वभौमिक सेवा दायित्व निधि योजनाओं को लागू करने के तरीकों और भुगतान करने के लिए सक्षम होता है उसका कार्यालय संचार एवं सूचना प्रौद्योगिकी मंत्रालय के डाक विभाग के अंतर्गत कार्य करता है।
3. निधि की शेष राशि वित्तीय वर्ष के अंत में व्ययगत नहीं होती है।
उपर्युक्त कथनों में से कौन-से कथन सही हैं?
(a) केवल 1 और 2 (b) केवल 2 और 3
(c) केवल 1 और 3 (d) उपरोक्त सभी

70. निम्नलिखित में से किसे प्रतिभूति बाजार में सभी प्रकार के लेन देन के लिए एक मात्र पहचान संख्या माना गया है?
(a) मतदाता पहचान पत्र (b) ड्राइविंग लाइसेंस
(c) पैन कार्ड (d) कंपनी का पहचान पत्र

71. भारत में प्रति व्यक्ति आय के संबंध में निम्नलिखित कथनों पर विचार कीजिए–
1. प्रति व्यक्ति आय और उपयोग की वृद्धि दर, जिससे सामान्यतया सकल कल्याण का आकलन होता है, पिछले दो वर्षों में घटी है।
2. प्रति व्यक्ति आय और उपभोग में ह्रास को बढ़ते कर संचयन एवं बढ़ती बचत दर के द्वारा व्याख्यायित किया जा सकता है।
उपर्युक्त कथनों में से कौन-सा/से कथन सही है/हैं?
(a) केवल 1 (b) केवल 2
(c) 1 और 2 दोनों (d) न ही 1 न ही 2

72. निम्नलिखित में से कौन-सा एक कुल राष्ट्रीय आय का, बाजार कीमत पर मूल्य एवं उत्पादन लागत पर मूल्य के अंतर को बताता है?

(a) स्थायी पूंजी के उपयोग का मूल्य।
(b) अप्रत्यक्ष करों में से उपदान को निकाल कर प्राप्त शुद्ध मूल्य।
(c) उपदान में से प्रत्यक्ष करों को निकाल कर प्राप्त शुद्ध मूल्य।
(c) विदेशों से अर्जित शुद्ध करों को निकाल कर प्राप्त शुद्ध मूल्य।

73. भारत में सार्वजनिक वितरण प्रणाली के बारे में निम्नलिखित कथनों पर विचार कीजिए-
1. वाधवा समिति के अनुसार, सार्वजनिक वितरण प्रणाली की कार्यपद्धति के अनुश्रवण के लिए सूचना और संचार तकनीक के उपयोग को सर्वोच्च प्राथमिकता दिया जाना चाहिए।
2. तमिलनाडु केवल एकमात्र ऐसा राज्य है, जिसने सार्वजनिक वितरण प्रणाली के कम्प्यूटरीकरण की प्रक्रिया के वास्तविक क्रियान्वयन को पहले ही शुरू कर दिया है।

उपर्युक्त कथनों में से कौन-सा/से कथन सही है/हैं?
(a) केवल 1 (b) केवल 2
(c) 1 और 2 दोनों (d) न ही 1 न ही 2

74. निम्नलिखित में से किस एक को फिलिप्स वक्र के द्वारा दिखाया जाता है?
(a) नाममात्र की मजदूरी तथा मुद्रास्फीति की दर के बीच सकारात्मक संबंध।
(b) नाममात्र की मजदूरी और बेरोजगारी दर के बीच सकारात्मक संबंध।
(c) मुद्रास्फीति की दर और बेरोजगारी की दर के बीच प्रतिलोम संबंध।
(d) नाममात्र की मजदूरी और बेरोजगारी की दर के बीच प्रतिलोम संबंध।

75. भारतीय नियामक प्राधिकरण (ट्राई) के बारे में निम्नलिखित कथनों पर विचार कीजिए-
1. ट्राई ने टेलिकाम क्षेत्र की विनिर्माण योग्यता को सुधारने तथा तकनीकी उन्नयन के लिए 1 लाख करोड़ के निवेश का प्रस्ताव किया है।
2. इसने प्रस्तावित राष्ट्रीय टेलीकाम नीति 2011 को हरित उपायों को नीति का आवश्यक हिस्सा बनाने के लिए कहा है।
3. इसने 3000 करोड़ की प्रारंभिक धनराशि के साथ टेलिकाम विनिर्माण निधि की स्थापना की सिफारिश की है, जो कि भारतीय उत्पाद निर्माताओं को इक्विटी और उदार ऋण के रूप में उद्यम पूंजी प्रदान करेगा।

उपर्युक्त कथनों में से कौन-सा/से सही है/हैं?
(a) केवल 1 और 2 (b) केवल 3
(c) केवल 2 और 3 (d) केवल 1, 2 और 3

76. 'इंटरनेट एस्को' निम्नलिखित में से किससे सर्वाधिक संबंधित है?
(a) ई-कॉमर्स (b) साफ्टवेयर विकास
(c) गोपनीय सुरक्षा (d) डाटाबेस प्रबंधन

77. सूची-I (वित्त आयोग) को सूची-II (अध्यक्ष) से मिलाए तथा सूचियों के नीचे दिए गए कूट का प्रयोग कर सही उत्तर चुनें-

सूची-I (वित्त आयोग)	**सूची-II (अध्यक्ष)**
A. दसवां	1. ए.एम. खुसरो
B. ग्यारहवां	2. के.सी. पंत
C. बारहवां	3. सी. रंगराजन
D. तेरहवां	4. विजय केलकर

कूट-

	A	B	C	D
(a)	1	2	3	4
(b)	2	1	3	4
(c)	3	1	2	4
(d)	1	3	2	4

78. निम्नलिखित में से कौन बाजार के बुलिस ट्रेंड का गुण नहीं है?
(a) शेयर की कीमतों में लगातार उच्च वृद्धि
(b) एक समयावधि में निवेशकों के धन में वृद्धि
(c) बाजार में ज्यादा खरीददार
(d) प्रत्यक्ष विदेशी निवेश में वृद्धि

79. जापान में ब्याज दर भारत की तुलना में कम है। निम्नलिखित में से कौन-सा कथन इस संदर्भ में गलत है?
(a) भारतीय बाजार में ज्यादा मुनाफे के आसार हैं।
(b) भारतीय बाजार, जापान की तुलना में अधिक जोखिम भरा है।
(c) भारत में ऋण अधिक सस्ता है।
(d) जापान में ऋण अधिक सस्ता है।

80. नाबार्ड, किसकी संस्तुति पर स्थापित किया गया था?
(a) लोक लेखा समिति (b) शिवरामन समिति
(c) नरसिम्हन समिति (d) इनमें से कोई नहीं

81. उत्पादन लागत पर शुद्ध राष्ट्रीय उत्पाद, बाजार कीमतों पर शुद्ध राष्ट्रीय उत्पाद से अधिक होगा जब–
(a) अनुदान < अप्रत्यक्ष कर
(b) अनुदान > अप्रत्यक्ष कर
(c) अनुदान = अप्रत्यक्ष कर
(d) उपरोक्त में से कोई नहीं

82. भारत में क्षेत्रवार प्रति व्यक्ति आय में असमानता में वृद्धि के लिए निम्नलिखित में से कौन-सा कारण सबसे उपयुक्त है?
(a) लोक निवेश के हिस्से में ह्रास।
(b) कुशासन तथा निम्न स्तरीय मूलभूत सुविधाएं।
(c) वित्त आयोग के निर्णय द्वारा आवंटनों का निर्धारण।
(d) सरकार की विभेदकारी निवेश नीतियाँ।

83. निम्न में से कौन-से घाटे के वित्तयन के संभावित परिणाम होते हैं?
1. मूल्यों में ह्रास
2. आय स्तर में वृद्धि
3. मुद्रा आपूर्ति में वृद्धि
सही कूट–
(a) केवल 1 और 2 (b) केवल 2 और 3
(c) 1, 2 और 3 (d) उपरोक्त में से कोई नहीं

84. वायदा तथा फ्यूचर्स बाजार के मध्य अंतर के संबंध में निम्न में से कौन-से कथन सत्य हैं?
1. फ्यूचर करार में विदेशी मुद्रा में व्यापार होता है जबकि वायदा में पटल पर व्यापार होता है।
2. वायदा बाजार, फ्यूचर्स बाजार की तुलना में अधिक व्यवस्थित होता है।
3. वायदा बाजार में व्यापार विदेशी मुद्रा में नहीं होता तथा इनमें पार्टियों के भुगतान न करने की संभावना न्यूनतम होती है।

सही कूट–
(a) केवल 1 और 3 (b) केवल 2 और 3
(c) उपरोक्त सभी (d) केवल 3

85. पूंजी खाते का संतुलन से तात्पर्य है–
(a) राष्ट्र में वस्तुओं, सेवाओं के कुल निर्यात तथा आर्थिक दावों का योग।
(b) राष्ट्र के आर्थिक दावों के निर्यात का कुल योग।
(c) राष्ट्र में वस्तुओं और सेवाओं का कुल निर्यात।
(d) राष्ट्र में अंतर्राष्ट्रीय आधिकारिक आरक्षित परिसम्पत्ति का कुल निर्यात।

86. निम्नलिखित को सुमेलित कीजिए–

	(घटना)	**(वर्ष)**
A.	रिजर्व बैंक की स्थापना	1. 1950
B.	प्रथम वित्त आयोग	2. 1969
C.	गाडगिल फार्मूला	3. 1951
D.	योजना आयोग की स्थापना	4. 1935

कूट–

	A	**B**	**C**	**D**
(a)	4	3	2	1
(b)	3	4	1	2
(c)	1	2	3	4
(d)	4	1	2	3

87. निम्नलिखित में से कौन मुद्रा गुणांक से निर्धारित होता है?
(a) अर्थव्यवस्था में मुद्रा की कुल आपूर्ति।
(b) बैंकों के पास कुल जमाराशि।
(c) मुद्रा आपूर्ति के अवयव।
(d) अर्थव्यवस्था में रोजगार तथा उत्पाद।

88. अत्यधिक ऋणी गरीब देशों के बारे में निम्नलिखित कथनों पर विचार कीजिए–
1. गरीबी और कर्ज की अधिकता के उच्च स्तर के देशों के समूह, अंतर्राष्ट्रीय मुद्रा कोष और विश्व बैंक से विशेष सहायता के लिए पात्र हैं।
2. भारत का अत्यधिक ऋणी गरीब देशों का 1970 के दशक में हिस्सा था।
उपर्युक्त कथनों में से कौन-सा/से कथन सही है/हैं?
(a) केवल 1 (b) केवल 2
(c) 1 और 2 दोनों (d) न ही 1 न ही 2

89. विश्व का विभाजन पहली दुनिया, दूसरी दुनिया और तीसरी दुनिया में करने का आधार है –
(a) आर्थिक वृद्धि (b) आर्थिक विकास
(c) आधारभूत संरचना (d) प्रति व्यक्ति निम्न आय

90. आर्थिक विकास का अर्थ है–
(a) कृषि और गैर-कृषि गतिविधियों में सुधार के साथ आर्थिक वृद्धि
(b) संसाधनों के प्रभावपूर्ण उपयोग में वृद्धि के साथ

आर्थिक वृद्धि

(c) अल्पविकसित और पिछड़े राष्ट्रों में आर्थिक वृद्धि

(d) कमजोर वर्गों में संसधानों के पुनर्वितरण के साथ आर्थिक वृद्धि

91. राष्ट्र के विकास के स्तर को मापने का कौन-सा आधारभूत विकल्प नहीं है

(a) प्रति व्यक्ति आय

(b) उद्योगों में मन्दी

(c) जीवन की भौगोलिक योग्यता

(d) मानव संसाधन विकास

92. निम्नलिखित का मिलान करें–

सूची-I	**सूची-II**
A. आर्थिक विकास	1. सकल घरेलु उत्पाद
B. आर्थिक वृद्धि	2. स्वास्थ्य
C. सतत विकास	3. पर्यावरण
D. जीवन की योग्यता	4. संरचनात्मक परिवर्तन

कूट :

	A	**B**	**C**	**D**
(a)	1	2	3	4
(b)	4	1	3	2
(c)	3	4	2	1
(d)	3	2	1	4

93. निम्न कथनों पर विचार करें–

1. जीवन प्रत्याशा को वर्ष में मापते हैं
2. शिशु मृत्यु दर को प्रति हजार में मापते हैं
3. मूल साक्षरता दर को प्रतिशत में मापते हैं

सही कथन का चयन करें–

(a) 1, 2, 3 (b) केवल 1

(c) 2 और 3 (d) कोई नही

94. स्थिर कीमतों की तुलना में चालू कीमतों पर राष्ट्रीय आय अधिक होती है क्योंकि–

(a) कीमतों में वृद्धि उत्पादन में वृद्धि के बराबर होती है

(b) कीमतों में वृद्धि उत्पादन में वृद्धि से अधिक है

(c) उत्पादन में वृद्धि कीमतों में वृद्धि से अधिक है

(d) केवल उत्पादन में कमी

95. बाल श्रम उन्मूलन योजना अंग है–

(a) प्रधानमन्त्री की रोजगार योजना का

(b) रोजगार बीमा योजना का

(c) शहरी निर्धनता निवारण योजनाओं का

(d) प्रधानमन्त्री की तीन नई कल्याण योजनाओं का

96. निम्नलिखित कथनों पर विचार करें।

1. आर्थिक संवृद्धि से अभिप्राय प्रति व्यक्ति वास्तविक आय में लंबी अवधि तक वृद्धि से है।
2. प्रति व्यक्ति आय की अपेक्षा सामान्य जीवन स्तर को आर्थिक विकास का एक महत्वपूर्ण सूचक माना जाता है।

कूट की सहायता से सही उत्तर का चयन करें।

(a) केवल 1 (b) केवल 2

(c) दोनों (d) कोई नहीं

97. निम्नलिखित कथनों पर विचार करें।

1. आर्थिक संवृद्धि = उत्पादन का आकार (एक मात्रात्मक माप)
2. आर्थिक विकास = उत्पादन का आकार + आर्थिक कल्याण (एक गुणात्मक माप)

कूट की सहायता से सही उत्तर का चयन करें।

(a) केवल 1 (b) केवल 2

(c) दोनों (d) कोई नहीं

98. देश का सबसे बड़ा उद्योग कौन-सा है?

(a) खनन उद्योग (b) विद्युत उद्योग

(c) बैंकिंग उद्योग (d) कपड़ा उद्योग

99. राष्ट्रीय आवास बैंक निम्नलिखित में से किसका नियंत्रित उपक्रम है?

(a) राष्ट्रीय कृषि एवं ग्रामीण विकास बैंक

(b) भारतीय यूनिट ट्रस्ट

(c) भारतीय रिजर्व बैंक

(d) भारतीय जीवन बीमा निगम

100. संवैधानिक स्थिति के अनुसार खनिजों पर किसका अधिकार है?

(a) राज्य सरकार का (b) केन्द्र सरकार का

(c) दोनों का बराबर (d) कोई नहीं

उत्तरमाला

1. (c)	2. (c)	3. (b)	4. (d)	5. (a)	6. (b)	7. (d)	8. (a)	9. (b)	10. (c)
11. (c)	12. (a)	13. (b)	14. (b)	15. (c)	16. (b)	17. (c)	18. (a)	19. (a)	20. (d)
21. (a)	22. (a)	23. (b)	24. (d)	25. (d)	26. (d)	27. (d)	28. (b)	29. (a)	30. (a)
31. (d)	32. (a)	33. (b)	34. (c)	35. (a)	36. (b)	37. (d)	38. (a)	39. (c)	40. (c)
41. (a)	42. (b)	43. (b)	44. (b)	45. (b)	46. (a)	47. (a)	48. (d)	49. (c)	50. (d)
51. (b)	52. (c)	53. (d)	54. (b)	55. (d)	56. (b)	57. (d)	58. (d)	59. (d)	60. (b)
61. (d)	62. (b)	63. (c)	64. (a)	65. (d)	66. (a)	67. (d)	68. (c)	69. (c)	70. (c)
71. (c)	72. (b)	73. (a)	74. (c)	75. (d)	76. (a)	77. (b)	78. (d)	79. (c)	80. (b)
81. (b)	82. (b)	83. (c)	84. (c)	85. (d)	86. (a)	87. (a)	88. (a)	89. (b)	90. (d)
91. (b)	92. (b)	93. (a)	94. (b)	95. (d)	96. (c)	97. (c)	98. (d)	99. (c)	100. (a)

स्तर 2

अभ्यास प्रश्न

1. मानव विकास सूचकांक में शामिल निम्नलिखित अवयवों को सही क्रम में सजाएं–
   1. जीवन प्रत्याशा सूचकांक
   2. शिक्षा प्राप्ति सूचकांक
   3. जीवन स्तर सूचकांक

   (a) 1, 2, 3 (b) 3, 2, 1
   (c) 1, 3, 2 (d) कोई नहीं
2. निम्न कथनों पर विचार करें–
   1. कुछ विद्वान और नीति-निर्माता विकास या कल्याण के सूचक के रूप में GDP के उपयोग से खुश नहीं हैं।
   2. कुछ विद्वानों की मान्यता थी कि उन्हें विकास को विशेषकर सामाजिक विकास को प्रत्यक्षतः मापना चाहिए।

   सही कथन का चयन करें –
   (a) केवल 1 (b) केवल 2
   (c) दोनों (d) कोई नहीं
3. केन्द्रीय सांख्यिकी संगठन ने अर्थव्यवस्था को कितनी श्रेणियों में बांटा है?
   (a) 7 (b) 9
   (c) 11 (d) 10
4. प्राथमिक सेक्टर का निर्धारण किस आधार पर किया जाता है?
   (a) जीवन में उपयोगिता के आधार पर
   (b) प्रकृति से इसके सम्बन्ध के आधार पर
   (c) अर्थशास्त्रियों के वर्गीकरण के आधार पर
   (d) उपर्युक्त में से कोई नहीं
5. केन्द्रीय सांख्यिकी संगठन द्वारा वर्गीकृत निम्न श्रेणियों को उसकी वरीयता क्रम में सजाएं–
   1. निर्माण
   2. बिजली एवं गैस
   3. खनन
   4. सामाजिक एवं व्यक्तिगत सेवाएं

   (a) 3, 1, 2, 4 (b) 1, 2, 3, 4
   (c) 2, 4, 3, 1 (d) 4, 3, 1, 2
6. निम्नलिखित में से कौन-सा आय की असमता का प्रभाव नहीं है?
   (a) बेरोजगारी
   (b) औद्योगिक मन्दी
   (c) आर्थिक शक्तियों का केन्द्रीकरण
   (d) जीवन में स्तर में भिन्नता
7. वीरमगम जो कच्चे तेल के आयात का महत्वपूर्ण केन्द्र है, स्थित है?
   (a) गुजरात (b) कर्नाटक
   (c) तमिलनाडु (d) महाराष्ट्र
8. निम्नलिखित में से कौन-सा गरीबी के कारणों का आर्थिक तत्व नहीं है?
   (a) जनसंख्या में तीव्र गति से वृद्धि
   (b) कृषि की निम्न उत्पादकता
   (c) निरक्षरता
   (d) आय की असमानता
9. निम्नलिखित में से कौन सुमेलित नहीं है ?
   (a) प्रथम पंचवर्षीय योजना – 1951-56
   (b) तृतीय पंचवर्षीय योजना – 1961-66
   (c) छठी पंचवर्षीय योजना – 1980-85
   (d) नौवीं पंचवर्षीय योजना – 1998-2003
10. निम्नलिखित में से कौन सामाजिक आधारभूत संरचना का सबसे कम महत्वपूर्ण तत्व है?
    (a) शिक्षा (b) गृह-निर्माण
    (c) संचार (d) सामाजिक सुरक्षा
11. आयोजन का अर्थ है–
    (a) एक अच्छे तरीका से सोचा गया विकास
    (b) एक सोची-समझी का वृद्धि का चयन जो विकास को बढ़ाए
    (c) विकास के लिए एक समन्वित और सजग मानवीय प्रयास

(d) विकास का वह रास्ता जो किसी ठोस नीति पर आधारित हो

12. निम्न कथनों पर विचार करें–
    1. धनात्मक योगदान के बावजूद कोई क्षेत्र अपना आपेक्षिक स्थान खो सकता है।
    2. द्वितीयक क्षेत्र और प्राथमिक क्षेत्र के बीच GDP में योगदान को लेकर कड़ी प्रतियोगिता है।

    सही उत्तर का चयन करें–
    (a) केवल 1 (b) केवल 2
    (c) दोनों (d) उपर्युक्त कोई नहीं
13. 90 का दशक किस क्षेत्र का दशक था?
    (a) प्राथमिक (b) द्वितीयक
    (c) तृतीयक (d) उपर्युक्त कोई नहीं
14. 'कृषि राष्ट्र का उद्योग है और निर्माण क्षेत्र शहर का उद्योग है।' यह कथन किसका है?
    (a) अमर्त्य सेन (b) एडम स्मिथ
    (c) रॉबिन्स (d) डेविड मॉरिस
15. आधारभूत संरचना को दो भागों में विभाजित किया जाता है, यह है–
    (a) आर्थिक और गैर-आर्थिक
    (b) आर्थिक और सामाजिक
    (c) सांस्कृतिक और आर्थिक
    (d) आर्थिक और राजनीतिक
16. भूरा कोयला किसे कहा जाता है?
    (a) बॉक्साइट (b) लिग्नाइट
    (c) एन्थ्रासाइट (d) उपर्युक्त कोई नहीं
17. तेल और प्राकृतिक गैस आयोग की स्थापना 1959 में की गई, उसके पहले यह किस नाम से जाना जाता था?
    (a) तेल और प्राकृतिक गैस निदेशालय
    (b) प्राकृतिक गैस आयोग
    (c) तेल और प्राकृतिक गैस खनन आयोग
    (d) उपर्युक्त में से कोई नहीं
18. तेल उत्पादन शुरू होने के क्रम के हिसाब से निम्नलिखित स्थानों को व्यवस्थित करें–
    1. दिग्बोई 2. अंकलेश्वर
    3. जामनगर 4. कैम्बे बेसिन
    5. बम्बई हाई

    (a) 1, 2, 4, 5, 3 (b) 2, 3, 1, 5, 4
    (c) 5, 1, 2, 4, 3 (d) 1, 3, 4, 2, 5
19. निम्नलिखित कथनों पर विचार करें।
    1. सकल घरेलू उत्पाद से अभिप्राय किसी देश में एक वर्ष के दौरान उत्पादित समस्त वस्तुओं और सेवाओं के मौद्रिक मुल्य से होता है।
    2. समस्त वस्तुओं और सेवाओं को एक ही जैसी इकाई में व्यक्त करना आवश्यक नहीं है।
    3. सकल घरेलू उत्पाद में विदेश से शुद्ध साधन आय से जोड़ने से सकल राष्ट्रीय उत्पाद के अनुमान प्राप्त होते हैं।

    कूट की सहायता से सही उत्तर का चयन करें।
    (a) 1 और 2 (b) 2 और 3
    (c) 1 और 3 (d) कोई नहीं
20. निम्नलिखित राज्यों में से कौन-कौन पवन बिजली का उत्पादन करते हैं?
    1. आंध्र प्रदेश 2. गुजरात
    3. कर्नाटक 4. केरल
    5. मध्य प्रदेश 6. महाराष्ट्र
    7. उड़ीसा 8. राजस्थान
    9. तमिलनाडु

    (a) 1, 2, 3 (b) 4, 5, 6, 7, 8
    (c) 6, 7, 8, 9 (d) उपर्युक्त सभी
21. वैसे लोग जो प्रत्यक्षत: रोजगार में होते हैं परन्तु वास्तव में वे बेरोजगार होते हैं, कहलाते हैं–
    (a) खुली बेरोजगारी
    (b) छिपी बेरोजगारी
    (c) संरचनात्मक बेरोजगारी
    (d) चक्रिक बेरोजगारी
22. निम्नलिखित में से कौन-सा मौटे तौर पर ऊर्जा का अन्तिम स्रोत है?
    (a) कोयला (b) पेट्रोलियम उत्पाद
    (c) प्राकृतिक गैस (d) विद्युत
23. निम्नलिखित कथनों पर विचार करें–
    1. पाश्चात्य देशों की तुलना में भारत में बेरोजगारी दर निम्न है।
    2. भारत में जितनी उच्च शिक्षा होती है, बेरोजगारी की दर उतनी ही ऊँची होती है।

    सही उत्तर चुनिये–
    (a) केवल 1 (b) केवल 2
    (c) दोनों (d) उपर्युक्त कोई नहीं

24. निम्नलिखित में से कौन राष्ट्रीय आय के रूप में जाना जाता है?
    (a) सकल घरेलु उत्पाद
    (b) सकल राष्ट्रीय उत्पाद
    (c) शुद्ध राष्ट्रीय उत्पाद तात्विक मूल्य पर
    (d) शुद्ध राष्ट्रीय उत्पाद
25. निम्नलिखित कथनों पर विचार करें।
    1. जब राष्ट्रीय आय शब्द का प्रयोग किया जाता है तो इसका तात्पर्य शुद्ध राष्ट्रीय उत्पाद से होता है।
    2. प्रति व्यक्ति आय जानने के लिए हम अर्थव्यवस्था की कुल राष्ट्रीय आय अर्थात शुद्ध राष्ट्रीय उत्पाद को कुल जनसंख्या से भाग देते हैं।
    3. राष्ट्रीय आय की गणना स्थिर कीमतों के आधार पर की जाती है।
    कूट की सहायता से सही उत्तर का चयन करें।
    (a) 1 और 2 (b) 2 और 3
    (c) 1 और 3 (d) कोई नहीं
26. मौसमी बेरोजगारी सम्बन्धित है–
    (a) निजी क्षेत्र (b) सार्वजनिक क्षेत्र
    (c) कृषि (d) बैंक
27. निम्नलिखित में से कौन-सा मौलिक उद्योग नहीं है?
    (a) लोहा-इस्पात (b) कागज
    (c) उर्वरक (d) सीमेन्ट
28. निम्नलिखित में से कौन-सा मुद्रास्फीति का कारण नहीं है?
    (a) कृषि उत्पाद में निम्न वृद्धि
    (b) औद्योगिक उत्पाद में निम्न वृद्धि
    (c) जनसंख्या में निम्न वृद्धि
    (d) मंहगे आयातों में तीव्र वृद्धि
29. गरीबी रेखा की संकल्पना पर पुनर्विचार के लिए किस समिति का गठन किया गया था?
    (a) चक्रवर्ती समिति (b) लकड़ावाला समिति
    (c) बान्चू समिति (d) दत्त समिति
30. निम्नलिखित में से कौन-सा कर केवल राज्य सरकारों द्वारा लगाया जाता है?
    (a) धन कर (b) मनोरंजन कर
    (c) आय कर (d) व्यापार कर
31. शुद्ध राष्ट्रीय उत्पाद में सम्मिलित नहीं है–
    (a) अप्रत्यक्ष व्यापार कर
    (b) व्यापारिक आय कर
    (c) अवमूल्यन कर
    (d) मकान-मालिकों का किराया मूल्य
32. केन्द्रीय सांख्यिकी संस्थान द्वारा अपनाये गये क्षेत्रीय वर्गीकरण पर ध्यान दें–
    1. कृषि, वानिकी और मत्स्य
    2. खनन
    3. विद्युत, गैस और जल-आपूर्ति
    4. व्यापार, होटल और रेस्टोरेंट
    उपर्युक्त में से किस दो को मिला देने पर वे प्राथमिक क्षेत्र कहलायेंगे?
    (a) 1 और 2 (b) 1 और 3
    (c) 3 और 4 (d) 2 और 4
33. नायक समिति का सम्बन्ध है–
    (a) कुटीर उद्योगों से (b) लघु उद्योगों से
    (c) भारी उद्योगों से (d) उपर्युक्त सभी
34. 1956 की औद्योगिक नीति के सन्दर्भ में निम्नलिखित को सुमेलित करें–

सूची-I	**सूची-II**
A. प्रथम वर्ग का उद्योग	1. लघु एवं कुटीर उद्योग
B. द्वितीय वर्ग का उद्योग	2. लोहा एवं इस्पात
C. तृतीय वर्ग का उद्योग	3. रासायनिक खाद
D. सहकारी क्षेत्र में विकास	4. सीमेण्ट

कूटः

	A	**B**	**C**	**D**
(a)	2	4	3	1
(b)	1	3	4	2
(c)	2	3	1	4
(d)	2	3	4	1

35. भारत के योजना आयोग के सम्बन्ध में निम्नलिखित में से कौन-सा कथन सही है?
    (a) योजना आयोग का संविधान में कोई उल्लेख नहीं है।
    (b) इसके सदस्यों एवं उपाध्यक्ष का कोई निश्चित कार्यकाल नहीं होता।
    (c) इसके सदस्यों के लिए कोई निश्चित योग्यता नहीं है।
    (d) उपर्युक्त सभी
36. निम्नलिखित में से कौन-सा मूल कारक नहीं है जिस पर जनसंख्या की वृद्धि निर्भर करती है?
    (a) जन्म दर (b) मृत्यु दर
    (c) प्रव्रजन में (d) जनसंख्या का लिंगानुपात

37. जैसे-जैसे अर्थव्यवस्था विकसित होती है राष्ट्रीय आय में तृतीयक क्षेत्र का अंश–
(a) घटता है तथा तत्पश्चात् बढ़ता है
(b) बढ़ता है, तत्पश्चात् घटता है
(c) बढ़ता जाता है
(d) घटता जाता है

38. भारत की राष्ट्रीय आय में निम्नलिखित में से किस क्षेत्र का सबसे कम योगदान है?
(a) प्राथमिक (b) द्वितीयक
(c) तृतीयक (d) तीनों का योगदान समान है

39. हवाला प्रणाली को व्याख्यायित किया जा सकता है–
(a) यह औपचारिक मूल्य अंतरण प्रणाली है, जिसमें एक व्यक्ति तृतीय पक्ष से सरकार की तरफ से, दूसरे भौगोलिक स्थान पर समान भुगतान के उद्‌देश्य से मुद्रा प्राप्त करता है।
(b) यह अनौपचारिक मूल्य अंतरण प्रणाली है, जिसमें एक व्यक्ति तृतीय पक्ष से दूसरे भौगोलिक स्थान पर, समान भुगतान के उद्‌देश्य से मुद्रा प्राप्त करता है।
(c) यह नियंत्रित मुद्रा अंतरण प्रणाली है, जिसमें प्राप्तकर्ता को केवल स्थानीय मुद्रा का भुगतान किया जाता है।
(d) यह विदेशी मुद्रा में अनाधिकृत भुगतान करने की अवैध कार्यप्रणाली है।

40. विकसित और विकासशील देशों के संदर्भ में विचार कीजिए–
1. विकसित देशों का सकल घरेलु उत्पादन, विकासशील देशों के सकल घरेलु उत्पादन से अधिक होता है।
2. विकसित देशों में प्रति व्यक्ति आय, विकासशील देशों की प्रति व्यक्ति आय की तुलना में अधिक होती है और दोनों के बीच में अंतर बढ़ रहा है।
3. उच्च आय वाला देश विकसित देश नहीं भी हो सकता है।

उपर्युक्त कथनों में से कौन-से सही हैं?
(a) केवल 1 और 2 (b) केवल 2 और 3
(c) केवल 1 और 3 (d) उपरोक्त सभी

41. निम्नलिखित में से कौन अर्थव्यवस्था के चतुर्थ क्षेत्र के अंतर्गत आता है?
(a) रक्षा संबंधी उत्पादन
(b) खेल आधारित उद्योग और इससे संबंधित दूसरे उद्योग
(c) आई.टी., आर. एंड डी. और दूसरी ज्ञान आधारित सेवाएं
(d) स्वास्थ्य और संस्कृति क्षेत्र

42. सामान्यत: हम एक शब्द 'राशन' सुनते हैं। यह किस क्षेत्र से संबंधित है?
(a) खाद्यान्न और कृषि
(b) ईंधन
(c) माल और सेवांए
(d) किसी भी क्षेत्र, जिसका नियंत्रित वितरण हो, के साथ संबंधित किया जा सकता है।

43. निम्नलिखित बाजार के उपकरणों को जोखिम के बढ़ते हुए क्रम के अनुसार व्यवस्थित कीजिए–
1. सावधि जमा 2. इक्विटी में निवेश
3. विकल्पों में निवेश

सही कूट–
(a) 1 < 2 < 3 (b) 1 < 3 < 2
(c) 2 < 1 < 3 (d) 3 < 2 < 1

44. निम्न में से कौन 'फुट लूज उद्योग' का उदाहरण है?
(a) सीमेन्ट उद्योग (b) कागज उद्योग
(c) हीरा उद्योग (d) अल्यूमीनियम उद्योग

45. एग्रोफ्लेशन (खाद्य मुद्रास्फीति) के संदर्भ में निम्नलिखित कथनों में से कौन सही है?
1. एग्रोफ्लेशन कृषि वस्तुओं के मूल्यों के बढ़ने से उत्पन्न मुद्रास्फीति है।
2. एग्रोफ्लेशन प्रक्रिया के दौरान, मुद्रास्फीति और मुद्रा अवस्फीति एक साथ होते हैं।

उपर्युक्त कथनों में से कौन-सा/से कथन सही है/हैं?
(a) केवल 1 (b) केवल 2
(c) 1 और 2 दोनों (d) न ही 1 न ही 2

46. भारतीय स्टेट बैंक के संदर्भ में निम्नलिखित कथनों पर विचार कीजिए–
1. भारतीय स्टेट बैंक, भारत के बाहर शाखा खोलने वाला पहला भारतीय बैंक है।
2. भारतीय स्टेट बैंक, चीन में अपनी शाखा खोलने वाला पहला भारतीय बैंक है।

उपर्युक्त कथनों में से कौन-सा/से कथन सही है/हैं?
(a) केवल 1 (b) केवल 2
(c) 1 और 2 दोनों (d) न ही 1 न ही 2

47. निम्नलिखित को सुमेलित कीजिए-

(समिति)	**(आच्छादित क्षेत्र)**
A. रंगराजन समिति	1. भुगतान संतुलन
B. सुंदराजन समिति	2. पेट्रोलियम
C. गोइपोरिया समिति	3. बैंकिंग क्षेत्र में सुधार
D. नानजुबदप्पा समिति	4. रेलवे किराया

कूट-

	A	B	C	D
(a)	4	3	2	1
(b)	1	2	3	4
(c)	1	3	2	4
(d)	4	2	1	3

48. निम्नलिखित में से कौन मुद्रा अपस्फीति का सबसे बड़ा कारण माना जाता है?
(a) मुद्रा आपूर्ति की तुलना में माल और सेवाओं में कमी
(b) निर्यात की तुलना में आयात में कमी
(c) माल और सेवाओं की तुलना में मुद्रा आपूर्ति में कमी
(d) आयात की तुलना में निर्यात में कमी

49. यदि सीआरआर बढ़ा दिया जाता है, तब निम्न में से कौन-सा कथन सत्य है?
(a) आरबीआई की ऋण देने की क्षमता घटती है।
(b) वाणिज्यिक बैंकों की ऋण देने की क्षमता घटती है।
(c) उपभोक्ता की जमा करने की क्षमता बढ़ती है।
(d) तरलता को प्रभावित नहीं करती है।

50. भारत में रुपये के अवमूल्यन के संदर्भ में निम्नलिखित कथनों में से कौन-सा/से सही नहीं है/हैं?
1. भारत के शुद्ध निर्यातक देश होने के कारण, रुपये के अवमूल्यन का देश के भुगतान संतुलन पर सकारात्मक प्रभाव पड़ा है।
2. आंतरिक मामले जैसे कमजोर घरेलू इक्विटी बाजार, मुद्रास्फीति के कारण लागत मूल्य, रुपये के अवमूल्यन में परिणत होते हैं।
3. बाह्य मामले जैसे यूरोपीय ऋण संकट और डॉलर की अनवरत मांग रुपये के अवमूल्यन में परिणत होते हैं।

सही कूट-
(a) केवल 1 (b) केवल 1 और 3
(c) केवल 2 और 3 (d) 1, 2 और 3

51. निम्नलिखित कथनों पर विचार कीजिए-
1. अस्थायी विनमय दर प्रणाली में विनमय दर की अनौपचारिक गिरावट को अवमूल्यन कहा जाता है।
2. मुद्रा की विनमय दर में कमी लाये बिना इसके प्रत्यक्ष मूल्य में परिवर्तन करना रिडिनोमिनेशन है न कि अवमूल्यन या पुनर्मूल्यांकन।

उपर्युक्त कथनों में से कौन-सा/से कथन सही है/हैं?
(a) केवल 1 (b) केवल 2
(c) 1 और 2 दोनों (d) न ही 1 न ही 2

52. मुंबई इंटर बैंक ऑफर रेट (MIBOR) प्रदान करता है-
(a) कॉल मनी मार्केट के लिए बेंचमार्क दर।
(b) पूंजी बाजार के लिए बेंचमार्क दर।
(c) कॉर्पोरेट बॉन्ड मार्केट के लिए बेंचमार्क दर।
(d) इंफ्रास्ट्रक्चर बॉन्ड मार्केट के लिए बेंचमार्क दर।

53. योजना अवकाश (प्लान हॉलिडे) के संदर्भ में निम्नलिखित कथनों पर विचार कीजिए-
1. चतुर्थ पंचवर्षीय योजना की असफलता ने सरकार को योजना अवकाश की घोषणा करने पर बाध्य कर दिया।
2. योजना अवकाश की अवधि के दौरान दो भिन्न योजनाएं बनायी जाती हैं- वार्षिक योजना एवं पंचवर्षीय योजना।

उपर्युक्त कथनों में से कौन-सा/से कथन सही है/हैं?
(a) केवल 1 (b) केवल 2
(c) 1 और 2 दोनों (d) न ही 1 न ही 2

54. स्काइस्कैपर इंडेक्स (एसआई) क्या है?
(a) यह विश्व के सर्वाधिक विकसित शहरों के बहुखंडीय भवनों में निवास करने वाले लोगों के जीवन-यापन मानदंडों एवं उनकी प्रसन्नता के मध्य संबंध व्यक्त करने वाला एक इंडेक्स है।
(b) यह किसी शहर में श्रम, कंक्रीट, रियल इस्टेट और पूँजी के अतिरिक्त उत्पादन द्वारा होने वाली वृद्धि का मापन करने वाले गुणांकों का इंडेक्स है।
(c) यह यू.एन. हैबिटैट द्वारा विकसित एवं संकल्पित एक इंडेक्स है जो कि किसी नगर की गगनचुंबी इमारतों में निवास करने वाली जनसंख्या और उसी नगर की मलिन बस्तियों की जनसंख्या का वास्तविक अनुपात एक विशेष पैटर्न मे व्यक्त करता है।
(d) यह एक संकल्पना है जो यह व्याख्या करती है कि जब चक्रीय वृद्धि समाप्त हो जाती है तब गगनचुंबी इमारतों में निवेश अपने उच्चतम स्तर पर होता है और अर्थव्यवस्था मंदी की और उन्मुख होती है,

इस प्रकार यह आर्थिक संकट का द्योतक है न कि आर्थिक उत्कर्ष का।

55. विशेष आहरण अधिकार (एस.डी.आर.) के संदर्भ में निम्नलिखित कथनों पर विचार कीजिए-
   1. विशेष आहरण अधिकार (एस.डी.आर.) विश्व बैंक द्वारा परिभाषित एवं नियंत्रित अनुपूरक विदेशी मुद्रा संरक्षित सम्पत्ति है।
   2. भारित मुद्रा टोकरी (Weighted currency basket) की चार मुख्य मुद्राएं यूरो, अमेरिकन डॉलर, ब्रिटिश पाउंड तथा जापानी येन विशेष आहरण अधिकार (एसडीआर) के मूल्य को निर्धारित करती हैं।
   3. एसडीआर देशों को आवंटित किये जाते हैं, निजी संस्थाएं इसका प्रयोग नहीं कर सकती हैं।

   उपर्युक्त कथनों में से कौन-सा/से कथन सही है/हैं?
   (a) केवल 1 (b) केवल 1 और 2
   (c) केवल 2 और 3 (d) 1, 2 और 3

56. निम्नलिखित कथनों पर विचार कीजिए-
   1. निर्देशक योजना समाजवादी देश में अपनायी गयी है जहां समस्त संसाधन राज्य के स्वामित्व मे हैं और उत्पादन, खपत, बचत, पूंजी निर्माण और वितरण से संबंधित निर्णय राज्य द्वारा लिए जाते हैं।
   2. प्रोत्साहन योजना आमतौर पर मिश्रित अर्थव्यवस्था में अपनायी जाती है, जहां सार्वजनिक और निजी क्षेत्र का सह अस्तित्व हो।

   उपर्युक्त कथनों में से कौन-सा/से कथन सही है/हैं?
   (a) केवल 1 (b) केवल 2
   (c) 1 और 2 दोनों (d) न ही 1 न ही 2

57. निम्न में से कौन केंद्र सरकार के आर्थिक प्रदर्शन का सबसे अच्छा सूचक है?
   (a) राजकोषीय घाटा (Fiscal Deficit)
   (b) राजस्व घाटा (Revenue Deficit)
   (c) प्राथमिक घाटा (Primary Deficit)
   (d) बजटीय घाटा (Budget Deficit)

58. अरुण माईरा समिति के विषय में निम्न में से कौन-सा कथन सही नहीं है?
   (a) इसने भारत के औषधि क्षेत्र में विलय और अधिग्रहण के विषय में भारतीय प्रतिस्पर्धा आयोग (सीसीआई) को ज्यादा अधिकार देने की सिफारिश की है।
   (b) इसने औषधि क्षेत्र में प्रत्यक्ष विदेशी निवेश के नियमों को बदलने की सिफारिश की है।
   (c) इसका मुख्य उद्देश्य औषधि क्षेत्र में नवीन निवेशों को बढ़ावा देना है।
   (d) इनमें से कोई नहीं

59. निम्नलिखित युग्मों पर विचार कीजिए-

	(योजना)		**(बैंक)**
1.	भरोसा गोल्ड लोन	:	एचडीएफसी बैंक
2.	इजी-पे कार्ड	:	यूनियन बैंक ऑफ इंडिया
3.	गृह गम्य	:	भारतीय स्टेट बैंक

   उपर्युक्त कथनों में से कौन-सा/से कथन सही है/हैं?
   (a) केवल 1 (b) केवल 2
   (c) केवल 1 और 2 (d) केवल 1 और 3

60. निम्नलिखित में से कौन ''वित्तीय मध्यस्थ'' के रूप में कार्य नहीं कर सकता है?
   1. बैंक 2. बीमा कंपनियां
   3. दलाल

   सही कूट-
   (a) केवल 1
   (b) केवल 2
   (c) केवल 3
   (d) सभी वित्तीय मध्यस्थ के रूप में कार्य कर सकते हैं

61. अतिरिक्त कर भार से तात्पर्य है:
   (a) कर से होने वाले कल्याण कार्यों में निवल हानि।
   (b) अत्यधिक अनुदान भार।
   (c) धन भार के ऊपर और अतिरिक्त भार।
   (d) धन भार व वास्तविक भार की समानता।

62. निम्नलिखित जोड़ों पर विचार कीजिए-

	(देश)	**(वर्तमान सरकार का प्रारूप)**
1.	स्वाजीलैण्ड	राजतंत्र
2.	तुर्की	इस्लामिक गणतंत्र
3.	मंगोलिया	संसदीय गणतंत्र
4.	वियतनाम	समाजवादी गणतंत्र

   उपर्युक्त जोड़ों में से कौन-से जोड़े सही सुमेलित हैं?
   (a) केवल 1 और 2 (b) केवल 1, 3 और 4
   (c) केवल 2, 3 और 4 (d) 1, 2, 3 और 4

63. इंटरनेशनल सिक्यूरटीज आइडेंटिफिकेशन नंबर (ISIN) के संदर्भ में निम्नलिखित कथनों पर विचार कीजिए-
   1. प्रतिभूतियाँ जिनके लिए ISIN जारी किए जाते हैं उनमें बांड, वाणिज्यिक पत्र, इक्विटी और वारंट शामिल हैं।

2. ISIN एक 12 अंकों वाला अल्फा-न्यूमेरिक कोड है, जिसमें किसी वित्तीय विपत्र से संबंधित सूचना होती है।

उपर्युक्त कथनों में से कौन-सा/से कथन गलत है/हैं?

(a) केवल 1 (b) केवल 2

(c) 1 और 2 दोनों (d) न तो 1 न ही 2

64. ''वल्चर फंडस'' के संबंध में निम्न में से कौन-सा/से कथन गलत है/हैं?

1. वल्चर फंड एक निजी इक्विटी या हेज फंड है जो ऐसी इकाई द्वारा जारी ऋणों में निवेश करती है जिसे बहुत कमजोर अथवा डूबती हुई माना जाता है या जिसका ऋण आसन्न चूकने वाला होता है।
2. वल्चर फंडस केवल सक्षम ऋणी राष्ट्रों के ऋण लक्ष्यों से संबंधित होते हैं।

उपर्युक्त कथनों में से कौन-सा/से कथन सही है/हैं?

(a) केवल 1 (b) केवल 2

(c) 1 और 2 दोनों (d) न ही 1 न ही 2

65. म्युचुअल फंड, व्यक्तिगत प्रतिभूतियों में प्रत्यक्ष निवेश करने की तुलना में अधिक लाभकारक होते हैं। निम्न में से कौन-सा/से इसके लाभ नही है/हैं?

1. अधिक प्रत्याशित आय
2. अनुकूलित करने के लिए अधिक अवसर
3. सरकार की निगरानी

सही कूट-

(a) केवल 1 (b) केवल 3

(c) केवल 1 और 2 (d) केवल 1 और 3

66. वायदा व्यापार आयोग (एफएमसी) के संबंध में निम्नलिखित कथनों पर विचार कीजिए-

1. वायदा व्यापार आयोग (एफएमसी), भारतीय मंत्रिमंडल के एक प्रस्ताव द्वारा स्थापित, एक गैर-संवैधानिक निकाय है।
2. एफएमसी भारत के वाणिज्य एवं उद्योग मंत्रालय के प्रशासनिक नियंत्रण के अंतर्गत कार्य करता है।

उपर्युक्त कथनों में से कौन-सा/से कथन सही है/हैं?

(a) केवल 1 (b) केवल 2

(c) 1 और 2 दोनों (d) न ही 1 न ही 2

67. दस्तावेज (वाउचर) निजीकरण से तात्पर्य है-

(a) स्टॉक बाजार में शेयर की बिक्री से।

(b) सामान्यतः नीलामी के द्वारा स्ट्रैटिजक इन्वेस्टर की संपूर्ण संस्थान (अथवा एक हिस्से) की बिक्री से।

(c) सभी नागरिकों में, सामान्यतः मुफ्त या अत्यंत कम कीमत पर शेयरों को वितरण करने से।

(d) पूर्व समाजवादी देशों में नए निजी व्यवसायों के प्रारंभ से।

68. एकीकृत कम लागत की सफाई योजना के बारे में निम्नलिखित कथनों में से कौन-सा कथन सही नहीं है?

(a) इस योजना का प्रमुख उद्देश्य प्रत्येक शुष्क शौचालय को जल बहाव वाले शौचालय में बदलता है।

(b) प्रारंभ में यह गृह मंत्रालय द्वारा शुरू की गई थी और अब इसे आवास और शहरी गरीबी उपशमन मंत्रालय द्वारा कार्यान्वित किया जाता है।

(c) योजना केवल अनुसूचित जातियों एवं अनुसूचित जनजातियों तक ही सीमित है।

(d) योजना जनसंख्या के आधार पर सभी शहरी क्षेत्रों में लागू है।

69. नव उदारवाद की निम्न में से कौन-सी विशेषताएं हैं?

1. बीपीएल जनसंख्या के लिए अधिक सब्सिडी हेतु सार्वजनिक खर्च का पुनर्निर्देशन।
2. कर आधार का विस्तार और औसत सीमांत कर दर को अपनाना।
3. पूंजी का वित्तीयन

सही कूट-

(a) केवल 1 और 3 (b) केवल 2 और 3

(c) केवल 1 और 3 (d) 1, 2 और 3

70. शेयरों की पुनर्खरीद (बाइबैक आफ शेयर्स) के संदर्भ में निम्नलिखित कथनों पर विचार कीजिए-

1. यह तब होती है जब कंपनी को यह प्रतीत होता है कि वर्तमान शेयर मूल्य अधिक हो गया है।
2. यह प्रति शेयर आय वृद्धि में परिणत होता है।
3. यह शेयर धारकों के सेवा कार्य की लागत को कम करने में मदद करता है।

उपर्युक्त कथनों में से कौन-सा/से कथन सही है/हैं?

(a) 1, 2 और 3 (b) केवल 1 और 2

(c) केवल 2 और 3 (d) केवल 2

71. निम्नलिखित कथनों पर विचार कीजिए-

1. गाडगिल सूत्र का संबंध केंद्र से राज्यों को करों के हस्तांतरण से है।
2. हस्तांतरण के लिए वैकल्पिक योजना के अंतर्गत, निगम कर और अधिभार को छोड़कर सभी केंद्रीय कर, राज्य के साथ साझा किए जाते हैं।

3. अनुच्छेद 280 के अंतर्गत वित्त आयोग केंद्र से राज्य के करों के अंतरण हेतु, संवैधानिक रूप से बाध्य है।

उपर्युक्त कथनों में से कौन-सा/से कथन सही है/हैं?

(a) केवल 1 और 2 (b) केवल 1 और 3
(c) केवल 2 और 3 (d) केवल 3

72. सहकारी बैंकों के संदर्भ में निम्नलिखित कथनों पर विचार कीजिए-

1. सहकारी बैंक, जमा संग्रहण, शाख की आपूर्ति और प्रेषण सुविधाओं से संबंधित प्रावधानों जैसे सभी मुख्य कार्य करते हैं।
2. सभी सहकारी बैंक, अनुसूचित बैंक होते हैं।
3. वे अन्य बैंकों की तरह सीआरआर एवं एसएलआर, आवश्यकताओं के अधीन होते हैं।

उपर्युक्त कथनों में से कौन-सा/से कथन सही है/हैं?

(a) केवल 2 और 3 (b) केवल 1
(c) केवल 1 और 3 (d) केवल 1 और 2

73. के. वाई. सी. (नो योर कस्टमर) के संदर्भ में निम्नलिखित कथनों पर विचार कीजिए-

1. यह बैंकों की बेहतर जोखिम प्रबंधन में मदद करता है।
2. यह बैंकों के लाभप्रदाता में सुधार करेगा।
3. यह मनी लॉड्रिंग को नियंत्रित करने में मदद करेगा।
4. इससे वित्तीय समावेशन के विस्तार में मदद मिलेगी।

उपर्युक्त कथनों में से कौन-से कथन सही हैं?

(a) केवल 1, 3 और 4
(b) केवल 2 और 3
(c) केवल 1, 2 और 4
(d) 1, 2, 3 और 4

74. मुद्रास्फीति को लक्षित करने के संदर्भ में निम्नलिखित कथनों पर विचार कीजिए-

1. लक्षित मुद्रास्फीति (टारगेटेड इंफ्लेशन) की दर आरबीआई द्वारा तय की जाती है।
2. यह मौद्रिक नीति के संचालन में पारदर्शिता को बढ़ावा देता है।
3. इसमें मौद्रिक नीति एवं राजकोषीय नीति के परस्पर व्यापन की आवश्यकता होगी।

उपर्युक्त कथनो में से कौन से कथन सही हैं?

(a) केवल 1 और 2 (b) केवल 2 और 3
(c) केवल 1 और 3 (d) 1, 2 और 3

75. 'इको मार्क' किसी उत्पाद पर दिए गए प्रमाणन का चिन्ह होता है कि यह उत्पाद-

(a) किफायती कीमत वाला है
(b) पर्यावरण की दृष्टि से अनुकूल है
(c) नष्ट होने वाला नहीं है
(d) अच्छी किस्म का है

76. आर्थिक नियोजन विषय है-

(a) संघ सूची में
(b) राज्य सूची में
(c) समवर्ती सूची में
(d) किसी विशेष सूची में उल्लिखित नहीं है

77. भारतीय अर्थव्यवस्था के सन्दर्भ में निम्नलिखित गतिविधियों पर विचार कीजिए-

1. कृषि, वानिकी और मात्स्यकी
2. विनिर्माण
3. व्यापार, होटल, परिवहन एवं संचार
4. वित्त पोषण, बीमा, भूमि भवन तथा व्यवसाय सेवाएं

इन क्षेत्रों का साधन लागत पर निवल घरेलु उत्पाद के लिए स्थिर कीमतों (2000-2001) पर अंशदान का घटता क्रम है-

(a) 3, 1, 2, 4 (b) 1, 3, 4, 2
(c) 3, 4, 1, 2 (d) 1, 3, 2, 4

78. साख नियन्त्रण के परिमाणात्मक उपायों में निम्नलिखित में से क्या शामिल नहीं है?

(a) खुले बाजार की क्रियाएं
(b) सांविधिक तरलता अनुपात
(c) बैंक दर
(d) ऋणों के लिए मार्जिन आवश्यकताएं

79. निम्नलिखित योजनाओं के आरम्भ किये जाने का सही कालक्रम क्या है?

1. सूखा आशंकित क्षेत्र कार्यक्रम
2. जवाहर रोजागर योजना
3. समन्वित ग्रामीण विकास कार्यक्रम
4. न्यूनतम आवश्यकता कार्यक्रम

कूट :

(a) 1, 4, 3, 2 (b) 4, 3, 2, 1
(c) 1, 2, 3, 4 (d) 4, 3, 1, 2

80. सूची-I को सूची-II के साथ सुमेलित कीजिए और सूचियों के नीचे दिए गए कूट का प्रयोग करते हुए सही उत्तर चुनिए-

सूची-I (पद)	सूची-II (व्याख्या)
A. राजकोषीय घाटा	1. कुल प्राप्तियों की तुलना में कुल व्यय की अधिकता
B. बजटीय घाटा	2. राजस्व प्राप्तियों की तुलना में राजस्व व्यय की अधिकता
C. राजस्व घाटा	3. ऋणदानों को घटाकर कुल प्राप्तियों की तुलना में कुल व्यय की अधिकता
D. प्राथमिक घाटा	4. ऋणदानों और ब्याज अदायगियों को घटाकर कुल प्राप्तियों की तुलना में कुल व्यय की अधिकता

कूट:

	A	B	C	D
(a)	3	1	2	4
(b)	4	3	2	1
(c)	1	3	2	4
(d)	3	1	4	2

81. परिवार नियोजन कार्यक्रम को सर्वप्रथम सर्वोच्च प्राथमिकता वाला कार्यक्रम बताया गया है–
(a) द्वितीय योजना में (b) चतुर्थ योजना में
(c) पाँचवी योजना में (d) छठी योजना में

82. भारत सहायता क्लब की स्थापना किस पंचवर्षीय योजना में की गई?
(a) द्वितीय पंचवर्षीय योजना
(b) तृतीय पंचवर्षीय योजना
(c) पांचवी पंचवर्षीय योजना
(d) सातवीं पंचवर्षीय योजना

83. राजकोषीय घाटे का अर्थ है–
(a) सरकारी व्यय-रिर्जव बैंक के अतिरिक्त अन्य स्त्रोतों से उधारियां
(b) सरकारी राजस्व व्यय राजस्व प्राप्तियां
(c) सरकारी पूंजीगत व्यय-राजस्व खाते में आधिक्य
(d) सरकारी व्यय-कर एवं गैर कर राजस्व प्राप्तियां

84. परिवार नियोजन कार्यक्रम में जो प्रणाली अपनायी गई है, उसका नाम है–
(a) आई० यू० सी० डी० प्रणाली
(b) प्रेरणा प्रोग्राम प्रणाली
(c) कैफेटेरिया प्रणाली
(d) उपर्युक्त में से कोई नहीं

85. जन्म क्षमता निर्भर करती है–
(a) स्त्रियों की विवाह की आयु पर
(b) जनन क्षमता की अवधि पर
(c) परिवार में वृद्धि की गति पर
(d) उपर्युक्त सभी पर

86. ओटसी (OTCI) क्या है?
(a) चीन की परमाणु शक्तियुक्त पनडुब्बी
(b) अमरीका की आर्थिक नीति के लिए प्रयुक्त माप
(c) भारत का एक शेयर बाजार
(d) भारत के सुरक्षा अनुसंधान विकास

87. मुद्रा आपूर्ति की माप M_3 में निम्नलिखित में से किसे सम्मिलित नहीं किया जाता?
(a) जनता के पास नकद मुद्रा
(b) डाकखानों की मांग जमा
(c) बैंकों की मांग जमा
(d) बैंकों की सवाधि जमा

88. इकोनॉमिक एंड सोशल कमीशन फॉर एशिया एंड पैसिफिक का मुख्यालय कहाँ है?
(a) सिंगापुर (b) बैंकाक
(c) मनीला (d) क्वालालम्पुर

89. एक राष्ट्र के धन में निम्नलितखत में से क्या शामिल नहीं है?
(a) उसकी खानें (b) उसके बांध
(c) उसकी मुद्रा-पूर्ति (d) उसका पशुधन

90. स्टैगफ्लेशन क्या है?
(a) विकास के साथ मुद्रास्फीति
(b) विकास के साथ अवस्फीति
(c) अवस्फीति के पश्चात् मुद्रास्फीति
(d) मन्दी के साथ मुद्रास्फीति

91. योजना में कोर सेक्टर का तात्पर्य है–
(a) कृषि
(b) रक्षा
(c) लोहा एवं इस्पात उद्योग
(d) चयनित आधारभूत उद्योग

92. GNP और GDP में अन्तर है–
(a) सकल विदेशी विनियोग का
(b) शुद्ध विदेशी विनियोग का
(c) शुद्ध निर्यात का
(d) विदेशों से शुद्ध साधन आय का

93. कौन-सा कथन सत्य है?
नियोजन काल में भारत का व्यापार
(a) केवल मात्रा में बढ़ा है
(b) केवल मूल्य में बढ़ा है
(c) मात्रा और मूल्य दोनों में बढ़ा है
(d) मात्रा और मूल्य दोनों में घटा है

94. स्वतंत्रता प्राप्ति के पहले कितनी योजनायें भारत सरकार को समर्पित की गई थी?
(a) पाँच (b) तीन
(c) सात (d) कोई नहीं

95. राज्यों को तदर्थ अनुदान देने हेतु गाडगिल फार्मूले के अन्तर्गत् सर्वाधिक महत्व दिया है–
(a) जनसंख्या को (b) संसाधन जुटाने को
(c) आय को (d) विशेष समस्याओं को

96. आश्रित बोझ क्या है?
(a) बुजुर्गों का अपनी अगली पीढ़ी पर निर्भर होना
(b) नाबालिग बच्चों का अपने माता-पिता पर निर्भर होना
(c) बेरोजगार युवकों का सरकार पर निर्भर होना
(d) स्त्रियों का अपने पतियों पर निर्भर होना

97. किसी देश में आय का पुनर्वितरण करने का सर्वोत्तम मार्ग है–
(a) प्रगामी व्यय से संयुक्त प्रगामी कराधान
(b) प्रतिगामी व्यय से संयुक्त प्रगामी कराधान
(c) प्रतिगामी व्यय से संयुक्त प्रतिगामी कराधान
(d) प्रगामी व्यय से संयुक्त प्रतिगामी कराधान

98. निम्न में से आर्थिक विकास को मापने का उपयुक्त सूचकांक कौन है?
(a) एक वर्ष में स्थिर कीमतों पर राष्ट्रीय आय में वृद्धि
(b) वास्तविक प्रति व्यक्ति आय में एक स्थिर वृद्धि
(c) लम्बे समय तक चालू कीमतों पर राष्ट्रीय आय में वृद्धि
(d) जनसंख्या में वृद्धि के साथ-साथ राष्ट्रीय आय में वृद्धि

99. भारत में आय और सम्पत्ति के असमान वृद्धि को समाप्त करने का सर्वोत्तम उपाय है?
(a) कृषि का राष्ट्रीयकरण
(b) उद्योगों का राष्ट्रीयकरण
(c) सीमा से अधिक सम्पत्ति का अनिवार्य अधिग्रहण
(d) कराधान की प्रगामी प्रणाली को अपनाकर

100. भारत की कुल जनसंख्या का कितना भाग कार्यकारी आयु वर्ग में है?
(a) 50% (b) 52.6%
(c) 58.7% (d) 62.3%

उत्तरमाला

1. (a)	2. (c)	3. (b)	4. (b)	5. (a)	6. (b)	7. (a)	8. (c)	9. (d)	10. (c)
11. (c)	12. (c)	13. (c)	14. (b)	15. (b)	16. (b)	17. (a)	18. (a)	19. (c)	20. (d)
21. (b)	22. (d)	23. (b)	24. (c)	25. (a)	26. (c)	27. (b)	28. (c)	29. (b)	30. (b)
31. (c)	32. (a)	33. (b)	34. (d)	35. (d)	36. (d)	37. (c)	38. (a)	39. (d)	40. (d)
41. (c)	42. (d)	43. (a)	44. (c)	45. (a)	46. (b)	47. (a)	48. (c)	49. (b)	50. (a)
51. (b)	52. (a)	53. (d)	54. (d)	55. (c)	56. (a)	57. (c)	58. (b)	59. (b)	60. (d)
61. (c)	62. (b)	63. (b)	64. (b)	65. (c)	66. (d)	67. (c)	68. (c)	69. (b)	70. (c)
71. (d)	72. (c)	73. (d)	74. (b)	75. (b)	76. (c)	77. (d)	78. (d)	79. (a)	80. (a)
81. (b)	82. (a)	83. (c)	84. (c)	85. (d)	86. (c)	87. (b)	88. (b)	89. (c)	90. (d)
91. (d)	92. (d)	93. (c)	94. (b)	95. (a)	96. (b)	97. (a)	98. (b)	99. (d)	100. (c)

भाग IV

विगत वर्ष के पूछे गये प्रश्नों का विषयवार व्याख्यात्मक हल

(2017–2021)

सिविल सेवा प्रारम्भिक परीक्षा
(2017 - 2000)
पूछे गये प्रश्नों का विषय वस्तुवार व्याख्यात्मक हल

राष्ट्रीय आय

1. निम्नलिखित में से कौन-सा/से भारत में 1991 में आर्थिक नीतियों के उदारीकरण के बाद घटित हुआ/हुए है/हैं? (2017)
   1. GDP में कृषि का अंश वृहत् रूप से बढ़ गया।
   2. विश्व व्यापार में भारत के निर्यात का अंश बढ़ गया।
   3. FDI का अंतर्वाह (इनफ्लो) बढ़ गया।
   4. भारत का विदेशी विनिमय भण्डार वृहत् रूप से बढ़ गया।

   नीचे दिए गए कूट का प्रयोग कर सही उत्तर चुनिए:
   (a) केवल 1 और 4 (b) केवल 2, 3 और 4
   (c) केवल 2 और 3 (d) 1, 2, 3 और 4

व्याख्या: (b) वर्ष 1991 में जीडीपी में कृषि का योगदान 32% था, जोकि उदारीकरण की प्रक्रिया के पश्चात अभी हाल के समय में घटकर 18% रह गया, अतः पहला कथन गलत है। खुली अर्थव्यवस्था और उदारीकरण से वैश्विक व्यापार में भारत के निर्यात के अंश में वृद्धि हुई है अतः दूसरा कथन सत्य है। खुली अर्थव्यवस्था ने एफडीआई के अन्तर्वाह को बढ़ाया है। देश में उदारीकृत नीतियों ने एफडीआई को आकर्षित किया है। अतः तीसरा कथन सत्य है। भारत के विदेशी विनिमय भण्डार में बढ़ोत्तरी हुई है। जहाँ वर्ष 1991 में विदेशी विनिमय भण्डार $3 अरब था वहीं वर्तमान ऑकड़ों के अनुसार यह भण्डार $ 350 अरब को पार कर गया है।

2. किसी देश की, कर से जी0डी0पी0 के अनुपात में कमी क्या सूचित करती है? (2016)
   1. आर्थिक वृद्धि-दर धीमी होना
   2. राष्ट्रीय आय का कम साम्यिक वितरण

   नीचे दिए गए कूट का प्रयोग कर सही उत्तर चुनिए।
   (a) केवल 1 (b) केवल 2
   (c) 1 और 2 दोनों (d) न तो 1 और न ही 2

व्याख्या (c): GDP में कर का % कम होने का प्रमुख कारण आर्थिक वृद्धि दर में कमी होना है क्योंकि यदि देश में वस्तुओं और सेवाओं के उत्पादन की दर नहीं बढ़ेगी तो सरकार को कर के रूप में कम आय प्राप्त होगी। अतः प्रश्न का विकल्प 1 सही है और दूसरा विकल्प इसलिये सही कि राष्ट्रीय आय का समान वितरण न होने से समाज का एक बहुत बड़ा तबका कम आय वाला रह जायेगा जो कर देने में असमर्थ रहेगा। अतः विकल्प (c) सही है।

3. भारतीय अर्थव्यवस्था के सन्दर्भ में, निम्नलिखित कथनों पर विचार कीजिए: (2016)
   1. पिछले दशक में वास्तविक सकल घरेलू उत्पाद की वृद्धि-दर लगातार बढ़ती रही है।
   2. पिछले दशक में बाजार कीमतों पर (रूपयों में) सकल घरेलू उत्पाद लगातार बढ़ता रहा है।

   उपर्युक्त कथनों में से कौन-सा/से सही है/हैं?
   (a) केवल 1 (b) केवल 2
   (c) 1 और 2 दोनों (d) न तो 1 और न ही 2

व्याख्या (b): पिछले दशक में वास्तविक GDP वृद्धि दर में उतार-चढ़ाव देखने को मिले हैं परन्तु बाजार कीमतों पर (रुपयों में) सकल घरेलू उत्पाद लगातार बढ़ा ही है। अतः सही उत्तर (b) है।

4. किसी दी गई अवधि के लिए एक देश की राष्ट्रीय आय- (2013)
   (a) नागरिकों द्वारा उत्पादित वस्तुओं और सेवाओं के कुल मूल्य के बराबर होगी।
   (b) कुल उपभोग और निवेश व्यय के योग के बराबर होगी।
   (c) सभी व्यक्तियों की वैयक्तिक आय के योग के बराबर होगी।
   (d) उत्पादित अन्तिम वस्तुओं और सेवाओं के मौद्रिक मूल्य के बराबर होगी।

व्याख्या (d): किसी देश की राष्ट्रीय आय, उस देश के नागरिकों द्वारा उत्पादित अन्तिम वस्तुओं और सेवाओं के मौद्रिक मूल्य के बराबर होती है। अतः विकल्प (a) और विकल्प (d) दोनों पूर्ण नहीं हैं। यदि इन्ही विकल्पों से कोई उत्तर का चुनाव करना है तो विकल्प (d) का चुनाव करेगें, क्योंकि राष्ट्रीय आय की गणना करते समय सदैव अंतिम वस्तुओं सेवाओं के मौद्रिक मूल्य को शामिल किया जाता है।

5. देश आर्थिक संवृद्धि अनिवार्य रूप से होगी, यदि- (2013)
   (a) विश्व अर्थव्यवस्था में तकनीकी प्रगति होती है।
   (b) X में जनसंख्या वृद्धि होती है।
   (c) X में पूंजी-निर्माण होता है।
   (d) विश्व अर्थव्यवस्था में व्यापार की मात्रा बढ़ती है।

व्याख्या (c) : किसी भी देश की अर्थव्यवस्था में आर्थिक संवृद्धि तभी होगी जब वहाँ के लोगों की प्रतिव्यक्ति आय बढ़ेगी, यह बढ़ी हुयी आय बचत और निवेश को बढ़ावा देगी, निवेश में वृद्धि पूँजी निर्माण (Capital Formation) में वृद्धि करेगी। अतः यदि किसी अर्थव्यवस्था में सतत पूँजी निर्माण की प्रक्रिया चले तो अनिवार्य रूप से अर्थव्यवस्था में संवृद्धि (Growth) दृष्टिगोचर होगी। अतः विकल्प (c) सत्य है।

6. भारतीय अर्थव्यवस्था के संदर्भ में निम्नलिखित कथनों पर विचार कीजिये। (2011)
   (1) विगत पांच वर्षों में जीडीपी की वृद्धि दर सतत् रूप से बढ़ी है।
   (2) विगत पांच वर्षों में प्रति व्यक्ति आय की वृद्धि पर सतत् रूप से बढ़ी है।

   उपर्युक्त में से कौन-सा/कौन से कथन सही है/हैं?
   (a) केवल 1
   (b) कवेल 2
   (c) 1 और 2 दोनों
   (d) न तो 1 और न ही 2

व्याख्या (d) : विगत पांच वर्षों में 2004-05 आधार मूल्यों पर (GDP) एवं (PCI) की वृद्धि दर निम्नवत् है :-

वर्ष	GDP	PCI
2006-07	9.6	7.9
2007-08	9.3	8.1
2008-09	6.7	4.7
2009-10	8.6	6.8
2010-11	9.3	7.2

इस तालिका से स्पष्ट है कि न तो GDP और न ही PCI की वृद्धि दर विगत पांच वर्षों से सतत रूप से बढ़ी है।

7. आर्थिक विकास समान्यतया युग्मित है- (2011)
   (a) अवस्फीति के साथ
   (b) स्फीति के साथ
   (c) स्टैगफ्लेशन के साथ
   (d) अतिस्फीति के साथ

व्याख्या (b) : आर्थिक विकास के लिए स्फीति (Inflation) का अर्थव्यवस्था में बने रहना अनिवार्य शर्त है क्योंकि स्फीतिकारी स्थिति उत्पादक वर्ग को नये निवेश उत्पादन और नये रोजगार को जन्म देने के लिए प्रेरित करेगा। नया रोजगार एक ओर प्रतिव्यक्ति आय में बढ़ोत्तरी करेगा वहीं दूसरी ओर उत्पादन में वृद्धि देश की जीडीपी में वृद्धि करेगी। अतः अर्थव्यवस्था का आर्थिक विकास होना निश्चित है। इसलिए विकल्प (b) सही है।

8. भारतीय अर्थव्यवस्था के संदर्भ में, निम्नलिखित कथनों पर विचार कीजिए- (2010)
   1. सकल घरेलू उत्पाद (GDP) में विगत एक दशक में चार गुना वृद्धि हुई है।
   2. सकल घरेलू उत्पाद (GDP) में सार्वजनिक क्षेत्र के प्रतिशत अंश में विगत एक दशक में कमी आयी है।

   उपर्युक्त में से कौन-सा/कौन से कथन सही है/हैं?
   (a) केवल 1 (b) केवल 2
   (c) 1 और 2 दोनों (d) न तो 1 और न ही 2

व्याख्या (b): विकल्प 1 असत्य है क्योंकि विगत एक दशक में देश की जीडीपी वृद्धि दर उतार और चढ़ाव दोनों दौर से गुजरी है। उदाहरण स्वरूप 2006-07, 2007-08 और 2010-11 के वित्तीय वर्षों में जीडीपी वृद्धि दर

क्रमश: 9.6%, 9.3% और 9.3% के उच्चत स्तर पर रही वहीं दूसरी ओर 2012-13, 2013-14, 2014-15, 2015-2016 एवं 2016-2017 के वित्तीय वर्षों में जीडीपी वृद्धि पर क्रमश: 5.6%, 6.6%, 7.2%, 7.6% एवं 7.1% (प्रथम अग्रिम अनुमान) के निम्नतम स्तर पर रही। इससे सिद्ध होता है कि विकल्प 1 असत्य है विकल्प 2 सत्य है क्योंकि विगत दशक में जीडीपी में सार्वजनिक क्षेत्र का हिस्सा कम जबकि निजी क्षेत्र का हिस्सा बढ़ा है उदाहरण स्वरूप कई क्षेत्रों में FDI की सीमा बढ़ायी गयी है साथ ही सरकार लगातार सार्वजनिक क्षेत्र की कंपनियों का विनिवेश के माध्यम से सरकारी इक्युटी में कमी कर रही है। अत: विकल्प b सत्य है।

9. भारतीय अर्थव्यवस्था के संदर्भ में, निम्नलिखित युग्मों पर विचार कीजिए- (2010)

	पद	सर्वोपयुक्त वर्णन
1.	मेल्ट डाउन	स्टाक कीमतों की गिरावट
2.	मंदी (रिसेशन)	संवृद्धि दर की गिरावट
3.	स्लोडाउन	सकल घरेलू उत्पाद (GDP) की गिरावट

उपर्युक्त में से कौन-सा/कौन से युग्म सही सुमेलित है/हैं?

(a) केवल 1 (b) केवल 2 और 3
(c) केवल 1 और 3 (d) 1, 2 और 3

व्याख्या (a) : मेल्ट डाउन प्रतिभूतियों एवं बंधपत्रों की गिरावट की स्थिति को दर्शाता है अत: विकल्प सत्य है। जबकि मंदी, व्यवसायिक एवं औद्योगिक चक्रों के संकुचन की स्थिति है और स्लोडाउन आर्थिक क्रियाओं की ह्रासमान स्थिति है।

10. पद "राष्ट्रीय आय" निरूपित करता है: (2001)
(a) बाजार कीमतों पर सकल राष्ट्रीय उत्पाद, मूल्य ह्रास घटाकर।
(b) बाजार कीमतों पर सकल राष्ट्रीय उत्पाद, मूल्य ह्रास घटाकर, विदेश से प्राप्त निवल कारक आय जोड़कर।
(c) बाजार कीमतों पर सकल राष्ट्रीय उत्पाद, मूल्य ह्रास और अप्रत्यक्ष करों को घटाकर सब्सिडी जोड़कर।
(d) बाजार कीमतों पर सकल राष्ट्रीय उत्पाद, विदेश से प्राप्त निवल कारक आय घटाकर।

व्याख्या (c): किसी देश की अर्थव्यवस्था में एक वित्तीय वर्ष में उस देश के नागरिकों द्वारा उत्पादित अंतिम वस्तुओं और सेवाओं के मौद्रिक मूल्य के योग से मूल्य ह्रास (Deprication) और अप्रत्यक्ष कर (Indirect Tax) को घटाकर तथा अन्त में सब्सिडी जोड़कर उस देश की निवल राष्ट्रीय आय, साधन कीमत (NNP at FC) पर जिसे उस देश की राष्ट्रीय आय कहते हैं।

* Country + Financial Year + Final Goods & Services Produced by India Citizen + Money Value + Total = GNP_{MC}
* GNP - Deprication - Indirect Tax + Subsidy = NNP_{FC}

11. वर्तमान मूल्यों (Current Price) पर प्रति व्यक्ति आय की वृद्धि दर स्थिर मूल्यों (Constant Prices) पर प्रति व्यक्ति आय की वृद्धि दर से अपेक्षाकृत अधिक है, क्योंकि वर्तमान मूल्यों पर प्रति व्यक्ति आय की वृद्धि दर में ध्यान रखा जाता है- (2000)
(a) जनसंख्या वृद्धि की दर का
(b) मूल्यस्तर की वृद्धि दर का
(c) मुद्रास्फीति की वृद्धि दर का
(d) वेतन दर में वृद्धि की दर का

व्याख्या (c) : वर्तमान (Current Price) में मुद्रस्फीति की दर शामिल की जाती है जबकि स्थिर मूल्य (Constant Price) में मुद्रास्फीति की दर शामिल नहीं होती परिणामस्वरूप सदैव ही वर्तमान मूल्य, स्थिर मूल्य के सापेक्ष अधिक रहेगा। अत: विकल्प c सही है।

मुद्रास्फीति

1. भारतीय अर्थव्यवस्था के संदर्भ में निम्नलिखित में से कौन-सा/से सांविधिक आरक्षित आवश्यकताओं का/के उद्देश्य है/हैं? (2014)
   1. केन्द्रीय बैंक को, बैंकों द्वारा निर्मित की जा सकने वाली अग्रिम राशियों पर नियंत्रण रखने की क्षमता प्रदान करना।
   2. बैंकों में जनता की जमा राशियों को सुरक्षित व तरल रखना।
   3. व्यावसायिक बैंकों को अत्यधिक लाभ कमाने से रोकना।

4. बैंकों को दिन-प्रतिदिन की आवश्यकताओं को पूरा करने के लिए पर्याप्त कोष्ठ नकदी (वॉल्ट कैश) रखने को बाध्य करना।

कूट :

(a) केवल-1 (b) केवल-1 और 2

(c) केवल-2 और 3 (d) 1, 2, 3 और 4

व्याख्या (a) : आरबीआई द्वारा निर्धारित एसएलआर (सांविधिक तरलता अनुपात) को मेनटेन करना प्रत्येक अनुसूची बैकों के लिये अनिवार्य होता है। प्रत्येक बैंक नकद, सोना और सरकारी प्रतिभूतियों में निवेश के रूप में एसएलआर को अपने पास मेनटेन रखते हैं इस पर रिजर्व बैंक नजर रखता है। एसएलआर के माधयम से आरबीआई, बैंकों के उधार देने की क्षमता पर नियंत्रण रखता है और एसएलआर मेंटेन होने के कारण बैंक वित्तीय रूप से मजबूत स्थिति में रहते हैं। अत: विकल्प (a) सत्य है।

2. 'सीमान्त स्थायी सुविधा दर' तथा 'निवल मांग और सावधि देयताएँ' जैसे शब्द कभी-कभी समाचार में आते रहते हैं। उनका प्रयोग किसके सम्बंध में किया जाता है? (2014)

(a) बैंक कार्य

(b) संचार नेटवर्किंग

(c) युद्ध कौशल

(d) कृषि उत्पादों की पूर्ति एवं माँग

व्याख्या (a) : सीमांत स्थायी सुविधा दर (Marginal Standing Facility-MSF) वर्ष 2011 में शुरू की गयी वह सुविधा है, जो आरबीआई बैंकों की नकदी की कमी को पूरा करने के लिए अतिरिक्त रूप से देता है। यह दर रेपो रेंट से 1 प्रतिशत ऊपर रहती है। इस प्रकार MSF निवल मांग और सावधि देयतायें दोनों ही शब्द बैंक कार्य से संबंधित है अत: विकल्प (a) सही उत्तर है।

3. निम्नलिखित में से किस एक का अपने प्रभाव में सर्वाधिक स्फीतिकारी होने की संभावना है?(2014)

(a) लोकऋण की चुकौती।

(b) बजट घाटे के वित्तीयन के लिए जनता से ऋणादान।

(c) बजट घाटे के वित्तीयन के लिए बैंकों से ऋणादान।

(d) बजट घाटे के वित्तीयन के लिए नई मुद्रा का सृजन।

व्याख्या (d) : बजट घाटे को पूरा करने के लिए सरकार, आरबीआई से नये नोटों का सृजन करवाती है, नोटो के सृजन की यह प्रक्रिया हिनार्थ प्रबन्धन (Deficit Financing) कहलाती है। इस स्थिति में सृजित नयी मुद्रा अर्थव्यवस्था में तरलता की मात्रा को बढ़ा देती है। तरलता में वृद्धि मांग में वृद्धि करती है। परिणामस्वरूप मांग और पूर्ति के मध्य अंतराल बढ़ने से मुद्रास्फीति (Inflation) की स्थिति उत्पन्न हो जाती है। इस स्थिति में अर्थव्यवस्था के सर्वाधिक स्फिीतिकारी होने की सम्भावना है। अत: विकल्प (d) सत्य है।

4. किसी अर्थव्यवस्था में यदि ब्याज की दर को घटाया जाता है, तो वह- (2014)

(a) अर्थव्यवस्था में उपभोग व्यय घटेगा।

(b) सरकार के कर संग्रह को बढ़ाएगा।

(c) अर्थव्यवस्था में निवेश व्यय को बढ़ाएगा।

(d) अर्थव्यवस्था में कुल बचत को बढ़ाएगा।

व्याख्या (c) : किसी अर्थव्यवस्था में यदि ब्याज की दरे घटती है तो, निवेशक वर्ग प्रोत्साहित होकर अधिक ऋण की मांग करेगा और विभिन्न उत्पादक गतिविधियों में निवेश करेगा अर्थात् अर्थव्यवस्था में निवेश व्यय को बढ़ावा मिलेगा। अत: विकल्प (c) सही है।

5. द्रव्य की पूर्ति यथावत् रहने पर यदि द्रव्य की मांग में वृद्धि होती है, तो- (2013)

(a) कीमत स्तर में गिरावट आ जायेगी।

(b) ब्याज की दर में वृद्धि हो जायेगी।

(c) ब्याज की दर में कमी हो जायेगी।

(d) आय और रोजगार के स्तर में वृद्धि हो जाएगी।

व्याख्या (b) : यदि बैंकों के पास द्रव्य की पूर्ति यथावत् (Constant) रहती है और द्रव्य की मांग में वृद्धि होती है तो बैंक ब्याज की दर में वृद्धि करेगी। विकल्प (b) सत्य है।

6. सामान्य कीमत-स्तर में बढ़ोत्तरी निम्नलिखित में से किन कारण/कारणों से हो सकती है? (2013)

1. द्रव्य की पूर्ति में वृद्धि।
2. उत्पादन के समग्र स्तर में गिरावट।
3. प्रभावी माँग में वृद्धि।

नीचे दिये गये कूट का प्रयोग कर सही उत्तर चुनिए।

(a) केवल–1 (b) केवल–1 और 2

(c) केवल–2 और 3 (d) 1, 2 और 3

व्याख्या (d) : किसी अर्थव्यवस्था में सामान्य कीमत स्तर बढ़ने का प्रमुख कारण ''मांग के सापेक्ष पूर्ति का कम होना है''। सामान्य कीमत स्तर में वृद्धि से तात्पर्य मुद्रास्फीति (Inflation) की स्थिति से है।

प्रश्न के विकल्प 1 के अनुसार द्रव्य की पूर्ति में वृद्धि मांग में वृद्धि लायेगी अर्थात यदि आय बढ़ती है तो उसके सापेक्ष मांग बढ़ती है, परिणामस्वरूप मांग के सापेक्ष पूर्ति कम हो जायेगी और सामान्य कीमत स्तरों में वृद्धि होना निश्चित है। अतः प्रश्न का विकल्प 1 सही है। प्रश्न के विकल्प 2 के अनुसार उत्पादन के समग्र स्तर में गिरावट अर्थात आपूर्ति पक्ष में कमी की स्थिति को दर्शाता है। परिमाणस्वरूप आपूर्ति कम और मांग में वृद्धि सामान्य कीमत स्तरो में वृद्धि ला देगी। अतः प्रश्न का विकल्प 2 भी सही है। प्रश्न के विकल्प 3 के अनुसार प्रभावी मांग में होने वाली वृद्धि, मांग और पूर्ति के मध्य अंतर को बढ़ा देगी परिणामस्वरूप सामान्य कीमत स्तर में वृद्धि हो जायेगी अतः प्रश्न का विकल्प 3 भी सही है। इस आधार पर विकल्प (d) सही है।

7. बैंक दर में वृद्धि सामान्यतः इस बात का संकेत है कि– (2013)

(a) ब्याज की बाजार दर के गिरने की सम्भावना है।

(b) केन्द्रीय बैंक अब वाणिज्यिक बैंकों को कर्ज नहीं दे रहा।

(c) केन्द्रीय बैंक सस्ती मुद्रा नीति का अनुसरण कर रहा है।

(d) केन्द्रीय बैंक महँगी मुद्रा नीति का अनुसरण कर रहा है।

व्याख्या (d) : बैंक दर में वृद्धि कर, केन्द्रीय बैंक वाणिज्यिक बैंकों के लिए ऋण लेना महंगा कर देती है, चूंकि वाणिज्यिक बैंकों को महंगी दरों में ऋण प्राप्त हो रहा है। परिणामस्वरूप वे जनता को ऋण देना महंगा कर देगी, जिससे आम जनता बैंक से ऋण लेने के लिये हतोत्साहित हो जायेगी। अर्थात् जब केन्द्रीय बैंक, बैंक दर में वृद्धि कर, अर्थव्यवस्था में तरलता को जाने से रोकता है ताकि मुद्रास्फीति की दर में वृद्धि न हो, इसके लिए केन्द्रीय बैंक सख्त/मंहगी मुद्रा नीति (Dear Money Policy) का अनुसरण कर ब्याज की दरों को बढ़ा देते हैं।

8. भारतीय अर्थव्यवस्था के सन्दर्भ में 'खुला बाजार प्रचालन' किसे निर्दिष्ट करता है? (2013)

(a) अनुसूचित बैंकों द्वारा आरबीआई से ऋण लेना।

(b) वाणिज्यिक बैंकों द्वारा उद्योग और व्यापार क्षेत्रों को ऋण देना।

(c) आरबीआई द्वारा सरकारी प्रतिभूतियों का क्रय और विक्रय।

(d) उपर्युक्त में से कोई नही।

व्याख्या (c) : खुला बाजार प्रचालन के माध्यम से केन्द्रीय बैंक (आरबीआई) सरकारी प्रतिभूतियों का क्रय-विक्रय करते है जब केन्द्रीय बैंक सरकारी प्रतिभूतियों का क्रय (खरीदे) जनता से करे तो इसका अर्थ है वह अर्थव्यवस्था में मुद्रा की आपूर्ति को बढ़ाना चाहता है। इसके विपरीत जब केन्द्रीय बैंक सरकारी प्रतिभूतियों का विक्रय (बेचना) बैंकों को करता है तो इसका अर्थ है वह अर्थव्यवस्था से मुद्रा की आपूर्ति को कम करना चाहता है। अतः विकल्प (c) सत्य है।

9. निम्नलिखित कथनों पर विचार कीजिए– (2013)

1. मुद्रास्फीति ऋणियों को लाभ पहुंचाती है।

2. मुद्रास्फीति बाण्ड धारकों को लाभ पहुंचाती है।

उपर्युक्त कथनों में से कौन-सा/से सहीं है/हैं?

(a) केवल 1 (b) केवल 2

(c) 1 और 2 दोनों (d) न तो 1 और न ही 2

व्याख्या (a) : मुद्रास्फीति की दर में वृद्धि मुद्रा की क्रय क्षमता में कमी ला देता है यही कारण है जब ऋणी (जिसने उधार लिया है) एक निश्चित समयावधि के बाद ब्याज सहित मूलधन की वापसी करता है परन्तु बढ़ी हुई मुद्रा स्फीति की दर उस बढ़ी हुई धनराशि की क्रय क्षमता में कमी ला देती है, देखने में तो धनराशि अधिक होगी परन्तु उस राशि की क्रय क्षमता कम हो जाती है। परिणामस्वरूप मुद्रास्फीति के काल में ऋणी लाभ की स्थिति में रहता है। प्रश्न का विकल्प 1 सत्य है। मुद्रास्फीति की स्थिति बाण्ड धारकों को लाभ के स्थान पर हानि पहुंचाती है क्योंकि बाण्ड धारकों को लाभ के स्थान पर हानि पहुंचाती है। क्योंकि बाण्ड धारकों को एक निश्चित अवधि के बाद पूर्व निर्धारित दर पर ब्याज दिया

जाता चूंकि वे स्थिर आय समूह वर्ग में शामिल होते है। इसलिये बढ़ी हुई मुद्रास्फीति उनकी स्थिर आय की क्रय क्षमता को कम कर देती है और वे हानि उठाते है। अतः प्रश्न का विकल्प 2 असत्य है। इस प्रश्न का सही विकल्प (a) है।

10. भारतीय रिजर्व बैंक द्वारा सीआरआर में वृद्धि से- (2013)
(a) सरकार के ऋण में कमी आती है।
(b) अर्थव्यवस्था में मौद्रिक तरलता में कमी आती है।
(c) देश में अधिक विदेशी प्रत्यक्ष पूंजी निवेश आता है।
(d) वांछित क्षेत्रों में ऋण प्रवाह बढ़ता है।

व्याख्या (b) : उपरोक्त प्रश्न के उत्तर के लिए प्रश्न सं0 10 की व्याख्या देखें।

11. निम्नलिखित में से किसके/किनके परिणामस्वरूप अर्थव्यवस्था में मुद्रा आपूर्ति में वृद्धि होगी?(2012)
1. केन्द्रीय बैंक द्वारा लोगों से सरकारी प्रतिभूतियों का क्रय।
2. लोगों द्वारा वाणिज्यिक बैंकों में जमा की गई करेंसी।
3. सरकार द्वारा केन्द्रीय बैंक से लिया गया ऋण।
4. केन्द्रीय बैंक द्वारा लोगों को सरकारी प्रतिभूतियों का विक्रय

निम्नलिखित कूटों के आधार पर सही उत्तर चुनिये:
(a) केवल 1 (b) केवल 2 और 4
(c) 1 और 3 (d) 2, 3 और 4

व्याख्या (c) : अर्थव्यवस्था में मुद्रा की आपूर्ति (Money Supply) में वृद्धि निम्न प्रकार से की जा सकती है:-
- केन्द्रीय बैंक द्वारा लोगों से सरकारी प्रतिभूतियों का क्रय कर के क्योंकि जब केन्द्रीय बैंक जनता से सरकारी प्रतिभूतियों का क्रय (खरीदेगी) करेगी तो उसके बदले में जनता को धन का हस्तान्तरण करेगी और जनता के पास तरलता बढ़ जायेगी। यह बढ़ी तरलता अर्थव्यवस्था में मुद्रा की आपूर्ति बढ़ा देगा।
- जब सरकार केन्द्रीय बैंक से नयी मुद्रा का सृजन करवाती है और उसे ऋण के रूप में प्राप्त करती है तो ऐसी स्थिति में भी अर्थव्यवस्था ने मुद्रा की आपूर्ति बढ़ जाती है। क्योंकि सरकार इस तरलता का प्रयोग अर्थव्यवस्था के विकास एवं कल्याण ाकारी उद्देश्यों को पूरा करने में व्यय करती है। परिणामस्वरूप तरलता अर्थव्यवस्था में पहुंच जाती है। इस प्रकार प्रश्न का विकल्प 1 और 3 सही है। जबकि प्रश्न का विकल्प 2 और 4 से अर्थव्यवस्था में मुद्रा आपूर्ति बढ़ने की बजाय कम होती है। प्रश्न के विकल्प 2 के अनुसार जब लोग अपनी जमाये बैंकों के पास रखेंगे तो अर्थव्यवस्था से तरलता स्वतः ही कम हो जायेगी और प्रश्न के विकल्प 4 के अनुसार जब केन्द्रीय बैंक जनता को सरकारी प्रतिभूतियाॅ बेचेगा तो जनता अपनी तरलता उन प्रतिभूतियों को खरीदने में निवेश कर देगी स्वतः ही अर्थव्यवस्था से मुद्रा की आपूर्ति कम हो जायेगी। अतः विकल्प (c) सही है।

12. स्फीति दर में होने वाली तीव्र वृद्धि का आरोप कभी ''आधार प्रभाव'' (Base effects) पर लगाया जाता है। यह ''आधार प्रभाव'' क्या है? (2011)
(a) यह फसलों के खराब होने से आपूर्ति में उत्पन्न उग्र प्रभाव है।
(b) यह तीव्र आर्थिक विकास के कारण तेजी से बढ़ रही मांग का प्रभाव है।
(c) यह विगत वर्ष की कीमतों का स्फीति दर की गणना पर आया प्रभाव है।
(d) उपरोक्त में से कोई नहीं।

व्याख्या (c) : पूर्व के आंकड़ों का वर्तमान आकड़ों की गणना पर पड़ने वाला प्रभाव ''आधार प्रभाव'' कहलाता है। उदाहरणस्वरूप: यदि गत वर्ष स्फीति अत्यंत न्यूनतम स्तर पर हो तो इस वर्ष मूल्य सूचकांक में थोड़ी सी वृद्धि भी स्फीति दर को गत वर्ष की तुलना में काफी बड़ा दिखाएगी यही प्रभाव आधार प्रभाव कहलाता है।

13. भारत के संदर्भ में निम्नलिखित कथनों पर विचार कीजिये:- (2011)
(1) भारत में थोक मूल्य सूचकांक (WPI) केवल मासिक आधार पर उपलब्ध है।
(2) औद्योगिक कामगारों के लिए जारी किये जाने वाले उपभोक्ता सूचकांक (CPI-IW) की तुलना में थोक मूल्य सूचकांक में खाद्य वस्तुओं को कम महत्व दिया गया है।

उपर्युक्त कथनों में से कौन सा/से सही हैं/है ?
(a) केवल-1 (b) केवल-2
(c) 1 और 2 दोनों (d) न तो 1 और न ही 2

व्याख्या (b) : भारत में मुद्रास्फीति का आंकलन "थोक मूल्य सूचकांक" द्वारा साप्ताहिक आधार पर अंतिम बार 27 जनवरी, 2012 को जारी किया गया। चूंकि प्रश्न वर्ष 2010 में पूछा गया है इसलिए प्रश्न का विकल्प 1 गलत है। परन्तु 27 जनवरी, 2012 के बाद से WPI को मासिक आधार पर जारी किया जाने लगा है।

उपभोक्ता कामगारों के लिए जारी किया जाने वाला सूचकांक CPI-IW है, यह सूचकांक खाद्य मुद्रास्फीति की गणना थोक मूल्य सूचकांक की तुलना में ज्यादा बेहतर एवं व्यवहारिक तरह से करता है अत: प्रश्न का विकल्प 2 सत्य है। अत: सही उत्तर विकल्प (b) है।

14. भारतीय रिजर्व बैंक के बैंक दर कम करने के फलस्वरूप- (2011)
   (a) बाजार की तरलता बढ़ जाती है।
   (b) बाजार की तरलता घट जाती है।
   (c) बाजार की तरलता पर कोई प्रभाव नहीं पड़ता।
   (d) वाणिज्यिक बैंक अधिक जमापूंजी संगृहीत कर लेते हैं।

व्याख्या (a) : आरबीआई जब बैंक दर कम करता है तो वाणिज्यिक बैंकों के लिए आरबीआई से ऋण लेना सस्ता हो जाता है, चूंकि बैंकों को सस्ते में ऋण की प्राप्ति होती है इसलिये वे आम जनता के लिये भी सस्ते ऋण की व्यवस्था करता है और इस प्रकार बाजार में तरलता की मात्रा बढ़ जाती है अत: विकल्प (a) सत्य है।

15. निम्नलिखित में से कौन सी पारिभाषिक शब्दावली उस क्रियाविधि को इंगित करती है जिसके माध्यम से वाणिज्य बैंक सरकार को उधार देता है? (2010)
   (a) नकदी उधार अनुपात (कैश क्रेडिट रेशियो)।
   (b) ऋण सेवा दायित्व (डेट सर्विस ऑब्लिगेशन)।
   (c) तरलता समायोजन सुविधा (लिक्विडिटी एडजेस्टमेंट)।
   (d) सांविधिक तरलता अनुपात (स्टेचुरी लिक्विडिटी रेशियो)।

व्याख्या (d) : सांविधिक तरलता अनुपात (SLR) के अन्तर्गत प्रत्येक वाणिज्यिक बैंक को अपनी कुल जमाओं का एक निश्चित अनुपात नकद, कीमती धातुए (स्वर्ण) एवं सरकारी प्रतिभूतियों के रूप में रखना अनिवार्य होता है। जब वाणिज्यिक बैंक (SLR) को निर्धारित करने के लिये सरकारी प्रतिभूतियों में निवेश करते हैं तो इस प्रकार से वाणिज्यिक बैंक सरकार के लिए ऋण (उधार) की व्यवस्था कर रहे होते हैं।

16. जब भारतीय रिजर्व बैंक नकदी रिजर्व अनुपात (CRR) में वृद्धि की घोषणा करता है, तो इसका तात्पर्य क्या है? (2010)
   (a) वाणिज्य बैंकों के पास उधार देने के लिए कम मुद्रा होगी।
   (b) भारतीय रिजर्व बैंक के पास उधार देने के लिए कम मुद्रा होगी।
   (c) केन्द्र सरकार के पास उधार देने के लिए कम मुद्रा होगी।
   (d) वाणिज्य बैंकों के पास उधार देने के लिए अपेक्षाकृत अधिक मुद्रा होगी।

व्याख्या (a) : आरबीआई के नियमानुसार प्रत्येक वाणिज्यिक बैंक को अपनी विशुद्ध कुल देयताओं (जमा राशि) का एक हिस्सा, जो आरबीआई द्वारा निर्धारित किया जाता है, आरबीआई के पास रखना अनिवार्य होता है। इसे CRR कहते है।

बैंक की कुल जमा (करोड़ में)	सीआरआर की दर % में	बैंक की उधार देने की क्षमता (करोड़ में)
100	10%	100−10 = 90
100	15%	100−15 = 85
100	20%	100−20 = 80

उपरोक्त तालिका से स्पष्ट है कि सीआरआर की दर में वृद्धि बैंको की उधार देने की क्षमता को कम कर देगा अर्थात् विकल्प (a) सही है।

17. निम्नलिखित कथनों पर विचार कीजिए:- (2007)
   1. रेपो दर ऐसी दर है जिस पर अन्य बैंक भारतीय रिजर्व बैंक से धनराशि उधार लेते हैं।
   2. किसी देश के गिनी गुणांक के 1 के मान का अभिप्राय है कि उस देश की जनता में प्रत्येक को आय पूर्णत: समान है।

   कूट :
   (a) केवल 1 (b) केवल 2
   (c) 1 और 2 दोनों (d) न तो 1 और न ही 2

व्याख्या (a) : रेपो रेट (Repo Rate) वह दर है जिस पर आरबीआई वाणिज्यिक बैंकों को अल्पकालिक ऋण उपलब्ध कराती है। अतः का विकल्प 1 सत्य है।

गिनी गुणांक का मान 0-1 के बीच होता है यदि किसी देश के गिनी गुणांक का मान शून्य है तो उस देश की जनता में प्रत्येक की आय समान है जबकि गिनी गुणाक का मान 1, जनता की आय के मध्य आय की असमानता को उजागर करता है अतः प्रश्न के विकल्प 2 असत्य है। इस प्रश्न का सही उत्तर विकल्प (a) है।

18. निम्नलिखित कथनों पर विचार कीजिए: (2005)
    1. वर्ष 2004 में भारत का विदेशी मुद्रा भंडार 125 अरब अमेरिकी डॉलर के अंक को पार नहीं कर पाया।
    2. थोक मूल्य सूचकांकों की श्रृंखला जो अप्रैल, 2000 को शुरू हुई, का आधार वर्ष 1993-94 है।

    कूट :
    (a) केवल 1 (b) केवल 2
    (c) दोनों 1 और 2 (d) न ही 1 और न ही 2

व्याख्या (b) : देश के कुल विदेशी मुद्रा भण्डार के चार महत्वपूर्ण घटक है-
(i) भारतीय रिजर्व बैंक की विदेशी मुद्रा परिसम्पत्तियाँ।
(ii) आरबीआई के स्वर्ण भण्डार।
(iii) सरकार की एसडीआर राशि।
(iv) IMF के पास सुरक्षित राशि।

वर्ष 2004 में भारत का विदेशी मुद्रा भण्डार 129.7 बिलियन डालर था अतः कथन 1 असत्य है। वर्तमान में भारत का विदेशी मुद्रा भण्डार (दिसम्बर, 2016 की स्थिति) 360 अरब डॉलर है। थोक मूल्य सूचकांक की श्रृंखला जो 1 अप्रैल, 2000 को शुरू हुई थी का आधार वर्ष 2004-05 था अतः कथन 2 सत्य है। इस प्रकार प्रश्न का विकल्प (b) सत्य है।

19. बैंक दर ब्याज की वह दर है जिस पर - (2005)
    (a) एक बैंक सामान्य जनता को उधार देता है।
    (b) भारतीय रिजर्व बैंक सामान्य जनता को ऋण देता है।
    (c) भारत सरकार अन्य देशों को उधार देती है।
    (d) भारतीय रिजर्व बैंक वाणिज्यिक बैंकों के बिल को पुनर्कटौती करता है।

व्याख्या (d): बैंक दर वह दर है जिस पर आरबीआई वाणिज्यिक बैंकों के लिये दीर्घकालिक ऋण की व्यवस्था करता है। बिलों की पुनर्कटौती का तात्पर्य है कि जब आरबीआई अपनी बैंक दर घटाता है तो बैंकों को अपनी प्रतिभूतियों पर पहले की तुलना में अधिक निधिया प्राप्त होगी अर्थात् बैंकों के पास निधियों की उपलब्धता बढ़ जायेगी, इसे ही बिलो की पुनर्कटौती कहा जाता है।

20. निम्नांकित में से कौन मुद्रास्फीति के नियंत्रण की विधि नहीं है? (2005)
    (a) मांग पर नियंत्रण
    (b) मुद्रा की पूर्ति पर नियंत्रण
    (c) ब्याज दर को कम करना
    (d) वस्तुओं की राशनिंग

व्याख्या (c) : यदि बैंक ब्याज दर को कम करते हैं तो इस स्थिति में जनता बैंक से अधिक मात्रा में ऋण लेने के लिये प्रेरित होगी जो अर्थव्यवस्था में तरलता को बढ़ाकर अतिरिक्त मांग का सृजन करेगी यह अतिरिक्त मांग, मांग और पूर्ति के मध्य अंतर को बढ़ाकर मुद्रास्फीति की दर को बढ़ाने का कार्य करेगी अतः ब्याज की दर कम करना मुद्रास्फीति के नियंत्रण की विधि नहीं है। विकल्प (c) सही है।

1. कृषि

1. निम्नलिखित कथनों पर विचार कीजिए- (2017)
   राष्ट्रव्यापी 'मृदा स्वास्थ्य कार्ड स्कीम' का उद्‌देश्य है।
   1. सिंचित कृषियोग्य क्षेत्र का विस्तार करना।
   2. मृदा गुणवत्ता के आधार पर किसानों को दिए जाने वाले ऋण की मात्रा के आकलन में बैंकों को समर्थ बनाना।
   3. कृषि भूमि में उर्वरकों के अति-उपयोग को रोकना।

   उपर्युक्त कथनों में से कौन-सा/से सही है/हैं?
   (a) केवल 1 और 2 (b) केवल 3
   (c) केवल 2 और 3 (d) 1, 2 और 3

व्याख्या: (b) 19 फरवरी 2015 को प्रधानमंत्री नरेन्द्र मोदी द्वारा सूरतगढ़ राजस्थान से प्रारम्भ की गयी मृदा स्वास्थ्य कार्ड योजना की थीम है: स्वस्थ्य धरा खेत हरा। इस योजना का उद्‌देश्य मिट्टी की गुणवत्ता की जांच कर

जमीन को जरूरत से ज्यादा उर्वरक के प्रयोग से बचाना है। इस योजना का लक्ष्य आगामी 3 वर्षों के दौरान देश के 145 मिलियन किसानों को मृदा स्वास्थ्य कार्ड प्रदान करना है और हर 3 वर्ष बाद उनका नवीनकरण करना है। अत: विकल्प (b) सही है।

2. भारत की खाद्य एवं पोषण सुरक्षा के संदर्भ में विभिन्न फसलों की 'बीज प्रतिस्थापन दरों' को बढ़ाने से भविष्य के खाद्य उत्पादन लक्ष्यों को प्राप्त करने में मदद मिलती है। किंतु इसके अपेक्षाकृत बड़े/विस्तृत कार्यान्वयन में क्या बाध्यता है/बाध्यतायें हैं? (2014)
   1. कोई भी राष्ट्रीय बीज नीति नहीं बनी है।
   2. निजी क्षेत्र की बीज कम्पनियों की, उद्यान-कृषि फसलों की रोपण सामग्रियों और सब्जियों के गुणवत्ता वाले बीजों की पूर्ति में कोई सहभागिता नहीं है।
   3. निम्न मूल्य एवं उच्च परिमाण वाली फसलों के मामले में गुणवत्ता वाले बीजों के बारे में माँग-पूर्ति अंतराल है।

   नीचे दिए गए कूट का प्रयोग कर सही उत्तर चुनिए।

   (a) 1 और 2 (b) केवल 3
   (c) 2 और 3 (d) कोई नही

व्याख्या (b) : भारत में समय-समय पर बीज नीति (2002 में, 2009 में) बनायी जाती रही है। इसलिये विकल्प 1 गलत है। निजी क्षेत्र की बहुराष्ट्रीय कम्पनी माहिको मोंसेटो बायोटेक, गुजरात एवं तमिलनाडु में स्थापित रासी (Rasi) सीडस लि. कम्पनियाँ बीज आपूर्ति के कार्य में संलग्न है अत: विकल्प 2 भी गलत है। भारत में खाद्य उत्पादन लक्ष्यों को प्राप्त करने में बाधक के रूप में बीजों की मांग के अनुरूप पूर्ति का न हो पाना है। इसलिये केवल विकल्प 3 सही है। वर्ष 1963 में राष्ट्रीय बीज निगम की स्थापना की गयी तथा बीज विकास, उत्पादन एवं वितरण से संबंधित कार्यों को प्राविधिनित करने के लिए भारतीय बीज अधिनियम वर्ष 1966 में पारित किया गया।

3. हाल के वर्षों में भारत निरंतर उच्च खाद्य स्फीति से गुजरा है। इसके क्या कारण हो सकते हैं? (2011)
   1. उत्तरोत्तर वाणिज्यिक फसलों की खेती में प्रयुक्त होने के कारण खाद्यान्नों का कृषि क्षेत्र विगत पांच वर्षों में लगातार घटते हुए लगभग 30 प्रतिशत घट गया है।
   2. बढ़ी हुई आय के कारण लोगों के उपभोग प्रतिरूप में महत्वपूर्ण परिवर्तन आए हैं।
   3. आहार आपूर्ति श्रृंखला में कई संरचनात्मक अवरोध हैं।

   उपर्युक्त में से कौन से कथन सही हैं?

   (a) केवल 1 और 2 (b) केवल 2 और 3
   (c) केवल 1 और 3 (d) 1, 2 और 3

व्याख्या (b) : भारतीय कृषि खाद्यान्न फसलों के अतिरिक्त वाणिज्यिक फसलों का उत्पादन कर उद्योगों को कच्चेमाल की आपूर्ति करती है इसलिए खाद्यान्न के लिए प्रयुक्त भूमि के प्रतिशत में कमी आ रही है परन्तु यह कमी 30 प्रतिशत के उच्चतम स्तर पर नहीं पहुँची है इसलिए विकल्प 1 असत्य हो जाता है। वर्तमान में उच्च खाद्य स्फीति का प्रमुख कारण आय में वृद्धि के कारण पूर्ति के सापेक्ष मांग की अधिकता है तथा आहार आपूर्ति श्रृंखला का दोषपूर्ण होना है इसलिए विकल्प 2 और 3 सही है। अत: विकल्प (b) सत्य है।

4. भारत सरकार ''मेगा फूड पार्क'' की अवधारणा को किन-किन उद्देश्यों से प्रोत्साहित कर रही है?(2011)
   1. खाद्य प्रसंस्करण उद्योग के लिए उत्तम अवसंरचना सुविधाएं उपलब्ध कराने हेतु।
   2. खराब होने वाले पदार्थों का अधिक मात्रा में प्रसंस्करण करने और अपव्यय घटाने हेतु।
   3. उद्यमियों के लिए उद्गामी और पारिस्थितिकी के अनुकूल आहार प्रसंस्करण प्रौद्योगिकीय उपलब्ध कराने हेतु।

   उपर्युक्त में से कौन-सा/कौन-से कथन सही हैं?

   (a) केवल 1 (b) केवल 1 और 2
   (c) केवल 2 और 3 (d) 1, 2 और 3

व्याख्या (b) : ''मेगा फुड पार्क'' की स्थापना की मंजूरी खाद्य प्रसंस्करण मंत्रालय द्वारा 24 मार्च 2015 को दी गयी। इसकी स्थापना का प्रमुख उद्देश्य आधारभूत संरचना का विकास, तकनीकी ज्ञान के अभाव में खाद्यान्न के अपव्यय को कम करना था। अत: विकल्प (b) सत्य है।

5. निम्नलिखित कथनों पर विचार कीजिए। (2011)
   1. चीनी के हर मौसम के लिए केन्द्र सरकार गन्ने का सांविधिक न्यूनतम मूल्य निर्धारित करती है।
   2. आवश्यक वस्तु अधिनियम के अन्तर्गत चीनी और गन्ना आवश्यक वस्तुएं है।

   उपरोक्त कथनों में से कौन-सा/से सही है/हैं?
   (a) केवल 1 (b) केवल 2
   (c) 1 और 2 दोनों (d) न तो 1 और न ही 2

व्याख्या (b) : पहले के सांविधिक न्यूनतम मूल्य की जगह केन्द्र सरकार ने वर्ष 2010-11 के गन्ना सीजन से ''उचित एवं लाभकर मूल्य'' (FRP) को भुगतान के लिए तय किया है। इसलिए विकल्प 1 असत्य है।
आवश्यक वस्तु अधिनियम में 1955 के तहत चीनी एवं गन्ना आवश्यक वस्तु है। अत: विकल्प 2 सत्य है। इसलिये प्रश्न का सही उत्तर विकल्प (b) है।

6. भारत में निम्नलिखित में से किसकी कृषि तथा सहबद्ध गतिविधियों में ऋण के वितरण में सबसे अधिक हिस्सेदारी है? (2011)
   (a) वाणिज्यिक बैंकों की
   (b) सहकारी बैंकों की
   (c) आरआरबी की
   (d) सूक्ष्म वित्त संस्थाओं की

व्याख्या (a) : कृषि क्षेत्र को वितरित एजेन्सीवार साख (% में)

एजेन्सी	2012-13	2013-14
सहकारी बैंक	18.31	16.21
आरआरबी	10.48	11.31
वाणिज्यिक बैंक	71.21	72.48

तालिका से स्पष्ट है कि कृषि तथा सहबद्ध क्षेत्रों के लिए सर्वाधिक ऋण की व्यवस्था वाणिज्यिक बैंक करता है। अत: विकल्प (a) सत्य है।

7. राष्ट्रीय खाद्य सुरक्षा मिशन का एक लक्ष्य धारणीय रीति से देश के चुनिंदा जिलों में खेतीमत जमीन में बढ़ोतरी और उत्पादकता में वृद्धि लाकर कुछ फसलों की उत्पादकता में वृद्धि लाना है। ये फसलें कौन-कौन सी हैं? (2010)
   (a) केवल चावल और गेहूँ
   (b) केवल चावल, गेहूँ और दलहन
   (c) केवल चावल, गेहूँ, दलहन और तिलहन
   (d) चावल, गेहूं, दलहन, तिलहन और सब्जियाँ

व्याख्या (b) : खाद्य सुरक्षा मिशन वर्ष 2007-08 (11वी पंचवर्षीय योजना में) में प्रारम्भ हुआ। इसका लक्ष्य इन पाँच वर्षों में खाद्यान्न उत्पादन 20 मिलियन टन जिसमें 10 मिनियन टन चावल, 8 मिलियन टन गेहूँ और 2 मिनियन टन दाल उत्पादन करना है। 12वी पंचवर्षीय योजना में खाद्यान्न उत्पादन का लक्ष्य 25 मिलियन टन और पहली बार मोटे अनाज के उत्पादन को भी इस मिशम में शामिल किया गया है जो अब तक चावल, गेहूँ और दाल के उत्पादन तक सीमित था। इसलिए विकल्प b सही है।

8. निम्नलिखित कथनों पर विचार कीजिए: (2009)
   1. कृषि लागत और कीमत आयोग 32 फसलों के लिए न्यूनतम समर्थन कीमतों की सिफारिश करता है।
   2. केन्द्रीय उपभोक्ता मामलों, खाद्य एवं सार्वजनिक वितरण मंत्रालय ने राष्ट्रीय खाद्य सुरक्षा मिशन आरम्भ किया है।

   उपर्युक्त कथनों में से कौन सा/से सही है/हैं?
   (a) केवल 1 (b) केवल 2
   (c) 1 और 2 दोनों (d) न तो 1 और न ही 2

व्याख्या (d) : कृषिगत उत्पादन को प्रोत्साहन देने हेतु कृषि लागत एवं मूल्य आयोग (1985 में स्थापित) 24 महत्वपूर्ण कृषि उपजों के लिए न्यूनतम समर्थन मूल्य की घोषणा वर्ष में दो बार रबी फसलों और खरीफ फसलों में करता है। इसलिए विकल्प 1 असत्य हो जाता है। राष्ट्रीय खाद्य सुरक्षा मिशन का शुभारंभ राष्ट्रीय विकास द्वारा किया गया। अत: विकल्प 2 भी असत्य है।

9. भारत में, नीचे दिए गए खाद्यानों का उनके उत्पादन (मिलियन टन में) का सही ह्रासवान क्रम कौन सा है? (2007)
   (a) गेहूँ - चावल - दालें - मोटे अनाज
   (b) चावल - गेहूँ - दालें - मोटे अनाज
   (c) गेहूँ - चावल - मोटे अनाज - दालें
   (d) चावल - गेहूं - मोटे अनाज - दालें

व्याख्या (d) : भारत में कृषिगत उत्पादन 2014-15 (दूसरे अग्रिम अनुमान) के अनुसार

फसल	उत्पादन (मिलियन टन में)	घटते क्रम
चावल	103.04	1
गेहूँ	95.76	2
मोटे अनाज	39.83	3
दालें	18.43	4
कुल खाद्यान्न	257.07	

10. खाद्य और पोषण मंडल, भारत सरकार के कौन-से मंत्रालय के अधीन कार्यरत हैं? (2006)
    (a) कृषि मंत्रालय
    (b) स्वास्थ्य और परिवार कल्याण मंत्रालय
    (c) मानव संसाधन विकास मंत्रालय
    (d) ग्रामीण विकास मंत्रालय

व्याख्या (a) : खाद्य और पोषण मंडल, कृषि मंत्रालय के अधीन कार्यरत है।

11. निम्नलिखित कथनों पर विचार कीजिए: (2006)
    1. फल उत्पादन में भारत का विश्व में प्रथम स्थान है।
    2. तम्बाकू के निर्यात में भारत का विश्व में द्वितीय स्थान है।

    इनमें से कौन-सा/से कथन सही है/हैं?
    (a) केवल 1 (b) केवल 2
    (c) दोनों 1 तथा 2 (d) दोनों में से कोई भी नहीं

व्याख्या (d) : भारत विश्व में सब्जियों का सबसे बड़ा उत्पादक राष्ट्र और फलों का दूसरा सबसे बड़ा उत्पादक है इसलिए विकल्प 1 असत्य है। तम्बाकू के निर्यात में शीर्ष पांच निर्यातक देश 1. ब्राजील, 2. यू.एस.ए., 3. चीन, 4. मालावी, 5. इटली। अत: विकल्प 2 भी असत्य है।

स्रोत : अतिरिक्तांक प्रतियोगिता दर्पण भारतीय अर्थव्यवस्था

12. निम्नलिखित कथनों पर विचार कीजिए। (2005)
    1. विश्व में भारत एकमात्र देश है जो रेशम के ज्ञात सभी पाँच व्यापारिक प्रकार उत्पन्न करता है।
    2. भारत विश्व में चीनी का सबसे बड़ा उत्पादक है।

    उपरोक्त कथनों में से कौन-सा/से सही है/हैं?
    (a) केवल 1 (b) केवल 2
    (c) 1 और 2 दोनों (d) न तो 1 और न ही 2

व्याख्या (a) : रेशम के ज्ञात सभी पाँच व्यापारिक किस्में- 1. मलबेरी, 2. ट्रापिकल टसर, 3. ओक टसर, 4. इरी और 5. मूंगा का एकमात्र उत्पादक देश भारत है। रेशम उत्पादन में चीन का प्रथम एवं भारत का द्वितीय स्थान है। अत: विकल्प 1 सत्य है। चीनी का सर्वाधिक उत्पादन ब्राजील में व सर्वाधिक खपत भारत में होती है। अत: विकल्प 2 असत्य है।

13. निम्नलिखित कथनों पर विचार कीजिए: (2004)
    देश में तिलहन की माँग को पूरा करने के लिए भारत अभी भी आयात पर निर्भर करता है, क्योंकि
    1. किसान अन्य खाद्यान्नों के पैदा करने को अधिमान देते हैं जिनकी समर्थन कीमतें अधिक लाभकारी हैं।
    2. तिलहन की फसलों की पैदावार अधिकांशत: वर्षा पर निर्भर करती है।
    3. पेड़ों से उत्पन्न बीजों तथा चावल चोकर से तेल निकालने की प्रक्रियाओं को अभी प्रयोग में नहीं लाया गया।
    4. तिलहन की फसल को पैदा करने की अपेक्षा तिलहन का आयात बहुत सस्ता पड़ता है।

    उपरोक्त कथनों में से कौन-सा/से सही है/हैं?
    (a) 1 और 2
    (b) 1, 2 और 3
    (c) 3 और 4
    (d) 1, 2, 3 और 4

व्याख्या (d) : तिलहन फसलों (Oilseeds) में - मूंगफली, तिल, सूर्यमुखी जैसी प्रमुख फसलों को शामिल किया जाता है इन्हें खरीफ फसलों की श्रेणी में रखा जाता है। इन फसलों का MSP निम्नवत् है।

फसल	MSP/क्विंटल		वृद्धि
	2013-14	2014-15	
मूंगफली	4000	4000	कोई वृद्धि नहीं
तिल	4500	4600	100 रूपये की वृद्धि
सूर्यमुखी	3700	3750	50 रूपये की वृद्धि

अत: इन फसलों की MSP अधिक लाभकारी नहीं है। विकल्प 1 सही है। इसी प्रकार तिलहन की फसल अधिकांशत: वर्षा पर निर्भर रहती है, नयी तकनीकी का अभाव है और आयातित तिलहन अपेक्षाकृत सस्ता पड़ता है। इसलिए विकल्प 2, 3 और 4 भी सही है। अत: इस प्रश्न का सही विकल्प (d) है।

14. सार्वजनिक वितरण प्रणाली को बनाए रखने और सुरक्षित भंडार के निर्माण के लिए जिन कीमतों पर सरकार खाद्यान्न खरीदती है, वे (2001)
(a) न्यूनतम समर्थन मूल्य (Minimum Support Price)
(b) वसूली कीमत (Procurement Price)
(c) निर्गमन कीमत (Issue Price)
(d) उच्चतम सीलिंग कीमत (High Selling Price)

व्याख्या (b) :

मूल्य	अर्थ
एमएसपी	जब बाजार में अनाजों का मूल्य अतिरिक्त आपूर्ति या अन्य कारण से गिर रहा हो तो सरकार किसानों से समर्थन मूल्य पर खरीद कर उनके हितो की रक्षा करती है।
वसूली कीमत	इस मूल्य पर सरकार अनाज की खरीद करती है। नोटः सरकार वर्ष में दो बार (रबी और खरीफ) इस मूल्य की घोषणा फसल बोने के बाद अर्थात कटाई के समय की जाती हैं। यह मूल्य MSP के बराबर या अधिक हो सकती परन्तु कम नहीं। अर्थात MSP + बोनस = वसूली मूल्य। निर्गमन कीमत जिस पर सरकार केन्द्रीय भण्डारों से सार्वजनिक वितरण प्रणाली के अन्तर्गत उचित मूल्य की दुकानों को या आटा मिलों को अनाज निर्गमित करती है।

अतः विकल्प (b) सही उत्तर है।

15. भारतीय अर्थव्यवस्था के संदर्भ में निम्नलिखित गतिविधियों पर विचार कीजिए: (2001)
1. कृषि, वानिकी और मात्स्यिकी
2. विनिर्माण
3. व्यापार, होटल, परिवहन एवं संचार
4. वित्त-पोषण, बीमा, भूमि-भवन तथा व्यवसाय सेवाएं

इन क्षेत्रों का साधन लागत पर निवल घरेलू उत्पाद (जीडीपी) के लिए स्थिर कीमतों (2000-01) पर अंशदान का घटता क्रम है

(a) 3, 1, 2, 4 (b) 1, 3, 4, 2
(c) 3, 4, 1, 2 (d) 1, 3, 2, 4

व्याख्या (d) : साधन लागत पर जीडीपी का प्रतिशत वितरण (1999-2000) की कीमतों पर

क्षेत्र	1999-2000
कृषि, वानिकी और मात्सियकी	25.3
विनिर्माण	14.7
व्यापार, होटल परिवहन एवं संचार	21.6
वित्त पोषण, बीमा, भूमि भवन तथा व्यवयाय सेवायें	13.0

स्रोत : दत्त एवं सुन्दरम पृष्ठ संख्या 13

2. उद्योग

1. जोखिम पूँजी से क्या तात्पर्य है? (2014)
(a) उद्योगों को उपलब्ध कराई गई अल्पकालीन पूँजी।
(b) नये उद्यमियों को उपलब्ध कराई गई दीर्घकालीन प्रारंभिक पूँजी।
(c) उद्योगों को हानि उठाते समय उपलब्ध कराई गई निधियाँ।
(d) उद्योगों के प्रतिस्थापन एवं नवीकरण के लिए उपलब्ध कराई गई निधियाँ।

व्याख्या (b) : जोखिम पूंजी (Venture Capital) लघु और मध्यम आकार की फर्मों के लिए खासकर व्यवसाय शुरू करने और व्यवसाय को विस्तार देने के लिए वित्त के एक महत्वपूर्ण स्त्रोत के रूप में उभर रहा है। निजी क्षेत्र में संलग्न कम्पनियों के लिए वेंचर कैपिटल इक्विटी वित्त का एक महत्वपूर्ण साधन है, क्योंकि मंदी आदि की स्थिति में बैंक इन निजी क्षेत्र की कम्पनियों को ऋण देने में कटौती करते है क्योंकि बैंक उच्च जोखिम वाली परियोजनाओं में पैसा लगाकर, बैंकों का NPA नहीं बढ़ाना चाहते। इसका प्रत्यक्ष परिणाम यह होता है कि वित्त के अभाव में उद्यमी प्रतिभा और व्यवसाय कौशल पर नकारात्मक प्रभाव पड़ने लगता है। इस नकारात्मक प्रभाव को न्यूनतम करने के उद्देश्य से "जोखित पूंजी" की अवधारणा अस्तित्व में आयी इससे उद्यमियों को दीर्घकालीन प्रारम्भिक पूंजी उपलब्ध होती है। अतः विकल्प (b) सही है।

2. भारत में ''औद्योगिक उत्पादन सकल सूचकांक'' में आठ मूल उद्योगों के सूचकांको का संयुक्त भार 37.90: है। निम्नलिखित में से कौन से उद्योग उन आठ मूल उद्योगों में सम्मिलित है? (2012)

1. सीमेन्ट 2. उर्वरक
3. प्राकृतिक गैस 4. रिफाइनरी उत्पाद
5. वस्त्रोद्योग

निम्नलिखित कूटो के आधार पर सही उत्तर चुनिए:

(a) केवल 1 और 5 (b) केवल 2, 3 और 4
(c) केवल 1, 2, 3 और 4 (d) 1, 2, 3, 4 और 5

व्याख्या (c) : आधारभूत आठ उद्योगों में शामिल है- कोयला, उर्वरक, विद्युत, कच्चा तेल, प्राकृतिक गैस, रिफाइनरी उत्पाद, इस्पात और सीमेन्ट, मासिक सूचकांक ''औद्योगिक उत्पादन का सूचकांक'' (IIP) में, इन आठों उद्योगों का भारांश 38% है। अत: विकल्प (c) सही है।

3. विनिर्माण क्षेत्र के विकास को प्रोत्साहित करने के लिए भारत सरकार ने कौन-सी नई नीतिगत पहल की है/है? (2012)

1. राष्ट्रीय निवेश तथा विनिर्माण क्षेत्रों की स्थापना
2. एकल खिड़की मंजूरी (Singal window system) की सुविधा प्रदान करना
3. प्रौद्योगिकी अधिग्रहण तथा विकास कोष की स्थापना

निम्नलिखित कूटो के आधार पर सही उत्तर चुनिए:

(a) केवल 1 (b) केवल 2 और 3
(c) केवल 1 और 3 (d) 1, 2 और 3

व्याख्या (d) : नई विनिर्माण नीति-2011 को मंत्रिमंडल की 25 अक्टूबर 2011 की बैठक में मंजूर कर लिया गया जिसके बाद भारत सरकार ने 4 नवम्बर 2011 को राष्ट्रीय विनिर्माण नीति घोषित की। इस नीति में नए औद्योगिक शहरों National Ivestment and Manufacturing Zones (NIMZS) की स्थापना का प्रस्ताव नयी नीति में किया। साथ ही साथ एकल खिड़की मंजूरी की सुविधा प्रदान की है। विनिर्माण क्षेत्र को विकसित बनाने के लिए प्रौद्योगिकी अधिग्रहण तथा विकास कोष की स्थापना भी सरकार द्वारा की गयी है। अत: विकल्प (d) सही है।

4. भारत सरकार केन्द्रीय सार्वजनिक क्षेत्र उद्यमों (CPSEs) में लगी अपनी इक्विटी का विनिवेश क्यों कर रही है? (2011)

1. सरकार अपनी इक्विटी के विनिवेश से मिले राजस्व का उपयोग अपने बाह्य ऋण को लौटाने में करना चाहती है।
2. सरकार अब CPSEs के प्रबन्धन का नियंत्रण अपने हाथों में नहीं रखना चाहती।

उपर्युक्त में से कौन-सा/कौन-से कथन सही है/हैं?

(a) केवल 1 (b) केवल 2
(c) 1 और 2 दोनों (d) न तो 1 और न ही 2

व्याख्या (d) : भारत सरकार की वर्तमान विनिवेश नीति के प्रमुख बिंदु इस प्रकार है-

(i) सार्वजनिक क्षेत्र के उपक्रमों में नागरिकों को हिस्सेदारी प्रदान करना।
(ii) सार्वजनिक क्षेत्र के उपक्रमों में सरकार का प्रबंधन पर नियंत्रण और बहुमत शेयरधारिता (51%) बनाए रखना।
(iii) सार्वजनिक क्षेत्र के उपक्रमों में बेहतर कारपोरेट गवर्नेन्स सुनिश्चित करना। $CPSE_S$ के विनिवेश से प्राप्त राशि 2005 में गठित ''राष्ट्रीय निवेश निधि'' (National Investment Fund) में जाती है इस राशि के 75% भाग का इस्तेमाल शिक्षा, स्वास्थ्य जैसे सामाजिक क्षेत्र के विकास के साथ-साथ 25% राशि का उपयोग सार्वजनिक क्षेत्र की इकाइयों में निवेश के लिए किया जायेगा। अत: विकल्प (d) सही है।

5. निम्नलिखित में से कौन सा कथन ''वित्तीय उत्प्रेरक'' की समुचित व्याख्या करता है? (2011)

(a) यह सरकार द्वारा क्षेत्र में किया गया वृहद निवेश है जिसका लक्ष्य माल की आपूर्ति कर तीव्र आर्थिक विकास के कारण बढ़ी हुई मांग को पूरा करना है।
(b) यह सरकार की गहन निश्चयात्मक कार्यवाही जिसका लक्ष्य देश में आर्थिक गतिविधियों को बढ़ावा देना है।
(c) यह सरकार द्वारा वित्तीय संस्थानों पर की गयी गहन कार्यवाही है जिसका लक्ष्य कृषि तथा सहबद्ध क्षेत्रों को ऋण वितरित कराना है जिससे वृहत्तर खाद्य उत्पादन को प्रोत्साहन मिल सके और खाद्य स्फीति पर अंकुश लग सकें।
(d) यह सरकार की चरम निश्चयात्मक कार्यवाही है जिसका लक्ष्य वित्तीय समावेश नीति का अनुसरण करना है।

व्याख्या (b) : सरकार द्वारा वित्तीय उत्प्रेरक (Financial Stimulus) अर्थव्यवस्था को मंदी से उबारने अथवा आर्थिक संकट में पड़ने से बचाने के लिए प्रदान किया जाता है। इसके तहत देश में आर्थिक गतिविधियों को बढ़ावा देने के लिए अर्थव्यवस्था के विभिन्न महत्वपूर्ण क्षेत्रों को राजकोषीय प्रोत्साहन दिए जाते है। इस प्रकार विकल्प (b) सही है।

6. भारत की पंचवर्षीय योजनाओं के संदर्भ में, औद्योगीकरण के ढ़ाचे में परिवर्तन के अंतर्गत भारी उद्योग का महत्व कम करते हुए आधारित संरचनाओं (इन्फ्रास्ट्रक्चर) पर बल देने की शुरूआत किस योजना से की गयी। (2010)

(a) चौथी योजना (b) छठी योजना
(c) आठवी योजना (d) दसवीं योजना

व्याख्या (c) :

योजना	समयावधी	बिन्दु केन्द्र
IVth FYP	1969–1974	स्थिरता के साथ आर्थिक और आत्मनिर्भरता की प्राप्ति।
VIth FYP	1980–1985	गरीबी निवारण तथा रोजगार सृजन।
VIIIth FYP	1992–1997	मानव संसाधन विकास (अवस्थापन सुविधाओं जैसे-ऊर्जा, परिवहन, संचार सिंचाई आदि को सुदृढ़ करना)।
Xth FYP	2002–2007	सामाजिक न्याय तथा समता के साथ आर्थिक विकास।

उक्त स्पष्टीकरण से प्रश्न का विकल्प (c) सत्य है।

7. निम्नलिखित कथनों पर विचार कीजिए– (2009)

1. एम.एम.टी.सी. लिमिटेड भारत का सबसे बड़ा अंतर्राष्ट्रीय व्यापारिक संगठन है।
2. नीलांचल इस्पात निगम लिमिटेड की स्थापना एम.एस.टी.सी. ने उड़ीसा सरकार के साथ संयुक्त रूप से की है।

उपर्युक्त कथनों में से कौन सा/से सही है/हैं?

(a) केवल 1 (b) केवल 2
(c) 1 और 2 दोनों (d) न तो 1और न ही 2

व्याख्या (d) : एमएमटीसी (मिनरल एण्ड मेटल कार्पोरेशन) भारत की सबसे बड़ी व्यापार कंपनी है जिसका वार्षिक कारोबार 18000 करोड़ रूपये से अधिक है। यह कम्पनी भारत की सबसे बड़ी खनिज निर्यात, कृषि उत्पादों की अग्रणी निर्यातक/आयातक, धातुओं की अकेली सबसे बड़ी निर्यातक/आपूर्तिकर्ता है और कोयला तथा हाइड्रोकार्बन के आयात में महत्वपूर्ण भूमिका निभाती है। नीलांचल इस्पात निगम लिमिटेड के अंतर्गत उड़ीसा सरकार के साथ मिलकर लगभग 2000 करोड़ रूपए की लागत से इस्पात संयंत्र तथा 8 लाख टन क्षमता की कोक भट्टी लगाई है।

8. निम्नलिखित में से कौन-से भारत सरकार के सार्वजनिक क्षेत्र के उपक्रम है? (2008)

1. बामर लारी एण्ड कम्पनी लि.
2. ड्रेजिंग कॉरपोरेशन ऑफ इण्डिया
3. एजुकेशन कन्सल्टैट्स ऑफ इण्डिया लिमिटेड

निम्नलिखित कूटों के आधार पर सही उत्तर चुनिए:

(a) केवल 1 और 2 (b) केवल 2 और 3
(c) केवल 1 और 3 (d) 1, 2 और 3

व्याख्या (d) : बामर लॉरी एण्ड कम्पनी लिमिटेड कम्पनी अधिनियम 1956 की धारा 617 के अर्थानुरूप एक सार्वजनिक क्षेत्र की कम्पनी है ड्रेजिंग कारपोरेशन ऑफ इण्डिया 1976 में स्थापित एक सार्वजनिक क्षेत्र की कम्पनी है। एजुकेशनल कॉन्सल्टैट्स ऑफ इण्डिया लि. की स्थापना 1981 में सार्वजनिक क्षेत्र के रूप में की गयी थी। अत: विकल्प (d) सत्य है।

9. कथन (a) : 1999-2000 के दौरान औद्योगिक उत्पादन में वृद्धि हुई।

कथन (R) : इस अवधि में स्थायी विनियम दर तथा सुधरी हुई व्यवसाय भावना पायी गयी। (2005)

कूट :

(a) A और R दोनों सही है, और R, A का सही स्पष्टीकरण है।
(b) A और दोनों सही है, और R, A का सही स्पष्टीकरण नहीं है।
(c) A सही है, परन्तु R गलत है।
(d) A गलत है, परन्तु R सही है।

व्याख्या (a) : वित्तीय वर्ष 1999-2000 में औद्योगिक उत्पादन की वृद्धि दर 6.7% थी, जो 1998-99 की वृद्धि दर 4.1% की अपेक्षा अधिक थी। पुन: दक्षिण-पूर्व एशिया के मुद्रा संकट एवं परमाणु परीक्षण प्रतिबंधों की पृष्ठभूमि में विनियम दर की गिरावट के उपरांत 1999-2000 की अवधि में विनियम दर ने अपेक्षतया स्थायित्व का प्रदर्शन किया। फलत: कथन एवं कारण दोनों सत्य है तथा कारण, कथन की व्याख्या भी करता है। अत: विकल्प (a) सत्य है।

10. निम्नलिखित युग्मों में से कौन-से सही सुमेलित हैं? (2005)

उद्यम	औद्योगिक समूह
1. वी.एस.एन.एल. (VSNL)	: भारती समूह
2. मुद्रा विशेष आर्थिक क्षेत्र लिमिटेड	: अडानी समूह
3. सी.एम.सी. (CMC) लिमिटेड	: टाटा समूह
4. आई.पी.सी.एल. (IPCL)	: रिलायंस समूह

नीचे दिए गए कूट का प्रयोग कर सही उत्तर चुनिए:

(a) 1, 2 और 3 (b) 3 और 4

(c) 1, 2 और 4 (d) 2, 3 और 4

व्याख्या (d) : VSNL में विनिवेश के पश्चात् इसका नियंत्रण टाटा समूह द्वारा हो रहा है। अत: प्रथम विकल्प को छोड़कर शेष तीन विकल्प सुमेलित है।

11. सूची I तथा सूची II का सुमेल कीजिए तथा नीचे दिए कूट से सही उत्तर चुनिए: (2005)

सूची I	सूची II
A भिलाई	1. छत्तीसगढ़
B बोकारों	2. झारखण्ड
C दुर्गापुर	3. उड़ीसा
D राउरकेला	4. पश्चिम बंगाल

कूट :

	A	B	C	D
(a)	1	2	3	4
(b)	1	2	4	3
(c)	1	3	2	4
(d)	2	3	1	4

व्याख्या (b) : पी.सी. महालनोविस मॉडल पर आधारित द्वितीय पंचवर्षीय योजना आधारभूत तथा भारी उद्योग प्रधन योजना थी। अत: कई आधारभूत उद्योगों की स्थाना की गयी

उद्योग	सहयोगी देश	राज्य
भिलाई इस्पात संयंत्र	सोवियत संघ	छत्तीसगढ़
बोकारो इस्पात संयंत्र	सोवियत संघ	झारखण्ड
दुर्गापुर इस्पात संयंत्र	ब्रिटेन	पं. बंगाल
राउरकेला इस्पात संयंत्र	पं. जर्मनी	छत्तीसगढ़

अत: विकल्प (b) सत्य है।

12. वर्ष 2000-01 में निम्न उद्योगों में से किए एक की अधिकतम संवृद्धि दर थी? (2003)

(a) सीमेन्ट (b) कोयला

(c) बिजली (d) इस्पात

व्याख्या (d) :

उद्योग	2000-01
सीमेन्ट	-0.9
कोयला	3.5
बिजली	3.9
इस्पात	6.5

13. निम्नलिखित में से किस एक समिति ने उद्योग में लघु क्षेत्र के लिए वस्तुओं का आरक्षण समाप्त करने की सिफारिश की? (2002)

(a) आबिद हुसैन समिति (b) नरसिह्मम समिति

(c) नायक समिति (d) राकेश मोहन समिति

व्याख्या (a) : लघु उद्योगों के संबंध में गठित आबिद हुसैन समिति ने अपनी रिपोर्ट 27 जनवरी 1997 में दी जिसकी मुख्य सिफारिश निम्नवत है–

- लघु उद्योगों की निवेश सीमा को 3 करोड़ रूपया करना।
- उत्पादों के आरक्षण की व्यवस्था को समाप्त करना।
- सेवा क्षेत्र की लघुस्तरीय इकाइयों को इसके अंतर्गत लेना।

अत: विकल्प (a) सही है।

14. रेनूकूट स्थित एल्युमीनियम की फैक्ट्री, हिंडाल्को का वहाँ स्थित होने का मूल कारण है? (2002)

(a) कच्चे माल की निकटता

(b) बिजली की प्रचूर आपूर्ति

(c) प्रभावी परिवहन नेटवर्क

(d) बाजार की निकटता

व्याख्या (b) : उत्तरप्रदेश के रेनूकूट स्थित HINDALCO (हिन्दुस्तान एल्युमीनियम कम्पनी) बिड़ला समूह की फैक्ट्री है। रेनूकूट में हिंडाल्को की स्थापना का प्रमुख कारण प्रचुर मात्रा में बिजली की उपलब्धता है। ध्यातव्य है कि इस क्षेत्र के आस-पास लगभग दर्जन भर विद्युत उत्पादन केन्द्र है जिससे इस क्षेत्र को "ऊर्जा राजधानी" भी कहा जाता है। अत: विकल्प (b) सही है।

3. विदेशी व्यापार

(i) आयात-निर्यात

1. 'एकीकृत भुगतान अंतरापृष्ठ (यूनिफाइड पेमेंट्स इन्टरफेस/UPI)' को कार्यान्वित करने से निम्नलिखित में से किसके होने की सर्वाधिक संभाव्यता है।(2017)
   (a) ऑनलाइन भुगतानों के लिए मोबाइल वालेट आवश्यक नहीं होंगे।
   (b) लगभग दो दशकों में पूरी तरह भौतिक मुद्रा का स्थान डिजिटल मुद्रा ले लेगी।
   (c) FDI अंतर्वाह में भारी वृद्धि होगी।
   (d) निर्धन व्यक्तियों को उपदानों (सब्सिडीज) का प्रत्यक्ष अंतरण (डाइरेक्ट ट्रांसफर) बहुत प्रभावकारी हो जाएगा।

व्याख्या: (a) राष्ट्रीय भुगतान निगम के द्वारा प्रारम्भ किए गए एकीकृत भुगतान इण्टरफेस को कार्यान्वित करने के लिए ऑनलाइन भुगतानों के लिए मोबाइल वॉलेट आवश्यक नहीं है। इसके माध्यम से लोग अपने स्मार्ट फोन से अन्य बैंक खातों में कभी भी और तुरन्त धन स्थानान्तरित कर सकते हैं। इस प्रक्रिया में प्राप्तकर्ता के बैंक खाते का नम्बर या आईएफएससी कोड जानने की भी आवश्यकता नहीं है।

2. आर्थिक क्रियाकलापों के संदर्भ XIX राष्ट्रमंडल खेलों को देखने के लिए विदेशी नागरिकों का भारत में आगमन (2011)
   (a) निर्यात था (b) आयात था
   (c) उत्पाद था (d) उपभोग था

व्याख्या (c) : जब विदेशी पर्यटक भारत आते है, तो भारत के राजस्व में वृद्धि ठीक उसी प्रकार होती है जैसे हमारे निर्यात में वृद्धि होने से। अत: विदेशी निवेशकों के आगमन को निर्यात की श्रेणी में माना जायेगा। इस आगमन से देश को प्राप्त आय पर्यटन के अंतर्गत जायेगी जो कि निर्यात लेखे के तहत अदृश्य (Invesibe) मद है।

3. "बंद अर्थव्यवस्था" वह अर्थव्यवस्था है जिसमें– (2011)
   (a) मुद्रा पूर्ति पूर्णत: नियंत्रित होती है।
   (b) घाटे की वित्त व्यवस्था होती है।
   (c) केवल निर्यात होता है।
   (d) न तो निर्यात, न ही आयात होता है।

व्याख्या (d) : बंद अर्थव्यवस्था (Close Economy) से तात्पर्य ऐसी अर्थव्यवस्था से है जहाँ केवल आवश्यक वस्तुओं का आयात किया जाता है और अतिक्ति उत्पादन (Surplus) की स्थिति में निर्यात किया जाता है। इस व्याख्या के सर्वाधिक निकट प्रश्न का विकल्प (d) है।

4. फरवरी 2006 में प्रभावी हुए SEZ ऐक्ट, 2005 के कुछ उद्देश्य है। इस संदर्भ में निम्नलिखित पर विचार कीजिए। (2010)
   1. अवसंरचना (इन्फ्रास्ट्रक्चर) सुविधाओं का विकास
   2. विदेशी स्रोतों से निवेश को प्रोत्साहन
   3. केवल सेवा क्षेत्र में निर्यात को प्रोत्साहन

   उपर्युक्त में से कौन-सा/से, इस ऐक्ट के उद्देश्य है/हैं?
   (a) केवल 1 और 2 (b) केवल 3
   (c) केवल 1 और 3 (d) 1, 2 और 3

व्याख्या (a) : 10 फरवरी 2006 को, SEZ Act 2005 लागू किया गया। इसके मुख्य उद्देश्य निम्नलिखित है –
- अधिक उत्पादन की प्रवृत्ति को प्रोत्साहित करना।
- नये रोजगार का सृजन करना।
- घरेलू बाजार में निजी एवं विदेशी निवेशकों को निवेश हेतु प्रोत्साहित करना।
- भारतीय वस्तु एवं सेवाओं के निर्यात को प्रोत्साहित करना।
- विदेशी मुद्रा भण्डार में वृद्धि करना।
- देश की GDP में उद्योग क्षेत्र के योगदान को बढ़ाना।
- भारतीय अर्थव्यवस्था को निर्यातोन्मुख अर्थव्यवस्था बनाना।
- निवेश में वृद्धि देश की आधारभूत संरचना का विकास करना।

उपरोक्त उद्देश्य प्रश्न के विकल्प 1 और 2 से मिलते परन्तु प्रश्न का विकल्प 3 उद्देश्य से नहीं मिलता। अत: विकल्प (a) सही है।

5. तिरूपुर, विश्व के अनेक क्षेत्रों को निम्नलिखित वस्तुओं में से किसके निर्यात के लिए सुप्रसिद्ध है? (2005)

(a) रत्न और आभूषण (b) चमड़े का सामान
(c) बुने हुए वस्त्र (d) दस्तकारी का सामान

व्याख्या (c) :

प्रथम वस्त्र पार्क	:	तिरूपर (तमिलनाडू)
स्थापना	:	वर्ष 2003
उद्देश्य	:	सिले-सिलाये वस्त्रों के निर्यात संवर्द्धन के उद्देश्य में स्थापित
अन्य महत्वपूर्ण तथ्य	:	• इसे दक्षिण भारत का मेनचेस्टर कहा जाता है। • डालर सिटी, निट सिटी एवं काटन सिटी के नाम से भी जाना जाता है।

(ii) भुगतान संतुलन

1. भुगतान सन्तुलन के संदर्भ में निम्नलिखित में से किससे/किनसे चालू खाता बनता है? (2014)

(a) व्यापार सन्तुलन
(b) विदेशी परिसम्पत्तियाँ
(c) अदृश्यों का सन्तुलन
(d) विशेष आहरण अधिकार

नीचे दिए गये कूट का प्रयोग कर सही उत्तर चुनिए।

(a) केवल 1 (b) 2 और 3
(c) 1 और 3 (d) 1, 2 और 4

व्याख्या (c) : देश के भुगतान संतुलन के अन्तर्गत दो खातों को शामिल किया जाता है -

(i) चालू खाता (Current A/c)
(ii) पूंजी खाता (Capital A/c)

चालू खाते में दृश्य एवं अदृश्य मदों के आयात-निर्यात को शामिल किया जाता है। दृश्य मदों के आयात निर्यात का अंतर ही ''व्यापार संतुलन'' (Balance of Trade) कहलाता है। अत: प्रश्न का विकल्प 1 और विकल्प 3 सही है जो कि विकल्प (c) को सही ठहराते है।

2. किसी देश का भुगतान संतुलन किसका व्यवस्थित अभिलेख है? (2013)

(a) किसी निर्धारित समय के दौरान समान्यत: एक वर्ष में किसी देश का समस्त आयात और निर्यात का लेन-देन।
(b) किसी वर्ष में एक देश द्वारा निर्यात की गई वस्तुएं।
(c) एक देश की सरकार और दूसरे देश की सरकार के बीच
(d) एक देश से दूसरे देश को पूंजी का संचलन।

व्याख्या (a) : किसी देश का भुगतान संतुलन एक वित्तीय वर्ष में विश्व के अन्य देशों के साथ किया गया व्यापार (आयात-निर्यात) का लेखा-जोखा होता है, अत: विकल्प (a) सही है।

3. निम्नलिखित कार्यवाहियों पर विचार करे जो सरकार द्वारा लिए जा सकते हैं। (2011)

(a) घरेलू मुद्रा का अवमूल्यन
(b) निर्यातों को मिलने वाली आर्थिक सहायता में कटौती।
(c) उन उपर्युक्त नीतियों को लागू करना जिससे देश में अधिक (FDI) तथा (FII_s) से अधिक निधि आए।

उपर्युक्त में से कौन-सी/क्रिया/क्रियाएं चालू खाते के घाटे को घटाने में सहायक साबित हो सकती है।

(a) 1 और 2 (b) 2 और 3
(c) केवल 3 (d) 1 और 3

व्याख्या (d) : चालू खाते के घाटे से तात्पर्य - ''दर्शय (Goods) एवं अदर्शय (Services) मदो के निर्यात की तुलना में आयात का अधिक होना है।'' इस स्थिति में विदेशी मुद्रा की कमी हो जाती है। चालू खाते के घाटे की स्थिति को दो प्रकार से सुधारा जा सकता है निर्यात में वृद्धि एवं आयात में कमी। मुद्रा का अवमूल्यन, देश के निर्यात का बढ़ाने में सक्षम है और यदि FDI और FIIs द्वारा पूंजी का अंतर्प्रवाह अधिक होता है तो उस स्थिति में विदेशी मुद्रा का प्रवाह अधिक हो जायेगा और देश का चालू खाते के घाटे में सुधार हो जायेगा। इस प्रकार प्रश्न का विकल्प 1 और 3 सही है अत: विकल्प (d) सही उत्तर है।

4. वर्ल्ड डेवलपमेंट रिपोर्ट एक वार्षिक प्रकाशन है– (2002)
   (a) UNDP (b) IBRD
   (c) WTO (d) INF

व्याख्या (b) : World Development Report को प्रतिवर्ष "अन्तर्राष्ट्रीय पुनर्निर्माण एवं विकास बैंक" [International Bank for Reconsectration & Development - IBRD] द्वारा जारी किया जाता है।

5. भारतीय रूपये की पूंजीगत लेखा परिवर्तनीयता (Capital Account Convertibility) का अर्थ है। (1998)
   (a) कि यात्रा के लिए भारतीय रूपये को प्राधिकृत डीलर द्वारा विनिमय किया जा सकता है।
   (b) कि माल और सेवाओं के व्यवसाय के प्रयोजन से भारतीय रूपये का किसी भी प्रमुख मुद्रा से विनिमय किया जा सकता है।
   (c) कि वित्तीय परिसम्पत्ति के व्यापार के प्रयोजन से भारतीय रूपये का किसी भी प्रमुख मुद्रा से विनिमय किया जा सकता है।
   (d) उपर्युक्त में से कोई नहीं

व्याख्या (c) : पूंजीखाते के अन्तर्गत निम्नलिखित मदों को शामिल किया गया है।

1. अल्प व दीर्घकालीन अन्तर्राष्ट्रीय पूँजीगत अन्तरण ों,
2. स्वर्ण का आदान-प्रदान।
3. निजी-भुगतान।
4. राष्ट्रीय संस्थाओं से सम्बन्धित भुगतान तथा प्राप्तियाँ।
5. सरकारी ऋण, ब्याज, अनुदान आदि पूँजी खाते में शामिल किया जाता है।

पूँजी खाते में सभी लेन-देन 'केवल वित्तीय अन्तरणों' से ही सम्बन्धित होते हैं। इसलिए इसका देश के उत्पादन, आय एवं रोजगार पर कोई प्रत्यक्ष प्रभाव नहीं पड़ता।

(iii) विदेशी निवेश एवं ऋण

1. भारत का विदेशी ऋण मार्च, 2000 के अंत में 98,158 मिलियन अमेरिकी डॉलर से बढ़कर मार्च 2001 के अंत में 100,225 मिलियन अमेरिकी डॉलर तक पहुंच गया।
   (a) बहुपक्षीय और द्विपक्षीय ऋण में वृद्धि के कारण।
   (b) रूपया-ऋण में वृद्धि के कारण।
   (c) वाणिज्यिक उधार और (NRI) जमा पूंजी में वृद्धि के कारण।
   (d) अंतर्राष्ट्रीय मुद्रा कोष से लिए जाने वाले उधार में वृद्धि के कारण।

व्याख्या (c) :

वर्ष	विदेशी ऋण (बिलियन अमरीकी डॉलर में)	स.ध.में कुल
2010–11	317.9	18.2
2011–12	360.8	20.9
2012–13	409.5	22.3
2013–14*	446.5	23.7
2014(दिसम्बर# अंत तक)	416.9	23.2

* संशोधित अनुमान, # त्वरित अनुमान

उपरोक्त तालिका से स्पष्ट है कि भारत पर विदेशी ऋण का बोझ लगातार बढ़ता जा रहा है दिसम्बर 2014 के अंत में यह 461.9 बिलयन अमरीकी डॉलर के शीर्ष स्तर पर पहुंच गया। इस अवधि के दौरान विदेशी ऋण में वृद्धि दीर्घकालिक ऋण जैसे- वाणिज्यिक उधार (Commercial borrowing) और अनिवासी भारतीयों (NRI) द्वारा जमा राशि के कारण हुई है। अत: विकल्प (c) सही है।

2. भारत की विदेशी मुद्रा आरक्षित निधि में निम्नलिखित में से कौन सा एक मद समूह सम्मिलित है?(2013)
   (a) विदेशी मुद्रा परिसंपत्ति, एस.डी. आर. तथा विदेशों से ऋण।
   (b) विदेशी मुद्रा परिसंपत्ति, आरबीआई द्वारा धारित स्वर्ण तथा एस.डी.आर.।
   (c) विदेशी मुद्रा परिसंपत्ति, विश्व बैंक से ऋण तथा एस.डी.आर.।
   (d) विदेशी मुद्रा परिसंपत्ति, आरबीआई द्वारा धारित स्वर्ण तथा विश्व बैंक से ऋण।

व्याख्या (b) : देश के कुल विदेशी मुद्रा भण्डार (Foreign Exchange Reserve) के चार महत्वपूर्ण घटक हैं-

(i) भारतीय रिजर्व बैंक की विदेशी मुद्रा परिसम्पत्तियां।

(ii) RBI के स्वर्ण भण्डार।

(iii) सरकार की SDR राशि।

(iv) IMF के पास सुरक्षित राशि।

3. निम्नलिखित में से कौन से पूंजीगत लेखा की रचना करते हैं। (2013)

(1) विदेशी ऋण

(2) प्रत्यक्ष विदेशी निवेश

(3) निजी प्रेषित धन

(4) पोर्ट फोलियो निवेश

नीचे दिए हुए कूट का प्रयोग कर सही उत्तर चुनिए।

(a) 123 (b) 1, 2, 4

(c) 2, 3, 4 (d) 1, 3, 4

उत्तर–(d)

4. निम्नलिखित में से कौन सी बातें भारत में विदेशी प्रत्यक्ष निवेश में समविष्ट होंगी? (2012)

1. भारत में विदेशी कंपनियों की सहायक कम्पनियां।
2. भारतीय कंपनियों में बहुसंख्यक विदेशी इक्विटी धारण।
3. विदेशी कंपनियों द्वारा अनन्य रूप से वित्त-पोषित कंपनियां।
4. पोर्टफोलियो निवेश।

(a) 1, 2, 3 और 4 (b) केवल 2 और 4

(c) केवल 1 और 3 (d) केवल 1, 2 और 3

व्याख्या (b): प्रत्यक्ष विदेशी निवेश (FDI) से आश्य ऐसे विदेशी निवेश से है जो बहुराष्ट्रीय कम्पनियों द्वारा अन्य देशों की कम्पनियों में निवेश करना या उप कम्पनियों में अपनी हिस्सेदारी (इक्विटी) को बढ़ाना साथ ही दूसरे देशों में अपनी सहायक कम्पनियों की स्थापना करना आदि शामिल है। FDI की विशेषता यह है कि यह किसी अर्थव्यवस्था में दीर्घकानीन निवेश के रूप में आती है। अत: विकल्प d में उपरोक्त सभी बिन्दु शामिल है जो FDI को परिभाषित करता है।

5. प्रत्यक्ष विदेशी निवेश तथा संस्थागत विदेशी निवेशक (FDI) दोनों ही, किसी देश में निवेश से सम्बद्ध हैं। निम्नलिखित में से कौन-सा कथन दोनों के बीच की एक महत्वूपर्ण भिन्नता को सबसे अच्छे ढंग से व्यक्त करता है? (2011)

(a) प्रत्यक्ष विदेशी (FDI) तथा संस्थागत विदेशी निवेशक (FII) दोनों ही, किसी देश में निवेश में सम्बद्ध हैं। निम्नलिखित में से कौन-सा कथन दोनों के बीच की एक महत्वपूर्ण भिन्नता को सबसे अच्छे ढंग से व्यक्त करता है?

(b) FII व्यापक स्तर पर पूंजी उपलब्धता को बढ़ाने में सहायक है, जबकि FDI का लक्ष्य केवल विशिष्ट क्षेत्रों तक सीमित होता है।

(c) FDI केवल द्वितीयक बाजार में चलित होता है, जबकि FII का लक्ष्य प्राथमिक बाजार होता है।

(d) FDI की तुलना में FII अधिक स्थायी माना जाता है।

व्याख्या (b) :

FDI	FII_s
• यह दीर्घकालीन निवेश प्रवृत्ति के होते है।	• यह अल्पकालीन एवं लाभ के उद्देश्य से प्रेरित निवेश है।
• यह स्थायी प्रवृत्ति का होता है।	• यह अर्थव्यवस्था के उतार-चढ़ाव से प्रेरित होता है। अर्थात अस्थायी प्रवृत्ति का होता है।
• यह देश की आधारभूत संरचना के विकास, बेहतर तकनीक एवं प्रबंधन कुशलताओं को बढ़ाने में सहायक है और सीमित या विशिष्ट क्षेत्रों के लिए पूंजी उपलब्ध कराता है।	• जबकि केवल FII_s केवल व्यापक स्तर पर पूंजी लेकर आता है।

6. भारत में आने वाले प्रत्यक्ष विदेशी निवेश (FDI) बड़ी मात्रा में मॉरिशस में आता है; न कि यूनाइटेड किंगडम और फ्रांस जैसी अनेक बड़ी और परिपक्व अर्थव्यवस्थाओं से। इसका क्या कारण है? (2010)
   (a) प्रत्यक्ष विदेशी निवेश लेने में भारत कुछ देशों को अधिमान देता है।
   (b) भारत का मॉरिशस के साथ दोहरा करारोपण परिहार समझौता है।
   (c) मॉरिशस के अधिकांश नागरिक भारत के साथ नृजातीय तादात्म रखते हैं और इस कारण भारत में निवेश करने में सुरक्षित महसूस करते हैं।
   (d) वैश्विक जलवायु परिवर्तन के भावी खतरों को देखते हुए मॉरिशस बहुत बड़े स्तर पर भारत में निवेश कर रहा है।

व्याख्या (b) : भारत में सर्वाधिक FDI करने के मामले में पिछले दो दशकों से मॉरिशस का प्रथम स्थान है, इसका प्रमुख कारण मॉरिशस में देशी एवं विदेशी कम्पनियों की स्थापना के लिये नियम बहुत ही सहज है साथ ही भारत और मॉरिशस के मध्य दोहरा करारोपण परिहार समझौता (FDI) होने के कारण, मॉरिशस की कम्पनियों को भारत में कई प्रकार के कर राहत भी दिये जाते हैं यही कारण है कि मात्र 12 लाख आबादी वाला देश, भारत में अन्य विकसित देशों की तुलना में अधिक करता है। अत: विकल्प (b) सही है।

7. सहभागिता नोट (Participatory Notes (PNs)) निम्नलिखित में से किस एक से संबंधित है? (2007)
   (a) भारतीय संचित निधि
   (b) विदेशी संस्थागत निवेशक
   (c) संयुक्त राष्ट्र विकास कार्यक्रम
   (d) क्योटो प्रोटोकाल

व्याख्या (b) : ऐसे विदेशी निवेशक जो भारत में (Stock Market) में पैसा लगाना चाहते है, परन्तु (SEBI) के पास रजिस्टर्ड नहीं हैं, वे भारत में पैसा निवेश नहीं कर सकते। परन्तु ऐसे विदेशी निवेशक PNs के द्वारा भारत में निवेश कर सकते हैं, इसका प्रावधान इस प्रकार है - P-Notes पंजीकृत FIIs द्वारा जारी किया जा सकता है। P-Notes पर सिर्फ जारी करने वाले का उल्लेख होता है न कि जिसको जारी किया गया।

P-Notes द्वारा हम ऐसे निवेशकों को आमन्त्रित करते हैं जिसे कार्यों के उद्देश्य, नाम, पता की कोई जानकारी हमें नहीं होती।

नोट : भारत में निवेश की बहुत बड़ी मात्रा FIIs द्वारा जारी से होती है।

8. किसी देश को ऋण जाल में फंसा हुआ कहा सकता है यदि- (2002)
   (a) उसे अंतर्राष्ट्रीय मुद्रा कोष द्वारा लगायी गयी शर्तों का पालन करना पड़ता है।
   (b) उसे बकाया कर्ज पर ब्याज के भुगतान के लिए ऋण लेना पड़ता है।
   (c) विदेशी ऋणदाताओं ने उसे ऋण अथवा सहायता देने से इंकार कर दिया।
   (d) विश्व बैंक बकाया ऋण के साथ-साथ नये ऋण पर ब्याज की बहुत अधिक दर वसूल करता है।

व्याख्या (b) : किसी देश की अर्थव्यवस्था उस स्थिति में ऋण जाल की स्थिति में होती है जब वह अर्थव्यवस्था अपने पूर्व के ऋणों को चुकाने के लिये नये ऋण की मांग करें। वर्तमान में ग्रीस की अर्थव्यवस्था ऋण जाल की स्थिति में घिरी है।

9. FDI (1997-2000) का वृहत्तम भाग गया है- (2001)
   (a) खाद्य एवं खाद्य उत्पादक क्षेत्रक को।
   (b) इंजीनियरिंग क्षेत्रक को।
   (c) इलेक्ट्रानिकी एवं विद्युत उपस्कर क्षेत्रक को।
   (d) सेवा क्षेत्रक को।

व्याख्या (d) : 1997-2000 की अवधि में भारत में FDI का सर्वाधिक हिस्सा सेवा क्षेत्र का था, जो वर्तमान में भी सर्वाधिक है-

सेवा क्षेत्र में FDI इक्विटी अंतर्वाह

रैंक	क्षेत्र	मूल्य (US डॉलर मिलयन में) 2000 से नवंबर 2014) तक की स्थिति	कुल%
1.	सेवा क्षेत्र (वित्तीय व गैर वित्तीय)	41307	17.5
2.	निर्माण विकास	24009	10.2
3.	दूरसंचार	16635	7.0
4.	कम्प्यूटर सॉफ्टवेयर और हार्डवेयर	13679	5.8
5.	होटल व पर्यटन	7662	3.2
	कुल 5 शीर्ष सेवाएं	103291	43.7

(iv) अंतर्राष्ट्रीय संगठन

1. 'व्यापक-आधारयुक्त व्यापार और निवेश करार (बाँड-बेस्ड ट्रेड ऐंड इन्वेस्टमेंट ऐग्रीमेंट/BTIA)' कभी-कभी समाचारों में भारत और निम्नलिखित में से किस एक के बीच बातचीत के सन्दर्भ में दिखाई पड़ता है ? (2017)
   (a) यूरोपीय संघ
   (b) खाड़ी सहयोग परिषद
   (c) आर्थिक सहयोग और विकास संगठन
   (d) शंघाई सहयोग संगठन

व्याख्या: (a) Brod-Based Trade & Investment Agreement एक मुक्त व्यापार समझौता है, जो यूरोपियन यूनियन व भारत के बीच होना प्रस्तावित है।

2. निम्नलिखित में से कौन, विश्व के देशों के लिए सार्वभौम लैंगिक अन्तराल सूचकांक (ग्लोबल जेंडर गैप इंडेक्स) का श्रेणीकरण प्रदान करता है? (2017)
   (a) विश्व आर्थिक मंच
   (b) UN मानव अधिकार परिषद्
   (c) UN वूमन
   (d) विश्व स्वास्थ्य संगठन

व्याख्या: (a) सार्वभौमिक लैंगिक अन्तराल सूचकांक का प्रदर्शन 'विश्व आर्थिक मंच' द्वारा किया जाता है। वर्ष 2006 में सार्वभौमिक लैंगिक अन्तराल सूचकांक सर्वप्रथम प्रकाशित किया गया। इसमें कुल देशों की संख्या 144 है, जिसमें वर्ष 2016 में भारत का स्थान 87वाँ था। प्रथम स्थान पर आइसलैण्ड है। यह रिपोर्ट प्रदर्शित करती है लैंगिक विभेदताओं की अवधारणाओं का यह सूचकांक महिलाओं की समानता हेतु प्रत्येक राष्ट्र स्तर पर किए जा रहे प्रयासों को सन्दर्भित करता है।

3. निम्नलिखित कथनों पर विचार कीजिए: (2017)
   1. भारत ने WTO के व्यापार सुकर बनाने के करार (TFA) का अनुसमर्थन किया है।
   2. TFA, WTO के बाली मंत्रिस्तरीय पैकेज 2013 का एक भाग है।
   3. TFA जनवरी, 2016 में प्रवृत्त हुआ।

   उपर्युक्त कथनों में से कौन-सा/से सही है/हैं?
   (a) केवल 1 और 2 (b) केवल 1 और 3
   (c) केवल 2 और 3 (d) 1, 2 और 3

व्याख्या: (a) भारत ने डब्ल्यूटीओ के व्यापार को सुकर बनाने के करार (ट्रेड फेसिलिटेशन एग्रीमेण्ट, टीएफए) का अनुसमर्थन किया गया है। अतः पहला कथन सत्य है।

2013 के के डब्ल्यूटीओ बाली मन्त्रिस्तरीय सम्मेलन सम्मेलन के अन्तर्गत टीएफए पर चर्चा की गयी थी, अतः दूसरा कथन भी सत्य है। टीएफए 22 फरवरी, 2017 में प्रवृत्त किया गया जहाँ डब्ल्यूटीओ के दो तिहाई सदस्यों ने इसे अपना अनुसमर्थन प्रदान किया। अतः तीसरा कथन असत्य है।

4. वाणिज्य में प्राणिजात और वनस्पति-जात के व्यापार-संबंधी विश्लेषण (ट्रेड रिलेटेड ऐनालिसिस ऑफ फौना ऐंड फ्लोरा इन कॉमर्स/TRAFFIC) के संदर्भ में निम्नलिखित कथनों पर विचार कीजिए– (2017)
   1. TRAFFIC संयुक्त राष्ट्र पर्यावरण कार्यक्रम (UNEP) के अंतर्गत एक ब्यूरों है।
   2. TRAFFIC का मिशन यह सुनिश्चित करना है कि वन्य पादपों और जन्तुओं के व्यापार में प्रकृति के संरक्षण को खतरा न हो।

   उपर्युक्त कथनों में से कौन-सा/से सही है/हैं?
   (a) केवल 1 (b) केवल 2
   (c) 1 और 2 दोनों (d) न तो 1, न ही 2

व्याख्या: (b) वाणिज्य में प्राणिजात और वनस्पति-जात के व्यापार सम्बन्धी विश्लेषण (ट्रेड रिलेटिड ऐनालिसिस ऑफ फौना एण्ड फ्लोरा इन कॉमर्स) संयुक्त राष्ट्र पर्यावरण का कार्य नहीं है, बल्कि इसका नियन्त्रंण एवं संचालन ट्रॉफिक समिति के माध्यम से किया जाता है, जिसमें आईयूसीएन एवं डब्ल्यूडब्ल्यूएफ के सदस्य सम्मिलित होते हैं। इस गैर-सरकारी संस्थान का कार्य यह सुनिश्चित करना है कि वन्य पादपों और जन्तुओं के व्यापार से प्रकृति के संरक्षण को खतरा न हो।

5. 1929 का व्यापार विवाद अधिनियम (ट्रेड डिस्प्यूट्स ऐक्ट) निम्नलिखित में से किसका उपबंध करता है? (2017)

(a) उद्योगों के प्रबंधन में कामगारों की भागीदारी
(b) औद्योगिक झगड़ों के दमन के लिए प्रबन्धन के पास मनमानी करने की शक्ति
(c) व्यापार विवाद की स्थिति में ब्रिटिश न्यायालय द्वारा हस्तक्षेप
(d) अधिकरणों (ट्रिब्यूनल्स) की प्रणाली तथा हड़तालों पर रोक।

व्याख्या: (d) वर्ष 1929 का व्यापार विवाद अधिनियम (ट्रेड डिस्प्यूट्स ऐक्ट) एक ब्रिटिश कालीन कानून है, जोकि ब्रिटिश संसद द्वारा अधिनियमित किया गया था। इसके अन्तर्गत अधिकरणों की प्रणाली तथा हड़तालों पर प्रतिबन्ध लगाया गया था। हालांकि इस कानून के तहत संघ को पंजीकृत करने की स्वतंत्रता थी, लेकिन इसकी पहुंच केवल कर्मचारियों को सन्तुष्ट करने तक थी।

6. उधार एजेंसी, अंतर्राष्ट्रीय विकास संघ (इंटरनेशनल डेवलपमेंट एसोसिएशन) निम्नलिखित में से किस एक के द्वारा प्रशासित हैं?
   1. अंतर्राष्ट्रीय पुनर्निर्माण और विकास बैंक (इंटरनेशनल बैंक फॉर रिकस्ट्रक्शन एंड डेवलपमेंट)
   2. अंतर्राष्ट्रीय कृषि विकास कोष (इंटरनेशनल फंड और एग्रीकल्चरल डेवलपमेंट)
   3. संयुक्त राष्ट्र विकास कार्यक्रम (यूनाइटेड नेशन्स डेवलपमेंट प्रोग्राम)
   4. संयुक्त राष्ट्र औद्योगिक विकास संगठन (यूनाइटेड नेशन्स इंडस्ट्रियल डेवलपमेंट ऑगनाइजेशन)

व्याख्या (a) : 1960 में स्थापित उधार एजेंसी, अंतर्राष्ट्रीय विकास संघ (इंटरनेशनल डेवलपमेंट एसोसिएशन) अंतर्राष्ट्रीय पुनर्निर्माण और विकास बैंक (वर्ल्ड बैंक) द्वारा प्रशासित है। इसे विश्व बैंक की रियायतीकरण देने वाली खिड़की अर्थात 'उदार ऋण खिड़की' (Soft Loan Window) भी कहते हैं।

7. निम्नलिखित में से कौन-सा संगठन 'वर्ल्ड इकोनोमिक आउटलुक' नामक प्रकाशन प्रकाशित करता है। (2014)
   (a) अंतर्राष्ट्रीय मुद्रा कोष (IMF)
   (b) संयुक्त राष्ट्र विकास कार्यक्रम
   (c) विश्व आर्थिक फोरम
   (d) विश्व बैंक

व्याख्या (a) : 'वर्ल्ड इकोनॉमिक आउटलुक का प्रकाशन 'अंतर्राष्ट्रीय मुद्रा कोष' (IMF : International Monetary Fund) द्वारा किया जाता है। संयुक्त राष्ट्र विकास कार्यक्रम द्वारा 'ह्यूमन डेवलपमेंट रिपोर्ट' का प्रकाशन किया जाता है। विश्व आर्थिक फोरम द्वारा 'ग्लोबल कॉंपिटीटिवनेस रिपोर्ट' का प्रकाशन किया जाता है जबकि विश्व बैंक द्वारा 'वर्ल्ड डेवलपमेंट रिपोर्ट' का प्रकाशन किया जाता है।

8. अंतर्राष्ट्रीय मुद्रा कोष के संबंध में निम्नलिखित में से कौन-सा कथन सही है? (2011)
   1. यह किसी भी देश को ऋण प्रदान कर सकता है।
   2. यह केवल विकसित देशों को ऋण प्रदान कर सकता है।
   3. यह केवल सदस्य देशों को ऋण प्रदान करता है।
   4. यह किसी देश के केंद्रीय बैंक को ऋण प्रदान कर सकता है।

व्याख्या (b) : अंतर्राष्ट्रीय मुद्रा कोष (IMF) की स्थापना विश्व बैंक के साथ ब्रेटनवुड्स समझौते के तहत 1945 में की गई थी। पर इसने कार्य करना मई 1946 से शुरू किया। यह अपने सदस्य देशों को व्यापार शेष उत्पन्न अल्पकालिक और दीर्घकालिक घाटों को पूरा करने के लिए ऋण तथा अन्य विभिन्न सुविधाओं के माध्यम से अन्तर्राष्ट्रीय तरलता उपलब्ध कराता है।

9. विवादों को सुलझाने हेतु संदर्भ बिंदु के रूप में प्रयुक्त अंतर्राष्ट्रीय खाद्य सुरक्षा मानकों के संबंध में WTO निम्नलिखित में से किस के साथ सहयोग करता है? (2010)
   1. कोडेक्स एलीमेटेरियस कमीशन
   2. अंतर्राष्ट्रीय मानक उपभोक्ता संघ (इंटरनेशनल फेडरेशन ऑफ स्टेंडर्ड यूसर्स)
   3. अंतर्राष्ट्रीय मानकीकरण संगठन (इंटरनेशनल ऑर्गेनाइजेशन और स्टेंडर्डाइजेशन)
   4. विश्व मानक सहकार (वर्ल्ड स्टेंडर्ड्स कोओपरेशन)

व्याख्या (a) : कोडेक्स एलीमेंटेरियस (लैटिन भाषा में इसका अर्थ खाद्य कूट या खाद्य कानून होता है) आयोग का गठन वर्ष 1963 में एफ.ए.ओ. (FAO) तथा डब्लू एच.ओ. (WHO) के द्वारा किया गया था कोडेक्स मानक, दिशा निर्देश और अन्य अनुशंसनाएं यह सुनिश्चित करते हैं कि खाद्य उत्पाद उपभोक्ताओं के लिए खतरनाक नहीं है और देशों के बीच इसका सुरक्षित व्यापार किया जा सकता है।

10. TRIPS समझौते का अनुपालन करने के लिए भारत में जियोग्राफिकल इंडिकेशन्स ऑफ गुडस् (रेजिस्ट्रेशन एवं प्रोटैक्शन) एक्ट 1999 अधिनियमित क्रिया ''व्यापार चिन्ह'' (ट्रेड मार्क) तथा भौगोलिक संकेत (जियोग्राफिकल इंडिकेशन्स) के बीच निम्नलिखित अंतर है/हैं : (2010)
(a) केवल 1 (b) केवल 1, 2
(c) केवल 2 और 3 (d) 1, 2, और 3

व्याख्या (b) : भौगोलिक संकेतक कृषि माल/उत्पाद तथा हस्तशिल्प के साथ उत्पादित माल के लिए भी समनुदेशित किया जता है। अत: कथन-3 गलत है। शेष दोनों कथन सत्य है।

11. BRIC देशों के संदर्भ में, निम्नलिखित कथनों पर विचार कीजिए। (2010)
1. वर्तमान में, चीन का सकल घरेलू उत्पाद, अन्य तीनों देशों के सकल घरेलू उत्पाद के योग से अधिक है।
2. चीन की जनसंख्या किन्ही अन्य दो देशों की जनसंख्या के योग से अधिक है।

उपर्युक्त में से कौन सा/से कथन सही है/हैं?
(a) केवल 1 (b) केवल 2
(c) 1 और 2 दोनों (d) न तो 1 और न हो 2

व्याख्या (a) :

देश	जीडीपी (बिलियन में)	जनसंख्या (बिलियन में)
चीन	8250	1354.0
ब्राजील	2425	193.9
रूस	1953	143.3
भारत	1946	1210.6

अत: स्पष्ट है कि विकल्प (a) सत्य है।

12. निम्नलिखित में से कौन-कौन सी संख्या मिलकर विश्व बैंक का गठन करते हैं। (2010)
1. अंतर्राष्ट्रीय पुनर्निर्माण और विकास बैंक
2. अंतर्राष्ट्रीय वित्त निगम
3. अंतर्राष्ट्रीय विकास संघ
4. अंतर्राष्ट्रीय मुद्रा निधि

नीचे दिए हुए कूटों में से सही उत्तर का चयन कीजिए-
कूट :
(a) 1, 2 और 3 (b) 1 और 2
(c) 3 और 4 (d) 1, 2, 3 और 4

व्याख्या (a) :
विश्व बैंक के परिवार में पांच संगठन सम्मिलित हैं-
IBRD - अंतर्राष्ट्रीय पुनर्निर्माण एवं विकास बैंक (1945)
IDA - अंतर्राष्ट्रीय विकास परिषद (1960)
IFC - अंतर्राष्ट्रीय वित्त निगम (1956)
MIGA - बहुपक्षीय निवेश गारंटी एजेंसी (1988)
ICSID - अंतर्राष्ट्रीय निवेश विवाद समझौता केंद्र (1966)

13. BRICS के रूप में ज्ञात देशों के एक समूह के संदर्भ में निम्नलिखित कथनों पर विचार कीजिए।(2010)
1. BRICS का पहला शिखर सम्मेलन रिओ-डी-जेनेरो में 2009 में हुआ।
2. दक्षिण अफ्रीका BRICS समूह में अंत में शामिल हुआ उपर्युक्त में से कौन सा/से कथन सही है/हैं?

(a) केवल 1 (b) केवल 2
(c) 1 और 2 दोनों (d) न तो 1 और न हो 2

व्याख्या (b) : विश्व की उभरती आर्थिक शक्तियों यथा-ब्राजील, रूस, भारत, चीन एवं दक्षिण अफ्रीका की सदस्यता वाले अंतर्महाद्वीपीय समूह को ब्रिक्स (BRICS) नाम से जाना जाता है। पहले यह समूह ब्रिक (BRIC) के नाम से जाना जाता था परन्तु 24 दिसंबर, 2010 को दक्षिण अफ्रीका के आधिकारिक रूप से इस समूह में शामिल होने के बाद इसका पुनर्नामकरण ब्रिक्स के रूप में किया गया। दक्षिण अफ्रीका के शामिल होने से पूर्व ब्रिक राष्ट्रों की दो शिखर बैठकें संपन्न हो चुकी थी। पहली शिखर बैठक 16 जून 2009 को रूस के योतेरिनबर्ग

में आयोजित हुई थी। जबकि दूसरी शिखर बैठक का आयोजन 15 अप्रैल, 2010 को ब्रासीलिया (ब्राजील) में किया गया था। पहली पांच सदस्यीय ब्रिक्स शिखर बैठक 14 अप्रैल, 2011 को चीन के सान्या में आयोजित हुई थी। 'ब्रिक्स' की छठवीं शिखर 14-16 जुलाई, 2014 को मध्य दक्षिण अमेरिकी देश ब्राजील के 'फोर्टालेजा' और ब्रासिलिया नगर में सम्पन्न हुई 7वीं शिखर बैठक रूस के 'उफा' नामक शहर में प्रस्तावित है।

14. निम्नलिखित युग्मों पर विचार कीजिए : (2009)

संगठन	मुख्यालय
(1) एशियाई	: टोक्यो
(2) एशिया-प्रशांत आर्थिक सहयोग	: सिंगापुर
(3) दक्षिण-पूर्व एशियाई राष्ट्र संघ	: बैंकाक

उपर्युक्त युग्मों में से कौन सा/से सही सुमेलित है/हैं?

(a) केवल 1 और 2 (b) केवल 2
(c) केवल 2 और 3 (d) केवल 3

व्याख्या (b) : एशिया प्रशांत आर्थिक सहयोग का मुख्यालय सिंगापुर में ही है जबकि एशियाई विकास बैंक का मुख्यालय मेट्रो मनीला (Metro Manila), फिलीपीन्स में एवं दक्षिण-पूर्व एशियाई राष्ट्र संघ (ASEAN) का मुख्यालय जकार्ता, इण्डोनेशिया में स्थित है।

15. संयुक्त राष्ट्र मुद्रा और वित्तीय, सम्मेलन (यूनाइटेड नेशन्स मॉनिटरी एंड फाइनांशियल कांफ्रेस) जिसमें IBRD, GATT और IMF की स्थापना के लिए समझौतों पर हस्ताक्षर हुए थे, सामान्यतः क्या कहलाता है? (2008)

(a) बांडुंग सम्मेलन (b) ब्रेटनवुडस सम्मेलन
(c) वरसलेस सम्मेलन (d) याल्टा सम्मेलन

व्याख्या (b) : विश्व के विभिन्न देशों के मध्य वाणिज्यिक एवं वित्तीय संबंधों हेतु नियमों की स्थापना मौद्रिक प्रबंधन की ब्रेटनवुड्स प्रणाली द्वारा किया गया है। अमेरिका के ब्रेटनबुड्स स्थित माउंट वाशिंगटन होटल में 44 राष्ट्रों के प्रतिनिधियों ने जुलाई 1944 में इस हेतु समझौतों पर हस्ताक्षर किए थे। अंतर्राष्ट्रीय मुद्रा कोष, विश्व बैंक, गैट आदि संस्थाएं इसी समझौते के तहत प्रशासित होती हैं। इसीलिए इन्हें ब्रेटनवुड्स संस्थाएं भी कहा जाता है।

16. भारत निम्नलिखित में से किनका सदस्य है? (2006)
1. एशियाई विकास बैंक
2. एशिया-प्रशांत आर्थिक सहयोग
3. कोलम्बो योजना
4. आर्थिक सहयोग एवं विकास संगठन (OECD)

नीचे दिए गए कूट का प्रयोग कर सही उत्तर चुनिए:

(a) केवल 1 और 3 (b) केवल 2, 4
(c) केवल 1, 2 और 3 (d) 1, 2, 3 और 4

व्याख्या (a) : भारत 1966 से ही एशियाई विकास बैंक (ADB) का संस्थापक सदस्य है। भारत एपेक का सदस्य नहीं है, इसने इसकी सदस्यता हेतु आवेदन कर रखा है। इसी प्रकार भारत 30-सदस्यीय OECD का भी सदस्य नहीं है। भारत कोलम्बो योजना का 1950 से ही सदस्य है।

17. WTO का पूर्वी नाम था : (2001)

(a) UNCTAD (b) GATT
(c) UNIDO (d) OECD

व्याख्या (b) : WTO का पूर्ववर्ती नाम व्यापार एवं टैरिफ पर सामान्य समझौता (General Agreement On Trade and tariff-GATT) अर्थात गैट था।

4. मुद्रा-बैंकिग

1. निम्नलिखित कथनों पर विचार कीजिए: (2017)
1. भारतीय राष्ट्रीय भुगतान निगम (नेशनल पेमेंट्स कॉर्पोरेशन ऑफ, इंडिया/NPCI) देश में वित्तीय समावेशन के संवर्धन में सहायता करता है।
2. NPCI ने एक कार्ड भुगतान स्कीम RuPay प्रारंभ की है।

उपर्युक्त कथनों में से कौन-सा/से सही है/हैं?

(a) केवल 1 (b) केवल 2
(c) 1 और 2 दोनों (d) न तो 1, न ही 2

व्याख्या: (c) देश की पहली भुगतान प्रणाली रूपे (RuPay) का अनावरण राष्ट्रपति मुखर्जी द्वारा 8 मई 2014 को किया गया। नेशनल पेमेण्ट कापोरेशन ऑफ इंडिया (NPCI) द्वारा विकसित इस कार्ड के माध्यम से नकदी हस्तांतरण पर निर्भरता कम होगी। साथ ही यह वित्तीय समावेशन में भी सहयोग करेगा क्योंकि रूपे कार्ड का प्रयोग करने के लिए लोगों को बैंक खातों से जुड़ना आवश्यक है।

2. मौद्रिक नीति समिति (मोनेटरी पॉलिसी कमिटी/MPC) के संबंध में निम्नलिखित कथनों में से कौन-सा/से सही है/हैं? (2017)
   1. यह आरबीआई की मानक (बेंचमार्क) ब्याज दरों का निर्धारण करती है।
   2. यह एक 12 सदस्यीय निकाय है जिसमें आरबीआई के गवर्नर शामिल है तथा प्रत्येक वर्ष इसका पुनर्गठन किया जाता है।
   3. यह केन्द्रिय वित्त मंत्री की अध्यक्षता में कार्य करती है।

   नीचे दिये गए कूट का प्रयोग कर सही उत्तर चुनिए:
   (a) केवल 1 (b) केवल 1 और 2
   (c) केवल 3 (d) केवल 2 और 3

व्याख्या: (a) भारतीय रिजर्व बैंक पर बढ़ते कार्यों के बोझ को कम करने व केन्द्र सरकार और आरबीआई के मध्य सामंजस्य स्थापित करने के उद्देश्य से बजट 2016-17 में इसके गठन के प्रावधान की घोषणा की गयी, जोकि केवल आरबीआई की मानक ब्याज दरों का निर्धारण करती है। यह एक 6 सदस्यीय निकाय है, जिसमें 3 सदस्य भारतीय रिजर्व बैंक ऑफ इण्डिया (गवर्नर, उप-गवर्नर एवं ऑफिसर) एवं 3 सदस्य सरकार की ओर से नियुक्त किए जाएगें। इस समिति की अध्यक्षता आरबीआई गवर्नर करेंगे। सभी सदस्यों को एक वोट का अधिकार प्राप्त होगा। परन्तु टाई की स्थिति में आरबीआई के गवर्नर को एक अतिरिक्त वोट डालने का अधिकार होगा।

3. भारत में लघु वित्त बैंकों (SFBs) को स्थापित करने का क्या प्रयोजन है? (2017)
   1. लघु व्यवसाय इकाईयों को ऋण की पूर्ति करना।
   2. लघु और सीमांत कृषकों को ऋण की पूर्ति करना।
   3. युवा उद्यमियों को विशेषत: ग्रामीण क्षेत्रों में व्यापार स्थापित करने के लिए प्रोत्साहित करना।

   नीचे दिए गए कूट का प्रयोग कर सही उत्तर चुनिए:
   (a) केवल 1 और 2 (b) केवल 2 और 3
   (c) केवल 1 और 3 (d) 1, 2 और 3

व्याख्या: (a) भारतीय रिजर्व बैंक के द्वारा जारी किए गए लाइसेन्स के माध्यम से लघु वित्त बैंकों की स्थापना होती है। भारत में लघु वित्त बैंकों को स्थापित करने का प्रयोजन निम्नलिखित है:
- वित्तीय समावेशन को बढ़ावा देना।
- बचत माध्यमों का प्रावधान करना।
- लघु व्यवसाय इकाइयों को ऋण की पूर्ति करना।
- लघु और सीमान्त कृषकों को ऋण की पूर्ति करना।

अत: विकल्प (a) सही है।

4. शाखा रहित क्षेत्रों में व्यवसायिक संवाददाताओं (बैंक साथी) की सेवाओं द्वारा लाभार्थियों को कौन सी सुविधा/सुविधायें प्राप्त होती है/हैं? (2015)
   1. यह लाभार्थियों को अपने गाँव में सरकारी सहाय्यो और सामाजिक सुरक्षा लाभ प्राप्त करने योग्य बनाती है।
   2. यह ग्रामीण क्षेत्रों में लाभार्थियों को धनराशि जमा करने व आहरण करने योग्य बनाती है।

   नीचे दिये गये कूट का प्रयोग कर सही उत्तर चुनिए।
   (a) केवल 1 (b) केवल 2
   (c) 1 और 2 दोनों (d) न तो 1 और न ही 2

व्याख्या (c) : केन्द्र सरकार द्वारा फरवरी, 2011 में स्वाभिमान नाम की वित्तीय सुरक्षा योजना का आरम्भ किया गया जिसका उद्देश्य 2000 से ऊपर आबादी वाले बैंक विहीन गांवों को बैंकिंग सुविधायें प्रदान करना था। इस योजना के अन्तर्गत बैंको द्वारा व्यावसायिक संवादाताओं या बैंक साथी (Business Correspondents) कर चयन किया जाता है, जो ग्रामीणों और बैंकों के बीच मध्यस्थता का कार्य करते है। बैंक जमा, आहरण, विप्रेषण (Remittances) जैसी बुनियादी सेवाए बैंक साथी के द्वारा प्रदान करते है। साथ ही इस योजना द्वारा सरकारी सहाय्यो (Subsidy) और सामाजिक सुरक्षा लाभों को लाभार्थियों के बैंक खातों में सीधे हस्तांतरित किया जा सकता है ताकि बैंक साथी की मदद से वे अपने गांव में ही धन आहरित कर सके। अत: विकल्प (c) सही है।

5. भारत में बैंकों द्वारा प्राथमिक क्षेत्र ऋणदान से तात्पर्य किसको ऋण देने से है? (2013)
   (a) कृषि
   (b) लघु (माइक्रो) एवं छोटे उद्यम
   (c) दुर्बल वर्ग
   (d) उपर्युक्त सभी

व्याख्या. (d) : आरबीआई के दिशा-निर्देशो के तहत सभी वाणिज्यिक बैंकों को प्रतिवर्ष अपने कुल अग्रिमों का न्यूनतम 40 प्रतिशत प्राथमिकता प्राप्त क्षेत्रों को देना अनिवार्य है। जिसके अन्तर्गत कृषि क्षेत्र, सूक्ष्म तथा लघु उद्यम, आर्थिक दृष्टि से कमजोर वर्गों एवं आवास के क्रय निर्माण पुनर्निर्माण हेतु 10 लाख तक के ऋण ''प्राथमिकता क्षेत्रक'' का हिस्सा है।

6. निम्नलिखित में से किस/किन परिस्थिति/परिस्थितियों में ''पूंजीगत लाभ'' (Capital Gains) हो सकता है? (2012)
   1. जब किसी उत्पाद के विक्रय में वृद्धि हो
   2. जब किसी सम्पत्ति के मूल्य में प्राकृतिक वृद्धि हो
   3. जब आप कोई रंगचित्र खरीदे और उसकी लोकप्रियता बढ़ने के कारण उसके मूल्य में वृद्धि है।

   (a) केवल 1 (b) केवल 2 और 3
   (c) केवल 2 (d) 1, 2, 3

व्याख्या (b) : पूंजीगत लाभ से तात्पर्य उस स्थिति से है जब किसी अचल सम्पत्ति के मूल्य प्राकृतिक रूप से बढ़े जैसे 2001 में खरीदी गयी कोई सम्पत्ति 10 लाख रूपये की थी और 2015 में उसी सम्पत्ति की कीमत 18 लाख से बढ़कर 25 लाख हो जाती है तो 15 लाख रूपये पूंजीगत लाभ की श्रेणी में आयेगा। मूल्यों में यह वृद्धि लोकप्रियता बढ़ने के कारण या पूर्ति के सापेक्ष मांग अधिक होने के कारण होती है अत: विकल्प (b) सही है।

7. सूक्ष्म वित्त (माइक्रोफाइनेंस) निम्न आय वर्ग के व्यक्तियों के लिए वित्तीय सेवाओं का प्रावधान कराता है। यह सेवाएं उपभोक्ताओं और स्वरोजगार में जुटे व्यक्तियों दोनों को प्रदत्त की जाती है। सूक्ष्म-वित्त अंतर्गत जो सेवा/सेवाएं उपलब्ध की जाती है/है, वह है/वे है: (2011)
   1. ऋण सुविधाएं 3. बचत सुविधाएं
   2. बीमा सुविधाएं 4. निधि अंतरण सुविधाएं

   निम्नलिखित कूटों के आधार पर सही उत्तर चुनिए :
   (a) केवल 1 (b) केवल 1 और 4
   (c) केवल 2 और 3 (d) 1, 2, 3 और 4

व्याख्या (a) : ग्रामीण, शहरी तथा अर्द्ध शहरी क्षेत्रों के ऐसे गरीब, जिनके पास बैंकों से ऋण प्राप्त करने के लिए गिरवी रखने के लिए कुछ भी नहीं ऐसे अल्प आय वर्ग को छोटी मात्रा के ऋण उपलब्ध कराने के उद्देश्य से माइक्रोफाइनेंस कार्य करती है ताकि वे अपने आय के स्तर को ऊपर उठा सके तथा रहन-सहन के स्तर में सुधार ला सके। अत: विकल्प (a) सही है।

8. वाणिज्यिक बैंकों द्वारा दिए जाने वाले लोक-लुभावन ऋण (टीजर लोन) क्यों आर्थिक चिन्ता का विषय है? (2011)
   1. लोक-लुभावन ऋण (टीजर लोन) अधो-मुख्य ऋणों (सब-प्राइम-लेडिंग) का ही एक रूप समझे जाते हैं तथा बैंकों को यह जोखिम रहता है कि भविष्य में उनके ऋण चुकता न हों।
   2. देश में लोक-लुभावन ऋण (टीजर लोन) मुख्यत: अनुभवहीन उद्यमियों को उत्पादन-संबंधी अथवा निर्यात इकाईयां स्थापित करने के लिए दिये जाते हैं।

   उपर्युक्त में से कौन-सा/कौन-से कथन सही है/हैं?
   (a) केवल 1
   (b) केवल 2
   (c) 1 और 2 दोनों
   (d) न तो 1 और न ही 2

व्याख्या (a) : जब वाणिज्यिक बैंक, ऋण लेने वाले व्यक्ति की, ऋण को चुकाने की क्षमता तथा अन्य मानको को बिना ध्यान रखे हुए ऋण प्रदान करती है तो ऐसे ऋण ''लोक लुभावन'' ऋण कहलाते है। इन ऋणों की मुख्य विशेषता यह है कि आरम्भ के वर्षों में ब्याज की दर आकर्षण रूप से कम होती है और बाद के वर्षो में ब्याज दरें बढ़ा दी जाती है। ये ऋण सब प्राइम ऋण की श्रेणी में आते है तथा बैंकों को यह भी जोखिम रहता है कि भविष्य में उनका ऋण चुकता होगा अथवा नहीं। इसलिये प्रश्न का विकल्प 1 सहीं है।

9. निम्नलिखित तरल परिसम्पत्तियों पर विचार कीजिए: (2011)
   1. बैंकों के पास माँग जमा
   2. बैंकों के पास सावधिक जमा
   3. बैंको के पास बचत जमा।
   4. करेन्सी

इन परिसम्पत्तियों का, तरलता के घटते हुए क्रम में, सही अनुक्रम है।

(a) 1-4-3-2 (b) 4-3-2-1
(c) 2-3-1-4 (d) 4-1-3-2

व्याख्या (d) : परिसम्पत्तियों की तरलता का सही क्रम निम्नवत् है:-

1. करेंसी, 2. बैंकों के पास मांग जमा, 3. बैंकों के पास बचत जमा, 4. बैंकों के पास सावधिक जमा। अतः विकल्प(d) सही है।

10. भारत में निम्नलिखित में से कौन सा, वायदा बाजार आयोग द्वारा विनियमित होता है? (2010)
(a) मुद्रा फ्यूचर्स व्यापार
(b) जिंस फ्यूचर्स व्यापार
(c) इक्विटी फ्यूचर्स व्यापार
(d) कमोडिटी फ्यूचर्स व्यापार

व्याख्या (b): शेयर बाजारों की तरह ही गांवों व कस्बों की मंडियों तथा हाट बाजार भी धीरे-धीरे हाईटक हो रहे हैं तथा इनमें प्रमुख अनाजों जैसे गेहूँ, चावल, दलहन, तिलहन एवं खाद्य तेलो के भाव ऑनलाइन कोड किये जा रहे है। इसे ही वायदा कारोबार/ कमोडिटी बाजार या जिंस बाजार के नाम से जाना जाता है। भारत में जिंसों के वायदा व्यापार को विनियमित करने के लिए 1953 में ''वायदा बाजार आयोग की स्थापना की गयी है। अतः विकल्प (b) सही है।

11. भारत में बैंकिंग लोकपाल संस्था के संदर्भ में निम्नलिखित में से कौन सा एक कथन सही नहीं है? (2010)
(a) बैकिंग लोकपाल की नियुक्ति भारतीय रिजर्व बैंक करता है।
(b) बैकिंग लोकपाल भारत में खाता रखने वाले अनिवासी भारतीयों की शिकायतें सुन सकता है।
(c) बैकिंग लोकपाल पारित आदेश अंतिम और संबंधित पक्षों के लिए बाध्यकारी है।
(d) बैकिंग लोकपाल द्वारा दी गई सेवाएं निःशुल्क होती हैं।

व्याख्या (c) : बैंकों के ग्राहकों की शिकायतों का निदान करने के लिए आरबीआई ने 14 जून 1995 से देशभर बैंकिग लोकपाल योजना (Banking Ombudsman Scheme) लागू की। और अलग-अलग क्षेत्रों के लिए बैंकिंग लोकपाल की नियुक्ति की। इस प्रकार प्रश्न का विकल्प (a) सही है।

कोई भी ग्राहक जिसकी सेवा सम्बन्धी शिकायतों का निपटारा सन्तोषजनक तरीके से सम्बन्धित बैंक शाखा तथा उसके शीर्ष प्रबन्धन द्वारा 2 माह के भीतर नहीं किया जाता, बैंकिंग लोकपाल के पास एक वर्ष के भीतर शिकायत कर सकता है

12. वित्तीय निवेशों के विशिष्ट व्यवहार में, मंदड़िया (Bear) शब्द किसका द्योतक है? (2010)
(a) उस निवेशक का जो यह महसूस करता है कि अमुक प्रतिभूति की कीमत गिरने वाली है।
(b) उस निवेशक का जो यह महसूस करता है कि अमुक प्रतिभूति की कीमत बढ़ने वाली है।
(c) उस शेयरधारक या बॉन्डधारक का, जिसको किसी, वित्तीय या अन्यथा, कंपनी में हिस्सेदारी है।
(d) उस उधारदाता का, जो कर्ज देता है या बॉन्ड खरीदता है।

व्याख्या (a) : मंदडिया (Bear) स्टाक एक्सचेज का शब्द है, जो व्यक्ति स्टाक की कीमते गिरने की आशा करके किसी वस्तु को भविष्य में देने का वायदा करके बेचता है वह मंदडिया कहलाता है। अतः विकल्प (a) सही है।

13. लीड बैंक योजना का प्रमुख उद्देश्य है कि-(2010)
(a) बड़े बैंक प्रत्येक जिले में अपने कार्यालय खोलने का प्रयास करें।
(b) विभिन्न राष्ट्रीयकृत बैंकों में कड़ी प्रतिस्पर्धा हो।
(c) प्रत्येक बैंक सघन विकास के लिए पृथक-पृथक जिलों को अपनायें।
(d) सभी बैंक अपने पास जमा राशि जुटाने के लिए गहन प्रयास करें।

व्याख्या (c) : यह योजना जिलो की अर्थव्यवस्था सुधारने के लिए 1969 में प्रारम्भ की गयी थी। इसके अन्तर्गत प्रत्येक जिले में बैंक की शाखाओं के आधार पर किसी एक बैंक को लीड बैंक घोषित कर दिया जाता है, जिसके अन्तर्गत प्रत्येक बैंक को एक जिला आबंटित किया जाता है और उसे उस जिले में साख व्यवस्था को समन्वित करने के लिए ''लीडिंग रोल'' (अग्रणी भूमिका) करने का निर्देश दिया जाता है। अतः विकल्प (c) सही है।

14. निम्नलिखित में से कौन सी, सीमित देयता साझेदारी फर्म की विशेषता नहीं है? - (2010)
    (a) साझेदारी 20 से कम होने चाहिए।
    (b) साझेदारी और प्रबंधन अलग-अलग होने आवश्यक नहीं है।
    (c) आंतरिक प्रशासन साझेदारी के बीच आपसी सहमति से निश्चित किया जा सकता है।
    (d) यह शाश्वत उत्तराधिकार से परिपूर्ण नियमित निकाय है।

व्याख्या (a) : सीमित देयता साझेदारी फर्म में साझेदारी और प्रबंधन अलग-अलग होना आवश्यक नहीं है। इसमें आंतरिक प्रशासन साझेदारी के बीच आपसी सहमति से निश्चित किया जा सकता है तथा यह शाश्वत उत्तराधिकार से परिपूर्ण नियमित निकाय है। इसमें अधिकतम भागीदारी संख्या 20 से अधिक नहीं हो सकते, के विपरीत भागीदारों की संख्या की कोई ऊपरी सीमा नहीं है। अतः विकल्प (a) ही एक मात्र विकल्प है जो सीमित देयता साझेदारी फर्म की विशेषता नहीं है।

15. निम्नलिखित में से कौन से मामलों में भारतीय रिजर्व बैंक वाणिज्यिक बैंकों को नियंत्रित कराता है? (2009)
    1. परिसम्पत्तियों की तरलता 2. शाखा विस्तार
    3. बैंको का विलय 4. बैंकों का समापन
    नीचे दिए गये कूट का प्रयोग कर सही उत्तर चुनिए।
    (a) केवल 1 और 4
    (b) केवल 2, 3 और 4
    (c) केवल 1, 2 और 3
    (d) 1, 2, 3 और 4

व्याख्या (d): भारतीय रिजर्व बैंक बैंकों का बैंक है अतः वह परिसम्पत्तियों की तरलता, शाखा विस्तार, बैंको का विलय तथा बैंकों का समापन जैसे प्रमुख कार्य कर वाणिज्यिक बैंकों को नियन्त्रित करता है।

16. स्वतंत्र भारत की अर्थव्यवस्था के संदर्भ में, निम्नलिखित में से कौन सी एक, सर्वप्रथम घटित होने वाली घटना थी? (2009)
    (a) बीमा कम्पनियों का राष्ट्रीकरण
    (b) भारतीय स्टेट बैंक का राष्ट्रीकरण
    (c) बैंकिंग रेगुलेशन ऐक्ट का अधिनियमन।
    (d) पहली पंचवर्षीय योजना लागू करना।

व्याख्या (c) :

	घटना	घटना का वर्ष
1.	बैंकिंग रेगुलेशन ऐक्ट का अधिनियम	1949
2.	पहली पंचवर्षीय योजना लागू करना	1 अप्रैल, 1951
3.	भारतीय स्टेट बैंक का राष्ट्रीयकरण	1 जुलाई, 1955
4.	बीमा कम्पनियों का राष्ट्रीयकरण	1 सितम्बर, 1956

17. निम्नलिखित युग्मों में से कौन सा एक सही सुमेलित नहीं है? (2009)
    (a) जापान : निक्की
    (b) सिंगापुर : श्कॉम्प
    (c) यू.के. : एफ.टी.एस.ई.
    (d) यूएसए : नासदाक

व्याख्या (b)

देश	स्टॉक मार्केट संकेतक
जापान	निक्की (NIKKEI)
सिंगापुर	सिमेक्स स्ट्रेटस टाइम्स (SIMAX STRAITS TIMES)
यू.के.	एफ.टी.एस.ई. (FTSE)
यू.एस.ए	नासदाक (NASDAQ)

अतः विकल्प b सही है क्योंकि सिंगापुर के सूचकांक को छोड़कर अन्य सभी देशों के सामने लिखे सूचकांक सुमेलित है।

18. भारत में गैर-बैंकिग वित्तीय कम्पनियों (NBFCs) के सन्दर्भ में, निम्नलिखित कथनों पर विचार कीजिए: (2009)
    1. ये सरकार द्वारा जारी प्रतिभूतियों के अधिग्रहण में भाग नहीं ले सकते।
    2. ये बचत खाते की तरह मांग निक्षेप (डिमांड डिपॉजिट) स्वीकार नहीं कर सकते।
    उपर्युक्त में से कौन-सा/कौन से कथन सही है/हैं?
    (a) केवल 1 (b) केवल 2
    (c) 1 और 2 दोनों (d) न तो 1 और न ही 2

व्याख्या (c) : RBI Act. 1997 के अनुसार NBFCs एक संस्था या कम्पनी है जिसका प्रमुख व्यवसाय किसी भी योजना के तहत जमा स्वीकार करना तथा उसे किसी रूप तथा तरीके से उधार देना। इस आधार पर वे सभी निवेश कम्पनियाँ जो कम्पनी एक्ट 1956 के तहत पंजीकृत हो, वे सभी NBFCs कहलाती है। ध्यान देने योग्य बात यह भी है कि वह जनता से बैंकों की भाँति डिमांड डिपाजिट स्वीकार नहीं कर सकती। इसलिये प्रश्न का विकल्प 2 सही है जबकि प्रश्न का विकल्प 1 गलत है। अतः सही उत्तर विकल्प (c) है।

19. भारतीय रिजर्व बैंक (RBI) बैंकरों के बैंक के रूप में कार्य करता है। इसका अर्थ निम्नलिखित में से कौन से हैं? (2008)
    1. अन्य बैंक RBI के पास अपनी जमा संचित रखते हैं।
    2. आवश्यकता के समय RBI वाणिज्यिक बैंकों को ऋण देता है।
    3. RBI वाणिज्यिक बैंकों को मौद्रिक विषयों पर परामर्श देता है।

    निम्नलिखत कूटों के आधार पर सही उत्तर चुनिए:
    (a) केवल 2 और 3 (b) केवल 1 और 2
    (c) केवल 1 और 3 (d) 1, 2 और 3

व्याख्या (d) भारतीय रिजर्व बैंक, बैंकरों का बैंक है क्योंकि वह सीआरआर के माध्य से बैंकों की नकदी का एक प्रतिशत (जो निर्धारित किया गया हो) अपने पास संचित रखता है, आवश्यकता के समय आरबीआई, वाणिज्यिक बैंकों को बैंक रेट और रेपो रेंट (जो निर्धारित किया गया हो) पर ऋण की सुविधा उपलब्ध करता है साथ ही मौद्रिक विषयों पर परामर्श भी देता है अत: प्रश्न के विकल्प 1, 2 और 3 सही है और सही उत्तर विकल्प (d) है।

20. S & P 500 किससे संबंधित है? – (2008)
    (a) सुपर कम्प्यूटर
    (b) ई-व्यापार में नई तकनीक
    (c) पुल निर्माण में नई तकनीक
    (d) बड़ी कंपनियों के स्टॉक सूचक

व्याख्या (d) : S & P 500 एक शेयर मूल्य सूचकांक है जिसमें 500 वृहद कम्पनियों के शेयर सूचकांक शामिल है। अतः विकल्प (d) सही है।

21. भारत के संदर्भ में, निम्नलिखित पर विचार कीजिए: (2006)
    1. बैंकों का राष्ट्रीकरण।
    2. क्षेत्रीय ग्रामीण बैंकों का गठन।
    3. बैंक शाखाओं द्वारा गांवों को अपनाना।

    उपर्युक्त में से किस/किन को, भारत में ''वित्तीय समावेशन'' प्राप्त करने के लिए उठाए गए कदम/कदमों के रूप में माना जा सकता है?
    (a) केवल 1 और 2 (b) केवल 2 और 3
    (c) केवल 3 (d) 1, 2 और 3

व्याख्या (d) : वित्तीय समावेशन से तात्पर्य-देश के सभी भागों जहाँ बैंकिंग सुविधाए उपलब्ध नहीं है, बैंकिंग सुविधा पहुंचाना ताकि, सरल प्रक्रिया से ऋण उपलब्ध कराया जा सके जिससे ग्रामीण लोग साहूकारों के चंगुल से बच सके साथ ही लोगों को बैंकिंग सुविधाओं के संबंध में शिक्षित करना एवं परिवारों को खाता खोलने के लिए प्रेरित करना वित्तीय समावेशन कहलाता है। वित्तीय समावेशन के उद्देश्यों को पूरा करने के लिए उठाये गये कदम:–
- बैंकों का राष्ट्रीयकरण।
- क्षेत्रीय ग्रामीण बैंकों का गठन।
- बैंक शाखाओं द्वारा गांवों को अपनाना (लीड बैंक योजना)।
- निजी क्षेत्र की कम्पनियों को बैंकिंग लाइसेन्स जारी करना।
- स्वाभीमान एवं प्रधानमंत्री जनधन योजना का प्रारम्भ।
- सूक्ष्य वित्त को बढ़ावा देना।
- लघु एवं भुगतान बैंको की स्थापना।
- MUDRA बैंक की स्थापना।
- भारतीय महिला बैंक की स्थापना।

अतः विकल्प (d) सही है।

22. निम्नलिखित कथनों पर विचार कीजिए – (2005)
    (a) सेंसेक्स, बम्बई स्टॉक एक्सचेंज में उपलब्ध 50 अधिकतम महत्वपूर्ण स्टॉकों पर आधारित होता है।
    (b) सेंसेक्स, के परिकलन के लिए सभी सेंसेक्स स्टॉकों को आनुपातिक भारिता दी जाती है।
    (c) न्यूयार्क स्टॉक एक्सचेंज विश्व की सबसे पुरानी स्टॉक एक्सचेंज है।

    कूट:
    (a) केवल 2 (b) 1 और 3
    (c) 2 और 3 (d) कोई भी नहीं

व्याख्या (a) : बम्बई स्टॉक एक्सचेन्ज (BSE) का संवेदी शेयर सूचकांक 30 शेयरों का होता है न की 50 शेयरों का। इस प्रकार प्रश्न का कथन 1 असत्य हो जाता है। प्रश्न का कथन 2 सत्य है क्योंकि संसेक्स के परिकलन के लिए सभी संसेक्स स्टॉकों को उनके बाजार पर डालने वाले महत्व के अनुरूप आनुपातिक भारिता प्रदान की जाती है। विश्व का सबसे पुराना स्टॉक एक्सचेंज "एन्टवर्प, बेल्जियम" (Antiverp, Belgium) है जिसकी स्थापना 1460 में हुई थी। न्यूयार्क स्टॉक एक्सचेंज 1972 में स्थापित हुआ था इसलिये प्रश्न का तीसरा कथन भी गलत है इस प्रकार सही उत्तर विकल्प (a) बन जाता है।

नोट : (BSE) भारत का सबसे पुराना स्टॉक एक्सचेंज है।

23. निम्नलिखित कथनों पर विचार कीजिए- (2005)
भारत में वाणिज्यिक बैंकों के कार्यों में शामिल हैं।
1. ग्राहकों की ओर से, शेयरों एवं प्रतिभूतियों की खरीद और बिक्री।
2. वसीयतों के लिए निष्पादक तथा न्यासी के रूप में कार्य करना।
उपर्युक्त में से कौन सा/से कथन सही है/हैं?
(a) केवल 1 (b) केवल 2
(c) 1 और 2 दोनों (d) न तो 1 और न ही 2

व्याख्या (c) : वाणिज्यिक बैंक उन बैंकों को कहते है, जो आम जनता की बचतों को स्वीकार करें और ऋण की व्यवस्था भी करे। इसके अतिरिक्त वाणिज्यिक बैंकों के फार्मों में शामिल है- ग्राहक की तरफ से शेयरों एवं प्रतिभूतियों की खरीद और बिक्री तथा वसीयतों के लिए निष्पादक तथा न्यासी के रूप में कार्य करना। अतः विकल्प (c) सही उत्तर है।

24. भारत में राष्ट्रीय आवास बैंक निम्नलिखित में से किस की एक पूर्ण स्वामित्व वाली समनुषंगी के रूप में स्थापित हुआ? (2004)
(a) भारतीय स्टेट बैंक
(b) भारतीय रिजर्व बैंक
(c) आईसीआईसीआई बैंक
(d) भारतीय जीवन बीमा निगम

व्याख्या (b) : राष्ट्रीय आवास बैंक की स्थापना भारतीय रिजर्व बैंक की सहायक संस्था के रूप में जुलाई, 1988 में की गयी थी। यह बैंक देश में आवास सम्बन्धी वित्त व्यवस्था के लिए शीर्षस्थ बैंक है।

25. निम्नलिखित में से कौन सी मुद्रा/मुद्राएं कृत्रिम समझी जाती है/हैं? (2004)
(a) ADR (b) GDR
(c) SDR (d) ADR और SDR दोनों

व्याख्या (c) : ऐसी मुद्रा जो दैनिक आवश्यकताओं को पूरा करने के लिए प्रयोग में नहीं लायी जाती बल्कि लेखांकन उद्देश्यों के लिए होती है कृत्रिम मुद्रा कहलाती है SDR (Special Drawing Right) ऐसी ही मुद्रा है जो आईएमएफ के लेने-देने के लेखांकन के लिए इस्तेमाल होती है अतः सही विकल्प (c) है।

26. किस कम्पनी के डिबेंचर धारक उसके (2003)
(a) शेयरधारक होते हैं (b) लेनदार होते हैं
(c) देनदार होते हैं (d) निदेशक होते हैं

व्याख्या (b): संयुक्त पूंजी कम्पनियाँ जनता से ऋण प्राप्त करने के लिए अपने डिबेन्चर जारी करती है। जो संस्था इन्हें जारी करती है वे इन पर धारक को एक निश्चित दर से ब्याज भी देती है। इस आधार पर डिबेंचरधारक, उस संस्था के देनदार हुए क्योंकि उन्होंने अपनी पूंजी ऋण के माध्यम से उस संस्था को दी है। अतः विकल्प (c) सही है।

27. निम्नलिखित पर विचार कीजिए: (2002)
1. जनता के पास मुद्रा।
2. बैंकों के पास मांग जमा (डिमांड डिपॉजिट्स)
3. बैंकों के पास समय जमा (टाइम डिपॉजिट्स)
भारत में व्यापक धन (एम 3) में शमिल हैं?
(a) 1 और 2 (b) 1 और 3
(c) 2 और 3 (d) 1, 2 और 3

व्याख्या (d) : मुद्रा आपूर्ति का मापन मौद्रिक सामुच्यों के चार माध्यमों से किया जाता है, जो निम्नवत् हैं:

M_1 = Cash with the public + Demand Deposit with the Bank + other Deposit with the RBI

$M_2 = M_1$ + Demand Deposit with the Post office

$M_3 = M_1$ + Time Deposit with the Bank

$M_4 = M_3$ + All Deposit with the Post office

उपरोक्त विवरण से स्पष्ट है कि N_3 में Cash with the public, Demand Deposit with the Bank, Time Deposit with the Bank और other deposit with RBI शामिल है अतः विकल्प (d) सही है।

28. भारत में सभी राष्ट्रीयकृत वाणिज्यिक बैंकों में बचत खातों पर दी जाने वाली ब्याज दरें किसके द्वारा निर्धारित की जाती है? (2001)
    (a) केंद्रीय वित्त मन्त्रालय
    (b) केंद्रीय वित्त आयोग
    (c) भारतीय बैंक संघ
    (d) उपर्युक्त में से कोई नहीं

व्याख्या (d) : भारत में बचत खातों पर ब्याज दरों को पहले आरबीआई द्वारा विनियमित किया जाता था। जिन्हें अक्टूबर, 2012 में नियन्त्रण मुक्त कर दिया गया है अतः सही विकल्प (d) है।

(a) सरकार की मौद्रिक नीति का।
(b) सरकार की वाणिज्यिक नीति का।
(c) सरकार की राजकोषीय नीति का।
(d) सरकार की मुद्रा बचत नीति का।

व्याख्या (c) : राजकोषीय नीति से तात्पर्य, केन्द्र सरकार की वह नीति है जिसमें सरकार की आय व्यय एवं ऋण प्रबन्धन का लेखा-जोखा शामिल होता है अतः बजट, सरकार की राजकोषीय नीति का एक लेख-पत्र है क्योंकि सम्पूर्ण बजट मोटे तौर पर आय व्यय का ब्यौरा प्रस्तुत करता है।

5. भारत में घाटे की वित्त व्यवस्था किसके लिए संसाधनों को बढ़ाने के लिए उपयोग की जाती है। (2013)
   (a) आर्थिक विकास के लिए।
   (b) सार्वजनिक ऋण चुकाने के लिए।
   (c) भुगतान शेष का समायोजन करने के लिए।
   (d) विदेशी ऋण कम करने लिए।

व्याख्या (a): भारत में घाटे की वित्त व्यवस्था की नीति को अपनाने का प्रमुख कारण आर्थिक विकास के लिए संसाधनों को बढ़ाने के लिये किया जाता है। घाटे की वित्त व्यवस्था के अन्तर्गत सरकार अपने व्ययों को पूरा करने के लिये आरबीआई से नये नोटों का निर्गमन करवाती है और विकास योजनाओं के वित्त पोषण के लिये प्रयोग करती है। जबकि विकसित देश ''घाटे की वित्त व्यवस्था'' का प्रयोग मंदी की स्थिति को दूर करने के लिये प्रयोग करते हैं।

6. भारत में निम्न में से कौन राजकोषीय नीति निर्धारित करता है। (2012)
   (a) योजना आयोग (b) वित्त आयोग
   (c) वित्त मंत्रालय (d) भारतीय रिजर्व बैंक

व्याख्या (c) : भारत में राजकोषी नीति (Fiscal Policy) के निर्धारण का कार्य केन्द्र सरकार का वित्तमंत्रालय करता है। अतः विकल्प (c) सही है।

7. राष्ट्रीय निवेश निधि (National Investment Fund) जिसमें विनिवेश प्राप्तियां पहुंचती हैं, संदर्भ में निम्नलिखित कथनों पर विचार कीजिए– (2010)
   1. केन्द्रीय वित्त मंत्रालय राष्ट्रीय निवेश निधि की परिसंपत्ति का प्रबंध करता है।
   2. राष्ट्रीय निवेश निधि, भारत की संचित निधि के अंतर्गत रखी जाती है।
   3. कुछ परिसंपत्ति प्रबंधन कंपनियां, निधि प्रबंधको के रूप में नियुक्त की जाती है।
   4. वार्षिक आय का निश्चित अनुपात चुनिंदा सामाजिक क्षेत्रों का वित्तपोषण करने के लिए प्रयुक्त होता है।

   उपर्युक्त में से कौन सा/से कथन सही हैं?
   (a) 1 और 2 (b) केवल 2
   (c) 3 और 4 (d) केवल 3

व्याख्या (c) :

- वर्ष 2005 में केन्द्रीय मंत्रीमंडल की मंजूरी ''राष्ट्रीय निवेश कोष'' (National Investment fund) का गठन किया गया।
- इस कोष में सार्वजनिक उपक्रमों में विनिवेश से प्राप्त होने वाली राशि को रखा जाता है तथा यह राशि भारत के संचित कोष (Consolidated Fund) से बाहर रहती है।
- इस कोष में रखी राशि 75% भाग का इस्तेमाल शिक्षा, स्वास्थ्य जैसे सामाजिक क्षेत्र के कार्यक्रमों के वित्तपोषण के लिये किया जाता है तथा शेष 25% राशि का उपयोग सार्वजनिक क्षेत्र की इकाईयों में निवेश के लिए किया जायेगा।

- इस कोष का प्रबन्धन तीन एसेट मैनजमेंट कम्पनियों को सौंपा गया है, जिनके नाम हैं:-
    1. यूटीआई एसेट मैनजमेंट का.प्रा.लि.
    2. एसबीआई फण्डस मैनजमेंट प्रा.लि.
    3. एलआईसी म्यूचुअल फण्ड एसेट मैनजमेंट कम्पनी लि.

उपरोक्त व्याख्या से स्पष्ट है कि प्रश्न का विकल्प 3 और 4 सही है इस क्रम में विकल्प (c) सही है।

8. निम्नलिखित में से कौन सा एक, राजकोषीय उत्तरदायित्व तथा बजट प्रबंधन अधिनियम, 2003 (Fiscal Responsibility and Budget Management Act, 2003) में अनुबद्ध नहीं है। (2010)

(a) राजकोषीय वर्ष 2007-08 की समाप्ति तक राजस्व घाटे को खत्म करना।

(b) केन्द्र सरकार द्वारा से, कतिपय परिस्थितियों के सिवाय, उधार न लेना

(c) राजकोषीय वर्ष 2008-09 की समाप्ति तक प्राथमिक घाटे (Primary Deficit) को खत्म करना।

(d) सरकारी गारंटियों को, किसी भी वित्तीय वर्ष में, सकल घरेलू उत्पाद की प्रतिशतता के रूप में नियत करना।

व्याख्या (c) :

- केन्द्र एवं राज्य सरकारों के वित्तीय अनुशासन बनाए रखने के उद्देश्य से लाए गए ''फिस्कल रिसपान्सबिलिटी एण्ड बजट मैनेजमेंट बिल'' लोक सभा में 7 मई, 2003 को पारित कर दिया गया तथा 5 जुलाई, 2004 में अधि सूचित किया गया।
- इस विधेयक में राजस्व घाटे (Revenue Deficit) और राजकोषीय घाटे (Fiscal Deficit) को चरणबद्ध तरीक से इस प्रकार कम करने की बात कही गयी थी कि 2007-08 तक राजस्व घाटे को शून्य जबकि राजकोषीय घाटे को जीडीपी के 3 प्रतिशत तक लाना था।

नोट:- वर्ष 2004-05 के बजट में उद्देश्यों की प्राप्ति के लक्ष्य को वर्ष 2007-08 से बढ़ाकर वर्ष 2008-09 कर दिया गया।

उपरोक्त विवरण से स्पष्ट है कि FRBM Act. में कही भी प्राथमिक घाटे को कम करने का जिक्र नहीं है अत: विकल्प (c) इस एक्ट से सम्बन्धित नहीं है।

9. वार्षिक आर्थिक समीक्षा को तैयार करने के लिए निम्नलिखित में से कौन उत्तरदायी हैं? (2010)

(a) योजना मंत्रालय

(b) वित्त मंत्रालय

(c) भारतीय रिजर्व बैंक

(d) केंद्रीय साख्यिकीय संगठन

व्याख्या (b) : प्रत्येक वित्तीय वर्ष के वार्षिक बजट प्रस्तुत करने से पहले वित्त मंत्रालय द्वारा तैयार की गयी आर्थिक समीक्षा (Economic Suvery) वित्त मंत्री द्वारा संसद में प्रस्तुत की जाती है। जिसमें देश के विगत वर्षो की आर्थिक स्थिति की समीक्षा की जाती है।

10. शासन के संदर्भ में, निम्नलिखित पर विचार कीजिए: (2010)

1. FDI अंतप्रर्वाह को प्रोत्साहन देना।
2. उच्च शैक्षिक संस्थानों का निजीकरण करना।
3. अधिकारी तंत्र की डाउनसाइजिंग करना।
4. सार्वजनिक क्षेत्र के उपक्रमों के शेयरों की बिक्री/ऑफलोडिंग।

उपर्युक्त में से कौन से उपाय भारत में राजकोषीय घाटे पर नियंत्रण पाने के उपायों के रूप में काम आ सकते हैं?

(a) 1, 2 और 3 (b) 2, 3 और 4

(c) 1, 2, और 4 (d) केवल 3 और 4

व्याख्या (d): राजकोषीय घाटे को कम करने के प्रमुख उपायों में शामिल है- अधिकारी तंत्र की डाउनसाइजिंग (संस्थागत सुधार) करना तथा सार्वजनिक क्षेत्र के उपक्रमों (CPSEs) के शेयरों की बिक्री (विनिवेश) कर अतिरिक्त राजस्व प्राप्त करना। अत: प्रश्न के विकल्प 3 और 4 सही हैं। अर्थात् विकल्प (d) सत्य है। FDI के अंतर्वाह एवं उच्च शैक्षिक संस्थानों का निजीकरण, राजकोषीय घाटे को नियंत्रित करने में सहायक नहीं होते।

11. सरकार के निम्नलिखित कार्यों पर विचार कीजिए: (2010)

1. कर दरों में कटौती करना।
2. सरकारी व्यय को बढ़ाना।
3. उपादानों (Subsidy) को समाप्त करना।

आर्थिक मंदी के संदर्भ में, उपर्युक्त कार्यों में से कौन सा/से राजकोषीय उद्दीपन पैकेज का भाग माना जा सकता है?

(a) 1 और 2 (b) केवल 2
(c) 1 और 3 (d) 1, 2 और 3

व्याख्या (a): आर्थिक मंदी को दूर करने के राजकोषीय उपायों में शामिल है।

- कर दरों में कटौती करना
- सरकारी व्ययों को बढ़ाना

उपरोक्त दोनों उपायों को राजकोषीय उपाय की श्रेणी में इसलिये रखा जा सकता है क्योंकि राजकोषीय नीति सरकार की आय व्यय का लेखा-जोखा होती है। कर की दरों में कटौती सरकार की आय से तथा सरकारी व्ययों में बढ़ौत्तरी, सरकार की व्यय नीति से संबंधित है। अतः विकल्प (a) सही है। उपादानों (Subsidy) को समाप्त करना राजकोषीय नीति से सम्बन्धित नहीं है।

12. सूची-1 को सूची-2 के साथ सुमेलित कीजिये और नीचे दिए गए कूट का प्रयोग कर सही उत्तर चुनिए: (2001)

सूची-1	सूची-2
A. राजकोषीय घाटा (Fiscal Deficit)	1. कुल प्राप्तियों की तुलना में कुल व्यय की अधिकता।
B. बजटीय घाटा (Budget Deficit)	2. राजस्व प्राप्तियों की तुलना में राजस्व व्यय की अधिकता।
C. राजस्व घाटा (Revenue Deficit)	3. ऋणदानों को घटाकर कुल प्राप्तियों की तुलना में कुल व्यय की अधिकता।
D. प्राथमिक घाटा (Primary Deficit)	4. ऋणदानों और ब्याज अदायगियों को घटाकर कुल प्राप्तियों की तुलना में कुल व्यय की अधिकता।

कूट :

	A	B	C	D
(a)	3	1	2	4
(b)	4	3	2	1
(c)	1	3	2	4
(d)	3	1	4	2

व्याख्या (a) :

राजकोषीय घाटा = बजटीय घाटा (कुल प्राप्ति या कुल व्यय)
+ सरकार का ऋण एवं अन्य देयताए।

बजटीय घाटा = कुल प्राप्ति या कुल व्यय
राजस्व घाटा = राजस्व प्राप्ति - राजस्व व्यय
प्राथमिक घाटा = राजकोषीय घाटा - ब्याज अदायगी पर किया गया भुगतान।

अतः विकल्प (a) सही है।

6. कर

1. 'वस्तु एवं सेवा कर (गुड्स ऐंड सर्विसेज टैक्स/GST)' के क्रियान्वित किए जाने का/के सर्वाधिक संभावित लाभ क्या है/हैं? (2017)

1. यह भारत में बहु-प्राधिकरणों द्वारा वसूल किए जा रहे बहुल करों का स्थान लेगा और इस प्रकार एकल बाजार स्थापित करेगा।
2. यह भारत के 'चालू खाता घाटे' को प्रबलता से कम कर उसके विदेशी मुद्रा भण्डार को बढ़ाने हेतु उसे सक्षम बनाएगा।
3. यह भारत की अर्थव्यवस्था की संवृद्धि और आकार को वृहद् रूप से बढ़ाएगा और उसे निकट भविष्य में चीन से आगे निकल जाने योग्य बनाएगा।

नीचे दिए गए कूट का प्रयोग कर सही उत्तर चुनिए:

(a) केवल 1 (b) केवल 2 और 3
(c) केवल 1 और 3 (d) 1, 2 और 3

व्याख्या: (a) यह टैक्स (GST) केन्द्र व राज्यों द्वारा लगाये गये 20 से अधिक अप्रत्यक्ष करों के एवज में लगाया जा रहा है। यह एक ऐसी नई व्यवस्था है जिसमें कराधान बहुत सरल हो जायेगा, करो की दरे भी कम हो जाती है, कराधान के दायरे में ज्यादा से ज्यादा लोग आ जाते है, करो से प्राप्त होने वाला राजस्व बढ़ जाता है और सबसे अहम बात पूरे देश से एक बाजार एक कर की संकल्पना को पूरा करता है। यही इसका ध्येय वाक्य भी है। अतः विकल्प (a) सही है।

2. निम्नलिखित कथनों पर विचार कीजिए: (2017)
   1. पिछले दशक में भारत के जीडीपी के प्रतिशत के रूप में कर राजस्व में सतत वृद्धि हुई है।
   2. पिछले दशक में भारत के जीडीपी के प्रतिशत के रूप में राजकोषीय घाटे में सतत वृद्धि हुई है।

   उपर्युक्त कथनों में से कौन-सा/से सही है/हैं?

   (a) केवल 1 (b) केवल 2
   (c) 1 और 2 दोनों (d) न तो 1, न ही 2

व्याख्या: (d) कर राजस्व का आंकड़ा जीडीपी के प्रतिशत रूप में पिछले कुछ वर्ष में निम्न रहा-

(2007-11.89 प्रतिशत, 2008-10.75 प्रतिशत, 2009-9.64 प्रतिशत, 2010-10.19 प्रतिशत, 2011-8.98 प्रतिशत, 2012-10.79)। हाल ही के बजट (2016-17) में कुल कर राजस्व जीडीपी का 11.3 प्रतिशत रहा, अत: इन आंकड़ों से यह स्पष्ट होता है कि पिछले दशक में भारत के जीडीपी के प्रतिशत के रूप में कर राजस्व में सतत वृद्धि नहीं हुई। अत: पहला कथन गलत है।

पिछले दशक में भारत के जीडीपी के प्रतिशत के रूप में राजकोषीय घाटे में कमी आई है। जहां वर्ष 2008-09 में यह घाटा 6 प्रतिशत था वहीं वर्ष 2013-14 में यह घटकर 4.5 प्रतिशत हो गया। हाल के बजट में राजकोषीय घाटे का प्रतिशत 3.2 प्रतिशत रहा है। अत: विकल्प दूसरा भी गलत है। इसीलिए सही उत्तर विकल्प (d) है।

3. विक्रय कर, जिसका भुगतान आप कोई टूथपेस्ट खरीदते समय करते है, निम्नलिखित में से किस प्रकार का कर है? (2014)

   (a) केन्द्र सरकार द्वारा आरोपित कर।
   (b) केन्द्र सरकार द्वारा आरोपित किन्तु राज्य सरकार द्वारा संग्रहीत कर।
   (c) राज्य सरकार द्वारा आरोपित किन्तु केन्द्र सरकार द्वारा संग्रहीत कर।
   (d) राज्य सरकार द्वारा आरोपित एवं संग्रहीत कर।

व्याख्या (d) : भारत में विक्रय कर वह कर है, जो सरकार देश में किसी वस्तु के विक्रय या खरीददारी पर लगाती है। यह एक अप्रत्यक्ष कर है, जो सीधे उपभोगक्ता की खरीददारी से वसूल किया जाता है।

यह केन्द्र एवं राज्य दोनों सरकारे लगाती है, जो निम्नवत् है- प्रश्न में टूथपेस्ट के खरीदने की बात हो रही है। यह टूथपेस्ट किसी राज्य के भीतर दुकानदार द्वारा उपभोक्ता को बेचा जा रहा है। अत: टूथपेस्ट पर विक्रय कर राज्य सरकार द्वारा आरोपित एवं संग्रहीत किया जायेगा। विकल्प (d) सही है।

4. निम्नलिखित में से कौन सी अनुशंसा/अनुशंसाएं तेरहवे वित्त आयोग के सुस्पष्ट विशिष्टता/विशिष्टताएं है/हैं? (2012)
   1. वस्तुओं व सेवाओं पर कर (जीएसटी) लगाये जाने का अभिकल्प तथा इस प्रस्तावित अभिकल्प के संचालन से संबद्ध क्षतिपूर्ति पैकेज।
   2. भारत के जनांकिकीय लाभांश के अनुरूप अगले दस वर्षों में लाखों नौकरियां सृजन करने की योजना।
   3. केन्द्रीय करों के एक निश्चित अंश का स्थानीय निकायों को अनुदान के रूप में हस्तांतरण।

   निम्नलिखित कूटों के आधार पर सही उत्तर चुनिए:-

   (a) केवल 1 (b) केवल 2 और 3
   (c) केवल 1 और 3 (d) 1, 2 और 3

व्याख्या (c) :

आयोग	गठन	अध्यक्ष का नाम	क्रियान्वयन वर्ष
पहला	1951	के.सी. नियोगी	1952-57
ग्यारहवाँ	1998	ए.एम. खुसरो	2000-05
बारहवाँ	2002	सी. रंगराजन	2005-10
तेरहवाँ	2007	विजय एल. केलकर	2010-10
चौदहवाँ	2013	वाई.वी. रेड्डी	2015-20

- 13वें वित्त आयोग ने जीएसटी को एक महत्वपूर्ण प्रतिवर्तन कारी कर सुधार उपाय बताया, जो कर राजस्वों की उत्प्लावकता तथा संवृद्धि को बढ़ाने में महत्वपूर्ण योगदान देगा।
- 13वें वित्त आयोग ने तर्कसंगत रूप से यह स्वीकार किया कि राज्यों तथा संघ सरकार जीएसटी लागू करने से राज्यों के कर राजस्व में सुनिश्चित रूप से कमी आएगी। इस प्रयोजनार्थ 13वें वित्त आयोग ने जीएसटी के क्रियान्वयन के साथ राज्यों को कर राजस्व हानियों की भरपाई के लिए क्षतिपूर्ति की प्रति हेतु 50,000 करोड़ रूपये की स्वीकृति की सिफारिश की है।

- 13वें वित्त आयोग की अन्य सिफारिशों में शामिल है:-
  - विभिन्न केन्द्रीय करों की निबल प्राप्तियों में राज्यों का हिस्सा संचार की अवधि के प्रत्येक वर्ष के लिए 32 प्रतिशत होगा अब तक यह 30.5 प्रतिशत था।
  - केन्द्रीय करों के एक निश्चित अंश का स्थानीय निकायों को अनुदान के रूप में हस्तांतरण करना।

  उपरोक्त विवरण से स्पष्ट है कि प्रश्न के विकल्प 1 और 3 सत्य है जबकि जनांनिकीय लाभांश का जिक्र 13वें वित्त आयोग की सिफारिशों में शामिल नहीं है अत: विकल्प (c) सही है।

5. निम्नलिखित में से कौन सी ''मूल्य आधारित कर'' (VAT) की विशेषता नहीं है? (2011)

   (a) यह बिन्दु लक्ष्य आधारित कर (टैक्सेशन) प्रणाली है।

   (b) यह उत्पादन/वितरण श्रृंखला में लेन-देन के हर चरण में हुए मूल्य संवर्धन पर लगाया गया कर है।

   (c) यह वस्तुओं और सेवाओं के अंतिम उपभोग पर (On the final Consumption) लगाया गया कर है, जिसका वहन अंतत: उपभोक्ताओं को करना पड़ता है।

   (d) यह मूलभूत रूप से केन्द्र सरकार का विषय है, और राज्य सरकारों का दायित्व इस सफलता के साथ लागू करने तक सीमित है।

6. भारत में, सकल कर राजस्व के प्रतिशत के रूप में निम्नलिखित में से किस एक कर की प्राप्तियों में विगत पांच वर्षों में उल्लेखनीय कमी आई है? (2010)

   (a) सेवा कर (b) व्यक्तिगत आय कर

   (c) उत्पाद शुल्क (d) निगम कर

व्याख्या (c) : आर्थिक समीक्षा 2009-10 के अनुसार विगत 5 वर्षों में सकल कर राजस्व के अंश के रूप में उत्पाद कर (Excise Duty) के हिस्सेदारी में कमी आयी है, जो इस प्रकार है-

वर्ष	सकल कर में हिस्सा (%में)
2005-06	= 30.4
2006-07	= 24.8
2007-08	= 20.8
2008-09	= 17.9
2009-10	= 16.5
2012-13	= 20.3
2013-14(अंतिम)	= 17.2

अत: विकल्प (c) सही है।

व्याख्या (d): VAT (Value Added Tax) की विशेषतायें:-

यह बहु-बिन्दु लक्ष्य आधारित कर प्रणाली है अर्थात् उत्पादक वर्ग से लेकर अंतिम उपभोक्ता तक वस्तु के पहुँचने तक प्रत्येक चरण में हुए मूल्य संवर्धन (मूल्य में हुयी वृद्धि) पर कर लगाया जाता है। जिसका वहन अंतत: उपभोक्ता को करना पड़ता है अत: प्रश्न का विकल्प (a), (b), (c) सही है। परन्तु विकल्प (d) सही नहीं है क्योंकि वैट केन्द्र एवं राज्य सरकार दोनों के द्वारा लगाया जाता है।

7. निम्नलिखित कथनों पर विचार कीजिए:- (2009)

   1. अनुषंगी लाभ कर
   2. ब्याज कर
   3. प्रतिभूति लेन-देन कर

   उपर्युक्त कथनों में से कौन सा/से प्रत्यक्ष कर है?

   (a) केवल 1 (b) केलव 1 और 3

   (c) केवल 2 और 3 (d) 1, 2 और 3

व्याख्या (d) : अनुषंगी लाभ कर, प्रतिभूति लेन-देन पर कर, तथा ब्याज कर तीनों ही प्रत्यक्ष कर के उदाहरण है क्योंकि यह तीनों कर किसी दूसरे पर हस्तान्तरित नहीं किये जा सकते हैं अत: विकल्प (d) सही है।

8. निम्नांकित में से किस पर कोई आय कर छूट नहीं है? (2008)

   (a) किसान विकास पत्र

   (b) राष्ट्रीय बचत पत्र

   (c) लोक भविष्य निधि

   (d) यूनिट लिंक्ट इंश्योरेंस योजना

व्याख्या (a): किसान विकास पत्र में ब्याज से हुई आय पर टैक्स मौजूदा नियमों के मुताबिक देना होता है जबकि आयकर अधिनियम के 80(c) के तहत प्रश्न में दिये अन्य विकल्पों में निवेश पर निश्चित सीमा तक आय कर से छूट प्राप्त होती है। अत: विकल्प (a) सही है।

9. निम्नलिखित कथनों पर विचार कीजिए- (2005)
   1. ग्लोबल ट्रस्ट बैंक का पंजाब नेशनल बैंक में समामेलन किया गया है।
   2. प्रत्यक्ष तथा अप्रत्यक्ष करो से संबद्ध केलकर समिति की द्वितीय रिपोर्ट ने गृह-निर्माण ऋण से संबंधित छूटों की समाप्ति सहित अपनी प्रारंभिक सिफारिशे कायम रखी है।

   उपरोक्त कथनों में से कौन सा/से सही है?

   (a) केवल 1 (b) केवल 2
   (c) दोनों 1 और 2 (d) न ही 1 और न ही 2

व्याख्या (b): ग्लोबल ट्रस्ट बैंक का समामेलन (Merger) पंजाब नेशनल बैंक में न होकर ''ओरियंटल बैंक ऑफ कामर्स'' में हुआ था अत: प्रश्न का विकल्प 1 असत्य है।

केलकर समिति ने अपनी द्वितीय रिपोर्ट में सिफारिश की थी कि आवास ऋणों पर ब्याज में आय कर की छूट 1.50 लाख रूपये के स्थान पर 50,000 रू. तक के ब्याज पर हो तथा 5 लाख रूपए के आवास ऋणों पर 2 प्रतिशत का वैकल्पिक ब्याज राहत ही प्रदान किया जाय। अत: प्रश्न का विकल्प 2 सही है। इसलिये इस प्रश्न का सही विकल्प (b) है।

10. निम्नलिखित करों पर विचार कीजिये:- (2001)
   1. कम्पनी कर 2. सीमा शुल्क
   3. संपत्ति कर 4. उत्पाद शुल्क

   इनमें से कौन सा/से अप्रत्यक्ष कर है/हैं ?

   (a) केवल 1 (b) 2 और 4
   (c) 1 और 3 (d) 2 और 3

व्याख्या (b): प्रत्यक्ष कर वे कर होते है, जिनका भुगतान वही करता है जिन पर यह कर आरोपित किये जाते हैं, जैसे-आयकर (Income Tax), संपत्ति कर (Wealth Tax) निगम कर (Corporate Tax) आदि।

नोट:-बजट 2015-16 में संपत्ति कर को समाप्त कर दिया गया है।

अप्रत्यक्ष कर वे कर होते है, जिनका मौद्रिक भार दूसरे के ऊपर हस्तान्तरित (Shift) किया जा सके अर्थात् कर का मौद्रिक भार, उस व्यक्ति पर न पड़े जिस पर कर लगाया गया वह अपने कर के मौद्रिक भार को दूसरो पर हस्तान्तरित कर देता है, ऐसे कर ही अप्रत्यक्ष कर कहलाते हैं जैसे- सीमा शुल्क (Custom Duty), उत्पाद शुल्क (Excise Duty), बिक्री कर (Sale Tax) आदि।

उपरोक्त स्पष्टीकरण से यह सिद्ध होता है कि सीमा शुल्क और उत्पाद शुल्क अप्रत्यक्ष कर के उदाहरण है अत: विकल्प (b) सही है।

7. नियोजन

1. भारत सरकार ने नीति आयोग की स्थापना निम्नलिखित में से किसका स्थान लेने के लिए की है? (2016)

   (a) मानव अधिकार आयोग (b) वित्त आयोग
   (c) विधि आयोग (d) योजना आयोग

व्याख्या (d) : भारत सरकार ने NTTI आयोग की स्थापना 65 वर्ष पुरानी संस्था योजना आयोग के स्थान पर 1 जनवरी, 2015 को की। अत: विकल्प (d) सही है।

2. बारहवीं पंचवर्षीय योजना का मुख उद्देश्य क्या है? (2014)

   (a) समावेशी विकास और गरीबी न्यूनीकरण
   (b) समावेशी एवं धारणीय विकास।
   (c) बेरोजगारी घटाने हेतु धारणीय एवं समावेशी विकास।
   (d) तीव्रता धारणीय एवं ज्यादा समावेशी विकास।

व्याख्या (d) : 12वीं पंचवर्षीय योजना की समयावधि 2012-2017 है। मुख्य उद्देश्य : तीव्रतर, धारणीय एवं ज्यादा समावेशी विकास अत: विकल्प (d) सही है।

3. निम्नलिखित में से कौन-से भारत में 'योजना' से सम्बद्ध है? (2014)
   1. वित्त आयोग
   2. राष्ट्रीय विकास परिषद
   3. संघीय ग्रामीण विकास मंत्रालय
   4. संघीय शहरी विकास मंत्रालय
   5. संसद

   नीचे दिए गए कूट का प्रयोग कर सही उत्तर चुनिए।

   (a) केवल 1, 2 और 5 (b) केवल 1, 3 और 4
   (c) केवल 2 और 5 (d) 1, 2, 3, 4 और 5

व्याख्या (c) : भारत में पंचवर्षीय योजना का प्रारूप योजना आयोग द्वारा तैयार कर केंद्रीय मंत्रिमंडल के सम्मुख प्रस्तुत किया जाता है मंत्रिमंडल की मंजूरी के बाद उसे

स्वीकृति हेतु राष्ट्रीय विकास परिषद के पास भेजा जाता है। अंत में संसद की अनुमति मिलने के पश्चात इसे आधिकारिक योजना के रूप में भारत के राजपत्र में प्रकाशित कर दिया जाता है। अत: विकल्प (c) सही है।

4. निम्नलिखित कथनों पर विचार कीजिये : (2013)
   (1) राष्ट्रीय विकास परिषद योजना आयोग का एक अंग है।
   (2) आर्थिक और सामाजिक योजना को भारत के संविधन की समवर्ती में रखा गया है।
   (3) भारत का संविधान यह विहित करता है कि पंचायतों को आर्थिक विकास एवं सामाजिक न्याय की योजना बनाने का कार्यभार दिया जाना चाहिये।

   उपर्युक्त कथनों में से कौन सा/ से सही हैं?
   (a) केवल 1 और 2 (b) केवल 2 और 3
   (c) केवल 1 और 3 (d) 1, 2 और 3

व्याख्या (b) : राष्ट्रीय विकास परिषद (6 अगस्त 1952 में गठित), योजना आयोग का अंग नहीं है बल्कि उसे समानांतर संस्था है जिसका प्रमुख कार्य योजना आयोग द्वारा तैयार पंचवर्षीय योजना के प्रारूप को अनुमोदित करना है इसलिये प्रश्न का विकल्प 1 असत्य है जबकि प्रश्न के विकल्प 2 और 3 सत्य है क्योंकि आर्थिक और सामाजिक योजना केन्द्र एवं राज्य सरकारों दोनों के द्वारा निर्मित की जाती है इसलिये नियोजन नामक विषय समवर्ती सूची में रखा गया है। वर्तमान में 73वां एवं 74वां संविधान संशोधन के द्वारा 11वीं एवं 12वीं अनुसूचित को शामिल किया गया जिसमें 11वीं अनुसूची पंचायतीराज व्यवस्था को संवैधानिक दर्जा देती है। अत: विकल्प (b) सत्य है।

5. भारतीय योजना के संदर्भ में निम्नलिखित कथनों पर विचार कीजिये। (2009)
   1. द्वितीय पंचवर्षीय योजना ने भारी उद्योगों की स्थापना पर बल दिया।
   2. तृतीय पंचवर्षीय योजना ने औद्योगीकरण की रणनीति के रूप में आयात प्रतिस्थापन की अवधारणा को प्रारम्भ किया।

   उपर्युक्त कथनों में से कौन सा / सही है?
   (a) केवल 1
   (b) केवल 2
   (c) 1 और 2 दोनों
   (d) न तो 1 और न ही 2

व्याख्या (c) : दूसरी योजना में पूंजीगत माल तैयार करने वाले उद्योगों में निवेश पर विशेष जोर दिया गया। इस योजना में औद्योगीकरण की युक्ति को मुख्य लक्ष्य बनाया गया जिसके लिए महालनोबिस विकास मॉडल अपनाया गया। तीसरी योजना के तहत मूल एवं आधारभूत उद्योगों का इस प्रकार विकास करने पर जोर दिया गया कि भावी औद्योगीकरण की सभी आवश्यकताओं को देश के आंतरिक साधनों द्वारा पूरा किया जा सके। इसके तहत आयात प्रतिस्थापन तथा निर्यात प्रोत्साहन नीति का पालन किया गया। अत: विकल्प (c) सही है।

6. किस पंचवर्षीय योजना के दौरान आपातकाल लगाया गया था, नए चुनाव हुए थे और जनता पार्टी चुनी गयी थी? (2009)
   (a) तीसरी (b) चौथी
   (c) पांचवी (d) छठी

व्याख्या (c) : पांचवी योजना का निर्माण और कार्यकाल दोनों विविधता भरे रहे हैं। सर्वप्रथम योजना आयोग 1972 में पांचवी योजना का दार्शनिक आधार तैयार किया गया और इसका आधार 'रोजगार प्रधान' था। इसके कुछ समय पश्चात श्री सी. सुब्रह्मण्यम के स्थान पर श्री डी.पी.धर योजना मंत्री बनाए गए और उने नेतृत्व में नए सिरे से इस योजना का दृष्टिकोण पत्र तैयार किया गया जिसका आधार 'उत्पादन प्रधान' कर दिया गया। इस प्रकार पांचवीं योजना (1974-79) का प्रारूप स्वीकृत किया गया। जबकि देश में आपातकाल 25 जून, 1975 से 21 मार्च 1977 तक) लागू रहा था।

8. गरीबी एवं बेरोजगारी

1. प्रच्छन्न बेरोजगारी का सामान्यत: अर्थ होता है कि (2013)
   (a) लोग बड़ी संख्या में बेरोजगार रहते है।
   (b) वैकल्पिक रोजगार उपलब्ध नही।
   (c) श्रमिक की सीमांत उत्पादकता शून्य।
   (d) श्रमिकों की उत्पादकता नीची है।

व्याख्या (c) : सीमांत उत्पादकता (Marginal Producativity) से तात्पर्य प्रति एक इकाई वृद्धि करने से उत्पादन में हुई वृद्धि उस इकाई की सीमांत उत्पादकता कहलाती है।

उदाहरण:

इकाई (श्रमिक)	कुल उत्पादन (क्रिगा0)
10	100
11	120
1	20

इस 1 नई इकाई की सीमान्त उत्पादकता 20 क्रिग्रा है।

यदि इकाई में वृद्धि के बावजूद भी कुल उत्पादन स्थिर बना रहे तो नयी इकाई की सीमान्त उत्पादकता शून्य होगी। प्रछन्न बेरोजगारी की स्थिति में श्रमिकों की सीमान्त उत्पादकता शून्य होती है। अत: विकल्प (c) सही है।

2. भारत में निर्धनता के स्तर का आकलन किया जाता है- (2009)
(a) विभिन्न राज्यों में प्रति व्यक्ति आय के आधार पर।
(b) परिवार की औसत आय के आधार पर।
(c) परिवार के उपभोग व्यय के आधार पर।
(d) देश की मलिन बस्तियों की जनसंख्या के आधार पर।

व्याख्या (c) : भारत में निर्धनता का आकलन योजना आयोग द्वारा प्रत्येक 5 वर्ष पर ''राष्ट्रीय प्रतिदर्श सर्वेक्षण'' (एन.एस.एस.ओ.) द्वारा संग्रहीत ''परिवार आधारित उपभोग व्यय'' के आकड़ों के आधार पर किया जाता है।

3. निर्धनता के दुश्चक्र की अवधारणा संबंधित है (2007)
(a) कार्ल मार्क्स से
(b) नर्क्से से
(c) एडम स्मिथ से
(d) उपर्युक्त में से कोई नहीं

व्याख्या (b) : अर्थशास्त्री रैग्नर नर्क्से ने वर्ष 1953 में प्रकाशित अपनी पुस्तक ''Problems of Capital Formation in Under developed Countries'' में ''निर्धनता का दुष्चक्र'' (Vicious Cycle of Poverity) की अवधारणा की विवेचना करते हुए यह मत दिया कि गरीब देश निर्धनता के दुश्चक्र के कारण गरीब बने रहते हैं। अत: विकल्प (c) सही है।

4. भारत में गरीबी का स्तर कायम किया जाता है, इस आधार पर: (2007)
(a) विभिन्न प्रदेशों में प्रति व्यक्ति आय से।
(b) औसत घरेलू आय से।
(c) घरेलू उपभोक्ता के व्यय द्वारा।
(d) देश की मलिन आबादी द्वारा।

व्याख्या (c) : योजना आयोग ने गरीबी से नीचे अधिवासित जनसंख्या की गणना हेतु एक विशेषज्ञ दल का गठन करता है, जो ''राष्ट्रीय प्रतिदर्श सर्वेक्षण कार्यालय'' द्वारा एकत्रित ''उपभोग व्यय'' (Consumption Expenditure) के आंकड़ों का इस हेतु उपयोग करता है। भारत में गरीबी अनुमानों का आधार घरेलू उपभोक्ता व्यय है। अत: विकल्प (c) सही है।

5. निम्न में से कौन भारत में राष्ट्रीय एवं राज्य स्तर पर निर्धनता के अनुमानों के लिए केन्द्रक अभिकरण (नोडल एजेंसी) है। (2006)
(a) वित्त आयोग (b) ग्रामीण मंत्रालय
(c) गृह मंत्रालय (d) योजना आयोग

व्याख्या (d) : भारत में योजना आयोग (Planning Commission) राष्ट्रीय एवं राज्य स्तर पर निर्धनता के अनुमानों के लिए नोडल एजेंसी है।

सिविल सेवा प्रारम्भिक परीक्षा वर्ष 2018 में पूछे गये प्रश्नों का व्याख्यात्मक हल

1. कृषि मृदाओं के सन्दर्भ में, निम्नलिखित कथनों पर विचार कीजिए:
   1. मृदा में कार्बनिक पदार्थ का उच्च अंश इसकी जल धारण क्षमता को प्रबल रूप से कम करता है।
   2. गंधक चक्र में मृदा की कोई भूमिका नहीं होती है।
   3. कुछ समयावधि तक सिंचाई कुछ कृषि भूमियों के लवणीभवन में योगदान कर सकती है।

   उपर्युक्त कथनों में से कौन-सा/से सही है/हैं?

   (a) केवल 1 और 2 (b) केवल 3
   (c) केवल 1 और 3 (d) 1, 2 और 3

Ans.*(b): *व्याख्या: गंधक चक्र में कृषि मृदाओं की कोई भूमिका नहीं है।

2. हरित अर्थव्यवस्था पर कार्रवाई के लिए भागीदारी (पी.ए. जी.ई.), जो अपेक्षाकृत हरित एवं और अधिक समावेशी अर्थव्यवस्था की ओर देशों के संक्रमण में सहायता देने के लिए संयुक्त राष्ट्र की एक क्रियाविधि है, आविर्भूत हुई।
   (a) जोहांसबर्ग में 2002 के संधारणीय विकास के पृथ्वी शिखर-सम्मेलन में।
   (b) रियो डी जेनीरो में 2012 के संधारणीय विकास पर संयुक्त राष्ट्र सम्मेलन में।
   (c) पेरिस में 2015 में जलवायु परिवर्तन पर संयुक्त राष्ट्र फ्रेमवर्क कन्वेंशन में।
   (d) नई दिल्ली में 2016 के विश्व संधारणीय विकास शिखर-सम्मेलन में।

Ans.*(b): *व्याख्या: ब्राजील के रियो दि जेनेरो में 20 से 22 जून, 2012 तक पृथ्वी सम्मेलन का आयोजन हुआ, इस सम्मेलन को रियो प्लस 20 नाम दिया गया, सम्मेलन में सौ से ज्यादा देशों के प्रमुख एवं 50 हजार से ज्यादा प्रतिभागियों ने स्थायी विकास, ग्रीन इकोनॉमी और पर्यावरण सम्बन्धी विभिन्न चुनौतियों पर चर्चा की गौरतलब है कि ग्रीन इकोनॉमी के तहत् पर्यावरण को नुकसान पहुंचाए बिना सभी वर्गों की तरक्की वाली अर्थव्यवस्था का निर्माण करना शामिल है, सम्मेलन के घोषणा पत्र के मसौदे में भारत की ओर से उठाए गए दो प्रमुख मुद्दों को शामिल कर लिया गया।

3. निम्नलिखित में से कौन-सा एक कथन वैध मुद्रा (लीगल टेंडर मनी) के अर्थ को सही वर्णित करता है?
   (a) न्यायालय में विधिक मामलों के लिए फीस के चुकाने में जो मुद्रा दी जाती है।
   (b) वह मुद्रा जो कोई ऋणदाता अपने दावों के निपटाने में स्वीकार करने के लिए बाध्य होता है।
   (c) चैक, ड्राफ्ट, विनिमय बिलों आदि के रूप में बैंक मुद्रा।
   (d) किसी देश में चलन में धातु मुद्रा।

Ans.*(b): *व्याख्या: लीगल टेंडर मनी का अर्थ है, जिसे केन्द्रीय बैंक द्वारा निर्गमित किया जाये और जिसे भारत सरकार का संरक्षण प्राप्त हो। देश में चलने वाले कागजी नोट व सिक्के लीगल टेंडर मनी के उदाहरण हैं। यह मुद्रा सभी प्रकार के भुगतान के निपटाने में समर्थ होती है अत: विकल्प* (b) *सही है।

4. यदि सरकार द्वारा कोई वस्तु जनता को नि:शुल्क उपलब्ध कराई जाती है, तो–
   (a) विकल्प लागत शून्य होती है।
   (b) विकल्प लागत की उपेक्षा की जाती है।
   (c) विकल्प लागत को उत्पाद के उपभोक्ता से कर देने वाली जनता को अंतरित कर दिया जाता है।
   (d) विकल्प लागत को उत्पाद के उपभोक्ता से शासन को अंतरित कर दिया जाता है।

Ans.*(a): *व्याख्या: यदि सरकार द्वारा कोई वस्तु जनता को नि:शुल्क उपलब्ध कराई जाती है, तो विकल्प लागत शून्य होती है।

5. निरपेक्ष तथा प्रति व्यक्ति वास्तविक GNP की वृद्धि आर्थिक विकास की ऊँची दर का संकेत नहीं करतीं, यदि
   (a) औद्योगिक उत्पादन कृषि उत्पादन के साथ-साथ बढ़ने में विफल रह जाता है।
   (b) कृषि उत्पादन औद्योगिक उत्पादन के साथ-साथ बढ़ने में विफल रह जाता है।
   (c) निर्धनता और बेरोजगारी में वृद्धि होती है।
   (d) निर्यातों की अपेक्षा आयात तेजी से बढ़ते हैं।

Ans.*(c): *व्याख्या:निरपेक्ष तथा प्रतिव्यक्ति वास्तविक GNP की वृद्धि आर्थिक विकास की ऊँची दर का संकेत नहीं करती यदि निर्धनता और बेरोजगारी में वृद्धि होती है।

6. निम्नलिखित कथनों पर विचार कीजिए:
एक संकल्पना के रूप में मानव पूँजी निर्माण की बेहतर व्याख्या उस प्रक्रिया के रूप में की जाती है, जिसके द्वारा
   1. किसी देश के व्यक्ति अधिक पूँजी का संचय कर पाते हैं।
   2. देश के लोगों के ज्ञान, कौशल स्तरों और क्षमताओं में वृद्धि हो पाती है।
   3. गोचर धन का संचय हो पाता है।
   4. अगोचर धन का संचय हो पाता है।

उपर्युक्त कथनों में से कौन-सा/से सही है/हैं?
(a) 1 और 2 (b) केवल 2
(c) 2 और 4 (d) 1, 3 और 4

Ans.*(b): *व्याख्या: मानव पूंजी निर्माण का प्रत्यक्ष सम्बन्ध देश के लोगों के ज्ञान, कौशल स्तरों और क्षमताओं में वृद्धि से है।

7. उच्च बचत वाली अर्थव्यवस्था होते हुए भी किस कारण पूँजी निर्माण महत्वपूर्ण उत्पादन वृद्धि में परिणामित नहीं हो पाता है?
(a) कमजोर प्रशासन तंत्र
(b) निरक्षरता
(c) उच्च जनसंख्या घनत्व
(d) उच्च पूँजी-उत्पाद अनुपात

Ans.*(d): *व्याख्या: किसी भी अर्थव्यवस्था में उच्च बचत दर (High Saving Rate) होने के बावजूद भी यदि उस अर्थव्यवस्था में वस्तु की उत्पादन लागत अधिक हो, जिसे Increasing Capital out put Ratio भी कहा जाता है, के परिणाम स्वरूप पूंजी निर्माण महत्वपूर्ण उत्पादन वृद्धि में परिणामित नहीं हो पाता।

8. निम्नलिखित कथनों पर विचार कीजिए:
   1. भारतीय रिज़र्व बैंक, भारत सरकार की प्रतिभूतियों का प्रबंधन और प्रयोजन करता है, किन्तु किसी राज्य सरकार की प्रतिभूतियों का नहीं।
   2. भारत सरकार कोष-पत्र (ट्रेजरी बिल) जारी करती है और राज्य सरकारें कोई कोष-पत्र जारी नहीं करतीं।
   3. कोष-पत्र ऑफर अपने सममूल्य से बट्टे पर जारी किए जाते हैं।

उपर्युक्त कथनों में से कौन-सा/से सही है/हैं?
(a) केवल 1 और 2 (b) केवल 3
(c) केवल 2 और 3 (d) 1, 2 और 3

Ans.*(d): *व्याख्या: भारतीय रिज़र्व बैंक, भारत सरकार की प्रतिभूतियों का प्रबंधन और प्रयोजन करता है, किन्तु किसी राज्य सरकार की प्रतिभूतियों का नहीं करता है साथ ही साथ भारत सरकार कोष-पत्र (ट्रेजरी बिल) जारी करती है और राज्य सरकारें कोई कोष-पत्र जारी नहीं करता है तथा कोष-पत्र ऑफर अपने सममूल्य से बट्टे पर जारी किए जाते हैं।

9. भारतीय कृषि में परिस्थितियों के संदर्भ में, ''संरक्षण कृषि'' की संकल्पना का महत्व बढ़ जाता है। निम्नलिखित में से कौन-कौन से संरक्षण कृषि के अंतर्गत आते हैं?
   1. एकधान्य कृषि पद्धतियों का परिहार
   2. न्यूनतम जोत को अपनाना
   3. बागानी फसलों की खेती का परिहार
   4. मृदा धरातल को ढकने के लिए फसल अवशिष्ट का उपयोग
   5. स्थानिक एवं कालिक फसल अनुक्रमण/फसल आवर्तनों को अपनाना।

नीचे दिए गए कूट का प्रयोग कर सही उत्तर चुनिए:
(a) 1, 3 और 4 (b) 2, 3, 4 और 5
(c) 2, 4 और 5 (d) 1, 2, 3 और 5

Ans.*(c): *व्याख्या: संरक्षण कृषि के अन्तर्गत समाहित हैं:
1. एकधान्य कृषि पद्धतियों का परिहार
2. न्यूनतम जोत को अपनाना
3. बागानी फसलों की खेती का परिहार
4. स्थानिक एवं कालिक फसल अनुक्रमण/ फसल आवर्तनों को अपनाना।

10. निम्नलिखित पर विचार कीजिए:
1. सुपारी 2. जौ 3. कॉफी 4. रागी
5. मूँगफली 6. तिल 7. हल्दी

उपर्युक्त में से किनके न्यूनतम समर्थन मूल्य की घोषणा आर्थिक मामलों की कैबिनेट समिति ने की है?

(a) केवल 1, 2, 3 और 7

(b) केवल 2, 4, 5 और 6

(c) केवल 1, 3, 4, 5 और 6

(d) 1, 2, 3, 4, 5, 6 और 7

Ans.(b): ***व्याख्या: भारत में न्यूनतम समर्थन मूल्य की सिफारिश Commission for Agriculture Cost & Price द्वारा किया जाता है और जिस पर अंतिम निर्णय आर्थिक मामलों की कैबिनेट समिति का होता है। वर्तमान में MSP का निर्धारण वर्ष में दो बार रबी और खरीफ की फसल बोने से पूर्व घोषित किया जाता है, जिसमें कुल 23 फसलों की MSP घोषित होती है, जिनमें प्रमुख है-गेहूँ, धान, सोयाबीन, कपास, मूंगफली, तिल, जौ, अरहर आदि।***

11. भारत में सार्वजनिक क्षेत्र के बैंकों के संचालन के संबंध में, निम्नलिखित कथनों पर विचार कीजिए:

1. पिछले दशक में भारत सरकार द्वारा सार्वजनिक क्षेत्र के बैंकों में पूँजी के अंतर्वेशन में लगातार वृद्धि हुई है।
2. सार्वजनिक क्षेत्र के बैंकों को सुव्यवस्थित करने के लिए मूल भारतीय स्टेट बैंक के साथ उसके सहयोगी बैंकों का विलय किया गया है।

उपर्युक्त कथनों में से कौन-सा/से सही है/हैं?

(a) केवल 1 (b) केवल 2

(c) 1 और 2 दोनों (d) न तो 1, न ही 2

Ans.(c): ***व्याख्या: भारत में सार्वजनिक क्षेत्र के बैंकों के संचालन के लिए पिछले दशक में भारत सरकार द्वारा सार्वजनिक क्षेत्र के बैंकों में पूँजी के अंतर्वेशन में लगातार वृद्धि हुई है। सार्वजनिक क्षेत्र के बैंकों को सुव्यवस्थित करने के लिए मूल भारतीय स्टेट बैंक के साथ उसके सहयोगी बैंकों का विलय किया गया है।***

12. निम्नलिखित मदों पर विचार कीजिए:

1. छिलका उतरे हुए अनाज।
2. मुर्गी के अण्डे पकाए हुए।
3. संसाधित और डिब्बाबंद मछली।
4. विज्ञापन सामग्री युक्त समाचार पत्र।

उपर्युक्त मदों में से कौन-सा/से जी.एस.टी. (वस्तु एवं सेवा कर) के अंतर्गत छूट प्राप्त है/हैं?

(a) केवल 1 (b) केवल 2 और 3

(c) केवल 1, 2 और 4 (d) 1, 2, 3 और 4

Ans.(c): ***व्याख्या: जीएसटी काउंसिल ने मूलत: छिलका उतरे अनाजों पर 5% की दर से जीएसटी लगाया था, लेकिन 11 जून, 2017 को इसे कर-मुक्त कर दिया। 28 जून, 2017 से उबले अण्डों तथा समाचार पत्रों पर शून्य दर है, जबकि संसोधित और डिब्बाबन्द मछली पर जीएसटी की दर 5% है।***

13. एन.एस.एस.ओ. के 70वें चक्र द्वारा संचालित ''कृष. क-कुटुम्बों की स्थिति आकलन सर्वेक्षण'' के अनुसार निम्नलिखित कथनों पर विचार कीजिए:

1. राजस्थान में ग्रामीण कुटुम्बों में कृषि कुटुम्बों का प्रतिशत सर्वाधिक है।
2. देश के कुल कृषि कुटुम्बों में 60% से कुछ अधिक ओ.बी.सी. के हैं।
3. केवल में 60% से कुछ अधिक कृषि कुटुम्बों ने यह सूचना दी कि उन्होंने अधिकतम आय गैर कृषि स्रोतों से प्राप्त की है।

उपर्युक्त कथनों में से कौन-सा/से सही है/हैं?

(a) केवल 2 और 3 (b) केवल 2

(c) केवल 1 और 3 (d) 1, 2 और 3

Ans.(c): ***व्याख्या: एन.एस.एस.ओ. के 70वें चक्र द्वारा संचालित ''कृषक-कुटुम्बों की स्थिति आकलन सर्वेक्षण'' के अनुसार राजस्थान में ग्रामीण कुटुम्बों में कृषि कुटुम्बों का प्रतिशत सर्वाधिक है तथा 60% से कुछ अधिक कृषि कुटुम्बों ने यह सूचना दी कि उन्होंने अधिकतम आय गैर कृषि स्रोतों से प्राप्त की है।***

14. अप्रवासी सत्वों द्वारा दी जा रही ऑनलाइन विज्ञापन सेवाओं पर भारत द्वारा 6% समकरण कर लगाए जाने के निर्णय के सन्दर्भ में निम्नलिखित में से कौन-सा/से कथन सही है/हैं?

1. यह आय कर अधिनियम के भाग के रूप में लागू किया गया है।

2. भारत में विज्ञापन सेवाएँ देने वाले अप्रवासी सत्व अपने गृह देश में ''दोहरे कराधान से बचाव समझौते'' के अन्तर्गत टैक्स क्रेडिट का दावा कर सकते हैं।

निम्नलिखित कूट का प्रयोग कर सही उत्तर चुनिए:

(a) केवल 1 (b) केवल 2
(c) 1 और 2 दोनों (d) न तो 1, न ही 2

Ans.*(a): *व्याख्या: दोहरे कराधान से बचाव समझौते समकरण कर (Equalisation tax) पर लागू नहीं होते।

15. निम्नलिखित कथनों पर विचार कीजिए:

1. राजकोषीय दायित्व और बजट प्रबंधन (एफ.आर.बी.एम.) समीक्षा समिति के प्रतिवेदन में सिफारिश की गई है कि वर्ष 2023 तक केन्द्र एवं राज्य सरकारों को मिलाकर ऋण जी.डी.पी. अनुपात 60% रखा जाये, जिसमें केन्द्र सरकार के लिए यह 40% तथा राज्य सरकारों के लिए 20% हो।
2. राज्य सरकारों के जी.डी.पी. के 49% की तुलना में केन्द्र सरकार के लिए जी.डी.पी. का 21% घरेलू देयतायें हैं।
3. भारत के संविधान के अनुसार यदि किसी राज्य के पास केन्द्र सरकार की बकाया देयतायें हैं, तो उसे कोई भी ऋण लेने से पहले केन्द्र सरकार से सहमति लेना अनिवार्य है।

उपर्युक्त कथनों में से कौन-सा/से सही है/हैं?

(a) केवल 1 (b) केवल 2 और 3
(c) केवल 1 और 3 (d) 1, 2 और 3

Ans.*(c): *व्याख्या: वर्ष 2016-17 एवं 2017-18 में सकल घरेलू उत्पाद के प्रतिशत के रूप में केन्द्र सरकार की देयताएं क्रमशः 47.52% एवं 45.84% थी, जबकि 2016-17 में राज्य सरकारों की देयताएं 23.91% थीं, भारतीय संविधान के अनुच्छेद 293(3) के प्रावधानों के अनुसार कोई भी राज्य सरकार भारत सरकार की सहमति के बिना कोई ऋण नहीं ले सकती यदि उस पर केन्द्र सरकार को ऋण बकाया है या राज्य पर बकाया ऋण के लिए भारत सरकार द्वारा गारन्टी दी गई है।

16. निम्नलिखित में से कौन भारत के सभी ATM को जोड़ता है?

(a) भारतीय बैंक एसोसिएशन
(b) राष्ट्रीय प्रतिभूति निक्षेप लिमिटेड (नेशनल सेक्यू. रिटीज डिपोजिटरी लिमिटेड)
(c) भारतीय राष्ट्रीय भुगतान निगम (नेशनल पेमेंट्स कॉपोरेशन ऑफ इंडिया)
(d) भारतीय रिजर्व बैंक।

Ans.*(c): *व्याख्या: भारतीय राष्ट्रीय भुगतान निगम भारतीय रिजर्व बैंक द्वारा स्थापित एक निगम है, जिसे भारत में विभिन्न भुगतान प्रणालियों के लिए एक मातृसंस्था के रूप में कल्पित किया गया है।

17. निम्नलिखित कथनों पर विचार कीजिए:

1. पूँजी पर्याप्तता अनुपात (सी.ए.आर.) वह राशि है, जिसे बैंकों को अपनी निधियों के रूप में रखना होता है, जिससे वे, यदि खाता- धारकों द्वारा देयताओं का भुगतान नहीं करने से कोई हानि होती है, तो उसका प्रतिकार कर सकें।
2. सी.ए.आर. का निर्धारण प्रत्येक बैंक द्वारा अलग.-अलग किया जाता है।

उपर्युक्त कथनों में से कौन-सा/से सही है/हैं?

(a) केवल 1 (b) केवल 2
(c) 1 और 2 दोनों (d) न तो 1, न ही 2

Ans.*(a): *व्याख्या: पूँजी पर्याप्तता अनुपात भारतीय रिजर्व बैंक द्वारा बासेल-I, II एवं III मानकों के संदर्भ में निर्धारित किए जाते हैं।

18. पहचान प्लेटफॉर्म 'आधार' खुला (ओपेन) ''एप्लीकेशन प्रोग्रामिंग इंटरफ़ेस'' (ए.पी.आई.) उपलब्ध कराता है। इसका क्या अभिप्राय है?

1. इसे किसी भी इलेक्ट्रॉनिक उपकरण के साथ एकी. कृत किया जा सकता है।
2. परितारिका (आईरिस) का प्रयोग कर ऑनलाइन प्रमाणीकरण संभव है।

उपर्युक्त कथनों में से कौन-सा/से सही है/हैं?

(a) केवल 1 (b) केवल 2
(c) 1 और 2 दोनों (d) न तो 1, न ही 2

Ans.*(c)*: व्याख्या: पहचान प्लेटफॉर्म 'आधार' खुला (आ. पेन) ''एप्लीकेशन प्रोग्रामिंग इंटरफ़ेस'' (ए.पी.आई) का अभिप्राय है:

1. इसे किसी भी इलेक्ट्रॉनिक उपकरण के साथ एकीकृत किया जा सकता है।

2. परितारिका (आईरिस) का प्रयोग कर ऑनलाइन प्रमाणीकरण संभव है।

19. निम्नलिखित कथनों पर विचार कीजिए:

1. खाद्य सुरक्षा एवं मानक अधिनियम, 2006 ने खाद्य अपमिश्रण की रोकथाम (प्रिवेंशन ऑफ फूड एडल्ट. रेशन) अधिनियम, 1954 को प्रतिस्थापित किया।
2. भारतीय खाद्य सुरक्षा एवं मानक प्राधिकरण (फूड सेफ्टी एण्ड स्टैण्डर्ड्स अथॉरिटी ऑफ इंडिया) (एफ.एस.एस.ए.आई.) केन्द्रीय स्वास्थ्य एवं परिवार कल्याण मंत्रालय में स्वास्थ्य सेवा महानिदेशक के प्रभार में है।

उपर्युक्त कथनों में से कौन-सा/से सही है/हैं?

(a) केवल 1 (b) केवल 2

(c) 1 और 2 दोनों (d) न तो 1, न ही 2

Ans.*(a)*: व्याख्या: भारतीय खाद्य सुरक्षा एवं मानक प्राधि करण, केन्द्रीय स्वास्थ्य एवं परिवार कल्याण मंत्रालय के अधीन एक स्वायत्तशासी निकाय है।

20. राष्ट्रीय खाद्य सुरक्षा अधिनियम, 2013 के अधीन बनाए गए उपबंधों के संदर्भ में, निम्नलिखित कथनों पर विचार कीजिए:

1. केवल वे ही परिवार सहायता प्राप्त खाद्यान्न लेने की पात्रता रखते हैं, जो ''गरीबी रेखा से नीचे'' (बी.पी.एल.) श्रेणी में आते हैं।
2. परिवार में 18 वर्ष या उससे अधिक उम्र की सबसे अधिक उम्र वाली महिला ही राशन कार्ड निर्गत किए जाने के प्रयोजन से परिवार का मुखिया होगी।
3. गर्भवती महिलाएँ एवं दुग्ध पिलाने वाली माताएँ गर्भावस्था के दौरान और उसके छः महीने बाद तक प्रतिदिन 1600 कैलोरी वाला राशन घर ले जाने की हकदार हैं।

उपर्युक्त कथनों में से कौन-सा/से सही है/हैं?

(a) 1 और 2 (b) केवल 2

(c) 1 और 3 (d) केवल 3

Ans.*(b)*: व्याख्या: राष्ट्रीय खाद्य सुरक्षा अधिनियम, 2013 की धारा-4 के अनुसार गर्भवती एवं स्तनपान कराने वाली महिलाओं को 600 कैलोरी युक्त भोजन निःशुल्क प्राप्त करने की पात्रता है।

सिविल सेवा प्रारम्भिक परीक्षा : 2019
(भारतीय अर्थव्यवस्था)

1. एशियाई आधारिक-संरचना निवेश, बैंक [एशियन इंफ्रास्ट्रक्चर इंवेस्टमेंट बैंक (AIIB)] के संदर्भ में, निम्नलिखित कथनों पर विचार कीजिए:

1. AIIB के 80 से अधिक सदस्य राष्ट्र हैं।
2. AIIB में भारत सबसे बड़ा शेयरधारक है।
3. AIIB में एशिया से बाहर का कोई सदस्य नहीं है।

उपर्युक्त में से कौन सा/से कथन सही है/हैं?

(a) केवल 1
(b) केवल 2 और 3
(c) 1 और 3 दोनों
(d) 1, 2 और 3

***Ans.*(a):** **व्याख्या: AIIB में वर्तमान समय में 97 सदस्य देश हैं। इस बैंक का सबसे बड़ा भागीदार चीन है, जबकि भारत इसका दूसरा सबसे बड़ा भ. ागीदार सदस्य देश है। यह बैंक सतत् बुनियादी ढॉचे के विकास तथा बेहतर भविष्य निर्माण हेतु ऋण उपलब्ध कराता है। ऑस्ट्रेलिया, रूस और न्यूजीलैण्ड गैर-एशियाई सदस्य देश हैं।**

2. हाल ही में, भारतीय बैंकों और वित्तीय संस्थाओं द्वारा अंतर-ऋणदाता करार (इंटर-क्रेडिटर ऐग्रीमेंट) पर हस्ताक्षर करने का क्या उद्देश्य था?

(a) भारत सरकार के राजकोषीय घाटे और चालू लेखा घाटे के वर्षानुवर्ष पड़ने वाले भार को कम करना।
(b) केन्द्रीय और राज्य सरकारों की आधरित-संरचना परियोजनाओं को संबल प्रदान करना।
(c) ₹ 50 करोड़ या अधिक के ऋणों के आवेदनों के मामले में स्वतंत्र नियामक के रूप में कार्य करना।
(d) ₹ 50 करोड़ या अधिक की दबावयुक्त परिसंपत्तियों (स्ट्रेस्ट्स ऐसेट्स) का, जो सह-संघ उधारी (कॉन्सॉर्टियम लेंडिंग) के अंतर्गत हैं, अधिक तेजी से समाधान करने का लक्ष्य रखना है।

***Ans.*(d):** **व्याख्या: इण्डियन बैंक एसोसियेशन के अन्तर्गत भारतीय बैंकों द्वारा 23 जुलाई, 2018 को Inter Creditor Agreement पर हस्ताक्षर किया गया। इसमें कंसोर्टियम में भारत के कुल 24 बैंक शामिल हैं, जिन्हें 'सशक्त' नाम से सम्बोधित किया गया। इस समझौते में शामिल बैंकों में से सबसे बड़े कर्जदाता वाले बैंक को दबाव वाली परिसंपत्ति के समाधान के लिए एक रूपरेखा बनाने की शक्ति प्रदान की गई है। यह समझौता, उन सभी कार्पोरेट सेक्टर पर लागू होता है, जिन्होंने कंसोर्टियम ऋण अथवा बहु बैंकिंग व्यवस्था के तहत 50 करोड़ या उससे अधिक का ऋण लिया हो।**

3. सार्वजनिक क्षेत्रक बैंकों के अध्यक्षों का चयन कौन करता है?

(a) बैंक बोर्ड ब्यूरो
(b) भारतीय रिजर्व बैंक
(c) केंद्रीय वित्त मंत्रालय
(d) संबंधित बैंक का प्रबंधन

***Ans.*(a):** **व्याख्या: सार्वजनिक क्षेत्र के बैंकों के रेगुलेशन के लिए 2016 में गठित बैंक बोर्ड ब्यूरो को बैंकों की संगठनात्मक संरचना और दक्षता बढ़ाने के लिए एक स्वायत्त संगठन के रूप में गठित किया गया। यह बैंक बोर्ड ब्यूरो सार्वजनिक क्षेत्र के बैंकों के चेयरमैन के चयन के लिए जिम्मेदार है।**

4. मातृत्व लाभ (संशोधन) अधिनियम, 2017 के संबंध में, निम्नलिखित में से कौन-सा/से कथन सही है/हैं?

1. गर्भवती महिलाएँ, प्रसव-पूर्ण तीन महीने और प्रसवोत्तर तीन महीने के लिए सवेतन अवकाश की हकदार हैं।

2. शिशुगृहों वाले प्रतिष्ठानों के लिए माता को प्रतिदिन कम-से-कम छह बार शिशुगृह जाने की अनुमति देना अनिवार्य होगा।
3. दो बच्चों वाली महिलाओं को न्यूनीकृत हक मिलेंगे।

नीचे दिए गए कूट का प्रयोग कर सही उत्तर चुनिए।

(a) केवल 1 और 2 (b) केवल 2
(c) केवल 3 (d) 1, 2 और 3

Ans.(c): **व्याख्या: मातृत्व लाभ संशोधन अधिनियम, 2017 के तहत पूर्व के प्रावधान 12 सप्ताह के अवकाश को बढ़ाकर 26 सप्ताह कर दिया गया है। यह प्रावधान सार्वजनिक तथा निजी क्षेत्र के निकायों पर लागू होता है। निजी क्षेत्रों के उन निकायों पर यह प्रावधन आवश्यक रूप से लागू किया गया है, जिसमें दस से अधिक कर्मचारी कार्यरत हैं। इस प्रावधान के तहत प्रसव पूर्व आठ सप्ताह (59 दिन) तथा प्रसाव बाद 18 सप्ताह के अवकाश का प्रावधान किया गया है। साथ ही शिशु गृहों वाले प्रतिष्ठानों के लिए माताओं को दिन में चार बान जाने की व्यवस्था की गई है, न कि छः बार। ज्ञातव्य है कि यह प्रावधान किसी कार्यरत महिला के केवल दो बच्चों के लिए ही दिया जा सकता है।**

5. निम्नलिखित में से कौन-सा एक विश्व बैंक के 'कारोबार सुगमता सूचकांक (ईज ऑफ डूइंग बिजनेस इंडेक्स) का उप-सूचकांक नहीं है?

(a) कानून और व्यवस्था बनाए रखना
(b) करों का भुगतान करना।
(c) संपत्ति का पंजीकरण कराना।
(d) निर्माण परमिट संबंधी कार्य करना।

Ans.(a): **व्याख्या: वर्ल्ड बैंक के 'ईज ऑफ डूइंग' बि. जनेस के सूचकांक का उद्देश्य उन नियमों का आंकलन करना है, जो व्यापार को सीधे प्रभावित करते हैं। इसके अलावा किसी देश का इस सूची में स्थान 10 संकेतकों पर निर्भर करता है, जो इस प्रकार है-**

1. व्यापार शुरू करना।
2. निर्माण की अनुमति मिलना।
3. बिजली प्राप्त करना।
4. संपत्ति का पंजीकरण।
5. ऋण प्राप्त करना।
6. छोटे निवेशकों को संरक्षण देना।
8. सीमा के आर-पास व्यापार करना।
9. अनुबन्ध बनाना।
10. दिवालियेपन का समाधान करना।

6. भारतीय खाद्य निगम के लिए खाद्यान्नों की आर्थिक लागत में न्यूनतम समर्थन मूल्य और किसानों को भुगतान किए गए बोनस (यदि कुछ है) के साथ-साथ और क्या शामिल है/हैं?

(a) केवल परिवहन लागत
(b) केवल ब्याज लागत
(c) प्रापण प्रासंगिक प्रभार तथा वितरण लागत
(d) प्रापण प्रासंगिक प्रभार तथा गोदामों के प्रभार

Ans.(c): **व्याख्या: भारतीय खाद्य निगम के लिए खाद्यान्नों के आर्थिक लागत में न्यूनतम समर्थन मूल्य, किसानों को भुगतान किये गये बोनस, खरीद सम्बन्धी सहायक खर्च तथा वितरण लागत को शामिल किया जाता है। अतः इस प्रश्न का सही उत्तर (c) होगा।**

7. सेवा क्षेत्र उपागम किसके कार्यक्षेत्र के अधीन कार्यान्वित किया गया था?

(a) एकीकृत ग्रामीण विकास कार्यक्रम
(b) अग्रणी बैंक योजना (लीड बैंक स्कीम)
(c) महात्मा गाँधी राष्ट्रीय ग्रामीण रोजगार गारंटी योजना
(d) राष्ट्रीय कौशल विकास मिशन

Ans.(b): **व्याख्या: सेवा क्षेत्र उपागम, अग्रणी बैंक योजना (Lead Bank Scheme) के अधीन कार्यान्वित किया जाता था। लीड बैंक योजना में प्रत्येक बैंक (सार्वजनिक क्षेत्र तथा निजी क्षेत्र दोनों में) को उन्हें आवंटित जिलों के लिए अग्रणी**

भूमिकाएं सौंपने का प्रावधान है। ग्रामीण क्षेत्रों में शाखाओं के अपेक्षाकृत बड़े नेटवर्क तथा पर्याप्त वित्तीय एवं मानव संसाधन वाले बैंक को सामान्यतः सम्बन्धित जिले का अग्रणी दायित्व सौंपा जाता है।

8. निम्नलिखित कथनों पर विचार कीजिए:
   1. भारत का अधिकांश विदेशी ऋण सरकारी सत्वों के ऋणी होने के द्वारा है।
   2. भारत का सारा विदेशी ऋण US डॉलर के मूल्यवर्ग में है।

   उपर्युक्त में से कौन सा/से कथन सही है/हैं?

   (a) केवल 1 (b) केवल 2
   (c) 1 और 2 दोनों (d) न तो 1, न ही 2

Ans.(d): **व्याख्या: भारत की बाहरी उधारी का सबसे बड़ा भाग गैर सरकारी स्रोतों के द्वारा लिया जाता है (गैर सरकारी 416-7bn$)। अतः कथन 1 असस्य है।**

भारत की बाहरी उधारी US डॉलर का हिस्सा सबसे बड़ा है, (45.6%) न कि पूरी तरह। इसमें भारतीय रूपये का हिस्सा 24.8% तथा SDR का हिस्सा 5.1% आदि है।

9. भारत में किसी वाणिज्यिक बैंक की परिसंपत्ति में निम्न. लिखित में से क्या शामिल नहीं है?
   (a) अग्रिम
   (b) जमा
   (c) निवेश
   (d) माँग तथा अल्प सूचना मुद्रा (मनी ऐट कॉल ऐंड शॉर्ट नोटिस)

Ans.(b): **व्याख्या: भारत में किसी वाणिज्यिक बैंक की परिसम्पत्ति में शामिल है:-**

- **अग्रिम (Advance)**
- **निवेश (Investments)**
- **मॉग तथा अल्प सूचना मुद्रा (Money at call and short notice)**
- **तरलता और लाभप्रदता (Liquidity and Profitability)**
- **कैश-इन-हैण्ड (Cash in Hand)**
- **सेण्ट्रल बैंक में नकद (Cash at the Central Bank)**
- **बिलों की छूट (Bills discounted)**
- **जमा प्रमाणपत्र (Certificates of Deposits) आदि।**

10. भारत के संदर्भ में, मुद्रा संकट के जोखिम को कम करने में निम्नलिखित में से किस/किन कारक/कारकों का योगदान है?
    1. भारत के IT सेक्टर के विदेशी मुद्रा अर्जन का
    2. सरकारी व्यय के बढ़ने का
    3. विदेशस्थ भारतीयों द्वारा भेजे गए धन का

    नीचे दिए गए कूट का प्रयोग कर सही उत्तर चुनिए।

    (a) केवल 1 (b) केवल 1 और 3
    (c) केवल 2 (d) 1, 2 और 3

Ans.(b): **व्याख्या: भारत में मुद्रा संकट के जोखिम को कम करने में निम्नलिखित कारकों का महत्वपूर्ण योगदान है-**

- **आईटी सेक्टर के विदेशी मुद्रा अर्जन को बढ़ाकर-**
- **विदेशस्थ भारतीयों द्वारा भेजे गए धन के माध्यम से**
- **बॉण्ड जारी कर आदि के माध्यम से।**

अतः कथन 2 असत्य है, जबकि कथन 1 और 3 सत्य है।

11. पंजीकृत विदेशी पोर्टफोलियो निवेशकों द्वारा उन विदेशी निवेशकों को, जो स्वयं को सीधे पंजीकृत कराए बिना भारतीय स्टॉक बाजार का हिस्सा बनना चाहते हैं, निम्नलिखित में से क्या जारी किया जाता है?
    (a) जमा प्रमाण-पत्र
    (b) वाणिज्यिक पत्र
    (c) वचन-पत्र (प्रॉमिसरी नोट)
    (d) सहभागिता पत्र (पार्टिसिपेटरी नोट)

Ans.(d): **व्याख्या: पंजीकृत विदेशी पोर्टफोलिया, निवेशकों द्वारा उन विदेशी निवेशकों को, जो स्वयं को सीधे पंजीकृत कराए बिना भारतीय स्टॉक बाजार का हिस्सा बनना चाहते हैं, के लिए सहभागिता पत्र (पार्टिसिपेटरी नोट) जारी किया जाता है।**

12. भारत की पंचवर्षीय योजनाओं के संदर्भ में, निम्नलिखित में से कौन-सा/से कथन सही है/हैं?

1. दूसरी पंचवर्षीय योजना से बुनियादी तथा पूँजीगत वस्तु उद्योगों के प्रतिस्थापन की दिशा में निश्चयात्मक जोर दिया गया।
2. चौथी पंचावर्षीय योजना में संपत्ति तथा आर्थिक शक्ति के बढ़ते संकेन्द्र की पूर्व प्रवृत्ति के सुधार का उद्देश्य अपनाया गया।
3. पाँचवीं पंचवर्षीय योजना में, पहली बार, वित्तीय क्षेत्रक को योजना के अभिन्न अंग के रूप में शामिल किया गया।

नीचे दिए गए कूट का प्रयोग कर सही उत्तर चुनिए।

(a) केवल 1 और 2
(b) केवल 2
(c) केवल 3
(d) 1, 2 और 3

Ans.(b): **व्याख्या: दूसरी पंचवर्षीय योजना से बुनियादी तथा पूँजीगत वस्तु उद्योगों को स्थापित करने की दिशा में बल दिया गया, न कि प्रतिस्थापन की दिशा में। पॉचवीं पंचवर्षीय योजना रोजगार गरीबी उन्मूलन और न्याय पर आधारित थी। इस योजना के माध्यम से कृषि उत्पादन पर विशेष बल दिया गया। अतः कथन 1 और 3 असत्य हैं जबकि कथन 2 सत्य है।**

13. निम्नलिखित कथनों पर विचार कीजिए:

1. क्रय शक्ति समता [परचेज़िंग पावर पैरिटि (PPP)] विनिमय दरों की गणना विभिन्न देशों में एकसमान वस्तुओं और सेवाओं के मूल्यों की तुलना कर की जाती है।
2. PPP डॉलर के संदर्भ में, भारत विश्व की छठी सबसे बड़ी अर्थव्यवस्था है।

उपर्युक्त में से कौन-सा/से कथन सही है/हैं?

(a) केवल 1 (b) केवल 2
(c) 1 और 2 दोनों (d) न तो 1, न ही 2

Ans.(a): **व्याख्या: क्रय शक्ति समता के आधार पर भारत का विश्व में तीसरा स्थान है। अतः कथन 2 असत्य है। कथन 1 सत्य है।**

14. भारत में पिछले पाँच वर्षों में खरीफ की फसलों की खेती के संदर्भ में, निम्नलिखित कथनों पर विचार कीजिए:

1. धान की खेती के अंतर्गत क्षेत्र अधिकतम है।
2. ज्वार की खेती के अंतर्गत क्षेत्र, तिलहनों की खेती के अंतर्गत क्षेत्र की तुलना में अधिक है।
3. कपास की खेती का क्षेत्र, गन्ने की खेती के क्षेत्र की तुलना में अधिक है।
4. गन्ने की खेती के अंतर्गत क्षेत्र निरंतर घटा है।

उपर्युक्त में से कौन-से कथन सही हैं?

(a) केवल 1 और 3
(b) केवल 2, 3 और 4
(c) केवल 2 और 4
(d) 1, 2, 3 और 4

Ans.(a): **व्याख्या: धान की खेती के अन्तर्गत क्षेत्र अधिकतम है। खाद्यान्नों के अन्तर्गत आने वाले कुल क्षेत्र में 47 प्रतिशत भाग पर धन (चावल) की कृषि की जाती है। ज्वार की खेती के अन्तर्गत क्षेत्र तथा सभी प्रकार के खाद्यान्नों का कुल क्षेत्र 18.6 मिलियन हेक्टेयर है, वहीं तिलहनों की खेती के अन्तर्गत क्षेत्र 26.13 मिलियन हेक्टेयर है। अतः कथन 2 असत्य है। कपास की खेती का क्षेत्र (सफल क्षेत्र 12.2 मिलियन हेक्टेयर), गन्ने की खेती के क्षेत्र (सकल क्षेत्र 5.1 मिलियन हेक्टेयर) की तुलना में अधिक है। गन्ने की खेती के अन्तर्गत क्षेत्र निरन्तर घटने के बजाय साल-दर-साल बढ़ता-घटता रहा है। अतः कथन 1 एवं 3 सत्य हैं तथा कथन 2 एवं 4 असत्य हैं। अभीष्ट उत्तर (a) होगा।**

15. भारत द्वारा आयातित कृषि जिंसों में, पिछले पाँच वर्षों में निम्नलिखित में से किस एक का मूल्य के आधार पर अधिकतम आयात रहा है?

(a) मसाले
(b) ताजे फल
(c) दलहन
(d) वनस्पति तेल

Ans.(d)*:* **व्याख्या: भारत द्वारा आयातित कृषि जिंसों में, पिछले पाँच वर्षों में वनस्पति तेल का मूल्य के आधार पर अधिकतम आयात रहा है।**

16. भारतीय रूपए की गिरावट रोकने के लिए निम्नलिखित में से कौन-सा एक सरकार/भारतीय रिज़र्व बैंक द्वारा किया जाने वाला सर्वाधिक संभावित उपाय नहीं है?

(a) गैर-ज़रूरी वस्तुओं के आयात पर नियंत्रण और निर्यात को प्रोत्साहन
(b) भारतीय उधारकर्ताओं को रूपए मूल्यवर्ग के मसाला बॉन्ड जारी करने हेतु प्रोत्साहित करना।
(c) विदेशी वाणिज्यिक उधारी से संबंधित दशाओं को आसान बनाना।
(d) एक प्रसरणशील मौद्रिक नीति का अनुसरण करना।

Ans.(d)*:* **व्याख्या: भारतीय रिजर्व बैंक द्वारा रूपये की गिरावट को रोकने के लिए संकुचनशील मौद्रिक नीति का अनुसरण किया जाता है, न कि प्रसरणशील मौद्रिक नीति का। अतः सही विकल्प** (d) **होगा।**

17. किसी अर्थव्यवस्था में मुद्रा गुणक (मनी मल्टिप्लायर) निम्नलिखिल में से किस एक के साथ-साथ बढ़ता है?

(a) आरक्षित नकदी (कैश रिज़र्व) अनुपात में वृद्धि।
(b) जनता की बैंकिंग आदतों में वृद्धि।
(c) सांविधिक नकदी अनुपात में वृद्धि।
(d) देश की जनसंख्या में वृद्धि।

Ans.(b)*:* **व्याख्या: मुद्रा गुणक में वृद्धि इस बात पर निर्भर करती है कि बैंक अपने पास रखे रिजर्व को किस प्रकार उधार देता है। ऐसे में जनता के द्वारा बैंकिंग भागीदारी बढ़ाने से बैंकों के पास रिजर्व में वृद्धि होती है और वह उसको आगे उधार दे पाते हैं। जिससे मुद्रा गुणक में वृद्धि होती है।**

18. स्वतंत्र भारत में भूमि सुधारों के संदर्भ में, निम्नलिखित में से कौन-सा कथन सही है?

(a) हदबंदी कानून पारिवारिक जोत पर केंद्रित थे, न कि व्यक्तिगत जोत पर।
(b) भूमि सुधारों का प्रमुख उद्देश्य सभी भूमिहीनों को कृषि भूमि प्रदान करना था।
(c) इसके परिणामस्वरूप नकदी फसलों की खेती, कृषि का प्रमुख रूप बन गई।
(d) भूमि सुधारों ने हदबंदी सीमाओं को किसी भी प्रकार की छूट की अनुमति नहीं दी।

Ans.(b)*:* **व्याख्या: स्वतंत्रता के बाद भारत में सबसे बड़ी आवश्यकता भूमि सुधारों की थी। भूमि सुधरों के अन्तर्गत हदबंदी कानून लाया गया। जिसके तहत व्यक्तिगत जोत को केन्द्र में रखा गया। इस कानून के अन्तर्गत बागानों आदि से छूट प्राप्त थी अतः कथन** (a) **एवं** (d) **असत्य है। भूमि सुधारों का मूल उद्देश्य सभी भूमिहीनों को कृषि भूमि प्रदान करना था। अतः कथन** (b) **सत्य है।**

19. वैश्विक प्रतियोगित्व रिपोर्ट (ग्लोबल कम्पिटिटिवनेस रिपोर्ट) कौन प्रकाशित करता है?

(a) अंतर्राष्ट्रीय मुद्रा कोष
(b) संयुक्त राष्ट्र व्यापार एवं विकास सम्मेलन (यूनाइटेड नेशंस कॉन्फरेन्स ऑन ट्रेड ऐंड डेवलप्मेंट)
(c) विश्व आर्थिक मंच (वर्ल्ड इकनॉमिक फोरम)
(d) विश्व बैंक

Ans.(c)*:* **व्याख्या:'वैश्विक प्रतियोगित्व रिपोर्ट' विश्व आर्थिक मंच द्वारा प्रकाशित एक वार्षिक रिपोर्ट है। 2004 से वैश्विक प्रतियोगित्व रिपोर्ट, वैश्विक प्रतिस्पर्धात्मकता सूचकांक के आधर पर देशों को रैंक प्रदान करती है। वर्ष 2018 की रिपोर्ट में इस वर्ष भारत का स्थान 58वाँ था तथा अमेरिका का स्थान प्रथम था।**

20. किसी दिए गए वर्ष में भारत में कुछ राज्यों में आधिकारिक गरीबी रेखाएँ अन्य राज्यों की तुलना में उच्चतर है, क्योंकि

(a) गरीबी की दर अलग-अलग राज्य में अलग-अलग होती है

(b) कीमत-स्तर अलग-अलग राज्य में अलग-अलग होता है

(c) सकल राज्य उत्पाद अलग-अलग राज्य में अलग-अलग होता है

(d) सार्वजनिक वितरण की गुणता अलग-अलग राज्य में अलग-अलग होती हैं

Ans.(b)*:* **व्याख्याः योजना आयोग (वर्तमान नीति आयोग) ने देश में निर्धनता के मूल्यांकन के लिए 1989 में प्रो. डी. टी. लकड़ावाला समिति की अनुशंसा पर ही भारत में 'प्रत्येक राज्य में मूल्य (कीमत) स्तर के आधार पर अलग-अलग राज्यों के लिए अलग-अलग गरीबी रेखा का निर्धारण किया गया है।''**

21. अटल नवप्रवर्तन (इनोवेशन) मिशन किसके अधीन स्थापित किया गया है?

(a) विज्ञान एवं प्रौद्योगिकी विभाग

(b) श्रम एवं रोजगार मंत्रालय

(c) नीति (NITI) आयोग

(d) कौशल विकास एवं उद्यमिता मंत्रालय

Ans.(c)*:* **व्याख्याः अटल नवाचार मिशन देशभर में नवाचार और उद्यमशीलता को बढ़ावा देने के लिए नीति आयोग ने शुरू किया है।**

22. निम्नलिखित में से कौन-सा देश पिछले पाँच वर्षों के दौरान विश्व में चावल का सबसे बड़ा निर्यातक रहा है?

(a) चीन

(b) भारत

(c) म्यांमार

(d) वियतनाम

Ans.(b)*:* **व्याख्याः भारत दुनिया का सबसे बड़ा चावल निर्यातक देश बन गया है। वर्ष 2015 में भारत ने कुल 1.02 करोड़ टन चावल का निर्यात किया था। दूसरा स्थान चावल निर्यात करने में थाईलैण्ड का है। थाईलैण्ड ने 98 लाख टन चावल का निर्यात 2015 में किया था।**

23. निम्नलिखित कथनों पर विचार कीजिए:

'भुगतान प्रणाली आँकड़ों के भंडारण (स्टोरेज ऑफ पेमेंट सिस्टम डेटा)' के संबंध में भारतीय रिज़र्व बैंक के हाल का निदेश, जिसे प्रचलित रूप से डेटा डिक्टैट के रूप में जाना जाता है, भुगतान प्रणाली प्रदाताओं (पेमेंट सिस्टम प्रोवाइडर्स) को समादेशित करता है कि

1. वे यह सुनिश्चित करेंगे कि उनके द्वारा संचालित भुगतान प्रणालियों से संबंधित समग्र आँकड़े एक प्रणाली के अंतर्गत केवल भारत में भंडारित किए जाएँ।
2. वे यह सुनिश्चित करेंगे कि इन प्रणालियों का स्वामित्व और संचालन सार्वजनिक क्षेत्र के उद्यम ही करें।
3. वे कैलेंडर वर्ष की समाप्ति तक भारत के नियंत्रक एवं महालेखापरीक्षक को समेकित प्रणाली लेखापरीक्षा रिपोर्ट प्रस्तुत करेंगे।

उपर्युक्त में से कौन-सा/से कथन सही है/हैं?

(a) केवल 1 (b) केवल 1 और 2

(c) केवल 3 (d) 1, 2 और 3

Ans.(a)*:* **व्याख्याः भुगतान प्रणाली के ऑकड़ों के भंडारण के रिजर्व बैंक ने 2018 में दिशा-. निर्देश जारी किये हैं। इसके अनुसार डाटा संग्रहण एवं प्रसंस्करण केवल भारत में ही किया जा सकेगा। लेकिन इसके लिए सार्व. जनिक उद्यम ही केवल उत्तरदायी नहीं होंगे, निजी कम्पनियाँ भी संग्रहण कर सकती हैं। कैलेण्डर वर्ष के पश्चात सर्ट- इन (Cert-In) लेखा परीक्षा रिपोर्ट प्रस्तुत करेगा।**

24. किसी भी देश के संदर्भ में, निम्नलिखित में से किसे उस देश की सामाजिक पूँजी (सोशल कैपिटल) के भाग के रूप में समझा जाएगा?

(a) जनसंख्या में साक्षरों का अनुपात

(b) इसके भवनों, अन्य आधारिक संरचना और मशीनों का स्टॉक

(c) कार्यशील आयु समूह में जनसंख्या का आमाप

(d) समाज में आपसी भरोसे और सामंजस्य का स्तर

Ans.(d)*:* **व्याख्या: वित्तीय शब्दावली में 'सामाजिक पूँजी' से तात्पर्य सामाजिक सम्बन्धों और उससे जुड़े नेटवर्क से है। सामाजिक पूँजी या सोशल कैपिटल को किसी संगठन की आर्थिक वृद्धि हेतु आर्थिक पूँजी का पूरक समझा जाता है। इस रूप में सोशल कैपिटल किसी कम्पनी या संस्था की संवृद्धि का महत्वपूर्ण घटक समझा जाता है। इसके तहत कर्मचारियों के मध्य विश्वास जॉब के साथ उनकी संतुष्टि का स्तर और अपने सहयोगियों, उच्चाधिकारियों, अधीनस्थों के मध्य कम्यूनिकेशन का गुणवत्ता स्तर भी शामिल होता है।**

25. निम्नलिखित कथनों पर विचार कीजिए:

1. भारत सरकार द्वारा कोयला क्षेत्र का राष्ट्रीयकरण इंदिरा गाँधी के कार्यकाल में किया गया था।
2. वर्तमान में, कोयला खंडों का आबंटन लॉटरी के आधार पर किया जाता है।
3. भारत हाल के समय तक घरेलू आपूर्ति की कमी को पूरा करने के लिए कोयले का आयात करता था, किन्तु अब भारत कोयला उत्पादन में आत्मनिर्भर है।

उपर्युक्त में से कौन-सा/से कथन सही है/हैं?

(a) केवल 1 (b) केवल 2 और 3

(c) केवल 3 (d) 1, 2 और 3

Ans.(a)*:* **व्याख्या:भारत सरकार द्वारा कोयला क्षेत्र का राष्ट्रीयकरण प्रधानमंत्री इंदिरा गॉधी के कार्यक. ाल में (1 मई, 1973) किया गया।**

- **वर्तमान में कोयला क्षेत्रों का आवंटन नीलामी के आधार पर किया जाता है।**
- **भारत कोयले के उत्पादन के साथ-साथ आयात भी करता है।**

सिविल सेवा प्रारम्भिक परीक्षा : 2020
(भारतीय अर्थव्यवस्था)

1. यदि आप अपने बैंक के मांग जमा खाते (Demand Deposit Account) से 1,00,000 रुपये की नकद राशि निकालते हैं तो अर्थव्यवस्था में तात्कालिक रूप से मुद्रा की समग्र पूर्ति पर इसका क्या प्रभाव पड़ेगा।

(a) मुद्रा की समग्र पूर्ति में 1,00,000 रुपये की कमी आएगी।

(b) मुद्रा की समग्र पूर्ति में 1,00,000 रुपये की वृद्धि होगी।

(c) मुद्रा की समग्र पूर्ति में 1,00,000 रुपये से अधिक की वृद्धि होगी।

(d) मुद्रा की समग्र पूर्ति अपरिवर्तित रहेगी।

उत्तर : **(d) मुद्रा की समग्र पूर्ति अपरिवर्तित रहेगी।**

2. यदि निकट भविष्य में एक और वैश्विक वित्तीय संकट होता है, तो निम्नलिखित में से कौन सी कार्रवाइयाँ/नीतियाँ भारत को सबसे अधिक संभावना के साथ कुछ उन्मुक्ति प्रदान कर सकती हैं?

(1) अल्पकालिक विदेशी ऋणों पर निर्भर न होना

(2) कुछ और विदेशी बैंकों को प्रारंभ करना

(3) पूंजी खाते में पूर्ण परिवर्तनीयता को बनाए रखना

नीचे दिए गए कूट का प्रयोग कर सही उत्तर चुनिए:

(a) केवल 1 (b) केवल 1 और 2

(c) केवल 3 (d) 1, 2 और 3

उत्तर : (a) केवल 1

3. 1991 के आर्थिक उदारीकरण के बाद भारतीय अर्थव्यवस्था के संदर्भ में, निम्नलिखित कथनों पर विचार कीजिए:

(1) श्रमिक उत्पादकता (2004-05 की कीमतों पर प्रति कर्मचारी रुपये) शहरी क्षेत्रों में बढ़ी, जबकि ग्रामीण क्षेत्रों में यह घट गई।

(2) कार्यबल में ग्रामीण क्षेत्रों की प्रतिशत हिस्सेदारी में सतत वृद्धि हुई।

(3) ग्रामीण क्षेत्रों में, गैर-कृषि अर्थव्यवस्था में वृद्धि हुई।

(4) ग्रामीण रोजगार की वृद्धि दर में कमी आई।

ऊपर दिए गए कथनों में से कौन सा/से सही है/हैं?

(a) केवल 1 और 2 (b) केवल 3 और 4

(c) केवल 3 (d) केवल 1, 2 और 4

उत्तर : **(c) केवल 3 और 4**

4. निम्न कथनों पर विचार कीजिए:

1. कोयले की राख में आर्सेनिक, सीसा एवं पारद अंतर्विष्ट होते हैं।
2. कोयला संचालित विद्युत संयंत्र पर्यावरण में सल्फर डाइ आक्साइड एवं नाइट्रोजन आक्साइड उत्सर्जित करते हैं।
3. भारतीय कोयले में राख की अधिक मात्रा पाई जाती है।

ऊपर दिए गए कथनों में से कौन सा/से सही है/हैं?

(a) केवल 1 (b) केवल 2 और 3

(c) केवल 3 (d) केवल 1, 2 और 3

उत्तर: (c) केवल 2 और 3

5. भारत में फर्म के ''ब्याज व्याप्ति अनुपात'' शब्द का क्या महत्व है?

(1) यह उस फर्म, जिसे बैंक ऋण देने जा रहा है, के वर्तमान जोखिम को समझने में मदद करता है।

(2) यह उस फर्म, जिसे बैंक ऋण देने जा रहा है, के आने वाले जोखिम के मूल्याकंन में मदद करता है।

(3) उधार लेने वाली फर्म का ब्याज व्याप्ति अनुपात जितना अधिक होगा, उसकी ऋण समाशोधन क्षमता उतनी ही खराब होगी।

नीचे दिए गए कूट का प्रयोग कर सही उत्तर चुनिए:

(a) केवल 1 एवं 2 (b) केवल 2

(c) केवल 1 और 3 (d) 1, 2 और 3

उत्तर : (a) केवल 1 एवं 2

6. हाल के दिनों में निम्नलिखित में से कौन से कारक/नीतियां भारत में चावल की कीमत को प्रभावित कर रही थीं?

(1) न्यूनतम समर्थन मूल्य (2) सरकार का व्यापार

(3) सरकार का भंडार (4) उपभोक्ता सब्सिडी

नीचे दिए गए कूट का प्रयोग कर सही उत्तर चुनिए:

(a) केवल 1, 2 और 4 (b) केवल 1, 3 और 4

(c) केवल 2 और 3 (d) 1, 2, 3 और 4

उत्तर : (d) 1, 2, 3 और 4

7. किसान क्रेडिट कार्ड योजना के अंतर्गत किसानों को निम्नलिखित में से किस प्रयोजन के लिए अल्पकालीन ऋण सहायता दी जाती है?

(1) कृषि संपत्ति हार्वेस्टर के रखरखाव के लिए कार्यशील पूंजी के लिए

(2) कम्बाइन्ड कटाई मशीनों, ट्रैक्टरों और मिनी ट्रकों की खरीद के लिए

(3) कृषि परिवारों की उपभोग आवश्यकताओं के लिए

(4) फसल कटाई के बाद खर्चों के लिए

(5) परिवार के घर निर्माण तथा गाँव में शीतागार सुविधा की स्थापना के लिए

नीचे दिए गए कूट का प्रयोग कर सही उत्तर चुनिए:

(a) केवल 1, 2 और 5

(b) केवल 1, 3 और 4

(c) केवल 2,3,4 और 5

(d) 1, 2, 3, 4 और 5

उत्तर : (b) केवल 1, 3 और 4.

8. निम्नलिखित कथनों पर विचार कीजिए:

(1) खाद्य वस्तुओं का उपभोक्ता मूल्य सूचकांक (CPI) में भार उनके थोक मूल्य सूचकांक (WPI) में दिए गए भार से अधिक है।

(2) WPI सेवाओं के मूल्यों में होने वाले परिवर्तनों को नहीं पकड़ता जैसा कि CPI करता है।

(3) भारतीय रिजर्व बैंक ने अब मुद्रास्फीति के मुख्य मान हेतु तथा प्रमुख नीतिगत दरों के निर्धारण एवं परिवर्तन के लिए WPI को अपनाया है।

ऊपर दिए गए कथनों में से कौन सा/से सही है/हैं?

(a) केवल 1 और 2

(b) केवल 2

(c) केवल 3

(d) 1, 2 और 3

उत्तर : (a) केवल 1 और 2

9. भारत में, निम्नलिखित में से किसे कृषि में सार्वजनिक निवेश माना जा सकता है?

(1) सभी फसलों की कृषि उपज के लिए न्यूनतम समर्थन मूल्य तय करना

(2) प्राथमिक कृषि साख समितियों का कम्प्यूटरीकरण

(3) सामाजिक पूंजी विकास

(4) किसानों को मुफ्त बिजली की आपूर्ति

(5) बैंकिंग प्रणाली द्वारा कृषि ऋण की माफी

(6) सरकारों द्वारा कोल्ड स्टोरेज सुविधाओं की स्थापना।

नीचे दिए गए कूट का प्रयोग कर सही उत्तर चुनिए:

(a) केवल 1, 2 और 5

(b) केवल 1, 3, 4 और 5

(c) केवल 2, 3 और 6

(d) 1, 2, 3, 4, 5 और 6

उत्तर : (c) केवल 2, 3 और 6.

10. भारतीय अर्थव्यवस्था के संदर्भ में निम्नलिखित कथनों पर विचार कीजिए:

(1) वाणिज्यिक पत्र (Commercial paper) अल्पकालिन प्रतिभूति-रहित वचन पत्र है।

(2) जमा-प्रमाण-पत्र (Certificate of deposit) आरबीआई द्वारा किसी निगम को निर्गत किया जाने वाला एक दीर्घकालिक प्रपत्र है।

(3) 'शीघ्रावधि द्रव्य' अंतरबैंक लेनदेन के लिए इस्तेमाल किया जाने वाला अल्पकालिक वित्त है।

(4) 'जीरो-कूपन बॉन्ड्स' अनुसूचित वाणिज्यिक बैंकों द्वारा निगमों को निर्गत किये जाने वाले ब्याज सहित अल्पकालिक बॉन्ड हैं।

ऊपर दिए गए कथनों में से कौन सा/से सही है/हैं?

(a) केवल 1 और 2 (b) केवल 4

(c) केवल 1 और 3 (d) केवल 2, 3 और 4

उत्तर : (c) केवल 1 और 3.

11. वर्तमान में भारत के अंतर्राष्ट्रीय व्यापार के संदर्भ में, निम्नलिखित में से कौन सा/से कथन सही है/हैं?

(1) भारत का व्यापारिक निर्यात उसके व्यापारिक आयात से कम है।

(2) हाल के वर्षों में भारत के लोहे और इस्पात, रसायनों, उर्वरकों और मशीनरी के आयात में कमी आई है।

(3) भारत का सेवाओं का निर्यात, सेवाओं के आयात से अधिक है।

(4) भारत समग्र व्यापार/चालू खाता घाटे से ग्रस्त है।

नीचे दिए गए कूट का प्रयोग कर सही उत्तर चुनिए:

(a) केवल 1 और 2

(b) केवल 2 और 4

(c) केवल 3

(d) केवल 1, 3 और 4

उत्तर : (d) केवल 1, 3 और 4.

12. भारतीय अर्थव्यवस्था के संदर्भ में, गैर-वित्तीय ऋण में निम्नलिखित में से कौन सा शामिल है?

(1) परिवारों द्वारा बकाया आवास ऋण

(2) क्रेडिट कार्ड पर बकाया राशि

(3) ट्रेजरी बिल

नीचे दिए गए कूट का प्रयोग कर सही उत्तर चुनिए :

(a) केवल 1 (b) केवल 1 और 2

(c) केवल 3 (d) 1, 2 और 3

उत्तर : (d) 1, 2 और 3.

13. व्यापार-संबंधित निवेश उपायों (TRIMS) के संदर्भ में, निम्नलिखित में से कौन सा/से कथन सही है/हैं?

(1) विदेशी निवेशकों द्वारा आयात पर मात्रात्मक प्रतिबंध निषिद्ध हैं।

(2) वे वस्तुओं और सेवाओं दोनों में व्यापार से संबंधित निवेश उपायों पर लागू होते हैं।

(3) वे विदेशी निवेश के नियमन से चिंतित नहीं हैं।

नीचे दिए गए कूट का प्रयोग कर सही उत्तर चुनिए:

(a) केवल 1 और 2 (b) केवल 2

(c) केवल 1 और 3 (d) 1, 2 और 3

उत्तर : (c) केवल 1 और 3.

14. यदि आरबीआई प्रसारवादी मौद्रिक नीति का अनुसरण करने का निर्णय लेता है, तो वह निम्नलिखित में से क्या नहीं करेगा?

(1) वैधानिक तरलता अनुपात को घटाकर उसे अनुकूलित करना

(2) सीमांत स्थायी सुविधा दर को बढ़ाना

(3) बैंक दर को घटाना एवं रेपो दर में कटौती

नीचे दिए गए कूट का प्रयोग कर सही उत्तर चुनिए:

(a) केवल 1 और 2 (b) केवल 2

(c) केवल 1 और 3 (d) 1, 2 और 3

उत्तर : (b) केवल 2.

1. प्रसारवादी मौद्रिक नीति के दौरान, आरबीआई धन की आपूर्ति बढ़ाने और/या ऋण की ब्याज दरों को कम करने की कोशिश करेगा। इसलिए एसएलआर, बैंक दर और रेपो दर को कम करने से इस संबंध में मदद मिलेगी। तो, आरबीआई बिंदु ए और सी कर सकता है।

2. सीमांत स्थायी सुविधा बढ़ाने से ऋण की ब्याज दरें बढ़ेंगी, इसलिए, यदि आरबीआई प्रसारवादी नीति अपनाता है, तो वह ऐसा नहीं करेगा।

15. 1991 के आर्थिक उदारीकरण के बाद भारतीय अर्थव्यवस्था के संदर्भ में निम्नलिखित कथनों पर विचार कीजिए:

(1) श्रमिक उत्पादकता (2004-05 की कीमतों पर प्रति कर्मचारी रुपये) शहरी क्षेत्रों में बढ़ी जबकि ग्रामीण क्षेत्रों में यह घट गई।

(2) कार्यबल में ग्रामीण क्षेत्रों का प्रतिशत हिस्सा लगातार बढ़ा।

(3) ग्रामीण क्षेत्रों में, गैर-कृषि अर्थव्यवस्था में वृद्धि हुई।

(4) ग्रामीण रोजगार में वृद्धि दर में कमी आई।

ऊपर दिए गए कथनों में से कौन सा/से सही है/हैं?

(a) केवल 1 और 2 (b) केवल 3 और 4

(c) केवल 3 (d) केवल 1, 2 और 4

उत्तर : (b) केवल 3 और 4

16. निम्नलिखित कथनों पर विचार करें:

(1) कृषि क्षेत्र को अल्पकालिक साख वितरण के संदर्भ में जिला केंद्रीय सहकारी बैंक (DCCBs) अनुसूचित वाणिज्यिक बैंकों और क्षेत्रीय ग्रामीण बैंकों की तुलना में अधिक ऋण प्रदान करते हैं।

(2) जिला केंद्रीय सहकारी बैंक के सबसे महत्वपूर्ण कार्यों में से एक प्राथमिक कृषि साख समितियों को धन उपलब्ध कराना है।

ऊपर दिए गए कथनों में से कौन सा/से सही है/हैं?

(a) केवल 1 (b) केवल 2

(c) 1 और 2 दोनों (d) न तो 1 और न ही 2

उत्तर : (b) केवल 2.

17. यदि निकट भविष्य में एक और वैश्विक वित्तीय संकट होता है, तो निम्नलिखित में से कौन सी कार्रवाइयां/नीतियां भारत को कुछ प्रतिरक्षा प्रदान करने की सबसे अधिक संभावना है?

(1) अल्पकालिक विदेशी उधार पर निर्भर नहीं

(2) अधिक विदेशी बैंकों के लिए खोलना

(3) पूर्ण पूंजी खाता परिवर्तनीयता बनाए रखना

नीचे दिए गए कूट का प्रयोग कर सही उत्तर चुनिए :

(a) केवल 1 (b) केवल 1 और 2

(c) केवल 3 (d) 1, 2 और 3

उत्तर : (a) केवल 1.

सिविल सेवा प्रारम्भिक परीक्षा : 2021
(भारतीय अर्थव्यवस्था)

1. भारतीय अर्थव्यवस्था के संदर्भ में, माँग-प्रेरित मुद्रास्फीति या उसमें वृद्धि निम्नलिखित किन कारणों से होती है?

1. विस्तारित नीतियाँ
2. राजकोज़ीय प्रोत्साहन
3. मुद्रास्फीति सूचकांकन मजदूरी (इनफ्लेशन-इंडेक्सिंग वेजेस)
4. उच्च क्रय शक्ति
5. बढती ब्याज दर

नीचे दिए गए कूट का प्रयोग कर सही उत्तर चुनिए।

(a) केवल 1, 1 और 4
(b) केवल 3, 4 और 5
(c) केवल 1, 1, 3 और 5
(d) 1, 1, 3, 4 और 5

उत्तर: (a) केवल 1, 2 और 4

2. भारत में नियोजित अनियत मजदूरों के संदर्भ में, निम्न. लिखित कथनों पर विचार कीजिए :

1. सभी अनियत मजदूर, कर्मचारी भविष्य निधि सुरक्षा के हकदार हैं।
2. सभी अनियत मजदूर नियमित कार्य-समय एवं समय पर भुगतान के हकदार हैं।
3. सरकार अधिसूचना के द्वारा यह विनिर्दिष्ट कर सकती है कि कोई प्रतिज्ठा नया उद्योग केवल अपने बैंक खातों के माध्यम से मजदूरी का भुगतान करेगा।

उपर्युक्त कथनों में से कौन-से सही हैं?

(a) केवल 1 और 2 (b) केवल 2 और 3
(c) केवल 1 और 3 (d) 1, 2 और 3

उत्तर: (d) 1, 2 और 3

3. आर्थिक मंदी के समय, निम्नलिखित में से कौन-सा कर उठाए जाने की सर्वाधिक संभावना होती है?

(a) कर की दरों में कटौती के साथ-साथ ब्याज दर में वृद्धि करना
(b) सार्वजनिक परियोजनाओं पर व्यय में वृद्धि करना
(c) कर की दरों में वृद्धि के साथ-साथ ब्याज दर में कमी करना
(d) सार्वजनिक परियोजनाओं पर व्यय में कमी करना

उत्तर: (b) सार्वजनिक परियोजनाओं पर व्यय में वृद्धि करना

4. निम्नलिखित कथनों पर विचार कीजिए :

अन्य बातें अपरिवर्तित रहने पर भी किसी वस्तु के लिए बाजार माँग बढ़ सकती है, यदि

1. इसकी स्थानापन्न वस्तु की कीमत में वृद्धि हो
2. इसकी पूरक वस्तु की कीमत में वृद्धि हो
3. वस्तु घटिया किस्म की है और उपभोक्ताओं की आय में वृद्धि होती है
4. इसकी कीमत घटती है

उपर्युक्त कथनों में से कौ न-से सही हैं?

(a) केवल 1 और 4 (b) 2, 3 और 4
(c) 1, 3 और 4 (d) 1, 2 और 3

उत्तर: (a) केवल 1 और 4

5. भारत में 'शहरी सहकारी बैंकों' के संदर्भ में, निम्नलिखित कथनों पर विचार कीजिए:

1. राज्य सरकारों द्वारा स्थापित स्थानीय मंडलों द्वारा उनका पर्यवेक्षण एवं विनियमन किया जाता है।
2. वे इक्विटी शेयर और अधिमान शेयर जारी कर सकते हैं।
3. उन्हें वर्ज़ 1966 में एक संशोधन के द्वारा बैंककारी विनियमन अधिनियम, 1949 के कार्य-क्षेत्र में लाया गया था।

उपर्युक्त कथनों में से कौन-सा /कौन-से सही है/हैं?

(a) केवल 1 (b) केवल 2 और 3
(c) केवल 1 और 3 (d) 1,2 और 3

उत्तर: (b) केवल 2 और 3

6. भारतीय सरकारी बॉन्ड प्रतिफल निम्नलिखित में से किससे/किनसे प्रभावित होता है/होते हैं?

1. यूनाइटेड स्टेट्स फेडरल रिजर्व की कार्रवाई
2. भारतीय रिजर्व बैंक की कार्रवाई
3. मुद्रास्फीति एवं अल्पावधि ब्याज दर

नीचे दिए गए कूट का प्रयोग कर सही उत्तर चुनिए।

(a) केवल 1 और 2 (b) केवल 2
(c) केवल 3 (d) 1, 2 और 3

उत्तर : (d) 1, 2 और 3

7. निम्नलिखित पर विचार कीजिए:

1. विदेशी मुद्रा संपरिवर्तनीय बॉन्ड
2. कुछ शर्तों के साथ विदेशी संस्थागत निवेश
3. वैश्रिवक निक्षेपागार(डिपॉजिटरी) प्राप्तियाँ
4. अनिवासी विदेशी जमा

उपर्युक्त में से किसे/किन्हें विदेशी प्रत्यक्ष निवेश सम्मिलित किया जा सकता है/किए जा सकते हैं?

(a) 1, 2 और 3 (b) केवल 3
(c) 2 और 4 (d) 1 और 4

उत्तर : (b) केवल 3

8. निम्नलिखित कथनों पर विचार कीजिए:

किसी मुद्रा के अवमूल्यन का प्रभाव यह है कि वह अनिवार्य रूप से:

1. विदेशी बाजारों में घरेल निर्यातों की प्रतिस्पर्धात्मकता को बढ़ाता है
2. घरेलू मुद्रा के विदेशी मूल्य को बढ़ाता है।
3. व्यापार संतुलन में सुधार लाता है

उपर्युक्त कथनों में से कौन-सा /कौन-से सही है/हैं?

(a) केवल 1 (b) 1 और 2
(c) केवल 3 (d) 2 और 3

उत्तरः (a) केवल 1

9. भारत में काले धन के सृजन के निम्नलिखित प्रभावों में से कौन-सा भारत सरकार की चिन्ता का प्रमुख कारण है?

(a) स्थावर संपदा के क्रय और विलासिता युक्त आवास में निवेश के लिए संसाधनों का अपयोजन
(b) अनुत्पादक गतिविधियों में निवेश और जवाहरात, गहने, सोना इत्यादि का क्रय
(c) राजनीतिक दलों को बड़े चंदे एवं क्षेत्रवाद का विकास
(d) कर अपवंचन के कारण राजकोज़ में राजस्व की हानि

उत्तरः (d) कर अपवंचन के कारण राजकोष में राजस्व की हानि

10. निम्नलिखित में से कौन-सा अपने प्रभाव में सर्वाधिक मुद्रास्फीति कारक हो सकता है?

(a) सार्वजनिक ऋण की चुकौती
(b) बजट घाटे के वित्तीयन के लिए जनता से उधार लेना
(c) बजट घाटे के वित्तीयन के लिए बैंकों से उधार लेना
(d) बजट घाटे के वित्तीयन के लिए नई मुद्रा का सृजन करना

उत्तर : (d) बजट घाटे के वित्तीयन के लिए नई मुद्रा का सृजन करना

11. निम्नलिखित में से किससे किसी अर्थव्यवस्था में गुणक में वृद्धि होती है?

(a) बैंकों में आरक्षित नकदी निधि अनुपात में वृद्धि
(b) बैंकों के सांविधिक चलनिधि अनुपात में वृद्धि
(c) लोगों की बैंकिंग आदतों में वृद्धि
(d) देश की जनसंख्या में वृद्धि

उत्तरः (c) लोगों की बैंकिंग आदतों में वृद्धि

12. भारतीय अर्थव्यवस्था के संदर्भ में, माँग-प्रेरित मुद्रास्फीति या उसमें वृद्धि निम्नलिखित किन कारणों से होती है?

1. विस्तारकारी नीतियाँ
2. राजकोज़ीय प्रोत्साहन
3. मुद्रास्फीति सूचकांकन मजदूरी (इन्फ्लेशन इंडेक्सिंग वेजेस)
4. उच्च क्रय शक्ति
5. बढ़ती ब्याज दर

नीचे दिए गए कूट का प्रयोग कर सही उत्तर चुनिए।

(a) केवल 1, 2 और 4

(b) केवल 3, 4 और 5

(c) केवल 1, 2, 3 और 5

(d) 1, 2, 3, 4 और 5

उत्तर: (a) केवल 1, 2 और 4

13. भारत के संदर्भ में, निम्नलिखित कथनों पर विचार कीजिए:

1. खुदरा निवेशक डीमैट खातों के माध्यम से प्राथमिक बाजार में 'राजकोज़ बिल (ट्रेजरी बिल)' और 'भारत सरकार के ऋण बॉन्ड' में निवेश कर सकते हैं।
2. 'बातचीत से तय लेनदेन प्रणाली-ऑर्डर मिलान (निगोशिएटेड डीलिंग सिस्टम-ऑर्डर मैचिंग)' भारतीय रिजर्व बैंक का सरकारी प्रतिभूति व्यापारिक मंच है।
3. 'सेंट्रल डिपोजिटरी सर्विसेज लिमिटेड' का भारतीय रिजर्व बैंक एवं बम्बई स्टॉक एक्सचेंज द्वारा संयुक्त रूप से प्रवर्तन किया जाता है।

उपर्युक्त कथनों में से कौन-सा /कौन-से सही है/हैं?

(a) केवल 1 (b) 1 और 2

(c) केवल 3 (d) 2और 3

उत्तर : (b) 1 और 2

14. 'वॉटरक्रेडिट' के संदर्भ में, निम्नलिखित कथनों पर विचार कीजिए:

1. यह जल एवं स्वच्छता क्षेत्र में कार्य के लिए सूक्ष्म वित्त साधनों (माइक्रो फाइनेंस टूल्स) को लागू करता है।
2. यह एक वैश्विक पहल है जिसे विश्व स्वास्थ्य संगठन और विश्व बैंक के तत्त्वावधान में प्रारंभ किया गया है।
3. इसका उद्देश्य निर्धन व्यक्तियों को सहायिकी के बिना अपनी जल-संबंधी आवश्यकताओं को पूरा करने के लिए समर्थ बनाना है।

उपर्युक्त कथनों में से कौन-से सही हैं?

(a) केवल 1 और 2 (b) केवल 2 और 3

(c) केवल 1 और 3 (d) 1, 2 और 3

उत्तर : (c) केवल 1 और 3

15. भारत में, 'अंतिम उधारदाता (लेंडर ऑफ लास्ट रिसॉर्ट)' के रूप में केन्द्रीय बैंक के कार्य में सामान्यत: निम्नलिखित में से क्या सम्मिलित है/हैं?

1. अन्य स्रोतों से ऋण प्राप्ति में विफल होने पर (व्यापार एवं उद्योग निकायों को ऋण प्रदान करना)
2. अस्थायी संकट के समय बैंकों के लिए चलनिधि उपलब्ध कराना
3. बजटीय घाटों के वित्तीयन के लिए सरकारों को ऋण देना

नीचे दिए गए कूट का प्रयोग कर सही उत्तर चुनिए।

(a) 1 और 2 (b) केवल 2

(c) 2 और 3 (d) केवल 3

उत्तर : (b) केवल 2

16. निम्नलिखित में से किसके अंगीकरण को प्रोत्साहित करने के लिए 'R2 व्यवहार संहिता (R2 कोड ऑफ प्रैक्टिसेज)' साधन उपलब्ध करती है?

(a) इलेक्ट्रॉनिकी पुनर्चक्रण उद्योग में पर्यावरणीय दृष्टि से विश्वसनीय व्यवहार

(b) रामसर कन्वेंशन के अंतर्गत 'अंतर्राष्ट्रीय महत्त्व की आर्द्रभूमि' का पारिस्थितिक प्रबंधन

(c) निम्नीकृत भूमि पर कृषि फसलों की खेती का संधारणीय व्यवहार

(d) प्राकृतिक संसाधनों के दोहन में 'पर्यावरणीय प्रभाव आकलन'

उत्तर: (a) इलेक्ट्रॉनिकी पुनर्चक्रण उद्योग में पर्यावरणीय दृष्टि से विश्वसनीय व्यवहार

भाग–V

आर्थिक समीक्षा : 2022-23 एवं बजट : 2023-24

आर्थिक समीक्षा : 2022-23 एवं बजट : 2023-24

आर्थिक सर्वेक्षण 2022–23 के मुख्य तथ्य

- भारतीय अर्थव्यवस्था का आकार बढ़ा है और गत 9 वर्षों में यह 10वें स्थान से विश्व की पांचवी सबसे बड़ी अर्थव्यवस्था बन गई है। गत 9 वर्षों में प्रति व्यक्ति आय दोगुनी होकर 1.97 लाख रुपये हो गई है।
- केंद्रीय आर्थिक सर्वेक्षण के अनुसार, वास्तविक आधार पर जीडीपी विकास दर वित्त वर्ष 2023–24 के लिए 6.5 प्रतिशत रहेगी। वहीं दुनियाभर की बहुपक्षीय एजेंसियों जैसे विश्व बैंक, आईएमएफ, एडीबी और घरेलू तौर पर आरबीआई के सर्वेक्षण में भारत को सबसे तेजी से बढ़ने वाली बड़ी अर्थव्यवस्था माना है, जिसकी विकास दर वित्त वर्ष 2023–24 में 6.5–7.0 प्रतिशत माना गया है।
- आर्थिक सर्वेक्षण के अनुसार, वास्तविक स्तर पर मार्च, 2023 को समाप्त होने वाले वर्ष के लिए अर्थव्यवस्था में वृद्धि दर 7 प्रतिशत होगी। पिछले वित्तीय वर्ष 2022–23 के दौरान विकास दर 8.7 प्रतिशत रही थी।
- वर्ष 2022 में यूपीआई के माध्यम से 126 लाख करोड़ रुपये के 7,400 करोड़ डिजिटल भुगतान किये गए हैं।

वर्ष 2023 में कीमतें एवं मुद्रास्फीति

- वर्ष 2022–23 में जनवरी से अप्रैल तक रूस और यूक्रेन के बीच युद्ध तथा देश के कुछ हिस्सों में लू के कारण फसल उत्पादकता में कमी आई जिससे मुद्रास्फीति 7.8% पर पहुँच गई। हालांकि दिसंबर 2022 तक हालात सुधरे एवं मुद्रास्फीति 5.7 प्रतिशत गिरावट के साथ नियंत्रण में आ गई और पूंजी प्रवाह बढ़ने लगा। इससे उद्योग जगत का रुझान बेहतर हुआ है और निजी क्षेत्र के निवेश में वृद्धि हुई है। निजी पूंजीगत निवेश में भी वृद्धि होने का अनुमान है, क्योंकि कॉपोरेट जगत के लेखा विवरण पत्र मजबूत हुए है जिससे ऋण देने में वृद्धि होगी।
- सूक्ष्म, लघु और मध्यम उद्यम (एमएसएमई) क्षेत्र के लिए ऋण में तीव्र वृद्धि दर्ज की गई है, जो जनवरी–नवम्बर, 2022 के दौरान औसत आधार पर 30.6 प्रतिशत रही है। एमएसएमई क्षेत्र में तेजी से रिकवरी हुई है, जो भुगतान की जाने वाली जीएसटी की धनराशि से परिलक्षित होती है।
- इसके अलावा बैंक ऋण में वृद्धि हुई है। यदि मुद्रास्फीति वित्त वर्ष 2024 में कम होती है और ऋण की वास्तविक लागत नहीं बढ़ती है तो वित्त वर्ष 2024 के लिए तीव्र ऋण वृद्धि रहेगी।

मूल्य वृद्धि रोकने के शासकीय उपाय

- पेट्रोल और डीजल के निर्यात शुल्क पर कई चरणों में कटौती की गई।
- प्रमुख कच्चे माल पर आयात शुल्क को घटाकर शून्य कर दिया गया, लौह अयस्क एवं सांद्र अयस्क के निर्यात पर देय कर को 30 प्रतिशत से बढ़ाकर 50 प्रतिशत कर दिया गया।
- कपास के आयात पर देय सीमा शुल्क को 14 अप्रैल 2022 से लेकर 30 सितम्बर 2022 तक शून्य कर दिया गया।
- एचएस कोड 1101 के तहत गेहूं उत्पादों के निर्यात पर प्रतिबंध लगाया गया और चावल पर निर्यात शुल्क लगाया गया।
- कच्चे एवं परिशोधित पाम ऑयल, कच्चे सोयाबीन तेल और कच्चे सूरजमुखी तेल पर देय बुनियादी शुल्क में कमी की गई।

भारत का मध्यमकालिक विकास परिदृश्य

- भारतीय अर्थव्यवस्था में व्यापक ढांचागत एवं प्रशासनिक सुधार लागू करने के कारण वर्ष 2014–22 के दौरान समग्र दक्षता बढ़ने से अर्थव्यवस्था के बुनियादी तत्व मजबूत हुए हैं।
- जीवन यापन और कारोबार में सुगमता बढ़ाने पर विशेष जोर देने के परिणामस्वरूप वर्ष 2014 के बाद लागू किए गए सुधार सार्वजनिक निर्माण बढ़ाने, विश्वास आधारित शासन को अपनाने, निजी क्षेत्र संग सह–भागीदारी पर जोर देने और कृषि उत्पादकता बढ़ाने पर आधारित थे।
- वर्ष 2014–2022 की अवधि के दौरान भी अर्थव्यवस्था पर दबाव देखा गया जिसका कारण इससे पूर्व के वर्षों के दौरान ऋणों में आई वृद्धि और एकबारगी करारी वैश्विक मंदी थी। इस वजह से प्रमुख आर्थिक अवयव जैसे ऋण वृद्धि, पूंजी सृजन और इसके परिणामस्वरूप आर्थिक विकास इस अवधि के दौरान बुरी तरह प्रभावित हुआ है।
- यह स्थिति दरअसल वर्ष 1998–2002 की अवधि से काफी मिलती–जुलती है क्योंकि उस दौरान सरकार द्वारा लागू किए गए परिवर्तनकारी सुधारों से विकास की गति अर्थव्यवस्था में अस्थायी झटके लगने के कारण धीमी हो गई थी। जब ये झटके कमजोर पड़ गए तो लागू किए गए ढांचागत सुधारों का व्यापक लाभ वर्ष 2003 से मिलने लगा था।
- इसी तरह वर्ष 2022 में महामारी के वैश्विक प्रभाव कम होने से भारतीय अर्थव्यवस्था के वर्तमान दशक में तीव्र रफ्तार से बढ़ने की उम्मीद है।
- बैंकिंग, गैर–बैंकिंग और कॉरपोरेट क्षेत्रों की बेहतर बैलेंस शीट की वजह से नए सिरे से एक ऋण चक्र बना है जो कि विगत महीनों के दौरान बैंक ऋणों में दर्ज की गई दहाई अंकों की वृद्धि दर से पूरी तरह स्पष्ट हो जाता है।

राजकोषीय घटनाक्रमः राजस्व में वृद्धि

- अप्रैल–नवंबर 2022 के दौरान सकल कर राजस्व में 15.5 प्रतिशत की वार्षिक वृद्धि दर्ज की गई है जो कि प्रत्यक्ष करों और जीएसटी में वृद्धि से संभव हुई है।
- जीएसटी अब केन्द्र और राज्य सरकारों का एक अहम राजस्व स्रोत बन गया है। अप्रैल–दिसम्बर 2022 के दौरान सकल जीएसटी संग्रह में वार्षिक आधार पर 24.8 प्रतिशत की वृद्धि दर्ज की गई।
- केन्द्र सरकार का पूंजीगत व्यय (कैपेक्स) जीडीपी के 1.7 प्रतिशत के दीर्घकालिक वार्षिक औसत (वित्त वर्ष 2009–2020 तक) से निरंतर बढ़कर वित्त वर्ष 2022 में जीडीपी का 2.5 प्रतिशत हो गया है।
- केन्द्र सरकार ने ब्याज मुक्त ऋणों और बढ़ी हुई ऋण सीमा के जरिए राज्य सरकारों को भी प्रोत्साहित किया है, ताकि वे पूंजीगत व्यय को प्राथमिकता दे सकें।

मौद्रिक प्रबंधन एवं वित्तीय मध्यस्थता

- आरबीआई ने अप्रैल 2022 में अपनी मौद्रिक नीति को सख्त बनाना शुरू किया था और उस समय से लेकर अब तक रेपो रेट में 225 आधार बिन्दुओं की वृद्धि हुई है जिससे अधिशेष तरलता में कमी आई है। बैलेंस शीट को दुरुस्त करने से वित्तीय संस्थानों के ऋणों में वृद्धि हुई है।
- अनुसूचित वाणिज्यिक बैंकों (एससीबी) का गैर–खाद्य ऋण अप्रैल 2022 से ही लगातार दहाई अंकों में बढ़ रहा है। गैर–बैंकिंग वित्तीय कंपनियों (एनबीएफसी) का कर्ज वितरण भी बढ़ता जा रहा है।
- एससीबी का सकल गैर–निष्पादनकारी परिसंपत्ति (जीएनपीए) अनुपात घटकर पिछले सात वर्षों के न्यूनतम स्तर 5.0 पर आ गया है।
- पूंजी–जोखिम भारित परिसंपत्ति अनुपात (सीआरएआर) अब भी 16.0 के उच्च स्तर पर बना हुआ है।
- दिवाला एवं दिवालियापन संहिता (आईबीसी) के जरिए एससीबी के लिए रिकवरी दर अन्य चौनलों की तुलना में वित्त वर्ष 2022 में सर्वाधिक रही।

सामाजिक अवसरंचना, रोजगार एवं आर्थिक आधार

- सामाजिक क्षेत्र पर सरकारी खर्च में व्यापक वृद्धि देखने को मिली है और सामाजिक क्षेत्र पर व्यय वित्त वर्ष 2016 के 9.1 लाख करोड़ रुपये से बढ़कर वित्त वर्ष 2023 में 21.3 लाख करोड़ रुपये हो गया है। निर्माण गतिविधियों में प्रवासी श्रमिकों के लौटने से, वित्त वर्ष 2022–23 में निर्माण सामग्री के जमा होने की प्रक्रिया में कमी आई है।
- आर्थिक समीक्षा में बहुआयामी गरीबी सूचकांक पर यूएनडीपी की रिपोर्ट 2022 के निष्कर्षों पर प्रकाश डाला गया है जिनमें कहा गया है कि वर्ष 2005–06 और वर्ष 2019–20 के बीच भारत में 41.5 करोड़ लोग गरीबी से उबर गए हैं।
- असंगठित कामगारों का एक राष्ट्रीय डेटाबेस बनाने के लिए ई–श्रम पोर्टल विकसित किया गया, जिसका सत्यापन 'आधार' से होता है। 31 दिसम्बर, 2022 तक कुल 28.5 करोड़ से भी अधिक असंगठित कामगारों ने ई–श्रम पोर्टल पर अपना पंजीकरण कराया है। कर्मचारी भविष्य निधि संगठन (EPFO) में सदस्यों की संख्या दोगुनी से अधिक होकर 27 करोड़ तक पहुंच गई है।
- जैम(जन–धन, आधार एवं मोबाइल) के साथ–साथ प्रत्यक्ष धन हस्तांतरण (DBT) ने समाज के हाशिए पर रहने वाले लोगों को औपचारिक वित्तीय प्रणाली से जोड़ दिया है इसने लोगों को सशक्त करते हुए पारदर्शी एवं उत्तरदायी गवर्नेंस के मार्ग में क्रांति ला दी है।
- सितंबर 2022 में शहरी बेरोजगारी 5 वर्षों के निम्नतम स्तर 7.2 प्रतिशत पर पहुंच गई है। गत वर्ष इसी समान अवधि में यह 8.5 प्रतिशत से अधिक थी। शहरी और ग्रामीण दोनों ही क्षेत्रों में श्रम बाजार मुश्किलों से उबर कर कोविड पूर्व के स्तर तक चला गया है।
- 'आधार संख्या' ने को–विन प्लेटफॉर्म के विकास और टीके की 220 करोड़ से भी अधिक खुराक लोगों को पारदर्शी ढंग से देने में अहम भूमिका निभाई है।
- वित्त वर्ष 2022 में स्कूलों में सकल दाखिला अनुपात (GER) में उल्लेखनीय वृद्धि दर्ज की गई और इसके साथ ही बालक–बालिका अनुपात भी बेहतर हो गया। 6 से 10 वर्ष के आयु वर्ग में आबादी के प्रतिशत के रूप में कक्षा 1 से लेकर कक्षा 5 तक प्राथमिक दाखिले को लेकर वित्त वर्ष 2022 में बालिकाओं के साथ–साथ बालकों के मामलों में भी बढ़ोतरी हुई है।
- स्वास्थ्य क्षेत्र में सरकार द्वारा उठाए गए अनेक कदमों की वजह से कुल स्वास्थ्य व्यय के प्रतिशत के रूप में प्रति व्यक्ति खर्च वित्त वर्ष 2014 के 64.2 प्रतिशत से घटकर वित्त वर्ष 2019 में 48.2 प्रतिशत रह गया।
- बाल मृत्यु दर (*आईएमआर*) 5 साल से कम उम्र के बच्चों की मृत्यु दर(यूएमआर) और नवजात शिशु मृत्यु दर(एनएमआर) में निरंतर गिरावट दर्ज की गई है।
- 4 जनवरी, 2023 तक आयुष्मान भारत योजना के तहत लगभग 22 करोड़ लाभार्थियों का सत्यापन किया गया है। आयुष्मान भारत के तहत देश भर में 1.54 लाख से भी अधिक स्वास्थ्य एवं वेलनेस केन्द्रों को चालू किया गया है।
- अप्रैल–दिसम्बर 2022 के दौरान अन्य उभरती बाजार अर्थव्यवस्थाओं की तुलना में भारतीय रुपये का प्रदर्शन बहुत बेहतर रहा है।

जलवायु परिवर्तन व पर्यावरण

- भारत ने वर्ष 2070 तक शून्य उत्सर्जन का लक्ष्य हासिल करने के लिए 'नेट जीरो' का संकल्प व्यक्त किया है। भारत ने गैर–जीवाश्म ईंधनों से 40 प्रतिशत अधिष्ठापित बिजली क्षमता का अपना लक्ष्य वर्ष 2030 से पहले ही हासिल कर लिया है।
- गैर–जीवाश्म ईंधनों से संभावित अधिष्ठापित क्षमता वर्ष 2030 तक 500 गीगावॉट से भी अधिक हो जाएगी जिससे वर्ष 2014–15 की तुलना में वर्ष 2029–30 तक औसत उत्सर्जन दर में लगभग 29 प्रतिशत की कमी आ जाएगी। वर्ष 2030 तक लगभग 50 प्रतिशत संचयी बिजली अधिष्ठापित क्षमता गैर–जीवाश्म ईंधन आधारित ऊर्जा स्रोतों से हासिल होगी।

- पर्यावरण के लिए जीवन शैली (लाइफ) के रूप में जन आंदोलन शुरू किया गया। मिशन लाइफ से वर्ष 2028 तक भारत के भीतर सभी गांवों और शहरी स्थानीय निकायों का कम से कम 80% हिस्सा पर्यावरण के अनुकूल बनाने का लक्ष्य है।
- सॉवरेन गोल्ड बॉन्ड फ्रेमवर्क (एसजीआरबी) नवम्बर 2022 में जारी किया गया है। आरबीआई ने 4,000 करोड़ रुपये के सॉवरेन गोल्ड बॉन्ड फ्रेमवर्क (एसजीआरबी) की दो किस्तों की नीलामी की है।
- राष्ट्रीय हरित हाइड्रोजन मिशन से भारत वर्ष 2047 तक ऊर्जा के मामले में आत्मनिर्भर हो जाएगा। वर्ष 2030 तक कम से कम 5 एमएमटी (मिलियन मीट्रिक टन) की वार्षिक हरित हाइड्रोजन उत्पादन क्षमता विकसित कर ली जाएगी। राष्ट्रीय हरित हाइड्रोजन मिशन के तहत वर्ष 2030 तक जीवाश्म ईंधन के आयात में 1 लाख करोड़ रुपये से भी अधिक की संचयी कटौती की जाएगी और 6 लाख से भी अधिक रोजगार सृजित किए जाएंगे। वर्ष 2030 तक नवीकरणीय ऊर्जा क्षमता में लगभग 125 गीगावॉट की वृद्धि की जाएगी और जीएचजी के वार्षिक उत्सर्जन में लगभग 50 एमएमटी की कमी की जाएगी।
- अधिष्ठापित सौर ऊर्जा क्षमता, जो कि राष्ट्रीय सौर मिशन के तहत एक अहम पैमाना है, अक्टूबर 2022 में 61.6 गीगावॉट दर्ज की गई। भारत नवीकरणीय ऊर्जा के लिए एक पसंदीदा देश बनता जा रहा हैय सात वर्षों में कुल निवेश 78.1 अरब अमेरिकी डॉलर आंका गया है।
- सतत पर्यावास पर राष्ट्रीय मिशन के तहत अगस्त 2022 तक 62.8 लाख व्यक्तिगत घरेलू शौचालयों एवं 6.2 लाख सामुदायिक एवं सार्वजनिक शौचालयों का निर्माण किया गया है।

कृषि एवं खाद्य प्रबंधन

- वर्ष 2020–21 में कृषि क्षेत्र में निजी क्षेत्र का निवेश 9.3 प्रतिशत बढ़ गया है। वर्ष 2018 से अनिवार्य सभी फसलों के लिए न्यूनतम समर्थन मूल्य (MSP), पूरे भारत में उत्पादन की औसत लागत का 1.5 गुणा निर्धारित किया गया है। वर्ष 2021–22 में कृषि क्षेत्र के लिए संस्थागत ऋण लगातार बढ़कर 18.6 लाख करोड़ हो गया।
- भारत में खाद्यान्न उत्पादन में निरंतर वृद्धि देखी गई है और वर्ष 2021–22 में यह बढ़कर 315.7 मिलियन टन हो गया।
- राष्ट्रीय खाद्य सुरक्षा अधिनियम के तहत 1 जनवरी, 2023 से एक वर्ष के लिए लगभग 81.4 करोड़ लाभार्थियों के लिए मुफ्त खाद्यान्न प्रदान किया गया है।
- इस योजना के अंतर्गत अप्रैल–जुलाई 2022–23 भुगतान चक्र में लगभग 11.3 करोड़ किसानों को लाभ प्रदान किया गया है।
- कृषि अवसंरचना निधि के तहत फसल पश्चात समर्थन और सामुदायिक खेती के लिए 13,681 करोड़ रुपये मंजूर किए गए हैं।
- अंतर्राष्ट्रीय पोषक अनाज वर्ष पहल के माध्यम से भारत मोटे अनाजों को बढ़ावा देने में अग्रणी भूमिका निभा रहा है।

उद्योग

- औद्योगिक क्षेत्र द्वारा समग्र सकल मूल्य संवर्धन (GVW) में 3.7 प्रतिशत की वृद्धि दर्ज की गई है(वित्तीय वर्ष 2022–23 की पहली छमाही के लिए)। यह पिछले वर्ष की समान अवधि के दौरान हासिल की गई 2.8 प्रतिशत की औसत वृद्धि से अधिक है।
- वर्ष की पहली छमाही के दौरान निजी अंतिम उपभोग व्यय (PFCE) में मजबूत वृद्धि, निर्यात प्रोत्साहन, संवर्द्धित सार्वजनिक पूंजीगत व्यय और मजबूत बैंक एवं कॉरपोरेट बैलेंस शीट के कारण निवेश की मांग में वृद्धि हुई है।
- सूक्ष्म, लघु और मझौले उद्यमों को ऋण में जनवरी 2022 से औसतन लगभग 30 प्रतिशत की वृद्धि हुई है और बड़े उद्योगों में अक्टूबर 2022 से दहाई के आंकड़े में वृद्धि देखी गई है।

- इलेक्ट्रॉनिक्स के निर्यात में वित्त वर्ष 2019 में 4.4 बिलियन डॉलर से वित्त वर्ष 2022 में 11.6 बिलियन तक लगभग तीन गुणा वृद्धि हुई है।
- भारत वैश्विक स्तर पर मोबाइल फोन का दूसरा सबसे बड़ा निर्माता बन गया है। यहां हैंडसेट का उत्पादन वित्त वर्ष 2015 में 6 करोड़ यूनिट से बढ़कर वित्त वर्ष 2021 में 29 करोड़ तक पहुंच गया है।
- फार्मा उद्योग में प्रत्यक्ष विदेशी निवेश में चार गुणा वृद्धि हुई है। वित्त वर्ष 2019 में 180 मिलियन डॉलर से बढ़कर यह वित्त वर्ष 2022 में 699 मिलियन डॉलर हो गया है।
- भारत को वैश्विक आपूर्ति श्रृंखलाओं में शामिल करने के लिए PLI योजनाएं अगले पांच वर्षों में अनुमानित चार लाख करोड़ पूंजीगत व्यय के साथ 24 श्रेणियों में शुरू की गई हैं।
- वित्त वर्ष 2022 में PLI योजनाओं के अंतर्गत 47,500 करोड़ का निवेश देखा गया है, जो कि वर्ष के लिए निर्धारित लक्ष्य्य का 106 प्रतिशत था। PLI योजनाओं के कारण 3.85 लाख करोड़ रुपए मूल्य की उत्पादनधबिक्री और 3.0 लाख नए रोजगार सृजित हुए हैं।

सेवाएं

- वित्त वर्ष 2022 में 8.4 प्रतिशत की तुलना में वित्त वर्ष 2023 में सेवा क्षेत्र का 9.1 प्रतिशत की दर से वृद्धि करने का अनुमान है।
- 2021 में भारत शीर्ष 10 सेवा निर्यात करने वाले देशों में शामिल था, विश्व वाणिज्यिक सेवाओं के निर्यात में इसकी हिस्सेदारी 2015 में 3 प्रतिशत से बढ़कर 2021 में 4 प्रतिशत हो गई। जुलाई 2022 से सेवा क्षेत्र के लिए ऋण में 16 प्रतिशत से अधिक की वृद्धि हुई है।
- वित्त वर्ष 2022 में सेवा क्षेत्र में 7.1 बिलियन अमेरिकी डॉलर के प्रत्यक्ष विदेशी निवेश का प्रवाह हुआ है।
- 2025 तक भारत का ई–कॉमर्स बाजार सालाना 18 फीसदी की दर से बढ़ने का अनुमान है।

विदेश व्यापार

- अप्रैल–दिसम्बर 2022 के दौरान देश का व्यापार निर्यात 332.8 बिलियन डॉलर रहा है। भारत ने अपने बाजार को विभिन्न वर्गों में विविधिकृत किया और ब्राजील, दक्षिण अफ्रीका, सऊदी अरब के लिए अपने निर्यात में बढ़ोतरी की है।
- बाजार में विस्तार और बेहतर पहुंच सुनिश्चित करने के लिए 2022 में UAE के साथ CEPA और ऑस्ट्रेलिया के साथ ECTA समझौते लागू हुए हैं।
- 2022 में 100 बिलियन डॉलर प्राप्त करते हुए भारत विश्व में प्रेषण का सबसे बड़ा प्राप्तकर्ता रहा है। सेवा निर्यात के बाद प्रेषण बाह्य वित्त पोषण का दूसरा सबसे बड़ा प्रमुख स्रोत है।
- दिसम्बर, 2022 तक विदेशी मुद्रा भंडार 9.3 महीनों के आयात को पूरा करते हुए 563 बिलियन डॉलर पर रहा है। नवम्बर, 2022 के अंत तक भारत विश्व का छठा सबसे बड़ा विदेशी मुद्रा भंडार धारक है।

भौतिक और डिजिटल अवसंरचना

- वीजीएफ योजना (व्यवहार्यता अंतर वित्तपोषण योजना) के लिए 2014–15 से 2022–23 के दौरान 56 परियोजनाओं को सैद्धांतिक रुप से मंजूरी दी गई है। इनकी कुल परियोजना लागत 57,870.1 करोड़ रुपये है। वित्त वर्ष 2023–25 के लिए, 150 करोड़ रुपये के आवंटन के साथ आईआईपीडीएफ को केन्द्रीय क्षेत्र की योजना के रुप में अधिसूचित किया गया है।

राष्ट्रीय अवंसरचना पाइपलाइन

- राष्ट्रीय अवंसरचना पाइपलाइन के अंतर्गत कुल 141.4 लाख करोड़ रुपये की 89,151 परियोजनाएं कार्यान्वियन के विभिन्न चरणों में है। 5.5 लाख करोड़ रुपये की 1,009 परियोजनाएं पूरी हो गई हैं।
- एनआईपी और परियोजना निगरानी समूह (पीएमजी) पॉर्टल को आपस में जोड़ने से परियोजनाओं की स्वीकृति में तीव्रता आई है।

राष्ट्रीय मुद्रीकरण पाइपलाइन

- इस परियोजना के माध्यम से 9.0 लाख करोड़ रुपये की संचयी निवेश क्षमता का निर्माण हुआ है। इसके अंतर्गत वित्त वर्ष 2022 के दौरान 0.8 लाख करोड़ रुपये के लक्ष्य के मुकाबले 0.9 लाख करोड़ रुपये के मुद्रीकरण का लक्ष्य प्राप्त हुआ है। सरकार ने वित्त वर्ष 2023 के लिए 1.6 लाख करोड़ रुपये (कुल एनएमपी लक्ष्य का 27 प्रतिशत) का लक्ष्य निर्धारित किया है।

गतिशक्ति

- पीएम गतिशक्ति राष्ट्रीय मास्टर प्लान विभिन्न मंत्रालयोंधविभागों के लिए एकीकृत योजना निर्माण और तालमेल आधारित कार्यान्वयन के संदर्भ में व्यापक डेटाबेस का निर्माण करता है। इसमें जन–धन के निर्बाध आवागमन की कमियों को दूर करते हुए मल्टीमॉडल परिवहन और लॉजिस्टिक कार्यकुशलता को बेहतर बनाने का लक्ष्य निर्धारित किया गया है।

विद्युत और नवीकरणीय क्षेत्र

- वित्त वर्ष 2022 के दौरान 17.2 लाख गीगावॉट विद्युत का उत्पादन हुआ है। 30 सितम्बर, 2022 तक सरकार ने 16 राज्यों में 59 सोलर पार्कों के विकास को मंजूरी दी है, जिसकी कुल लक्ष्य क्षमता 40 गीगावॉट है। कुल स्थापित ऊर्जा क्षमता (उद्योग, जिनकी मांग एक मेगावाट से अधिक है, 31 मार्च, 2021 के 460.7 गीगावॉट के मुकाबले 31 मार्च, 2022 को 482.2 गीगावाट हो गई थी।

राष्ट्रीय लॉजिस्टिक नीति

- तेज और समावेशी विकास के लिए राष्ट्रीय लॉजिस्टिक नीति देश में एक तकनीक सक्षम, एकीकृत, किफायती, लचीली, सतत और विश्वसनीय लॉजिस्टिक इकोसिस्टम को विकसित करने की परिकल्पना करती है।
- राष्ट्रीय राजमार्गों और सड़कों के निर्माण में तेजीय वित्त वर्ष 2016 के 6061 किलोमीटर की तुलना में वित्त वर्ष 2022 के दौरान 10,457 किलोमीटर राष्ट्रीय राजमार्गों और सड़कों का निर्माण किया गया।
- वित्त वर्ष 2020 के 1.4 लाख करोड़ रुपये की तुलना में बजट परिव्यिय बढ़कर वित्त वर्ष 2023 में 2.4 लाख करोड़ रुपये हो गया। इस प्रकार पूंजीगत व्यय में वृद्धि हुई है।
- अक्टूबर 2022 तक 2,359 किसान रेलों ने लगभग 7.91 लाख टन सब्जियों और फलों का परिवहन किया।
- 2016 में शुरु होने के बाद, एक करोड़ से ज्यादा हवाई यात्रियों ने उड़ान स्कीम का लाभ प्राप्त किया है।
- आठ वर्षों में प्रमुख पत्तनों की क्षमता दोगुनी हो गई है। 100 साल पुराने अधिनियम के स्थान पर अंतरदेशीय पोत अधिनियम, 2021 लागू किया गया ताकि अंतरदेशीय जल परिवहन को बढ़ावा देने के साथ पत्तनों की निर्बाध आवाजाही सुनिश्चित की जा सके।

डिजिटल अवसंरचना

- 2019–22 के दौरान यूपीआई आधारित लेन–देन के लिए मूल्य के संदर्भ में 121 प्रतिशत की वृद्धि और मात्रा के संदर्भ में 115 प्रतिशत की वृद्धि दर्ज की गई है। इस तरह यूपीआई अंतर्राष्ट्रीय स्तर पर मान्यता प्राप्त करने की ओर अग्रसर है।

टेलीफोन और रेडियो

- देश में कुल टेलीफोन उपभोक्ताओं की सितंबर 2022 तक संख्या 117.8 करोड़ है, इसमें 44.3 प्रतिशत उपभोक्ता ग्रामीण क्षेत्रों से हैं। कुल टेलीफोन उपभोक्ताओं में से 98 प्रतिशत मोबाइल फोन धारक हैं। मार्च 2022 में भारत का कुल टेलीदृ घनत्व 84.8 प्रतिशत है।
- 2015 से 2021 के दौरान ग्रामीण इंटरनेट उपभोक्ताओं की संख्या में 200 प्रतिशत की वृद्धि दर्ज की गई है।
- प्रसार भारती (भारत का स्वायत्त लोक प्रसारक) 479 स्टेशनों के माध्यम से 23 भाषाओं और 179 उप–भाषाओं में अपने कार्यक्रम प्रसारित करता है जिसकी पहुंच 92 प्रतिशत क्षेत्र और कुल आबादी के 99.1 प्रतिशत हिस्से में है।

डिजिटल क्रांति से सार्वजनिक हित

- 2009 से देश के हर नागरिक के लिए आधार संख्या निर्धारित करने से ही सार्वजनिक योजनाओं के व्यापक विस्तार की शुरुआत हो गई थी।
- माय स्कीम, टीआरएडीएस, जेम, ई–नाम, उमंग जैसी वेबसाइटों एवं ऐप्स के माध्यम से व्यापक डिजिटल बदलाव आया है और नागरिक विभिन्न क्षेत्रों में सेवाओं तक पहुंच प्राप्त करने में सक्षम हुए हैं।
- अनुमति आधारित डेटा साझाकरण रूपरेखा वर्तमान में 110 करोड़ बैंक खातों में संचालित की जा रही है।
- ओपन डिजिटल एनेबलमेंट नेटवर्क, डिजिटल ऋण आवेदनों को शुरु से अंत तक अनुमति देने के साथ ऋण प्रक्रियाओं के लोकतंत्रीककरण का लक्ष्य रखता है।
- राष्ट्रीय एआई पोर्टल ने 1520 लेख प्रकाशित किए हैं, 262 वीडियो निर्मित किए हैं और 120 सरकारी पहलों की शुरुआत की है जिन्हें विभिन्न भाषाओं के कारण होने वाली समस्याओं के समाधान अर्थात् 'भाषिणी' के रूप में देखा जा रहा है।
- उपयोगकर्ता की निजता को बढ़ाने के लिए नियम बनाए गए हैं और मजबूत डेटा शासन के लिए एक ऐसे इकोसिस्टम का निर्माण किया जा रहा है, जो मानक आधारित, खुला तथा आपस में संचालन योग्य नियमों का अनुपालन करता हो।

केंद्रीय बजट 2023–24: विषयवार सार

- केंद्रीय बजट 2023–24 का मुख्य विषय सबका साथ–सबका विकास के माध्यम से समावेशी विकास को प्रोत्साहित करना है।
- केंद्रीय बजट 2023–24 को वित्त मंत्री ने अमृत काल का पहला बजट कहा है। अमृत काल का दृष्टिकोण एक सशक्त और समावेशी अर्थव्यवस्था है जो वित्तीय क्षेत्र के साथ प्रौद्योगिकी–संचालित और ज्ञान–आधारित है।
- यह बजट द्वि–आयामी विकास रणनीति की तर्ज पर है जिसमें निजी क्षेत्र को प्रोत्साहन देकर रोजगार सृजित करना और विकास को आगे बढ़ाना मुख्य उद्देश्य है।
- पूंजीगत व्यय (Capex) को बढ़ाते हुए विनिवेश के माध्यम से अधिक राजस्व जुटाना एवं 'न्यूनतम सरकार, अधिकतम शासन' के सिद्धांत पर काम करना सरकार की रणनीति है।

- विकास संभावनाओं एवं रोजगार सृजन, निजी निवेश में बढ़त और वैश्विक प्रतिस्पर्धा को मात देने के लिए 10 लाख करोड़ के पूंजी निवेश का प्रावधान किया गया है इसमें लगातार 3 वर्षों में 33 प्रतिशत की वृद्धि की गई है।

केंद्रीय बजट भाग–1

अमृतकाल का पहला बजट मानते हुए इस बजट में सात प्राथमिकताएं तय की गई हैं:

- 1. समावेशी विकास
  2. समाज के अंतिम व्यक्ति तक पहुंच
  3. अवसंरचना एवं निवेश
  4. युवा शक्ति
  5. वित्तीय क्षेत्र
  6. हरित विकास को बढ़ावा देना
  7. क्षमताओं को विकसित करना

1. समावेशी विकास

- वित्तीय वर्ष 2023–24 में ग्रामीण परिवारों को 9 करोड़ पेयजल कनेक्शन देने का लक्ष्य निर्धारित किया गया है।
- पीएम किसान सम्मान निधि योजना के तहत 11.4 करोड़ से अधिक किसानों को 2.2 लाख करोड़ की नकदी का अंतरण किया जाएगा।
- प्रधानमंत्री सुरक्षा बीमा योजना (पीएमएसबीवाई) एवं प्रधानमंत्री जीवन ज्योति बीमा योजना (पीएमजेजेबीवाई) के तहत 44 करोड़ जनता का बीमा कवर किया जा चुका है।
- देश भर में अब तक 47.8 करोड़ प्रधानमंत्री जनधन बैंक खाते खोले गए हैं।
- उज्ज्वला योजना के तहत 9.6 करोड़ एलपीजी कनेक्शन दिये गए है।
- 102 करोड़ जन को लक्षित करते हुए कोविड रोधी टीकाकरण का आंकड़ा 220 करोड़ को पार कर गया है।
- स्वच्छ भारत मिशन के अंतर्गत 11.7 करोड़ घरों में शौचालय बनाए गए हैं।

कृषि एवं सहकारिता

- कृषि के लिए डिजिटल सार्वजनिक अवसंरचना का निर्माण एक ओपन सोर्स, ओपन स्टैंडर्ड और अंतर परिचालन सार्वजनिक ढांचे के रूप में किया जाएगा।
- इससे फसल नियोजन एवं फसल वृद्धि के लिए संबंधित सूचनाओं के जरिए समावेशी, किसान केन्द्रित समाधान संभव हो पाएंगे, कृषि संबंधी कच्चे माल, ऋण एवं बीमा तक लोगों की पहुंच बढ़ेगी, फसल आकलन, बाजार सूचना के लिए मदद मिलेगी और कृषि–तकनीक उद्योग और स्टार्टअप्स के विकास के लिए आवश्यक सहयोग मिलेगा।
- कृषि ऋण लक्ष्य को बढ़ाकर 20 लाख करोड़ रुपये किया जाएगा और इसके तहत पशुपालन, डेयरी और मत्स्य पालन पर फोकस किया जाएगा। 6,000 करोड़ रुपये के लक्षित निवेश के साथ 'पीएम मत्स्य संपदा योजना' नामक एक नई उप–योजना शुरू की जाएगी।

- युवा उद्यमियों द्वारा कृषि–स्टार्टअप को प्रोत्साहित करने के लिये कृषि त्वरक कोष की स्थापना की जाएगी।
- आत्मनिर्भर स्वच्छ पादप कार्यक्रम का आरंभ 2,200 करोड़ रुपए के प्रारंभिक परिव्यय के साथ उच्च गुणवत्ता वाली बागवानी फसल के लिए रोग–मुक्त और गुणवत्तापूर्ण पौध सामग्री की उपलब्धता बढ़ाने के उद्देश्य से किया जाएगा।
- भारत को 'श्री अन्न' (पोषक अनाज कदन्न) में एक वैश्विक केंद्र बनाने के लिये 'भारतीय कदन्न अनुसंधान संस्थान, हैदराबाद' को अंतर्राष्ट्रीय स्तर पर सर्वोत्तम अनुसंधान एवं प्रौद्योगिकियों को साझा करने हेतु उत्कृष्टता केंद्र के रूप में समर्थन दिया जाएगा।
- ''सहकार से समृद्धि'' के दृष्टिकोण को पूरा करने के लिये अगले 5 वर्षों में विकेंद्रीकृत भंडारण क्षमता का निर्माण होगा और विभिन्न गाँवों में कई सहकारी समितियों की स्थापना की जाएगी।

शिक्षा एवं कौशल

- बच्चों एवं किशोरों के लिए राष्ट्रीय डिजिटल पुस्तकालय की स्थापना की जाएगी। पंचायत एवं वार्ड स्तरों पर पुस्तकालय खोलने के लिए राज्य सरकारों को प्रोत्साहन दिया जाएगा।
- वर्ष 2014 से अब तक 157 चिकित्सा महाविद्यालयों के साथ ही 157 नए नर्सिंग कॉलेज खोले जाएंगे।
- वर्ष 2047 तक सिकल सेल एनीमिया के उन्मूलन हेतु एक कार्यक्रम शुरू किया जाएगा, जिसमें जागरुकता बढ़ाने के लिए प्रभावित आदिवासी क्षेत्रों में 7 करोड़ लोगों (0–40 वर्ष की आयु) की यूनिवर्सल स्क्रीनिंग की जाएगी।

2. बुनियादी ढांचा एवं निवेश

- पूंजी निवेश परिव्यय को 33.4% बढ़ाकर 10 लाख करोड़ रुपये कर दिया गया है।
- अवसंरचना निवेश को प्रोत्साहित करने के लिए राज्य सरकारों को 50 वर्ष तक ब्याज मुक्त ऋण जारी किये जाएंगे। इसके लिये बढ़ा हुआ परिव्यय 1.3 लाख करोड़ रुपए है।
- रेलवे के लिए अब तक के सर्वाधिक पूंजी परिव्यय 2.40 लाख करोड़ के बजट का आवंटन किया गया है।
- क्षेत्रीय हवाई नेटवर्क के सुधार एवं विस्तार के लिए 50 अतिरिक्त हवाईअड्डों, हेलीपोर्ट, वाटर एयरोड्रोम एवं उन्नत लैंडिंग ग्राउंड का विकास किया जाएगा।
- परिवहन की 100 महत्त्वपूर्ण बुनियादी ढाँचा परियोजनाओं की पहचान की गई है जहां बंदरगाहों, कोयला, इस्पात, उर्वरक और खाद्यान्न उद्योगों से अंतिम व्यक्ति तक पहुँच को सुनिश्चित करने के लिए निजी स्रोतों द्वारा 15,000 करोड़ रुपए सहित 75,000 करोड़ रुपए का निवेश किया जाएगा।
- प्राथमिकता प्राप्त क्षेत्र के लिये ऋण की उपलब्धता हेतु एक शहरी अवसंरचना विकास निधि (Urban Infrastructure Development Fund– UIDF) की स्थापना की जाएगी। UIDAF का प्रबंधन राष्ट्रीय आवास बैंक द्वारा किया जाएगा और टियर 2 एवं टियर 3 शहरों में शहरी बुनियादी ढाँचा तैयार करने के लिये सार्वजनिक एजेंसियों द्वारा इसका उपयोग किया जाएगा। इस उद्देश्य के लिये वार्षिक आधार पर 10,000 करोड़ रुपए आवंटित किये जाएंगे।

3. अंतिम व्यक्ति तक पहुंचना

- आकांक्षी जिला कार्यक्रम की सफलता के बाद आकांक्षी ब्लॉक कार्यक्रम 500 विकासखंडों को करते हुए शुरू किया गया। इसका उद्देश्य स्वास्थ्य,शिक्षा,पोषण,कृषि,जल संसाधन, वित्तीय समावेशन, कौशल विकास एवं बुनियादी ढाँचे जैसे कई क्षेत्रों के प्रदर्शन में सुधार करना है।
- प्रधानमंत्री कमजोर जनजातीय समूह (PVTG) विकास मिशन विशेष रूप से कमजोर जनजातीय समूहों (Particularly Vulnerable Tribal Groups) की सामाजिक–आर्थिक स्थितियों में सुधार के लिए शुरू किया जाएगा।

- अनुसूचित जनजातियों पर विकास कार्ययोजना के तहत अगले 3 वर्षों में मिशन के लिये 15,000 करोड़ रुपए की राशि उपलब्ध कराई जाएगी।
- 740 एकलव्य मॉडल आवासीय विद्यालयों में अध्ययनरत 3.5 लाख आदिवासी छात्रों के लिए 38,800 शिक्षकों और सहायक कर्मचारियों की भर्ती होगी।
- कर्नाटक के सूखाग्रस्त मध्य क्षेत्र में ऊपरी भद्रा परियोजना को स्थायी सूक्ष्म सिंचाई प्रदान करने और पीने के पानी के लिये भूमिगत वाटर टैंकों को भरने हेतु 5,300 करोड़ रुपए की केंद्रीय सहायता दी जाएगी।
- प्रधानमंत्री आवास योजना के परिव्यय को 66% बढ़ाकर 79,000 करोड़ रुपए से अधिक किया गया है।
- पहले चरण में 1 लाख प्राचीन शिलालेखों के डिजिटलीकरण के साथ एक डिजिटल एपिग्राफी संग्रहालय में 'भारत साझा शिलालेख (भारत श्री)' स्थापित किया जाएगा।

4. क्षमताओं को विकसित करना

अनुपालनों (अनुमतियों) को कम करना और जन विश्वास विधेयक

- कंपनी अधिनियम 2013 में किये गए संशोधनों के तहत, व्यापार सुगमता को बढ़ावा देने के लिये 39,000 से अधिक अनुमतियों को न्यूनतम किया गया है और 3,400 से अधिक कानूनी प्रावधानों को गैर–अपराधीकृत किया गया है।
- विश्वास पर आधारित शासन को आगे बढ़ाने के लिये सरकार ने 42 केंद्रीय अधिनियमों में संशोधन के लिये जन विश्वास विधेयक पेश किया।

आर्टिफिशियल इंटेलीजेंस के लिये उत्कृष्टता केंद्र

- "मेक AI इन इंडिया एंड मेक AI वर्क फॉर इंडिया" के लक्ष्य को साकार करने के लिये शीर्ष शैक्षणिक संस्थानों में आर्टिफिशियल इंटेलिजेंस के लिये तीन उत्कृष्टता केंद्र स्थापित किये जाएंगे।
- कृषि, स्वास्थ्य और विविध शहरों में अनुसंधान, अत्याधुनिक अनुप्रयोगों को विकसित करने और बेहतर समाधान पेश करने में अग्रणी उद्योग के अभिकर्ता महत्त्वपूर्ण भूमिका निभाएंगे।

राष्ट्रीय डेटा शासन नीति

- स्टार्टअप्स और शिक्षाविदों द्वारा नवाचार एवं अनुसंधान की सुविधा के लिये एक राष्ट्रीय डेटा शासन नीति लाई जाएगी जो अज्ञात डेटा तक पहुँच को सक्षम करेगी।

डेटा शेयरिंग के लिये डिजीलॉकर

- विभिन्न प्राधिकरणों, नियामकों, बैंकों और अन्य व्यावसायिक संस्थाओं की जरूरतों के लिए दस्तावेजों को ऑनलाइन सुरक्षित रूप से संग्रहित करने और साझा करने के लिये एमएसएमई, बड़े व्यवसायिक संस्थानों तथा धर्मार्थ ट्रस्टों द्वारा उपयोग के लिये एक डिजीलॉकर स्थापित किया जाएगा।

विवादों का समाधान

- एमएसएमई के लिए सरल अनुबंध निष्पादन नियमों को जारी रखना।
- शासन और शासकीय उपक्रमों के संविदात्मक विवादों के तीव्र निपटान को सक्षम करने वाली आसान और मानकीकृत निपटान योजना की शुरुआत।
- ई–न्यायालयः न्याय की प्रभावी पहुंच सुनिश्चित करने के लिए ई–न्यायालय का तीसरा चरण शुरू किया जाएगा।

5G प्रौद्योगिकी

- इंजीनियरिंग संस्थानों में 5G सेवाओं का उपयोग कर अनुप्रयोगों को विकसित करने के लिये 100 प्रयोगशालाएँ स्थापित की जाएंगी ताकि अवसरों, व्यापार मॉडलों और रोजगार की संभावनाओं की एक नई श्रृंखला को साकार किया जा सके।
- प्रयोगशालाओं में स्मार्ट क्लासरूम, सटीक खेती, इंटेलिजेंट ट्रांसपोर्ट सिस्टम और हेल्थकेयर ऐप जैसी सुविधाएं होंगी।

5. हरित विकास

राष्ट्रीय हरित हाइड्रोजन मिशन

- राष्ट्रीय हरित हाइड्रोजन मिशन के लिये 19,700 करोड़ रुपए आवंटित किये गए हैं ताकि अर्थव्यवस्था को कम कार्बन तीव्रता में परिवर्तित करने, जीवाश्म ईंधन के आयात पर निर्भरता को कम करने तथा देश को इस उभरते हुए क्षेत्र में प्रौद्योगिकी और बाजार का नेतृत्त्व करने के लिये तैयार किया जा सके।
- इसके अंतर्गत वर्ष 2030 तक 5 MMT के वार्षिक उत्पादन तक पहुँचने का लक्ष्य है।

गोवर्धन योजना

- चक्रीय अर्थव्यवथा को बढ़ावा देने के उद्देश्य से गोबरधन(गैल्वनाइजिंग आर्गेनिक बॉयो–एग्रो रिसोर्सेज धन) नामक योजना के तहत 10,000 हजार करोड़ रुपए के कुल निवेश के साथ 500 नए 'अपशिष्ट से आमदनी' संयंत्र स्थापित किये जाएंगे।
- प्राकृतिक और बॉयोगेस का विपणन कर रहे सभी संगठनों के लिये 5 प्रतिशत का कम्प्रेस्ड बायोगैस अधिशेष भी लाया जाएगा।

भारतीय प्राकृतिक खेती जैव–इनपुट संसाधन केंद्र

- सरकार अगले तीन वर्षों में एक करोड़ किसानों को प्राकृतिक खेती अपनाने के लिये प्रोत्साहित कर उनकी सहायता करेगी। इसके लिये राष्ट्रीय स्तर पर वितरित सूक्ष्म उर्वरक एवं कीटनाशक विनिर्माण नेटवर्क तैयार करते हुए 10,000 बायो–इनपुट संसाधन केंद्र स्थापित किये जाएंगे।

हरित ऊर्जा में अन्य निवेश

- ऊर्जा संक्रमण और शुद्ध शून्य उद्देश्यों तथा ऊर्जा सुरक्षा(पेट्रोलियम और प्राकृतिक गैस मंत्रालय) की दिशा में प्राथमिकता वाले पूंजी निवेश के लिये 35,000 करोड़ रुपए आवंटित किए गए हैं।
- 4,000 मेगावाट की क्षमता वाली बैटरी ऊर्जा भंडारण प्रणालियों को व्यवहार्यता अंतराल वित्तपोषण के साथ समर्थन दिया जाएगा।
- लद्दाख से 13 गीगावाट नवीकरणीय ऊर्जा की निकासी और ग्रिड एकीकरण हेतु अंतरराज्यीय पारेषण प्रणाली के लिये 20,700 करोड़ रुपए आवंटित किए गए हैं(इसमें केंद्रीय सहायता 8,300 करोड़ रुपए होगी)।

6. युवा शक्ति

- अगले तीन वर्षों में लाखों युवाओं को कौशल सम्पन्न बनाने के लिए प्रधानमंत्री कौशल विकास योजना 4.0 शुरू की जाएगी।
- इसमें उद्योग जगत एवं नई पीढ़ी को देखते हुए आर्टिफिशियल इंटेलिजेंस, रोबोटिक्स, मेकाट्रॉनिक्स, इंटरनेट ऑफ थिंग्स, 3डी प्रिंटिंग, ड्रोन एवं सॉफ्ट स्किल्स जैसे नए पाठ्यक्रम सम्मिलित किए जाएंगे।

- विभिन्न राज्यों से कुशल युवाओं को अंतरराष्ट्रीय अवसर उपलब्ध कराने के लिए 30 स्किल इंडिया अंतर्राष्ट्रीय केंद्र स्थापित किए जाएंगे। मांग आधारित औपचारिक कौशल वर्धन को सक्षम करने, एमएसएमई सहित नियोक्ताओं को जोड़ने और उद्यमिता योजनाओं की सुगमता को सुनिश्चित करने के लिए डिजिटल तंत्र को विस्तार दिया जाएगा।
- अमृत पीढ़ी सशक्तिकरण के तहत 3 सालों में 47 लाख युवाओं को स्टाइपेंड प्रदान किया जाएगा।
- घरेलु एवं विदेशी पर्यटकों के लिए 50 स्थलों का चुनाव कर उनका विकास किया जाएगा।
- एक जिला–एक उत्पाद, जीआई उत्पाद एवं अन्य हस्तशिल्प उत्पादों की बिक्री को बढ़ावा देने के लिए राज्यों की राजधानियों में यूनिटी मॉल की स्थापना की जाएगी।

7. वित्तीय क्षेत्र

- वर्ष 2022 में एमएसएमई के लिये क्रेडिट गारंटी योजना को नया प्रारूप दिया गया था और यह 1 अप्रैल, 2023 से 9,000 करोड़ रुपए की राशि के निवेश के माध्यम से प्रभावी होगा।
- इससे अतिरिक्त 2 लाख करोड़ रुपए के संपार्श्विक मुक्त गारंटीकृत ऋण की अनुमति मिलेगी।
- क्रेडिट की लागत लगभग 1% कम हो जाएगी।
- इससे 2 लाख करोड़ रुपए का अतिरिक्त संपार्श्विक मुक्त गारंटीकृत ऋण प्रदान किया जा सकेगा।

वित्तीय सूचना रजिस्ट्री

- वित्तीय और सहायक सूचनाओं के केंद्रीय भंडार के रूप में काम करने के लिये एक राष्ट्रीय वित्तीय सूचना रजिस्ट्री की स्थापना की जाएगी।
- यह ऋण के कुशल प्रवाह की सुविधा प्रदान करेगा, जो वित्तीय समावेशन और वित्तीय स्थिरता को बढ़ावा देगा।
- एक नया विधायी ढाँचा, जिसे RBI के परामर्श से तैयार किया गया है, इस क्रेडिट सार्वजनिक बुनियादी ढाँचे को नियंत्रित करेगा।

लघु बचत योजनाएँ

- आजादी का अमृत महोत्सव मनाने हेतु एक नई लघु बचत योजना, महिला सम्मान बचत प्रमाणपत्र को मार्च 2025 तक दो साल की अवधि के लिये उपलब्ध कराया जाएगा।
- यह आंशिक निकासी विकल्प के साथ महिलाओं या लड़कियों के नाम पर (7.5% की निश्चित ब्याज दर के साथ) 2 लाख रुपए तक की जमा सुविधा प्रदान करेगा।
- वरिष्ठ नागरिक बचत योजना के लिये अधिकतम जमा सीमा 15 लाख रुपए से बढ़ाकर 30 लाख रुपए की जाएगी।
- मासिक आय खाता योजना के लिये अधिकतम जमा सीमा 4.5 लाख रुपए से बढ़ाकर 9 लाख रुपए(एकल खाते के लिये) और 9 लाख रुपए से बढ़ाकर 15 लाख रुपए (संयुक्त खाते के लिये) की जाएगी।

राजकोषीय प्रबंधन की स्थिति

- केंद्र सरकार ने सभी राज्यों को वर्ष 2023–24 के अंत तक पूंजीगत व्यय के लिये अपने 50 वर्षीय ऋण का उपयोग करने का आग्रह किया है। इसमें से अधिकांश राज्यों के विवेक पर निर्भर होगा। हालाँकि विशिष्ट उद्देश्यों के लिये नामित राज्यों हेतु एक हिस्सा सशर्त होगा, जैसे: पुराने शासकीय वाहनों को बदलना।

- शहरी नियोजन में सुधार किया जाएगा। शहरी स्थानीय निकायों को नगरपालिका बॉण्ड प्राप्त करने हेतु पात्र बनाया जाएगा। पुलिस अधिकारियों हेतु नवीन आवास भवनों का निर्माण एवं एकीकृत मॉल का निर्माण किया जाएगा।
- बच्चों और किशोरों हेतु पुस्तकालयों तथा डिजिटल बुनियादी ढाँचे का निर्माण किया जाएगा।
- राज्यों को अपने सकल राज्य घरेलू उत्पाद (GSDP) का 3.5% घाटा रखने की अनुमति है, इस राशि का 0.5% विशेष रूप से विद्युत क्षेत्र में सुधारों के लिये निर्धारित किया गया है।

संशोधित अनुमान 2022–23

- कुल प्राप्तियाँ (उधार को छोड़कर): 24.3 लाख करोड़ रुपए।
- शुद्ध कर प्राप्तिः 20.9 लाख करोड़ रुपए।
- कुल व्ययः 41.9 लाख करोड़ रुपए।
- पूंजीगत व्ययः 7.3 लाख करोड़ रुपए।
- राजकोषीय घाटाः सकल घरेलू उत्पाद का 6.4%।

बजट अनुमान 2023–24

- बजट 2023–24 में कुल प्राप्तियाँ और कुल व्यय क्रमशः 27.2 लाख करोड़ रुपए और 45 लाख करोड़ रुपए होने का अनुमान लगाया गया है।
- निवल कर प्राप्तियाँ 23.3 लाख करोड़ रुपए रहने का अनुमान है।
- राजकोषीय घाटा जीडीपी का 5.9 प्रतिशत रहने का अनुमान है।
- वर्ष 2023–24 में राजकोषीय घाटे का वित्तपोषण करने के लिये दिनांकित प्रतिभूतियों से निवल बाजार उधारियाँ 11.8 लाख करोड़ रुपए होने का अनुमान है।
- सकल बाजार उधारियों का अनुमान 15.4 लाख करोड़ रुपए है।
- सरकार वर्ष 2025–26 तक राजकोषीय घाटे को 4.5% से कम करने के लिये इस योजना पर अडिग रहने हेतु प्रतिबद्ध है।

केंद्रीय बजट भाग–2

प्रत्यक्ष कराधान

- व्यक्तिगत आयकर के अंतर्गत नई कर व्यवस्था में निजी आयकर में छूट की सीमा बढ़ाकर 7 लाख रुपए तक कर दी गई है।
- नई व्यक्तिगत कर व्यवस्था के कर ढाँचे में स्लैब की संख्या को घटाकर 5 और कर छूट की सीमा को बढ़ाकर 3 लाख रुपए कर दिया गया है।
- नई कर व्यवस्था में वेतनभोगी कर्मचारियों हेतु मानक कटौती को बढ़ाकर 50,000 रुपए और पारिवारिक पेंशन के लिये कटौती को 15,000 रुपए तक करने का प्रस्ताव किया गया है।
- आयकर प्राधिकरण बोर्ड और आयोग जिसकी स्थापना केंद्र या राज्य सरकार द्वारा आवास, शहर, कस्बे और गाँव के विकास लिये नियामक एवं विकास गतिविधियों या कार्यों हेतु की गई हो, उन्हें आयकर से बाहर रखने का प्रस्ताव किया गया है।

- अग्निवीर निधि को ईईई स्तर प्रदान करने और पंजीकृत अग्निवीरों को अग्निवीर कॉर्पस फंड द्वारा किये गए भुगतान को टैक्स से बाहर रखने का प्रस्ताव किया गया है।
- अग्निवीरों की कुल आय में की गई कटौती राशि को अग्निवीरों को देने का प्रस्ताव, जो कि उन्होंने योगदान दिया है या केंद्र सरकार ने उनकी सेवा के लिये उनके खाते में हस्तांतरित किया है।

एमएसएमई

- सूक्ष्म एवं लघु उद्यमों और कुछ पेशेवरों के लिये प्रकल्पित कराधान की सीमा बढ़ा दी गई है, जब तक कि नकद में प्राप्त राशि कुल सकल प्राप्तियोंः कारोबार के 5% से अधिक न हो।
- एमएसएमई को किये गए भुगतान के लिये कटौती की अनुमति केवल तभी दी जाएगी जब भुगतान वास्तव में भुगतान की समय पर प्राप्ति के लिये किया गया हो।

सहकारिता

- 31 मार्च, 2024 से पहले विनिर्माण शुरू करने वाली नई विनिर्माण सहकारी समितियों पर टैक्स रेट 15% कम होगा।
- प्राथमिक कृषि सहकारी समितियों एवं प्राथमिक सहकारी कृषि एवं ग्रामीण विकास बैंकों द्वारा नकद जमा तथा ऋण की सीमा को बढ़ाकर 2 लाख रुपए प्रति सदस्य कर दिया गया है।
- सहकारी समितियों की नकद निकासी पर स्रोत पर की गई टैक्स कटौती को बढ़ाकर 3 करोड़ रुपए कर दिया गया है।

नए छोटे उद्यम (स्टार्टअप्स)

- स्टार्टअप्स के आयकर लाभ प्राप्त करने की तिथि को बढ़ाकर 31 मार्च, 2024 तक कर दिया गया है। स्टार्टअप्स के लिये हानियों को अग्रेषित करने की अवधि को निगमन के 7 वर्ष से बढ़ाकर 10 वर्ष कर दिया गया है।

ऑनलाइन गेमिंग

- ऑनलाइन गेमिंग पर करदेयता को टीडीएस के साथ और निकासी के समय या वित्तीय वर्ष के अंत में जीती गई कुल राशि पर करदेयता के साथ स्पष्ट किया जाएगा।

सोना

- सोने की इलेक्ट्रानिक गोल्ड रसीदों में परिवर्तन को पूंजीगत लाभ के रूप में नहीं माना जाएगा।

कॉमन आईटी रिटर्न फॉर्म

- करदाताओं की सेवाओं में सुधार के लिये सरकार ने शिकायत निवारण तंत्र को मजबूत करने की योजना के साथ–साथ करदाताओं की सुविधा हेतु अगली पीढ़ी के कॉमन आईटी रिटर्न फॉर्म के लिये प्रस्ताव पेश किया है।

- कर दरें 2023–24 (Tax Rates 2023–24)

आय स्लैब	कर की दरें
3 लाख रूपए तक	शून्य
3 लाख से 6 लाख रूपए तक	5%
6 लाख से 9 लाख रूपए तक	10%
9 लाख से 12 लाख रूपए तक	15%
12 लाख से 15 लाख रूपए तक	20%
15 लाख रूपए से अधिक	30%

अप्रत्यक्ष कराधान हेतु सुधार

सीमा शुल्क में वृद्धि

- वस्त्र और कृषि के अतिरिक्त अन्य सामानों के लिए मूल सीमा शुल्क दरों की संख्या 21 से घटाकर 13 की गई है।
- निर्दिष्ट सिगरेट पर राष्ट्रीय आपदा आकस्मिक शुल्क (NCCD) में लगभग 16: की वृद्धि की गई है। इसके अतिरिक्त खिलौने, साइकिल, ऑटोमोबाइल और नाफ्था के आधारभूत सीमा शुल्क बढ़ाए गए हैं।
- इलेक्ट्रिक वाहन में लगने वाली लीथियम–आयन बैटरी का उत्पादन करने वाली मशीनरी/कैपिटल गुड्स पर सीमा शुल्क को एक वर्ष के लिए बढ़ाया गया है।
- सोने और प्लेटिनम से बनी वस्तुएँ, चाँदी की डोर, बार और वस्तुओं पर आयात का सीमा शुल्क बढ़ाया गया है।

शुल्क से छूट

- मोबाइल फोनों के निर्माण को बढ़ावा देने के लिए कुछ पुर्जों के आयात पर सीमा शुल्क में राहत देने एवं लिथियम–आयन बैटरी सेलों पर रियायती सीमा शुल्क लागू किया गया है।
- प्रयोगशाला निर्मित हीरों (एलजीडी) के विनिर्माण में प्रयुक्त बीजों पर सीमा शुल्क को घटाया गया है।
- हरित मोबिलिटी को बढ़ाने एवं इलेक्ट्रिक वाहनों में प्रयुक्त बैटरियों के लिथियम आयन सेलों के विनिर्माण के लिए आवश्यक पूंजीगत वस्तुओं और मशीनरी के आयात पर सीमा शुल्क में छूट दी जा रही है।
- जीएसटी भुगतान वाली सम्मिलित कंप्रेस्ड बायो गैस पर उत्पाद शुल्क से छूट देने का प्रस्ताव किया गया है।
- परीक्षण एजेंसियाँ जो परीक्षण औरध्या प्रमाणन उद्देश्यों हेतु वाहनों, ऑटोमोबाइल उपकरणध्घटकों, उप–प्रणालियों तथा टायरों का आयात करती हैं।
- रासायनिक उद्योग में प्रयुक्त विकृत एथिल अल्कोहल पर सीमा शुल्क में छूट दी गई है।

सीमा शुल्क कानूनों में परिवर्तन

- सीमा शुल्क अधिनियम, 1962 को संशोधित किया जा रहा है ताकि आवेदन दायर होने के बाद समाधान हेतु अंतिम निर्णय के लिये 9 माह की समयसीमा निर्धारित की जा सके।

- एंटी डंपिंग ड्यूटी (ADD), काउंटरवेलिंग ड्यूटी (CVD) और सेफगार्ड उपायों के उद्देश्य एवं दायरे को स्पष्ट करने के लिये सीमा शुल्क अधिनियम को संशोधित किया जाएगा।

केंद्रीय वस्तु एवं सेवा कर अधिनियम में भी बदलाव

- जीएसटी के तहत अभियोजन शुरू करने हेतु टैक्स की न्यूनतम राशि 1 करोड़ रुपए से बढ़ाकर 2 करोड़ रुपए की जाएगी।
- टैक्स के लिये चक्रवृद्धि राशि को टैक्स राशि के 50–150% से घटाकर 25–100% कर दिया जाएगा।
- कुछ अपराधों को अपराध की श्रेणी से बाहर किया जाएगा।
- रिटर्न या स्टेटमेंट दाखिल करने की अवधि नियत तारीख से अधिकतम तीन वर्ष तक सीमित होगी।
- अपंजीकृत आपूर्तिकर्त्ताओं और कंपोजिशन करदाताओं को ई–कॉमर्स ऑपरेटरों के माध्यम से माल की अंतर–राज्य आपूर्ति करने की अनुमति दी जाएगी।

भाग–VI

राष्ट्रीय आर्थिक घटनाक्रम

राष्ट्रीय आर्थिक घटनाक्रम

राष्ट्रीय परिवार स्वास्थ्य सर्वेक्षण (NFHS–5) की नवीनतम रिपोर्ट

केंद्रीय स्वास्थ्य एवं परिवार कल्याण मंत्रालय ने राष्ट्रीय परिवार स्वास्थ्य सर्वेक्षण (NFHS) पर पांचवें दौर (2019–21) के दूसरे चरण की राष्ट्रीय रिपोर्ट जारी कर दी है। एनएफएचएस रिपोर्ट का प्राथमिक उद्देश्य स्वास्थ्य एवं परिवार कल्याण पर आवश्यक डेटा के साथ जनांकिकीय विशेषताओं, परिवार नियोजन, बाल और मातृत्व स्वास्थ्य, पोषण, वयस्क स्वास्थ्य, घरेलू हिंसा एवं महिला सशक्तिकरण से संबंधित मुख्य संकेतकों का आकलन करना है।

राष्ट्रीय परिवार स्वास्थ्य सर्वेक्षण के प्रमुख निष्कर्ष

- भारत में समग्र गर्भनिरोधक प्रसार दर (CPR) 54% से बढ़कर 67% हो गई है।
- गोवा (42%) और बिहार (42%) में परिवार नियोजन के विविध तरीके अपनाने में सर्वाधिक वृद्धि हुई है।
- कुल प्रजनन दर (TFR), कुल महिलाओं में NFHS–4 से NFHS–5 के मध्य औसत स्तर पर 2.2% से घटकर 2.0% हो गई है। राज्यो में, बिहार और मेघालय में प्रजनन दर सर्वाधिक जबकि सिक्किम एवं अंडमान निकोबार द्वीप में सबसे कम है।
- कम उम्र में विवाह के राष्ट्रीय औसत में कमी देखने को मिली है। NFHS–5 में 18 वर्ष से कम उम्र की महिलाओं के विवाह का आंकडा 23.3% जबकि पुरुषों का 17.7% है।
- भारत में संस्थागत जन्म 79% से बढ़कर 89% हो गए हैं। ग्रामीण क्षेत्रों में 87% जन्म अस्पतालों में, शहरी क्षेत्रों में 94% जन्म अस्पतालों में होते हैं।
- वर्ष 2015–16 में घरेलू हिंसा की 31.2% घटनाएँ हुईं जो वर्ष 2019–21 में 29.3% रह गई हैं।
- पिछले दो दशकों में समुदायवार मुस्लिमों की प्रजनन दर सर्वाधिक तीव्र गति से घटी है।
- NFHS–4 की तुलना में NFHS–5 में 12–23 माह की आयु के तीन चौथाई से अधिक बच्चों का पूर्ण टीकाकरण किया गया।
- NFHS–4 की अपेक्षा NFHS–5 में भोजन पकाने के लिए स्वच्छ ईंधन(44% से 59%) और बेहतर स्वच्छता सुविधाओं(49% से 70%) में विकास हुआ है।
- 2023–24 में होने वाले NFHS–6 में कई अतिरिक्त डोमेन को शामिल किया जाएगा जिनमें कोविड–19 के दौरान अस्पतालों में भर्ती एवं ऐसे संकटों का वित्तपोषण, प्रत्यक्ष लाभ हंस्तातरण (DBT), प्रवासन और स्वास्थ्य सेवाएं, महिलाओं में वित्तीय समावेशन, डिजिटल साक्षरता, स्वास्थ्य एवं गंभीर रोगों के प्रति जागरुकता शामिल है।

पहली बार पुरुषों की तुलना में महिलाएं अधिक

- भारत में वर्ष 1991 की जनगणना में प्रति हजार पुरुषों पर 927 महिलाएं थीं, जो 2001 में 933 और 2011 में 943 हो गईं। वर्ष 2015–16 के आंकड़ों में प्रति हजार पुरुषों पर 991 महिलाएं थीं। वहीं पांचवें राष्ट्रीय परिवार स्वास्थ्य सर्वेक्षण (National Family Health Survey) के अनुसार, वर्तमान में प्रति हजार पुरुषों के अनुपात में 1020 महिलाएं हैं।स्वतंत्रता के बाद पहली बार पुरुषों की तुलना में महिलाओं की संख्या बढ़ी है।
- शहरों की तुलना में गांवों के लिंगानुपात में सुधार हुआ है। गांवों में प्रति हजार पुरुषों पर 1037 महिलाएं हैं, जबकि शहरों में 985 महिलाएं हैं।
- पिछले 30 वर्षों से लगातार भारत के लिंगानुपात में सुधार हुआ है जिसका श्रेय "बेटी बचाओं–बेटी पढ़ाओं", "लाडली कन्या योजना" जैसी योजनाओं को भी दिया जाता है।

पांचवा राष्ट्रीय परिवार स्वास्थ्य सर्वेक्षण

यह 2030 तक तय किए गए 30 सतत विकास लक्ष्यों (Sustainable Development Goals–SDG) को प्राप्त करने के लिए एक निर्देशक की तरह काम करता है। भारत में राष्ट्रीय परिवार स्वास्थ्य सर्वेक्षण (NFHS) की शुरुआत 1990 के दशक में की गई और 1992–93 में पहला सर्वे आयोजित किया गया था। तब से अब तक भारत ने कई सर्वे किये हैं।

- 1998–99 में NFHS–2
- 2005–06 में NFHS–3
- 2015–16 में NFHS–4
- 2019–20 में NFHS–5
- सर्वेक्षण के सभी दौर स्वास्थ्य और परिवार कल्याण मंत्रालय (MoHFW) के नेतृत्व में, अंतर्राष्ट्रीय जनसंख्या विज्ञान संस्थान (IIPS) मुंबई के साथ, नोडल एजेंसी के रूप में 'अंतर्राष्ट्रीय विकास के लिए यूएस की एजेंसी (USAID)' एवं आईसीएफ मैक्रो के तकनीकी सहयोग से पूरे किये गए हैं।
- राष्ट्रीय परिवार स्वास्थ्य सर्वेक्षणों के लिए 'अंतर्राष्ट्रीय विकास के लिए यूएस की एजेंसी' प्राथमिक निधिदाता रहा है, लेकिन दो नवीनतम सर्वेक्षणों (NFHS–3 और NFHS–4) में भारत सरकार के साथ अन्य विकास भागीदारों यथा डीएफआईडी (अंतर्राष्ट्रीय विकास विभाग, यूके), बिल एवं मेलिंडा गेट्स फाउंडेशन, यूनिसेफ, यूएनएफपीए एवं मैकऑर्थर फाउंडेशन ने भी प्रमुख समर्थन दिया है।
- इस सर्वे में उच्च रक्तचाप, मधुमेह, मृत्यु का पंजीकरण जैसे विषय भी शामिल थे जबकि एचआईवी को शामिल नहीं किया गया।

वर्ष 2020–21 के लिए ग्रामीण स्वास्थ्य सांख्यिकी प्रकाशन (RHS–21)

यही सभी राज्यों एवं केंद्र शासित प्रदेशों के सार्वजनिक स्वास्थ्य संस्थानों में उपलब्ध बुनियादी स्वास्थ्य ढांचे एवं मानव संसाधनों के बारे में जानकारी का एक महत्वपूर्ण स्त्रोत है।

- राष्ट्रीय स्वास्थ्य एवं परिवार कल्याण मंत्रालय 1992 से ग्रामीण स्वास्थ्य सांख्यिकी रिपोर्ट प्रस्तुत कर रहा है जिसे प्रतिवर्ष 31 मार्च तक के आंकड़ों के साथ प्रकाशित कर दिया जाता है।
- वर्तमान में भारत के शहरी क्षेत्रों में 1,57,935, ग्रामीण क्षेत्रों में 3,894 स्वास्थ्य उप केंद्र (SC), 24,935 (शहरी) एवं 6,118 (ग्रामीण) प्राथमिक स्वास्थ्य केंद्र (PHC), 5480 (शहरी) एवं 584 (ग्रामीण) सामुदायिक स्वास्थ्य केंद्र (CHC) कार्यरत हैं।
- रिपोर्ट बताती है कि देश भर के सीएचसी, पीएचसी एवं एससी (उप केंद्रों) में विशेषज्ञ डॉक्टरों की कमी है। इनमें सर्जन (83.2%), प्रसूति और स्त्री रोग विशेषज्ञ (74.2%), चिकित्सक (79.1%) और बाल रोग विशेषज्ञ (81.6%) आते हैं।

- विशेषज्ञ डॉक्टरों के अतिरिक्त, महिला स्वास्थ्य कर्मियों एवं सहायक दाइयों की भी भारी कमी है, इनमें से 14.4% पद पीएचसी और एससी में खाली पड़े हैं।

RBI के डिजिटल भुगतान सूचकांक में वृद्धि

भारतीय रिजर्व बैंक द्वारा देश में डिजिटल और कैशलेस भुगतान की स्थिति जानने के लिए डिजिटल भुगतान सूचकांक (Digital Payment Index या DPI) जारी किया गया है जिसका आधार वर्ष 2018 है। प्रारंभ में मार्च अवधि के लिए इंडेक्स का स्कोर 100 पर सेट किया गया था। तीन वर्षों के भीतर इंडेक्स वैल्यू में 2.7 गुना की वृद्धि हुई है। इस सूचकांक के अनुसार, देश का डिजिटल भुगतान मार्च के 349.30 की अपेक्षा सितंबर 2022 में 377.46 हो गया है। यह सूचकांक प्रतिवर्ष अर्द्धवार्षिक रूप से मार्च और सितंबर के महीनों में जारी किया जाता है।

- यह इंडेक्स देश भर में भुगतान के डिजिटलीकरण की सीमा को दर्शाता है। RBI के अनुसार, डीपीआई सूचकांक के आधार पर भुगतान बुनियादी ढांचे और भुगतान प्रदर्शन में महत्वपूर्ण वृद्धि से प्रेरित सभी मानकों में बढ़ोत्तरी हुई है।
- इस सूचकांक को पांच मापदंडों के आधार पर तैयार किया गया है। ये भुगतान सक्षमकर्ता (25%), उपभोक्ता केंद्रितता (5%), भुगतान प्रदर्शन (45%), आपूर्ति पक्ष कारक (15%), और मांग पक्ष कारक (10%) हैं।
- फिनटेक अपनाने की दर वैश्विक औसत 64% की तुलना में भारत में 87% रही है और डिजिटल तकनीकी के माध्यम से भुगतान में 39.64% की वृद्धि हुई है।
- अमेरिका और चीन के बाद डिजिटल भुगतान में भारत तीसरे स्थान पर है।
- दूसरी तिमाही में लगभग 19 बैंक UPI सिस्टम में शामिल हुए हैं। पिछली तिमाही की तुलना में दूसरी तिमाही में पॉइंट ऑफ सेल टर्मिनलों की संख्या में 13% की वृद्धि हुई है। वर्ष 2022 में वार्षिक आधार पर कुल डिजिटल भुगतान 59 प्रतिशत बढ़कर 8,840 करोड़ रुपये हो गया है। इसमें यूपीआई प्लेटफॉर्म की हिस्सेदारी 52 प्रतिशत हो गई है।

डिजिटल भुगतान कैसे बढ़ा

भुगतान मुख्य रूप से भारतीय राष्ट्रीय भुगतान निगम (NPCI) द्वारा किए गए प्रमुख उपायों के कारण बढ़े है। NPCI ने वॉट्सऐप को यूपीआई का उपयोग शुरू करने की मंजूरी दी थी, ऐसा करते ही यूजर बेस बढ़कर दो करोड़ हो गया। इसके अतिरिक्त पॉइंट ऑफ सेल को प्रोत्साहित करने के लिए पेमेंट इंफ्रास्ट्रक्चर डेवलपमेंट फंड (PIDF) बनाया गया।

अर्थव्यवस्था का नोबेल पुरस्कार 2022

रॉयल स्वीडिश एकेडमी ऑफ साइंसेज ने आर्थिक विज्ञान का स्वेरिग्स रिक्सबैंक पुरस्कार 'बैंकों और वित्तीय संकटों पर शोध के लिए' देने का फैसला किया है। यह पुरस्कार अमेरिका के 3 अर्थशास्त्रियों यूएस फेडरल रिजर्व के पूर्व अध्यक्ष और वर्तमान में वाशिंगटन डीसी में ब्रुकिंग्स इंस्टिट्यूशन से जुड़े बेन. एस. बर्नानके, बैंकिंग और वित्त के प्रोफेसर डगलस डब्ल्यू डायमंड और फिलिप एच डायबविग को स्टॉकहोम में दिया गया। इन्हें अर्थव्यवस्था में बैंकों की भूमिका को व्याख्यायित करने, गंभीर संकटों और महंगे राहत पैकेजों से बचने और बैंको की क्षमता में सुधार कर समाज को लाभान्वित करने के लिए जाना जाता है।

बर्नानके ने 1930 के दशक की महामंदी का विश्लेषण किया था, जो आधुनिक इतिहास का सबसे खराब आर्थिक संकट था। उनके अध्ययन से पहले बैंक की विफलताओं को वित्तीय संकट के "परिणाम" के रूप में देखा जाता था। हालाँकि, 1983 में उन्होंने बताया कि बैंकिंग विफलताएं बैंकों की वजह से हुईं जिसके कारण अपेक्षाकृत सामान्य मंदी, गंभीर आर्थिक संकट में परिवर्तित हो गई। उन्होंने यह भी बताया कि अर्थव्यवस्था तब तक पुनर्जीवित नहीं हुई जब तक कि सरकारों ने बैंकिंग संकटों को रोकने के लिए अंतिम शक्तिशाली उपाय नहीं लागू किये।

- अमेरिकी फेडरल रिजर्व के प्रमुख के रूप में बर्नानके ने 2008 के वित्तीय संकट को और बिगड़ने से रोकने के लिए अपने अनुभव और ज्ञान का सक्षम उपयोग किया।

डायमंड और डायबविग ने ऐसे सैद्धांतिक मॉडल विकसित किए जो निम्न की व्याख्या करते हैं:

बचतकर्ता और निवेशकों का संघर्ष

- अर्थव्यवस्था को क्रियाशील बनाए रखने के लिए, बचत को निवेश में लगाना चाहिए। हालांकि, बचतकर्ताओं और निवेशकों के मध्य एक बुनियादी संघर्ष की स्थिति बनी रहती है।
- डायमंड और डायबविग दिखाते हैं कि बैंक कैसे इस समस्या के लिए इष्टतम समाधान तैयार रखते हैं:

  वे मध्यस्थ के रूप में कार्य करके कई बचतकर्ताओं से जमा स्वीकार करते हैं, वे उधारकर्ताओं को लंबी अवधि के ऋण की पेशकश कर सकते हैं ताकि बचतकर्ता बैंकों को अनुमति दें कि वो जब चाहें तब उनके धन का उपयोग कर सकते हैं।

  हालाँकि, उनके विश्लेषण से यह भी पता चला कि इन दोनों गतिविधियों का संयोजन क्या परिणाम लाता है। ये बैंकों को उनके आसन्न पतन से संबंधित अफवाहों के प्रति संवेदनशील बनाता है।

समाज में बैंकों की भूमिका

डायमंड ने दिखाया कि कैसे बैंक सामाजिक रूप से एक महत्वपूर्ण कार्य करते हैं।

कई बचतकर्ताओं और उधारकर्ताओं के बीच मध्यस्थ के रूप में, बैंक उधारकर्ताओं की साख का आकलन करने और यह सुनिश्चित करने के लिए बेहतर स्थिति में होते हैं कि अच्छे निवेश के लिए ऋण का उपयोग किया जाए।

आईएमएफ की वर्ल्ड इकॉनामिक ऑउटलुक रिपोर्ट

अंतर्राष्ट्रीय मुद्रा कोष (IMF) ने अपनी वर्ल्ड इकॉनोमिक आउटलुक (World Economic Outlook) जारी की है। रिपोर्ट के अनुसार, भारत की विकास दर 2022 में 6.8 प्रतिशत से घटकर 2023 में 6.1 प्रतिशत हो जाएगी। इसके अतिरिक्त वैश्विक अर्थव्यवस्था की विकास दर घटकर 2.9 फीसदी रहने की उम्मीद है।

आईएमएफ के अक्टूबर पूर्वानुमान की तुलना में वर्ष 2023 का पूर्वानुमान लगभग 0.2 प्रतिशत अधिक हैं, जो कई अर्थव्यवस्थाओं में सकारात्मक आश्चर्य और अपेक्षा से अधिक लचीलेपन को पेश करता है। इस रिपोर्ट में यह भी कहा गया है कि वैश्विक सकल घरेलू उत्पाद या प्रति व्यक्ति वैश्विक सकल घरेलू उत्पाद में नकारात्मक वृद्धि तब देखी जाती है जब वैश्विक मंदी होती है।

वर्ल्ड इकॉनोमिक आउटलुक रिपोर्ट के अनुसार, 2023 और 2024 के लिए अनुमानित वैश्विक विकास दर ऐतिहासिक (2000–19) वार्षिक औसत दर 3.8 प्रतिशत से कम है। चीन के बारें में कहा गया है कि विकास दर 2023 में 5.2 प्रतिशत तक बढ़ने का अनुमान है जो एक आर्थिक सुधार को दर्शाता है, लेकिन 2024 में 4.5 प्रतिशत तक ही रहने का भी अनुमान लगाया गया है।

भारत के बारें में क्या है रिपोर्ट?

आईएमएफ की इस रिपोर्ट के अनुसार, विपरीत वैश्विक परिस्थितियों के बावजूद भारत तेजी से बढ़ने वाली अर्थव्यवस्था बना रहेगा। वर्ष 2023 में भारत की विकास दर 6.1 प्रतिशत रहने की उम्मीद है। रिपोर्ट में कहा गया है कि घरेलू मांग में लचीलेपन के कारण वर्ष 2024 में यह विकास दर 6.8 प्रतिशत रहने की उम्मीद है।

एशियाई क्षेत्र में वर्ष 2023 में विकास दर 5.3 प्रतिशत जबकि वर्ष 2024 में 5.2 प्रतिशत रहने की उम्मीद जताई गई है।

वैश्विक अर्थव्यवस्था में दबाव का कारण

वैश्विक अर्थव्यवस्था में कम वृद्धि दर का मुख्य कारण केंद्रीय बैंक दरों में हो रही लगातार वृद्धि है जिसके कारण वैश्विक अर्थव्यवस्था की रफ्तार धीमी पड़ती जा रही है। केन्द्रीय बैंक मुद्रास्फीति से लड़ने के लिए बैंक दरों में वृद्धि कर रहे है। साथ ही इसके अन्य कारणों में यूक्रेन का युद्ध भी है, जिसके कारण विश्व की अनेक अर्थव्यवस्थायें प्रभावित हुई है।

भारत का पहला सॉवरेन ग्रीन बांड फ्रेमवर्क एवं नीलामी

केंद्र सरकार द्वारा हाल ही में देश के पहले सॉवरेन ग्रीन बॉन्ड फ्रेमवर्क को मंजूर करने के बाद 16,000 करोड़ रूपये के सॉवरेन ग्रीन बॉन्ड को नीलामी के लिए लाया गया है। इन बांड्स के साथ ही पेरिस समझौते के लक्ष्यों के प्रति भारत की प्रतिबद्धता और मजबूत हुई है जिससे ग्रीन प्रोजेक्ट्स में वैश्विक और घरेलू निवेश को बढ़ावा मिलेगा। सॉवरेन ग्रीन बॉन्ड जारी कर जुटाये जाने वाले रकम को सार्वजनिक क्षेत्र की परियोजनाओं में लगाया जाएगा जो अर्थव्यवस्था की कार्बन तीव्रता को कम करने में मदद करेंगी।

सरकार ने भारतीय रिजर्व बैंक के परामर्श से वित्तीय 2023–24 के लिए ग्रीन बांड्स का कैलेंडर जारी किया है। इन ग्रीन बांड में से पहले किश्त की नीलामी 25 जनवरी 2023 और दूसरी किश्त की 09 फरवरी 2023 को हो चुकी है।

सावरेन ग्रीन बांड्सः मुख्य तथ्य

- इन ग्रीन बॉन्ड से प्राप्त आय का उपयोग कार्बन इमिशन को कम करने वाले पब्लिक सेक्टर की परियोजनाओं को वित्तपोषित करने के लिए किया जाएगा। ये सॉवरेन ग्रीन बॉन्ड, रिपरचेज ट्रांजैक्शन विनियम, 2018 में बताये गए नियमों और शर्तों के अनुसार, रिपरचेज ट्रांजेक्शन के पात्र होंगे।
- सॉवरेन ग्रीन बॉन्ड से प्राप्त आय को भारत के समेकित कोष (CFI) में नियमित राजकोषीय नीति के अनुसार जमा किया जाता है।
- सॉवरेन ग्रीन बॉन्ड में घरेलु एवं अंतर्राष्ट्रीय दोनों प्रकार के निवेशक भाग ले सकते है।
- इस सॉवरेन ग्रीन बॉन्ड को समान मूल्य नीलामी (Uniform Price Auction) के माध्यम से जारी किया गया है। सॉवरेन ग्रीन बॉन्ड (SGrB) द्वितीय बाजार में ट्रेडिंग के लिए उपलब्ध होंगे।
- वित्त मंत्रालय के मुताबिक, ग्रीन बांड फ्रेमवर्क, 2021 में ग्लासगो में COP 26 में प्रधान मंत्री नरेंद्र मोदी के विजन "पंचामृत" के तहत भारत की प्रतिबद्धताओं के अनुसार है। 2022–23 के लिए बजट पेश करते हुए वित्त मंत्री निर्मला सीतारमण ने सॉवरेन ग्रीन बॉन्ड जारी कर ग्रीन प्रोजेक्ट्स के लिए संसाधन जुटाने की बात की थी।

क्या है सॉवरेन ग्रीन बॉन्ड?

सॉवरेन ग्रीन बॉन्ड केंद्र या राज्य सरकार द्वारा जारी ऋण पत्र (debt instrument)हैं जो निवेशकों से धन उधार लेने के लिए जारी किये जाते हैं। इनसे जुटाएं गए फंड का उपयोग सार्वजनिक क्षेत्र की पर्यावरण हितैषी हरित विनिर्माण विकास परियोजनाओं को वित्तपोषित करने के लिए किया जाता है।

क्यों जारी किये जाते है ग्रीन बॉन्ड?

सॉवरेन ग्रीन बॉन्ड को किसी देश की अर्थव्यवस्था में कार्बन सघनता को कम करने एवं हरित निर्माण को बढ़ावा देने के उद्देश्य से जारी किया जाता है। सॉवरेन ग्रीन बॉन्ड की मदद से जलवायु परिवर्तन शमन, जलवायु परिवर्तन अनुकूलन, पर्यावरणीय सुरक्षा एवं प्राकृतिक संसाधनों को संरक्षण प्रदान किया जाता है।

जलवायविक गतिविधियों पर वैश्विक वित्तीय संसाधनों को आकर्षित करने के लिए भी सॉवरेन ग्रीन बॉन्ड का उपयोग किया जाता है।

10 देशों में अंतर्राष्ट्रीय नंबर से यूपीआई पेमेंट की सुविधा

भारतीय राष्ट्रीय भुगतान निगम (NPCI) ने यूपीआई से लेनदेन का विस्तार करते हुए 10 देशों के अनिवासी खाताधारकों (NRE/NRO accounts holder) को यूपीआई पेमेंट की सुविधा प्रदान की है। खाताधारक अपने अंतर्राष्ट्रीय फोन नंबर से यूपीआई लेन–देन कर सकते हैं। सुविधा प्राप्त 10 देशों में अब केवल भारतीय मोबाइल नंबर रखने की बाध्यता नहीं होगी।

NRI कैसे कर सकते है इसका उपयोग?

पहले NRE/NRO खातों से विदेशों से धन स्थानांतरण पर भारतीय फोन नंबर आवश्यक था लेकिन अब खाताधारक अपने विदेशी फोन नंबर का उपयोग करके यूपीआई भुगतान का लाभ उठा सकता है। इसके लिए खाताधारक अब यूपीआई खाते को उस मोबाइल नंबर के साथ जोड़ सकते है जिसका उपयोग वे संबंधित देश में कर रहे है। परंतु, किसी भी ऐप की यूपीआई आईडी सेट करने के लिए एक मान्य भारतीय मोबाइल नंबर की जरूरत होगी।

अब तक विदेशों में रह रहे भारतीयों को यूपीआई का उपयोग करने के लिए भारतीय फोन नंबर की आवशकता होती थी। साथ ही इस नंबर को बनाए रखने के लिए उपयोगकर्ता को महंगा रोमिंग चार्ज भी देना पड़ता था।

अभी इन 10 देशों में सुविधा

1	सिंगापुर
2	ऑस्ट्रेलिया
3	कनाडा
4	ओमान
5	कतर
6	संयुक्त राज्य अमेरिका(USA)
7	सऊदी अरब
8	संयुक्त अरब अमीरात(UAE)
9	यूनाइटेड किंगडम(UK)
10	हांगकांग

फेमा नियमों के अनुसार ही अनुमति

इस सुविधा का लाभ उठाने वाले उपयोगकर्ता को विदेशी मुद्रा प्रबंधन अधिनियम (FEMA) के नियमों के अनुसार अनुमति प्रदान की जाएगी साथ ही बैंकों को भी दिशानिर्देश दिए गए हैं कि भारतीय रिजर्व बैंक के दिशानिर्देशों का पालन हो एवं धनशोधन, आतंक के वित्त पोषण जैसी गतिविधियों से बचा जा सके।

यूपीआई लेन–देन में वृद्धि

इस सुविधा के शुरू हो जाने के बाद यूपीआई के अंतर्राष्ट्रीय लेनदेन में भी तीव्र वृद्धि होने की संभावना है। साथ ही विदेशों में रह रहे भारतीय छात्रों को भी इसका लाभ मिल सकेगा।

वर्ष 2023 की शुरुआत में ही डिजिटल भुगतान एवं यूपीआई को बढ़ावा देने के लिए केंद्रीय मंत्रिमंडल ने 2,600 करोड़ रुपये की प्रोत्साहन योजना को मंजूरी दी थी। योजना के तहत फुटकर विक्रेताओं एवं ई–कामर्स में प्वाइंट ऑफ सेल (PoS) को बढ़ावा देने के लिए बैंको को उपरोक्त राशि प्रदान की जाएगी।

पर्यवेक्षीय प्रक्रियाओं को सशक्त बनाने के लिए आरबीआई का दक्ष ऐप

- भारत के केंद्रीय बैंक भारतीय रिजर्व बैंक (RBI) ने पर्यवेक्षीय प्रक्रियाओं को सशक्त बनाने के लिए 'दक्ष' एंड–टू–एंड वर्कफ्लो ऐप्लिकेशन शुरु किया है।
- दक्ष का अर्थ है 'कुशल' और 'सक्षम', जो ऐप की अंतर्निहित क्षमताओं को दर्शाता है तथा यह पहल भारत के बैंकिग तंत्र को अधिक पारदर्शी बनाने में मदद करेगी।
- इसके माध्यम से आरबीआई बैंकों, गैर–बैंकिंग वित्तीय कंपनियों जैसी संस्थाओं में अनुपालन संस्कृति को अधिक बेहतर बनाने और उनके कामकाज पर सुचारू रूप से निगरानी रखने में सक्षम होगा।
- यह एकल प्लेटफॉर्म के माध्यम से निर्बाध संचार, निरीक्षण एवं अनुपालन, साइबर घटना रिपोर्टिंग एवं विश्लेषण, विभिन्न प्रबंधन सूचना प्रणाली (MIS) रिपोर्ट आदि को भी सुचारु रुप से संचालित कर सकेगा।

'दक्ष' एप्लिकेशन का क्या है उद्देश्य

'दक्ष' एप्लिकेशन के माध्यम से आरबीआई नवीनतम डेटा और विश्लेषणात्मक उपकरणों की मदद से बैंकों की स्वचालित कार्य प्रक्रियाओं में और पारदर्शिता लाना चाहता है। साथ ही आरबीआई बैंकिग सेक्टर में प्रौद्योगिकी का लाभ उठाना चाहता है। इसकी मदद से आरबीआई बैंकों, एनबीएफसी के कामकाज एवं कार्यप्रणाली की सुचारू रूप से निगरानी कर पाएगा।

यह एप्लिकेशन एक प्लेटफॉर्म के माध्यम से बैंकों से जुड़ी सभी प्रकार की गतिविधियों का अवलोकन कर सकेगा। इस ऐप के आ जाने से बैंक ग्राहकों को भी बैंकों की ओर से बेहतर और पारदर्शी सुविधाएं मिलेंगी। बैंक कर्मचारी ग्राहकों से कोई गलत डेटा नहीं ले सकते या धोखाधड़ी में संलग्न नहीं हो सकते हैं। इससे भारत के बैंकिग सिस्टम पर भी ग्राहकों का भरोसा बढेगा।

आरबीआई क्या चाहता है?

आरबीआई का मुख्य ध्यान, भारत में बैंकिग सिस्टम नेटवर्क में निगरानी तंत्र को और बेहतर करने के साथ–साथ देश की वित्तीय संस्थाओं के कामकाज में पारदर्शिता लाना है। इसके साथ ही देश के बैंकिंग नेटवर्क को साइबर हमलों से सशक्त बनाना है। आरबीआई की 'दक्ष' पहल भारत के बैंकिग सिस्टम को पारदर्शी बनाने में मददगार होगी।

ब्रिटेन की प्रतिष्ठित कंसल्टेंसी, सेंटर फॉर इकोनॉमिक्स एंड बिजनेस रिसर्च (सीईबीआर) ने अपनी नवीनतम वर्ल्ड इकोनॉमिक लीग टेबल–2023 रिपोर्ट प्रस्तुत की है। सीईबीआर के अनुसार, भारत 2035 में 10 लाख करोड़ डॉलर की तीसरी अर्थव्यवस्था बन जाएगा। थिंकटैंक ने अनुमान लगाया है कि वर्ष 2037 तक भारत विश्व की तीसरी सबसे बड़ी आर्थिक महाशक्ति बनेगा। रिपोर्ट में भारत की विकास दर को निरंतर बढ़ने वाला बताया गया है।

रिपोर्ट की माने तो भारत तीसरी आर्थिक महाशक्ति बनने की राह पर है जबकि वर्तमान में विश्व की पांचवीं सबसे बड़ी अर्थव्यवस्था है। इस रिपोर्ट में कहा गया है कि अगले 5 वर्षों में भारत की वार्षिक जीडीपी ग्रोथ औसतन 6.4% हो सकती है। साथ ही अगले 9 वर्षों में विकास दर औसतन 6.5% रहने की उम्मीद है।

रिपोर्ट के अनुसार, कोरोना की वजह से भारत में विश्व स्तर पर तीसरी सबसे ज्यादा मौतें हुई थी जिसका असर देश की अर्थव्यवस्था पर भी देखने को मिला था। कोविड महामारी के कारण उत्पादन में 6.6% की कमी दर्ज की गई जो आर्थिक गिरावट का मुख्य कारण बना। सेंटर फॉर इकोनॉमिक्स एंड बिजनेस रिसर्च की पिछली रिपोर्ट में कहा गया था कि भारत विश्व अर्थव्यवस्था एवं आर्थिक लीग तालिका (World Economic League Table) में अपनी रैंकिंग में सुधार करेगा।

रिपोर्ट के अनुसार, भारत की मौजूदा मुद्रास्फीति दर उच्च खाद्य कीमतों को दर्शाती है जो किसी भी G–20 देश की तुलना में अधिक है।

नियंत्रित मुद्रास्फीति के लिए रिजर्व बैंक के उपाय

वर्ष 2022 में भारतीय रिजर्व बैंक ने मुद्रास्फीति को अपने लक्ष्य सीमा पर वापस लाने के लिए लगातार ब्याज दरों में वृद्धि की है। उच्च ब्याज दर सार्वजनिक ऋण को प्रभावित करता है। सीईबीआर ने अपनी रिपोर्ट में भी कहा है कि सार्वजनिक ऋण वर्तमान में जीडीपी का 83.4% है, जिसमें उच्च राजकोषीय घाटा 2022 में सकल घरेलू उत्पाद का 9.9% है।

2036 तक चीन सबसे बड़ी अर्थव्यवस्था

रिपोर्ट में कहा गया है कि दुनिया की सबसे बड़ी अर्थव्यवस्थाओं में, चीन की वृद्धि धीमी होने और अमेरिका के मजबूत रहने की उम्मीद है। साथ ही यह भी अनुमान लगाया गया है कि सबसे बड़ी अर्थव्यवस्था के रूप में चीन, अमेरिका को 2036 में पीछे छोड़ सकता है।

भारतीय रिजर्व बैंक का ई–रुपी या डिजिटल रुपया

भारतीय रिजर्व बैंक ने कागजी मुद्रा के डिजिटल संस्करण डिजिटल रुपया या eINR या E–Rupee को जारी कर दिया है। यह बैंक द्वारा जारी की गई कानूनी निविदा है जिसका अस्तित्व डिजिटल टोकन के रूप में मान्य है। यह पूर्ण रूप से कांटेक्टलैस ट्रांजेक्सन है जिसका मूल्य वही होगा जो मूल्यवर्ग भारतीय कागजी मुद्रा और सिक्के का होता है।

वर्तमान में इसे चुनिंदा भारतीय बैंकों द्वारा जारी किया जा रहा है। इस सुविधा को बैंकों के इंटरफेस पर बने संग्रहित डिजिटल वॉलेट के माध्यम से ग्राहकों के लिए लाया गया है। डिजिटल वॉलेट की मदद से ग्राहक ई–रुपी के साथ लेनदेन कर पाएंगे।

डिजिटल रुपए द्वारा किये गए उपयोग और कार्यों के आधार पर तथा पहुँच के विभिन्न स्तरों पर विचार करते हुए, RBI ने डिजिटल रुपए को दो व्यापक श्रेणियों – खुदरा और थोक में सीमांकित किया है।

खुदरा ई–रुपया नकदी का एक इलेक्ट्रॉनिक संस्करण है जो मुख्य रूप से खुदरा (Retail) लेन–देन के लिये है। यह केंद्रीय बैंक की प्रत्यक्ष देयता है इसलिए भुगतान पर निश्चित गारंटी प्रदान करता है। यह निजी क्षेत्र, गैर–वित्तीय उपभोक्ताओं एवं व्यवसायों के लिये उपलब्ध होगा।

थोक ई–रूपी को चुनिंदा वित्तीय संस्थानों के लिये डिजाइन किया गया है। इस पायलट प्रोजेक्ट में सबसे पहले शासकीय एवं निजी क्षेत्र के चार बैंकों स्टेट बैंक ऑफ इंडिया, आईसीआईसीआई बैंक, यस बैंक व आईडीएफसी फर्स्ट बैंक को शामिल किया गया था।

www.ingramcontent.com/pod-product-compliance
Lightning Source LLC
LaVergne TN
LVHW082056051026
849532LV00011B/3605
* 9 7 8 9 3 5 6 8 1 2 4 2 0 *